Der junge Bäcker
Die junge Bäckerin

Lehrbuch für die Berufsausbildung

**Band 2
Fachstufe 2. Teil**

Egon Schild

14., völlig neu bearbeitete Auflage

Bestell-Nr.: 03236

Autor

Egon Schild   Studiendirektor und Bäckermeister   53347 Witterschlick (Bonn)

Das vorliegende Buch wurde auf der **Grundlage der neuen amtlichen Rechtschreibregeln** erstellt.

14., völlig neu bearbeitete Auflage 1999

Druck 5 4 3 2 1

Alle Drucke derselben Auflage sind parallel einsetzbar, da sie bis auf die Behebung von Druckfehlern untereinander unverändert sind.

ISBN 3-8057-0448-8

Alle Rechte vorbehalten. Das Werk ist urheberrechtlich geschützt. Jede Verwertung außerhalb der gesetzlich geregelten Fälle muss vom Verlag genehmigt werden.

© 1999 by Fachbuchverlag Pfanneberg GmbH & Co., 42781 Haan-Gruiten

Umschlaggestaltung: SGV Reprostudio, 40721 Hilden
Layout, Grafik und Satz: RK Text, 42799 Leichlingen
Druck: PDC – Paderborner Druck Centrum, 33100 Paderborn

Vorwort

Das bisher in 13 Auflagen erschienene Fachbuch „Der junge Bäcker, Band 2" wurde in der vorliegenden Auflage völlig neu überarbeitet.

Äußerlich verändert sind Titelbild und Format: Letzteres wurde an den Band 1 angepasst.

Beibehalten wurde dagegen die bisherige Gliederung: Das Buch stellt die Herstellung von roggen- und schrothaltigen Broten und Kleingebäcken sowie die von Feinen Backwaren dar.

Beibehalten wurde auch wie bisher die ausführliche und anschauliche Beschreibung, unterstützt durch 270 Abbildungen sowie die Erläuterung der Verfahrenstechniken in der Praxis.

Völlig **neu** ist vor allem **die methodische Behandlung** der fachlichen Inhalte.

Dazu gehören:

◆ **Das Layout, also die äußere Aufmachung:**
   - zweispaltiger Druck,
   - farbige Unterlegung bestimmter Texte.

   Dabei dienen **Grau-Unterlegungen** sowohl zur Weckung der Aufmerksamkeit wie zur Führung des Gedankenganges.

   Wichtige fachliche Aussagen sind **braun unterlegt.**

◆ **Deutlich vereinfachte Sprache:**
   Dadurch leichtere Verständlichkeit, ohne dass damit jedoch ein inhaltlicher Verlust des Anspruchsniveaus verbunden ist.

◆ **Kernaussagen** wurden durch vorangestellte Markierungen ◗ gekennzeichnet.

◆ **Erklärungen und Erläuterungen** dazu stehen *in Kursivschrift* unmittelbar darunter.

◆ **Wichtige Merkhilfen** sind:

   farbige Unterlegungen entsprechender Textteile,

   ◼ Kennzeichnungen durch farbige Balken

   farbige Rahmung zusammen gehörender Texte

◆ **Wichtige Lernhilfen** sind:
   - Übersichten,
   - Zusammenfassungen,
   - Wiederholungsfragen,
   - Aufgabenstellungen.

Völlig **neu** überarbeitet sind **die rechtlichen Vorschriften.**

◆ Die zahlreichen Änderungen sind in der zur Zeit geltenden Fassung dargestellt.

   Es handelt sich dabei um **Änderungen in folgenden Bereichen:**

   - **Qualitätsnormen** für Erzeugnisse und Rohstoffe,
   - **Bezeichnungen** der Erzeugnisse,
   - **Gewichts- und Preisangaben,**
   - Beschränkungen für den **Zusatz von Zusatzstoffen,**
   - neue **hygienische Bestimmungen,**
   - **arbeitsrechtliche Bestimmungen** für Bäcker
   - neue Bestimmungen im Zusammenhang mit **Ladenöffnungs- und Ladenschlusszeiten.**

Bei der Erstellung des Bildmaterials haben mich die im Bildquellenverzeichnis aufgeführten Unternehmen und Privatpersonen unterstützt.

Ihnen gilt mein besonderer Dank.

Witterschlick, im September 1999

Egon Schild

Inhaltsverzeichnis

Brote und Kleingebäcke aus Roggen		1
1	**Was die Verbraucher erwarten**	2
1.1	Brot soll gesund sein	2
1.2	Brot soll gut aussehen und gut schmecken	2
1.3	Brot und Kleingebäcke sollen frisch sein	3
1.4	Der Verbraucher wünscht ein vielfältiges Angebot	3
2	**Wie Brote und Kleingebäcke bezeichnet werden**	3
2.1	Freie Bezeichnungen (ohne rechtliche Regelung)	4
2.2	Verbindliche Bezeichnungen (rechtlich geregelt)	4
3	**Unterscheidung der Brot- und Kleingebäcksorten**	5
3.1	Die Brotgrundsorten	5
3.2	Die übrigen Brotsorten	7
3.2.1	Brote mit Namen gebenden Nicht-Brotgetreidearten	7
3.2.2	Brote aus Brotgetreide und Nicht-Brotgetreide	7
3.2.3	Toastbrote	7
3.2.4	Trockenflachbrote	7
3.2.5	Brote mit wertbestimmenden Zutaten	7
3.2.6	Brote, hergestellt unter Anwendung besonderer Backverfahren	8
3.2.7	Brote mit geografischen Hinweisen in der Bezeichnung	8
3.2.8	Brote, hergestellt aus besonderen Mahlerzeugnissen	9
3.2.9	Brote, hergestellt auf Grund besonderer Teigführungen	9
3.2.10	Brote mit verändertem Nährwert	9
3.2.11	Diätetische Brote	9
3.3	Kleingebäcke mit Roggenanteilen	12
3.3.1	Zusammensetzung der roggenhaltigen Kleingebäcke	12
3.3.2	Bezeichnungen für Kleingebäcke	12
4	**Bestimmungen über das Gewicht von Broten und Kleingebäcken**	14
4.1	Gewichts- und Preisauszeichnung	14
4.2	Brotgewichtskontrolle	14
4.3	Wie Brotgewichte anzugeben sind	14
5	**Die besondere Beschaffenheit der Roggengebäcke**	14
6	**Die besondere Beschaffenheit der Roggenteige**	15
	Aufgabenstellungen	16
Die Rohstoffe für Gebäcke aus Roggen		18
1	**Mahlerzeugnisse aus Roggen**	18
1.1	Unterscheidung der Mahlerzeugnisse	18
1.2	Kennzeichnung der Mahlerzeugnisse	19
1.3	Der Roggen, eine besondere Getreideart	19
1.4	Gestalt, Aufbau und Zusammensetzung des Roggenkorns	20
1.5	Wie sich Auswuchs auf die Backfähigkeit des Roggens auswirkt	21
1.6	Gewinnung der Roggenmahlerzeugnisse	22
1.7	Backtechnische Eigenschaften einiger Roggennährstoffe (Mehlinhaltsstoffe)	24
1.8	Ermittlung des Backverhaltens (Backwert) von Roggenmehlen	25
1.8.1	Der Hefebackversuch	27
1.8.2	Ermittlung von Backwerten (Wertzahlen) im Labor	27
1.9	Ursachen für fehlerhaftes Backverhalten von Roggenmahlerzeugnissen	28
1.10	Die Verbesserung der Teig- und Gebäckbeschaffenheit durch Säure und Kochsalz	30
1.10.1	Wie Säuren Teig und Brot verbessern	30
1.10.2	Wie Kochsalz Teig und Brot verbessert	32
	Aufgabenstellungen	33
Die Säuerung roggenhaltiger Teige		35
1	**Säuerung durch Sauerteigführungen**	35
1.1	Die Kleinlebewesen im Sauerteig	36
1.1.1	Herkunft der Lebewesen des Sauerteigs	36
1.1.2	Die erwünschten Kleinlebewesen	36
1.1.3	Die nicht erwünschten Kleinlebewesen (Sauerteigschädlinge)	37
1.2	Der Bäcker kann die Lebensvorgänge im Sauerteig beeinflussen	38

2	Die Sauerteigstufenführungen	39
2.1	Die Führungsbedingungen	40
2.1.1	Die Teigtemperatur	40
2.1.2	Die Teigfestigkeit (Teigausbeute)	41
2.1.3	Die Abstehzeit	41
2.1.4	Die Sauerteigmenge	42
2.2	Sauerteigberechnungen	42
2.2.1	Der Mehlzusatz zu den Sauerteigstufen	42
2.2.2	Die Zugussmenge zu den Sauerteigstufen	42
2.3	Der Umgang mit dem Anstellsauer (Anstellgut)	43
2.4	Die dreistufige Sauerteigführung	43
2.5	Die zweistufige Sauerteigführung	45
2.6	Einstufige Sauerteigführungen	46
2.6.1	Berliner Kurzsauer	46
2.6.2	Detmolder Einstufensauer	47
2.6.3	Salz-Sauer-Führung (patentiertes Monheimer Salz-Sauer-Verfahren nach vom Stein: Sauerteig-Herstellung auf Vorrat)	47
2.7	Vielstufige Sauerteigführung (Schaumsauer)	48
3	Fehlerhafte Sauerteigführung (Sauerteigfehler)	48
3.1	Zu junger Sauer	49
3.2	Zu alter Sauer	49
3.3	Zu viel Sauer	50
3.4	Zu wenig Sauer	50
4	Säuerung mit Hilfe von Backmitteln	52
4.1	Arten von Teigsäuerungsmittel	52
4.1.1	Trockensauer, Sauerteigextrakt	52
4.1.2	Gesäuerte Quellmehle	52
4.1.3	Säurekonzentrate	53
4.2	Zusatz der Teigsäuerungsmittel	54
4.2.1	Zusatz bei direkter Führung	54
4.2.2	Zusatz bei kombinierter Teigführung	54
	Aufgabenstellungen	55

Die Herstellung von Roggenbroten, Mischbroten und von Roggenkleingebäcken 57

1	Anforderungen an das Wissen und das Können des Bäckers	57
2	Verfahrensregeln für die Teigführung und Teigaufarbeitung	58
2.1	Die Teigausbeute	58
2.2	Die Teigbereitung	59
2.2.1	Zutaten für Brotteige	59
2.2.2	Bereitstellung des Sauerteigs	60
2.2.3	Die Teigtemperatur	60
2.3	Die Teigknetung	61
2.4	Aufarbeitung roggenhaltiger Teige	61
2.4.1	Die Teigruhe	61
2.4.2	Das Abwiegen der Teiglinge	62
2.4.3	Die Teigformung	63
2.4.4	Die Stückgare	64
2.4.5	Herrichten der Teiglinge zum Backen	65
	Aufgabenstellungen	67
3	Die Backöfen sowie Verfahrensregeln für das Backen	69
3.1	Was beim Backprozess geschieht	69
3.2	Darstellung der Backöfen und ihrer Wirkungsweise	69
3.2.1	Wie ein Backofen wirkt	69
3.2.2	Anforderungen an den Backofen	70
3.2.3	Backofensysteme	71
3.2.4	Wartung und Pflege des Backofens	80
3.2.5	Wirtschaftliche Energienutzung beim Backen	80
3.2.6	Umweltschutzmaßnahmen	81
4	Die Voraussetzungen für den Backvorgang	82
4.1	Die Backhitze	82
4.1.1	Der Hitzeverlauf	82
4.1.2	Die Hitzemessung	82
4.1.3	Die erforderlichen Backtemperaturen	83
4.2	Die Wirkung des Schwadens	83
4.2.1	Schwadenerzeugung	83
4.2.2	Schwadenbedarf	83
4.2.3	Schwadengabe	83
4.3	Die Backzeit	84
5	Die Vorgänge beim Backprozess	84
5.1	Ofentrieb	84
5.2	Stoffliche Veränderungen im Backgut	85
5.3	Backverlust und Gebäckausbeute	86
6	Besondere Backverfahren	87
6.1	Vorbacken	87
6.2	Gersteln	87
6.3	Unterbruchbackmethode	87
6.4	Brown-d'Serve-Verfahren (bräune und serviere)	87
6.5	Dampfkammerverfahren	88
6.6	Backen in Fett	88
	Aufgabenstellungen	89

Beurteilung von Roggen- und Mischbroten 91

1	Qualitätsmerkmale	91
2	Die Gebäckbeurteilung	91

3	**Erkennen und Vermeiden von Brotfehlern**	94
3.1	Die Fehlerquellen	94
3.1.1	Brotfehler durch mangelhafte Backfähigkeit des Mehls	94
3.1.2	Brotfehler durch fehlerhafte Säuerung	95
3.1.3	Brotfehler durch mangelhafte Teigbereitung	95
3.1.4	Wirkfehler	95
3.1.5	Gär- bzw. Führungsfehler	95
3.1.6	Fehler beim Backprozess	96
3.2	Fehlerarten (Brotfehlertabelle)	96
3.2.1	Fehlerhafte Brotform	96
3.2.2	Krustenfehler	97
3.2.3	Krumenfehler	98
4	**Bekämpfung des Brotschimmels**	102
4.1	Die Gefahr des Verderbens von Broten durch Schimmelpilze	102
4.2	Methoden der Bekämpfung des Brotschimmels	103
4.2.1	Bekämpfung durch Zusatz von Säuren und Salzen	103
4.2.2	Andere Methoden der Schimmelbekämpfung	104
	Aufgabenstellungen	104

Erhalten der Brotqualität — 105

1	**Die Gefahr des Altbackenwerden**	105
2	**Brotlagerung**	105
2.1	Maßnahmen bei kurzfristiger Lagerung	105
2.1.1	Absetzen der Brote und Kleingebäcke	105
2.1.2	Anforderungen an den Lagerraum	106
2.2	Maßnahmen zur Frischhaltung bei längerer Lagerung	107
2.2.1	Brotfrischhaltung durch Wärme	107
2.2.2	Frischhaltung durch Tiefkühlung	108
2.2.3	Brotverpackung	108
2.3	Sterilisieren von Schnittbrot	109
	Aufgabenstellungen	110

Rechtliche Vorschriften für die Brotherstellung — 111

1	**Begriffsbestimmung „Brot"**	111
2	**Zusätze zum Brot**	111
2.1	Zusatz von Restbrot	111
2.2	Zusatz von erlaubten Zusatzstoffen	111
3	**Vorgeschriebene Angaben bei Verkauf**	112
3.1	Deklaration (= Kenntlichmachung) von Zusatzstoffen	112
3.2	Gewichtsangaben für Brot	113
3.3	Preisangaben für Brot und andere Backwaren	114
3.4	Vorschriften über die Kennzeichnung von Fertigpackungen	114
4	**Arbeitsrechtliche Vorschriften**	115
4.1	Die Arbeitszeit des Bäckers	115
4.2	Die Arbeitszeit für Jugendliche	116
4.3	Die Verkaufszeiten in Bäckereien (Ladenschluss)	116
5	**Vorschriften zur Hygiene in der Bäckerei**	116
6	**Betriebskontrolle**	117
	Aufgabenstellungen	117

Die Herstellung von Schrotbroten und Vollkornbroten — 119

1	**Die Verbrauchererwartung**	119
2	**Einteilung der Brotsorten**	119
3	**Die besondere Beschaffenheit von Schrot**	120
4	**Aufbewahrung von Schroten**	121
5	**Verfahrenstechnik der Schrotbrotbereitung**	121
5.1	Maßnahmen zur besseren Verquellung	121
5.1.1	Quellstufen	121
5.1.2	Zusätze zum Teig	122
5.2	Teigsäuerung	123
5.3	Rezepturen für Schrot- und Vollkornbrote	123
5.4	Rezeptur für Kleingebäcke mit Schrotanteil	124
5.5	Bereitung und Aufarbeitung des Teiges	125
5.6	Backen, Auskühlen und Schneiden von Schrotbrot	125
	Aufgabenstellungen	126

Herstellung von besonderen Broten — 127

1	**Überblick**	128
2	**Brote mit besonderen Zusätzen**	128
2.1	Brote mit wertbestimmenden Zutaten	128
2.2	Brote mit Zusätzen von anderen Getreidearten	129

Inhaltsverzeichnis

VII

3	Im Nährwert veränderte Brote	130
3.1	Diabetikergebäcke	131
3.1.1	Begriffsbestimmung	131
3.1.2	Zusammensetzung	131
3.1.3	Bestimmungen über die Abgabe	131
3.1.4	Kennzeichnungsvorschriften	131
	Aufgabenstellungen	132

Feine Backwaren 133

Die Rohstoffe für Feine Backwaren 133

Die teigbildenden Rohstoffe 136

1	Milch	136
1.1	Verwendung und Wirkung	136
1.2	Zusammensetzung der Milch	137
1.3	Handelsarten der Milch	137
1.3.1	Frische Milch	137
1.3.2	Milchkonserven (Milchdauerwaren)	138
1.3.3	Geschmacklich aufbereitete Milch (Milcherzeugnisse)	139
1.4	Beurteilung der Milch	140
1.5	Aufbewahrung	141
1.6	Mechanische Eigenschaften der Milchbestandteile	141
1.6.1	das Milchfett	141
1.6.2	Die Milcheiweiße	142
1.6.3	Der Milchzucker (Lactose)	142
	Aufgabenstellungen	143

2	Erzeugnisse aus Milch	144
2.1	Sahne	144
2.2	Butter	144
2.3	Butterfett (Butterschmalz, Schmelzbutter)	145
2.4	Käse	146
2.4.1	Frischkäse	146
2.4.2	Hartkäse, Schnittkäse, Weichkäse	147
	Aufgabenstellungen	149

3	Zucker	150
3.1	Verwendung von Zucker	150
3.2	Was der Zusatz von Zucker bewirkt	150
3.2.1	Geschmackliche Wirkungen	150
3.2.2	Technologische Wirkungen	151
3.3	Herkunft und Gewinnung des Zuckers	151
3.3.1	Rohr- und Rübenzucker	151
3.3.2	Stärkezucker, Stärkesirup	152
3.4	Handelsarten	152
3.4.1	Stärkezuckerarten	152
3.4.2	Rohr-, Rübenzucker	153
3.5	Mechanische Eigenschaften des Zuckers	154
3.5.1	Süßkraft	154
3.5.2	Löslichkeit	154
3.5.3	Immobilisierung des Wassers	155
3.5.4	Kristallbildungsvermögen	155
	Aufgabenstellungen	155

4	Fette	156
4.1	Verwendung	156
4.2	Wirkung	156
4.3	Herkunft und Gewinnung	157
4.3.1	Pflanzliche Fette	157
4.3.2	Tierische Fette	158
4.4	Mechanische Eigenschaften der Fette	158
4.5	Die einzelnen Bäckereifette	160
4.5.1	Schweineschmalz	160
4.5.2	Margarine, Mischfette, Streichfette	161
4.5.3	Spezialmargarinen	161
4.5.4	Siedefett	162
4.5.5	Backkrem	163
4.6	Haltbarkeit und Aufbewahrung	163
4.6.1	Verderbnisanfälligkeit der Fette	163
4.6.2	Aufbewahrung der Fette	164
	Aufgabenstellungen	164

5	Eier	165
5.1	Verwendung	165
5.2	Wirkung	166
5.3	Aufbau des Hühnereies	166
5.4	Zusammensetzung (Nährstoffgehalt)	167
5.5	Handelsklassen	167
5.5.1	Frischeier	168
5.5.2	Eikonserven (Eiprodukte)	168
5.6	Lagerung von Frischeiern	169
5.7	Prüfung der Eier auf Frische und Unverdorbenheit	170
5.8	Mechanische Eigenschaften der Eibestandteile	171
5.8.1	Eiklar	171
5.8.2	Eigelb	173
	Aufgabenstellungen	175

Die vorwiegend Geschmack gebenden Zutaten 177

1	Obst und Südfrüchte	177
1.1	Verwendung	177
1.2	Einteilung	178
1.3	Zusammensetzung	178
1.4	Gütemerkmale	180
1.5	Eignung/Qualitätsanforderung	180
1.6	Lagerung	181
1.7	Verarbeitung	181
	Aufgabenstellungen	182

2	**Haltbar gemachtes Obst (Obstkonserven)** 182		8	**Gewürze** 202	
2.1	Trockenobst 183		8.1	Herkunft und Gewinnung 202	
2.1.1	Arten 183		8.2	Zusammensetzung und Wirkung 203	
2.1.2	Aufbewahrung und Verarbeitung 184		8.3	Zusatz der Gewürze zu Teigen und Massen 203	
2.2	Eingekochte Früchte (sterilisiertes Obst) 184		8.4	Überblick über die einzelnen Gewürze 204	
2.3	Tiefgefrorene Früchte 185		8.5	Lagerung 206	
2.4	Eingelegte Früchte 186			*Aufgabenstellungen* 206	
	Aufgabenstellungen 186				
			9	**Aromen** 207	
3	**Schalenfrüchte** 187		9.1	Einteilung 207	
3.1	Einteilung 187		9.2	Gewinnung und Zusammensetzung .. 207	
3.2	Zusammensetzung 187		9.2.1	Natürliche Aromastoffe 207	
3.3	Verwendung 188		9.2.2	Naturidentische Aromastoffe (Aromen mit naturidentischen Aromastoffen) 207	
3.4	Lagerung 188				
	Aufgabenstellungen 189				
			9.2.3	Künstliche Aromastoffe (Aromen mit künstlichen Aromastoffen) 208	
4	**Fruchterzeugnisse** 189				
4.1	Erzeugnisse aus Obst 189				
4.1.1	Konfitüren, Gelees und Marmeladen . 190		9.3	Kenntlichmachung und Deklaration .. 208	
4.1.2	Andere Obsterzeugnisse 190		9.4	Verwendung von Fruchtsäuren 208	
4.2	Erzeugnisse aus Schalenfrüchten (Halbfabrikate) 191			*Aufgabenstellungen* 208	
4.2.1	Einteilung der Rohmassen 191				
4.2.2	Zusammensetzung der Rohmassen ... 192			**Die Hilfsstoffe**	209
4.2.3	Verwendung 193				
4.2.4	Lagerung 193		1	**Die chemischen Lockerungsmittel** .. 209	
	Aufgabenstellungen 194		1.1	Ammonium (Hirschhornsalz) 209	
			1.2	Natron 210	
5	**Kakaoerzeugnisse** 194		1.3	Backpulver 211	
5.1	Gewinnung und Zusammensetzung der Kakaoerzeugnisse 194		1.4	Pottasche 212	
				Aufgabenstellungen 214	
5.2	Verwendung 196				
5.3	Lagerung 196		2	**Die Quellstoffe (Dickungs- und Geliermittel)** 215	
5.4	Verarbeitung 197				
5.4.1	Kuvertüre 197		2.1	Herkunft und Bedeutung 215	
5.4.2	Verarbeitung der Kuvertüre (Verfahrenstechnik) 197		2.2	Handelsformen 215	
			2.3	Zusammensetzung 215	
5.4.3	Fettglasur 198		2.4	Überblick über die einzelnen Quellstoffe 216	
	Aufgabenstellungen 199				
				Aufgabenstellungen 217	
6	**Honig** 199				
6.1	Verwendung 199		3	**Konservierende Stoffe** 218	
6.2	Herkunft und Gewinnung 200		3.1	Die Konservierungsstoffe 218	
6.3	Handelsarten 200		3.2	Schwefeldioxid und Schwefeldioxid entwickelnde Stoffe 219	
6.4	Zusammensetzung 200				
6.5	Lagerung 201		3.3	Antioxidantien 220	
6.6	Besondere Eigenschaften 201				
	Aufgabenstellungen 201		4	**Färbende Stoffe** 220	
7	**Invertzucker-Creme** 201			*Aufgabenstellungen* 222	
	Aufgabenstellungen 202				

Inhaltsverzeichnis

Die Herstellung von Feinen Backwaren … 223

Herstellen von Feinen Backwaren aus Hefeteigen … 223

1 Einteilung der Erzeugnisse … 223
2 Die besondere Beschaffenheit von Erzeugnissen aus Hefeteig … 224
3 Die besondere Beschaffenheit der Hefeteige … 224
4 Der Einfluss der Rohstoffe auf Teig- und Gebäckbeschaffenheit … 226
4.1 Fertigmehle … 226
4.2 Convenienceprodukte … 226
4.3 Die einzelnen Rohstoffe … 227
5 Die Führung von Hefeteigen … 228
5.1 Die Vorteigführung (Hefeansatz) … 228
5.2 Die Teigbereitung (bei direkter Führung) … 229
5.2.1 Teigbereitung mit herkömmlichen Rohstoffen und Zutaten … 230
5.2.2 Teigbereitung mit Fertigmehl … 230
5.3 Der Knetprozess … 230
5.4 Die Teigruhe … 231
5.5 Die Aufarbeitung des Hefeteiges … 232
5.6 Die Stückgare … 233
5.7 Gärverzögerung … 234
5.8 Gärunterbrechung … 234
6 Backverfahren für Hefekuchenteige … 234
6.1 Vorbereitende Maßnahmen … 234
6.2 Der Backvorgang … 235
6.2.1 Backtemperatur und Backdauer … 235
6.2.2 Backen im Ofen … 235
6.2.3 Backen im Fettbackgerät … 236
6.3 Schwadengabe … 236
6.4 Lockerung … 238
7 Ausbacken und Fertigstellen von Hefekuchengebäcken … 238
7.1 Abstreichen mit Wasser und Stärkekleister … 238
7.2 Glasieren … 238
7.2.1 Glasieren mit Fonfantglasur … 239
7.2.2 Glasieren mit Puderzuckerglasur … 239
7.3 Zuckern … 239
8 Qualitätsanforderungen … 239
9 Qualitätserhaltung … 240
10 Herstellen einzelner Erzeugnisse aus Hefeteig … 241
10.1 Gebäcke aus leichtem Hefeteig … 241
10.2 Gebäcke aus leichtem Hefeteig mit Eianteil (geschlagener Hefeteig) … 245
10.3 Gebäck aus mittelschwerem Hefeteig (Blechkuchen) … 248
10.4 Gebäcke aus schwerem Hefeteig … 251
11 Gebäckfehler … 253
Aufgabenstellungen … 255

Herstellen von Erzeugnissen aus Blätterteig 259

1 Die besondere Beschaffenheit des Blätterteigs … 260
2 Die Rohstoffe und ihr Einfluss auf Teig- und Gebäckeigenschaften … 260
2.1 Die Rohstoffe im Grundteig … 260
2.2 Die Ziehfette … 261
3 Die Herstellung von Blätterteig … 262
3.1 Bereitung des Grundteigs … 262
3.2 Vorbereitung des Ziehfettes … 262
3.3 Tourieren zum Blätterteig … 262
3.4 Aufarbeitung und Formung des Blätterteiges … 265
3.5 Backen … 266
3.5.1 Vorbereitung zum Backen … 266
3.5.2 Ofentemperatur und Backzeit … 267
3.5.3 Backverlauf und Lockerung … 267
3.6 Ausbacken und Herrichten der Gebäcke … 268
3.7 Frosten von Blätterteig … 269
4 Qualitätsanforderungen an Blätterteiggebäcke … 270
5 Gebäckfehler … 270
Aufgabenstellungen … 271

Herstellen von Erzeugnissen aus Mürbeteig 273

1 Einteilung der Erzeugnisse … 272
2 Die besondere Beschaffenheit der Mürbeteige … 273
2.1 Zusammensetzung … 273
2.2 Mechanische Beschaffenheit der Mürbeteige … 274
3 Der Einfluss der Rohstoffe auf Teig- und Gebäckbeschaffenheit … 274

4	Verfahrenstechnik	276
4.1	Teigbereitung	276
4.2	Aufarbeitung	276
4.3	Backen	277
5	Gebäcke aus besonderen Mürbeteigen	277
5.1	Teegebäck aus ausrollbarem Mürbeteig	277
5.2	Teegebäcke aus spritzbarem Mürbeteig	278
5.3	Gebäcke aus Linzer Teig	278
5.4	Spekulatius	278
5.5	Mutzenmandeln	279
6	Teig- und Gebäckfehler	280
	Aufgabenstellungen	280

Herstellen von Lebkuchengebäcken 282

1	Einteilung der Erzeugnisse	282
1.1	Braune Lebkuchen	282
1.2	Weiße Lebkuchen (Oblatenkuchen)	282
1.3	Lebkuchenartige Backwaren	282
2	Die besondere Beschaffenheit der Lebkuchengebäcke	282
3	Die besondere Beschaffenheit der Lebkuchenteige	283
4	Der Einfluss der Rohstoffe auf Teig- und Gebäckbeschaffenheit	283
5	Herstellung von Lebkuchengebäcken	284
5.1	Teigbereitung	284
5.2	Aufarbeitung und Backen	284
5.3	Herrichten der Gebäcke	285
5.4	Lagerung der Gebäcke	285
6	Herstellung von Weißen Lebkuchen (Oblatenlebkuchen)	285
7	Andere Lebkuchenarten	286
7.1	Allgemein übliche Lebkuchenarten	286
7.2	Regionale Besonderheiten	287
	Aufgabenstellungen	288

Erzeugnisse aus Massen 289

1	Herstellen von Erzeugnissen aus Brandmasse	289
1.1	Einteilung der Erzeugnisse	289
1.2	Die besondere Beschaffenheit der Erzeugnisse aus Brandmasse	289
1.3	Die besondere Beschaffenheit der Brandmasse	289
1.4	Verfahrensweise	290
1.4.1	Herstellung der Brandmasse	290
1.4.2	Vorbereitung zum Backen	291
1.4.3	Backen und Lockerung	291
1.5	Herstellen einzelner Gebäcke aus Brandmasse	291
1.5.1	Fettgebäcke	291
1.5.2	Ofengebäcke	292
1.6	Gebäckfehler	293
	Aufgabenstellungen	293
2	Herstellen von Erzeugnissen aus Makronenmasse	294
2.1	Einteilung der Erzeugnisse	294
2.2	Die besondere Beschaffenheit der Mandel- und Mandelersatzmassen	295
2.3	Der Einfluss der Rohstoffe auf die Beschaffenheit von Makronenmassen und Gebäcken aus Makronenmassen	295
2.4	Verfahrensweise	296
2.4.1	Zubereitung von Makronenmassen	296
2.4.2	Aufarbeiten der Makronenmasse	296
2.4.3	Backen	297
2.4.4	Herrichten der Gebäcke	297
2.5	Herstellen einzelner Erzeugnisse	297
2.5.1	Erzeugnisse aus Makronenmasse	297
2.5.2	Erzeugnisse aus Mandelersatzmasse	297
2.6	Qualitätsmerkmale	298
2.7	Gebäckfehler (Makronen)	298
	Aufgabenstellungen	299
3	Herstellen von Erzeugnissen aus Röstmassen	300
3.1	Die besondere Beschaffenheit von Röstmassen und von daraus hergestellten Erzeugnissen	300
3.2	Der Einfluss der Rohstoffe auf die Beschaffenheit von Röstmasse und Gebäck daraus	300
3.3	Herstellen der Erzeugnisse	300
3.3.1	Zubereiten der Röstmasse	301
3.3.2	Verarbeiten der Röstmasse für Gebäcke	301
3.4	Gebäckfehler	302
	Aufgabenstellungen	302
4	Herstellen von Erzeugnissen aus Eiermassen	302
4.1	Maschinen zur Herstellung von Massen	303
4.1.1	Wirkungsweise der Maschinen	303
4.1.2	Umgang mit Maschinen	304

4.2	Einteilung der Erzeugnisse aus Eiermassen 304		1.3	Krems (Füllkrems) 327	
4.3	Die besondere Beschaffenheit der Eiermassen 305		1.3.1	Die besondere Beschaffenheit der Füllkrems 327	
4.4	Der Einfluss der Rohstoffe auf die Beschaffenheit von Masse und Gebäck 306		1.3.2	Bindemittel für Füllkrems 327	
			1.3.3	Herstellen der Krems 328	
			1.3.4	Fehlermöglichkeiten 332	
4.5	Grundtechniken der Massenherstellung 307			*Aufgabenstellungen* 333	
4.5.1	Schlagen von Eischnee 307		2	**Herstellen von Überzügen** 335	
4.5.2	Warm- und kaltschlagen von Vollei ... 308		2.1	Zuckerglasuren 335	
4.6	Herstellen von Erzeugnissen aus Biskuitmassen 308		2.1.1	Fondantglasur 335	
			2.1.2	Puderzuckerglasur 335	
4.6.1	Herstellen von leichten Biskuitmassen . 309		2.1.3	Eiweißglasur 336	
4.6.2	Herstellen von schweren Biskuitmassen 309		2.1.4	Fadenzuckerglasur 336	
4.7	Herstellen von Erzeugnissen aus Wiener Massen 310		2.2	Schokoladenhaltige Überzugsmassen . 337	
			2.2.1	Schokoladenglasur (Kochschokolade) . 337	
4.8	Herstellen von Erzeugnissen aus Sandmassen 311		2.2.2	Kuvertüre 337	
			2.2.3	Fettglasur 337	
4.9	Herstellen von Erzeugnissen aus Schaummassen 313		2.3	Spritzglasuren 338	
			2.3.1	Schokoladenspritzglasur (Spritzschokolade) 338	
4.10	Rechtliche Vorschriften für Erzeugnisse aus Massen 314		2.3.2	Eiweißspritzglasur 338	
4.10.1	Bezeichnung von Erzeugnissen 314			*Aufgabenstellungen* 338	
4.10.2	Qualitätsanforderungen an Erzeugnisse aus Massen 316		3	**Herstellen der Torten, Schnitten und Desserts** 338	
4.11	Gebäckfehler 317		3.1	Wie Torten, Schnitten und Desserts zusammengesetzt sind 338	
	Aufgabenstellungen 318		3.2	Einteilung der Erzeugnisse 339	
			3.2.1	Torten 339	
5	**Erzeugnisse für Diabetiker** 319		3.2.2	Schnitten 340	
5.1	Erläuterungen zum Krankheitsbild „Diabetes" 319		3.2.3	Desserts 340	
			3.2.4	Überblick über die Schichtung von Torten 341	
5.2	Zusammensetzung der Erzeugnisse für Diabetiker 320		3.3	Herstellungsverfahren für Torten 342	
			3.3.1	Herrichten der Böden 342	
5.3	Vorschriften für die Kennzeichnung von Diabetikererzeugnissen 321		3.3.2	Herrichten der Füllungen 342	
			3.3.3	Zusammensetzen der Torten 343	
	Aufgabenstellungen 322		3.3.4	Fertigstellen der Torten 343	
			3.3.5	Herstellen von Obsttorten 344	
Die Herstellung von Torten und Desserts		323	3.4	Herstellen von Desserts 345	
			3.4.1	Rouladen, Omeletts 345	
1	**Herstellen von Füllungen** 323		3.4.2	Schnitten 345	
1.1	Schlagsahne 323		3.4.3	Wiener Schnitten 346	
1.1.1	Die Schlagfähigkeit (Schaumbildungsvermögen) 323		3.4.4	Andere Desserts 346	
				Aufgabenstellungen 347	
1.1.2	Verfahrenstechnik 324				
1.1.3	Eignung und Verwendung 325		**Lebensmittelrechtliche Bestimmungen im Zusammenhang mit der Herstellung von Bäckereierzeugnissen**		323
1.1.4	Aufbewahrung 325				
1.2	Schlagsahnezubereitungen (Sahnekrems) 325				
1.2.1	Zusammensetzung 325		1	**Allgemeine Rechtsquellen** 348	
1.2.2	Herstellen von Sahnekrems mit herkömmlichen Rohstoffen 326		1.1	Gesetze und Verordnungen 348	
			1.2	Leitsätze 348	
1.2.3	Herstellen von Sahnekrems mit Convenienceprodukten 326		1.3	Richtlinien 348	

1.4	Begriffsbestimmungen, Qualitätsnormen, Prüfungsbestimmungen, Handelsvorschriften	349
1.5	Gerichtsurteile	349
2	Was in diesen Rechtsquellen geregelt wird	349
3	Spezielle lebensmittelrechtliche Vorschriften	349

Umgang mit Speiseeis   350

1	Die Speiseeis-Sorten	350
2	Rohstoffe und Zutaten zur Herstellung von Speiseeis	351
3	Zugelassene Zusatzstoffe für Speiseeis	351
4	Besondere hygienische Vorschriften	351
5	Betriebskontrolle	352
6	Bezeichnung von Speiseeis	352
6.1	Bezeichnung nach der Geschmacksrichtung	352
6.2	Bezeichnungen nach der Güteklasse	352
	Aufgabenstellungen	353

Bildquellen   354

Sachwortverzeichnis   355

Brote und Kleingebäcke aus Roggen

Statistische Angaben[1]

In der Bundesrepublik Deutschland werden mehr als 300 **Brotsorten** sowie eine Vielzahl von **Kleingebäcken** und etwa 1200 Sorten von **Feingebäcken** hergestellt.

Der **Pro-Kopf-Verbrauch** an Brot und Brötchen in der Bundesrepublik lag im Jahre 1997 im Durchschnitt bei 84,4 kg. Der **Jahresumsatz** für handwerkliche Bäckereien lag 1997 bei 26,5 Milliarden DM (ohne Umsatzsteuer).

Heute gibt es rund 22 250 selbstständige Bäckereien mit 47 150 Fachgeschäften (Filialen). Die Zahl der **Beschäftigten** liegt bei etwa 315 000 Personen.

Brot rangiert im Ansehen des deutschen Verbrauchers vor allen anderen Nahrungsmitteln **an erster Stelle**, u.a. weil es als besonders gesund gilt („Gesund wie das tägliche Brot").

Als das wichtigste Qualitätskriterium der Backwaren wird vom Verbraucher (84%) **die Frische** bezeichnet. Der deutsche Verbraucher schätzt ganz besonders auch die **Vielfalt des Brot- und Kleingebäcksortiments**.

Abb. 1: Sortiment von Roggen-, Misch- und Schrotbroten sowie von Kleingebäcken

---

[1] Angaben vom Zentralverband des Deutschen Bäckerhandwerks für das Jahr 1997

So viel Brot und Brötchen essen unsere Nachbarn[1] (Pro-Kopf-Verbrauch in kg pro Jahr)	
Deutschland	84 kg
Schweden	76 kg
Dänemark	74 kg
Finnland	72 kg
Österreich	72 kg
Italien	67 kg
Griechenland	67 kg
Portugal	66 kg
Spanien	66 kg
Irland	65 kg
Niederlande	60 kg
Großbritannien	59 kg
Frankreich	54 kg
Belgien	48 kg
Luxemburg	40 kg
Durchschnitt EU	71 kg
(Alle Angaben für 1996 bzw. 1997)	

1 Was die Verbraucher erwarten

Zunächst sollen die vier Hauptargumente der Verbrauchererwartung kritisch betrachtet werden.

1.1 Brot soll gesund sein

Brot enthält:

❑ viele *Energie liefernde Stoffe*, dabei vorwiegend Stärke,

100 g Brot enthalten (in g/%)				
	Stärke Zucker	Eiweiß	Fett	Brennwert in Joule[2]
Vollkornbrot	45 – 50	7,5	1,4	940
Roggenbrot	50	6,5	1,3	1010
Roggenmischbrot	50	6,5	1,2	1020
Weizenmischbrot	51	7 – 8	1,2	1050
Weizenbrot	52	8,5	1,0	1060
Knäckebrot	75	10,0	1,5	1520

❑ wichtige *Aufbau* und *Erhaltungsstoffe*,
  Dazu zählen:
  die Eiweiße:
  Weizen enthält etwas mehr Eiweiße, Roggeneiweiß hat eine höhere biologische Wertigkeit (enthält mehr essenzielle Aminosäuren als Weizeneiweiß);
  die Mineralstoffe:
  – insbesondere Natrium, Kalium, Calcium, Phosphor und Eisen.

[1] Quelle: Association Internationale de Meunerie – AIM –, Brüssel
[2] 1000 Joule (J) = 1 Kilojoule (kJ) = 0,24 Kilokalorien (genau: 0,239 kcal)

❑ zahlreiche für den *Stoffwechsel* wichtige Stoffe.
  Das sind neben den Mineralstoffen die Vitamine der B-Gruppe (B_1, B_2 und Niacin)
  Brote aus höher ausgemahlenen Mehlen (dunkle Roggenbrote, Vollkornbrote) enthalten sowohl mehr Vitamine als auch mehr Mineralstoffe; das wird besonders deutlich beim Gehalt an Kalium und Phosphor.

	helle Brote (je 100g)	dunkle Brote (je 100g)
Kalium	130 mg	270 – 300 mg
Phosphor	90 mg	130 – 220 mg
Eisen	1 mg	2 – 3,5 mg
Vitamin B_1	85 IE[2]	160 – 180 IE
Vitamin B_2	60 IE	120 – 150 IE

Dunklere Brote bewirken:

❑ bessere *Verdauung*
  Je höher der Anteil an Schalenbestandteilen im Mehl, Schrot, Vollkornerzeugnis ist, um so höher ist die Menge an Ballaststoffen (Zellulose, Lignin, Pentosane u.a.).

❑ gutes Sättigungsgefühl
  Das liegt an der längeren Verweildauer der hochaufgebauten Nährstoffe (Stärke, Eiweiße; insbesondere der Ballaststoffe) im Magen.

1.2 Brot soll gut aussehen und gut schmecken

Aussehen

Beim Einkauf spielt für den Verbraucher das äußere Erscheinungsbild eine wichtige Rolle.

Er achtet dabei besonders auf Folgendes:

– Braunfärbung und Ausformung der Kruste,
– Ansprechende Form der Gebäcke sowie großes Volumen,
– Erscheinungsbild der Krume: gute Lockerung bei gleichmäßiger Porenbildung.

Geschmack

Entscheidender als das äußere Erscheinungsbild sind letztendlich allerdings der Geschmack und das Aroma der Gebäcke. Der deutsche Verbraucher schätzt dabei besonders:

– Einen milden, vollaromatischen Geschmack und Duft bei Weizengebäcken,

1 Was die Verbraucher erwarten

- einen mild-säuerlichen oder aber kräftig-säuerlichen Geschmack bei Roggengebäcken,
- einen hohen Anteil an Geschmacksstoffen (Röstprodukten) durch eine kräftig ausgebildete Kruste,
- evtl. einen zusätzlichen Anteil an Geschmacksstoffen auf Grund von besonderen Zutaten.

1.3 Brote und Kleingebäcke sollen frisch sein

Die Frische wird vom deutschen Verbraucher als das wichtigste Qualitätsmerkmal angesehen.

Frische Gebäcke haben:

❏ Einen stärkeren Duft
Die flüchtigen, riechbaren Bestandteile (Aromen) sind noch nicht verflogen, sondern können, besonders im noch nicht voll ausgekühlten Zustand, voll zur Wirkung kommen.

❏ Einen volleren Geschmack
Die Krume ist noch ausreichend feucht, sodass die Geschmacksstoffe noch gelöst sind und auf Zunge und Gaumen sofort voll zur Wirkung kommen.

❏ Eine zartere, weil noch feuchte Krume
Mit zunehmender Lagerung trocknet die Krume immer mehr aus und wird dabei härter (= „altbacken").
Roggengebäcke halten wegen des höheren Wasseranteils den Frischezustand länger als Weizengebäcke.

❏ Eine härtere, im Biss brüchige Kruste
Mit zunehmender Lagerung nimmt die Kruste einen Teil des aus der Krume entweichenden Wassers auf und wird ledrig-zäh.

Dem handwerklichen Bäcker gelingt es leichter, frische Gebäcke anzubieten:

- weil der Weg von der Backstube in den Laden oder zur Filiale kürzer ist als bei langen Anlieferwegen,
- weil er frischeempfindliche Gebäcke (z. B. Weizenkleingebäcke, Hefefeingebäcke) täglich mehrmals frisch herstellen kann,
- weil er die Produktionsmenge auf den täglichen Verkauf abstimmen kann, sodass nach Möglichkeit nichts liegen bleibt; bei Bedarf können im Laufe des Tages auch kleinere Gebäckmengen nachproduziert werden.

1.4 Der Verbraucher wünscht ein vielfältiges Angebot

In keinem anderen Land auf dieser Erde werden auch nur annähernd so viele Brotsorten hergestellt und vom Verbraucher verzehrt wie in der Bundesrepublik Deutschland (vgl. die statistischen Angaben auf Seite 1).

Auch die Vielfalt des Kleingebäcksortiments ist sonst nirgendwo erreicht.

Der einzelne Bäckereibetrieb stellt aus der großen Fülle der möglichen Brot- und Kleingebäcksorten allerdings nur eine begrenzte Anzahl her; diese ist abhängig u. a. von der Betriebskapazität sowie der Geschäftslage.

❏ Innerhalb der Bundesrepublik Deutschland ist das Sortenangebot recht unterschiedlich; man trifft jeweils die für diese „Backlandschaft" typischen Gebäcksorten an.

❏ Alle diese Gebäcke:
- unterscheiden sich nach Aussehen, Form, Größe, Zusammensetzung und Geschmack,
- haben eine besondere Bezeichnung.

2 Wie Brote und Kleingebäcke bezeichnet werden

Gebäckbezeichnungen:

- sind häufig **regional übliche Bezeichnungen**; sie entstammen meist dem mundartlichen Sprachgebrauch des betreffenden Gebietes (z. B. „Klaben", „Stuten", „Semmel" u. a.),
- oder aber es wird damit auf eine **in bestimmten Regionen übliche Beschaffenheit** bzw. Qualität hingewiesen (z. B. „Altmärker", „Böhmerwälder", „Westfälisches Brot", „Eifeler", „Schwarzwälder", u. v. a. = geografische Hinweise);
- können aber auch dem modischen Wandel unterliegende **Fantasiebezeichnungen** sein (z. B. „Kosakenbrot", „Holzlukenbrot", „Kronenbrot", „Gutsherrenbrot" u. a.);
- werden häufig nach der **verwendeten Getreideart** („Weizen-", „Roggen-", „Schrotbrot") verwendet,
- können aber auch auf den **Gehalt an „werbestimmenden Zutaten"** hinweisen, (z. B. „Buttermilch-", „Rosinen-", „Weizenkeimbrot" u. a.).

Dem Bäcker ist für die Bezeichnung seiner Gebäcke nur eine eingeschränkte Freiheit eingeräumt. Das trifft in vollem Umfang nur für Fantasiebezeichnungen zu. In den meisten Fällen gibt es rechtliche Vorschriften dafür, wie die Gebäcke beschaffen sein müssen, wenn sie dem Verbraucher mit einer bestimmten Bezeichnung angeboten werden.

Rechtsgrundlage dafür sind:
- die „Richtlinien für Brot und Kleingebäcke" von 1984
- die „Leitsätze für Brot und Kleingebäcke" vom 31.1.1994.

In diesen Vorschriften werden die Qualitätsnormen für bestimmte Brote und Kleingebäcke formuliert.

Falls der Bäcker oder Verkäufer dagegen verstößt, indem er Bezeichnungen verwendet, die den damit verbundenen Qualitätsnormen nicht gerecht werden, macht er sich strafbar.

2.1 Freie Bezeichnungen
(ohne rechtliche Regelung)

Bestimmte Bezeichnungen für Brote oder Kleingebäcke sagen nichts über deren „stoffliche" Qualität aus. Sie dienen mehr der Orientierung des Verbrauchers für die Auswahl beim Einkauf. In die Bezeichnung können allerdings Angaben über äußere Aufmachung (z. B. „Drückbrötchen") und Beschaffenheit (z. B. „doppelt gebacken") eingehen.

Zu diesen rechtlich nicht näher geregelten Bezeichnungen gehören:

Regional übliche Bezeichnungen
Je nach Region (Nord-, Mittel-, Süddeutschland) werden Kleingebäcke z. B. als „Brötchen", „Semmeln", „Schrippen", „Knüppel" o. a., Brote z. B. als „Klaben" „Laibe" o. a. bezeichnet.

Fantasiebezeichnungen
Dazu gehören Bezeichnungen wie:
„Kosakenbrot",
„Holzlukenbrot",
„Kronenbrot",
„Eifelzwerg",
„Schößgen" u. a.

Mit solchen Gebäckbezeichnungen sind keine bestimmten Qualitätsanforderungen verbunden.

Andere übliche Bezeichnungen

Bezeichnungen können auch getroffen werden:
- nach der Form
  z. B. „Rundbrötchen", „Sternsemmel", „Stangenbrot" „Hörnchen" u. a.
- nach der Formgebung
  z. B. „Drückbrötchen", „Schnittbrötchen", „Flechtgebäck" u. a.
- nach der Art des Backens
  z. B. „doppelt gebackenes Brot", „Laugengebäck" u. a.

2.2 Verbindliche Bezeichnungen
(rechtlich geregelt)

In den meisten Fällen soll durch die Bezeichnung eine ganz bestimmte Beschaffenheit bzw. Zusammensetzung, also eine bestimmte Qualität der Gebäcke zum Ausdruck kommen. Das gilt für Brote und Kleingebäcke mit folgenden Bezeichnungen:

Bezeichnung nach den Mahlerzeugnissen aus Brotgetreide (Brotgrundsorten)
Solche Bezeichnungen werden meist als „Oberbegriffe" gewählt. Je nach dem Anteil an Mahlerzeugnissen aus Roggen oder Weizen spricht man von **„Weizen-** oder **Weißbrot", „Weizenmischbrot", „Roggenmischbrot", „Roggenbrot", Roggenschrotbrot", Roggenvollkornbrot", Roggenbrötchen"** u. a.

Bei diesen Bezeichnungen spricht man von „Brotgrundsorten". Die Anteile der benannten Getreidemahlerzeugnisse im Brot oder Kleingebäck sind hier als Mindest- oder Höchstanteile vorgeschrieben (s. S. 5).

Bezeichnung nach Zutaten
- andere Getreidearten
  z. B. „Haferbrot", „Maisbrot", „Dreikornbrot" u. a.
- oder wertbestimmende Zutaten
  z. B. „Milchbrötchen", „Quarkbrot", „Leinsamenbrot" u. a.

Bezeichnung nach anderen Wertmerkmalen
- mit **geografischen Hinweisen**,
  z. B. „Eifler Brot", „westfälischer Pumpernickel" u. a.

- nach **besonderen Backverfahren**
  z. B. „Holzofenbrot", „Steinofenbrot" u.a.
- nach **verändertem Nährwert**
  z. B. „kohlenhydratvermindertes Brot" u.a.
- nach **diätetischen Merkmalen**
  z. B. „eiweißarmes Brot" u.a.

So bezeichnete Gebäcke müssen der in den Richtlinien und Leitsätzen vorgeschriebenen Qualität entsprechen.

Diese „Qualitätsnormen" sollen jetzt dargestellt werden.

3 Unterscheidung der Brot- und Kleingebäcksorten

3.1 Die Brotgrundsorten

Brote werden eingeteilt nach dem rezeptmäßigen Anteil an Getreidemahlerzeugnissen (Mehl, Schrot, Vollkornerzeugnissen). Die Bezeichnungen lauten dann „Roggenbrot", „Roggenmischbrot", „Weizenmischbrot", „Weizenbrot", „Schrotbrot", „Vollkornbrot".

Der Mengenanteil namensgebender Getreideerzeugnisse ist als Mindestanteil vorgeschrieben.

Abb. 1: Brotgrundsorten – Roggenbrot, Roggenmischbrot, Weizenmischbrot, Weizenbrot, Schrotbrot (vlnr.)

Brotgrundsorten	Mindestanteile an Getreidemahlerzeugnissen
Roggenbrot	90% Roggenmehl
Roggenmischbrot	mehr als 50%, jedoch weniger als 90% Roggenmehl
Weizenmischbrot	mehr als 50%, jedoch weniger als 90% Weizenmehl
Weizenbrot	90% Weizenmehl
Roggenschrotbrot	90% Roggenbackschrot
Weizenschrotbrot	90% Weizenbackschrot (Grahambrot)
Schrotbrot	90% Roggen- und Weizenbackschrot (in beliebigem Mengenverhältnis)
Roggen-/Weizenschrotbrot	mehr als 50% Roggenbackschrot
Roggenvollkornbrot	90% Roggenvollkornerzeugnisse; die zugesetzte Säure stammt zu mindestens zwei Dritteln aus Sauerteig
Weizenvollkornbrot	90% Weizenvollkornerzeugnisse
Vollkornbrot	90 % Roggen- und Weizenvollkornerzeugnisse in beliebigem Verhältnis zueinander; die zugesetzte Säure stammt zu mindestens zwei Dritteln aus Sauerteig
Dinkelbrot	90% Dinkelerzeugnisse (Dinkel ist eine besondere Weizenart; vgl. Band I)

Diese Bezeichnungen werden z.T. nur als Oberbegriffe verwendet. Die Verkehrsbezeichnungen der Brotgrundsorten lauten meist anders, z. B. „Schwarzwälder Brot"; dies z. B. ist nach seiner Zusammensetzung ein Roggenmischbrot.

Weizen- und Roggenmischbrote

Abb. 1: ① Schwarzwälder Brot   ③ Heidebrot   ⑤ Bauernbrot   ⑦ Paderborner Brot
② Frankenlaib   ④ Schweizer Brot   ⑥ Krustenbrot   ⑧ Gersterbrot

Roggenbrote, Schrotbrote, Vollkornbrote

Abb. 2: ①–② Roggenschrotbrot ③ Berliner Brot ④ Holsteiner Vollkornbrot ⑤–⑦ Roggenbrot ⑧ Rhein. Schrotbrot

3.2 Die übrigen Brotsorten

Der frühere Begriff „Spezialbrote" ist aus dem offiziellen Sprachgebrauch verschwunden. Die neue Einteilung wird unter dem Oberbegriff „übrige Brotsorten" getroffen.

3.2.1 Brote mit Namen gebenden Nicht-Brotgetreidearten

Haferbrot, Reisbrot, Gerstenbrot, Maisbrot, Hirsebrot, Buchweizenbrot

Der Anteil der Namen gebenden Nicht-Brotgetreidearten muss mindestens 20% betragen.

Hafervollkornbrot, Gerstenvollkornbrot

Diese enthalten insgesamt 90% Vollkornerzeugnisse, davon mindestens 20% Vollkornerzeugnisse der betreffenden Nicht-Brotgetreideart.
Die zugesetzte Säure stamnmt zu mindestens zwei Dritteln aus Sauerteig.

3.2.2 Brote aus Brotgetreide und Nicht-Brotgetreide

Dreikornbrot, Vierkornbrot, Mehrkornbrot

Sie bestehen aus mindestens einer Brotgetreideart und mindestens aus einer Nicht-Brotgetreideart, insgesamt aus mindestens drei oder mehr verschiedenen Getreidearten.
Jede Getreideart ist mit mind. 3% enthalten.
Entsprechendes gilt für:

Mehrkorntoastbrot, Mehrkornknäckebrot

3.2.3 Toastbrote

Weizentoastbrot   mind. 90% Weizenmehl

Weizenmischtoastbrot
– mehr als 50%, jedoch weniger als 90% Weizenmehl

Roggenmischtoastbrot
– mehr als 50%, jedoch weniger als 90% Roggenmehl

Weizenvollkorntoastbrot
– mindestens 90% Weizenvollkornerzeugnisse

Vollkorntoastbrot
– Roggen-/Weizenvollkornerzeugnisse mindestens 90% in beliebigem Verhältnis zueinander.
– Wird Säure zugesetzt, so stammt diese zu mindestens zwei Drittel aus Sauerteig.

3.2.4 Trockenflachbrote

Knäckebrot
– Es darf höchstens 10% Feuchtigkeit enthalten.
– Es kann aus Roggen, Weizen und anderen Getreidearten oder aus Mischungen davon hergestellt werden, auch unter Verwendung anderer Lebensmittel.
– Als Locherungsmittel können Sauerteig, Hefe, aber auch andere Gasbildner, z. B. chemische Triebmittel verwendet werden.

3.2.5 Brote mit Wert bestimmenden Zutaten

Brote, die nach einer Wert bestimmenden Zutat benannt werden, z. B. „Quarkbrot", müssen bestimmte Anteile dieser Zutaten enthalten.
Die Menge der Zutaten ist jeweils auf 100 kg Getreidemahlerzeugnis bezogen.

Brotsorten und die Mindestanteile der Namen gebenden Zutaten

Butterbrot
5 kg Butter (oder entsprechende Mengenanteile Butterreinfett). Andere Fette (außer als Trennfett) werden nicht verwendet.

Milchbrot
50 l Vollmilch oder entsprechende Mengen Kondensmilch bzw. Trockenmilcherzeugnisse)

Milcheiweißbrot   2 kg Milcheiweiß

Buttermilchbrot, Joghurtbrot, Kefirbrot
jeweils 15 l Milcherzeugnis oder entsprechende Mengen Trockenerzeugnis

Quarkbrot
10 kg Speisequark

Weizenkeimbrot
10 kg Weizenkeime, Mindestfettgehalt 8%

Leinsamenbrot, Sesambrot
8% nicht entfette Ölsamen

Nussbrot, Sonnenblumenkernbrot
8% nicht entfette Ölsamen

Rosinenbrot, Korinthenbrot, Sultaninenbrot
15 kg luftgetrocknete Früchte

Kleiebrot, Ballaststoffbrot
10 kg Weizenspeisekleie mit mindestens 50%

Mohnbrot, Mohnkleingebäck
eine deutlich sichtbare Krustenauflage genügt.

Sauerteigbrot
die gesamte zugesetzte Sauerteigmenge stammt aus Sauerteig.

Verschiedene Brote

Abb. 1:
① Buttermilchbrot
② Steinmetzbrot
③ Leinsamenbrot
④ Zwiebelbrot
⑤ Mehrkornbrot
⑥ Grahambrot
⑦ Rosinenbrot
⑧ Knäckebrot
⑨ Pumpernickel

Schinkenbrot

Ist ein Roggenvollkornbrot oder Roggenschrotbrot in halbrunder Form. Es kann freigeschoben, angeschoben oder im Kasten gebacken sein. Es weist einen herzhaft aromatischen Geschmack auf. Ein Zusatz von Schinken ist nicht üblich. Schinken wird nur in wenigen Gegenden und nur bei Mehlbroten zugesetzt.

3.2.6 Brote, hergestellt unter Anwendung besonderer Backverfahren

Steinofenbrot
– Die Backfläche bzw. die Backgutträger müssen aus Natur- oder Kunststein oder Schamott und dürfen nicht aus metallischen Materialien bestehen.

Holzofenbrot
– Wird hergestellt in direkt befeuerten Öfen. Die Backherde müssen aus Stein oder aus steinartigen Materialien bestehen.
– Als Heizmaterial wird nur Natur belassenes Holz verwendet; dieses befindet sich beim Beheizen im Backraum (Herd).

Gersterbrot (Gerstelbrot)
– Die Teigstücke werden vor dem Backen in offenem Feuer geflammt (= gegerstert). Das ergibt eine charakteristische Sprenkelung der Kruste.

Pumpernickel
– Die Backzeit dauert mindestens 16 Stunden
– Das Brot enthält mindestens 90% Roggenbackschrot und/oder Vollkornschrot.

3.2.7 Brote mit geografischen Hinweisen in der Bezeichnung

Die geografischen Bezeichnungen, z.B. Kasseler Brot, geben nicht die Herkunft an. Es handelt sich vielmehr um Gattungsbezeichnungen.

Das setzt jedoch voraus, dass die so bezeichneten Brote hinsichtlich ihrer Beschaffenheit bestimmten Anforderungen genügen müssen. Im Einzelnen ist das näher ausgeführt in den „Richtlinien für die Verwendung von geografischen Brotbezeichnungen".

Sehen Sie dazu auch das im gleichen Verlag erschienene Buch „Rechtliche Vorschriften Bäckerei/Konditorei/Café".

Zu diesen Broten zählen:

Eifeler Brot
Rheinisches Schwarzbrot
Fränkisches Brot
Münsterländer Bauernstuten
Böhmerwald-Brot
Mecklenburger Landbrot
Bayerisches Hausbrot
Berliner Brot (Berliner Landbrot)
Hamburger Brot
Schwarzwälder Brot (Badisches Brot)
Oberländer Brot
Paderborner Brot
Schlesisches Brot
Hunsrücker Brot
Wrienzer Landbrot
Altmärker Brot

und viele andere

Will man in der Brotbezeichnung jedoch zum Ausdruck bringen, dass das Brot tatsächlich in der angegebenen Region hergestellt wurde, setzt man den Zusatz „original" zu, z.B.:

original Paderborner Brot
original Rheinisches Schwarzbrot
original Altmärker Brot

In solchen Fällen handelt es sich um Herkunftsbezeichnungen. Das so bezeichnete Brot muss tatsächlich in der angegebenen Region und zwar in der dort üblichen Qualität hergestellt worden sein.

3.2.8 Brote, hergestellt aus besonderen Mahlerzeugnissen

Steinmetzbrot

– Die Getreidekörner (Weizen/Roggen) werden durch Enthülsen von den äußeren Schalenteilen befreit; Ausmahlungsgrad 93 – 94%).

Schlüterbrot

– Das Mahlerzeugnis (Kleiemehl) wird mit Hilfe von Wärme und Enzymen besonders aufgeschlossen. Dadurch wird auch das in der Wabenschicht enthaltene Aleuron-Eiweiß für die menschliche Ernährung nutzbar gemacht.

3.2.9 Brote, hergestellt auf Grund besonderer Teigführungen

Simonsbrot

– ist ein Roggen- und/oder Weizenvollkornbrot.
– Die ganzen Roggen- oder Weizenkörner werden in 50 °C warmem Wasser zum Quellen gebracht und dann zu Brei zerquetscht.
  Dem Brei wird Sauerteig oder ein Hefestück zugesetzt.
  Die Brote werden in Kästen bei niedrigen Temperaturen und mit viel Schwaden gebacken.

Loosbrot

– ist ein besonderes Vollkornbrot. Der Teig wird mit einem Hefestück ohne Sauerteig geführt

3.2.10 Brote mit verändertem Nährwert

Darunter versteht man Brote für besonders ernährungsbewusste oder für gesundheitsempfindliche Kunden.

Kohlenhydratvermindertes Brot

– enthält mindestens 30% weniger Kohlenhydrate als vergleichbares Brot

Brennwertvermindertes Brot

– liefert mindestens 30% weniger Energie als vergleichbares Brot

3.2.11 Diätetische Brote

Sie sollen einem bestimmten Ernährungszweck dienen.

Entweder steigern oder verringern sie die Zufuhr bestimmter Nährstoffe oder anderer ernährungsphysiologisch wichtiger Stoffe.

Zu den diätetischen Broten zählen:

eiweißarmes Brot
glutenfreies Brot
natriumarmes Brot
streng natriumarmes Brot
vitaminisiertes Brot
Diabetikerbrot

Abb. 1: ① Holzofenbrot ④ Kasseler Brot ⑦ Mischbrot (halb und halb)
② Gersterbrot ⑤ Bauernbrot, doppelt gebacken ⑧ Paderborner Landbrot
③ Eifeler Brot ⑥ Krustenbrot ⑨ Schwarzwälder Brot

Übersicht über die Brotsorten

In der Bundesrepublik Deutschland werden über 300 verschiedene Brotsorten hergestellt.

Die Brote werden vom Bäcker unter verschiedenen Bezeichnungen angeboten.

Mit der Brotbezeichnung wird beim Verbraucher eine bestimmte Qualitätserwartung geweckt. Daher müssen die entsprechend bezeichneten Brote bestimmten, rechtlich geregelten Qualitätsstandards genügen. Verstöße gegen diese Qualitätsvorschriften sind strafbar; sie werden als Täuschung, Irreführung oder gar als Betrug geahndet.

Solche rechtlichen Regelungen (Leitsätze für Brote und Kleingebäcke) gibt es für folgende Brotsorten:

- **Die Brotgrundsorten**
  hier sind die Mindestanteile für Roggen und/oder Weizenmahlerzeugnisse festgelegt (s. S. 5),
- **Brote mit Namen gebenden Nicht-Brotgetreidearten**
  z. B. Haferbrot, Maisbrot, Gerstenvollkornbrot u. a. (s. S. 7),
- **Brote aus Brotgetreide- und Nicht-Brotgetreidearten**
  z. B. Dreikornbrot, Mehrkornbrot, u. a. (s. S. 7),
- **Toastbrote**
  z. B. Roggenmischtoastbrot (s. S. 7),
- **Trockenflachbrote**
  z. B. Knäckebrot (s. S. 7),
- **Brote mit Wert bestimmenden Zutaten**
  z. B. Milchbrot, Weizenkeimbrot, Leinsamenbrot u. a. (s. S. 7),
- **Brote aus besonderen Backverfahren**
  z. B. Steinofenbrot, Gersterbrot u. a. (s. S. 8),
- **Brote mit geografischen Hinweisen**
  z. B. Altmärker Brot, Eifeler Brot, Odenwälder Brot u. a. (s. S. 8 f),
- **Brote aus besonderen Mahlerzeugnissen**
  z. B. Steinmetzbrote, Schlüterbrot (s. S. 9),
- **Brote bei besonderen Teigführungen**
  z. B. Simonsbrot, Loosbrot (s. S. 9),
- **Brote mit verändertem Nährwert**
  z. B. Kohlenhydrat vermindertes Brot (s. S. 9),
- **Diätetische Brote**
  – z. B. Eiweiß armes Brot, Diabetikerbrot u. a. (s. S. 9).

Rechtlich nicht geregelt sind:
- regional übliche Bezeichnungen,
- Fantasiebezeichnungen,
- Bezeichnungen, die die Form oder die Art des Backens zum Ausdruck bringen (s. S. 4).

3.3 Kleingebäcke mit Roggenanteilen

❑ Kleingebäcke dürfen nicht mehr als 250 g wiegen,

❑ weitere Gewichtsvorschriften sind nicht gegeben,

❑ das Gewicht muss nicht angegeben werden.

3.3.1 Zusammensetzung der roggenhaltigen Kleingebäcke

Zur Herstellung von Kleingebäcken wird als Getreidemahlerzeugnis vorwiegend Weizenmehl verwendet. Das erklärt sich so, dass zur Erzielung großvolumiger Gebäcke – so ist die Verbrauchererwartung – Mehle mit entsprechenden Klebereigenschaften gebraucht werden. Kleingebäcke, zu deren Herstellung ausschließlich Roggenmehl verwendet wird, sind daher nicht üblich.

Im Allgemeinen gelten für die Zusammensetzung von Kleingebäcken die gleichen Bestimmungen wie für die Zusammensetzung von Broten (s. Bd. 1: „Weizenkleingebäcke").

Für die Bezeichnung von roggenhaltigen Kleingebäcken gelten jedoch andere Auffassungen: hier darf ein Brötchen bereits dann als „Roggenbrötchen" bezeichnet werden, wenn mindestens 50% des Getreideanteils aus Roggen stammen.

3.3.2 Bezeichnungen für Kleingebäcke

Allgemein übliche Bezeichnungen
Übliche Gattungsbezeichnungen, die sich regional jedoch unterscheiden, sind:

**Brötchen,
Semmeln,
Wecken,
Schrippen u.a.**

Verschiedene Kleingebäcke

Abb. 1:
① Roggenbrötchen
② Weißbrötchen
③ Hamburger Rundstück
④ Schusterjunge
⑤ Röggelchen
⑥ Zwiebelbrötchen
⑦ Leinsamenbrötchen
⑧ Süße Hörnchen
⑨ Kümmelstange
⑩ Sesambrötchen
⑪ Kaisersemmel
⑫ Mohnbrötchen
⑬ Bauernbrötchen
⑭ Rosinenbrötchen
⑮ Schwedenbrötchen
⑯ Käsebrötchen
⑰ Laugenbrezel
⑱ Laugenbrötchen

3 Unterscheidung der Brot- und Kleingebäcksorten

Regional spezifische Bezeichnungen

Dazu zählen z. B.:

Schusterjungen,
Berliner Salzkuchen,
Weinheimer Bauernweck,
Hamburger Rundstück,
Koblenzer Schößgen,
Kölner Röggelchen, u.a.

Für so bezeichnete Gebäcke gibt es keine Vorschriften bezüglich ihrer Zusammensetzung; es handelt sich ebenfalls nicht um Herkunftsbezeichnungen.

Allerdings steht hinter der Bezeichnung eine Verbrauchererwartung hinsichtlich der Beschaffenheit und/oder der Form.

Form- oder verfahrensbezogene Bezeichnungen

Die Bezeichnung richtet sich häufig nach der Form der Gebäcke oder nach der Verfahrensweise zur Erzielung der Gebäckform.

Formbezeichnungen:

Sternsemmel,
Kaisersemmel,
Rosenbrötchen,
Baguettebrötchen,
Hörnchen (Kipferl),
Stangen,
Knüppel, u.a.

Verfahrensbezeichnungen:

Schnittbrötchen,
Drückbrötchen,
Einschlagbrötchen, u.a.

Aufstreubrötchen

Dazu zählen z. B.:

Mohnbrötchen
Sesambrötchen
Kümmelstangen u.a.

Bei Aufstreubrötchen sind die verwendeten Ölsamen und/oder Gewürze nur äußerlich als Krustenauflage enthalten.

Ihr Anteil muss so hoch sein, dass sie sensorisch deutlich wahrnehmbar sind.

Bezeichnung bei Verwendung besonderer Zutaten

Werden Brötchen (Semmeln, Wecken, Schrippen) z. B. als „Buttermilchbrötchen" bezeichnet, dann muss ein bestimmter Mindestanteil der besonderen Teigzutat (bezogen auf 100 Teile [kg] Getreide/Getreidemahlerzeugnis) enthalten sein.

Verwendung besonderer Zutaten

Verkehrsbezeichnung und Besondere Beurteilungsmerkmale

Milchbrötchen
enthalten 50 Liter Vollmilch oder die entsprechende Menge Trockenmilcherzeugnisse oder Kondensmilch.

Buttermilch-, Joghurt-, Molkebrötchen
enthalten 15 Liter Buttermilch, Joghurt usw. oder die entsprechende Menge des betreffenden Trockenmilcherzeugnisses.

Quarkbrötchen
enthalten 10% Quark oder die entsprechende Menge des betreffenden Trockenmilcherzeugnisses.

Kleiebrötchen enthalten 10% Speisekleie.

Weizenkeimbrötchen
enthalten 10% Weizenkeime mit mindestens 8% Fettgehalt.

Leinsamenbrötchen enthalten 8% Leinsamen.

Roggenbrötchen
enthalten mindestens 50% Roggenerzeugnisse.

Vollkornbrötchen
enthalten mindestens 90% Vollkornerzeugnisse.

Schrotbrötchen
enthalten mindestens 90% Schrot.

Sojabrötchen enthalten 10% Sojaerzeugnissse.

Rosinenbrötchen
enthalten 15% lufttrockene Rosinen und/oder Sultaninen und/oder Korinthen.

Gewürzbrötchen
Der Gewürzanteil muss sensorisch deutlich wahrnehmbar sein, besonders bei Brötchen, die nach einzelnen Gewürzen bezeichnet sind, z. B. Kümmelbrötchen u.a.

Bezeichnung bei besonderen Eigenschaften

Weichbrötchen
enthalten 4% Zucker- und/oder Fettarten.

4 Bestimmungen über das Gewicht von Broten und Kleingebäcken

Die früheren „Vorschriften über die Gewichte von Broten und Kleingebäcken" sind aufgehoben. Der Bäcker kann seither die Gewichte von Broten und Kleingebäcken selber beliebig bestimmen.

Das Gewicht der Brote muss jedoch angegeben werden, das der Kleingebäcke dagegen nicht.

Die meisten Bäcker stellen die Brote auch weiterhin so her, dass ihr Gewicht durch 250 teilbar ist. Das ist für den Verbraucher leichter zu überschauen. Vor allem aber hat das Vorteile bei der Preisauszeichnung.

4.1 Gewichts- und Preisauszeichnung

Im Laden muss für jedes **Brot** dessen **Gewicht** sowie der Preis angegeben werden. Sofern das Brotgewicht nicht den „privilegierten Werten" entspricht, muss zusätzlich auch der Preis für 1000 g Brot (Kilopreis) angegeben werden.

Bei **Kleingebäcken** braucht nur der **Preis**, nicht aber das Gewicht angegeben zu werden.

Was sind „Privilegierte Werte"?

Brotgewichte, die durch 250 teilbar sind, werden als „privilegierte Werte" bezeichnet. (s.u.).

Besondere Ausnahmebestimmungen gibt es für das Gewicht von Schnittbrot, Knäckebrot und Stangenweißbrot.

Zu den **Privilegierten Werten** zählen:
Für **Ganzbrot**:
500 g, 750 g, 1000 g, 1250 g, 1500 g, 1750 g, 2000 g, 2500 g, 3000 g (usw. bis 10 000 g).
Für **Schnittbrot**:
10 g, 20 g, 25 g, 30 g, 40 g, 50 g, 100 g, 125 g, 200 g, 250 g.
Für **Stangenweißbrot** sowie für **Knäckebrot**: 400 g.

4.2 Brotgewichtskontrolle

Das Gewicht der Brote kann durch staatliche Aufsichtsorgane (s. S. 117) kontrolliert werden. Minusabweichungen bis zum Doppelten der zulässigen Werte werden dann nicht beanstandet, wenn das Durchschnittsgewicht von 10 Broten den Gewichtsangaben entspricht.

Welche Abweichungen vom Gewicht zulässig sind

Ein Brot darf zwar schwerer, nicht aber wesentlich leichter sein als es ausgezeichnet ist. Folgende „Minusabweichungen" sind zulässig:
– bei Broten unter 1000 g   bis zu 3%
– bei Broten über 1000 g   bis zu 1,5%

Das Gewicht von Kleingebäcken

Kleingebäcke dürfen höchstens 250 g wiegen. Weitere Gewichtsvorschriften bestehen nicht. Das Gewicht von Kleingebäcken muss nicht angegeben werden.

4.3 Wie Brotgewichte anzugeben sind

Das Gewicht von Broten muss angegeben werden. Für die Gewichtsangabe hat der Bäcker verschiedene Möglichkeiten:
– auf dem Brot selbst, z. B. durch Aufkleber oder Stempel,
– auf einem Schild neben dem Brot oder am Regal,
– auf der Packung von verpacktem Ganzbrot oder von Schnittbrot.

5 Die besondere Beschaffenheit der Roggengebäcke

Roggengebäcke haben ...

... einen kräftigen, abwechslungsreichen Geschmack.

Ursachen dafür sind:

❒ der höhere Anteil an Säuren und Enzymen im Roggenmehl

Roggenmehle sind meist höher ausgemahlen und enthalten daher mehr Schalenanteile.

❒ die längere Teigführung

Die zahlreichen Enzyme bauen aus quellfähigen Stoffen (Stärke, Eiweiß) lösliche Stoffe ab (Zucker, Säuren, Aromastoffe).

❒ die Sauerteigführungen, Säurezusätze und Mehlmischungen

Durch Sauerteigführungen entstehen je nachdem milde (Milchsäure) oder kräftiger schmeckende Säuren (Essigsäure).

- die wohlschmeckenden Zusätze

  Bestimmte Zutaten (vgl. S. 7) tragen insbesondere zum abwechslungsreichen Geschmack von Roggenbroten bei.

- der hohe Krustenanteil

  In der dicken und dunklen Kruste sind zahlreiche Geschmacksstoffe enthalten (Karamel, Melanoidine, Bitterstoffe, Gerbsäuren u.a.).

... eine deutlich ausgeprägte, gut gebräunte Kruste

Ursachen dafür sind:

- die lange Backzeit

  Durch die lange Einwirkung der Hitze wird die Kruste zunehmend dicker.

- die hohe Ofenhitze

  Je heißer der Ofen, um so dunkler wird die Kruste.

- die besondere Behandlung der Teigoberfläche

  Dadurch entstehen Gebäcke mit größerer Oberfläche und ausgeprägtem Ausbund.

... eine flachere Brotform, kleineres Volumen

Ursachen dafür sind:

- der geringe „Stand" des Teiges

  Der „Roggenkleber" ist nur wenig elastisch und ergibt daher nur geringe Oberflächenspannung des Teiges.

- das geringere Gashaltevermögen

  Der „Roggenkleber" wird bei starker Dehnung durch die Gärgase z.T. aufgerissen; ein Teil der Gase kann entweichen.

... eine dunklere, festere Krume mit engerer Porung

Ursachen dafür sind:

- der dunklere Farbton der Roggenmahlerzeugnisse

  Roggenmahlerzeugnisse enthalten einen höheren Anteil an dunklen Schalenbestandteilen.

- die geringere Lockerung

  Infolge des geringen Gashaltevermögens entstehen kleinere, unregelmäßige Poren mit dickeren Porenwänden.

... eine längere Frischhaltung

Ursachen dafür sind:

- die höhere Teigausbeute

  Roggenmehle enthalten zahlreiche Quellstoffe (Schleimstoffe, Pentosane); diese können viel Wasser aufnehmen.

- die bessere Verkleisterung der Stärke

  Da der Roggenstärke mehr Wasser zur Verfügung steht, kann sie beim Backprozess vollständiger verkleistern und dabei das Wasser fest anlagern (binden).

- das hohe Wasserbindevermögen

  Die Schleimstoffe halten das Wasser auch in der Brotkrume intensiver fest; dadurch wird die „Wasserwanderung", die zum „Altbackensein" (s. S. 105) führt, erheblich verlangsamt.

6 Die besondere Beschaffenheit der Roggenteige

Teige aus Roggenmahlerzeugnissen sind ...

... „kurz" abreißend

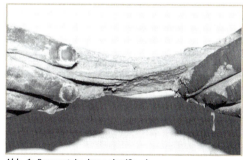

Abb. 1: Roggenteig, kurz abreißend

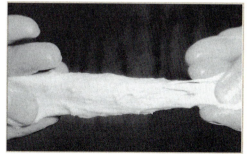

Abb. 2: Weizenteig mit elastischem Kleber

Da sich kein dem Weizenteig vergleichbarer Kleber bildet, fehlt der elastisch-dehnbare Zusammenhalt der Teigbestandteile.

Schrotteige sind um so „kürzer", je gröber die Schrotteilchen sind.

... nass-klebend und leicht schmierig

Wegen des Gehalts an Schleimstoffen können Roggenteige viel Wasser aufnehmen (= hohe Teigausbeute). Das Wasser wird zum großen Teil jedoch nur oberflächig angelagert (immobilisiert). Daher ist der Teig schmierig-nass und klebt an Bottichwand, Knetarm, Arbeitstisch und Händen.

Roggenteige muss man anders „anfassen" als Weizenteige:

Der anhaftende Roggenteig muss aus dem Knetbottich heraus- und vom Knetarm abgeschabt werden.

Bei der Aufarbeitung und Formung verwendet man Streumehl, um das Ankleben des Teiges zu vermeiden.

Bei der Formung erlangt der Roggenteig nur eine geringe Oberflächenspannung; Schrotteige werden ohne Oberflächenspannung ausgeformt.

Zur Formhaltung verwendet man meist Körbe oder Kästen, in denen die Stückgare erfolgt.

Roggenteige neigen im übrigen zu folgenden Schwächen ...

... sie „lassen nach"

❏ Dabei werden sie sehr weich, weil Wasser frei wird.
Das liegt am hohen Gehalt an Enzymen, die Stärke abbauen (vgl. „Fallzahl", S. 25, 27).

... sie „steifen nach"

❏ Dabei werden sie fest und zu trocken, weil alles Wasser gebunden wird.
Das kann bei enzymarmen Roggenmehlen auftreten. Im Verlauf der langen Knetung und Abstehzeit quellen die Mehl- oder Schrotpartikelchen intensiv auf.

Roggenteige mit auswuchsgeschädigten Mehlen ergeben fehlerhafte Gebäcke:

Als Folge des „Auswuchses" (= beginnende oder fortgeschrittene Keimung der Roggenkörner in der Ähre) sind zahlreiche Enzyme (Amylasen) gebildet worden; diese befinden sich im Mehl.

Die Enzyme bauen während des Backprozesses einen Teil der Stärke zu löslichem Zucker ab. Dadurch wird die Krume zerstört.

Durch Zusatz von Kochsalz und Säuren (Sauerteig) kann die zerstörende Tätigkeit der Enzyme gebremst oder unterbunden werden (s. S. 30 ff.).

Aufgabenstellungen

Nr.	Aufgabe	Seite
1	Was erwarten die Verbraucher vom Brot des Bäckers?	2 f.
2	Weshalb ist Brot ein so gesundes Nahrungsmittel?	2
3	An welchen Merkmalen erkennt man ein frisches Brot?	3
4	Auf welche unterschiedliche Art können Brote bezeichnet werden?	3 ff.
5	Unterscheiden Sie: freie Bezeichnungen und rechtlich geregelte Bezeichnungen.	4
6	Nennen Sie die Brotgrundsorten.	5
7	Nennen Sie weitere Unterscheidungsmerkmale für Brote.	7 – 10
8	Welche Mindestmengen an Weizen- bzw. Roggenanteilen müssen die Brotgrundsorten enthalten?	5
9	Was ist das Besondere an Pumpernickel?	8
10	Nennen Sie die verschiedenen Zusätze/Zutaten zu Broten.	7

6 Die besondere Beschaffenheit der Roggenteige

Seite

11 Welche Mindestmengen an diesen einzelnen Zutaten müssen in den jeweiligen Brotsorten enthalten sein, wenn sie nach dieser Zutat bezeichnet werden (z. B. Haferbrot, Dreikornbrot, Leinsamenbrot u. a.)? — 7

12 Was ist das Besondere an:
   a) Steinmetzbrot? — 9
   b) Schlüterbrot? — 9
   c) Simonsbrot? — 9

13 Wann darf ein Brot als Sauerteigbrot bezeichnet werden? — 7

14 Nennen Sie Brote, die unter Anwendung besonderer Backverfahren hergestellt werden und geben Sie das jeweils Besondere näher an. — 8

15 Nennen Sie die Brote mit verändertem Nährwert und geben Sie das jeweils Besondere näher an. — 9

16 Nennen Sie Brote mit geographischen Hinweisen. — 9

17 Nennen Sie andere Gattungsbezeichnungen für Brötchen. — 12

18 Nennen Sie Bezeichnungen für Brötchen nach Form und Herstellungsweise. — 13

19 Was versteht man unter „Aufstreubrötchen"? — 13

20 Nennen Sie Brötchen, die unter Verwendung besonderer Zutaten hergestellt werden, und geben Sie die jeweiligen Mindestanteile dieser Zutaten an. — 13

21 Woraus erklärt sich der besondere Geschmack der Roggengebäcke? — 14f

22 Weshalb haben Roggengebäcke eine dunklere und ausgeprägtere Kruste als Weizengebäcke? — 14

23 Woraus erklärt sich die flachere Brotform und das geringere Volumen der Roggengebäcke im Vergleich zu Weizengebäcken? — 15

24 Weshalb haben Roggengebäcke eine dunklere Krume und eine geringere Lockerung (kleinere Poren) als Weizengebäcke? — 15

25 Erklären Sie, weshalb Roggengebäcke länger frisch bleiben als Weizengebäcke. — 15

26 Woraus erklärt sich, dass Roggenteige kurz abreißen? — 15

27 Erklären Sie, weshalb Roggenteige nass-klebend und leicht schmierig sind. — 15f

28 Woran liegt es, wenn Roggenteige
   a) nachlassen? — 16
   b) nachsteifen? — 16

Die Rohstoffe für Gebäcke aus Roggen

Zur Herstellung von Broten und Kleingebäcken aus und mit Roggenmahlerzeugnissen können folgende Rohstoffe und Zutaten verwendet werden:

Mahlerzeugnisse aus Roggen

Roggenmehl,
Vollkornmehl,
Roggenschrot (Backschrot),
Vollkornschrot

Mahlerzeugnisse aus anderen Getreidearten

Weizen,   Gerste,   Hafer,
Hirse,   Mais,   Reis,
Buchweizen (ist ein dem Weizen ähnliches Knöterichgewächs).

Wasser	(s. Bd. 1, Seiten 189 – 191)
Kochsalz:	(s. Bd. 1, Seiten 231 – 236)
Hefe:	(s. Bd. 1, Seiten 195 – 204)

Sauerteig

- Das ist im eigentlichen Sinne weder ein Rohstoff noch eine Zutat: es handelt sich vielmehr um einen Vorteig, der in mehreren Stufen, mindestens aber in einer Stufe geführt wird (s. S. 39).
- Der Zweck der Sauerteigführung liegt in jedem Falle in der Erzeugung natürlicher Säuren.
  Diese beeinflussen entscheidend den Brotgeschmack: sie haben im übrigen backtechnische Bedeutung, denn sie machen auswuchshaltiges Mehl backfähig.
- Mehrstufige oder über Nacht geführte Sauerteige enthalten gärkräftige Hefen, sodass sie auch als Lockerungsmittel dienen.
- Bei der Verwendung von Kurzsauer oder getrocknetem Natursauer (= Teigsäuerungsmittel) muss zum Zweck der Lockerung Hefe zugesetzt werden.

Backmittel

❏ Teigsäuerungsmittel:
 getrockneter Natursauer, gesäuerte Quellmehle, reine Säuren.

- Die wichtigsten Säuren sind:
 Milchsäure, Essigsäure, Wein-, Zitronen-, Äpfelsäure, ferner: saure Salze

❏ Quellmehle:
- verkleisterte Stärke,
- unverkleisterte Stärke,
- andere Quellstoffe (Dickungsmittel. Geliermittel).
 Sie regulieren den Wasserhaushalt der Teige und dienen zur Frischhaltung der Gebäcke.

„Wertverbessernde" Zutaten

❏ Ölsamen:
 (Sesam, Leinsamen, Sonnenblumenkerne, Hasel-, Walnüsse, Mohn u.a.)

❏ andere Früchte:
 (Rosinen, Sultaninen, Korinthen)

❏ Gewürze
 (Kümmel, Koriander, Zwiebeln u.a.)

❏ Milcherzeugnisse
 (Quark, Joghurt, Kefir, Buttermilch, Molke, Milcheiweiß u.a.).

Mittel zur Verhinderung von Brotkrankheiten
(Schimmelschutzmittel)

Ein Gehalt an solchen „Konservierungsstoffen" muss angegeben werden (= Deklarationspflicht).

1 Mahlerzeugnisse aus Roggen

1.1 Unterscheidung der Mahlerzeugnisse

Roggenmehl, Roggenschrot

bestehen aus mindestens 90% Roggenanteilen

Roggengemengemehl

besteht zu mindestens 60% aus Roggen- und höchstens zu 40% aus Weizenanteilen

Vollkornmehl, Vollkornschrot

müssen die gesamten Bestandteile der gereinigten Körner einschließlich des Keimlings enthalten.

1.2 Kennzeichnung der Mahlerzeugnisse

Nach Typenzahlen

Mehle und Backschrote werden in Typen eingeteilt (DIN 10 355 des Normenausschusses „Lebensmittel und landwirtschaftliche Produkte").

Die Typenzahl gilt als Richtlinie für den Mineralstoffgehalt (in mg je 1000 g Trocken-Mahlerzeugnis). Vollkornerzeugnisse werden nicht nach Typen unterschieden.

Mahl-erzeugnis	Type	Mineralien je 100g Mehl	
		Mindestwert	Höchstwert
Roggenmehl	815	–	0,90 g
	997	0,91 g	1,10 g
	1150	1,11 g	1,30 g
	1370	1,31 g	1,60 g
	1740	1,61 g	1,80 g
Backschrot	1800	–	2,20 g

Schrote werden unterschieden:
nach dem Feinheitsgrad in:
fein, mittel, grob
nach dem Mahlverfahren in:
scharf (= zerschnitten), weich (= zerquetscht).

Durch weitere Angaben

Auf der Packung (z. B. Mehlsack) müssen folgende Angaben deutlich lesbar vorhanden sein:

1. Anschrift des Herstellers oder Lieferanten
2. Verkehrsbezeichnung (z. B. Roggenmehl)
3. Verzeichnis der Zutaten
4. Mindesthaltbarkeitsdatum
5. Mengenkennzeichnung

1.3 Der Roggen, eine besondere Getreideart

Eigenartigerweise wird Roggen von allen Getreidearten auf der Welt am wenigsten geschätzt.

Weltgetreideerzeugung	
Mais	30%
Weizen	27%
Reis	27%
Gerste	8%
Hirse	5%
Hafer	2%
Roggen	1%
	100%

Nur in Deutschland, Österreich, der Schweiz und in einigen nord- und osteuropäischen Ländern (Polen, Ukraine, Russland, Skandinavien, Balkan) wird Roggen zur Brotbereitung in größerem Umfang angebaut.

Roggen ist anspruchsloser als Weizen.

Wie alle Getreidearten stammt Roggen von Wildgräsern ab, die durch Anbau, Züchtung und Pflege zu Kulturpflanzen entwickelt wurden.

Roggen galt einstmals als Unkraut zwischen dem Weizen. Da Roggen aber an Bodenbeschaffenheit und Klima im Vergleich zu Weizen nur geringere Anforderungen stellt, wurde er in den klimatisch weniger begünstigten, kühleren nördlichen Ländern systematisch angebaut.

Abb. 1: Roggenfeld

Heute liegt der Roggen in der landwirtschaftlichen Getreideproduktion der Bundesrepublik Deutschland mit über 10 Millionen Tonnen Brotgetreide an erster Stelle.

Roggen gilt als besonders gesund

Er enthält viele Ballaststoffe, Mineralien und im Vergleich zu Weizen vollwertigeres Eiweiss.

Eiweiss	10,0%
Kohlenhydrate	70,0%
Fett	1,7%
Mineralstoffe	2,0%
Ballaststoffe	1,8%
Wasser	14,5%

Roggen ist backfähig

Roggen und Weizen sind die einzigen Getreidearten, aus denen Laibbrote bereitet werden können.

Abb. 1: Laibbrote

Die übrigen Getreidearten eignen sich mehr zur Herstellung von breiartigen Erzeugnissen, für Fladenbrote sowie als Zusätze zu Broten (z. B. Dreikorn-, Mehrkornbrot).

Das liegt daran, dass ihre Eiweißstoffe nicht die erforderlichen backtechnischen Eigenschaften besitzen:
- die daraus bereiteten Teige erzielen nicht die erforderliche Oberflächenspannung und somit keinen „Stand",
- sie können das von der Hefe gebildete Gas nicht genügend festhalten und erzielen daher kein ausreichendes Gebäckvolumen.

Abb. 2: Fladenbrot

1.4 Gestalt, Aufbau und Zusammensetzung des Roggenkorns

Gestalt

Roggenkörner sind etwa 6 – 8 mm lang und 2,5 – 3 5 mm breit. Im Vergleich zu Weizenkörnern haben sie eine eher länglich spitze und schlankere Gestalt.

Abb. 3: Roggenkörner

Abb. 4: Weizenkörner

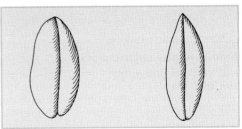

Abb. 5: Weizenkorn   Abb. 6: Roggenkorn

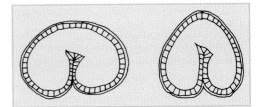

Abb. 7: Querschnitt durch Getreidekörner
links: Weizen   rechts: Roggen

Aufbau

Daher kommt es, dass der Anteil der Außenhülle (Schale) bei Roggen etwas größer ist als bei Weizen.

Dem Gewichtsanteil nach verteilen sich die Schichten der Getreidekörner folgendermaßen:

	Roggen	Weizen
äußere Schale	9,0%	7,5%
Wabenschicht	9,0%	7,5%
Keimling	3,5%	3,0%
Mehlkern	78,5%	82,0%
ganzes Korn	100,0%	100,0%

1 Mahlerzeugnisse aus Roggen

Zusammensetzung

Roggen unterscheidet sich von Weizen:

- im Mengenanteil der Nährstoffe,
- im Eiweißaufbau (Nährwert),
- in den backtechnischen Eigenschaften der Eiweiße,
- im Mengenanteil an Pentosanen,
- nach dem Anteil an Enzymen.

Mengenanteil der Nährstoffe
(ganze Körner)

	Roggen	Weizen
Wasser	14,5%	13,5%
Eiweiße	10,0%	12,0%
Fett	1,7%	2,0%
Kohlenhydrate (Stärke, Zucker, Pentosane)	70,0%	69,0%
Rohfaser (Zellulose)	2,0%	1,8 %
Mineralstoffe	1,8%	1,7%

Aufbau der Eiweiße

Getreideeiweiße sind biologisch nicht vollwertig weil einige der essenziellen Aminosäuren fehlen.

Bei Roggen fehlen die Aminosäuren *Methionin* und *Isoleurin,* bei Weizen fehlt darüber hinaus auch Lysin.

Roggeneiweiß hat daher eine höhere biologische Wertigkeit als das Eiweiß von Weizen.

Mechanische Eigenschaften der Eiweiße

Im Roggen sind mehr lösliche und weniger quellfähige Eiweiße enthalten als im Weizen:

	Roggen	Weizen
lösliche Eiweiße	3,5%	2,0%
quellfähige Eiweiße	7,5%	10,0%

Die quellfähigen Roggeneiweiße können keinen dem Weizen vergleichbaren Kleber bilden.

Mengenanteil der Pentosane

Roggenkörner haben einen größeren Schalenanteil (18% gegenüber 15% bei Weizen) und daher auch einen höheren Anteil an Pentosanen (= hochquellfähige Schleimstoffe):

	Pentosane
Roggen	7,0%
Weizen	4 – 5%

Enzymgehalt

Enzyme werden in der Waben-(Aleuron-)Schicht gebildet.

Roggen enthält in seiner größeren Wabenschicht (9% gegenüber 7,5% bei Weizen) einen höheren Anteil am Enzymen.

Der Enzymgehalt ist jedoch vor allem abhängig davon, ob und in welchem Maße das Getreidekorn ausgewachsen ist.

Roggen neigt erheblich mehr zum Auswuchs als Weizen.

1.5 Wie sich Auswuchs auf die Backfähigkeit des Roggens auswirkt

Auswuchs bedeutet, dass die Getreidekörner bereits auf dem Halm und in der Ähre zu keimen (auszuwachsen) beginnen.

Die Gefahr, dass Roggen auswächst, ist dann besonders gegeben,

- wenn die Getreidehalme durch Sturmschäden umgeknickt sind und den feuchten Boden berühren (siehe Abb. 1, Seite 22),
- wenn das Wetter zur Erntezeit regnerisch und warm ist, sodass das Getreide nicht schnell genug trocknen kann.

Im fortgeschrittenen Stadium treten sogar grüne Keimspitzen aus dem Getreidekorn aus.

Während dieses Wachstumsprozesses werden von den Aleuronzellen Enzyme gebildet, vor allem stärkeabbauende Amylasen und eiweißabbauende Proteasen.

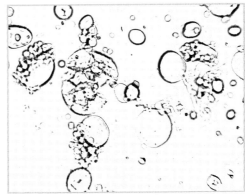

Abb. 1: Auswuchsgeschädigte Stärkekörner

Abb. 1: Durch Sturmeinwirkung geschädigtes Roggenfeld

Diese Enzyme gelangen in den Mehlkern und bauen dort die quellfähigen Stoffe ab. Insbesondere wird ein Teil der Stärkekörnchen zerstört (s. Abb. 1, S. 21).

Die Gestalt der Stärkekörnchen ist durch den Abbau erheblich beschädigt.

Auswuchshaltiges Getreide hat daher auch einen höheren Anteil an löslichen Eiweißen und Zuckerstoffen. Auswuchshaltiges Mehl schmeckt leicht süß.

Folgen des Auswuchses für Teig und Gebäck sind:

flotterer Trieb
auf Grund des hohen Zuckergehalts,
nachlassender Teig
da die quellfähigen Stoffe von den Enzymen abgebaut wurden,
feuchte, unelastische Krume
in Folge der Stärkezerstörung während des Backprozesses,
abbackende Kruste, *vgl. Abb. S. 26.*

Den Auswuchsgehalt, der für die Backfähigkeit eines Mehls von entscheidender Wichtigkeit ist, kann man feststellen:

❏ durch die Bestimmung der *Fallzahl*
Die Zahl gibt an, in welcher Zeit ein Stab durch einen Stärkekleister absinkt (fällt): das geht um so schneller je mehr stärkezerstörende Enzyme im Mehl enthalten sind (s. S. 27).

❏ durch Erstellung eines *Amylogramms*
Dadurch wird die Verkleisterungsfähigkeit der Stärke und damit der Grad ihrer Unversehrtheit oder Schädigung durch Enzyme bestimmt (s. S. 27 f).

❏ durch die Bestimmung der *Maltosezahl*
Die Zahl gibt an, wieviel Maltose (= Malzzucker) innerhalb einer bestimmten Zeit durch die Enzyme gebildet werden kann (= Enzymaktivität; s. S. 27).

1.6 Gewinnung der Roggenmahlerzeugnisse

Roggenmahlerzeugnisse werden im sogenannten „Flachmüllerei-Verfahren" gewonnen, im Gegensatz zu Weizenmehl, das im „Hochmüllerei-Verfahren" erzeugt wird.[1]

Flachmüllerei-Verfahren (8 – 15 Mahlgänge)

❏ Der Abstand der Mahl-Walzen zueinander ist nur gering (= enge, „flache" Walzenstellung).
Roggenkörner sind nicht ganz so hart wie Weizenkörner.
Entscheidender aber ist, dass Roggenmehle nur als Vollmehle hergestellt werden; die inneren und äußeren Mehlkernschichten werden also nicht so sorgfältig getrennt wie bei Weizen.

---
[1] vgl. Band 1: „Gewinnung des Weizenmehls in der Mühle"

1 Mahlerzeugnisse aus Roggen

❐ Dadurch wird das Roggenkorn sofort in kleine Stücke zerteilt.
Das Ergebnis ist grober Schrot, der je nach dem Grad der Walzenriffelung bereits einen hohen Mehlanteil enthalten kann.

❐ Das Mahlergebnis wird nicht – wie bei Weizen – getrennt nach Dunst, Grieß und Überschlag weiterverarbeitet; vielmehr werden alle Teile gemeinsam auf den zweiten Schrotstuhl geführt, dessen Mahlergebnisse auf die dritte Zerkleinerungsstufe usw.
Bei den meisten Roggenmehlen (ab Type 1150) wird der gesamte Mehlkern (78,5% des Roggenkorns) mitvermahlen; bei den dunkleren Typen gelangen ferner zunehmend die inneren und äußeren Schalenschichten mit ins Mehl.

Type	Ausmahlungsgrad	Verwendungszweck
815	0 – 70	Feinmehle
997	0 – 75	helles Brotmehl
1150	0 – 80	Graubrotmehle
1370	0 – 85	Kommissbrotmehle
1740	0 – 93	dunkles Brotmehl
1800	0 – 95	Backschrot
	oder 0 – 100	Vollkornschrot

Roggenmahlerzeugnisse unterscheidet man …

… nach Typenzahl, Ausmahlungsgrad und Verwendungszweck (s. Tabelle oben).

… nach Helligkeit
Diese ist abhängig vom Gehalt an Schalenbestandteilen:
– hoher Ausmahlungsgrad sowie hohe Typenzahl:
 = viele Schalenbestandteile (dunkle Mehle)
– niedrige Ausmahlung, niedrige Typenzahl:
 = wenige Schalenbestandteile (helle Mehle)

… nach Nährstoffzusammensetzung

Mehltypen	815	997	1150	1370	1740	1800
Nährstoffe in Prozent						
Eiweiß	7,0	7,3	8,0	8,5	10,0	10,5
Stärke, Zucker	73,0	72,3	70,0	68,0	65,0	63,0
Pentosane	3,0	3,2	4,5	5,7	6,5	7,0
Fett	0,9	1,0	1,2	1,3	1,5	1,6
Zellulose (Rohfaser)	0,4	0,5	0,6	0,8	1,2	1,8
Mineralstoffe	◆ 0,90	0,91 ◆ 1,10	1,11 ◆ 1,30	1,31 ◆ 1,60	1,61 ◆ 1,80	◆ 2,20
Wasser	15,0	14,9	14,7	14,5	14,2	14,1

… nach der Größe
(= Körnung) der Mehl- bzw. Schrotpartikelchen

❐ Roggenmehle haben einen Teilchendurchmesser von 100 bis 200 μ, Weizenmehle dagegen nur von 50 bis 125μ.[1]
Je kleiner das Teilchen, um so relativ größer dessen Oberfläche. Um so schneller daher die Wasseraufnahme (Quellung, Teigbildungsvermögen).

❐ Roggenteige werden länger geführt, haben also mehr Zeit zum Quellen; daher die „gröbere" Ausmahlung.

❐ Weizenteige werden kürzer geführt, müssen also schneller quellen; daher eine „feinere" Ausmahlung.

❐ Roggenschrotteige brauchen wegen der größeren Teilchen eine längere Quellzeit.
Damit die Quellung einheitlich verläuft, muss die Größe der einzelnen Partikelchen möglichst gleich sein.

Die Körnchengröße kann man durch eine Siebanalyse ermitteln:

❐ 100 g Mahlgut werden auf einem Siebrahmen mit Siebgeweben von entsprechender lichter Maschenweite (s.o.) einige Minuten lang durchgesiebt.
Für Schrot beträgt die Maschenweite 300, 700 oder 1100 μ.

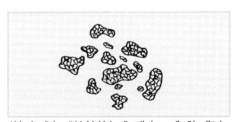

Abb. 1: „Feines" Mehl; kleine Partikel = große Oberfläche: schnelle Wasseraufnahme und Teigbildung

Abb. 2: Grobe Schrotpartikel; längere Quelldauer, daher längere Teigführung

---
[1] 1 μ = ein Tausendstel Millimeter

- Die Körnungsgröße kann man auch durch Zerreiben zwischen den Fingerspitzen erfühlen.

  Etwas grobkörnigeres Mehl fühlt sich „griffig" an, feineres Mehl dagegen ist „schliffig".

... nach dem Backverhalten

- Dies lässt sich durch bestimmte physikalisch-chemische Untersuchungen sowie durch Backversuche ermitteln.

1.7 Backtechnische Eigenschaften einiger Roggennährstoffe (Mehlinhaltsstoffe)

Roggeneiweiß

Die quellfähigen Eiweiße des Roggens sind, genau wie bei Weizen, *Gliedin* und *Glutenin*.

Es kommt im Roggenteig jedoch zu keiner vergleichbaren Kleberbildung wie bei Weizen:
- Roggenteige reißen kurz ab,
- der Kleber lässt sich nicht, wie Weizenkleber, auswaschen.

Erklärung

- Bei der Verklebung der Eiweißkörper entstehen nicht so viele und schwächere Wasserstoff- und Sulfitbrücken wie im Weizenteig.

  Auch durch intensives Kneten ließe sich keine elastische Beschaffenheit des Klebers erzielen. Roggenteige sollen nicht intensiv geknetet werden (s. S. 61).

- Die Kleberbildung wird entscheidend beeinträchtigt durch den hohen Anteil an Pentosanen mit ihrer schleimigen Beschaffenheit.

Roggenstärke

Die Stärkekörnchen des Roggens zeigen unter dem Mikroskop keine glatte Oberfläche; vielmehr erscheint die Außenhaut (= Eiweißhülle) durch Spalten aufgerissen.

Da, wo die „Schutzhülle" nicht dicht geschlossen ist, bietet sie den Stärke abbauenden Enzymen eine günstige Angriffsfläche.

- Roggenstärke ist daher gegenüber der Einwirkung von Amylasen sehr empfindlich.

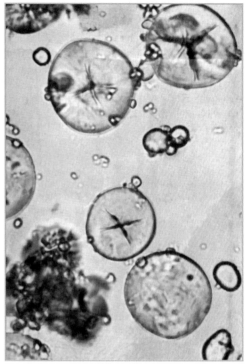

Abb. 1: Roggenstärke (Mikroaufnahme) $\varnothing$ 2 – 17 µ

Eine teilweise Zerstörung der Stärkekörnchen kann bereits während des Wachstums der Körner in der Ähre erfolgen (= Auswuchsschaden).

Solche Roggenmehle enthalten:

- beschädigte Stärkekörnchen,
- höhere Anteile an Zucker (Maltose),
- höhere Anteile an Enzymen.

Bei der Verarbeitung von auswuchsgeschädigten Mehlen entstehen:

- nachlassende Teige,

  weil während der Teigführung weitere Stärke zu Zucker abgebaut wird; die Stärke verliert einen Teil ihrer Quellfähigkeit, da sie in lösliche Zucker umgewandelt wird (= Stärkeverflüssigung).

- fehlerhafte Brote mit feuchter Krume und abgebackener Kruste,

  weil insbesondere während des Backprozesses, nachdem die Stärke verkleistert ist, die Enzyme, die bis zu 75 °C wirksam sind, einen großen Teil der Stärke „verflüssigen" (s. S. 85).

Pentosane

Sie kommen vor in allen pflanzlichen Lebensmitteln, insbesondere in den Schalen und Zellwänden des Getreidekorns und anderer Früchte.

Pentosane sind hochmolekulare Kohlenhydrate (= Polysaccharide).

Die einzelnen Bausteine sind keine echten Zuckerstoffe (Hexosen), sondern zuckerähnliche Stoffe (Pentosen).
- Pentosen: 5 C-Atome
- Hexosen: 6 C-Atome

Pentosane bestehen aus zahlreichen Pentosen; sie sind auch Bestandteile der Zellgerüststoffe (= Hemizellulosen).

Die wichtigsten Pentosen heißen:
- Xylose
- Ribose
- Arabinose
- Rhamnose

> Ernährungsphysiologisch zählen die Pentosane zu den Ballaststoffen; sie sind keine Energielieferanten, weil sie im Körper nicht verbrannt werden können.

Helle Roggenmehle enthalten 2 – 4% Pentosane, dunkle Roggenmehle enthalten bis zu 7% Pentosane.

Mechanische Eigenschaften der Pentosane und die Folgen für Teig- und Gebäckbeschaffenheit

> Pentosane sind sehr quellfähig; sie können das Vielfache ihres Eigengewichts an Wasser binden.

Roggenteige aus dunklen Mehlen erzielen daher hohe Teigausbeuten (175 – 178%).

Roggenbrote haben eine feuchtere Krume als Weizengebäcke.

❏ Das Wasser wird dabei intensiv festgehalten:
In einer Ultrazentrifuge mit 50 000 Umdrehungen in der Minute kann aus einem Weizenteig ein großer Teil des Wassers abgeschleudert werden, Roggenteige dagegen halten das gesamte Teigwasser fest.
Beim Backprozess wird weniger Wasser abgegeben (= geringerer Backverlust).
Bei der Brotlagerung wird das Wasser länger festgehalten (= längere Frischhaltung).

❏ Durch Säuren wird aus den hoch aufgebauten Pentosanen ein Teil der niedrigmolekularen Pentosen abgespalten. Diese lösen sich gallertartig im Teigwasser und bilden ein „tortengussartiges" Gel.
Da sich im Roggenteig zahlreiche Säuren befinden, werden viele Pentosen gebildet.
Der Teig erhält eine schleimige, klebrige Beschaffenheit (Pentosane = Schleimstoffe).

Abbau der Pentosane

In auswuchshaltigen Roggenmehlen sind Enzyme enthalten (Pentosanasen), die die Pentosen zerstören. Dadurch büßen sie ihre Quellfähigkeit ein.

Die Folge ist, dass der Teig nachlässt und dass eine feuchte Brotkrume entsteht.

Verhinderung des Abbaus

> Durch Säure wird die zerstörende Tätigkeit der Enzyme gebremst.

1.8 Ermittlung des Backverhaltens (Backwert) von Roggenmehlen

Das Backverhalten eines Mehls ist abhängig von der Beschaffenheit (backtechnische Eigenschaften) seiner Bestandteile.

Dies zeigt sich bei der Teigbildung (Teigausbeute, Teigbeschaffenheit), während der Teigführung (Gärverhalten, Gasbildung, Formbarkeit, Formhaltevermögen) sowie beim Backprozess (Gebäckausbildung).

Der Bäcker kann das Backverhalten eines Mehles testen, bevor er daraus Gebäcke herstellt, und zwar vornehmlich durch **drei Methoden:**

① die sensorische Prüfung (Geruch, Geschmack, Aussehen, Griffigkeit; s. Bd. 1, S. 176f),

② eigene Backversuche

③ Berücksichtigung von im Labor ermittelten Wertzahlen; für Roggenmehle besonders die Fallzahl, die Maltosezahl sowie die Amylogrammeinheiten.

Diese im Labor ermittelten Werte geben Auskunft über ganz bestimmte Eigenschaften des betreffenden Mehls bzw. Schrotes (s. S. 27).

Backwert 1

starker Auswuchs
abgebackene Kruste
ungelockerte, knitschige Krume

Backwert 2

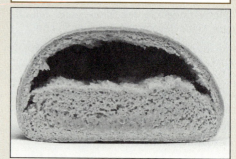

ziemlich starker Auswuchs
abgebackene Kruste
wenig gelockerte, knitschige Krume

Backwert 3

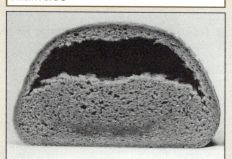

mittlerer Auswuchs
abgebackene Kruste
teilweise gelockerte Krume
kräftiger Wasserstreifen

Backwert 4

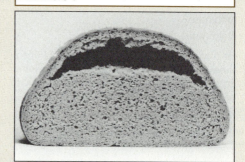

geringer Auswuchs
kräftiger Krumenriss
gelockerte Krume
leichter Wasserstreifen

Backwert 5

kaum Auswuchs
Krumenriss, gelockerte Krume
keine Wasserstreifen

Backwert 6

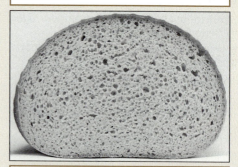

kein Auswuchs
kein Krumenriss
vollkommen gelockerte Krume

1.8.1 Der Hefebackversuch

- Aus
  700 g Roggenmehl,
  460 g Wasser,
   10 g Hefe und
    7 g Kochsalz wird ein Teig bereitet.
- Dem Teig wird **keine Säure** zugesetzt.
- Der mit einer Temperatur von ca. 28 °C bereitete Teig wird ohne Teigruhe sofort aufgearbeitet und auf Gare gestellt. Sobald der Teigling reif ist, backt man ihn in üblicher Weise.

Ergebniskontrolle

Nach dem Ausbacken und Abkühlen schneidet man das Brot durch und vergleicht die Schnittfläche mit der Backwertskala (siehe nebenstehende Abbildungen).

Es werden **6 Backwerte** unterschieden:
- **Backwert 1** ist der geringste Backwert solche Mahlerzeugnisse ergeben ohne Säurezusatz *völlig fehlerhafte Brote,*
- **Backwert 6** ist der höchste Backwert solche Mahlerzeugnisse ergeben auch ohne Säurezusatz *einwandfreie Brote*

1.8.2 Ermittlung von Backwerten (Wertzahlen) im Labor

Von Mühlen, Backmittelfirmen oder Forschungsinstituten werden die Mahlerzeugnisse in Labors auf ihre Backeigenschaften untersucht. Die Ergebnisse drückt man in **Wertzahlen** bzw. Werteinheiten aus.

Zur Bestimmung der Backwerte bei Roggenmahlerzeugnissen wendet man vornehmlich drei Untersuchungsmethoden an: Bestimmung der Fallzahl, der Maltosezahl und der Amylogrammeinheiten.

Die Fallzahl

Sie nennt die **Anzahl von Sekunden,** die ein genormter Stab braucht, um durch einen Stärkekleister bis zum Boden eines Gefässes durchzusinken.

Je schneller der Stab absinkt, um so dünnflüssiger bzw. weniger zäh ist der Kleister.

Die Skala für Roggenmahlerzeugnisse reicht von unter 70 bis über 175.

> Niedrige Werte zeigen an, dass die Stärke bereits zum grossen Teil abgebaut und der Zuckeranteil sehr hoch ist

Je langsamer der Stab absinkt, um so zähflüssiger, bzw. hochviskoser ist der Kleister.

> Hohe Werte zeigen an, dass die Stärke nicht oder nur wenig abgebaut ist. Der Anteil an Mehlzucker ist nur gering.

Niedrige Fallzahl: ➡ höherer Auswuchs
Hohe Fallzahl: ➡ geringerer Auswuchs

Die Maltosezahl

Sie nennt die Zuckermenge (Maltose) in Gramm, die von den mehleigenen Enzymen in 100 g Mehl innerhalb einer bestimmten Zeit gebildet werden können.

Die Skala reicht von unter 1 bis über 4.

> Je niedriger die Maltosezahl ist, desto weniger Zucker wird gebildet.

Niedrige Maltosezahlen zeigen an, dass das Mehl enzymarm ist und nur geringe Triebkraft hat.

> Je höher die Maltosezahl ist, desto mehr Zucker wird gebildet.

Hohe Maltosezahlen zeigen an, dass das Mehl sehr enzymreich und daher auswuchsgeschädigt ist.

Niedrige Maltosezahl ➡ enzymarmes Mehl
Hohe Maltosezahl ➡ auswuchshaltiges Mehl

Die Amylogrammeinheiten (AE)

Sie geben Auskunft über die Verkleisterungsfähigkeit der Stärke.

Die Skala der Amylogrammeinheiten reicht für Roggenmehle von unter 125 bis 800 und darüber.

Die Zahlenwerte nennen den Höchstpunkt einer Kurve, die von einem Messgerät (Amylograph) aufgezeichnet wird. Gemessen wird der Dehnwiderstand, den eine Mehlaufschlämmung (1 Teil Mehl, 5 Teile Wasser) dem Messfühler entgegensetzt. Die Aufschlämmung wird dabei kontinuierlich erhitzt, wobei die Stärke verkleistert.

Der Amylograph zeichnet den zunächst zunehmenden und später dann abfallenden Dehnwiderstand in Form einer Kurve auf.

Auswuchsmehle ergeben Teig- und Brotfehler

Teigfehler:

Der zu hohe Enzymgehalt hat zur Folge, dass:

- der Teig zu nass ist, er fließt und lässt nach,
- das Gashaltevermögen zu gering ist,
- die Teige nicht „maschinengerecht" sind.

Brotfehler:

Die Auswirkungen im Gebäck sind:

- feuchte, wenig elastische, evtl. knitschige Krume,
- ungleichmäßige Porung mit großen Hohlräumen,
- abgebackene Kruste, flache Brotform,
- zu starke Bräunung.

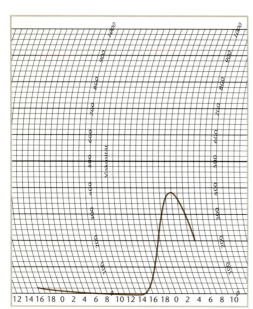

Abb. 1: Amylogramm eines Roggenmehls mit ca. 380 AE

Niedrige Werte zeigen an, dass ein Teil der Stärke durch Enzyme bereits abgebaut wurde.

Hohe Werte zeigen an, dass die Stärke gut verkleisterungsfähig ist; der Backwert des Mehls ist gut.

| Niedrige AE | ➡ | geringer Backwert (Auswuchs) |
| Hohe AE | ➡ | guter Backwert (wenig Auswuchs) |

Abb. 2: Brotfehler – Krume feucht, knitschig, wenig elastisch, flache Brotform, zu starke Bräunung.

1.9 Ursachen für fehlerhaftes Backverhalten von Roggenmahlerzeugnissen

Es wurde in den vorausgehenden Kapiteln ausführlich dargestellt, dass Roggenmahlerzeugnisse in den meisten Fällen ohne Säuren und ohne Kochsalz nicht ausreichend backfähig sind.

Ursache dafür sind vor allem zwei mögliche Schwächen von Roggenmehlen:

- der zu hohe Enzymgehalt (= Auswuchs),

oder:

- der zu geringe Enzymgehalt (meist bei hellen Roggenmehlen).

Der Zusammenhang zwischen Ursache und Folgewirkung erklärt sich wie folgt:

❏ Die zahlreichen Enzyme greifen bereits während der Teigführung einen Teil der Stärke sowie die Pentosane an und bauen sie zu löslichen Stoffen ab.

❏ Dadurch wird der Anteil an Zucker (Maltose) erhöht; das ergibt eine höhere Triebkraft des Mehls.

❏ In Folge der Umwandlung quellfähiger Stoffe (Stärke, Pentosane) in lösliche Stoffe verliert der Teig einen Teil seines Wasserbindevermögens; er lässt nach und wird nass.

❏ Die Eiweiß abbauenden Proteasen bauen einen Teil des Klebers zu löslichen Aminosäuren ab. Das führt zur Verringerung der Teigbindigkeit: der Teig fließt (läuft breit) und büßt an Gashaltevermögen ein.

❐ Der Anteil der wirksamen Enzyme nimmt im Verlauf der Teigführung weiter zu.

Das liegt einmal daran, dass insbesondere bei gröberen Mahlerzeugnissen die Quellvorgänge länger dauern. Die Enzyme können im Zusammenwirken mit Wasser somit länger aktiv sein.

Es liegt ferner daran, dass aus noch funktionsfähigen Anteilen der Aleuronschicht weitere Enzyme nachgebildet werden.

Im Backofen erst tritt die „Katastrophe" ein

Die eigentliche Schädigung, die bis zur Katastophe führen kann (vgl. Backwert 1 – 3), tritt jedoch erst während des Backprozesses ein.

❐ Bei 50 – 70 °C verkleistert die Roggenstärke

Dabei gerinnen die Eiweiße der Schutzhülle, die die Starkekörnchen umschließt.

Nunmehr kann das freie Teigwasser ins Innere der körnchenförmigen Gebilde eindringen.

Mit dem eindringenden Wasser gelangen auch die Enzyme an die jetzt ungeschützten Stärkemoleküle:

Stärkebestandteile

Amylopektine (70 – 80% des Stärkekorns) sind weitverzweigte Gebilde, die Wasser einlagern; sie sind für die Krumenbildung verantwortlich.

Amylose (20 – 30% des Stärkekorns) sind nicht verzweigte, lineare Gebilde, die in heißem Wasser gelöst werden.

Enzyme, die Stärkebestandteile abbauen

Alpha-Amylase
baut das Amylopektin zu Dextrinen und Malzzucker (Maltose) ab.

Beta-Amylase
baut die Arnylose zu Malzzucker (Maltose) ab.

❐ Die Enzyme greifen die ungeschützten Stärkemoleküle an und bauen sie nach und nach ab.

❐ Sie bleiben bis zu Temperaturen um 75 °C wirksam; erst dann sterben sie ab.

Die Zeitspanne, in der das Teiginnere den Temperaturbereich von 50 bis 75 °C durchläuft (ca. 20 Minuten), nennt man die *kritische Phase*.

❐ In dieser Phase des Backprozesses kann, sofern genügend Enzyme vorhanden sind und diese ungehindert einwirken können, eine nahezu totale Zerstörung der Stärke erfolgen. An Stelle einer zusammenhängenden Krume entsteht nur eine knitschige Kleistermasse.

❐ In der Kruste kann ein derartiger Stärkeabbau dagegen nicht eintreten: die Temperatur steigt außen so schnell an, dass den Enzymen zu wenig Zeit für ihr zerstörerisches Werk bleibt.

❐ Äußerlich behält das Brot deshalb zunächst seine Form, weil die Kruste sehr schnell verhärtet. Erst nach dem Auskühlen wird auch die Kruste deformiert.

❐ Im Inneren dagegen „verflüssigt" sich die Stärke; dabei sinkt die Krume langsam immer mehr ab und reißt sich von der Kruste los.

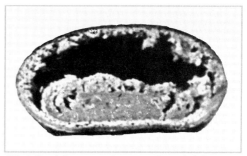

Abb. 1: Durch Enzyme stark zerstörte Krume bei einem ungesäuertem Roggenbrot (Backwert 3)

Auch helle, enzymarme Roggenmehle ergeben Teig- und Brotfehler

Teigfehler:

Der zu geringe Enzym- und Zuckergehalt sowie das zu geringe Wasserbindevermögen haben zur Folge, dass:

– der Teig zu langsam treibt (schleppende Gare),
– der Teig nachsteift

Brotfehler:

Die Auswirkungen im Gebäck sind:

– geringes Volumen bei zu runder Brofform
– dichte Porung
– zu trockene Krume (Krümeln, Rissbildung),
– schnelles Altbackenwerden,
– blasse Krustenfarbe,
– fader Geschmack.

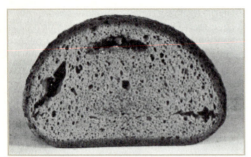

Abb. 1: Brotfehler – zu trockene Krume (Rissbildung, schnelles Altbacken werden, dichte Porung)

Der Zusammenhang zwischen Ursache und Folgewirkung erklärt sich wie folgt:

Helle Mehle quellen zu stark nach

❏ Helle Roggenmehle haben ein nur geringes Wasserbindevermögen (TA ca. 155).

Das ergibt sich aus dem geringen Anteil an Pentosanen und aus der im Vergleich zu Weizenmehl gröberen Struktur der Roggenmehlpartikelchen.

❏ Teige aus hellen Roggenmehlen haben eine zu geringe Reserve an freiem Teigwasser.

Im Verlauf der Teigführung dringt das vorhandene Wasser nur langsam in die Mehlpartikelchen ein.

❏ Die Teige neigen zur Hautbildung und werden zäh.

Man kann eine bessere Nachquellung bei hellen Roggenmehlen erzielen, indem man dunklere Roggenmehle untermischt oder indem man Quellmehle zusetzt (s. S. 122f).

Helle Roggenmehle sind triebschwach

❏ Helle Roggenmehle enthalten nur wenig Enzyme und wenig Zucker.

Die Hefe kann daher nur wenig Gärgase bilden.

❏ Die Teige neigen zu schleppender Gare, die Brote sind ungenügend gelockert.

Man kann die Triebkraft von hellen Roggenmehlen verbessern, indem man dunklere Roggenmehle untermischt, längere Teigführungen anwendet oder zuckerartige Backmittel zusetzt.

Helle Mehle ergeben faden Brotgeschmack

❏ Helle Roggenmehle enthalten nur wenig eigene Geschmacksstoffe, dagegen vorwiegend hochmolekulare Stärke.

Es fehlt an schmeckbaren, löslichen Stoffen wie Zucker, Säuren u.a.

Es sind auch zu wenig Enzyme vorhanden, die die fehlenden Geschmacksstoffe im Verlauf der Teigführung nachbilden könnten.

Man kann den Brotgeschmack u.a. verbessern, indem man dunklere Mehle oder entsprechende Backmittel zusetzt und indem man längere Teigführungen anwendet.

1.10 Die Verbesserung der Teig- und Gebäckbeschaffenheit durch Säure und Kochsalz

1.10.1 Wie Säuren Teig und Brot verbessern

Durch den Zusatz von Säuren wird folgendes bewirkt:

– die Enzymtätigkeit wird gehemmt,
– die Quellungsvorgänge werden unterstützt,
– der Gebäckgeschmack wird verbessert.

Säuren hemmen die Enzymtätigkeit

❏ Die Mehlenzyme, insbesondere die stärkeabbauenden Alpha-Amylasen, sind gegen Säuren empfindlich.

❏ Organische Säuren, z. B. Milch-, Essigsäure u.a. zerfallen bei der Lösung in Wasser zu Wasserstoff-Ionen und Säureresten.

❏ Als Folge der Aufspaltung entsteht in der Lösung ein niedriger pH-Wert und damit eine bestimmte elektrische Spannung.

Die Höhe der Spannung ist abhängig von der Wasserstoff-Ionen-Konzentration (= pH-Wert); sie kann mit dem pH-Meter[1] gemessen werden.

❏ Diese Spannung wirkt auf die Enzyme ein: sie werden dadurch in ihrer Funktionsfähigkeit beeinträchtigt.

---

[1] Der pH-Meter wird u.a. bei der Brotprüfung eingesetzt (s. S. 92).

Dabei kommt es sowohl auf die Menge der Säuren (mehr Säuren ergeben höheren Säuregrad) als auch auf die Art der Säuren an (stärkere Säuren, z.B. Milchsäure, ergeben höhere Spannungen = niedrigere pH-Werte) als gleiche Gewichtsmengen schwächerer Säuren (z.B. Essigsäure).

❏ Je mehr das Roggenmehl durch Auswuchs geschädigt ist, um so mehr Säuren bzw. um so stärkere Säuren sind erforderlich, um ein einwandfreies Brot zu erzielen.

Der Bäcker kann den Säureanteil bestimmen:

– durch die Methode der Sauerteigführung sowie durch die verwendete Sauerteigmenge
– durch die Auswahl des geeigneten Säuerungsmittels sowie durch dessen Dosierung.

Die nachfolgend abgebildeten vier Brote wurden aus dem gleichen Mehl mit dem Backwert 1 hergestellt, jedoch unter Zusatz von unterschiedlichen Säuremengen.

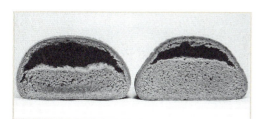

Abb. 1: ohne Säure (links), 1% Säure (rechts)

Abb. 2: 2% Säure (links), 3% Säure (rechts)

Säuren unterstützen die Quellungsvorgänge

Säuren erhöhen die Quellfähigkeit bestimmter Mehlbestandteile:

Klebereiweiß:
❏ kann mehr Wasser aufnehmen, vergrößert dadurch sein Volumen, wird zäher und bindiger.

Pentosane:
❏ werden durch Säuren z.T. zu Pentosen abgebaut (vgl. S. 25). Diese lösen sich in säurehaltiger Lösung gelartig auf, d.h., sie bilden eine Gallerte: dabei binden (immobilisieren) sie das Vielfache ihres Eigengewichts an Wasser.

❏ Dieses nur schleimartig-schwach gebundene Wasser steht während der Teigführung zur Nachquellung, und während des Backprozesses der Stärke zur Verkleisterung als Reservewasser zur Verfügung

Säuren verbessern den Brotgeschmack

Der Brotgeschtnack wird wesentlich beeinflusst durch Art und Menge der enthaltenen Säuren:

❏ Die beiden wichtigsten Säuren sind:

Milchsäure (75 – 85% des Säureanteils)
Essigsäure (15 – 25% des Säureanteils)

❏ Besondere geschmackgebende „Genuss-Säuren" sind:

Weinsäure, Apfelsäure, Zitronensäure, Bernsteinsäure u.a.

❏ Folgende Säuren zählen auch zu den Konservierungsstoffen:

Propionsäure, Sorbinsäure, Benzoesäure, Ameisensäure

❏ Im Roggenmehl sind darüber hinaus bereits folgende Säuren enthalten:

Aminosäuren, Fettsäuren, Fumorsäure, Ketosäure, saure Phosphate und Salze, Vitamine, z.B. Folsäure, u.a.

Dunklere Mehle enthalten mehr Säuren, bewirken also einen intensiveren Brotgeschmack.

Der Bäcker kann den Säuregehalt und damit den Brotgeschmack durch folgende Maßnahmen beeinflussen:

❏ Wahl der geeigneten Sauerteigführung.
  Dadurch kann sowohl die Menge der Säuren wie deren Art beeinflusst werden.

❏ Verwendung unterschiedlicher Sauerteigmengen,

❏ Auswahl der geeigneten Säuerungsmittel,

❏ Wahl der richtigen Mehlmischung,

❏ Verwendung anderer säurehaltiger Zutaten, z.B. Milcherzeugnisse, Zwiebeln u.a.

Wie unsere Geschmacksempfindung reagiert:

❖ Die Geschmacksempfindung unterscheidet zwischem „scharfem" und „mildem" Brotgeschmack

Als scharf wird eine Säure dann empfunden wenn sie sowohl schmeckbar (d.h. in Wasser gelöst) als auch riechbar (d.h. in Luft gelöst) ist. Letzteres trifft z. B. für Essigsäure zu.

Milchsäure dagegen wird deshalb als mild empfunden, weil sie nur wasserlöslich, nicht aber luftlöslich ist.

❖ Die Geschmacksempfindung unterscheidet ferner zwischen „vollem" und „leerem" bzw. „fadem" Geschmack.

Der Brotgeschmack wird dann als „voll" wahrgenommen, wenn zahlreiche verschiedene Säuren enthalten sind.

Kochsalz allein reicht daher nicht aus, um die erforderliche Hemmung der Enzymtätigkeit zu erreichen. Erst mit Säure zusammen kann ein Brot entstehen, das sowohl in backtechnischer Hinsicht als auch in Geschmack und Bekömmlichkeit zufriedenstellend ist.

Abb. 1: Brotherstellung ohne Zusätze

1.10.2 Wie Kochsalz Teig und Brot verbessert

Durch den Zusatz von Kochsalz zum Teig wird folgendes bewirkt:

– die Enzymtätigkeit wird gehemmt
– die Quellungsvorgänge werden unterstützt
– der Gebäckgeschmack wird verbessert.

Kochsalz hemmt die Enzymfähigkeit

❐ Kochsalz wird bei der Lösung in Wasser zu Ionen aufgespalten; dabei entsteht – ähnlich wie bei der Lösung von Säuren – eine bestimmte elektrische Spannung. Durch diese Spannung wird die Tätigkeit der Enzyme gehemmt.

❐ Um eine volle Ausschaltung der Enzymtätigkeit zu bewirken, müsste man jedoch größere Mengen an Kochsalz verwenden.

Abb. 2: Brotherstellung mit Teigsäuerungsmittel – ohne Salz

Das ist jedoch deshalb ausgeschlossen, weil:

– das Brot ungenießbar wäre,
– das Brot unbekömmlich wäre (gegen größere Kochsalzmengen bestehen gesundheitliche Bedenken),
– der Teig viel zu langsam treiben würde, da die Hefe in ihrer Gärtätigkeit zu sehr beeinträchtigt würde.

Abb. 3: Brotherstellung mit Kochsalz – ohne Säure

1 Mahlerzeugnisse aus Roggen

Abb. 1: Direkte Führung mit Kochsalz und Teigsäuerungsmittel

Kochsalz beeinflusst die Quellungsvorgänge

❐ Kochsalz kräftigt den Kleber.

Die Bindungen zwischen den Kleberbausteinen werden stärker (vgl. Bd. 1).

❐ Kochsalz erhöht das Wasserbindevermögen.

Die wasserlöslichen Globuline werden quellfähig.

Die Wasserbindekräfte der Eiweißbausteine werden erhöht.

❐ Kochsalz stabilisiert die Stärke.

Die Eiweißhülle, die die Stärkekörnchen umgibt, wird durch Kochsalz gekräftigt.

Dadurch wird die Verkleisterungstemperatur der Roggenstärke von 50 °C auf etwa 60 °C heraufgesetzt.

Auf dieser Erhöhung der Verkleisterungstemperatur um ca. 10 °C beruht die wichtigste backtechnische Wirkung des Kochsalzes im Roggenteig.

Die Mehlenzyme, die ihre höchste Aktivität im Temperaturbereich zwischen 50 und 75 °C haben, können die Stärke so erst wesentlich später angreifen.

Aufgabenstellungen

		Seite
1	Nennen Sie die Zutaten und Rohstoffe, die zur Herstellung von Roggengebäcken Verwendung finden können.	18
2	Nennen Sie die Roggenmehltypen.	19
3	Unterscheiden Sie: Roggenschrot, Roggenvollkornmehl und -schrot	18
4	Nennen Sie die Getreidearten.	18
5	Weshalb können aus den übrigen Getreidearten außer Weizen und Roggen keine Laibbrote hergestellt werden?	20
6	Erklären Sie aus der Gestalt der Körner, weshalb der Anteil an Schale bei Roggen größer ist als bei Weizen.	20
7	Geben Sie die Anteile der Schichten des Getreidekorns an.	20
8	Vergleichen Sie den Gehalt an Pentosanen und an Enzymen bei Roggen und Weizen.	21
9	Worin unterscheiden sich die Roggeneiweiße von denen des Weizens?	21
10	Was versteht man unter Auswuchs?	21

Fortsetzung der Aufgabenstellungen auf nachfolgender Seite

		Seite
11	Welche Folgen hat Auswuchs für Teig und Gebäck?	22
12	Nennen Sie die Methoden, um den Auswuchsgehalt eines Roggenmehls zu bestimmen.	22
13	Wovon sind Typenzahl und Helligkeit der Roggenmehle abhängig?	23
14	Nennen Sie die Bestandteile (Nährstoffe) des Roggenmehls (Mittelwerte).	23
15	Welcher Zusammenhang besteht zwischen der Teilchengröße von Mahlerzeugnissen und den Quellungsvorgängen im Teig?	23
16	Beschreiben Sie die besondere Beschaffenheit von: a) Roggeneiweiß, b) Roggenstärke.	24
17	Worin unterscheiden sich die Pentosane in ihrem chemischen Aufbau von echten Zuckerstoffen?	25
18	Beschreiben Sie die mechanischen Eigenschaften der Pentosane und deren Bedeutung für Teig- und Gebäckbeschaffenheit.	25
19	Nennen Sie Methoden, um das Backverhalten eines Mehls zu bestimmen.	25 f
20	Beschreiben Sie den Hefebackversuch und erklären Sie, was man aus dem Backergebnis erkennen kann.	27
21	Was sagen folgende Wertzahlen über das Backverhalten eines Roggenmehls aus: a) Fallzahl? b) Amylogrammeinheiten (AE)? c) Maltosezahl?	27
22	Welche Folgen hat ein hoher Enzymgehalt (= Auswuchs) auf Teig- und Gebäckbeschaffenheit?	28
23	Beschreiben Sie die zerstörerische Tätigkeit der Enzyme im Teig und während des Backprozesses.	28 f
24	Erläutern Sie den Begriff „kritische Phase" beim Backprozess.	29
25	Welche Folgen hat ein zu geringer Enzymgehalt auf Teig- und Gebäckbeschaffenheit?	29 f
26	Wie wirkt sich ein Zusatz von Säure aus: a) auf die Enzymtätigkeit? b) auf die Quellungsvorgänge? c) auf den Gebäckgeschmack?	30 f
27	Wie wirkt sich ein Zusatz von Kochsalz auf Teig- und Gebäckbeschaffenheit aus?	32
28	Welchen Einfluss hat Kochsalz auf die Verkleisterungstemperatur der Stärke?	33

Die Säuerung roggenhaltiger Teige

Zweck der Säuerung ist …

- … die Verbesserung der Backfähigkeit.
  *Säuren hemmen die Tätigkeit der stärkeabbauenden Enzyme.
  Säuren unterstützen die Quellungsvorgänge.*

- … die Verbesserung des Brotgeschmacks.
  Ob das Brot mildsäuerlich oder kräftig schmeckt, hängt entscheidend von der Art und Menge der Säuren ab.

- … die Lockerung.
  *In Sauerteigen, die über mehrere Stufen geführt werden, entwickelt sich Hefe (Sauerteighefe).
  Bei einstufiger Sauerteigführung sowie bei Verwendung von säurehaltigen Backmitteln muss Hefe zum Zweck der Lockerung dem Teig zugesetzt werden.*

Die Säuerung kann auf verschiedene Weise erfolgen:

- durch Führung eines gärenden Sauerteiges.
  Darin vermehren sich bestimmte Kleinlebewesen: Hefen, die CO_2-Gase und Säurebakterien, die Säuren bilden.

- durch Zusatz von säurehaltigen Backmitteln.
  Je nach Art der im Backmittel enthaltenen Säuren lässt sich der Brotgeschmack auf einfache Weise beeinflussen. Je nach dem Backwert des Mehls können stärkere oder schwächere Säuren (pH-Wert) verwendet werden.

- durch eine Kombination von Sauerführung und Backmittelzusatz.
  Der Zweck dieses Verfahrens wird darin gesehen, dass sowohl der geschmackliche Vorteil der Sauerteigführung als auch die größere backtechnische Sicherheit, die das Backmittel bietet, gegeben ist.

1 Säuerung durch Sauerteigführungen

Überblick

Der Sauerteig ist das älteste bekannte Mittel zur gleichzeitigen Säuerung und Lockerung von Brotteigen.

Indem der Bäcker vom „reifen" Sauerteig einen Teil abnimmt und diesen dann mit Mehl und Wasser „anfrischt" und vergrößert („mehrt"), steht und stand ihm dieses wichtige Säuerungs- und Lockerungsmittel heute wie früher ununterbrochen stets zur Verfügung.

> Damit die erforderliche Säuremenge erzielt und gleichzeitig eine ausreichende Lockerungswirkung erreicht wird, muss der Sauerteig in der Regel mehrmals angefrischt (gemehrt) werden; man nennt dies die *Sauerteigstufenführung.*

- Die Führung des Sauerteigs in mehreren Stufen ist jedoch eine zeitraubende und unbequeme Arbeit.
  Eine der Sauerstufen kann erst gegen Abend, also innerhalb der eigentlich arbeitsfreien Zeit, geführt werden.

Deshalb wurde von vielen Betrieben die Möglichkeit begrüßt, von der mehrstufigen auf die einstufige Führung überzuwechseln oder gar völlig auf die Sauerteigführung zu verzichten und statt dessen ausschließlich Teigsäuerungsmittel zu verwenden.

Inzwischen jedoch steht diesen Rationalisierungsüberlegungen eine neue Verbrauchererwartung entgegen:

- die Ansprüche an den Brotgeschmack sind ganz erheblich gestiegen,
- es besteht eine allgemeine Angst und Abneigung gegen jede Form von chemischen Zusätzen, wogegen eine bemerkenswert starke Zuwendung zum „Natürlichen" bzw. „Biologischen" feststellbar ist.

Der Bäcker kehrt daher in zunehmendem Maße zur mehrstufigen Sauerteigführung zurück, zumindest bei Brotsorten, bei denen auf den Brotgeschmack besonderer Wert gelegt wird.

> Dem Bedürfnis nach „Natürlichkeit" haben allerdings auch die Hersteller von Backmitteln längst Rechnung getragen, indem sie nur natürliche Säuren verwenden, die nach Möglichkeit durch Sauerteigführung gebildet wurden und so im „getrockneten Natursauer" enthalten sind.

❐ Die Schwierigkeit für den Brotgeschmack besteht bei säurehaltigen Backmitteln jedoch darin, die flüchtigen („luftlöslichen") Säuren und Aromastoffe während des Trocknungsprozesses festzuhalten, sodass sie nicht verfliegen können.
  – Die Gefahr des Aromaverlustes ist bei der Herstellung von pulverisierten Erzeugnissen (mehlartige Backmittel) besonders groß.
  – Flüssige (sirupartige, pastenförmige) Backmittel können die Aromastoffe besser festhalten.
  – Der Erhaltung möglichst vieler Aromastoffe dient auch das „Gefriertrocknen" (s. S. 52).

1.1 Die Kleinlebewesen im Sauerteig

Der Sauerteig ist ein idealer Nährboden für Kleinlebewesen. Die Kunst des Bäckers besteht darin, dafür zu sorgen, dass sich die „richtigen", erwünschten Lebewesen entwickeln. Er muss achtgeben, dass der Teig nicht fault; das würde dann geschehen, wenn die Zahl der unerwünschten Kleinlebewesen zu sehr zunimmt.

1.1.1 Herkunft der Lebewesen des Sauerteigs

Ursprünglich stammen all diese Kleinlebewesen aus dem „Mutterboden", also der Humuserde des Getreideackers bzw. aus der Luft (Luftinfektion).

> In einem Kubikzentimeter Humusboden leben mehrere Millionen Kleinlebewesen unterschiedlichster Art.
> Partikelchen der Humuserde haften an der Außenschale, vor allem in der Längsfurche (Narbe) der Getreidekörner an, ferner Sporen aus der Luft. Trotz der Reinigung in der Mühle werden diese nicht restlos entfernt.
>
> **„Spontane Sauerteigführung"**
> Es ist möglich, einen Sauerteig heranzuzüchten, ohne dass man ein Stück vom Vollsauer verwendet. Es genügt, wenn dunkles Roggenmehl oder Schrot mit Wasser vermischt wird, der Teig absteht und täglich zwei- bis dreimal angefrischt wird.
>
> **Was passiert dann?**
> Die in diesem Teig enthaltenen Kleinlebewesen werden „geweckt"; sie vermehren und ernähren sich. Nach vier bis fünf Tagen kann, bei sachgemäßer Führung, ein reifer Vollsauer entstanden sein.

Bei der betriebsüblichen Sauerteigführung steht dem Bäcker ein gesundes, richtig abgestimmtes „Saatgut", zur Verfügung: *der reife Vollsauer*.

Der Bäcker führt diesen Sauerteig nun in Stufen weiter. Dabei muss er besonders auf Teigtemperatur, Teigfestigkeit und Abstehzeit achten.

▌ Bei falscher Führung entartet der Sauerteig: die „schädlichen" Kleinlebewesen, die auch in einem gesunden Sauerteig in gewissen Mengen enthalten sind, können sich ungehemmt vermehren. Dabei scheiden sie unbekömmliche, übel schmeckende, übel riechende, z.T. toxische (giftige) Stoffe aus.

▌ Bei richtiger, sachgemäßer Sauerteigführung dagegen werden die Schädlinge durch die erwünschten, „nützlichen" Kleinlebewesen in ihrem Wachstum unterdrückt.

1.1.2 Die erwünschten Kleinlebewesen

Dazu zählen bestimmte *Bakterien* (Milchsäure- und Essigsäurebildner) sowie *Hefen* (Sauerteighefen).

Milchsäure- und Essigsäurebakterien

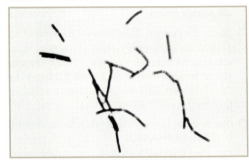

Abb. 1: Längsstäbchen (Milchsäurebakterien)

Abb. 2: Kurzstäbchen (Essigsäurebakterien)

1 Säuerung durch Sauerteigführungen

- Sie vermehren sich durch einfache Zellteilung.
- Günstige Temperaturen zur *Vermehrung* liegen vor bei 30 °C und darüber; ein Vermehrungsvorgang dauert im warmen und weichen Teig etwa eine Stunde.
- Günstige Temperaturen für die *Gärung* liegen vor bei 35 bis 40 °C. Der Mehlzucker wird bei warmen Temperaturen überwiegend zu *Milchsäure* umgewandelt. Bei niedrigeren Temperaturen nimmt der Anteil an Essigsäure zu.

Sauerteighefen

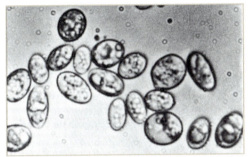

Abb. 1: Sauerteig-Hefezellen

- Sie zählen zu den Sprosspilzen. Die Form der Zellen ist der von Backhefe ähnlich. Sauerteighefe ist unempfindlicher gegen Säuren; durch Milchsäure werden Vermehrung und Gärung sogar angeregt.
- Sie vermehren sich durch einfache Zellteilung; dazu wird unbedingt Sauerstoff benötigt.
- Günstige Temperaturen zur *Vermehrung* liegen vor bei etwa 27 °C. Ein Vermehrungsvorgang dauert je nach Teigtemperatur und Teigfestigkeit zwischen 2 und 4 Stunden.

- Günstige Temperaturen zur *Gärung* liegen vor bei über 30 °C. Der Mehlzucker wird zu Alkohol und Kohlendioxidgas umgewandelt

1.1.3 Die nicht erwünschten Kleinlebewesen (Sauerteigschädlinge)

Dazu zählen bestimmte Arten von *Bakterien*, *Hefen* und *Schimmelpilzen*.

Sie sind in allen Sauerteigen enthalten, kommen jedoch bei richtiger, sachgemäßer Sauerteigführung nicht zur vollen Entfaltung. Das liegt daran, dass sie empfindlich sind gegen Säuren, insbesondere gegen Milchsäure. Im niedrigen pH-Bereich werden sowohl die Stoffwechselvorgänge wie die Vermehrung entscheidend unterdrückt bzw. verlangsamt.

Bei fehlerhafter Sauerteigführung können sich die Schädlinge vermehren:

- Sie zersetzen dann die Nährstoffe des Mehls (Fett, Eiweiß, Zuckerstoffe); es entstehen ranzige Fettsäuren, übel riechende Eiweißabbauprodukte (Ammoniakverbindungen), die z.T. unbekömmlich oder gar toxisch (giftig) sind.
- Bestimmte Bakterien sind krankheitserregend.
- Die „wilden" Hefen besitzen nur geringe Gärkraft.

Der Bäcker muss vor allem darauf achten, dass der Sauerteig nicht zu lange absteht.

Denn sobald der Mehlzucker verbraucht ist, wird keine neue Milchsäure gebildet. Die Schädlinge gewöhnen sich an das unverändert bleibende pH-Milieu und können sich ungestörter entwickeln.

Zu den unerwünschten Lebewesen können auch Schimmelpilze gehören (s.S. 102).

Bakterien

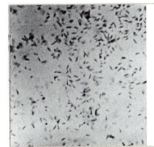 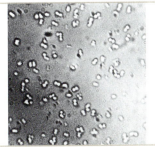 

Abb. 2: Kolibakterien Kokken (Kugelbakterien) *Fadenzieher-Erreger*

Hefen

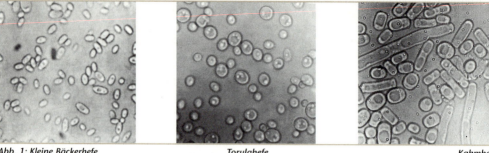

Abb. 1: Kleine Bäckerhefe   Torulahefe   Kahmhefe

Zusammenfassung

- Die Säuerung von Roggenteigen ist notwendig
  - weil Roggenmahlerzeugnisse ohne Säure nicht ausreichend backfähig sind,
  - weil der Brotgeschmack durch Säuren verbessert wird.
- Die Säuerung kann erfolgen:
  - durch Sauerteigführung,
  - durch Zusatz von säurehaltigen Backmitteln,
  - durch Kombination aus Sauerteig- und Backmittelzusatz.
- Sauerteig wird in Stufen geführt:
  - als ein-, zwei- oder dreistufige Führung.
    Die einzelnen Stufen heißen Anfrischsauer, Grundsauer und Vollsauer.
- Die Säuerung und Aromabildung im Sauerteig erfolgt durch Kleinlebewesen, vor allem Milch- und Essigsäurebakterien.
- Sofern genügend Sauerteighefe enthalten ist, z.B. bei der mehrstufigen Führung, wirkt der Sauerteig auch als Lockerungsmittel.
- Im Sauerteig leben sowohl nützliche Kleinlebewesen (Milch-, Essigsäurebakterien, Sauerteighefen) wie schädliche Kleinlebewesen (andere Bakterien, Hefen und Schimmelpilze).
- Bei fehlerhafter Sauerteigführung können sich die Sauerteigschädlinge zu sehr entwickeln; es wird zu viel Essigsäure gebildet, ferner entstehen übel schmeckende, unbekömmliche Stoffe.

1.2 Der Bäcker kann die Lebensvorgänge im Sauerteig beeinflussen

Um zu verhindern, dass der Sauerteig entartet, muss immer wieder frisches Mehl und Wasser zugesetzt werden. Nur dann können sich die für die Brotbereitung wichtigen Kleinlebewesen vermehren und die für Brotgeschmack und Lockerung benötigten Stoffwechselprodukte bilden:

❒ Säurebakterien vergären einen Teil des Mehlzuckers und wandeln ihn dabei zu Säuren (Milchsäure, Essigsäure) um.

❒ Hefen (Sauerteighefen) vergären einen Teil des Zuckers und wandeln ihn zu CO_2-Gas (Lockerungsgas) um.

Nun muss man wissen, dass die Lebewesen je nach Bedingungen im Teig (Wärme, Festigkeit, Sauerstoffgehalt, pH-Wert) sich unterschiedlich entwickeln und unterschiedliche Stoffe produzieren.

Bedingungen für die Vermehrung

❖ In weichen Teigen vermehren sich alle Kleinlebewesen schneller als in festen Teigen.

❖ In warmen Teigen (über 30 °C) vermehren sich vor allem die Bakterien besonders schnell.

❖ In kühlen Teigen (bei ca. 27 °C) kann sich die Hefe besonders schnell vermehren.

❖ Hefen können sich nur vermehren, wenn im Teig genügend Sauerstoff enthalten ist.

❖ Bakterien dagegen sind Anaerobier, d.h., sie vermehren sich auch ohne Sauerstoff.

❖ Auf die Vermehrung hat auch der Säuregrad bzw. der pH-Wert des Sauerteigs Einfluss.

Bedingungen für die Gärung

- In warmen Teigen bilden die Hefen besonders schnell viele CO_2-Gase,
- vergären die Bakterien den Zucker vorwiegend zu Milchsäure (= milder Brotgeschmack).
- In kühlen Teigen erfolgt eine langsame Bildung von CO_2-Gasen,
- vergären die Bakterien größere Anteile von Zucker zu Essigsäure (= scharfsaurer Brotgeschmack)

Folgendes ist zu bedenken:

Es ist nun einmal nicht möglich, einen Teig gleichzeitig warm und kalt, fest und weich, über kurze und über lange Zeit, bei niedrigerem und bei höherem pH-Wert zu führen.

Nur im Idealfall, d.h. bei mehrstufiger Sauerteigführung, kann es gelingen, die Beschaffenheit des Teiges jeweils so zu verändern, dass die unterschiedlichen Lebensbedingungen der Kleinlebewesen wenigstens einmal im Teig geschaffen werden können.

Beschränkt sich der Bäcker jedoch auf nur eine oder nur zwei Stufen geht das auf Kosten der Vielfalt:

Je nachdem muss dann Hefe zur Lockerung zugesetzt werden und der Brotgeschmack wird durch die Art der vorherrschenden Säuren bestimmt.

weich und warm
❖ ❖ ❖
ergibt vorwiegend Milchsäure

fest und kühl
❖ ❖ ❖
der Anteil an Essigsäure steigt

In jedem Falle beginnt die Führung eines Sauerteigs damit, dass die vorhandene „Restmenge" des reifen Vollsauers vermehrt wird.

Der Bäcker verwendet nämlich den weitaus größten Teil des reifen Sauerteigs zur Bereitung des Brotteiges.

Er behält nur einen kleinen Anteil davon zurück, um daraus den Sauerteig für den nächsten Brotteig heranzuführen.

Das Reststück heißt „Anstellsauer", sobald man diesen zur Vermehrung anfrischt nennt man ihn „Anfrischsauer".

Zum Anfrischen verwendet man Roggenmehl und Wasser. Je nach dem Mengenverhältnis entsteht ein festerer oder weicherer Teig. Mit der Temperatur des Wassers stellt man die gewünschte Temperatur der Sauerteigstufe ein.

Beide Bedingungen, nämlich Festigkeit und Temperatur, stehen in Abhängigkeit von der nun folgenden Abstehzeit der Sauerteigstufe (Führung über wenige Stunden oder über Nacht), ferner von der beabsichtigten Geschmacksrichtung.

Welche Art der Sauerteigführung der Bäcker wählt, hängt auch von seinen betrieblichen Bedingungen und Möglichkeiten ab.

2 Die Sauerteigstufenführungen

Der Sauerteig kann sowohl in nur einer Stufe als auch in mehreren Stufen geführt werden.

Einstufenführung
Anstellsauer
1 Vollsauer

Zweistufenführung
Anstellsauer
1 Grundsauer
2 Vollsauer

Dreistufenführung
Anstellsauer
1 Anfrischsauer
2 Grundsauer
3 Vollsauer

Bei speziellen anderen Sauerteigstufenführungen können weitere Zwischenstufen gewählt werden.
Beispiel:
Schaumsauer, der in 3 bis 6 Stufen geführt wird (s. S. 48).

Die Entscheidung, welche Führungsart er wählt, trifft der Bäcker nach seinen betrieblichen Möglichkeiten bzw. nach den geschmacklichen Wünschen seiner Kunden.

Je nachdem ergeben sich folgende
Vor- oder Nachteile:

Mehr Sauerteigstufen
- ⊖ arbeitsintensiver
- ⊕ lockerungsintensiver
- ⊕ aromareicher
- ⊕ höhere Milchsäureanteile
- ⊕ niedrigere pH-Werte (backtechnisch stärker)
- ⊖ anfälliger gegen Führungsfehler

Weniger Sauerteigstufen
- ⊕ geringerer Arbeitsanfall
- ⊖ wenig Lockerungskraft
- ⊖ weniger Aromabildung
- ⊖ höhere Essigsäureanteile
- ⊖ höhere pH-Werte (backtechnisch schwächer)
- ⊕ weniger anfällig gegen Führungsfehler

Die Schwächen, die bei der zweistufigen oder der einstufigen Sauerteigführung gegeben sind, lassen sich z.T. dadurch ausgleichen, dass der Bäcker dem Teig *Backhefe, aromahaltige Backmittel* sowie *Milchsäure* zusetzt.

Die Kunst des Bäckers besteht darin, den Sauerteig, egal ob in nur einer oder in mehreren Stufen, so zu „führen", dass daraus ein fehlerfreies, bekömmliches und wohlschmeckendes Brot bereitet werden kann.

2.1 Die Führungsbedingungen

Die Entwicklung bzw. Reifung des Sauerteigs lässt sich steuern. Die „Steuerungselemente" sind:

- **Teigtemperatur**
- **Teigfestigkeit**
- **Abstehzeit**

Von Einfluss ist auch die **Sauerteigmenge** bzw. die Größe der einzelnen Stufen.

Vorüberlegung

Im Sauerteig laufen folgende, z.T. voneinander unabhängige Prozesse ab:
- die Vermehrung der Kleinlebewesen,
- die Gärung, d.h. die Bildung von Säuren und von Lockerungsgas,
- der Abbau der quellfähigen Mehlbestandteile durch die mehleigenen Enzyme.

Wirkung der Mehlenzyme:
In Teigen aus dunklen Roggenmehlen und -schroten ist der Anteil an Mehlenzymen besonders hoch, und zwar deshalb, weil so viele Schalenteile enthalten sind; die Schalenschichten des Getreidekorns sind bekanntlich der Sitz der Enzyme (vgl. S. 21).

Der Bäcker muss wissen, dass die quellfähigen, teigbildenden Mehlbestandteile (Stärke, Eiweiße) von den mehleigenen Enzymen z.T. abgebaut werden.

Erkenntnis
Es darf stets nur ein begrenzter Anteil des Gesamtmehls im Sauerteig verarbeitet werden.

Im Teig muss genügend unbeschädigtes Mehl enthalten sein, weil sonst schwere Teig- und Brotfehler auftreten.

Man rechnet im allgemeinen mit höchstens 40 bis 50 Prozent Mehlanteil im Vollsauer.

Zum Nachdenken

Wann würden Sie mehr (50% und mehr), wann würden Sie weniger Roggenanteile (40% und weniger) im Vollsauer verarbeiten?
- wie viel bei auswuchsgeschädigtem Roggenmehl,
- wie viel bei Roggenmehl mit guten Backwerten,
- wie viel bei Schrotteigen,
- wie viel bei Roggen-/Weizenmischbrotteigen?

Erläutern und begründen Sie das jeweils.

2.1.1 Die Teigtemperatur

Die Lebensbedingungen (Vermehrung, Gärung) der Kleinlebewesen des Sauerteigs (Milchsäure-, Essigsäurebakterien, Sauerteighefen) sind Temperatur abhängig. Die geeignetsten Temperaturen liegen zwischen 25 und 40 Grad °C.

Vermehrungstemperaturen	geeignet für
kühl 27 °C und weniger	Essigsäurebakterien
kühl 27 °C	Sauerteighefe
warm 30 °C und mehr	Milchsäurebakterien

Gärungstemperaturen	geeignet für
kühl 25 °C und weniger	Essigsäurebakterien
warm 30 °C und mehr	Bildung von CO_2
warm 30 bis 40 °C	Milchsäurebildung

2 Die Sauerteigstufenführungen

> **Erkenntnis**
> – bei kühleren Temperaturen vorwiegend Vermehrung der Lebewesen, ferner Essigsäurebildung;
> – bei wärmeren Temperaturen vorwiegend CO_2-Gas- und Milchsäurebildung.

2.1.2 Die Teigfestigkeit (Teigausbeute)

In einem weichen Teig verlaufen alle Lebensvorgänge (Vermehrung, Gärung) schneller und intensiver, umgekehrt vollziehen sich die Lebensvorgänge in einem festen Teig langsamer, im Falle der Essigsäurebakterien jedoch normal. Letzteres liegt daran, dass sich die Essigsäurebakterien ungestörter entwickeln und gären können, und zwar deshalb, weil weniger Milchsäure vorhanden ist (höhere pH-Werte).

> **Erkenntnis**
> **weicher Teig**
> schnelle Vermehrung und Gärung
> (Milchsäurebakterien und Hefe)
> **fester Teig**
> langsamere Vermehrung und Gärung
> (Milchsäurebakterien und Hefe)
> **fester Teig**
> normale Vermehrung und Gärung
> (Essigsäurebakterien)

Je nach Teigfestigkeit verändern sich somit die Milch-/Essigsäureanteile. Der Bäcker kann daher mit Hilfe der Teigfestigkeit Einfluss auf den Brotgeschmack nehmen:

weicher Teig	➡	mildsaurer Geschmack
fester Teig	➡	schärferer, essigsaurer Geschmack

2.1.3 Die Abstehzeit

Eine Sauerteigführung beginnt mit der Abnahme des Anstellsauers vom reifen Vollsauer und endet mit der Verarbeitung des Vollsauers zum Teig.

Die eigentliche Stufenführung beginnt damit, dass der Anstellsauer mit Mehl und Wasser angefrischt wird. Je nach dem, um welche Uhrzeit das jeweils geschieht, errechnet sich die Gesamtabstehzeit.

Bei der *einstufigen Führung* beginnt die Abstehzeit mit dem Ansetzen des Vollsauers und endet mit der Teigbereitung. Das können theoretisch bis zu 24 Stunden sein, im Falle der Salzsauerführung (s. S. 47 f) noch mehr.

Bei der *zweistufigen Führung* wird die gesamte Abstehzeit durch zwei, bei der *dreistufigen Führung* durch drei geteilt.

Wie lange die einzelnen Stufen abstehen, liegt in erster Linie daran, um welche Uhrzeit der Brotteig bereitet und welche Stufe über Nacht geführt wird

> **Beispiele**
>
> **Dreistufige Sauerteigführungen**
> 1. Brotteigbereitung 4 bis 5 Uhr morgens
>
> | | Abstehzeit |
> |---|---|
> | Anfrischsauer vormittags | 4 bis 5 Stunden |
> | Grundsauer nachmittags | ca. 5 Stunden |
> | Vollsauer über Nacht | ca. 8 Stunden |
>
> 2. Brotteigbereitung 6 bis 7 Uhr morgens
>
> | | Abstehzeit |
> |---|---|
> | Anfrischsauer nachmittags | 5 bis 6 Stunden |
> | Grundsauer über Nacht | ca. 8 Stunden |
> | Vollsauer morgens | 2 bis 3 Stunden |
>
> Bei der zweistufigen Führung verlängern sich die Abstehzeiten entsprechend.
>
> **Zweistufige Sauerteigführung**
>
> | | Abstehzeit |
> |---|---|
> | Grundsauer | 5 bis 6 Stunden |
> | Vollsauer | 8 bis 10 Stunden |

Einstellung des Brotgeschmacks
mit Hilfe der drei „Steuerungselemente"

● Temperatur   ● Festigkeit   ● Abstehzeit

Grundregel:
Teigtemperatur und Teigfestigkeit müssen an die Abstehzeit angepasst werden.

kurze Abstehzeit	➡	warmer und weicher Teig (schnelle Reifung)
lange Abstehzeit	➡	kühler und fester Teig (langsame Reifung)

Als Folge dieser Führungsweise ergibt sich

milder Brotgeschmack

> bei kurzer, warmer, weicher Vollsauerführung.

scharfer Brotgeschmack

> bei langer, kühler, fester Vollsauerführung.

Während der Abstehzeit reift der Sauerteig. Den Zustand der „Reife" erkennt man an der Beschaffenheit der Teigoberfläche:

– leichte Wölbung,

– breite Rissbildung in der Teighaut bzw. in der Mehldeckschicht.

Abb. 1: Reifer Vollsauer am Ende der Abstehzeit

Bei Abwandlung der Führungsbedingungen ändert sich der Brotgeschmack.

2.1.4 Die Sauerteigmenge

Bei Roggenbroten müssen etwa 40% der verwendeten Roggenanteile in der letzten Sauerteigstufe enthalten sein.

Das reicht in der Regel aus, um dem Brotteig genügend Säuren zuzuführen und um die erforderliche Lockerung zu erzielen.

Ausnahme:

Bei stark auswuchshaltigen Roggenmehlen oder -schroten. Hier wird ein höherer Säureanteil bzw. ein niedrigerer pH-Wert benötigt.

Um das zu erreichen und gleichzeitig ein einwandfreies Brot zu erzielen bieten sich folgende Möglichkeiten an:

- Erhöhung der im Sauerteig enthaltenen Roggenanteile auf ca. 50%.
- Verwendung von einwandfreiem, nicht auswuchsgeschädigtem Roggenmehl zum Teig.
- Zusatz von säurehaltigen Backmitteln zum Teig, vor allem Milchsäure.

Im übrigen gilt folgende Regel:

Bei Roggenmischbroten (50 bis 89% Roggenanteil) und Weizenmischbroten (11 bis 49% Roggenanteil) werden nur die Roggenanteile zur Säuerung verwendet.

Für **Roggenmischbrote** gilt die Regel, dass etwa die Hälfte des Roggenmehls im Vollsauer enthalten ist.

80 : 20 RM WM	70 : 30 RM WM	60 : 40 RM WM	50 : 50 RM WM
40 Anteile Roggenmehl	35 Anteile Roggenmehl	30 Anteile Roggenmehl	25 Anteile Roggenmehl

Für **Weizenmischbrote** gilt die Regel, dass etwa 60 bis 100% des Roggenmehls im Vollsauer enthalten ist.

40 : 60 RM WM	30 : 70 RM WM	20 : 80 RM WM
ca. 25 Anteile Roggenmehl	ca. 20 Anteile Roggenmehl	alle Anteile des Roggenmehls

2.2 Sauerteigberechnungen

2.2.1 Der Mehlzusatz zu den Sauerteigstufen

Man geht aus vom Roggenmehlanteil, der im Vollsauer enthalten sein soll (siehe die Beispiele oben).

Die Mehlmenge für die voraus gehende Stufe (z.B. Grundsauer) errechnet man, indem man die Mehlmenge im Vollsauer durch die Anzahl der Stunden teilt, die der Vollsauer abstehen soll.

Beispiel

40 kg Roggenmehl im Vollsauer

Abstehzeit des Grundsauers (über Nacht): 8 Stunden

$40 : 8 = 5$

5 kg Roggenmehl im Grundsauer

Für die Berechnung des Roggenmehlanteils im Anfrischsauer gilt die gleiche Berechnungsmethode, diesmal bezogen auf den Grundsauer.

5 kg Roggenmehl im Grundsauer

Abstehzeit des Anfrischsauers: 5 Stunden

$5 : 5 = 1$

1 kg Roggenmehl im Anfrischsauer

2 Die Sauerteigstufenführungen

2.2.2 Die Zugussmenge zu den Sauerteigstufen

Jede Sauerteigstufe wird je nach Abstehzeit bzw. angestrebter Tätigkeit der Kleinlebewesen mit entsprechender Teigfestigkeit (Teigausbeute, TA) geführt.

2.3 Der Umgang mit dem Anstellsauer (Anstellgut)

In der Regel entnimmt der Bäcker eine bestimmte Menge des reifen Vollsauers als Anstellgut für die folgende Sauerteigstufenführung.

Sofern das Anstellgut noch am gleichen Tage angefrischt werden soll, braucht es nur beiseite gelegt und mit Mehl, Tuch oder ähnlichem abgedeckt zu werden, damit die Teigoberfläche nicht austrocknet.

Bei längerer Aufbewahrung, z. B. über Wochenende oder Feiertage, empfiehlt es sich, das Anstellgut mit Roggenmehl zu einem festen Teig zu verarbeiten.

Bei Aufbewahrung über längere Zeiträume, (Betriebsferien), sollte das Anstellgut mit viel Mehl trocken verrieben und gestreuselt werden.

Reinzuchtsauer als Anstellgut

Backmittelfirmen bieten Reinzuchtsauer an, der unter labormäßiger Kontrolle herangezüchtet wurde und daher die Lebewesen des Sauerteigs in ausgewogener, abgestimmter Menge enthält.

Reinzuchtsauer ist dafür geeignet, entweder in bestimmten Zeitabständen (z. B. wöchentlich) als völlig neues Anstellgut verwendet oder dem Betriebssauer zur Auffrischung zugesetzt zu werden.

Abb. 1: Reinzuchtsauer

2.4 Die dreistufige Sauerteigführung

Dabei wird der Sauerteig *dreimal täglich* angefrischt, verteilt über den ganzen Arbeitstag.

Von Nachteil ist dabei, dass eine Stufe außerhalb der regulären Arbeitszeit geführt werden muss, nämlich die Stufe, die über Nacht abstehen soll.

Das Anfrischen dieser Sauerstufe erfolgt am späten Nachmittag oder am frühen Abend.

Diese besondere Mühe kann sich aber auszahlen, weil man so einen besonders aromareichen und ausgeglichenen Brotgeschmack erzielen kann.

Auf die Ausbildung des Brotgeschmacks haben Einfluss ...

❏ ... die Anzahl und Beschaffenheit der Sauerstufen

In Folge der wiederholten Zugabe von Mehl und Wasser (= anfrischen) und durch die mögliche Abänderung der Beschaffenheit des Sauerteigs (Temperatur, Festigkeit, Abstehzeit, Sauerteigmenge) kann man für die Sauerteiglebewesen und für ihre Lebenstätigkeiten jeweils unterschiedliche Bedingungen schaffen.

Auf diese Weise kann man wunschgemäß abwechselnd die Entwicklung der Milchsäure oder der Essigsäure sowie auch die der Hefe begünstigen.

❏ ... die Tätigkeit der Mehlenzyme

*Die Aroma- und Geschmacksstoffbildung wird nicht nur von den Kleinlebewesen und ihren Ausscheidungsprodukten betrieben, wesentlich sind daran auch die **mehleigenen Enzyme** beteiligt, von denen es in dunklen Roggenmahlerzeugnissen sehr viele gibt.*

Während der einzelnen Abstehphasen, besonders dann, wenn der Sauerteig warm und weich geführt ist, bauen die Mehlenzyme zahlreiche hoch aufgebaute, unlösliche Mehlbestandteile zu löslichen und daher schmeckbaren Nährstoffen ab.

So erklärt sich, dass der Anteil an Geschmacks- und Aromastoffen bei der Dreistufenführung besonders hoch ist.

❏ ... die Sauerteigmenge insgesamt

Sie richtet sich vorwiegend nach der Mehlqualität (Backfähigkeit des Roggenmehls); ferner nach dem Anteil an Roggenmehl im Brot (Roggenbrot, Roggen-, Weizenmischbrot).

❐ ... die Abstehzeit des Vollsauers

Der Vollsauer ist die letzte Sauerstufe; in ihm ist der gesamte zu versäuernde Roggenmehlanteil enthalten. Daher findet im Vollsauer die mengenmäßig entscheidende Geschmacksstoffbildung statt.

Falls der Vollsauer am Morgen geführt wird, kann er wegen der kurzen Abstehzeit warm und weich gehalten werden; das ergibt einen höheren Milchsäureanteil und damit einen milderen Brotgeschmack.

Falls der Vollsauer über Nacht geführt wird, muss man ihn kühler und fester halten. Die Folge ist ein höherer Anteil an Essigsäure und damit ein schärferer Brotgeschmack.

Grundsauer über Nacht

	Uhrzeit	Abstehzeit
Anfrischsauer	13 – 15 Uhr	5 – 7 Stunden
Grundsauer (über Nacht)	19 – 20 Uhr	13 – 14 Stunden
Vollsauer	4 Uhr morgens	2 – 3 Stunden
Brotbereitung	6 – 7 Uhr	

Vollsauer über Nacht

	Uhrzeit	Abstehzeit
Anfrischsauer	8 – 10 Uhr	4 – 5 Stunden
Grundsauer	13 – 14 Uhr	5 – 7 Stunden
Vollsauer (über Nacht)	19 – 20 Uhr	8 – 9 Stunden
Brotteigbereitung	4 – 5 Uhr	

Zusammenfassung ...

① Dunkle Roggenmehle und -schrote enthalten zahlreiche mehleigene Enzyme. Diese bauen im Verlauf der Sauer- und Teigführung zahlreiche hoch aufgebaute Mehlbestandteile ab.

② Bei kürzeren Abstehzeiten soll man mehr, bei längeren Abstehzeiten weniger Roggenmehl im Sauerteig verwenden.

③ Der Bäcker kann Einfluss nehmen auf die Entwicklung bzw. Reifung des Sauers, vor allem mit Hilfe der Temperatur.

④ Vermehrung und Gärung erfolgen bei jeweils unterschiedlichen Temperaturen.

⑤ In weichen Teigen verlaufen alle Lebensvorgänge schneller als in festen Teigen.

⑥ Die Essigsäurebakterien können sich in einem festeren Teig etwas besser vermehren und gären.

⑦ Den Zeitpunkt, wann die einzelnen Sauerteigstufen geführt werden, bestimmt der Bäcker nach betrieblicher Zweckmäßigkeit.

... und dazu gehörende Überlegungen und Schlussfolgerungen

① Welche Vorteile für den Brotgeschmack und welche Gefahren für die Brotqualität bringt der enzymatische Abbau?
Wie kann der Bäcker das eine fördern und das andere vermeiden?

② Was erreicht man durch höhere Roggenzugaben bei kurzer Führung?
Was vermeidet man durch geringere Roggenzugaben bei längerer Führung?

③ Welche enzymatischen Vorgänge im Mehl und welche Lebensbedingungen der Kleinlebewesen werden durch die Teigtemperatur beeinflusst?

④ Nennen Sie die günstigsten Vermehrungs- und Gärtemperaturen für die einzelnen Kleinlebewesen.

⑤ Erklären Sie den Einfluss der Teigfestigkeit auf die Lebensbedingungen der Kleinlebewesen.

⑥ Wie kann der Bäcker mit Hilfe der Teigfestigkeit den Brotgeschmack beeinflussen?

⑦ Unterscheiden Sie die Dreistufenführung mit der Führung des Grundsauers über Nacht bzw. des Vollsauers über Nacht.

Zusammenfassung ...

⑧ Die Länge der Abstehzeit einer Sauerstufe hat Einfluss auf Teigtemperatur und Teigfestigkeit.

⑨ Für den Brotgeschmack ist entscheidend, ob der Vollsauer – die letzte Sauerstufe – über Nacht oder erst am frühen Morgen geführt wird.

⑩ Die Sauerteigmenge wird von Stufe zu Stufe größer. Bei kurzer Abstehzeit setzt man mehr Mehl, bei längerer Abstehzeit weniger Mehl zu.

⑪ Zur Versäuerung verwendet man ausschließlich Roggenmehl oder Roggenschrot.

⑫ Die Mehlmenge, die dem Grundsauer zugesetzt werden soll, errechnet sich, indem man die für den Vollsauer vorgesehene Mehlmenge durch die Abstehzeit (Stundenzahl) des Grundsauers teilt. Vergleichbar verfährt man bei der Berechnung der Mehlmenge für den Anstellsauer.

⑬ Für kurzfristige Aufbewahrung soll der Anfrischsauer abgedeckt werden; bei längerer Aufbewahrung sollten vom Bäcker andere Maßnahmen getroffen werden.

... und dazu gehörende Überlegungen und Schlussfolgerungen

⑧ Welche Temperaturen und Festigkeiten wählt man bei kurzen bzw. bei längeren Abstehzeiten?

⑨ Welche Festigkeit und Temperatur hat der Vollsauer in dem einen oder anderen Fall? Welchen Einfluss hat das jeweils auf den Brotgeschmack?

⑩ Erklären Sie, warum bei kurzer Abstehzeit ein geringer Mehlzusatz nicht ausreicht. Warum ist bei langer Abstehzeit zu viel Mehl von Nachteil?

⑪ Wie hoch ist der Roggenzusatz bei reinen Roggenbroten bzw. bei Mischbroten?

⑫ Stellen Sie ein Berechnungsbeispiel auf für eine Vollsauerführung über Nacht (Roggenmehlanteil im Vollsauer = 50 kg) und stellen Sie ein Berechnungsschema auf für eine Grundsauerführung über Nacht.
Im Vollsauer sollen 40 kg Roggenmehl enthalten sein.

⑬ Was soll durch das Abdecken des Anstellsauers vermieden werden? Wann können längere Aufbewahrungszeiträume eintreten und welche Maßnahmen kann der Bäcker dann treffen?

2.5 Die zweistufige Sauerteigführung

Der Sauerteig wird nur zweimal täglich angefrischt. Das erspart einen Arbeitsgang und kann zu durchaus befriedigenden Backergebnissen führen.

Es verbleiben zwischen den Arbeitsgängen nur zwei Abstehzeiten; diese dauern entsprechend länger als die Abstehzeiten bei der Dreistufenführung.

Durch den Verzicht auf die dritte Führungsstufe fehlt den Sauerteiglebewesen eine Entwicklungsvariante zur Vermehrung und zur Gärung. Insbesondere ist es die Sauerteighefe, die sich nicht ausreichend vermehren kann. Der Bäcker gleicht diesen Mangel jedoch aus, indem er dem Teig Backhefe zusetzt. Da die Sauerteige wegen der verlängerten Abstehzeiten kühler und fester geführt werden müssen, entsteht ein etwas schärferer, essigsaurer Brotgeschmack.

Der Bäcker kann den Brotgeschmack aber dadurch beeinflussen, dass er die Dauer einer Abstehzeit kürzer und die der anderen entsprechend länger gestaltet.

Die längere Abstehzeit ist immer die über Nacht.

Grundsauer über Nacht

	Uhrzeit	Abstehzeit
Grundsauer (über Nacht)	13 – 14 Uhr	ca. 15 Stunden
Vollsauer	4 Uhr früh	3 bis 4 Stunden
Brotteigbereitung	7 – 8 Uhr	

Vollsauer über Nacht

	Uhrzeit	Abstehzeit
Grundsauer	13 – 14 Uhr	6 bis 7 Stunden
Vollsauer (über Nacht)	20 Uhr	8 Stunden
Brotteigbereitung	4 Uhr früh	

2.6 Einstufige Sauerteigführungen

Die bekanntesten Einstufenführungen sind:

Berliner Kurzsauer
Detmolder Einstufensauer
Salz-Sauer-Führung

Jeder dieser Sauerteige wird *in nur einer Stufe* geführt. Damit fallen im Vergleich zur dreistufigen Führung zwei Arbeitsgänge weg.

Eine *Vereinfachung der Arbeitsbedingungen* ist auch insofern gegeben, als der einstufige Sauerteig in stets gleichbleibender Weise und nicht, wie bei den mehrstufigen Führungen, bei jeder Stufe anders geführt wird;

Die einstufigen Führungen *sind* auch aus dem Grunde *sicherer*, weil Fehlentwicklungen des Sauerteigs, wie z. B. Überreife, so bald nicht auftreten können, denn die Hefeentwicklung muss nicht berücksichtigt werden.

Das hat allerdings zur Folge, dass dem Brotteig Backhefe zugesetzt werden muss; er wird nahezu ausschließlich durch Backhefe gelockert.

Die besondere Sicherheit der einstufigen Führung beruht darauf, dass die Sauerteige sehr hohe Anteile an Säuren enthalten. Die Folge ist

Hohe Gärtoleranz
❏ Der Sauer kann länger abstehen.
  In Folge der Säureentwicklung oder, wie im Falle der Salz-Sauer-Führung, infolge der hohen Salzkonzentration tritt eine gewisse Selbstkonservierung ein.

Somit kann man aus einem einzigen Sauerteig zu verschiedenen Tageszeiten mehrere Teige bereiten, indem man jeweils nur einen Teil des reifen Sauerteigs verwendet.

Diese Vereinfachung der Arbeit und Erhöhung der Sicherheit geht jedoch auf Kosten der Aromabildung.

Es werden in einigen Fällen zusätzliche technische Geräte erforderlich, z. B. ein Temperiergerät oder beim Salz-Sauer ein Teigsäuerungsautomat.

Auch an Sonn- und Feiertagen fällt Arbeit an, weil der Sauerteig geführt werden muss.

2.6.1 Berliner Kurzsauer

Besonderheiten

❖ Vom reifen Vollsauer werden etwa 20% Anstellgut abgenommen.

❖ Das Anstellgut wird in einem Temperiergerät bis zum nächsten Tag warm aufbewahrt.

❖ Die einzige Sauerstufe (= Vollsauer) wird warm (35 °C) und weich (TA 190 – 200) geführt.

❖ Der Vollsauer steht bis zur Teigbereitung etwa 3 Stunden ab.

▍Bei der warmen und weichen Führung wird überwiegend Milchsäure gebildet; das führt zu einem *mildsauren Brotgeschmack*.

Die hohe Menge an Anstellgut ist erforderlich, weil bei der kurzen Abstehzeit des Vollsauers sonst nicht genügend Milchsäure gebildet werden könnte.

Das Anstellgut muss warm gelagert werden, damit sich die Milchsäurebakterien gut vermehren können.

Berliner Kurzsauer besitzt hohe Gärtoleranz:

❏ Der hohe Milchsäureanteil lässt keine Fremdgärungen aufkommen.

❏ Die Milchsäure behindert den enzymatischen Abbau der Mehlstärke; der Sauer kann nicht „abfressen" (siehe Seite 49).

Verfahrensbeispiel: (Roggenbrot)

Kurzsauerführung

20 kg	Anstellgut	
40 kg	Roggenmehl	
40 Ltr	Wasser	

= 100 kg Kurzsauer

Temperatur: 35 °C
TA 200
Abstehzeit 3 Stunden

Vor der Teigbereitung werden 20 kg Kurzsauer als Anstellgut abgenommen.

Teigbereitung

80	kg	Kurzsauer
60	kg	Roggenmehl
23	Ltr	Wasser
1,2	kg	Hefe
1,8	kg	Kochsalz

= 166,0 kg Teig

Temperatur: 28 bis 30 °C

Der Teig kann sofort, besser aber nach 15-minütiger Ruhezeit aufgearbeitet werden.

2.6.2 Detmolder Einstufensauer

Besonderheiten

❖ Vom reifen Vollsauer werden je nachdem 5 bis 20% Anstellgut abgenommen.
❖ Die Menge richtet sich nach der Temperatur, mit der der Sauerteig geführt werden soll:

Beispiele

Sauertemperatur	Mehlanteil im Sauer
20 bis 23 °C	20 bis 15%
24 bis 25 °C	12 bis 8%
26 bis 28 °C	7 bis 5%

❖ Der Sauer wird weich (TA 180) geführt.
❖ Die Abstehzeit beträgt 15 bis 20 Stunden.

Bei kühler Sauerführung wird mehr Essigsäure gebildet. Die Vermehrung der Kleinlebewesen verläuft langsamer. Daher wird *mehr Anstellgut* abgenommen.

Die erforderliche Menge an Milchsäure wird bei der warmen Teigführung (27 bis 30 °C) gebildet.

Die kühle Sauerteigführung ergibt einen etwas *schärferen Brotgeschmack*.

Bei wärmerer Sauerführung verlaufen Vermehrung und Gärung schneller. Daher genügt bei der langen Abstehzeit des Sauerteigs ein *kleinerer Anteil an Anstellgut*.

Die wärmere Führung ergibt einen etwas *milderen Brotgeschmack*.

Verfahrensbeispiel: (Roggenmischbrot 60 : 40)

Kurzsauerführung

2,5 kg	Anstellgut
22,5 kg	Roggenmehl
18,0 Ltr	Wasser

= 43,0 kg Kurzsauer

Temperatur 27 °C
TA 180
Abstehzeit 15 Stunden

Vor der Teigbereitung werden 2,5 kg Kurzsauer als Anstellgut abgenommen.

Teigbereitung

40,5 kg	Kurzsauer
37,5 kg	Roggenmehl
40,0 kg	Weizenmehl
45,0 Ltr	Wasser
1,8 kg	Hefe
1,7 kg	Kochsalz

= 166,5 kg Teig

Temperatur: 29 °C

2.6.3 Salz-Sauer-Führung
(patentiertes Monheimer Salz-Sauer-Verfahren nach *vom Stein*: Sauerteig-Herstellung auf Vorrat)

Besonderheiten:

❖ Die Salz-Sauer-Führung ist ein einstufiges Verfahren zur Sauerteigherstellung auf Vorrat. Man stellt eine Sauerteigmenge her, die für 2 bis 3 Tage, oder besser noch für eine ganze Woche reichen soll.
Man nennt diesen Zeitraum die *Abstehzeit*.
❖ Die TA ist 200.
❖ Die *Reifezeit* beträgt 18 bis 24 Stunden;
❖ Die Temperatur des Sauers beträgt 32 °C (vorwiegend Milchsäuregärung).

Damit der Sauer in dieser Zeit nicht auskühlt, empfiehlt sich die Aufbewahrung im Gärschrank oder in einem thermostatisch regulierten Sauerteigsilo. Nach einem Tag soll die Temperatur auf ca. 25 °C abfallen.

Bei längerer Aufbewahrung (zwei bis drei Tage) soll die Temperatur auf 16 °C gesenkt werden.

Bei der Verwendung erst nach mehr als drei Tagen soll das Anstellgut bei +4 °C bis +8 °C lagern; es kann dann bis zu 6 Tagen aufbewahrt werden.

Dem Sauerteig wird etwa 2% Kochsalz (auf den zu versäuernden Mehlanteil bezogen) zugesetzt. Durch das Zusammenwirken von Kochsalz und der sich fortlaufend entwickelnden Säure tritt nach etwa 20 Stunden Selbstkonservierung ein; der Sauerteig kann nicht mehr „alt" werden.

Zur Teigbereitung wird eine verhältnismäßig große Menge an Anstellgut verwendet, die etwa zwei Drittel des Gesamttroggenanteils entspricht.

Die Anteilsmenge ist ferner abhängig von der Abstehzeit des Sauers (bei kürzerer Abstehzeit mehr) sowie vom Roggenanteil im herzustellenden Brot.

Abstehzeit (in Stunden)	Roggenanteil im Sauer (in Prozent des Gesamtmehls)		
	Roggenbrot	Roggenmischbrot	Weizenmischbrot
15 – 20	45 – 40	25	20 – 15
20 – 25	40 – 35	30 – 25	15
über 25	35	25	15

Zur Teiglockerung muss eine verhältnismäßig große Hefemenge zugesetzt werden (2,5 bis 3,5%).

2.7 Vielstufige Sauerteigführung (Schaumsauer)

Besonderheiten:
- Der Schaumsauer wird in drei bis sechs Stufen geführt.
- Die Abstehzeiten der einzelnen Stufen sind sehr kurz: sie betragen jeweils nur je 2 bis 3 Stunden.
- Der Schaumsauer ist dünnflüssig (TA 250–300).
- Der „Teig" wird gerührt bzw. geschlagen; dabei gelangt viel Luft in die schaumige Masse, was zu einer intensiven Vermehrung der Hefe führt.
- Die Temperatur der meisten Stufen ist kühl (25 bis 27 °C); das begünstigt ebenfalls die Hefevermehrung.
- Die letzte Stufe dagegen wird wärmer geführt (ca. 35 °C); das begünstigt die Milchsäurebildung und die Hefegärung.

Am Ende der Stufenführung wird das Anstellgut abgenommen und bis zur Weiterführung mit viel Mehl zu einem festen Teig verknetet.

> Zur Teigbereitung braucht dem sehr weichen Vollsauer kaum noch Wasser zugesetzt zu werden.
> Ein Zusatz von Hefe ist nicht erforderlich.

Zum Nachdenken

Schaumsauer
1. Warum braucht keine Hefe mehr zugesetzt zu werden?
2. Welcher Brotgeschmack ist bei der Schaumsauerführung zu erwarten?
3. Warum wird das abgenommene Anstellgut mit Mehl zu einem festen Teig verknetet?
4. Warum sind die Abstehzeiten der einzelnen Schaumsauerstufen so kurz?

Salz-Sauer
1. Warum muss dem Teig besonders viel Hefe zugesetzt werden?
2. Vergleichen Sie den unterschiedlichen Temperaturverlauf bei der Salz-Sauer-Führung. Welcher Brotgeschmack ist zu erwarten (Begründung).
3. Wie wirkt sich der hohe Kochsalzanteil im Zusammenwirken mit Säure backtechnisch aus?

3 Fehlerhafte Sauerteigführung (Sauerteigfehler)

Der Sauerteig ist ein „in Fäulnis befindlicher Teig".

Aus der Sicht des Feinschmeckers handelt es sich dabei allerdings um eine „Edelfäule", vergleichbar mit der von Käse, bei der besondere Geschmacksstoffe entstehen, die den Genusswert des Erzeugnisses erhöhen bzw. ihn erst ausmachen.

Falls jedoch der Verlauf dieses Prozesses außer Kontrolle gerät, setzen Entwicklungen ein, die sowohl geschmacklich wie backtechnisch von Nachteil, ja verheerend sein können.

Die Ursachen für die dann auftretenden Brotfehler können sehr zahlreich und verschieden sein.

3 Fehlerhafte Sauerteigführung

Angestrebter Verlauf der Sauerteigführung	Fehlermöglichkeiten
Es werden bestimmte Kleinlebewesen gezüchtet, die die erwünschten Geschmacksstoffe als Gärprodukte erzeugen.	Durch falsche Führung entwickeln sich unerwünschte Lebewesen; diese erzeugen Gärprodukte, die den Geschmack verderben.
Es werden Säuren gebildet, die die Backfähigkeit des Roggenmehls verbessern, indem sie die zerstörerischen, Stärke abbauenden Enzyme ausschalten.	Durch falsche Führung (zu kurz, zu knapp = Sauer zu jung) werden zu wenig Säuren gebildet. Auch bei zu geringem Säureanteil reicht die Säuremenge nicht aus.
Es werden Geschmacksstoffe gebildet, indem bestimmte Mehlbestandteile (Stärke, Kleber) von den mehleigenen Enzymen zu schmeckbaren Nähr- und Aromastoffen abgebaut werden. Die Kleinlebewesen vergären diese Nährstoffe und bilden dabei neben Säuren weitere Aromastoffe.	Durch fehlerhafte Sauerführung (zu lange Abstehzeiten = alter Sauer) werden zu viele Nährstoffe abgebaut und von den Kleinlebewesen „aufgefressen" (abgefressener Sauer). Am Abbau der Nährstoffe sind dabei auch unerwünschte Kleinlebewesen beteiligt; es treten geschmackliche Nachteile auf.
Damit diese Ziele erreicht werden, muss im Sauerteig genügend Roggenmehl enthalten sein.	Durch zu hohe Mehlanteile jedoch werden Kleber- und Stärke backtechnisch zu sehr geschädigt.

3.1 Zu junger Sauer

Ein Sauer ist meist dann jung, wenn er bei kühler Führung zu kurze Zeit absteht.

Was ist falsch?
- Die Säurebakterien konnten sich nicht ausreichend entwickeln; es wurde zu wenig Säure gebildet.
- Die gebildete Säure ist vorwiegend Essigsäure.
- Die Mehl- und Schrotpartikelchen sind nicht ausreichend verquollen.

Weiche Brotfehler sind die Folge?
- Feuchte, unelastische Brotkrume
- Wasserstreifen, Wasserringe, Wasserkern
- Zu laffer Brotgeschmack

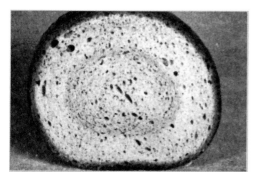

Abb. 1: Wasserkern durch zu jungen Sauer

Wie kann man das vermeiden?
- Indem man die Sauertemperatur mit dem Thermometer kontrolliert.
- Indem man auf gleichbleibende Bedingungen im betrieblichen Ablauf achtet, z. B. auf Temperatur, Teigfestigkeit, Abstehzeit und Sauerteigmenge.

3.2 Zu alter Sauer

Ein Sauer ist meist dann alt, wenn er bei warmer Führung über zu lange Zeit absteht.

Was ist falsch?
- Es wird zuviel Stärke abgebaut.
- Die dabei gebildeten Zuckerstoffe werden von den Kleinlebewesen vergoren (*„abgefressener Sauer"*).
- Milchsäuregärung sowie Hefevermehrung gehen zurück, weil nicht mehr genügend Zucker nachgebildet wird.
- Die Teigoberfläche sinkt ein: das Gashaltevermögen lässt nach, weil der Roggenkleber zu stark abgebaut wurde (*„überreifer Sauer"*).
- Es treten zunehmend Fremdgärungen auf, Sauerteigschädlinge bilden übel schmeckende Säuren, z. B. Buttersäure u.a.

- Der Essigsäureanteil nimmt zu, weil bestimmte Kolibakterien den von der Hefe gebildeten Alkohol in Essigsäure umwandeln und weil der Alkohol mit dem Luftsauerstoff zu Essigsäure oxidiert *(„faulender Sauer")*.

Welche Brotfehler sind die Folge?
- feuchte Krume
- flache Form
- kleines Volumen
- ungleichmäßige Porung
- zu saurer Brotgeschmack

Wie kann man das vermeiden?
- Den Sauer „verjüngen", indem man eine zusätzliche Sauerstufe anhängt. Diese Sauerstufe muss weich und warm geführt und kräftig durchgeschlagen (entlüftet) werden. Dabei verfliegt ein Teil der luftlöslichen Essig- und Bittersäure.

  Durch warme und weiche Führung wird ein Teil der fehlenden Milchsäure nachgebildet.
- Backhefe zusetzen, der sonst zu schwache Trieb muss ausgeglichen werden.

Wenn ein Sauer mehrfach wegen Überalterung nachgebessert werden muss, wird er *„krank"*. Der Anteil an Sauerteigschädlingen ist zu hoch.

Man sollte mit einem neuen Anstellgut (Reinzuchtsauer) beginnen.

Versäuert man jedoch einen zu hohen Mehlanteil, dann ist das zumindest backtechnisch, meist aber auch geschmacklich von Nachteil.

Abb. 1: Grobe, ungleichmäßige Porung durch zu alten Sauer

3.3 Zu viel Sauer

Was ist falsch?
- Es wurde zu viel Mehl versäuert und dadurch zu viele quellfähige Mehlbestandteile enzymatisch abgebaut.
- Im Teig befindet sich mehr Säure, als backtechnisch erforderlich und geschmacklich wünschenswert.
- Bei Verwendung von Mehrstufensauer verläuft der Trieb „stürmisch".
- Bei Zusatz von Backhefe jedoch verläuft der Trieb stockend, weil die Backhefe die niedrigen pH-Werte nicht verträgt (zu hoher Milchsäureanteil).

Weiche Teig- und Brotfehler sind die Folge?
- nachlassender Teig
- feuchte, unelastische Krume
- grobe, ungleichmäßige Porung
- zu saurer Brotgeschmack

3.4 Zu wenig Sauer

Was ist falsch?
- zu geringer Säureanteil im Teig
- zu schwache Triebkraft
- zu wenig geschmacksgebende Stoffe
- zu wenig verquollene Mehlbestandteile

Welche Teig- und Brotfehler sind die Folge?
- feuchte, unelastische Krume
- dichte, unzureichende Porung
- kleines Volumen
- zu fader Brotgeschmack

Welche Sauerteigmengen sind geeignet?

Eine bestimmte Mindestmenge an Sauerteig ist erforderlich, um die gewünschte geschmackliche und backtechnische Wirkung zu erzielen:

Brotart	Mehlmischung	zu versäuernde Roggenmehlmenge
Roggenbrot	100 : 00	50 bis 40%
Roggenbrot	90 : 10	45 bis 40%
Roggenmischbrote	80 : 20 70 : 30 60 : 40	40% 35% 30%
Weizenmischbrote	40 : 60 30 : 70 20 : 80	25% 25 bis 20% 20%

Zusammenfassung ...

① Durch die dreistufige Sauerführung kann man besonders aromareiche Brote erzielen. Sie ist aber sehr arbeitsintensiv und mit Risiken behaftet.

② Bei der zweistufigen Sauerführung bildet sich ein etwas schärferer Brotgeschmack. Zur Lockerung muss Backhefe zugesetzt werden.

③ Die einstufigen Sauerführungen sind weniger arbeitsintensiv, einfacher und sicherer.

④ Der Berliner Kurzsauer wird warm und sehr weich geführt, er steht etwa 3 Stunden ab; die verwendete Anstellgutmenge beträgt etwa 20%.

⑤ Der Detmolder Einstufensauer wird weich und – je nach Mehlanteil im Sauer – unterschiedlich warm (20 bis 28 °C) geführt. Er steht 15 bis 20 Stunden ab. Der Mehlanteil im Sauer kann 5 bis 20% betragen.

⑥ Der Salz-Sauer ermöglicht die Herstellung von Sauerteig auf Vorrat.

⑦ Die Schaumsauerführung ist besonders arbeitsintensiv. Sie führt zu heftiger Hefevermehrung wie zu vorwiegender Milchsäurebildung. Das ergibt einen mildsauren Brotgeschmack.

⑧ Fehlerhafte Sauerteigführungen können darin bestehen, dass der Sauer zu jung oder zu alt ist.

⑨ Fehlerhafte Verwendung von Sauerteig liegt vor, wenn zu wenig oder zuviel Sauerteig zur Teigbereitung verarbeitet wird.

... und dazu gehörende Überlegungen und Schlussfolgerungen

① Welche besonderen Möglichkeiten, auf den Brotgeschmack einzuwirken, bietet die Dreistufenführung?

② Was ist der Grund für den schärferen Brotgeschmack bei der Zweistufenführung und weshalb reicht die sauerteigeigene Hefe zur Teiglockerung nicht aus?

③ Erläutern Sie die Vorzüge der einstufigen Sauerführungen.

④ Welcher Brotgeschmack ist beim Berliner Kurzsauer zu erwarten?
Wie verfährt man mit dem Anstellgut, was erst zur Teigbereitung am folgenden Tag benötigt wird?

⑤ Warum verwendet man zur Herstellung des Detmolder Einstufensauers bei kühler Führung einen höheren Mehlanteil als bei warmer Führung?
Wie wirken sich die verschiedenen Temperaturen auf die Abstehzeiten und auf den Brotgeschmack aus?

⑥ Beschreiben Sie die Besonderheiten der Salz-Sauer-Führung.

⑦ Beschreiben Sie die Besonderheiten der Schaumsauerführung.
Erklären Sie, warum im Schaumsauer auch eine geringere Menge an Essigsäure gebildet werden kann.

⑧ Wann ist Sauer zu jung oder zu alt? Welche Brotfehler entstehen bei fehlerhafter Sauerführung?

⑨ Wie hoch soll der Mehlanteil im Sauerteig sein? Welche Brotfehler treten auf, wenn der Saueranteil zu hoch oder zu niedrig ist?

4 Säuerung mit Hilfe von Backmitteln

Überblick

Dem Bäcker werden von den Backmittelfirmen viele Sorten von Backmitteln angeboten. Sie sind jeweils für spezielle Gebäcksorten bestimmt. So gibt es eigene Backmittel für Brötchen und Weizengebäcke, für die verschiedensten feinen Backwaren; ferner für roggenmehl- und schrothaltige Brote.

Zu den Backmitteln für Roggenbrote (= Teigsäuerungsmittel) zählen:
- Trockensauer oder Sauerteigextrakt
- gesäuerte Quellmehle
- Säurekonzentrate

Backmittel beeinflussen den Gebäckgeschmack. Darüber hinaus besitzen sie vor allem aber auch backtechnische Wirkungen.

Äußerlich gibt es Unterschiede in der Konsistenz:

Backmittel können sein:
- pulvrig
- pastenförmig
- flüssig
- kristallin

Abb. 1: Backmittelsortiment

Bei der Verwendung von Backmitteln muss genau darauf geachtet werden, ...

- ☐ ... dass man das richtige, geeignete Backmittel verwendet.
  Eine Verwechslung könnte verheerende Folgen für die Gebäckqualität haben (z. B. Malz statt Säure).

- ☐ ... dass man die richtige Dosierung wählt.
  Zuviel oder zu wenig kann sowohl geschmacklich wie backtechnisch zu Gebäckfehlern führen.

4.1 Arten von Teigsäuerungsmitteln

4.1.1 Trockensauer, Sauerteigextrakt

Sie sind hergestellt aus Sauerteigen, die unter labormäßiger Überwachung in Stufenführung herangezüchtet und dann getrocknet wurden.

Durch den Trocknungsvorgang sind die Kleinlebewesen des Sauerteigs abgestorben. Sie sind daher im Teig nicht mehr wirksam.

Die im Trockensauer enthaltenen Gärprodukte dieser Kleinlebewesen, also die verschiedenen Säuren und Aromen, sind natürliche (= biologische), organische Stoffe.

Da die Sauerteige unter labormäßiger Überwachung geführt werden, sind sie von zuverlässig gleichbleibender Beschaffenheit.

Ein Nachteil kann jedoch darin liegen, dass einige Geschmacksstoffe, nämlich flüchtige Säuren und Aromen, beim Trocknungsprozess verloren gehen können. Das würde zu einem etwas leeren Geschmack führen.

Durch besondere Trocknungsverfahren, z. B. Gefriertrocknen, kann ein größerer Anteil an flüchtigen Säuren im Sauerteig festgehalten werden.

Fehlende Säuren können zum Teil ersetzt werden durch den Zusatz von organischen Genuss-Säuren (s. S. 53) sowie von Ascorbinsäure.

Die Teigsäuerungsmittel werden von den Backmittelfirmen an die jährlich durch Witterungsbedingungen sich verändernden Mehlqualitäten angepasst.

Trockensauer enthalten daher unterschiedliche Anteile an geschmacklich wie backtechnisch wirksamen Säuren.

Der so auf die jeweilige Erntequalität eingestellte pH-Wert garantiert die Vermeidung von Brotfehlern die durch Auswuchs sonst entstehen würden.

4.1.2 Gesäuerte Quellmehle

Sie sind hergestellt aus stärkereichen Getreiden, Kartoffeln oder anderen stärkehaltigen Pflanzen.

Die Stärke wurde durch Kochen verkleistert, anschließend getrocknet und vermahlen (s. Bd. 1, S. 225). Der Anteil der verkleisterten Stärke muss mindestens 70% in Trockensubstanz betragen.

Den Quellmehlen dürfen ferner zugesetzt werden:

Andere pflanzliche Quellstoffe, z.B.:

- Pektine
- Alginsäure
- Gummiarabikum
- Johannisbrotkernmehl
- Pektinsäuren
- Carragen
- Agar-Agar
- Traganth u.a.

Wirkung auf Teig und Gebäcke:

> Diese Quellstoffe können besonders viel Wasser binden. Dadurch erhöht sich das Wasseraufnahmevermögen des Teiges (höhere Teigausbeute); sie halten das Wasser später im Brot auch besser fest. Dadurch trocknen die Brote langsamer aus und bleiben länger frisch.

Lezithin
ist ein Fett ähnlicher Stoff mit der Fähigkeit, Wasser und Fett zu vermischen (emulgieren) und Wasser zu binden; ferner wird das Klebeeiweiß verbessert.

Wirkung auf Teig und Gebäcke:

> - Erhöhung der Teig- und Gebäckausbeute,
> - Verbesserung des Gashaltevermögens/ Erhöhung des Gebäckvolumens,
> - Verbesserung der Frischhaltung,
> - Bildung einer „wolligen" Krume mit gleichmäßiger Porung.

Organische Säuren und Mineralstoffe
(siehe „Säurekonzentrate", oben)

> Gesäuerte Quellmehle eignen sich vorwiegend als Teigzusatz bei hellen Roggenmehlen, aber auch bei Schrotbrotteigen,

Abb. 1: Brotfehler: Trockenrisse bei Schrotbrot
Abhilfe: Zusatz von gesäuertem Quellmehl

Zum Nachdenken

Helle Roggenmehle können nur verhältnismäßig wenig Wasser aufnehmen. Woran liegt das und wie erklären Sie sich die teig- und gebäckverbessernde Wirkung von gesäuerten Quellmehlen?

4.1.3 Säurekonzentrate

Die Backmittelhersteller bieten die Konzentrate in flüssiger, pastenförmiger oder in kristalliner Form an.

Sie enthalten ...

... Genuss-Säuren

Milchsäure, Essigsäure, Weinsäure
Apfelsäure, Zitronensäure

... die Salze der Genuss-Säuren

Natriumsalze, Kaliumsalze, Calciumsalze

... Ascorbinsäure

... Mineralstoffe.

Wirkung auf Teig und Gebäcke:

> **Genuss-Säuren**
> - senken den pH-Wert
> - beeinflussen den Geschmack der Gebäcke
> - erhöhen die Quellfähigkeit bestimmter pflanzlicher Quellstoffe (s. S. 52).

> **Ascorbinsäure (= Vitamin C)**
> - schaltet die kleberabbauenden Enzyme aus und verbessert Bindigkeit und Elastizität des Klebers.

Die Folgen sind besseres Gashaltevermögen des Teiges und Verbesserung von Form und Volumen der Gebäcke.

> **Mineralstoffe ...**
> - Natrium-, Kalium-, Calciumphosphate,
> - Calciumcarbonate, -sulfate und -chloride,
> - Kochsalz
>
> ... erhöhen die Wasserhärte (Kleberverbesserung),
>
> ... senken den pH-Wert durch Phosphate,
>
> ... verbessern den Hefetrieb (Phosphate dienen der Hefe als Nahrung).

Die Folgen sind Verbesserungen von Form und Volumen der Gebäcke.

4.2 Zusatz der Teigsäuerungsmittel

Es ist üblich, dass der Hersteller von Backmitteln den Verwendungszweck (z. B. „für Roggenmischbrot") und die erforderliche Menge des jeweiligen Backmittels (z. B. „30 g je kg Mehl") auf der Verpackung angibt.

Die Verwendung von Backmitteln ist im Allgemeinen nicht deklarationspflichtig, es sei denn, dass sie deklarationspflichtige Stoffe enthalten,

In diesen Fällen muss der Hersteller angeben, wofür das betreffende Backmittel verwendet werden darf und dass die Verwendung kenntlich gemacht (= deklariert) werden muss.

Art und Menge des jeweiligen Backmittels werden bestimmt durch die Brotsorte, ferner kommt es auf die Mehlbeschaffenheit an.

Im Allgemeinen rechnet man mit Zusatzmengen von 1 bis 1,5 g je kg Mehl.

Je nach Mehlbeschaffenheit, z. B. Auswuchsgehalt, soll der Bäcker die Zusatzmenge jedoch erhöhen.

Von daher ist es zweckmäßig, dass der Bäcker den Auswuchsgehalt des verwendeten Mehls kennt.

Zum Nachdenken

Welche Angaben der Mühle, den Backwert des Mehls betreffend, informieren den Bäcker über den Auswuchsgehalt?

Welche Möglichkeiten hat der Bäcker selber, den Auswuchsgehalt eines Mehls zu erkennen?

Unterscheidung: ① backtechnische Wirkung
② geschmackliche Wirkung

① Die **backtechnische Wirkung** eines Säuerungsmittels ist abhängig vom pH-Wert. Unterschiedliche Backmittel mit dem gleichen pH-Wert haben die gleiche backtechnische Wirkung.

② Die **geschmackliche Wirkung** eines Backmittels dagegen beruht auf der Art und Anzahl der Säuren. Das wird gemessen in Säuregraden (vgl. Bd. 1, S. 152).

Bei Brotprüfungen reicht deshalb die Bestimmung des Säuregrades allein nicht aus; den Geschmack stellt man am besten mit Hilfe der „Sinnesprüfung" fest (s. S. 92 f.).

4.2.1 Zusatz bei direkter Führung

> Unter direkter Führung versteht man hier die Herstellung von Teigen ohne Sauerteig. Zur Säuerung werden ausschließlich Teigsäuerungsmittel verwendet.

Alle Rohstoffe und Zutaten werden gleichzeitig miteinander zum Teig verarbeitet. Dabei sollten die angegebenen Mengen an Teigsäuerungsmitteln genau eingehalten werden.

Direkt geführte Teige benötigen längere Teigruhezeiten. Das liegt u.a. daran, dass die Mehlbestandteile noch nicht ausreichend verquollen sind.

Bei Zusatz von hochquellfähigen Zusatzstoffen (Quellmehle mit Dickungsmitteln) kann das Teigwasser schneller gebunden werden. Durch Zusatzstoffe ergeben sich deutlich höhere Teigausbeuten (Bruttoteigausbeuten von 170 bis 180%).

4.2.2 Zusatz bei kombinierter Teigführung

> Zur Säuerung des Roggenteiges wird Sauerteig verwendet; bei der Teigbereitung werden zusätzlich Säuerungsmittel verarbeitet.

So sollen die geschmacklichen Vorteile der Sauerteigstufenführung mit der größeren backtechnischen Sicherheit durch Säurezusatz kombiniert werden. Auf diese Weise können auch Schwankungen in der Beschaffenheit des Sauerteigs ausgeglichen werden. Durch den Säurezusatz kann man einen möglicherweise zu hohen pH-Wert absenken.

Das ist besonders hilfreich bei auswuchshaltigen Mehlen. Durch angepasste Dosierung der Säurezusatzmenge lassen sich so Brotfehler vermeiden.

Die Zusatzmenge an Teigsäuerungsmitteln richtet sich im Normalfall nach der Mehlmischung sowie nach dem Saueranteil.

Dem Teig muss Backhefe zugesetzt werden; die Zusatzmenge richtet sich nach dem Anteil des Sauerteigs und dessen Triebkraft.

Beispiele:
Verwendung von triebkräftigem Sauerteig

Mehl-mischung	Saueranteil (in % des RM)	Backmittel (in % des Gesamtmehls)	Hefe
80:20 RM:WM	20%	2,0%	1,0%
70 : 30	30%	1,5%	0,5%
60 : 40	10%	2,5%	1,5%
50 : 50	10%	1,5%	1,5%

Aufgabenstellungen

		Seite
1	Welchen Zweck hat die Säuerung von Roggenteigen?	35
2	Auf welche Weise kann die Säuerung erfolgen?	35
3	Beschreiben Sie, welches Ziel der Bäcker mit der Sauerteigführung verfolgt.	35
4	Beschreiben Sie die Führung eines spontanen Sauerteigs.	36
5	Unterscheiden Sie erwünschte und nicht erwünschte Kleinlebewesen im Sauerteig.	36f
6	Beschreiben Sie die Lebenstätigkeiten und Lebensbedingungen:	
	a) der Säurebakterien,	36f
	b) der Sauerteighefe.	37
7	Nennen Sie die Sauerteigschädlinge und zeigen Sie auf, worin ihre schädigende Wirkung besteht.	37
8	Wie kann man die Entwicklung der Sauerteigschädlinge verhindern?	37f
9	Nennen Sie die verschiedenen Sauerteigstufenführungen.	39
10	Welchen Einfluss auf die Lebenstätigkeiten (Vermehrung, Gärung) der Kleinlebewesen des Sauerteigs haben:	
	a) die Teigtemperatur,	40f
	b) die Teigfestigkeit,	41
	c) die Abstehzeit?	41f
11	Stellen Sie Regeln auf für Teigtemperatur und Teigfestigkeit bei kürzerer oder längerer Abstehzeit einer Sauerstufe.	41
12	Nennen Sie die zu versäuernden Mehlanteile bei Roggen-, Roggenmisch- und Weizenmischbrot.	42
13	Weshalb darf weder zu wenig noch zu viel Roggenmehl versäuert werden?	40
14	Beschreiben und erklären Sie, wieso die Größe der einzelnen Sauerstufen von der Abstehzeit abhängig ist.	42
15	Wie berechnet man den Mehlanteil für die einzelnen Sauerstufen?	42
16	Was versteht man unter dem Anstellgut?	43
17	Nennen Sie die einzelnen Stufen bei der dreistufigen Sauerteigführung.	39
18	Erklären Sie den Unterschied im Brotgeschmack, wenn	44
	a) der Grundsauer,	
	b) der Vollsauer über Nacht geführt wird.	
19	Beschreiben Sie eine dreistufige Sauerteigführung	44
	a) mit Grundsauerführung über Nacht,	
	b) mit Vollsauerführung über Nacht.	
20	Erläutern Sie Vorzüge und Nachteile der dreistufigen Sauerteigführung.	40

Fortsetzung der Aufgabenstellungen auf der folgenden Seite

	Seite
21 Beschreiben Sie eine zweistufige Sauerteigführung	45f
a) mit kurzer Vollsauerführung,	
b) mit langer Vollsauerführung.	
22 Erläutern Sie Vorzüge und Nachteile der zweistufigen Sauerteigführung.	45
23 Nennen Sie einstufige Sauerteigführungen.	46f
24 Erläutern Sie Vorzüge und Nachteile der einstufigen Sauerteigführung.	46
25 Beschreiben Sie die Besonderheit:	
a) des Berliner Kurzsauers,	46
b) der Detmolder Einstufenführung,	47
c) der Salz-Sauerführung,	47f
d) der Schaumsauerführung.	48
26 Beschreiben Sie, welche fehlerhaften Entwicklungen im Sauerteig bei falscher Führung auftreten können.	48f
27 Nennen Sie Ursachen und Fehler (mit Erklärung):	
a) bei zu jungem Sauer,	49
b) bei zu altem Sauer.	49
28 Was kann der Bäcker tun, wenn ein Sauer „zu alt" geworden ist?	50
29 Erklären Sie, weshalb zu viel oder zu wenig Sauerteig zu Fehlern bei Teig und Gebäck führt.	50
30 Unterscheiden Sie die verschiedenen teigsäuernden Backmittel nach Verwendung und Konsistenz (Zustandsform).	52
31 Beschreiben Sie nach Herkunft bzw. Zusammensetzung:	
a) getrockneten Natursauer,	52
b) gesäuerte Quellmehle,	52f
c) Säurekonzentrate.	53
32 Welche Angaben muss der Hersteller von Backmitteln auf der Verpackung machen?	54
33 Erläutern Sie Vorzüge und Nachteile der teigsäuernden Backmittel.	54
34 Unterscheiden Sie backtechnische und geschmackliche Wirkungen von Backmitteln.	54
35 Wonach richten sich Art und Menge des Backmittelzusatzes?	54
36 Beschreiben Sie die Besonderheiten der Teigführung bei der Verwendung von teigsäuernden Backmitteln.	54
37 Welche Vorteile ergeben sich durch Kombination von Sauerführung und Backmittelzusatz?	54

Die Herstellung von Rogenbroten, Mischbroten und von Roggenkleingebäcken

Roggenhaltige Gebäcke unterscheiden sich vor allem im Anteil an Roggenmahlerzeugnissen (Mehl, Schrot, Vollkornerzeugnisse).

Roggenkleingebäcke enthalten im Vergleich zu Broten weniger Roggenanteile. Das liegt daran, dass bei Kleingebäcken ein besonders großes Volumen erwartet wird; daher ist hier der Weizenanteil entsprechend höher.

Der Roggenanteil wird versäuert. Das ist aus backtechnischen Gründen notwendig, ferner wird der Gebäckgeschmack dadurch verbessert.

Die Anteile an Roggen- bzw. Weizenmahlerzeugnissen sind durch Richtlinien festgelegt:

Roggenbrote
enthalten mindestens 90% Roggenmehl.

Roggenschrotbrote
enthalten mindestens 90% Roggenbackschrot.

Roggenmischbrote
enthalten mindestens 51% und höchstens 89% Roggenmehl.

Roggenbrötchen
enthalten mindestens 50% Roggenmehl

Roggenschrotbrötchen
enthalten mindestens 90% Backschrot, davon mindestens 50% Roggenbackschrot

Roggenvollkornbrötchen
enthalten mindestens 90% Vollkornerzeugnisse, davon mindestens 50% Roggenvollkornerzeugnisse

1 Anforderungen an das Wissen und das Können des Bäckers

Zur Herstellung von roggenhaltigen Broten und Kleingebäcken kommt es darauf an …

- ❒ … die geeignete Methode der Säuerung zu wählen,
  Je nachdem kann das sein:
  – Sauerteigstufenführung (vgl. S. 39ff.)
  – Zusatz von Teigsäuerungsmitteln (vgl. S. 52ff.)
  – kombinierte Führung (vgl. S. 54)

- ❒ … den Mengenanteil des jeweiligen Säuerungsmittels zu bestimmen,
  Bei Roggenbroten werden etwa 40% des Roggenanteils versäuert, bei Roggen- oder Weizenmischbroten je nachdem ein höherer oder gar der gesamte Anteil an Roggenmahlerzeugnissen.

> **Beispiele:**
> **Roggenmehlanteile im Sauerteig**
>
> Es werden versäuert:
> bei *Roggenbroten* (90 : 10)
> 40% des Roggenanteils
> $9 \cdot 4 =$ **36 kg Roggenmehl**
>
> bei *Roggenmischbrot* (70:30)
> 60% des Roggenanteils
> $7 \cdot 6 =$ **42 kg Roggenmehl**

Bei der Verwendung von Teigsäuerungsmitteln rechnet man je nach Brotsorte und nach Art des Säuerungsmittels 1 bis 2,5% Säuerungsmittel, (bezogen auf den Roggenanteil).

- ❒ … die geeigneten Rohstoffe und Zusätze auszuwählen, rezeptgenau zu berechnen und zu dosieren (abwiegen bzw. abmessen),

- ❒ … die Schüttflüssigkeit angemessen zu temperieren,

- ❒ … den Teig zu bereiten,

- ❒ … den Teig zu portionieren (abwiegen) und zu formen,
  Bei der Portionierung müssen die angestrebten Brotgewichte (z.B. 500 g, 750 g, 1000 g usw.) bedacht und der erwartbare Backgewichtsverlust berücksichtigt werden.

- ❒ … den Gärverlauf und die Teigentwicklung zu überwachen und zu steuern,

- ❒ … die gärreifen Teigstücke zum Backen vorzubereiten,

- ❏ ... die Teiglinge zu backen und auszubacken,
  Evtl. kann der Backprozess auch unterbrochen werden (vgl. auch „Unterbruchbackmethode", auf S. 87).
- ❏ ... die ausgebackenen Brote richtig aufzubewahren bzw. zu lagern,
- ❏ ... bestimmte Brote, insbesondere Schnittbrot fachgerecht zu verpacken.

Der Bäcker muss in der Lage sein ...

- ❏ ... die Qualität seiner Erzeugnisse zu beurteilen,
- ❏ ... Fehler zu erkennen und auf deren Ursachen zu schließen
- ❏ ... die Fehlerquellen künftig abzustellen.

Zu den Anforderungen an den Bäcker gehören auch ...

- ❏ ... der sachgemäße Umgang mit Maschinen und Geräten,
- ❏ ... Kenntnisse über die verschiedenen Backofen- und Wärmeleitsysteme sowie das Wissen über Beheizungs- und Beschickungsmöglichkeiten,
- ❏ ... die Bedienung der Backöfen sowie Grundkenntnisse und -fähigkeiten für deren Wartung.
- ❏ ... genaue Kenntnisse über Unfallgefahren und entsprechendes Verhalten, um Unfälle zu vermeiden,
- ❏ ... Beachtung des Gebots der Hygiene bei allen Tätigkeiten.

2 Verfahrensregeln für die Teigführung und Teigaufarbeitung

2.1 Die Teigausbeute

Je mehr Wasser vom Mehl gebunden werden kann, um so höher ist die Teigausbeute.

Wasser-Aufnahmevermögen:
Roggenmehle können mehr Wasser aufnehmen als Weizenmehle, dunkle Roggenmehle und Roggenschrote haben ein besonders hohes Wasser-Aufnahmevermögen.

Erklärung

- ❏ Roggenmehle haben im Vergleich zu Weizenmehlen einen viel höheren Schleimstoffgehalt.

	Schleimstoffgehalt
helles Weizenmehl	2,0 bis 2,3%
dunkles Weizenmehl	2,8 bis 3,2%
helles Roggenmehl	3,2 bis 4,5%
dunkles Roggenmehl	5,7 bis 6,5%
Roggenschrot	7,0%

- ❏ Die Schleimstoffe, insbesondere die Pentosane, sind Bestandteile der Schalenschichten.
  Deshalb ist der Schleimstoffgehalt bei dunkleren Mehlen und Schroten stets höher als bei hellen Mehlen (vgl. Tabelle S. 23).

Für die verschiedenen Teige ergeben sich daher je nach Anteil an hellen oder dunklen Roggen- oder Weizenmehlen bzw. -schroten sehr unterschiedliche Teigausbeuten:

		Teigausbeuten
Roggenschrotbrotteige		176 bis 180
Roggenbrotteige		
dunkle Mehltypen		176 bis 178
helle Mehltypen		175 bis 176
Roggen- mischbrotteige	80 : 20	174 bis 175
	70 : 30	173 bis 174
	60 : 40	172 bis 173
Mischbrotteige	50 : 50	169 bis 171
Weizen- mischbrotteige	40 : 60	168 bis 170
	30 : 70	167 bis 168
	20 : 80	166 bis 167
Weizenbrotteige		
dunkle Mehltypen		161 bis 164
Weizengebäckteige		
helle Mehltypen		158 bis 160

Wasser-Haltevermögen:
Roggenmehle können das im Teig gebundene Wasser besser festhalten als Weizenmehle; das liegt an den besonders starken Bindekräften der Pentosane (vgl. S. 25).

- ❏ Roggenteige besitzen daher größere Teigtoleranzen als Weizenteige

Unter Teigtoleranz versteht man den Spielraum in der Teigfestigkeit, bei dem einwandfreie Gebäcke erzielt werden können.

❒ Reine Roggenteige aus dunklen Mehlen weisen Toleranzen bis zu 4% auf.

Das bedeutet, dass ein Roggenteig, der eine optimale Teigausbeute von 176 hat, sich auch dann noch einwandfrei verarbeiten lässt und eine einwandfreie Gebäckqualität erbringt, wenn diesem Teig vier Liter Wasser mehr (TA 180) oder weniger (TA 172) zugesetzt werden.

❒ Mit abnehmendem Roggenanteil sowie bei helleren Roggenmehlen verringert sich die Toleranz bis auf ca. 2%; reine Weizenteige weisen Toleranzen von nur 1 bis 1,5% auf.

❒ Sofern Teige über diese Toleranzgrenzen hinaus weicher oder fester geführt werden, lassen sie sich nur schwer verarbeiten; ferner treten Gebäckfehler auf.

2.2 Die Teigbereitung

2.2.1 Zutaten für Brotteige

Zur Herstellung der üblichen Roggen- und Mischbrotteige verwendet der Bäcker folgende Rohstoffe und Zutaten:

- Roggenmehl
- Weizenmehl
- Wasser
- Sauerteig
- Teigsäuerungsmittel
- Kochsalz
- Hefe

Abb. 1: Einfüllen von Rohstoffen und Zutaten in den Knetbottich

Je nach Art der Teigführung gibt es dabei Unterschiede hinsichtlich der Art der Säuerungsmittel sowie der Hefemenge

Direkte Führung

Zutaten:
Teigsäuerungsmittel
+ Mehl + Wasser + Kochsalz + Hefe
= Teig

❒ Der Anteil des Teigsäuerungsmittels wird von der Backmittelfirma angegeben: er beträgt 1 bis 1,5% auf Mehlmenge bezogen

❒ Die Kochsalzmenge beträgt im Durchschnitt 2% des Mehlanteils, die Hefemenge beträgt 1,5 bis 2%, bei Weizenmischbroten bis zu 2,5% des Mehlanteils.

Indirekte Führung

Zutaten:
Reifer Sauerteig
+ Mehl + Wasser + Kochsalz (+ Hefe)
= Teig

❒ Ob und wieviel Hefe zugesetzt wird ist abhängig von der Art der Sauerteigführung sowie von der Mehlmischung:

Normale Hefemenge:
– bei Einstufensauer
– bei direkter Führung

Geringe Hefemenge:
– bei Zweistufensauer
– bei Dreistufensauer und höherem Weizenanteil

Ohne Hefezusatz:
– bei Dreistufensauer und höherem Roggenanteil

Kombinierte Führung

Zutaten:
Reifer Sauerteig
+ Teigsäuerungsmittel
+ Mehl + Wasser + Kochsalz + Hefe
= Teig

❒ Die Hefemenge kann bei der Verwendung von Dreistufensauer etwas reduziert werden.

2.2.2 Bereitstellung des Sauerteigs

Der zur Teigbereitung verwendete Sauerteig muss reif sein.

Reifen Sauerteig erkennt der Bäcker an der rissigen Oberfläche, am Stand sowie am Geruch.

Abb. 1: Reifer Sauerteig

Wenn man die Teigoberfläche mit der Hand aufreißt, sinkt der Sauerteig an dieser Stelle in sich zusammen.

❑ Bei Berliner Kurzsauer sowie bei Salz-Sauer kann man den Reifezustand auf diese Weise jedoch nicht erkennen, weil wegen des fehlenden bzw. geringen Hefeanteils nur eine schwache Lockerungswirkung auftritt.

Der Bäcker verlässt sich hier in der Regel auf Erfahrungswerte: (Abstehzeiten, Teigfestigkeit und Teigtemperatur).

❑ Die Säurebildung kann jedoch exakt gemessen werden mit Hilfe der Bestimmung des Säuregrads oder des pH-Wertes (vgl. Bd. 1, S. 143f).

Bei der Verwendung von nicht reifem (= zu jungem) oder von überreifem (= zu altem) Sauerteig können Brotfehler auftreten (vgl. S. 49).

Es muss eine ausreichend große Sauerteigmenge verwendet werden.

❑ Je höher der Roggenanteil, um so größer die Sauerteigmenge.

❑ Bei Mischbroten wird die Sauerteigmenge nur auf den Roggenanteil berechnet (vgl. Seite 42).

❑ Roggenmehle mit geringerem Backwert (= Auswuchsmehle) müssen stärker versäuert werden (vgl. S. 31).

Bei zu geringer oder bei zu hoher Sauerteigmenge können Teig- und Brotfehler auftreten (vgl. S. 50).

2.2.3 Die Teigtemperatur

Roggenteige werden wärmer geführt als Weizenteige. Mischbrotteige führt man um so wärmer, je höher der Roggenanteil, und um so kühler, je höher der Weizenanteil ist.

Teigart	geeignete Teigtemperatur
Roggenschrotbrotteig	28 bis 30 °C
Roggenbrotteig	28 bis 30 °C
Roggenmischbrotteig (dunkel)	27 bis 28 °C
Roggenmischbrotteig (hell)	25 bis 26 °C
Weizenmischbrotteig	24 bis 25 °C

Die wärmere Führung von Roggenteigen bringt folgende Vorteile:

❑ Wärmere Teige quellen schneller und besser auf.

Roggenmehle, insbesondere aber Schrote, sind gröber ausgemahlen und quellen daher langsamer auf. Im warmen Teig jedoch können sie rechtzeitig und gründlich aufquellen.

❑ Wärmere Teige haben eine „trockenere" Teigbeschaffenheit.

Durch die intensive Quellung kann der hohe Wasseranteil (hohe Teigausbeute) gebunden werden; die Teige lassen sich besser verarbeiten.

❑ Wärmere Teige reifen schneller.

In reinen Roggenteigen kommt es weniger auf die Quellung der Eiweiße an. Die Ausprägung der Teigeigenschaften und die Verarbeitbarkeit des Teiges hängt vorwiegend vom Verquellungszustand der Stärke und der Schleimstoffe ab.

❑ Wärmere Teige gären schneller.

Die Hefe findet im Roggenteig ausreichende Mengen an vergärbaren Zuckerstoffen vor; diese können bei wärmeren Teigtemperaturen schneller vergoren werden.

Die gewünschte Teigtemperatur erzielt der Bäcker durch das Temperieren des Schüttwassers, und zwar nach folgender Rechnung:

Direkte Führung	Beispiel
gewünschte Teigtemperatur · 2	28 · 2 = 56 °C
– Mehltemperatur	– 18 °C
= Temperatur der Schüttflüssigkeit	= 38 °C

2 Verfahrensregeln für die Teigführung und Teigaufarbeitung

Indirekte Führung		Beispiel
gewünschte Teigtemperatur · 3	28 · 3	= 84 °C
– Vorteigtemperatur		– 30 °C
– Mehltemperatur		– 18 °C
= Temperatur der Schüttflüssigkeit		= 36 °C

2.3 Die Teigknetung

❏ Roggenteige sollen wesentlich kürzer und weniger intensiv geknetet werden als Weizenteige.
Wegen der fehlenden Kleberbildung ist die Zufuhr von Reibungsenergie nicht erforderlich (vgl. Bd. 1: „Die Teigknetung", S. 253f).

❏ Roggenmischbrotteige vertragen eine etwas längere Knetung.
Zu langes und zu intensives Kneten führt jedoch zu schmierenden Teigen und – wegen des geringen Gashaltevermögens – zu grober Porung der Gebäcke.

❏ Weizenmischbrotteige sollen länger und intensiver geknetet werden, besonders bei direkter Führung.
Knetdauer und Knetintensität nehmen mit zunehmendem Weizenanteil zu.

Knetmaschinen

Geeignet für Roggenteige sind Maschinen mit geringerer Knetintensität, z. B. Hubkneter (Hebelknetmaschinen), Doppelkonuskneter u.a.

Die Wirkungsweise der Knetmaschinen, ihre Bedienung und Wartung, auch unter dem Gesichtspunkt der Hygiene und Unfallsicherheit, ist im Band 1 (S. 253 ff.) ausführlich dargestellt.

Abb. 1: Doppelkonuskneter

Knetzeiten

Die Dauer der Knetzeit ist abhängig ...

❏ ... von der Teiggröße
Größere Teige müssen länger geknetet werden als kleinere Teige.

❏ ... von der Teigart und vom Knetsystem

Knetsystem	Roggenbrotteig	Roggenmischbrotteig	Weizenmischbrotteig
	(alle Angaben in Minuten)		
Hebelkneter			
– Langsamgang	10	10	15
– Schnellgang	5 – 8	7 – 10	9 – 15
Doppelkonuskneter	4	5	6
Spiralkneter	2 – 2,5	3	4

❏ ... von folgenden Voraussetzungen:

	längere Knetzeit	kürzere Knetzeit
Mehlqualität	griffiges Mehl	weiches Mehl
Mehlvorbehandlung	Mehl ungesiebt	Mehl gesiebt
Teigausbeute	weicher Teig	fester Teig
Teigtemperatur	kühler Teig	warmer Teig
Teigführung	direkt	indirekt

2.4 Aufarbeitung roggenhaltiger Teige

2.4.1 Die Teigruhe

Die Teigruhe dient dazu:

– dass die Mehlbestandteile nachquellen,
– dass der Kleber entspannt,
– dass Gase gebildet werden,
– dass Geschmacksstoffe entstehen können.

Die Dauer der Teigruhe ist bei indirekter Führung kürzer als bei direkter Führung.

Bei indirekter Führung:

Mit Sauerteig geführte Roggenbrotteige brauchen keine Teigruhe; sie können sofort nach dem Kneten aufgearbeitet werden.

Roggenmischbrotteige benötigen eine kurze (ca. 5 Minuten), Weizenmischbrotteige eine etwas längere Teigruhe (ca. 10 Minuten).

Bei direkter Führung:

- Mit Teigsäuerungsmitteln bereitete Teige benötigen längere Ruhezeiten.
- Die Teigruhe für Mischbrote ist um so länger, je höher der Weizenanteil ist.

Teigart	Teigruhezeit
Roggenbrotteig	bis 15 Minuten
Roggenmischbrotteig	20 bis 30 Minuten
Weizenmischbrotteig	30 bis 50 Minuten

Die Zeitunterschiede bei der Teigruhe erklären sich wie folgt:

- **Bei der Sauerteigführung** ist der Roggenmehlanteil völlig verquollen.

  Bei Roggenbroten sind das 40% und mehr des Gesamtmehlanteils, bei Mischbroten entsprechend weniger.

- Während der Abstehzeit des Sauerteigs sind durch Enzymtätigkeiten viele Geschmacksstoffe gebildet worden

  Eine längere Teigruhezeit wäre deshalb nachteilig, weil durch den hohen Enzymgehalt in Roggenmehlen zu viele quellfähige Stoffe abgebaut würden. Der Teig würde nachlassen.

- **Bei direkter Führung** dagegen müssen Quellung und Geschmacksstoffbildung erst noch erfolgen.

- Bei Weizenmischbrotteigen wird Kleber gebildet; dazu sind entsprechende Quellungs- und Entspannungszeiten nötig.

2.4.2 Das Abwiegen der Teiglinge

Beim Abwiegen bzw. Portionieren der Teiglinge muss der beim Backen auftretende Gewichtsverlust (Backverlust) berücksichtigt werden. Das bedeutet, dass die einzelnen Teiglinge mit entsprechend höherem Gewicht abzuwiegen sind.

Die Höhe des Backverlustes ist bei den einzelnen Broten verschieden:

Höhere Backverluste
- bei kleineren Broten
- bei freigeschobenen Broten
- bei längerer Backzeit

Geringere Backverluste
- bei größeren Broten
- bei angeschobenen Broten
- bei kürzerer Backzeit

Im Allgemeinen rechnet man zur Erzielung der üblichen Brotgewichte mit folgenden Gewichten der Teigeinlagen:

Teigeinlage	Brotgewicht (in Gramm)	Backverlust
600 g	500 g	100 g
875 g	750 g	125 g
1150 g	1000 g	150 g
1425 g	1250 g	175 g
1700 g	1500 g	200 g
1975 g	1750 g	225 g
2250 g	2000 g	250 g

Änderung der Gewichtsvorschriften:

Die früheren Gewichtsvorschriften für Brote sind seit August 1996 aufgehoben worden.

Der Bäcker kann das Brotgewicht jetzt selber willkürlich bestimmen. In der Regel jedoch verwendet er die gleichen Gewichte wie zuvor, und zwar:

- Für Laibbrote 500 g, 750 g, 1000 g, 1250 g, 1500 g, 1750 g, 2000 g, 3000 g usw.

Diese Gewichte gelten als „privilegierte Werte". Sofern der Bäcker seine Brote mit diesen Gewichten verkauft, braucht er im Laden nur das Gewicht und den Stückpreis anzugeben. Bei anderen Gewichten muss er zusätzlich auch das Gewicht für 1 Kilo Brot (= Kilopreis) angeben.

Die Brotgewichte können jedoch auch heute noch von der Ordnungsbehörde kontrolliert werden:

Bei einer Gewichtskontrolle werden 10 ausgekühlte Brote nachgewogen; dabei muss sich als Durchschnittsgewicht das angegebene Sollgewicht ergeben.

Das einzelne Brot darf bis zu 30 g leichter sein als angegeben.

Beim Abwiegen ist besonders zu achten …

… auf genaues Portionieren beim Abwiegen mit der Hand,

… auf kontrollierte Einstellung der Teigteilmaschine,

… auf vorheriges Durchkneten des angegarten Teiges bei Volumenteilung.

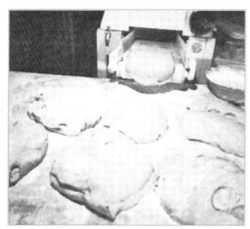

Abb. 1: Volumenteilung

Mechanisches Portionieren

Maschinen, die den Teig nach Volumen abteilen, arbeiten als:

➡ Druckteiler ➡ Schieberteiler ➡ Saugteiler

❏ Vor der Portionierung der Teigstücke muss der angegarte Teig durchgeknetet werden.

Dadurch werden die Gärgase ausgetrieben. So werden Volumenverfälschungen und damit Fehlgewichte vermieden.

2.4.3 Die Teigformung

Formung von Hand

Die abgewogenen Teiglinge werden ...

❏ ... rundgestoßen.

Dabei soll nicht zuviel Mehl verwendet werden, weil sonst Fehler entstehen können wie aufgeplatzter Schluss, Faltenbildung in der Kruste oder Hohlräume in der Krume.
Bei Weizenbrotteigen muss ein besonders exakter Wirkschluss erzielt werden, weil bei unzureichender Teigverklebung der „Schluss" infolge der Teigspannung sonst aufreißt.

❏ ... evtl. kurz auf Gare gestellt.

Eine kurze Zwischengare soll der Entspannung des Teiges dienen.
Bei höherem Weizenanteil ist eine Entspannungszeit von 1 bis 2 Minuten zu empfehlen. Teige mit vorwiegendem Roggenanteil haben eine nur geringe Oberflächenspannung; daher kann auf eine Zwischengare verzichtet werden.

❏ ... geformt[1].

Formung von Roggen- und -mischbrotteigen

Es genügt hier, wenn die rundgewirkten Teiglinge flachgedrückt und sodann langgerollt werden.

Die so geformten Teiglinge können z. B. auf mit Tüchern bespannten Gärdielen nebeneinander abgesetzt und in die Tücher eingezogen werden. Sie können auch in Körbe (Peddigrohr, Kunststoff) oder in Kästen oder auf Aufsetzapparate eingelegt oder auf Bänder mit Abziehvorrichtung abgesetzt werden.

Körbe und Kästen geben den weichen Teigen Halt und tragen zur Ausbildung der Brotform bei.

Formung von Weizenmischbrotteigen

Hier ist es wegen des höheren Kleberanteils erforderlich, dass die rundgewirkten Teiglinge zunächst flachgedrückt und sodann „eingezogen" werden. Dabei erhalten die laibförmigen Teiglinge eine gewisse Oberflächenspannung und bekommen „Stand".

Sie werden auf Gärdielen abgesetzt oder in Tücher eingezogen.

Maschinelle Formung

Formungsmaschinen erleichtern dem Bäcker die Arbeit und erhöhen die Produktivität, weil sie in kürzerer Zeit mehr Teigstücke bearbeiten können als dies von Hand möglich ist.

Da Maschinen sich jedoch nicht wie die Hand des Menschen der jeweils unterschiedlichen Teigbeschaffenheit anpassen können, muss der Teig auf die Wirkungsweise der Maschine abgestimmt sein (= maschinengerechter Teig).

Roggenhaltige Teige, die für die maschinelle Formung bestimmt sind, sollen daher ...

❏ ... fester geführt werden.
Festere Teige halten die stärkere Beanspruchung durch die Maschinen besser aus.

❏ ... genügend trocken sein.
Nasse Teige kleben an den Teigbändern an.

❏ ... ausreichend geschmeidig sein, auf keinen Fall zu jung oder zu alt.
Unreife oder überreife Teige können von den Bändern, Walzen oder Metallteilen nicht richtig erfasst und bearbeitet werden.

---

[1] Die Formungstechniken sind in Band 1 (Seiten 260 – 265) ausführlich beschrieben.

Abb. 1: Bandrundwirker

Wegen der verschiedenartigen Beschaffenheit von roggen- und weizenhaltigen Teigen besitzen bestimmte Formungsmaschinen unterschiedliche Eignung; z. B. sind besonders geeignet:

Kegelrundwirker: für Weizenmischbrotteige,
Bandrundwirker: für Roggenmischbrotteige.

Dem Bäcker werden von der Maschinenindustrie Kompaktanlagen (Brotanlagen) verschiedener Größenordnungen angeboten, dabei sind die einzelnen Formungsmaschinen so miteinander kombiniert, dass der Formungsvorgang nahtlos ineinander greift; die rundgewirkten Teiglinge können je nachdem sofort oder nach kurzer Entspannungspause langgerollt werden.

2.4.4 Die Stückgare

❒ Die ausgeformten Teiglinge werden auf Gare gestellt.

Sie können in Körbe oder Kästen eingelegt, auf Aufsetzapparate oder Gärdielen abgesetzt und in Schragen abgestellt werden.

Die Stückgare kann sodann in der Backstube, in fahrbaren Gärwagen oder im Gärschrank erfolgen.

❒ Die Gare soll flott, auf keinen Fall aber schleppend verlaufen.

Dazu muss für Wärme gesorgt werden; geeignete Temperaturen sind:
- *in der Backstube* ➡ *28 bis 32 °C*
- *im Gärschrank* ➡ *bis zu 40 °C*

❒ Die Teiglinge dürfen an der Oberfläche nicht austrocknen, damit sie nicht abborken.

Sie müssen abgedeckt oder aber mit dem Schluss nach oben umgesetzt werden.

Im Gärraum soll genügend Luftfeuchtigkeit enthalten sein (60 bis 80% relative Luftfeuchtigkeit).

Während der Stückgare bildet die Hefe das zur Lockerung erforderliche CO_2-Gas.

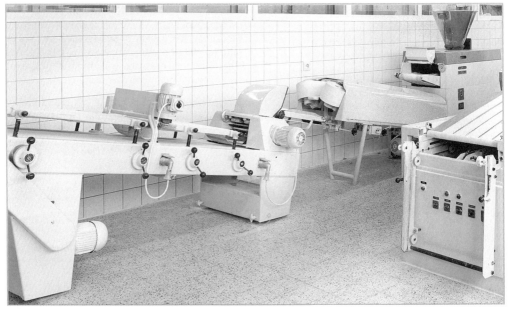

Abb. 2: Brotanlage – portionieren, rundwirken, langrollen, transportieren

2 Verfahrensregeln für die Teigführung und Teigaufarbeitung

Ferner vollziehen sich im Teig folgende innerstoffliche Vorgänge:

❏ Die Mehlenzyme bauen weiter Stärke und Eiweiße ab.
Es entsteht neue Nahrung für Hefe und Säurebakterien.
Die Teigfestigkeit lässt etwas nach; das kann bei zu langer Gare zu Teig- und Brotfehlern führen.

❏ Die Säurebakterien erzeugen weiter Milch- und Essigsäure.
Das trägt zur Verbesserung des Brotgeschmacks bei.
Bei zu langer Gare kann eine Übersäuerung eintreten und damit ein Nachteil für den Brotgeschmack.

Die Stückgare kann zwischen 20 und 50 Minuten dauern:

Kürzere Stückgare

- kleinere Teiglinge (Kleingebäcke, kleine Brote)
- weiche Teige
- höhere Temperaturen
- indirekte Führung
- höherer Anteil an Roggenmehl (zucker- und enzymreich)

Längere Stückgare

- größere Teiglinge (Großbrote)
- festere Teige
- niedrigere Temperaturen
- direkte Teigführung
- höherer Anteil an Weizenmehl (zucker- und enzymärmer, kleberstärker)

Die Gärreife ...

❏ ... ist der Lockerungsgrad, bei dem die Teigstücke in den Ofen geschoben werden sollen.
Die Teigstücke erzielen bei der richtigen Gärreife das größtmögliche Gebäckvolumen.

❏ ... erkennt man am Aussehen (Volumen, Stand) der Teiglinge; man kann es auch durch leichten Druck mit Finger oder Handballen auf die Teigoberfläche ermitteln.
Gärreife Teiglinge fühlen sich weniger fest, dafür aber „wolliger" an, d.h., sie lassen sich leichter eindrücken, die Druckstelle richtet sich aber sogleich wie mit Federdruck wieder auf.

Die Gärtoleranz...

❏ Darunter versteht man die Unempfindlichkeit der Teiglinge gegen eine geringe Über- oder Unterschreitung der günstigsten Teigreife.

❏ Die Gärtoleranz von Roggenteigen ist erheblich geringer als die von Weizenteigen.
Das bedeutet, dass die Zeitspanne, während der die Teiglinge frühestens bzw. spätestens in den Ofen geschoben werden müssen, bei Roggenteigen nur sehr kurz ist.

❏ Roggenmischbrote haben daher eine geringere Gärtoleranz als Weizenmischbrote.

Gärtoleranz von
Roggenmischbroten: 5 bis 8 Minuten
Weizenmischbroten: 9 bis 12 Minuten

Der rechte Zeitpunkt zum Backen ist außer von der Teigreife auch von folgenden Bedingungen abhängig:

❏ Von der Ofentemperatur

  bei heißem Ofen ➡ vollere Gare,
  bei kaltem Ofen ➡ knappere Gare.

❏ Von der Art der Beschickung
Je schneller und auch schonender der Beschickungsvorgang ist, z.B. mit Hilfe von Aufsetz- oder Abziehapparaten, um so reifer dürfen die Teiglinge sein.

Falls die Gare verzögert worden ist (Gärverzögerung durch Kühllagerung der Teiglinge; vgl. auch Bd. 1), soll bei knapper Gare geschoben werden.

2.4.5 Herrichten der Teiglinge zum Backen

Brote

Benetzen (abstreichen)

❏ Brote, deren Oberfläche „blank" bzw. leicht glänzend sein soll, werden vor dem Einschieben mit Wasser oder Stärkekleister abgestrichen.
Mit Hilfe des Wassers kann die Stärke besser verkleistern; aus verkleisterter Stärke können mehr Dextrine gebildet werden, die bei nochmaligem Abstreichen der Brote unmittelbar nach dem Backen eine glatte, matt glänzende Oberfläche sowie eine bessere Bräunung ergeben.

❑ Teiglinge mit knappem Gärstand werden vor allem deswegen benetzt, damit eine ausreichende Volumenbildung gewährleistet ist und Brotfehler vermieden werden.

Knapp gegarte Teiglinge nehmen im Ofen noch erheblich an Volumen zu (hoher innerer Gasdruck).

Mit Hilfe des Wassers bleibt die Teigoberfläche länger geschmeidig und dehnbar, dadurch wird die Krustenbildung verzögert und das Aufplatzen der Kruste vermieden.

Hinweis:
Nicht zu nass streichen, damit kein Wasser abläuft, wodurch die Teiglinge ankleben und beschädigt würden.

Stippen

❑ Teiglinge mit knappem Gärstand können nach dem Benetzen zusätzlich mit Nadel, spitzem Holzstab oder Rolle gestippt (= eingestochen) werden, dadurch soll ebenfalls das Aufplatzen der Kruste vermieden werden.

Die Gefahr des Aufplatzens in Folge des hohen Gasdruckes sowie aufgrund des noch starken Teigwiderstands bei knapper Gare wird durch die Stipplöcher (= Gasabzugskanäle) vermieden.

Hinweis:
Es darf immer erst nach dem Abstreichen gestippt werden, damit kein Wasser in die Stipplöcher eindringt und diese verklebt.

Schneiden

❑ dient:
  – der Verschönerung des Aussehens
  – der Verbesserung des Brotgeschmacks, *das ergibt sich aus der Vergrößerung des Krustenanteils.*
  – der Kennzeichnung von Broten.

Hinweise:
– *Roggenmischbrotteige und reine Roggenteige sollen nur wenig oder gar nicht geschnitten werden.*
– *Das Aufschneiden der Teigoberfläche wird von Weizenteigen und Weizenmischbrotteigen gut vertragen.*
– *Bei knapper Gare tiefer schneiden;*
– *Bei voller Gare nur ein wenig und behutsam schneiden.*

Stempeln

❑ dient der Kennzeichnung des Brotgewichts.

Rustikale Brotsorten werden i.d.R. nicht benetzt; hier wird keine glänzende, sondern eine matte, aufgeraute oder narbig-rissige Kruste gewünscht.

Roggenhaltige Kleingebäcke

Durch den Zusatz von Roggenmehl soll sowohl der Geschmack als auch die Frischhaltung der Kleingebäcke verbessert werden.

❑ Kleingebäcke werden nicht erst – wie vergleichsweise Brote – kurz vor dem Einschieben hergerichtet, sondern bei etwa halber Gare.

Durch den Formungsvorgang werden die kleinen Teiglinge so stark beansprucht, dass sie sich davon erst wieder „erholen" müssen.

Formungsmethoden:

➡ Drücken ➡ Stempeln ➡ Stüpfeln
➡ Schneiden ➡ Ritzen ➡ Hacken u.a.

Die Formgebung führt zur Verbesserung des Aussehens der Gebäcke sowie zur Vergrößerung der Teigoberfläche bzw. des Krustenanteils und damit auch zur Verbesserung des Gebäckgeschmacks.

Die Formgebung geschieht vielfach maschinell, z.B. mit Hilfe von Einschlagrollern oder Stüpfelautomaten u.a.

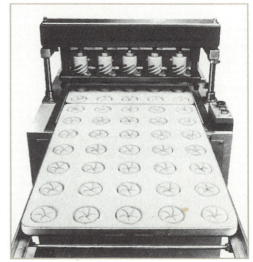

Abb. 1: Stüpfelautomat

2 Verfahrensregeln für die Teigführung und Teigaufarbeitung

❒ Die Teiglinge werden im Regelfall nicht mit Wasser abgestrichen oder besprüht.

Das wäre zu umständlich. Zur Erzielung des erforderlichen Volumens bzw. eines Ausbunds wird im Ofen reichlich Schwaden gegeben.

❒ Aufstreubrötchen müssen jedoch befeuchtet werden.

Dadurch bleiben die verwendeten Ölsamen (z. B. Mohn, Leinsamen, Sesam u.a.) oder Gewürze (z. B. Kümmel) haften.

Abb. 1: Brötchenformungsanlage

Aufgabenstellungen

		Seite
1	Unterscheiden Sie Roggen- und Mischbrote sowie Kleingebäcke nach den Mehlanteilen.	57
2	Nennen Sie die verschiedenen Möglichkeiten der Säuerung.	57
3	Erläutern Sie, wovon die Menge des zu verwendenden Sauerteigs abhängt.	57
4	Nennen Sie die einzelnen Arbeitsschritte von der Teigbereitung bis zur Fertigstellung der verkaufsfertigen Brote.	57–110
5	Worauf beruht das höhere Wasserbindevermögen von dunklen Roggenmehlen?	58f
6	Nennen Sie durchschnittliche Teigausbeuten von Roggen- und Mischbroten.	58
7	Erläutern Sie, was man unter Teig-Toleranz versteht.	58f
8	Nennen Sie die üblichen Rohstoffe und Zutaten für Roggen- und Mischbrote.	59
9	Nennen Sie die rezeptmäßigen Anteile von Teigsäuerungsmitteln, Kochsalz und Hefe bei direkter Führung.	59
10	Erläutern Sie, wovon die Zusatzmenge der Hefe bei indirekter Führung abhängt.	59

Fortsetzung der Aufgabenstellungen auf der nachfolgenden Seite

		Seite
11	Wie stellt man fest, ob Sauerteig reif ist?	60
12	Nennen Sie durchschnittliche Temperaturen für Roggen- und Mischbrotteige.	60
13	Weshalb sollen roggenhaltige Teige wärmer geführt werden als Weizenteige?	60
14	Wie errechnet man die Temperatur der Zugussflüssigkeit?	60f
15	Wie lang und wie intensiv sollen Roggenteige geknetet werden?	61
16	Wovon kann die Dauer der Knetzeit abhängig sein?	61
17	Weshalb braucht der fertig geknetete Teig eine Ruhezeit?	61
18	Wovon ist die Länge der Teigruhezeit abhängig?	61f
19	Welche rechtlichen Vorschriften gibt es bezüglich der Brotgewichte?	62
20	Erläutern Sie: – Brotgewichtsangabe – Stückpreisangabe – Kilopreisnagabe	62
21	Wovon wird das erforderliche Gewicht der Teigeinlagen bestimmt?	62
22	Beschreiben Sie, worauf beim Rundstoßen der Teiglinge zu achten ist.	63
23	Beschreiben Sie, worauf beim Formen der Teiglinge zu achten ist.	63
24	Weshalb und auf welche Weise müssen Teige zur maschinellen Formung besonders abgestimmt sein?	63
25	Unter welchen Bedingungen (Temperatur, Luftfeuchtigkeit) soll die Stückgare erfolgen?	64
26	Was geschieht im Teig während der Stückgare?	64f
27	Wovon ist die Dauer der Stückgare abhängig?	65
28	Woran erkennt man, ob die Teiglinge reif sind?	65
29	Erläutern Sie die Gärtoleranz von roggenhaltigen Teigen.	65
30	Von welchen Kriterien ist der Zeitpunkt des Einschießens abhängig?	65
31	Was kann durch das Benetzen der Teigoberfläche vor dem Backen erreicht werden?	65f
32	Was kann durch das Stippen der Teiglinge erreicht werden?	66
33	Wozu dient das Schneiden der Teigoberfläche?	66
34	Worauf ist beim Schneiden der Teigoberfläche zu achten?	66
35	Beschreiben Sie die Herrichtung der Teiglinge für Kleingebäcke.	66

3 Die Backöfen sowie Verfahrensregeln für das Backen

3.1 Was beim Backprozess geschieht

Die gärreifen Teiglinge werden in den Herd des Backofens eingebracht. Dort wirken Temperaturen von 220 bis 300 °C auf sie ein.

Durch die Ofenhitze wird bewirkt …

❐ … dass sich die angegarten, aber noch verhältnismäßig flachen Teigstücke herausheben; so erhalten sie die angestrebte Form von Laibbroten bzw. von großvolumigen Kleingebäcken.
  Ursachen dafür sind:
  – der **Ofentrieb**:
    Nachgare der Hefe
    Hitzeausdehung der vorhandenen Gärgase
    Wasserdampfbildung
  – die **Verfestigung der Kruste**

❐ … dass der weiche, formveränderliche Teig zu einem festen, formstabilen Gebäck umgewandelt wird.
  Ursachen dafür sind:
  – die **Klebergerinnung**
  – die **Stärkeverkleisterung**

❐ … dass zahlreiche Geschmacksstoffe, insbesondere in der Kruste entstehen.
  Ursachen dafür sind:
  – die Bildung von **Röstprodukten** und **Aromastoffen**

❐ … dass sich die Kruste braun verfärbt
  Ursachen dafür sind:
  – die Umwandlung von Stärke und Eiweiß in farbige Abbauprodukte (**Dextrine, Melanoidine, Kulör**).

Beim Backen von Roggen- und Mischbroten soll darüber hinaus Folgendes bewirkt werden:

❐ Es soll sich möglichst schnell eine feste Krume bilden.
  Durch die hohe Backhitze entstehen im Teig bald Temperaturen von 75 °C; ab dann werden die Amylasen unwirksam; auch bei Auswuchs können sie die Stärke nicht mehr zerstören.

❐ Es soll eine besonders kräftig gebräunte und dickere Kruste entstehen; dies wirkt sich vor allem auf den Brotgeschmack aus.
  Man erreicht dies durch scharfe Anfangshitze und durch längeres Ausbacken bei niedrigeren Ofentemperaturen.

3.2 Darstellung der Backöfen und ihrer Wirkungsweise

3.2.1 Wie ein Backofen wirkt

Der Backofen nimmt in jeder Bäckerei eine zentrale Stellung ein: die gesamte Gebäckproduktion ist auf ihn ausgerichtet und von seinem Leistungs- und Fassungsvermögen abhängig.

Fassungsvermögen des Ofens

❐ Der Backofen kann jeweils eine bestimmte Menge an Backgut aufnehmen.
  Das Fassungsvermögen ist abhängig von der Anzahl der Herde und der Größe der Herdflächen.

Hitzeübertragung an das Backgut

❐ die für den Backvorgang benötigte Hitze wird in den Herden an das Backgut abgegeben.

❐ Die Hitzeübertragung erfolgt:
  ➡ als Wärmeleitung
     (von der Backfläche aus)
  ➡ als Wärmeströmung
     (durch die heiße Backatmosphäre)
  ➡ als Wärmestrahlung
     (von Decke und Wänden der Herdfläche aus).

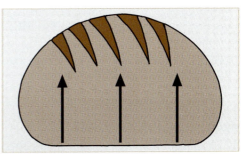

Abb. 1: Wärmeleitung

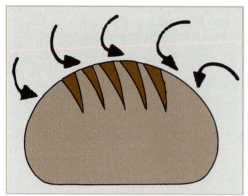

Abb. 1: Wärmeströmung (Wärmeleitung durch die heiße Luft)

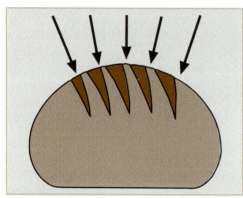

Abb. 2: Wärmestrahlung

Hitzeerzeugung

❏ Die Hitze wird im Backofen erzeugt ...

> ... durch Verbrennung von Öl, Gas oder Kohle in der Brennkammer (Brenner oder Feuerung),
>
> ... durch elektrischen Strom in den Heizstäben unter und oberhalb der Herdflächen.

❏ Sofern die Hitze direkt im Herd erzeugt wird (Elektroofen, Holzofen, Kohleofen = „Königswinterofen") spricht man von **direkter Beheizung**.

❏ Muss die Hitze jedoch von der Erzeugungsstelle (Feuerung bzw. Brennkammer) aus an die Herde herantransportiert werden, spricht man von **indirekter Beheizung**.

Hitzetransport zu den Herden

Als Hitzeträger (Wärmeleiter, Wärmetransporter) können dienen:

erhitzte Luft
im Heißluftumwälzofen (Zyklothermofen),

heißes Gas
im Heizgasumwälzofen (Volvothermofen),

heißes Öl
im Heißöl-Umlaufofen

heißer (überhitzter) Wasserdampf
im Dampfbackofen

3.2.2 Anforderungen an den Backofen

Ein Backofen muss sein ...

❏ ... wärmebeweglich.
Man muss ihn in kurzer Zeit aufheizen und bei Bedarf jederzeit schnell nachheizen, aber auch abkühlen können.
Voraussetzungen dafür sind leistungsfähige Brenner und Wärmeleitungssysteme. Auf Wärmespeicherung (= geringe Wärmebeweglichkeit) wird daher weitgehend verzichtet.

❏ ... leicht beschickbar.
Das Backgut bzw. die Teiglinge müssen auf einfache und schnelle Weise in die Herde eingebracht werden.
Als Beschickungshilfe können dienen:
– fahrbare Stikken (Gestell mit Backblechen) für Stikkenöfen,
– Aufsetzvorrichtungen (Abziehgeräte, Kippdielen),
– Ausziehherde.

❏ ... leicht zu bedienen.
In zunehmendem Maße finden elektronische Steuer- und Kontrollgeräte für Backöfen Verwendung.
Zu den Bedienungselementen zählen:
– Schaltelemente für Heizung, Schwadengabe, Dampf- und Hitzeabzug,
– thermostatische Regulierung
– Zeitkontrolle.

❏ ... unfallsicher.
Der Ofen muss vorschriftsmäßig abgesichert sein; das betrifft besonders die elektronischen Anlageteile.

❏ ... einfach zu warten und zu pflegen.
U.a. soll die Zeitspanne zwischen den erforderlichen Überprüfungen durch die Backofenfirma (= Wartungszeitraum) nicht zu kurz sein.

Ferner soll ein Backofen ...

- ... wenig Platz beanspruchen.
  Das ist vor allem gewährleistet durch die Stahl-Bauweise sowie die etagenförmige Anordnung der Herde (= Etagenofen).
- ... einen geringen Energieverbrauch haben.
  Hohe Wärmeausnutzung z.B. durch gute Wärme-Isolierung und durch möglichst langen Verbleib der erhitzten Gase im Umwälzsystem.

Backöfen sollen ferner nur wenig Umweltbelastung verursachen, indem sie weder die Luft verunreinigen (Abgaskontrolle) noch durch laute Geräusche belästigend wirken.

3.2.3 Backofensysteme

Die heute meistgebräuchlichen Backofentypen sind:

- Etagenofen
- Stikkenofen.

Diese Öfen werden sowohl in unterschiedlicher Größe als auch in sehr verschiedenen Konstruktionsformen hergestellt.

Als Konstruktionsmerkmale für Backöfen gelten im allgemeinen:

Bauweise	Mauerwerk	gemauerter Ofen
	Stahlskelett-Bauweise	Stahlskelettofen
	Ganzstahl-Bauweise	Stahlbauofen
Wärmeerzeugung aus Brennstoffen oder Strom	Holz	Holzofen (altdeutscher Ofen)
	Kohle	Kohleofen (Königswinterofen)
	Öl	Ölofen
	Gas	Gasofen
	Elektrizität	Elektroofen
Art der Beheizung	direkte Beheizung	
	indirekte Beheizung	
Art der Wärmeleitung	Heizgas-Unterzug	Kanalofen
	Heißdampf-Wärmeleitung	Dampfbackofen
	Heißluft-Umwälzer	Umwälzofen
	Heizgas-Umwälzer	Umwälzofen
	Heißöl-Umwälzer	Umwälzofen
Anordnung der Herde	etagenförmige Anordnung	Etagenofen Reversierofen
	Backkammern	Stikkenofen
	Backtunnel	Durchlaufofen (Tunnelofen)
Art der Beschickung und des Ausbackens	Einschießherde	beim Etagenofen
	Ausziehherde	beim Etagenofen
	Roll-in-Verfahren	beim Stikkenofen
	halbautomatischer Ein- und Auslauf	beim Reversierofen (Rücklaufofen)
	vollautomatischer Durchlauf	beim Durchlaufofen

Bauweisen bei Backöfen

Moderne Öfen werden in den allermeisten Fällen in *Stahlbauweise* errichtet, die Backöfen früherer Epochen waren in der Regel *gemauerte Öfen*.

Gemauerte Öfen ...

- ❐ ... bestanden aus dickem Mauerwerk (Stein; als Isoliermaterial wurde auch Kies verwendet).
- ❐ ... beanspruchten viel Platz, waren nur ebenerdig zu errichten: wegen des enormen Gewichts (mit Fundament).
- ❐ ... waren wenig wärmebeweglich (lange Aufheizzeit, langsamer Temperaturabfall).
- ❐ ... waren sehr energieaufwendig, weil ein großer Teil der Wärme in das Mauerwerk geleitet und an die Außenluft abgegeben wurde. Nur ein geringer Teil der Hitze konnte zum Backen selber genutzt werden.

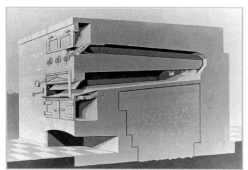

Abb. 1: Gemauerter Königswinterofen mit Brustfeuerung

Stahlbauöfen ...

- ❐ ... können als *Stahlskelettöfen* gebaut werden, d. h., als Kombination von gemauertem Ofen und Stahlbauofen.

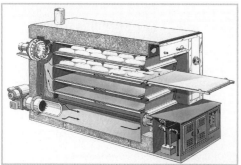

Abb. 2: Stahlbauofen (Ganzstahlbauweise) als Umwälz-Etagenofen.
Hier: vier Einschießherde, mit Abziehgerät beschickt.

- ❐ ... werden heute meist in *Ganzstahlbauweise* errichtet.
- ❐ ...enthalten als Isolationsmaterial Glas- oder Mineralwolle.
- ❐ ... beanspruchen wenig Platz.
- ❐ ... sind leicht und ohne Fundament zu montieren.
- ❐ ... sind sehr wärmebeweglich.
- ❐ ... sind sparsam im Verbrauch, weil die erzeugte Wärme zum größten Teil zum Backen genutzt werden kann.
- ❐ ...besitzen gute Wärmespeicherung und Isolation.
- ❐ ... sind jedoch weniger wärmebeweglich als Ganzstahlöfen.

Herdanordnungen bei Backöfen

Etagenbacköfen

- ❐ Mehrere Herde sind dicht übereinander etagenförmig angeordnet.

Abb. 3: Etagenbachofens mit sechs Einschießherden

Besondere Vorzüge der etagenförmigen Herdanordnung:

⊕ Platzersparnis

Es wird in die Höhe gebaut; dadurch entsteht auf geringer Grundfläche eine große Backfläche. Die Gesamtbackfläche ist abhängig von Größe und Anzahl der Herde.

⊕ leichte Beschickung

Einschießherde werden mit Hilfe von genormten Abziehgeräten beschickt; das Ausbacken erfolgt mit Schießern.

Ausziehherde sind besonders für die Beschickung mit Broten geeignet; sie werden mit Hilfe von Aufsetzapparaten oder Kipptrögen beschickt.

⊕ Anpassungsfähigkeit an betriebliche Erfordernisse

Einzelne Herde oder mehrere Herde gleichzeitig (= Herdgruppen) können individuell geschaltet werden nach Temperatur und Backatmosphäre.

Viele Etagenöfen können je nach Bedarf mit ruhender oder bewegter Backatmosphäre „gefahren" werden (s. S. 77f).

Abb. 1: Etagenbackofen mit fünf Ausziehherden

Abb. 3: Ausbacken von Broten aus einem Etagenbackofen mit Hilfe eines Schießers

Stikkenöfen

Sie bestehen aus einem einzigen, schrankartigen Backraum (Backkammer).

In diesem Backraum wird der Stikken (= fahrbares Gestell) mit dem auf Blechen (Backgutträgern) abgesetzten Backgut eingefahren (= Roll-in-Verfahren).

Besondere Vorzüge des Backverfahrens im Stikkenofen:

⊕ Platzersparnis

Stikkenöfen sind ohne Zwischenböden gebaut, sodass sich eine hohe Raumausnutzung ergibt.

⊕ Zeit- und Arbeitsersparnis

Der Beschickungs- und Ausbackvorgang kann auf einfache Weise und in kürzester Zeit erfolgen.

Auch bereits vor dem Backprozess kann der mit Teiglingen beladene Stikken in den Gärraum ein- und ausgefahren werden.

Abb. 2: Beschicken eines Etagenbackofen mit Aufsetzapparat

⊕ optimale Raumausnutzung

Die Backgutträger können je nach Bedarf mit unterschiedlichen Höhenabständen im Stikken abgesetzt werden.

Einschränkungen

⊖ In einem Stikkenofen kann man in einem Backvorgang nur solche Gebäcke zusammen backen, die ein einheitliches Backprogramm (Backhitze, Backdauer, Backatmosphäre) beanspruchen.

⊖ Die Teiglinge sollten, als Voraussetzung für gleiche Hitzeeinwirkung, einheitlich sein nach Größe und Form.
Der Abstand der Backgutträger spielt hier eine entscheidende Rolle.

⊖ Brote erzielen keine besonders gut ausgeprägte Unterkruste.
Das kühl eingefahrene Backblech wird erst langsam während des Backvorgangs erhitzt und kann die Hitze daher nur verzögert an das Teigstück weiterleiten.

Abb. 1: Stikkenofen

Abb. 2: Ausfahren des Stikkens aus der Backkammer

Abb. 3: Mit Broten und Kleingebäcken beladene Stikken.
    Zu Beachten: Die Höhenabstände der Backgutträger sind der Gebäckhöhe angepasst.
    Jeder Stikken ist mit einheitlichem Backgut beladen.

Rücklauföfen (Reversieröfen)

Dies sind meist größere Öfen, die über mehrere Herde mit beweglichen (ausziehbaren) Backflächen verfügen. Das Backgut wird mit Hilfe von Aufsetzapparaten oder Kippdielen auf die ausgezogene Herdfläche aufgesetzt.

Anschließend wird die Herdfläche mit dem Backgut in den Backherd eingefahren.

Am Ende des Backvorgangs werden die Gebäcke entweder zurückgefahren (= reversiert) oder aber an der Rückseite des Ofens, wie bei einem Durchlaufofen, ausgefahren.

Abb. 1: Rücklauf der Gebäcke aus einem Reversierofen

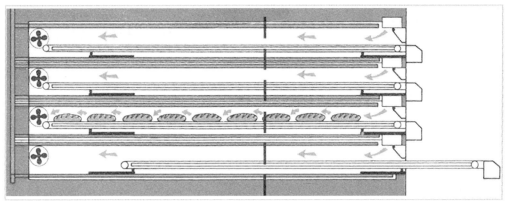

Abb. 2: Schnitt durch einen Reversierofen

Durchlauföfen

Sie sind in der Regel Großbacköfen für größere handwerkliche Betriebe oder industrielle Betriebe (Brotfabriken).

Das Backgut wird an der Stirnseite des Ofens aufgesetzt und wandert kontinuierlich durch einen Backtunnel (Tunnelofen). Die Backfläche kann auch aus einem netzartigen Band (Netzbandofen), aus Steinplatten, Scharnierbändern oder aus schaukelartig aufgehängten Backplatten bestehen (Autoofen).

Am Ende des bis zu 30 Meter langen Backtunnels wandert das Backgut aus dem Backherd heraus und kann von Hand oder durch automatischen Auslauf entnommen werden.

Abb. 3: Auslauf der gebackenen Brote aus einem Durchlaufofen und automatischer Abtransport

Beheizungsarten bei Backöfen

Direkt beheizte Backöfen

Backöfen früherer Zeit wurden mit Holz oder Kohle (Briketts) beheizt. Das Feuer wurde entweder auf der Herdfläche (Holzofen bzw. Altdeutscher Ofen) oder bei mit Kohle beheizten Öfen (Königswinterofen) in einer Brust- oder Seitenfeuerung auf Eisenrosten mit Luftzug und Aschenfall entzündet.

Die Flammen schlugen in den Backherd; dieser wurde also direkt durch die Flammen aufgeheizt (= direkte Beheizung).

Holzöfen und Königswinteröfen ...

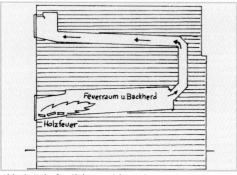

Abb. 1: Holzofen (Schemazeichnung)

❏ ... hatten jeweils nur einen Backherd (= geringe Backfläche).

❏ ... konnten nur dann zum Backen genutzt werden, nachdem das Feuer erloschen war und die Aschenreste von der Herdfläche entfernt waren (= geringe Nutzbarkeit).

❏ ... waren gemauerte Öfen, also sehr platzaufwendig, wenig wärmebeweglich und von zu hohem Energieverbrauch.

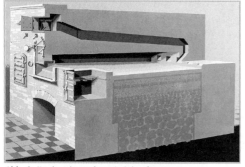

Abb. 2: Königswinterofen mit Seitenfeuerung

❏ ... waren jedoch wegen des besonderen Hitzeverlaufs (scharfe Anfangshitze, sodann langsam nachlassende, aber lange nachdrückende Ausbackhitze) besonders für die Roggenbrotbereitung geeignet.

Steinofenbrot sowie Holzofenbrot zählen heute zu den besonderen Broten (vgl. S. 8), die auf Grund der typischen Hitzeeinwirkung besonders geschmacksstoffreich sind.

Holzofenbrot erhält durch Asche- und Rauchspuren des verbrannten Holzes zusätzliche Geschmacksgebung.

Indirekt beheizte Backöfen

Das Bedürfnis nach größerer Backfläche und besserer Nutzbarkeit führte dazu, Öfen mit mehreren Herden zu bauen. Dazu musste die Feuerung aus der Herdfläche verlegt werden (= indirekte Beheizung). Es stellt sich nunmehr die Frage, wie die in der Feuerung erzeugte Wärme an die Backherde herantransportiert werden kann (= Wärmeleitung).

Wärmeleitung bei indirekt beheizten Backöfen

Kanalöfen

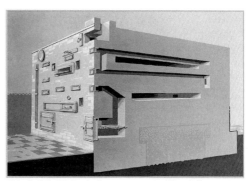

Abb. 3: Schnitt durch einen gemauerten Kanalofen

Die Heizgase wurden aus dem Feuerungsraum durch gemauerte Kanäle unter- und oberhalb der Herdflächen hindurchgeleitet und erwärmten so den Backraum.

Da die Heizgase aber auf diese Weise nur einmal nutzbar sind und dann zum Kamin hinausziehen, war der Energieverbrauch viel zu hoch.

Dies führte zur Entwicklung der nachfolgenden Backöfen.

Dampfbacköfen

Unter- und oberhalb der Herdflächen verlaufen nahtlos gezogene Stahl-Hohlrohre (Perkins-Rohre), die zur Hälfte mit Wasser gefüllt sind. Die Enden der Perkins-Rohre ragen in die Feuerung.

Durch die Feuerungshitze wird das Wasser in den Rohren zu Dampf umgewandelt. In Folge des entstehenden Überdrucks steigt der Siedepunkt (Verdampfungspunkt).

Der überhitzte Dampf strömt durch die Rohre und gibt seine Hitze an die Herde ab.

Abb. 1: Schnitt durch einen Dampf-Backofen in Stahlbauweise

Umwälzöfen

Sie haben mit den Kanalöfen gemeinsam, dass auch hier heiße Gase über und unter den Herd (s. Bild) bzw. durch die Herde hindurch ziehen und dort Hitze abgeben.

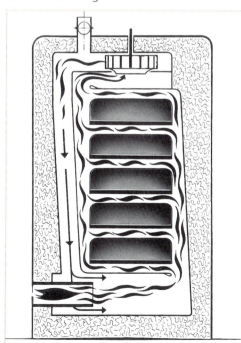

Abb. 2: Weg der Heizgase durch einen Umwälzofen (ruhende Backatmosphäre)

Die Heizgase wandern danach jedoch nicht gleich zum Kamin hinaus; vielmehr werden sie durch einen Ventilator zur Feuerung (Brenner) zurück geführt, aufs Neue erhitzt und kreisen von dort immer wieder auf ihrem vorgezeichneten Weg. Nur so viel Luft, wie nötig ist, um den Brenner mit Sauerstoff zu versorgen, tritt neu in den Kreislauf ein; und genau so viel Heizgase werden zum Kamin hinausgelassen.

Da zur Erwärmung der leicht abgekühlten Heizgase wenig Hitze benötigt wird, ist der Brennstoffverbrauch bei Umwälzöfen sehr sparsam.

Als Brennstoff dienen Öl oder Gas; der Brennverlauf kann thermostatisch gesteuert werden.

Ein besonderer Vorzug des Umwälzofens ist seine Temperaturbeweglichkeit.

Heißluft-Umwälzofen mit bewegter Backatmosphäre (Volvotherm bzw. Turbotherm)

Die heißen Heizgase (Rauchgase) strömen aus der Feuerung durch ein Heizregister (Wärmeaustauscher), erhitzen dieses und werden wieder in die Feuerung zurückgeführt.

Das Heizregister erhitzt in einem 2., von dem anderen getrennten, Röhrensystem normale Luft.

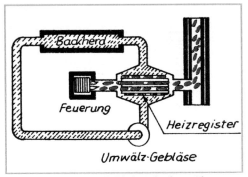

Abb. 1: Der Weg der Heißluft beim Volvotherm-Ofen

Diese reine, rauchfreie Heißluft wird mit Hilfe eines Ventilators durch die Herde bzw. die Backkammer hindurch gedrückt oder gesaugt; dabei gibt sie die Wärme an den Herd und auch unmittelbar an das Backgut ab.

Die abgekühlte Luft gelangt an das Heizregister zurück, wird neu erhitzt und tritt wieder in den Backraum-Kreislauf ein.

Vorteile

⊕ Sehr intensive Wärmeübertragung, weil die Hitze überall gleichmäßig hingelangt.

⊕ Alle Herde bzw. Herdgruppen stehen miteinander in Verbindung; sie haben daher alle die gleiche Temperatur und den gleichen Schwaden. (Der Schwaden wird mit einer besonderen Einrichtung der Heißluft zugesetzt.)

Einschränkungen

⊖ Eine Herdgruppe bzw. Backkammer (Stikkenofen) kann jeweils nur mit solchen Backwaren beschickt werden, die gleiche Backbedingungen beanspruchen (Hitze, Schwaden, Backzeit).

Heizgas-Umwälzofen
mit ruhender Backatmosphäre (Zyklotherm)

Es wird kein Heizregister benötigt, weil keine Luft durch die Herde selbst geschickt wird.

Vielmehr leitet man die heißen Heizgase mit Hilfe eines Ventilators unter- und oberhalb der Herde entlang bzw. um die Backkammer herum.

Die Heizgase geben die Wärme an die Wandungen der Herde ab; von dort werden sie auf das Backgut übertragen (Leitung, Strahlung).

Die einzelnen Herde stehen nicht miteinander in Verbindung, vielmehr bildet jeder Herd eine in sich geschlossene Backkammer.

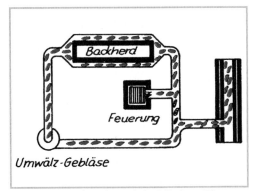

Abb. 2: Der Weg der Heizgase beim Zyklotherm-Ofen

Vorteile

⊕ Jeder Herd kann einzeln mit Schwaden beschickt werden.

⊕ Einzelne Herde oder Herdgruppen lassen sich höher oder niedriger erhitzen; daher kann man in einem so beheizten Etagenofen gleichzeitig verschiedenartige Backwaren herstellen.

Heißöl-Umlaufofen

In einem Heizkessel wird Öl (Thermoöl) von einem Brenner (Heizöl- oder Gas-) oder auch von elektrischen Heizstäben auf 300 bis 350 °C aufgeheizt.

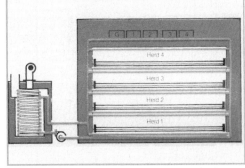

Abb. 3: Der Weg des Thermoöls beim Heißöl-Umlaufofen

Eine Umwälzpumpe befördert das im Kessel erhitzte Thermoöl in stetem Kreislauf durch flache Kanäle (Radiatoren), die unter- und oberhalb der einzelnen Herde verlaufen.

Elektro-Öfen

> Elektrizität ist die ideale Energiequelle auch für Backöfen.

Sie ermöglicht besonders einfache, schnelle und wenig arbeitsaufwendige Bedienung.

Durch sie ist eine saubere Beheizung möglich, weil keine Verbrennungsrückstände anfallen und kein Brennstofflager nötig ist.

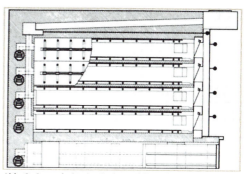

Abb. 2: Querschnitt durch einen Elektroofen (direkte Beheizung)

Besondere Vorteile

⊕ Es entsteht kein Wärmeverlust durch Wärmeleitung.
⊕ Hohe Wärmebeweglichkeit
⊕ getrennte Schaltung aller Herde nach Ober- und Unterhitze.

Indirekte Beheizung

Bei Elektro-Speicheröfen sind die Heizrohre in Speicherkerne aus betonartiger Masse eingelagert.

Man kann den Strom schon am Abend oder mit Hilfe einer Zeitschaltuhr während der Nacht einschalten, um so den preiswerten Nachtstrom zu nutzen. Die Wärme wird in den Betonkernen gespeichert.

Bei **Vollspeicheröfen** liegen die Heizelemente in sehr speicherstarken Kernen.

Abb. 1: Elektroofen

Ferner ist sie sehr umweltfreundlich, da keine Belästigungen durch Rauchabzug oder Geräusche auftreten.

Elektroöfen beanspruchen weniger Platz (kein Brennraum, kein Schornstein) und sind von leichterer Bauweise, sodass auf ein Fundament verzichtet werden kann.

Wärmeerzeugung bei Elektroöfen

Beim Einschalten des Stroms werden Widerstands-Metalldrähte erhitzt. Diese sind in einem Kunststeinkern (Schamotte) eingebettet und von Metallröhren umgeben, sie verlaufen unter- und oberhalb der Herdflächen.

Direkte Beheizung

Die Rohre strahlen die Hitze sofort nach Einschalten des Stroms aus; die Herde sind innerhalb kürzester Zeit (= direkt) heiß.

Nachteil

⊖ geringe Wärmebeweglichkeit.

Bei **Halbspeicheröfen** befinden sich die Heizelemente in leichteren Speicherkernen dicht am Backherd. Dadurch ergeben sich zwar geringere Heizreserven, die Anlage ist aber wärmebeweglicher, vor allem, wenn der Ofen über eine direkte Zusatzheizung verfügt.

Besondere Typen von Elektroöfen

Elektroöfen mit Hochfrequenzwärme

Zwischen den zwei Elektroden wird im Backherd ein elektrisches Hochfrequenzfeld erzeugt. Infolge seiner hohen Schwingungszahl durchdringt der hochfrequente Wechselstrom den Teig und bringt die Teigmoleküle zum Mitschwingen.

Durch die dabei entstehende Reibung zwischen den Molekülen erhitzt sich der Teig innerhalb weniger Minuten überall gleichmäßig und backt vollkommen durch.

Nachteile

⊖ Es entsteht keine Kruste, sondern nur eine dünne, farblose Haut.
Durch Kombination mit Infrarot-Bestrahlung kann man jedoch eine normale braune Kruste erzielen.

⊖ Hochfrequenz-Backöfen sind wegen des teuren HF-Generators in der Bäckerei noch nicht tragbar.

Infrarot-Wärmestrahlung

Infrarot-Strahlen sind in jeder Wärmestrahlung enthalten. Es handelt sich um langwellige Strahlen (0,00075 bis 0,4 mm Wellenlänge), die einige Millimeter tief in das Backgut eindringen können.

Bei genügend hoher Leistung des Infrarot-Strahlers ist die Wärmewirkung so intensiv, dass sich in kürzester Zeit eine Kruste bildet.

Mit Infrarot-Wärme werden in der Dauerbackwarenindustrie Flachgebäcke hergestellt; sie eignen sich ferner zum Backen von Baumkuchen, weil dort nacheinander die millimeterdünnen Schichten der Baumkuchenmasse erhitzt werden.

Gerstel-Öfen (Gerstel-Brenner)

Als Brennraum dient ein schmaler Schacht, in dem sich besonders hohe Temperaturen erzielen lassen (über 300 °C).

Die hohe Hitze wird entweder durch offene Gasflamme erzeugt oder durch elektrische Wärmestrahlung.

Gerstel-Öfen dienen zur Herstellung von Gerstel-Brot, bei dem auf der kräftig ausgebackenen Kruste zusätzlich dunkle Brandflecken entstehen sollen (s. Abb. auf den Seiten 6 und 10).

Dampf-Backkammern

Sie eignen sich zum Backen von Roggenschrotbroten und Pumpernickel.

Die Backkammer wird mit Hilfe von Dampf auf etwa über 100 °C erhitzt.

In Folge der geringen Hitze findet weniger ein Backprozess als vielmehr ein „Brühen" der in Kästen eingelegten Teigstücke statt.

Vorteile

⊕ Geringere Backverluste, da in der Backkammer keine Austrocknung erfolgt,

⊕ vollständige Verkleisterung der Stärke (durch den Wasserdampf) und daher saftige Krume,

⊕ weitgehende Erhaltung der Vitamine.

Das Ergebnis ist ein krustenloses Brot von gleichmäßiger Form; es ist zur Schnittbrotherstellung besonders geeignet.

3.2.4 Wartung und Pflege des Backofens

Zu den laufenden Wartungsarbeiten gehören …

❐ … die regelmäßige Säuberung von Ruß und Flugasche.

Ablagerungen von Verbrennungsrückständen verringern die Wärmeleitfähigkeit und damit die Wärmeübertragung auf die Herde.

❐ … die Reinigung der Zündung, der Luftzüge sowie des Lüfterrades bei Öl- und Gasbrennern.

❐ … die Entfernung von Kalkablagerungen an Schwadenrohren und Schwadenplatten bzw. Schwadentrommel.

Bei Betriebsstörungen muss die Kontrolle und Wartung durch Fachleute der Ofenfirmen erfolgen, besonders die der elektrischen Anlagen.

3.2.5 Wirtschaftliche Energienutzung beim Backen

Wärmenutzung der Backöfen

Die Wärme, die bei der Verbrennung entsteht, wird im Backofen nur zu einem Teil zum Backen ausgenutzt.

Ein großer Teil der Wärme geht entweder verloren oder die Wärme wird für sog. Nebenleistungen verwendet; dazu rechnet man z. B. die Erwärmung des Warmwasserboilers und der Backstube.

Da ein Backofen aber in erster Linie zum Backen da ist, wird seine Wärmewirtschaftlichkeit auch nur auf das Backen bezogen.

Die beste Wärmeausnutzung ist also dort gegeben, wo die größte Wärmemenge zum Backen verwendet wird.

3 Die Backöfen sowie Verfahrensregeln für das Backen

Das ist abhängig ...

☐ ... von der Bauweise.

Die höchsten Wärmeverluste haben gemauerte Öfen.

Die beste Wärmeausnutzung haben Stahlbauöfen.

☐ ... von der Wärmeleitung.

Je weiter der Weg von der Entstehungsstelle der Wärme bis zum Herd ist, um so mehr Wärme geht durch Abstrahlung oder Leitung an die Gegenstände verloren, die erst aufgeheizt werden müssen, damit die Wärme an die Verwendungsstelle (Herd) übertragen werden kann.

☐ ... von der Anordnung der Herde.

Je dichter die Herde übereinander liegen, um so weniger Wärmeverluste können entstehen. Deshalb ist die Wärmeausnutzung bei Etagenöfen und Backkammern (Stikkenofen) am günstigsten, vor allem auch deshalb, weil durch die Umwälzung die Abgasverluste nur gering sind.

☐ ... vom Brennstoff.

Die Abgasverluste und damit die Wärmewirksamkeit (= feuerungstechnischer Wirkungsgrad) sind bei den einzelnen Brennstoffen verschieden:

Brennstoff	Brennwert in kJ (= Kilojoule)	durchschnittliche Wärmeausnutzung
Briketts	19 665 kJ je kg	75 %
Leichtöl	43 095 kJ je kg	80 %
Leuchtgas	15 480 kJ je m^3	85 %
Elektrizität	3 615 kJ je kW/h	ca. 100 %

Wärmeausnutzung durch Rationalisierungsmaßnahmen

Auf die wirtschaftliche Energienutzung wirken sich auch die jeweiligen Arbeitsbedingungen in einer Bäckerei aus:

☐ Auslastung der Herdfläche

Vermeidung von längeren, ungenutzten Abstehzeiten der Herde; nach Möglichkeit die ganze Herdfläche ausnutzen.

☐ richtige Reihung des Backwarensortiments

Dadurch soll vermieden werden, dass die Herde zu häufig abgekühlt und anschließend wieder aufgeheizt werden müssen.

☐ Sorgfalt bei der Arbeit am Ofen

Türen, Züge und Schieber nicht zu lange offen lassen, möglichst schnelle Beschickung bei Ausziehherden, keine unnötige Schwadengabe, richtige Wartung des Ofens (s. dort).

Im Zusammenhang mit der Herdausnutzung spielt auch die Frage nach der *Ofengröße* (= m^2-Größe der gesamten Herdflächen) eine wichtige Rolle. Ist die Gesamtherdfläche im Verhältnis zur Menge der hergestellten Backwaren *zu groß*, dann geht Wärme ungenutzt verloren.

Bei einer *zu kleinen* Gesamtbackfläche dagegen ist zwar eine gute Wärmeausnutzung gegeben, jedoch ist das insofern unrationell, als dadurch eine Verlängerung der Arbeitszeit notwendig wird (Mehrfachbeschickung).

3.2.6 Umweltschutzmaßnahmen

Dazu zählen vor allem ...

... Vermeidung von Geräuschbelästigungen, z. B. durch zu laute Brenner oder Pumpen,

... Vermeidung von Luftverschmutzungen durch Abgase.

Umweltbelastungen entstehen durch:

① zu hohen Gehalt an giftigem Kohlenmonoxid

② zu hohen Gehalt an Ruß

③ zu geringe Abgastemperatur

Vermeidung durch:

① Ausreichende Sauerstoffzufuhr bei der Verbrennung; dadurch entsteht mehr Kohlendioxid.

② Vollständige Verbrennung des Brennmaterials, besonders durch ausreichende Sauerstoffzufuhr.

③ Vollständige Verbrennung.

Zu kalte Abgase steigen aus dem Kamin nicht hoch genug auf und belasten die Atemluft.

Kein zu starker Temperaturabfall, z. B. durch zu lange Umwälzung.

Die Abgastemperaturen sollen etwa 20 bis 80 °C über der Herdtemperatur liegen.

Abgastemperatur und CO$_2$-Gehalt im Abgas müssen kontrolliert werden (Abgaskontrolle).

4 Die Voraussetzungen für den Backvorgang

4.1 Die Backhitze

4.1.1 Der Hitzeverlauf

Roggen- und Mischbrote werden bei scharfer Anfangs- oder Flughitze angebacken und dann bei allmählich nachlassender, aber stetig nachdrückender Hitze ausgebacken.

Bei den früheren gemauerten Backöfen verlief die Hitzekurve in dieser beschriebenen Form. Bei den modernen Öfen kann man den gewünschten Hitzeverlauf dadurch erreichen, dass man:

- entweder die Brote nach einiger Zeit aus dem heißen Herd in den kühleren Herd umsetzt,
- oder die Hitze im Herd bzw. in der Backkammer drosselt, d.h. herabsetzt.

Zweck dieses Hitzeverlaufs ist:

- Inaktivierung stärkeabbauender Amylasen.
  Durch die scharfe Anfangshitze soll die Zeitspanne zwischen der Stärkeverkleisterung (ab 50 °C) und der Inaktivierung der Amylasen (ca. 75 °C) verkürzt werden (vgl. S. 69); dadurch wird die Gefahr von auswuchsbedingten Brotfehlern gemindert.
- Erzielung einer dunklen äußeren Brotkruste.
  Bei höheren Hitzegraden werden dunklere Farbstoffe (dunkler Kulör, Röstprodukte) sowie herb bis bitter schmeckende Stoffe (Röstbitterstoffe) gebildet.
  Diese Stoffe bewirken das ansprechende Aussehen (dunkelbraune Färbung) und vor allem den kräftigeren Brotgeschmack.
- Erzielung einer dicken, gut ausgebildeten Kruste
  Durch die Herabsetzung der Hitze in der zweiten Phase des Backprozesses wird eine längere Verweildauer der Brote im Ofen überhaupt erst ermöglicht.
  Es kann sich so eine nach innen zu fortschreitende dickere Kruste bilden.
  Bei den etwas niedrigeren Hitzegraden entstehen hellere Farbstoffe (hellbrauner Kulör) und zahlreiche aromatische Geschmacksstoffe (Melanoidine); das ergibt neben dem oben beschriebenen kräftigeren auch einen vollen, abgerundeten Brotgeschmack.

4.1.2 Die Hitzemessung

Zur Messung der Backtemperatur in den Herden dient das Pyrometer, und zwar meist in Form eines **Bimetall-Pyrometers** (Pyro, griechisch: Feuer).

Das Pyrometer besteht aus:

Bimetallspirale

Eine aus zwei verschiedenen Metallen bestehende Spirale ist in ein hohles Metallrohr eingelassen, das unter- und oberhalb der Herdfläche in den Ofen hineinragt.

Bei Erhitzung dehnen sich die verschiedenen Metalle unterschiedlich aus; dabei entsteht eine Drehbewegung in der Spirale.

Temperaturanzeiger

Das eine Ende der Spirale ist an einem drehbaren Stift befestigt, der sich entsprechend der Spiralbewegung um seine Achse dreht.

Auf dem Stift ist ein Zeiger angebracht, der auf einer Skala die jeweilige Temperatur anzeigt.

Thermostat

Das ist ein Elektroschalter, der mit dem Pyrometer gekoppelt ist.

Auf der Skala kann die gewünschte Temperatur durch Drehung eines Zeigers (= Schalter) eingestellt werden.

Sobald diese Temperatur erreicht ist, berührt der Temperaturanzeiger den (andersfarbigen) Zeiger des Thermostates.

Dabei wird – durch die Skala verdeckt – ein Elektrokontakt ausgeschaltet und damit die Stromzufuhr zum Öl- oder Gasbrenner unterbrochen.

Der Brenner bleibt so lange ausgeschaltet, bis die Temperatur in den Herden um einige Grade gesunken ist. Der Temperaturanzeiger dreht sich dabei zurück, die Berührung mit dem Zeiger des Thermostates entfällt, der Elektrokontakt ist wieder hergestellt und der Brenner schaltet sich erneut ein, so dass die Temperatur in den Herden wieder ansteigt.

Bei Öl- und (indirekter) Gasfeuerung reicht ein einziger Thermostat aus, weil die zentrale Feuerung doch nur auf einen Regler ansprechen kann. Bei elektrisch beheizten Backöfen jedoch kann jeder Herd für sich, sogar noch nach Ober- und Unterhitze getrennt, thermostatisch geschaltet werden.

4.1.3 Die erforderlichen Backtemperaturen

Roggen- und Mischbrote werden bei etwas höheren Temperaturen gebacken als Weizengebäcke (vgl. Bd. 1, S. 293), Schrotbrote je nachdem bei deutlich geringeren Temperaturen, dafür aber bei entsprechend längerer Backzeit.

Es gelten etwa folgende Richtwerte:

Brotsorten	Backhitze
Mischbrote	240 bis 220 °C
Roggenmischbrote	250 bis 230 °C
Roggenbrote	270 bis 250 °C
Schrotbrote	230 bis 190 °C (kurze Backzeit) 190 bis 180 °C (längere Backzeit) 180 bis 100 °C (Pumpernickel)

4.2 Die Wirkung des Schwadens

4.2.1 Schwadenerzeugung

Moderne Öfen verfügen über einen Schwadenapparat. Dieser befindet sich entweder außerhalb oder innerhalb des Backofens:

- Im ersten Fall wird Wasserdampf in die Herde hineingeleitet,
- Im zweiten Fall wird der Dampf erst im Ofen erzeugt; dabei wird Wasser auf heiße Eisenplatten oder -trommeln (Schwadentrommel) gespritzt.

Der **Schwadenapparat** besteht aus:

Wasserzulaufrohr
Schwadenkränen
Spritzrohr
Schwadenplatten (mit Ablaufrinne)
Schwadenzügen (mit Schieber)
Abzugschacht

4.2.2 Schwadenbedarf

> Roggen- und Mischbrote brauchen weniger Schwaden als Weizengebäcke (vgl. Bd. 1, S. 289 – 292).

Erklärung dafür:

- Weizenteige enthalten weniger Wasser; die Haut trocknet somit schneller aus.
  Zur Befeuchtung der Haut ist daher viel Schwaden erforderlich, weil sonst eine zu frühe Verhärtung der Kruste erfolgt.

- Weizenkleber gerinnt schneller und wird fester.
  Die Kruste hat mehr Widerstandskraft und Halt; sie platzt nicht so leicht auf.
- Roggenteige sind schleimig und enthalten mehr Wasser. Wegen des hohen Wasserreservoirs bleiben sie bis gegen Ende des Backprozesses dehnbar.
- Die Roggeneiweiße können nur bei trockener Ofenhitze ausreichend verhärten.
  Deshalb ist nur zu Beginn des Backprozesses etwas Schwaden erforderlich; er wird meist nach kurzer Zeit durch Ziehen des Zuges entfernt.

4.2.3 Schwadengabe

Bei Roggen- und Mischbroten wird der Zug etwa 30 bis 120 Sekunden nach der Beschickung des Ofens gezogen. Dann backen die Brote etwa 10 Minuten lang bei offenen Zügen in trockener Hitze, sodass sich eine feste Kruste bilden kann. Die Volumenzunahme dauert bei Roggenbroten während der gesamten Backzeit an.

Falls der Schwaden zu lange im Herd verbleibt ...

- ... entsteht eine flache Brotform.
  Der Teig fließt breit, weil keine genügend feste Kruste entstehen kann.
- ... bilden sich zahlreiche Krustenrisse.
  Durch das Breittreiben wird die Gebäckoberfläche übermäßig gedehnt; da sie aber wenig gefestigt ist, zerreißt sie an vielen Stellen.

Wenn der Schwaden jedoch zum richtigen Zeitpunkt entfernt wird, kann die Kruste rechtzeitig verhärten.

Die Teigstücke erhalten einen seitlichen Halt und heben sich Kraft des zunehmenden Gasdruckes von innen nach oben heraus. Nach etwa 10 Minuten werden die Züge wieder geschlossen.

Schwadenmenge und Verweildauer des Schwadens im Herd hängen ferner von folgenden Voraussetzungen ab:

Gärstand:

knappe Gare	➡	mehr Schwaden
volle Gare	➡	weniger Schwaden

Backhitze:

„kalter" Ofen	➡	weniger Schwaden
heißer Ofen	➡	mehr Schwaden

Nach Möglichkeit sollte der Gärstand an die Ofenhitze angepasst werden.

Dafür gilt folgende Regel:

Heißer Ofen:
- volle Gare abwarten;
- ausreichend Schwaden geben,
- Zug etwas später ziehen.

Kalter Ofen:
- bei knapper Gare schieben;
- weniger Schwaden geben,
- Zug etwas früher ziehen.

4.3 Die Backzeit

Wie lange ein Gebäck im Ofen verbleiben muss, ist abhängig ...

- ... von der Gebäckgröße.
  Kleinere Gebäcke backen kürzer als Großbrote.
- ... von der Backhitze.
  Je heißer der Ofen, desto kürzer die Backzeit, Schrotbrote werden bei niedrigerer Hitze und besonders langer Backzeit gebacken.
- ... von der Art des Backens.
  Freigeschobene Brote backen kürzer, angeschobene Brote backen länger, in Kästen gebackene Brote haben besonders lange Backzeit.

Gebäckart	Gebäckgewicht	Backzeit	Backtemperatur	Besonderheiten
Roggenkleingebäcke	ca. 50 g	24 bis 26 Min.	240 °C	gleichbleibende Hitze
Roggenmischbrote	1000 g freigeschoben 1500 g angeschoben	45 bis 60 Min. 55 bis 70 Min.	250 bis 230 °C 240 bis 230 °C	fallende Hitze fallende Hitze
Roggenbrote	1500 g angeschoben 1000 g freigeschoben 2000 g freigeschoben 3000 g freigeschoben	70 bis 75 Min. 45 bis 50 Min. 60 bis 70 Min. 80 bis 90 Min.	250 bis 240 °C 270 bis 250 °C 270 bis 250 °C 260 bis 240 °C	fallende Hitze fallende Hitze fallende Hitze fallende Hitze

5 Die Vorgänge beim Backprozess

5.1 Ofentrieb

Zum Zeitpunkt des Einschießens bzw. der Beschickung des Ofens ...

- ... haben die geformten Teiglinge einen bestimmten *Gärstand* erzielt
- ... beträgt die Temperatur im Teiginnern etwa 30 bis 35 °C.

Gare
= *Zustand, bei dem im Teig eine bestimmte Menge an Lockerungsgasen sowie an Geschmacksstoffen gebildet worden ist.*

Stand
= *Ausbildung der Teig-/Gebäckform in Folge der Oberflächenspannung des Teiges und des dagegenwirkenden Gasdrucks von innen.*

Im Backofen wirken auf die Teiglinge Temperaturen von 240 bis 280 °C ein.

- Die Hitze greift sofort die äußere Teigschicht an und bewirkt, dass dort die Stärke verkleistert und die Eiweiße gerinnen.

- Um dem Gasdruck von innen noch eine Zeitlang nachgeben zu können, muss die Teigoberfläche durch Schwadengabe nass gehalten werden.

- Im Innern der Teigstücke steigt die Temperatur auch sehr bald an; der Ofentrieb setzt ein, die Teigstücke heben sich heraus und vergrößern ihr Volumen.

- Damit die äußere, noch nachgiebige Teigschicht (Haut) zur Kruste verhärten kann, muss die feuchte Backatmosphäre bald beseitigt werden; das geschieht durch Ziehen des Zuges: der Schwaden entweicht.
  Durch die trockene, heiße Luft im Backherd wird der Teigoberfläche augenblicklich das Wasser entzogen.

Ab sofort kann sich eine feste Kruste bilden:

- Das bereits zuvor geronnene, aber noch feuchte, gleitfähige Eiweiß wird trocken; dadurch verhärtet es und verliert seine Gleitfähigkeit bzw. Dehnbarkeit.

- Auch der verkleisterten Stärke in der äußeren Teigschicht wird Wasser entzogen. Dadurch ziehen sich die miteinander verwobenen

Stärkegebilde (Amylopektin-Geflechte) leicht zusammen und tragen so ebenfalls zur Verhärtung bzw. Festigung der Kruste im Ofen bei.

> Die Kruste kann sich von nun an kaum noch dehnen, wohl aber unterstützt sie dank ihrer Verhärtung die Ausprägung der eigentlichen Laib-Brot-Form:

❏ Durch den **Ofentrieb** und den damit verbundenen zunehmenden Druck der Gase hebt sich das Backgut jetzt nach oben ab und strebt eine möglichst runde Form an.

Ofentrieb bedeutet:

❖ Neubildung von CO_2-Gasen durch die Hefe,
❖ Hitzeausdehnung der vorhandenen Gase,
❖ Wasserdampfbildung.

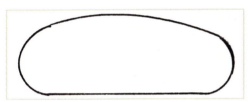
Abb. 1: Teigstück zum Zeitpunkt des Einschießens

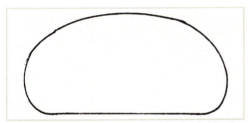
Abb. 2: Volumenzunahme durch den Ofentrieb bei feuchter Backatmosphäre

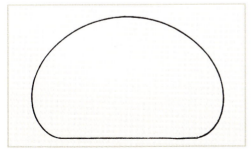
Abb. 3: Nach dem Ziehen des Zuges: Teigstück hebt sich nach oben rund heraus.

5.2 Stoffliche Veränderungen im Backgut

Durch die Ofenhitze wird der Teig innen zur Krume und außen zur Kruste umgewandelt. Krume- und Krustenbildung bei Weizenteigen sind im Bd. 1 (S. 286 – 289) ausführlich beschrieben.

In Roggenteigen verlaufen einige stoffliche Vorgänge etwas anders als in Weizenteigen:

❏ Bestimmte Vorgänge setzen bereits früher, also bei niedrigeren Temperaturen ein.
Die Verkleisterung der Roggenstärke beginnt bereits bei 50 °C, die von Weizenstärke erst bei ca. 60 °C.
Dadurch ist Roggenstärke der Einwirkung von Amylasen bereits früher und längere Zeit ausgesetzt.

❏ Bestimmte Enzymreaktionen sind von größerer Bedeutung.
Die meisten Roggenmehle enthalten größere Anteile der stärkezerstörenden Enzyme „Alpha- und Beta-Amylase".
Beta-Amylase wird bereits bei 60 °C inaktiviert, Alpha-Amylase stellt ihre Tätigkeit erst bei 75 °C ein.

> Das Gashaltevermögen von Roggenteigen ist geringer; das führt zur Ausbildung einer gröber strukturierten Krume.

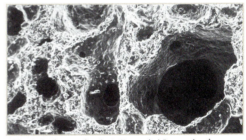
Abb. 4: Gröber strukturierte Krume bei Roggenbrot[1]

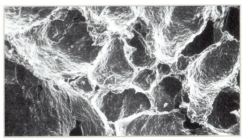
Abb. 5: Fein strukturierte Krume bei Weizenbrot[1]

---
[1] elektronenmikroskopische Aufnahme: 50-fache Vergrößerung

5.3 Backverlust und Gebäckausbeute

Alle Gebäcke, außer denen, die in Backkammern (vgl. S. 80) gebacken werden, verlieren während des Backprozesses an Gewicht, und zwar vorwiegend durch Wasserverdampfung aus der Kruste.

Die Höhe des Backverlustes ist abhängig ...

❏ ... von der Backweise.
Freigeschobene Brote erleiden wegen des größeren Krustenanteils höhere Gewichtseinbußen (= Backverlust) als angeschobene oder in Kästen gebackene Brote.

❏ ... vom Gebäckgewicht.
Je kleiner das Gebäck, desto relativ größer ist der Krustenanteil, desto höher auch der Backverlust.

❏ ... von der Brotform.
Bei runden Broten geringerer Backverlust, bei langen, schlanken Broten höherer Backverlust, bei Broten mit zerklüfteter Kruste besonders hoher Backverlust.

❏ ... von der Gebäckart.
Weizenbrote haben größere Backverluste als Brote mit höheren Roggen- oder Schrotanteilen.

❏ ... von der Backdauer.
Je länger der Backprozess, desto dicker die Kruste, desto höher der Backverlust.

❏ ... von der Backhitze.
Bei starker Hitze verdampft das Wasser zwar schneller, da bei heißem Ofen jedoch eine kürzere Backzeit gegeben ist, ist der Backverlust meist geringer.

Bei Roggen- und Mischbroten rechnet man mit folgenden durchschnittlichen Backverlusten:

Brotgewicht	Teigeinlage	Backverlust (ca.)
2000 g	2250 g	11 %
1750 g	1975 g	11,5%
1500 g	1700 g	12 %
1250 g	1425 g	12,5%
1000 g	1150 g	13 %
750 g	875 g	14,5%
500 g	600 g	16,5%
44 g (Brötchen)	55 g	20 %

Für die Kalkulation in der Bäckerei ist der Begriff „Gebäckausbeute" von Bedeutung:

Die Gebäckausbeute

❏ Sie ist die Zahl (Prozentzahl), die angibt, wie viel Gramm Gebäck man aus 100 Gramm Mehl erhält.
Beispiel:
GA = 157
bedeutet, aus 100 g Mehl sind 157 g Gebäck erzielt worden.

❏ Sie ist abhängig vom Backverlust.
Je höher der Backverlust, desto geringer die Gebäckausbeute (GA).

❏ Sie ist abhängig von der Teigausbeute (TA).
Je höher die TA (= höherer Wasseranteil) desto höher auch die Gebäckausbeute.

Roggen- und Mischbrote erzielen wegen der höheren Teigausbeute auch höhere Gebäckausbeuten als Weizenteige.

Durchschnittliche Gebäckausbeute:

Roggenschrotbrot
Gebäckgewicht 2000 g
GA (Gebäckausbeute) 160 %

Roggenbrot
Gebäckgewicht 1500 g
GA (Gebäckausbeute) 156 %

Roggenbrot
Gebäckgewicht 1000 g
GA (Gebäckausbeute) 153 %

Roggenmischbrot (dunkel)
Gebäckgewicht 1000 g
GA (Gebäckausbeute) 151 %

Roggenmischbrot (hell)
Gebäckgewicht 1000 g
GA (Gebäckausbeute) 150 %

Mischbrot
Gebäckgewicht 1000 g
GA (Gebäckausbeute) 149 %

Weizenmischbrot (dunkel)
Gebäckgewicht 1000 g
GA (Gebäckausbeute) 147 %

Weizenmischbrot (hell)
Gebäckgewicht 750 g
GA (Gebäckausbeute) 143 %

Roggenkleingebäcke
Gebäckgewicht 44 g
GA (Gebäckausbeute) 130 %

6 Besondere Backverfahren

Der „normale" Backprozess erfolgt unter den beschriebenen Bedingungen im Backofen. Daneben gibt es Backverfahren unter abgeänderten Bedingungen, wobei auf das Backgut ein jeweils besonderer Einfluss genommen werden soll.

6.1 Vorbacken

Verfahrensweise:

- Die Teige werden mit hohem Roggenanteil und besonders weich geführt.
- Die Teiglinge werden bei voller Gare ohne Schwaden geschoben und etwa 4 – 5 Minuten bei sehr heißem Ofen (bis 400 °C) vorgebacken.
- Danach werden die Brote in einen kälteren Herd umgeschoben und gut ausgebacken.

Das führt zu folgenden Backergebnissen:

- runde Brotform in Folge der schnellen Krustenbildung
- dunkle äußere Kruste auf Grund der hohen Hitze
- dicke, vollaromatische Kruste in Folge des längeren Ausbackens
- besonders grobe Porung wegen der weichen Teigführung und des schnellen Ofentriebs

6.2 Gersteln

Verfahrensweise:

- Angegarte Teiglinge werden ähnlich wie beim Vorbacken 3 – 5 Min. lang ohne Schwaden den hohen Temperaturen des Gerstelofens (vgl. S. 80) ausgesetzt.
- Durch die hohe, trockene Hitze erfolgt ein schnelles Rösten der Teighaut.
- Nach dem Gersteln werden die angebackenen Teiglinge abgestrichen, evtl. geschnitten, noch einmal kurz auf Stückgare gestellt und sodann normal gebacken.

Das führt zu folgenden Backergebnissen:

- normale Brotform, da nach dem Vorbacken eine zweite Stückgare erfolgt
- dunkle, kräftige, z.T. leicht blasige Kruste
- glänzende Kruste als Folge des Abstreichens

6.3 Unterbruchbackmethode

Diese Methode wird aus Rationalisierungsgründen angewendet: die meisten Arbeiten (Teig machen, aufarbeiten, vorbacken) können in der ruhigen Nachmittagszeit erfolgen. Am nächsten Tag, besonders morgens früh, können z.B. Brötchen in kürzester Zeit zur Verfügung stehen.

Verfahrensweise:

- Die reifen Teigstücke werden nur soweit angebacken, dass die Krumenbildung noch nicht bis ins Innerste vorgedrungen ist; es verbleibt innen ein noch unverkleisterter „Teigkern" (= nicht durchgebacken).
- Erst am folgenden Tag wird das Brot oder Kleingebäck bei Bedarf zu Ende gebacken.
  Wegen der zahlreichen Nachteile hat sich diese Methode jedoch nicht durchgesetzt.

Das führt zu folgenden Backergebnissen:

- geringes Gebäckvolumen
- besonders dicke Kruste
- dunklere Krume, da die Porenbildung unterbrochen wurde
- höherer Backverlust
- Absplittern der Kruste bei Brötchen

6.4 Brown-d' Serve-Verfahren („bräune und serviere")

Das Brown-d'Serve-Verfahren ist vorwiegend für Kleingebäcke geeignet.

Verfahrensweise:

- Der Teig soll relativ fest geführt werden.
- Die Teiglinge backt man bei „kaltem" Ofen (140 – 150 °C) so lange an (= vorbacken), bis sich eine feste Krume gebildet hat (= durchgebacken).

- Der Back- oder Trockenvorgang wird unterbrochen, sobald eine leichte Bräunung der Kruste einsetzt.
- Die so vorgebackenen Kleingebäcke werden abgekühlt, in Frischhaltepackungen gefüllt und zum Verkauf angeboten.
- In dieser Form sind sie mehrere Tage haltbar, im Kühlschrank bis zu 2 Wochen.
- Die Hausfrau kann die Gebäcke unmittelbar vor dem Verzehr auspacken, ca. 8 bis 10 Min. bei 220 bis 240 °C backen und sodann ofenheiß servieren.

Vorteile des Verfahrens:

⊕ gute Haltbarkeit der vorgebackenen Stücke,

⊕ einfache und schnelle tischfertige Zubereitung durch die Hausfrau.

Nachteile dieses Verfahrens:

⊖ Die Gebäcke werden beim Heimtransport vom Einkaufen leicht zerdrückt,

⊖ sie sind schimmelanfällig,

⊖ sie neigen zum Schrumpfen.

Durch Zusatz von Fett, Zucker sowie Ei- und Milchpulver kann das Schrumpfen gemindert werden.

6.5 Dampfkammerverfahren

Dieses Verfahren eignet sich vor allem für die Herstellung von krustenfreiem Schnittbrot, z. B. für Pumpernickel.

Verfahrensweise:

- Der Brotteig wird in dicht schließende Backkästen eingefüllt.
- Der Teig kann zunächst bei anfänglichen Temperaturen von ca. 30 °C gären. Bei voller Gare wird die Temperatur der Backkammer auf 100 °C erhöht.
- Bei der Dampfkammertemperatur von 100 °C (vgl. S. 80) kann sich keine Kruste bilden, wohl aber erfolgt im Verlauf des langen „Kochprozesses" ein vollständiges Aufschließen aller Mehl- und Schrotbestandteile.

Das führt zu folgenden Backergebnissen:

❖ besonders gut verdauliches Brot, weil die Stärke vollständig verkleistert ist

❖ süßlicher Geschmack, weil in Folge der warmen und weichen Teigführung ein großer Teil der Stärke in Zucker abgebaut wurde

❖ hoher Vitamingehalt wegen der schonenden Backweise

❖ geringerer Backverlust

❖ lange Frischhaltung wegen des hohen Wasseranteils

6.6 Backen in Fett

Verfahrensweise:

- Bestimmte Feine Backwaren (z. B. Berliner, Krapfen, Mutzen u. a.) werden in heißem Fett (Siedefett) gebacken.
- Da Fett ein besserer Wärmeleiter ist als die Backofenluft, reichen Temperaturen von 170 – 180 °C zum Backen aus (vgl. S. 246).
- Die Teiglinge schwimmen im heißen Fett; durch Zudecken der Fettpfanne mit dem Deckel entsteht eine feuchte Backatmosphäre.
- Nach dem Drehen der Teiglinge werden diese ohne Schwaden ausgebacken (s. S. 246).

Das führt zu folgenden Backergebnissen:

❖ großvolumige Gebäcke, u. a. auch wegen der schnellen Hitzeleitung

❖ goldbraune Krustenfärbung

❖ besondere Geschmacksbildung, da ein Teil des Fettes in das Backgut einzieht

Abb. 1: Berliner in der Fettpfanne

Aufgabenstellungen

		Seite
1	Worin besteht der Zweck des Backprozesses?	69
2	Auf welche unterschiedliche Weise kann die Hitze vom Backherd auf das Backgut übertragen werden?	69f
3	Nennen Sie die Stoffe, die als Wärmeleiter dienen, und die entsprechenden Backöfen.	70
4	Welche Anforderungen sind an einen Backofen zu stellen?	70f
5	Nach welchen Konstruktionsmerkmalen können Backöfen unterschieden werden?	71
6	Beschreiben Sie Bauweise sowie Vor- und Nachteile von:	
	a) gemauerten Backöfen	72
	b) Stahlbauöfen	72
7	Beschreiben Sie Bauweise sowie die besonderen Vorzüge von:	
	a) Etagenöfen	72
	b) Stikkenöfen	73
	c) Rücklauföfen	75
	d) Durchlauföfen	75
8	Unterscheiden Sie direkt und indirekt beheizte Öfen.	76
9	Beschreiben Sie die Wärmeleitung bei:	
	a) Dampfbacköfen	77
	b) Heißluft-Umwälzöfen	77
	c) Heizgas-Umwälzöfen	78
	d) Heißöl-Umlauföfen	78
10	Nennen Sie die Vorzüge von Elektrizität als Energiequelle.	79
11	Unterscheiden Sie direkt und indirekt beheizte Elektroöfen.	79
12	Beschreiben Sie die Besonderheiten von:	
	a) Hochfrequenzwärme	79f
	b) Infrarot-Wärmestrahlung	80
	c) Gerstelöfen	80
	d) Dampfbackkammern	80
13	Worauf ist bei der Wartung und Pflege von Backöfen zu achten?	80
14	Was versteht man unter wirtschaftlicher Wärmeausnutzung bei Backöfen?	80f
15	Wovon ist die Wärmeausnutzung bei Backöfen abhängig?	81

Fortsetzung der Aufgabenstellungen auf der folgenden Seite

		Seite

16 Durch welche Maßnahmen kann der Bäcker eine Verbesserung der Wärmeausnutzung erreichen? — 81

17 Welche Umweltbelastungen können durch Backöfen entstehen und wie können diese vermieden oder gemindert werden? — 81

18 Beschreiben und begründen Sie, welcher Hitzeverlauf für roggenhaltige Brote geeignet ist. — 82

19 Beschreiben Sie:
a) die Hitzemessung durch Pyrometer, — 82
b) die Hitzeregulierung durch Thermostate. — 82

20 Nennen Sie geeignete Backtemperaturen für roggenhaltige Brote. — 83

21 Wie wird Schwaden erzeugt? — 83

22 Weshalb brauchen roggenhaltige Brote weniger Schwaden als Weizengebäcke? — 83

23 Welche Brotfehler würden bei zu langer Verweildauer des Schwadens im Ofen entstehen? — 83

24 Welcher Zusammenhang besteht zwischen Gärstand, Ofenhitze und Schwadengabe? — 83 f

25 Wovon ist die Dauer der Backzeit abhängig? — 84

26 Nennen Sie Backzeiten für roggenhaltige Gebäcke. — 84

27 Beschreiben Sie, wie die Teiglinge in der ersten Phase des Backprozesses ihr Volumen vergrößern und ihre Form verändern. — 84 f

28 Welche stofflichen Veränderungen ergeben sich bei der Umwandlung von Teig zur Krume und Kruste? — 85

29 Beschreiben Sie die spezielle Einwirkung der Hitze auf Stärke und Enzyme in Roggenteigen. — 84 f

30 Wovon ist die Höhe des Backverlusts abhängig? — 86

31 Geben Sie durchschnittliche Backverluste in Prozent bei Roggengebäcken an. — 86

32 Was versteht man unter der Gebäckausbeute? — 86

33 Nennen Sie durchschnittliche Gebäckausbeuten bei roggenhaltigen Gebäcken. — 86

34 Nennen Sie besondere Backverfahren. — 87

35 Beschreiben Sie die besonderen Backbedingungen sowie die spezielle Einwirkung auf das Gebäck bei folgenden Verfahren:
a) Vorbacken — 87
b) Gersteln — 87
c) Unterbruch-Backmethode — 87
d) Brown-d'Serve-Verfahren — 87
e) Dampfkammerverfahren — 88
f) Backen in Fett — 88

Beurteilung von Roggen- und Mischbroten

1 Qualitätsmerkmale

Vorrangige Qualitätserwartungen des Verbrauchers sind:

- ❐ guter Brotgeschmack und -geruch;
- ❐ ansprechendes Aussehen nach Farbe, Form/Herrichtung und Volumen;
- ❐ angenehme Verzehreigenschaften durch rösche, harte Kruste und lockere, zarte, aber streichfähige, feste Krume;
- ❐ gutes Frischhaltevermögen;
- ❐ hoher Gesundheitswert und gute Bekömmlichkeit.[1]

Prüfmerkmale für Brot

- ☑ ① Form
- ☑ ② Kruste
- ☑ ③ Krume
- ☑ ④ Geschmack
- ☑ ⑤ Geruch
- ☑ ⑥ Säuregrad-Bestimmung

Für den Bäcker ergeben sich aus dieser Verbrauchererwartung wichtige „Prüfmerkmale", um die Qualität seiner Brote selbst zu beurteilen.

Sofern er bei seiner kritischen Beobachtung an seinen Erzeugnissen Mängel oder Fehler entdeckt, kommt es für ihn vor allem darauf an, Rückschlüsse zu ziehen auf die Ursachen dieser Fehler und sie künftig auszuschalten.

[1] Qualitätsmerkmale für Brot sind in Bd. 1 (S. 306 – 308), die Verbrauchererewartung ist im Bd. 2 (S. 2f) ausführlich dargestellt.

2 Die Gebäckbeurteilung

Neben der eigenen kritischen Beobachtung der Gebäckqualität kann sich der Bäcker auch der Hilfe von außen bedienen, indem er seine Erzeugnisse von Zeit zu Zeit durch eine freiwillige Brotprüfung testen bzw. beurteilen lässt.

Solche Brotprüfungen werden durchgeführt:
– von den Organisationen des deutschen Bäckerhandwerks,
– von der Deutschen Landwirtschaftsgesellschaft (DLG),
– von der Centralen Marketinggesellschaft der deutschen Agrarwirtschaft (CMA).

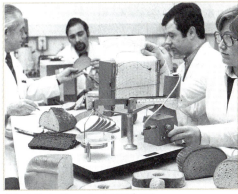

Abb. 2: Brotprüfung durch Mitarbeiter der Bundesforschungsanstalt für Getreideverarbeitung in Detmold

Mit der Durchführung der Prüfung von Broten und Feinen Backwaren beauftragen diese Organisationen speziell dafür ausgebildete, neutrale Brotprüfer.

Zweck der Brotprüfung:

- ❐ Erkennen von Mängeln,
- ❐ fachliche Beratung zur Erzielung einwandfreier Gebäcke,
- ❐ Bestätigung der Qualität bei einwandfreier Beschaffenheit, Vergabe von Urkunden oder Medaillen (Bronze- Silber-, Goldmedaillen) für besondere Qualität.
- ❐ Werbung für Qualitätserzeugnisse des Bäckerhandwerks und damit Umsatzförderung für den Einzelbetrieb.

Durchführung der Brotprüfung:

❏ Die zur Prüfung vorliegenden Brote werden anhand einer Bewertungstabelle auf ihre Prüfmerkmale hin untersucht.

❏ **Als Prüfmerkmale gelten dabei:**
1. Form, Herrichtung;
2. Kruste, Oberfläche;
3. Lockerung, Porung;
4. Elastizität;
5. Struktur;
6. Geruch, Geschmack.

❏ Für jedes Prüfmerkmal können bis zu 5 Wertpunkte erzielt werden.

❏ Für jedes Prüfmerkmal sind eine Reihe von möglichen Mängeln/Fehler aufgezählt (siehe Prüfungsschema für Brot, S. 93).

❏ Falls das zu untersuchende Brot einen der dort aufgeführten Fehler aufweist, darf für dieses Prüfmerkmal statt der Höchstpunktzahl 5 nur eine niedrigere Punktzahl eingetragen werden.

❏ Die einzelnen Prüfmerkmale werden unterschiedlich gewichtet.

❏ **Es werden folgende Faktoren verwendet:**

für Form und Kruste	je 1 =	2 Faktoren
für Lockerung, Elastizität und Struktur	je 3 =	9 Faktoren
für Geruch und Geschmack	9 =	9 Faktoren
		= 20 Faktoren

❏ Bei Vorliegen der jeweils vollen Punktzahl 5 (Höchstpunktzahl) würden 5 · 20 = 100 Punkte (Endpunktzahl) erreicht.

Die Endpunktzahl wird durch 20 geteilt. Das ergibt die **Qualitätszahl**, z. B. 90 : 20 = 4,5.

❏ Es bedeuten Qualitätszahlen von:

4,5 bis 5	= sehr gut
4,0 bis 4,49	= gut
unter 4	= nicht prämiierbar

Beispiel für eine Brotprüfung nach dem Prüfschema der DLG:

	Punktzahl	Faktor	Gesamtpunktzahl
Form, Herrichtung	4	× 1	= 4
Kruste, Oberfläche	5	× 1	= 5
Lockerung, Porung	4	× 3	= 12
Elastizität	5	× 1	= 15
Struktur	4	× 3	= 12
Geruch, Geschmack	4	× 9	= 36
Endpunkte:			84

Qualitätszahl: 84 : 20 = 4,2

Beurteilung: gut

Eine Säuregradbestimmung bzw. Messung des pH-Wertes wird nur dann erforderlich, wenn bei der Bewertung des Geschmacks lediglich 2 Punkte und weniger erzielt wurden.

Die Bestimmung des Säuregrads soll Auskunft geben über mögliche Fehlerursachen und dient der Beratung des Bäckers; auf keinen Fall hat sie Einfluss auf die Bewertung.

Hier zählt nur die sensorische Beurteilung durch den geschulten Brotprüfer, also die Geschmackswahrnehmung (Brotaroma).

Normale Säuregrade[1]	Brotsorten	Normale pH-Werte[2]
6 – 7	Weizenmischbrote	5,0–5,2
7 – 8	Roggenmischbrote	4,2–4,6
8 – 9	Roggenbrote	4,1–4,5
10 – 12	Roggenschrotbrote Vollkornbrote	4,0–4,3

---

[1] Die Bestimmung des Säuregrads ist in Bd. 1 (S. 152) ausführlich dargestellt.

[2] Die Bestimmung des pH-Wertes ist in Bd. 1 (S. 87 und 153) ausführlich dargestellt.

2 Die Gebäckbeurteilung 93

DLG-Prüfschema für Brot (außer Trockenflachbrot)

5-Punkte-Skala und Bewertungstabelle für Brot		Erzeugnis:
Punkte Qualitätsbeschreibung	Beschreibung der Eigenschaften	
5 = sehr gut	– volle Erfüllung d. Qualitätsstandards	
4 = gut	– Abweichung	
3 = zufriedenstellend	– Mangel	Prüf-Nr.:
2 = weniger zufriedenstellend	– deutlicher Fehler	
1 = nicht zufriedenstellend	– starker Fehler	
0 = keine Bewertung, Bedingungen nicht erfüllt		

1. Form, Herrichtung — Bewertung 5 4 3 2 1 0

ungleichmäßige Form	4 3	aufgeplatzter Schluss	4 3	unsauberer Boden	4 3
zu flache Form	4	Seiten schlecht getrennt	4	hohler Boden	4
zu runde Form	4	unsaubere Seitenflächen	4	zu breiter Boden	4
Fingerabdrücke	4	ungleichmäßige Scheibengröße (Schnittbrot)	4 3 2	faltiger Boden	4
Taillenbildung	4 3			zu kleines Volumen	4
unansehnlich (Gesamtbild)	4 3	ungleichmäßige Scheibenstärke (Schnittbrot)	4 3 2	sonstige Mängel	4 3
zuviel Streumehl	4				

2. Kruste, Oberfläche — Bewertung 5 4 3 2 1 0

zu schwache Krustenbildg.	4 3	abgerissene Kruste	4	aufgerissene Seitenflächen (bei angeschobenem Brot)	4
zu starke Krustenbildung	4	Risse in der Kruste	4	zu schwache Bräunung	4 3
ungleichm. Krustenbildung	4	abgesplitterte Kruste	4	zu starke Bräunung	4
zu weiche Kruste	4	Sporenkel/Flecken in Kruste	4	ungleichmäßige Bräunung	4
zu harte Kruste	4	Blasen	4	sonstige Mängel	4 3
abgebackene Kruste	4	verbrannter Boden	4		

3. Lockerung, Porung — Bewertung 5 4 3 2 1 0

ungleichmäßige Porung	4 3	zu grobe Porung	4	Ansatz zum Wasserstreifen	4
nicht artgemäße Porung	4	Hohlräume	4	Wasserstreifen	4 3
dichte Porung in Randzone	4	Ansatz zum Wasserring	4	Wirkfehler	4
dichte Porung	4 3	unter der Kruste	4	Krustenrisse	4
		Ansatz zum Wasserring	4	sonstige Mängel	4 3
		Wasserring	– 3		

4. Elastizität — Bewertung 5 4 3 2 1 0

Krume ballt beim Kauen (geschwächte Elastizität)	4	mangelhafte Elastizität	– 3	ungenügende Elastizität	– – 2
				sonstige Mängel	4 3

5. Struktur — Bewertung 5 4 3 2 1 0

krümelt beim Schneiden	4	Druckstellen unt. d. Kruste	4	zu straffe Krume	4
rauhe Schnittfläche	4	Mehlklumpen	4	ungleichmäßige Krumenfarbe	4
mangelh. Zusammenhalt	4 3 2	Verunreinigungen	4 3	getoastet etwas zäh	4
zu trockene Krume	4 3 2	mangelhafte Bestreichbarkeit	4	getoastet etwas hart	4
Krume klebt am Messer	4	zuviel ungequollene Körner	4	ungleichmäßige Toastbräunung	4
Scheiben mangelhaft trennbar (Schnittbrot)	4	Flecken	4		
schwammige Krume	4 3 2	Schneiderückstände (Schnittbrot)	4	sonstige Mängel	4 3 2

6. Geruch, Geschmack — Bewertung 5 4 3 2 1 0

wenig aromatisch	4	fremdartig sauer	– – 2* 1	herb-mehlig	4 3
aromaarm	– 3	herbsäuerlich	– 3 2*	kratzend	4 3
strohig	– 3	säuerlich-gärig	– 3 2*	alt	4 3
kleistrig	– 3 2	sehr süß	4 3	Nebengeruch	4 3
fade	– – 2	salzig	4 3* 2*	Nebengeschmack	4 3
säuerlich-hefig	– – 2	überwürzt (eins. gewürzt)	4 3	Fremdgeruch	– – 2 1
nicht abgerundet	4	stumpf	4 3	Fremdgeschmack	– – 2 1
sauer	4 3 2*	bitter	4 3	dumpf	– – 2
		streng	4 3*	muffig	– – – 1
				sonstige Mängel	4 3 2

* Laboruntersuchungen – Säuregrad: Bei zwei oder weniger Punkten muss der Säuregrad bestimmt werden.
 – Salzgehalt: Bei 3 oder weniger Punkten muss der Salzgehalt bestimmt werden.

Bemerkungen:

3 Erkennen und Vermeiden von Brotfehlern

Die Erzielung eines einwandfreien Laibbrots ist von so vielen Voraussetzungen und Bedingungen abhängig, dass es selbst einem erfahrenen Fachmann nicht immer gelingt, die Fehlerursache rechtzeitig zu erkennen und abzustellen. Er sollte auf alle Fälle aber in der Lage sein, von der Art des Brotfehlers auf dessen Ursache zu schließen. Denn nur dann kann er „das Übel bei der Wurzel fassen" und ähnliche Fehler künftig vermeiden.

Eine besondere Schwierigkeit stellt sich dem Bäcker insofern, als ganz bestimmte Brotfehler mehrere verschiedene Ursachen haben können.

Der Bäcker muss in solchen Fällen alle Möglichkeiten überdenken und – meist durch Umstellung der Teigführung – die Fehlerursache beseitigen.

3.1 Die Fehlerquellen

Hauptursachen für Brotfehler sind:

❒ mangelhafte Backfähigkeit des Mehls
❒ fehlerhafte Säuerung
❒ Fehler bei der Teigbereitung
❒ Wirkfehler
❒ Gär- bzw. Führungsfehler
❒ Fehler beim Backprozess

3.1.1 Brotfehler durch mangelhafte Backfähigkeit des Mehls

Mehlfehler	Auswirkungen auf Teig und Brot	Ursachen dafür	Gegenmaßnahmen
Auswuchs	• feuchter, nachlassender Teig • feuchte, klitschige Krume	• enzymatisch abgebaute Stärke und Eiweiße	• Erhöhung des Saueranteils, Zugabe von Säuerungsmitteln • Erhöhung der Salzzugabe
	• abgebackene Kruste	• Stärkezerstörung	• festere Teigführung
	• Süßblasen, starke Bräunung	• Stärkeschäden, hoher Zuckeranteil	• schnelle Teigaufarbeitung;
	• schlechte Lockerung	• Eiweiß- und Stärkeabbau	• hohe Anfangshitze, niedrige Ausbackhitze, längere Backzeit
	• süßlicher Geschmack	• hoher Zuckeranteil	• Mehlmischung
Zu frisches Mehl	• feuchter Teig bei geringer Teigausbeute • kleines Volumen • schwache Bräunung	• geringes Quellungsvermögen • geringer Anteil an löslichem Zucker und Eiweiß	• festere Teigführung • lezithin-, fett-, zuckerhaltige Backmittel; • höherer Saueranteil
Überlagertes Mehl	• nachsteifender Teig bei hoher Teigausbeute • trockene Krume • dichte Porung, kleines Volumen • Fremdgeruch und -geschmack	• sehr hohes Quellungsvermögen • geringer Anteil an Zuckerstoffen • Abbaustoffe durch Schimmelpilze	• weichere Teigführung • gärungsfördernde Backmittel • Mehlmischung

3.1.2 Brotfehler durch fehlerhafte Säuerung

Säuerungsfehler	Auswirkungen auf Teig und Brot
Zu junger Sauerteig	– feuchte, unelastische Brotkrume; – Wasserstreifen – abgebackene Kruste oder Süßblasen – Wasserring, Wasserkern (= dichte Porung) – fader Brotgeschmack
Zu alter Sauerteig	– feuchte, unelastische Brotkrume – flache Brotform, geringes Volumen – ungleichmäßige Porung, Süßblasen – saurer Brotgeschmack
Zu geringe Säuremenge	– feuchte, unelastische Krume – flache Brotform, geringes Volumen – zu wenig ausgeprägter Brotgeschmack

3.1.3 Brotfehler durch mangelhafte Teigbereitung

Fehlerursache	Auswirkungen auf Teig und Brot
Zu warmer Teig	– kleines Volumen, unruhige Porung, breite Brotform – trockene Krume, Rissbildung
Zu kühler Teig	– kleines Volumen, dichte Porung (Wasserring) – feuchte Krume
Zu fester Teig	– kleines Volumen, dichte Porung – trockene Krume (Krümeln, Rissbildung)
Zu weicher Teig	– fehlerhafte Brotform – ungleichmäßige Porung (Blasenbildung) – unelastische Krume – Abbacken der Unterkruste

3.1.4 Wirkfehler

Fehlerursachen	Auswirkungen auf das Gebäck
Schwaches, nachlässiges Wirken	– größere Hohlräume (Wirkblasen) in der Krume – aufgeplatzter „Schluss" – Faltenbildung in der Kruste

3.1.5 Gär- bzw. Führungsfehler

Fehlerursachen	Auswirkungen auf das Gebäck
Zu kurze Stückgare	– kleines Volumen; ungleichmäßig dichte Porung – Wasserring – zu fader Brotgeschmack
Zu lange Stückgare	– nachlassender, breit treibender Teig, flache Brotform – ungleichmäßige Porung; – zu saurer Brotgeschmack.

3.1.6 Fehler beim Backprozess

Fehlerursachen	Auswirkungen auf das Gebäck
Zu heißer Ofen	– zu starke und dunkle Bräunung – bitter schmeckende, zähe, dünne Kruste – Krustenrisse – kleines Volumen
Zu kalter Ofen	– zu schwache Bräunung – fade schmeckende, dicke Kruste – flache Brotform
Zu kurze Backzeit	– feuchte, unausgebackene Krume; Wasserstreifen – fade schmeckende, ledrig-zähe Kruste – zu schwache Bräunung
Zu lange Backzeit	– trockene Krume; Seitenrisse – zu starke Bräunung bei harter, dicker Kruste – oft flache Brotform
Zu wenig Schwaden	– Krustenrisse bei glanzloser Oberfläche – kleines Volumen, dichte Porung
Zu viel Schwaden	– Krustenrisse bei glänzender Oberfläche – flache Brotform
Zu enges Schieben	– seitliche Krustenrisse mit Auswölbungen – ungleichmäßige Krustenstärke
Grundhitze – Zu stark – Zu schwach	 – Bodenblasen – seitliche Krustenrisse
Zu frühes Umbacken	– eingefallene Krume – Wasserring

3.2 Fehlerarten (Brotfehlertabelle)

3.2.1 Fehlerhafte Brotform

Fehler	Ursachen	Gegenmaßnahmen
Zu rund	– zu fester Teig (oft durch hochquellfähiges Mehl)	– weichere Teigführung, Zusatz – von quellungsfördernden Backmitteln
	– zu kalte Führung, zu knappe Gare, zu heißer Ofen	– wärmere Führung; Gare und Ofenhitze aufeinander abstellen (vgl. S. 65)
	– wenig gärkräftiger Sauer, zu wenig Hefe	– auf Hefevermehrung im Sauer achten (vgl. S. 37)
Zu flach	– zu weicher Teig	– festere Teigführung; Mehlmischung besser abstimmen
	– zu reifer Teig (alt; Übergare)	– bessere Gärstabilität anstreben, z. B. durch eine geeignete Mehlmischung
	– zu kalter Ofen	– bei weichem Teig und voller Gare heißer anbacken
	– Auswuchsmehl; Sauerfehler	– Erhöhung des Saueranteils, Zusatz von Teigsäuerungsmitteln
	– Kochsalz vergessen	– Kochsalzzugabe

3 Erkennen und Vermeiden von Brotfehlern

Zu runde Brotform

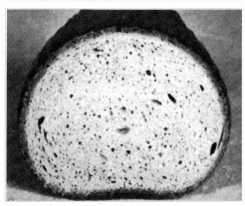

Abb. 1: Außerdem dichte, kleinporige Krume, die zum Krümeln neigt.

Zu flache Brotform

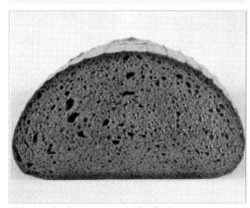

Abb. 2: Außerdem etwas ungleiche, flache Porung; die Krume ist etwas feucht.

3.2.2 Krustenfehler

Fehler	Ursachen	Gegenmaßnahmen
Seitenrisse	– zu eng geschoben (behindert die Ausbildung einer stabilen Kruste)	– auf ausreichenden Seitenabstand achten
	– zu knapp geschoben (Kruste reißt wegen des starker Ofentriebs)	– vollere Gare abwarten oder bei weniger heißem Ofen anbacken
	– zu heißer Ofen (zu frühe Verhärtung der Kruste)	– bei knapper Gare nicht zu heiß anbacken
Krustenrisse an der Oberfläche	– zu wenig Schwaden, daher zu geringe Dehnfähigkeit; ergibt matte, glanzlose Kruste	– mehr Schwaden; Schwadenmenge und Dauer der Schwadengabe an Gärstand und Ofenhitze anpassen (vgl. S. 83)
	– zuviel Schwaden, daher zu späte Verhärtung der Kruste; ergibt starken Glanz, kräftige Bräunung und flache Brotform	– weniger Schwaden; Zug früher ziehen (vgl. S. 83)
Süßblasen	– Führungsfehler: zu warmer und feuchter Gärraum bei zuvor kühler Teigführung	– angemessene, nicht zu sehr beschleunigte Stückgare – eine zu kurzfristige Erwärmung von kühlen Teiglingen im warmen, feuchten Gärraum führt zur Blasenbildung in den Randzonen
	– zu heißer Ofen	– Zug früher ziehen oder Brote früher in kühleren Herd einbringen
	– auswuchshaltiges Mehl; hoher Zuckeranteil	– Mehlmischung ändern
	– alter Sauer; zu wenig Säure	– richtige Sauerführung zur Vermeidung des weiteren Abbaus von Stärke in Zucker („Süß"-blasen)

Zahlreiche Krustenrisse

Abb. 1: Bei flacher Brotform (weicher Teig, viel Schwaden; infolge der Bemehlung kein Glanz)

Süßblase

Abb. 2: Abgebackene Kruste: kräftige, dunkle Krustenfarbe (Zuckergehalt, heißer Ofen), dichte Porung (knappe Gare infolge kühler Teigführung)

3.2.3 Krumenfehler

Fehler	Ursachen	Gegenmaßnahmen
Ungleiche Porung	– zu warmer und weicher Teig bei zu voller Gare	– Führung (Teigtemperatur und -festigkeit) umstellen; kürzere Stückgare
	– zu alter Sauer – zu hoher Hefeanteil	– gärkräftigen Sauer statt zuviel Hefe verwenden
Zu feuchte Krume	– Auswuchsmehl	– Mehlmischung ändern
	– zu wenig Säure oder Kochsalz	– Sauerführung umstellen; Zusatz von Teigsäuerungsmittel; Kochsalzanteil erhöhen (vgl. S. 54)
	– zu weiche Teigführung	– Teigfestigkeit erhöhen
	– zu kalter Ofen	– starke Anfangshitze, danach langsam abfallende Hitze (vgl. S. 82)

Ungleiche Porung

Abb. 3: Bei grober, z.T. wilder Porenbildung; kräftige Bräunung der Kruste

Abb. 4: Einzelne große Poren bei sonst enger Porung

Zu feuchte Krume

Abb. 1: Bei enger Porung, flacher Form und unelastischer Beschaffenheit (Daumeneindruck bleibt als Vertiefung bestehen.)

Abb. 2: Bei sehr enger Porung und feucht-krümelnder unelastischer Beschaffenheit aufgrund starker Auswuchsschädigung des Mehls

Fehler	Ursachen	Gegenmaßnahmen
Wasser-streifen	– zu weicher Teig	– festere Teigführung
	– starke Erschütterung der noch nicht genügend verfestigten Krume beim Umbacken	– Brote nicht zu früh sowie vorsichtig (erschütterungsfrei) umsetzen, besonders bei Kastenbroten
	– zu geringe Säuerung bei auswuchsgeschädigtem Mehl	– ausreichende Säuerung
Wasserring	– zu kühler Teig	– wärmere Teigführung
	– zu knappe Gare	– ausreichende Stückgare
	– zu heißer Ofen (ergibt zusammen die inneren Druckverhältnisse, die zur ringartigen Verdichtung der Poren führen)	– Ofentemperatur auf Gärstand abstimmen (vgl. S. 83)

Wasserstreifen

Abb. 3: Durch waagerecht verlaufende Verdichtung der Poren

Wasserring

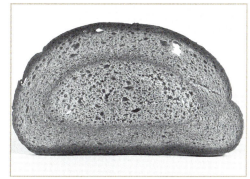

Abb. 4: Durch ringartige Verdichtung der Poren im Innern der Krume; dunkle Kruste

Fehler	Ursachen	Gegenmaßnahmen
Trockenrisse	– hochquellfähiges Mehl (ergibt stark nachquellende Teige)	– weichere Teigführung – Zusatz von Quellmehlen – evtl. Zusatz von Malzpräparaten
	– zu geringer Enzymgehalt bei hellen Roggenmehlen (fehlender Wassergehalt im Teig lässt keine ausreichende Stärkeverkleisterung zu)	– mehrstufige Sauerteigführung mit hohem Vollsaueranteil (= Mehlverquellung)
Dichte Porung	– zu fester Teig, zu kühle Teigführung	– weichere, wärmere Teigführung
	– zu kurze Teigruhezeiten (fehlende Entspannung des Teiges)	– längere Teigruhe
	– zu wenig Trieb auf Grund unreifen Sauers oder zu geringer Hefemenge	– reifen Stufensauer oder genügend Hefe verwenden

Trockenrisse

Abb. 1: Hier: senkrechte Krumenrisse, sehr trockene, straffe Krume, die zum Krümeln neigt.

Dichte Porung

Abb. 2: Bei zu runder Brotform, kleinem Volumen und trockener Krume

Fehler	Ursachen	Gegenmaßnahmen
Hohlräume unter der Oberkruste	– zu starke Oberhitze (zu schnelle Verhärtung der oberen Kruste verhindert den Austritt des Wasserdampfs und bewirkt zu starken Gasdruck)	– Ofen nach dem Aufheizen erst abstehen lassen, damit sich die Hitze verteilt; stupfen der gärreifen Teiglinge, damit der Wasserdampf entweichen kann
	– zu junger Sauer bzw. zu geringe Säuremenge.	– ausreichende Säuerung
Hohlraum am Boden der Brote	– zu starke Unterhitze	– Ofen nach dem Aufheizen erst abstehen lassen; evtl. Herdfläche nass abwischen
	– zu weicher Teig (starke Dampfbildung führt zum Ablösen der Krume von der früh verhärteten Unterkruste)	– Züge nicht zu lange offen lassen

3 Erkennen und Vermeiden von Brotfehlern

Krumenriss oben

Abb. 1: Hier: bei angeschobenem Brot; feuchte Krume, stark gebräunte Oberkruste

Krumenriss unten

Abb. 2: Hier: bei freigeschobenem Brot; feuchte Krume, unruhige Porung, dunkle leicht verkohlter Unterkruste

Fehler	Ursachen	Gegenmaßnahmen
Hohlräume in der Krume	– Wirkfehler: Nachlässigkeit beim Wirken von Hand, oder beim maschinellen Wirken zuviel Mehl aufgestreut	– den Teig in trockenem, wolligem Zustand aufarbeiten und weniger Wirkmehl verwenden; Maschinen richtig einstellen
	– fehlerhaftes Einschlagen der Teigenden (Wirkschluss)	– sorgfältiges und kräftiges Auswirken und Einschlagen von Hand
Ungequollene Körner in der Krume (Schrotbrot)	– zuwenig gequollener Teig, also zuwenig Wasser im Teig:	– größeres Brühstück (ca. ¼ der Gesamtschrotmenge) oder größeres Quellstück (ca. ⅓ bis ½ der Gesamtschrotmenge)
	– entweder durch zu kleines Brüh- oder Quellstück (s. S. 121 f)	– höherer Wasserzusatz (TA der Brüh- oder Quellstücke ca. 200)
	– oder durch zu kurze Knet- und Abstehzeiten	– längere Abstehzeiten (mindestens 12 Stunden)

Hohlraum durch Lufteinschluss

Abb. 3: Wirkfehler: Lufteinschluss durch unsachgemäßes Einschlagen, ferner Krustenriss links oben

Ungequollene Körner

Abb. 4: Hier: Schrotbrot; bei etlichen Körnern ist der Mehlkern (weiße Flecken) noch unverändert erhalten.

4 Bekämpfung des Brotschimmels

4.1 Die Gefahr des Verderbens von Broten durch Schimmelpilze

Brotschimmel zählt neben dem Fadenziehen (s. Bd. 1) zu den Brotkrankheiten (= Fäulniserscheinung).

Krankheitsbild

❒ Auf der Oberfläche von Broten und Backwaren insbesondere bei Schnittbroten treten nach etwa 3 Tagen fleckige, kreisförmige Pilzgeflechte auf, sie sind weiß, grün, schwarz oder rot gefärbt und breiten sich schnell zu Pilzrasen aus.

Abb. 1: Von Schimmel befallenes Brot

❒ Die Pilze zersetzen die Nährstoffe des Brotes; dabei entstehen giftige Stoffe, die z.T. krebserregende Wirkung haben können:
- Penicillinsäure u.a.
- Aflatoxin, Patulin u.a. (krebserregend)

❒ Die Giftstoffe können aus dem Brot nicht mehr entfernt werden. Eine Erhitzung des befallenen Brotes würde zwar zur Abtötung der Pilze führen, die gebildeten Giftstoffe jedoch bleiben erhalten.

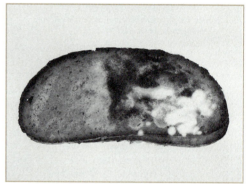

Abb. 2: Von Pilzrasen überwucherte Brotscheibe

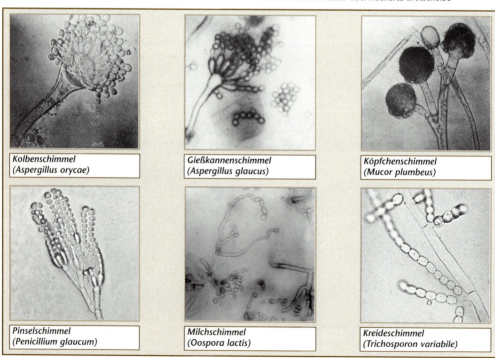

Kolbenschimmel (Aspergillus orycae)

Gießkannenschimmel (Aspergillus glaucus)

Köpfchenschimmel (Mucor plumbeus)

Pinselschimmel (Penicillium glaucum)

Milchschimmel (Oospora lactis)

Kreideschimmel (Trichosporon variabile)

4 Bekämpfung des Brotschimmels

Von Schimmel befallenes Brot gilt als verdorben, weil es gesundheitsschädlich ist; es darf weder verkauft noch wiederverwendet (etwa als Altbrotzusatz), sondern muss vernichtet werden.

Falls Schnittbrot 1 bis 2 Tage nach dem Verkauf an den Kunden Schimmelbefall aufweist, ist dies in der Regel ein Grund zur Reklamation (Umtausch gegen einwandfreie Ware).

Krankheitserreger

- Die Schimmelpilze sind mehrzellige pflanzliche Kleinlebewesen, die sich durch Sporenbildung vermehren.

- Es gibt zahlreiche Arten von Schimmelpilzen; die in der Bäckerei am häufigsten auftretenden Schimmelarten sehen unter dem Mikroskop wie nebenstehend abgebildet aus:

- Die im Mehl bzw. im Teig enthaltenen Schimmelpilze sowie deren Sporen werden durch den Backprozess abgetötet. In einem frisch gebackenen Brot sind also keine lebenden Pilze oder Sporen enthalten.

- Die Infektion des Brotes kann demnach erst nach dem Backen erfolgen, und zwar vorwiegend durch Sporen aus der Luft (= Luftinfektion).

Lebensbedingungen der Schimmelpilze

- Feuchtigkeit

  Die Krume der Brote enthält genügend freies Wasser, die Kruste dagegen ist als Nährboden ungeeignet.

  Besonders gefährdet sind daher alle Brote, die nicht von einer geschlossenen, unverletzten Kruste umgeben sind; am meisten gefährdet sind Schnittbrote.

- Wärme

  Schimmelpilze können sich am besten bei Temperaturen zwischen +4 °C und +40 °C entwickeln und vermehren.

- Sauerstoff

  Alle Schimmelpilze (außer Kreideschimmel) sind Aerobier, brauchen also zur Vermehrung Sauerstoff.

4.2 Methoden der Bekämpfung des Brotschimmels

4.2.1 Bekämpfung durch Zusatz von Säuren und Salzen

Schimmelpilze reagieren empfindlich gegen bestimmte Säuren und deren Salze, ihr Wachstum wird dadurch gehemmt, d.h. verzögert, jedoch nicht völlig unterdrückt.

Schimmelhemmende Säuren und Salze sind ...

- ... Essigsäure und deren Salz (Natriumacetat).
- ... Propionsäure und deren Salz (Calciumpropionat).
- ... Sorbinsäure und deren Salze (Natrium-, Kalium-, Calciumsorbat).

Essigsäure wird bei der Sauerteigführung gebildet. Sofern Brot mit einem hohen Anteil an Sauerteig (40 bis 50% Vollsaueranteil) bereitet wurde, besteht ein guter Schimmelschutz, d.h. die Entwicklung der Schimmelpilze kann nur mit deutlicher Verzögerung (ca. 7 Tage) auftreten.

Der Zusatz von Essigsäuresalz (Natriumacetat) hat eine ähnlich hemmende Wirkung; jedoch treten hier unerwünschte Nebenwirkungen auf wie Gärverzögerung und Beeinträchtigung von Geruch und Geschmack der Brote.

Durch Zusatz von Konservierungsstoffen (Schimmelschutzmitteln) kann eine besonders lange Verzögerung des Schimmelwachstums (8 bis 14 Tage) erzielt werden.

Für die Verwendung der Konservierungsstoffe gibt es jedoch bestimmt Einschränkungen durch rechtliche Vorschriften:

Für abgepacktes und geschnittenes Brot sowie brennwertvermindertes Brot dürfen folgende Konservierungsstoffe verwendet werden:
– Calciumsorbat (= Salze der Sorbinsäure)
– Propionsäure sowie deren Salze in Form von Natrium-, Calcium und
– Kaliumpropionat

Die Zusatzmenge ist begrenzt auf 3 g (Propionsäure) bzw. 2 g (Sorbat) je kg fertiges Brot.

Auf den Zusatz der Stoffe muss gut sichtbar und deutlich lesbar hingewiesen werden (s. S. 113).
Konservierungsstoffhaltiges Restbrot darf nur für Schnittbrot bzw. brennwertvermindertes Brot verwendet werden.

4.2.2 Andere Methoden der Schimmelbekämpfung

Die Mehrzahl der Verbraucher hat eine ausgeprägte Abneigung gegen Konservierungsstoffe. Deshalb verzichten viele Bäcker auf deren Zusatz und versuchen, einen Schimmelschutz auf andere Weise zu erzielen.

Schimmelbekämpfung ohne Konservierungsstoffe ist möglich …

❏ … durch ausreichende Säuerung (s. S. 36).

❏ … durch bestimmte Maßnahmen beim Backprozess.
Achten Sie auf eine ausreichend verhärtete und somit geschlossene Kruste. Die Schimmelpilze können sich auf einer geschlossenen, trockenen Kruste nicht entwickeln.
Bei rissiger Oberfläche müssen die Brote genügend ausgebacken sein.
Angeschobene Brote sollen gegen Ende des Backprozesses kurz auseinandergesetzt und nachgebacken werden, damit die feuchten, weichen Seitenflächen trocknen und leicht verkrusten.

❏ … durch richtige Lagerung.
Brote nach dem Backen zum schnellen Austrocknen auseinandersetzen und sodann kühl und trocken lagern.

❏ durch besondere hygienische Maßnahmen.
Wände und Decken von Räumen, in denen man Brot lagert oder schneidet, sollen durch besondere Farben mit schimmelabweisender Wirkung gestrichen werden. Räume regelmäßig reinigen, schlecht zugängige Ecken oder rauhe Stellen kann man zum Zweck der Entkeimung mit 1%iger Formalinlösung reinigen.
Außerhalb des Brotlagerraums kann man durch UV-Raumstrahlen (ultraviolette Bestrahlung) entkeimen; die keimfreie Luft wird durch UV-Filter dem Brotlagerraum zugeführt.
Von Schimmel befallene Brote oder Schnittbrotabfälle müssen aus dem Lagerraum entfernt werden. In diesem Falle sind auch die Regale, Maschinen und Arbeitsgeräte mit Formalinlösung zu reinigen. Jeder, der den Brotlagerraum betritt, soll saubere Kleidung tragen und auf persönliche Hygiene achten.

Aufgabenstellungen

		Seite
1	Wie muss ein Brot beschaffen sein, damit es die Qualitätserwartungen des Verbrauchers zufriedenstellt?	91
2	Nennen Sie Prüfmerkmale für Brot.	92
3	Wo kann der Bäcker seine Erzeugnisse durch eine kritische Brotprüfung beurteilen lassen?	91
4	Welchem Zweck kann eine Brotprüfung dienen?	91
5	Beschreiben Sie, wie eine Brotprüfung durchgeführt wird.	92f
6	Nennen Sie Brotfehler und deren Hauptursachen.	94
7	Beschreiben und erklären Sie, welche Mehlfehler zu Teig- und Brotfehlern führen, und nennen Sie Maßnahmen zur Vermeidung dieser Fehler: a) bei Auswuchsmehl b) bei zu frischem Mehl c) bei zu altem Mehl	94
8	Welche Auswirkungen auf Teig und Brot haben folgende Fehlerursachen: a) Säuerungsfehler b) mangelhafte Teigbereitung c) Fehler bei der Aufarbeitung d) Gär- u. Führungsfehler e) Fehler beim Backprozess	95f
9	Beschreiben Sie die verschiedenen Brotfehler: a) als fehlerhafte Form b) als Krustenfehler c) als Krumenfehler	96ff.
10	Geben Sie die Ursachen für die jeweiligen Brotfehler an (siehe tabellarische Auflistung) und nennen Sie Maßnahmen zu deren Vermeidung.	96ff.
11	Beschreiben Sie Aussehen und Beschaffenheit von schimmeligem Brot.	102
12	Beschreiben Sie die Schimmelpilze und deren Lebensbedingungen.	102f
13	Nennen und erläutern Sie mögl. Methoden der Schimmelbekämpfung in der Bäckerei.	103f
14	Welche rechtl. Vorschr. sind bei Verwendung von Schimmelschutzmitteln zu beachten?	103

Erhalten der Brotqualität

1 Die Gefahr des Altbackenwerdens

Bei der Aufbewahrung der Brote treten nach und nach äußerlich wahrnehmbare Veränderungen sowohl der Kruste als auch der Krume auf:

- ❐ Die *Kruste*
  verliert ihre Rösche; sie wird ledrig zäh und schrumpft zusammen. Dadurch verliert das Gebäck auch an Aussehen.

- ❐ Die *Krume*
  büßt ihre Zartheit ein; sie wird fortschreitend trockener, härter und schließlich krümelig und rissig.

Gebäcke mit Roggenanteilen werden nicht so schnell altbacken wie reine Weizenteige: Roggenmehle können mehr Wasser aufnehmen (höhere Teigausbeute); außerdem können sie das gebundene Wasser besser festhalten. Daher trocknen sie nicht so schnell aus.

Ursachen für das Altbackenwerden sind ...

- ❐ ... die Wasserwanderung aus der Krume in die Kruste
  Das Wasser aus der Kruste und äußeren Krumenschicht verdunstet. Die trockenen Schichten ziehen (saugen) das in den inneren Krumenschichten enthaltene Wasser an. Dabei wird die Krume immer trockener, die Kruste dagegen wird feucht und verliert an Rösche.

- ❐ ... die Entquellung und Verhärtung der Stärke.
  Die bei der Verkleisterung weit ausgedehnte Stärke (Amylopektin) zieht sich in Folge des Wasserverlustes wieder zusammen (Retrogradation). Dabei entsteht eine starke Spannung zwischen den miteinander verwobenen Stärkegebilden, was zur Verhärtung der Krume führt.[1]

Man kann den Grad der Verfestigung der Krume mit Hilfe eines Penetrometers (Penimeters) exakt messen.

Messen des Altbackenwerdens

Eine etwa 3 cm dicke Brotscheibe wird 5 Sekunden lang mit einem bestimmten Gewicht belastet; dadurch wird die Krume eingedrückt.

Je weniger tief der Druckkörper eindringt, um so härter und damit um so altbackener ist die Brotkrume.

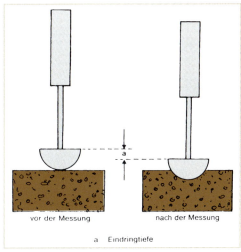

Abb. 1: Prinzip der Penetrometermessung

2 Brotlagerung

2.1 Maßnahmen bei kurzfristiger Lagerung

Ofenwarme Brote sowie Kleingebäcke müssen zunächst auskühlen und „ausschwaden"; dabei verdunstet ein Teil des Wassers. Dieses überschüssige Wasser muss entweichen, weil es sonst bald von der Kruste aufgenommen würde. Dadurch würde die Kruste feucht, weich, pappig und verlöre ihre Rösche bzw. Knusprigkeit.

2.1.1 Absetzen der Brote und Kleingebäcke

Brote möglichst auf Holzbretter oder Horden absetzen. Dabei sollen sie einander nicht berühren.

Auf keinen Fall dürfen sie aufeinander gestapelt werden, weil die oberen Brote die darunter liegenden durch ihr Gewicht zusammendrücken würden.

---

[1] Das Altbackenwerdens ist auch im Bd. 1 (S. 154f. und 299f.) ausführlich beschrieben und erklärt.

Dies hätte zur Folge:
- Wasserstreifen als Druckstellen in der Krume
- Hohlräume im Brot, weil die widerstandsfähige Kruste sich nach der Druckentlastung nach oben wölbt und von der zusammenklebenden Krume abhebt.

Kleingebäcke dagegen können auch im frischen Zustand übereinander lagern: durch den größeren Krustenanteil sind sie stabiler; ferner wiegen sie nicht so schwer.

Abb. 1: Lagern von Brot auf Holz-Horden

Abb. 2: Ausbacken von Brötchen

Es muss jedoch auch hier für eine ausreichende Luftzirkulation gesorgt sein, z. B. in Brötchenkörben, weil sonst die Rösche der Kruste sehr bald verloren geht.

Durch das Verdunsten des Wassers im Verlauf der Lagerung verlieren die Gebäcke an Gewicht (= Lagerverlust).

Man rechnet im allgemeinen mit folgenden Gewichtsverlusten:

nach ...	2 Std.	1 Tag	3 Tagen
Kleingebäcke	2%	5 – 6%	–
Brote	0,5 – 1%	1,5 – 2%	3% und mehr

❒ Höhere Gewichtsverluste treten auf ...

... bei kleinen Gebäckstücken und bei Gebäcken mit starkem Ausbund.
Über die größere Oberfläche kann mehr Wasser entweichen.

... bei angeschobenen Broten sowie bei geschnittenem Brot.
Durch die nicht verkrusteten Seitenteile bzw. über die offene Schnittfläche kann mehr Wasser entweichen.

2.1.2 Anforderungen an den Lagerraum

Durch geeignete Bedingungen im Lagerraum kann man die Lagerverluste geringer halten, den Frischezustand verlängern und das Altbackenwerdens hinauszögern.

Der Lagerraum soll sein ...

... nicht zu kühl (15 bis 20 °C)

So kann eine rasche Abkühlung sowie eine ausreichende Wasserverdunstung erfolgen.
Bei zu plötzlicher Auskühlung und kalter Lagerung dünsten die Brote nicht genügend aus, die Krume bleibt zu feucht.

Der Vorgang des Altbackenwerdens wird dadurch verlangsamt.
Brote werden am schnellsten bei Temperaturen um 0 °C altbacken.
Mit zu- oder abnehmender Temperatur verlangsamt sich das Altbackenwerden (siehe dazu auch Seite 108).

2 Brotlagerung

… nicht zu trocken

Relative Luftfeuchtigkeit etwa 75 bis 80 %, damit das überschüssige Wasser von der Luft aufgenommen werden kann.

Bei höherer Luftfeuchtigkeit erweicht die Kruste.
Bei zu trockener Luft gibt die Kruste das Wasser zu schnell ab dadurch würde das Altbackenwerden beschleunigt.

Der Bäcker kann das Austrocknen verzögern, indem er entweder die Brote abdeckt, verpackt oder aber, indem er den Lagerraum mit einem Luftbefeuchter ausstattet.

… luftig

So kann zu feuchte Luft abziehen (Ventilation).

… geruchsgeschützt

Brote sind empfindlich gegen Fremdgerüche; deshalb im Brotlagerraum keine anderen Stoffe mit starkem Eigengeruch aufbewahren.

Im übrigen gilt besonders für den Brotlagerraum das Gebot der Hygiene als Grundvoraussetzung für jeden Umgang mit Nahrungsmitteln.

2.2 Maßnahmen zur Frischhaltung bei längerer Lagerung

Um bei Broten eine bessere Frischhaltung zu erreichen, kann der Bäcker bereits bei der Teigbereitung und Teigführung entsprechende Vorkehrungen treffen.

Zu den vorbereitenden Frischhaltemethoden zählen …

- ❏ … die Verwendung von dunkleren Mehlen, insbesondere von hohen Roggenanteilen.
- ❏ … der Zusatz von Quellstoffen oder Frischhaltemitteln.
- ❏ … längere Teigführung[1].
- ❏ … die Verwendung von Quell- oder Brühstücken (vgl. S. 121 f).

  Diese Zusätze oder Führungsmethoden zielen darauf ab, mehr Wasser in den Teig zu bringen und das Wasserhaltevermögen des Teiges zu verbessern.

Ferner können spezielle Backverfahren zu einer Verlängerung der Frischhaltung führen; z.B. die Unterbruchbackmethode (vgl. S. 87) sowie das Brown-d'Serve-Verfahren (vgl. S. 87f).

---
[1] Diese Methoden sind im Bd. 1 (S. 301) näher beschrieben.

Im übrigen kann man das Altbackenwerden von Broten durch folgende Maßnahmen verzögern:

- ❏ Anwendung von Wärme und Feuchtigkeit (Frischhaltung durch Wärme),
- ❏ Anwendung von Gefriertemperaturen (Frischhaltung durch Tiefkühlung),
- ❏ Verpackung.

2.2.1 Brotfrischhaltung durch Wärme

Auf das Altbackenwerdens hat die Temperatur einen wesentlichen Einfluss:

Bei Temperaturen über 55 °C treten die Alterungserscheinungen der Stärke nur stark verzögert auf.

Die Verkleisterungstemperatur von Roggenstärke liegt bei ca. 50 °C, die von Weizenstärke bei ca. 60 °C.

Allerdings würden die Brote bei so hoher Lagertemperatur schnell austrocknen. Deshalb muss für entsprechende Luftfeuchtigkeit gesorgt werden.

Das Brot bleibt frisch, wenn es bei einer relativen Luftfeuchtigkeit von ca. 80% gelagert wird.

Zur Brotfrischhaltung durch Wärme sind daher Gärräume bzw. Wärmeschränke geeignet, weil hier die erforderlichen Bedingungen (Wärme und Luftfeuchtigkeit) gegeben sind.

Einschränkungen:

- ⊖ Durch hohe Luftfeuchtigkeit neigt die Kruste zum starken Nachdunkeln.
  Deshalb sollte man so gelagerte Brote etwas heller ausbacken.
- ⊖ Warm und feucht gelagerte Brote weisen eine weiche, pappige Kruste auf.
  Einen Schutz vor allzu starker Erweichung erzielt man durch wasserdampfdichte Verpackung, z.B. in Polyäthylen-Beutel.
- ⊖ Warm und feucht gelagerte Brote neigen zum schnellen Verderb durch Schimmelpilze.
  Ausreichend gesäuerte Brote besitzen jedoch einen gewissen Schutz gegen Schimmelbefall.

Die Methode der Warmlagerung ist wegen des Nachdunkelns von Kruste und Krume nur für dunkle Roggen- und Mischbrote geeignet.

2.2.2 Frischhaltung durch Tiefkühlung[1]

Bei Temperaturen um −7 °C treten die Alterungserscheinungen der Stärke nur stark verzögert auf; bei −20 °C sind sie völlig unterbunden.

Das im Brot enthaltene Wasser gefriert zu Eis.
Mit sinkender Temperatur werden die Eiskristalle schließlich so hart, daß sie das Schrumpfungsbestreben der Stärke (Retrogradation) unterbinden.

> Entscheidend für die Qualitätserhaltung ist dabei, dass der kritische Temperaturbereich zwischen +35 °C und −7 °C möglichst schnell durchlaufen wird. Das erreicht man in Frosteranlagen mit starker Ventilation (Kaltluftumwälzung).

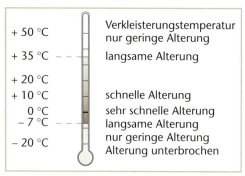

Temperatur	Alterung
+50 °C	Verkleisterungstemperatur nur geringe Alterung
+35 °C	langsame Alterung
+20 °C	
+10 °C	schnelle Alterung
0 °C	sehr schnelle Alterung
−7 °C	langsame Alterung
−20 °C	nur geringe Alterung Alterung unterbrochen

Die Methode der Tiefkühlung ist für Brote aus wirtschaftlichen Gründen weniger geeignet; sie ist dagegen für bestimmte Feine Backwaren und z.T. auch für Kleingebäcke zu empfehlen.

2.2.3 Brotverpackung

Zweck der Verpackung ist:

☐ Verringerung der Lagergewichtsverluste.
 Bei Verwendung von möglichst luftdicht abschließenden Verpackungsmaterialien wird die Verdunstung des Wassers aus den Backwaren verhindert.

☐ Längere Erhaltung des Frischezustands.
 Da das Wasser in der Krume erhalten bleibt, verzögert sich das Altbackenwerden.

☐ Schutz vor Schimmelbefall.
 Durch das Verpackungsmaterial wird die Luftinfektion durch Schimmelsporen vermieden.

☐ Hygiene
 Das verpackte Brot wird vor Verunreinigungen geschützt. Das ist vor allem im Selbstbedienungsladen von großer Bedeutung, weil der Kunde das Brot so anfassen darf.

☐ Rationalisierung
 Backwaren kann man in jeder Gewichtsgröße abpacken; das dient auch der Vereinfachung des Verkaufs.

☐ Kennzeichnung
 Auf der Folie können die gesetzlich vorgeschriebenen Angaben gemacht werden (s. S. 114).

☐ Werbung
 Auf dem Verpackungsmaterial lassen sich werbliche Hinweise gut sichtbar anbringen.
 Der leichte Glanz von Klarsichtfolie unterstreicht das frische Aussehen der Ware.

Verpackungsmaterialien:

In der Bäckerei dienen als Verpackungsmaterialien vorwiegend:

- Zellstoffpapier
- Polyäthylen
- Wachspapier
- Aluminium
- Zellglas
- Polypropylen
- Zellglas, lackiert

Diese Materialien können als einfache Folien oder auch mehrschichtig als „Verbundfolien" verwendet werden (s. Tabelle S. 109).

All diese Materialien sind bedruckbar. Schrumpffähig ist ausschließlich Kunststoff, und zwar als „gestrecktes Material"; in dieser Form ist er jedoch nicht mehr bedruckbar. Zellglas lackiert, Polyäthylen und Polypropylen sind durchsichtig und lichtdurchlässig.

Folgende Eigenschaften der Verpackungsmaterialien sind erwünscht:

☐ Wenig wasserdurchlässig
 als Schutz vor Austrocknung und Lagerverlust;

☐ Nicht gasdurchlässig
 damit die Aromastoffe nicht entweichen,
 damit Schnittbrot in Kohlendioxid gelagert werden kann (Verzögerung der Schimmelentwicklung; s. auch S. 109).

☐ Reißfest
 damit die obigen Eigenschaften nicht hinfällig sind,
 damit der Schimmelschutz gewährleistet ist;

---
[1] Nähere Darstellung s. Bd. 1 (S. 289 f).

2 Brotlagerung

❏ **Heiß-siegelfähig**
damit ein dichtes Verschließen der Packung durch Schweißen möglich ist;
❏ **Hitzebeständig**
damit eine Verwendung zur Sterilisation von Schnittbrot sowie als Einweg-Backform möglich ist.

	wasserdampf-durchlässig	gas-durchlässig	reißfest	siegelfähig	hitze-beständig
einfache Folien:					
Zellstoffpapier	ja	ja	wenig	nein	wenig
Wachspapier	etwas	etwas	ziemlich	gut	wenig
Zellglas	ja	ja	ziemlich	nein	ziemlich
Zellglas, lackiert	nein	nein	ziemlich	gut	wenig
Polyäthylen	nein	wenig	wenig	gut	etwas
Polypropylen	nein	nein	gut	ziemlich	gut
Aluminium	ziemlich	ziemlich	gut	gut	gut
Verbundfolien:					
Zellglas, lackiert/ Kunststoff	nein	nein	gut	gut	wenig
Wachspapier/ Aluminium	ziemlich	ziemlich	gut	ziemlich	ziemlich
Kunststoff/ Aluminium	nein	etwas	gut	gut	etwas

Die Verpackungsmaterialien können je nach Eignung für folgende Zwecke verwendet werden:

❏ Einschlagen von frischem Brot und anderen frischen Backwaren,
❏ Schnittbrotverpackung,
❏ Sterilisieren von Schnittbrot,
❏ Abfüllen in „Backschläuche" und anschließendes Verschweißen,
❏ als Einweg-Backform für Feine Backwaren u. a.

2.3 Sterilisieren von Schnittbrot

Sofern Roggenschrotbrot, Vollkornbrot oder Pumpernickel geschnitten werden, müssen sie nach dem Schneiden und Verpacken sterilisiert werden. Die Schimmelsporen, die während der Verarbeitung (Schneiden, Packen) in das Brot gelangt sind, müssen einer Temperatur von 85 bis 90 °C ausgesetzt werden, damit sie absterben.

Verfahrensweise

☛ Schnittbrotscheiben genau abgewogen verpacken.
Dabei ist sowohl auf exaktes Gewicht zu achten als auch darauf, dass die Packungen dicht verschlossen sind.

☛ Geeignete Folien verwenden (vgl. vorausgehende Tabelle); besonders geeignet ist Aluminium als Verbundfolie mit Kunststoff oder Zellglas lackiert.
Die Folien müssen hitzefest und porenfrei (wasserdampfundurchlässig) sein.

☛ Brotpackungen auf Bleche in einen „kalten" Ofen schieben; Ofentemperatur nur wenig über 100 °C.
Falls besondere Sterilisierkästen vorhanden sind, kann auch ein normal heißer Ofen verwendet werden.

Sofern beim Sterilisieren Temperaturen von mehr als 95 °C im Brotinnern entstehen, erfolgt ein starker Abbau von Stärke zu Dextrinen und Zucker. Dadurch wird der Brotgeschmack beeinflusst. Durch den höheren Zuckeranteil werden die Brotscheiben klebrig und lassen sich nur schwer voneinander lösen.

☞ Das Verpackungsmaterial darf bei der Verarbeitung nicht beschädigt werden, weil sonst weder eine sterilisierende Wirkung erzielt noch eine längere Frischhaltung erreicht wird.

Durch das porös gewordene Verpackungsmaterial können Schimmelsporen eindringen und Wasser kann entweichen.

Beschädigungen können verursacht werden durch Stoß, Druck o.a.; ferner aber auch in Folge starker Wasserdampfbildung in einem zu heißen Ofen.

☞ Die sterilisierten Packungen aus dem Ofen entnehmen und langsam auskühlen lassen.

Durch das Auskühlen nach dem Erhitzen bildet sich an der Innenwand des Verpackungsmaterials Kondenswasser.
Bei langsamem Auskühlen entsteht weniger Kondenswasser.

Aufgabenstellungen

		Seite
1	Weshalb sind roggenhaltige Gebäcke länger haltbar als Weizengebäcke?	105
2	Unterscheiden Sie: Beschaffenheit von Kruste und Krume bei frischem und bei altbackenem Brot.	105
3	Beschreiben Sie den Vorgang des Altbackenwerdens.	105
4	Weshalb sollen Brote nach dem Ausbacken zunächst auskühlen und ausschwaden?	105
5	Weshalb soll man ofenfrische Brote auseinandersetzen und auf keinen Fall übereinanderstapeln?	105f
6	Nennen und erläutern Sie die Bedingungen, unter denen Brote im Lagerraum aufbewahrt werden sollen.	106f
7	Erklären Sie das Auftreten von Gewichtsverlusten bei der Gebäcklagerung (Lagerverluste).	106
8	Wodurch wird die Höhe der Lagerverluste bestimmt?	106
9	Nennen Sie Maßnahmen bei der Teigbereitung und Teigführung, die die Frischhaltung der Brote verbessern.	107
10	Beschreiben und erläutern Sie die Brotfrischhaltung durch Wärme.	107
11	Beschreiben und erläutern Sie die Brotfrischhaltung durch Tiefkühlung.	108
12	Welchen Zwecken soll die Verpackung von Broten und anderen Backwaren dienen?	108
13	Erläutern Sie, welche Eigenschaften bei Verpackungsmaterialien erwünscht sind.	108f
14	Nennen Sie verschiedene Verpackungsmaterialien und deren Eigenschaften.	109
15	Nennen Sie Verwendungszwecke und die dafür geeigneten Verpackungsmaterialien.	109
16	Beschreiben und erläutern Sie das Sterilisieren von Schnittbrot.	109f

Rechtliche Vorschriften für die Brotherstellung

1 Begriffsbestimmung „Brot"

In den „Leitsätzen für Brot und Kleingebäck" vom 31.01.1994 heißt es wie folgt:

„Brot im Sinne der Leitsätze wird ganz oder teilweise aus *Getreide* und/oder *Getreideerzeugnissen*, meist nach Zugabe von *Flüssigkeit* sowie von *anderen Lebensmitteln*, in der Regel durch Kneten, Formen, Lockern, Backen oder Heißextrudieren des Brotteiges hergestellt.

Brot enthält weniger als 10 Gewichtsanteile *Fett* und/oder *Zuckerarten* auf 90 Gewichtsteile Getreide oder Getreideerzeugnisse."

Zu den oben genannten „anderen Lebensmitteln" zählen insbesondere:

– **Nichtbrotgetreidearten**
  z.B. Hafer, Gerste, Reis, Mais, Hirse, Buchweizen

– **andere „wertbestimmende Zutaten"**
  z.B. Butter, Milch, Milcherzeugnisse, Leinsamen, Sesam und andere Ölsamen, Rosinen/Korinthen, Weizenkeime, Speisekleie und Ballaststoffe.

– **Lockerungsmittel** z.B. Hefe und Sauerteig

Sofern Brote nach wertbestimmenden Zutaten benannt werden, z.B. „Quarkbrot", müssen sie bestimmte Mindestanteile dieser Stoffe enthalten (vgl. S. 7)

2 Zusätze zum Brot

2.1 Zusatz von Restbrot

Als Restbrot darf nur verkehrsfähiges, hygienisch einwandfreies Brot verwendet werden.

Die Restbrotmenge darf betragen:

– bei Brot mit überwiegendem Weizenanteil bis zu 6%,
– bei Brot mit überwiegendem Roggenanteil (jeweils berechnet als Frischbrot) bis zu 20%.

Das mit verwendete Restbrot ist im Enderzeugnis mit bloßem Auge nicht sichtbar.

2.2 Zusatz von erlaubten Zusatzstoffen

Unter „Zusatzstoffen" versteht man solche Stoffe, die keine Lebensmittel sind, die aber nach der Zusatzstoffzulassungsverordnung Lebensmitteln zugesetzt werden dürfen.

Nach dieser Verordnung werden unterschieden:

Allgemein zugelassene Stoffe

❐ Sie sind für alle Lebensmittel erlaubt. Für die meisten gibt es aber eine Mengenbegrenzung (Quantum satis = erlaubt ist nur die Menge, die erforderlich ist, um die gewünschte Wirkung zu erzielen und so, dass der Verbraucher dadurch nicht irregeführt wird).

❐ Den Bäcker betreffen davon folgende Stoffe:
  – **Genusssäuren** (Essig-, Milch-, Weinsäure und deren Salze),
  – **verschiedene Dickungsmittel** (Agar-Agar, Johannisbrotkernmehl, Pektine, modifizierte Stärken).

Bestimmte beschränkt zugelassene Stoffe

❐ Sie dürfen nur bestimmten Erzeugnissen und nur in begrenzter Menge zugesetzt werden.

❐ Ihre Verwendung braucht nicht angezeigt (deklariert) zu werden.

Rohstoffen für Brote und Kleingebäcke können u.a. folgende, zu dieser Gruppe gehörende Stoffe zugesetzt worden sein:

Phosphate
zu Mehlen: 2,5 g/kg

Cystin, Cystein
zu Weizenmahlerzeugnissen zur
Verbesserung des Klebers: 100 mg/kg

Monoglyceride, Diglyceride
zu Backfetten für Weizenkleingebäcke
und für Feine Backwaren: 100 mg/kg

Zu den beschränkt zugelassenen Zusatzstoffen zählen auch Stoffe, die zur Konservierung dienen.

Konservierungsstoffe

❐ Sie dürfen nur bestimmten Erzeugnissen und nur in begrenzter Menge zugesetzt werden.

❐ Der Zusatz ist deklarationspflichtig.

Für abgepacktes und geschnittenes Brot dürfen die folgenden Konservierungsstoffe verwendet werden:

Calciumsorbat (E 203, Kürzel: Ss)	**2 g/kg Brot**
Propionsäure (E 280)	**3 g/kg Brot**
Natriumpropionat (E 281)	**3 g/kg Brot**
Calciumpropionat (E 282)	**3 g/kg Brot**
Kaliumpropionat (E 283)	**3 g/kg Brot**

Diese und weitere Konservierungsstoffe (insgesamt 26 verschiedene) können auch anderen vorgebackenen und abgepackten Backwaren (z. B. Brot mit reduziertem Energiegehalt, Feinen Backwaren mit geringem Wasseranteil), zugesetzt werden.

Sie können ferner getrockneten Rohstoffen (z. B. Trockenfrüchten, Eiprodukten, Überzügen, Fettemulsionen u.a.), zuckerarmen Konfitüren, Flüssigei u. a. zugesetzt werden oder zugesetzt worden sein.

Zur Konservierung von Lebensmitteln werden ferner Schwefeldioxid sowie Antioxidantien verwendet.

Der Zusatz, dieser Stoffe ist ebenfalls deklarationspflichtig.

Schwefeldioxid

Dazu zählen Schwefeldioxid (E 220) sowie Natrium- (E 221), und Calciumsulfit (E 226) bzw. Calcium- (E 227) und Kaliumbisulfit (E 228) u.a.

Schwefeldioxid darf u.a. folgenden Lebensmitteln zugesetzt werden:

Trockenfrüchten, Konfitüren, Gelees, (außer Konfitüre extra oder Gelee extra), Marmeladen, Zitrus-Würzmittel, bestimmtem Zuckerarten u.a.

Antioxidantien

Dazu zählen u. a. Propyl- (E 310), Oktyl- (E 311), Dodecylgallat (E 312), BHA (E 320) und BHT (E 321).

Antioxidamien dürfen für Backfette und -öle, für Kuchenmischungen und für verarbeitete Nüsse verwendet werden.

Zu den Zusatzstoffen zählen ferner:

Farbstoffe

Insgesamt sind es 43 Farbstoffe, die für bestimmte Lebensmittel zugelassen sind.

Nicht gefärbt werden dürfen Brot, Mehl und andere Müllerei-Erzeugnisse, Stärkeerzeugnisse, Milch, Fleisch und Fisch.

Zu den Lebensmitteln, die gefärbt werden dürfen, zählen u.a.: Feine Backwaren, kandierte Früchte, Konfitüre, Gelees (außer „extra"), Marmeladen, rote Obstkonserven, Speiseeis, Butter (nur mit Carotin), Margarinen (nur mit Carotin, Curcumin und Annatto).

Der Zusatz von Farbstoffen ist deklarationspflichtig.

Künstliche Aromen

Man unterscheidet:

- natürliche Aromen, (Aromaextrakte),
- Aromen mit naturidentischen Aromastoffen,
- Aromen mit künstlichen Aromastoffen.

In der Bäckerei dürfen natürliche und naturidentische Aromastoffe ohne Einschränkung allen Erzeugnissen zugesetzt werden.

Künstliche Aromastoffe dagegen dürfen nur bestimmten Lebensmitteln zugesetzt werden, z. B. Teigen, Backwaren, Kremspeisen, Zuckerwaren, Geleespeisen sowie Massen und deren Füllungen.

Der Zusatz von künstlichen Aromastoffen ist deklarationspflichtig.

3 Vorgeschriebene Angaben beim Verkauf

3.1 Deklaration (= Kenntlichmachung) von Zusatzstoffen

Bei fertig verpackten Lebensmitteln:
(z. B. Schnittbrot)

❏ Kennzeichnung in der Zutatenliste auf der Fertigpackung

Bei unverpackten Lebensmitteln („lose" bzw. in Fertigpackungen, die zur alsbaldigen Abgabe an den Käufer bestimmt sind)

❏ Kennzeichnung „in geeigneter Weise" d.h. gut sichtbar, in leicht lesbarer Schrift und unverwischbar auf einem Schild auf oder neben dem Lebensmittel bzw. auf der Umhüllung oder der Fertigpackung.

Die Kennzeichnung kann auch im Zutatenverzeichnis erfolgen oder in einem Aushang oder in einer schriftlichen, dem Endverbraucher unmittelbar zugänglichen Aufzeichnung, in der alle verwendeten Zusatzstoffe angegeben werden.

Die Deklaration kann auch folgendermaßen lauten ...

❑ **... bei Konservierungsstoffen**
- auf der Fertigpackung:
  z. B. *„Konservierungsstoff Sorbinsäure"* oder *„Konservierungsstoff E 200"*
- bei „loser" Ware:
  z. B. *„mit Konservierungsstoff"* oder *„konserviert"*

Der verwendete Konservierungsstoff muss nicht, kann aber angegeben werden.

❑ **... bei Schwefeldioxid**
Alle Lebensmittel, denen mehr als 10 mg/kg Schwefeldioxid zugesetzt wurden, müssen gekennzeichnet sein durch die Angabe „geschwefelt".

Sofern der Bäcker z. B. geschwefelte Früchte als Zutaten verwendet, braucht er das dann nicht zu deklarieren, wenn die geschwefelten Zutaten in der Backware keine technologische Wirkung mehr entfalten, d. h. wenn die konservierende Wirkung für die hergestellte Backware nicht mehr zutrifft.

❑ **... bei Antioxidantien**
Die Kennzeichnung erfolgt durch den Hinweis „mit Antioxidationsmittel".
Im übrigen gelten die gleichen Bestimmungen wie bei Schwefeldioxid.

❑ **... bei Farbstoffen**
Die Deklaration muss lauten mit „Farbstoff".

Bei Fertigpackungen ist zusätzlich der Klassennahme des Farbstoffes, gefolgt von der EWG-Nummer, anzugeben.

Wenn nur bestimmte Zutaten gefärbt sind, kann die Deklaration z. B. lauten „Früchte mit Farbstoff".

Sofern Zutaten, die Farbstoffe enthalten, in der fertigen Backware keine technologische Wirkung entfalten (z. B. gefärbte Butter, die aber keine Farbwirkung auf die Backware ausübt), braucht nicht deklariert zu werden.

❑ **... bei künstlichen Aromen**
Der Bäcker erfährt aus den Angaben auf der Verpackung oder auf den Begleitpapieren, um welche Art von Aromen es sich handelt und für welche Erzeugnisse das Aroma verwendet werden darf.

Für Bäckereierzeugnisse, die unter Verwendung von künstlichen Aromen hergestellt sind, gilt folgendes:

❑ **Bei verpackten Erzeugnissen:**
die Deklaration kann lauten „Aroma" ohne oder mit Angabe des speziellen Geschmackgebers, z. B. „Bananenaroma".

❑ **Bei losen Erzeugnissen:**
die Kenntlichmachung kann entfallen. Je nachdem empfiehlt sich jedoch ein Hinweis, z. B. „mit ...geschmack".

3.2 Gewichtsangaben für Brot

Die früheren „Vorschriften über die Gewichte von Broten und Kleingebäcken" sind aufgehoben; der Bäcker kann seither die Gewichte der Brote und Kleingebäcke selber beliebig bestimmen.

Allerdings haben die früher vorgeschriebenen Brotgewichte insofern noch eine Bedeutung, als sie als „privilegierte Werte" gelten (siehe unten).

Das **Gewicht** der Brote (Lebensmittelkennzeichnungsverordnung) sowie der **Preis** müssen jedoch angegeben werden (Preisauszeichnungsverordnung).

Sofern das Brotgewicht einem privilegierten Wert entspricht, braucht nur das **tatsächliche Gewicht** und der **Stückpreis** angegeben zu werden.

Privilegierte Werte sind:

für Ganzbrot:
500 g, 750 g, 1000 g, 1250 g, 1500 g, 1750 g, 2000 g, 2500 g, 3000 g (usw. bis 10 000 g)

für Schnittbrot:
10 g, 20 g, 25 g, 30 g, 40 g, 50 g, 100 g, 125 g, 200 g, 250 g

für Stangenweißbrot sowie für **Knäckebrot** zusätzlich 400 g.

Bei anderen Brotgewichten ist zusätzlich zum Stückpreis noch der **Kilopreis** anzugeben.

Die Gewichtsangabe kann erfolgen:

- auf einem Schild, z. B. am Regal,
- auf dem Brot selbst, z. B. durch Aufkleber oder Stempel,
- auf der Packung (Fertigpackung).

Wo die Gewichtsangabe im Einzelfall zu erfolgen hat, hängt ab:

- von der Brotform (Ganzbrot, in Stücke geteiltes Brot, Schnittbrot),
- davon, ob das Brot unverpackt oder in einer Fertigpackung ist,
- davon, ob der Verkauf in der Bäckerei selbst, einer eigenen Filiale oder in einem Lebensmittelgeschäft vorgenommen wird (genaue Angaben siehe Bd. 1, S. 117).

3.3 Preisangaben für Brot und andere Backwaren

❒ Der Bäcker muss alle Erzeugnisse, die er zum Verkauf anbietet, mit einem Preis auszeichnen.

❒ Bei Waren, die vom Verbraucher unmittelbar entnommen werden können, muss entweder die Ware selbst beschriftet werden oder es muss ein Preisschild angebracht sein.

❒ Bei Fertigpackungen muss der Preis auf der Packung oder an einem Preisschild auf oder neben der Fertigpackung stehen.

Die Preisangabe muss sich auf eine bestimmte „Verkaufseinheit" beziehen:

❒ bei Broten mit „privilegierten Gewichten" (s. S. 113) genügt die Angabe des Stückpreises,

❒ bei anderen Brotgewichten muss zusätzlich zum Stückpreis auch der Preis je kg (= Grundpreis) angegeben werden.

❒ Für verpackte **Feine Backwaren** und **Dauerbackwaren** zählen folgende Gewichte zu den privilegierten Größen, für die ebenfalls die Grundpreisangabe entfällt:
150 g, 175 g, 300 g, 400 g, 600 g, 750 g, 1250 g, 1500 g und 1750 g;
für **Zwieback** ferner 225 g und
für **Lebkuchen** 350 g

3.4 Vorschriften über die Kennzeichnung von Fertigpackungen

Alle verpackten Bäckereierzeugnisse müssen nach den Vorschriften der Fertigpackungsverordnung gekennzeichnet werden.

Jedoch:
Backwaren, die lose angeboten werden oder solche, die im eigenen Betrieb hergestellt, in Fertigpackungen gefüllt und in der eigenen Verkaufsstätte „zum alsbaldigen Verzehr" an den Endverbraucher abgegeben werden (jedoch nicht zur Selbstbedienung), fallen nicht unter diese Kennzeichnungspflicht.

❒ Die Kennzeichnung muss deutlich sichtbar und leicht lesbar sein. Je nach Größe der Packung ist die Mindestschriftgröße festgelegt:

bis 50 g	2 Millimeter Schriftgröße
– bis 200 g	3 Millimeter Schriftgröße
– bis 1000 g	4 Millimeter Schriftgröße
– über 1000 g	6 Millimeter Schriftgröße

Die Kennzeichnung muss folgende fünf „Kennzeichnungselemente" enthalten:

① **Anschrift**
des Herstellers oder des Verpackers oder eines Verkäufers innerhalb der EG-Länder.

② **Verkehrsbezeichnung**
also z. B. die Bezeichnung der Brote wie „Roggenmischbrot", „Roggenschrotbrot" u. a.

③ **Zutatenverzeichnis (Zutatenliste)**
Alle verwendeten Zutaten müssen angegeben werden, und zwar in absteigender Reihenfolge ihres Gewichtsanteils.

Beispiele für Zutatenverzeichnisse:

Mehl (Roggen, Weizen)
Wasser
Sauerteig
Hefe · Kochsalz · Säuerungsmittel

Sauerteig (Roggenschrot, Wasser)
Roggenschrot
Wasser
Weizenmehl
Hefe
Kochsalz
Konservierungsstoff „Sorbinsäure"

Die Wassermenge wird nicht nach dem Anteil im Teig (Teigausbeute), sondern nach dem Restwassergehalt im Gebäck (Gebäckausbeute) berechnet.

Sobald der Anteil einer Zutat mehr als 25% des fertigen Gebäckes ausmacht, genügt es nicht mehr, nur die Bezeichnung der Zutaten anzugeben (z. B. „Sauerteig"), vielmehr müssen dann auch die einzelnen Bestandteile der Zutaten mit angegeben werden (z. B. „Sauerteig: Roggenschrot, Wasser").

④ **Mindesthaltbarkeitsdatum**

Es muss angegeben werden für Lebensmittel in Fertigpackungen, nicht aber für verpackte Backwaren, die ihrer Art nach normalerweise innerhalb von 24 Stunden nach ihrer Herstellung verzehrt werden.

Es ist das Datum, bis zu dem ein Lebensmittel seine „spezifischen Eigenschaften" (Geschmack, Farbe, Aussehen, Konsistenz, Geruch) unter angemessenen Aufbewahrungsbedingungen behält.

Dieses Datum ist unverschlüsselt anzugeben mit den Worten „mindestens haltbar bis ..." (Tag, Monat, Jahr).

Der Hersteller darf das Mindesthaltbarkeitsdatum selber festlegen, es soll der Information des Verbrauchers dienen.

Ein Erzeugnis darf auch nach Ablauf des Mindesthaltbarkeitsdatums noch verkauft werden.

Der Bäcker sollte sich zuvor jedoch vom einwandfreien Zustand der Ware überzeugen.

Bei sorgfältiger Aufbewahrung kann man für verpackte Brote mit folgenden Zeitspannen rechnen:

Roggenschrotbrot	bis 12 Tage
Roggenbrot	bis 10 Tage
Roggenmischbrot	bis 7 Tage
Weizenschrotbrot	bis 5 Tage
Weizenmischbrot	bis 4 Tage
Weizenbrot	bis 3 Tage

⑤ **Mengenkennzeichnung (Gewichtsangabe)**

Die Menge muss exakt nach Gewicht angegeben werden, z. B. „250 g".

Sie kann bei bestimmten Erzeugnissen auch nach Volumen oder Stückzahl angegeben werden.

Dabei sind für die einzelne Packung bestimmte *Gewichtsabweichungen* zulässig:

bis	200 g	9%
bis	300 g	18 g
bis	500 g	6%
bis	1000 g	30 g

Das Gewicht von 10 Fertigpackungen muss jedoch im Durchschnitt exakt der Gewichtsangabe entsprechen.

4 Arbeitsrechtliche Vorschriften

4.1 Die Arbeitszeit des Bäckers

Tagesarbeitszeit

ist in Bäckereien die Zeit zwischen 5.00 bis 23.00 Uhr.

Nachtarbeitszeit

ist für Bäcker und Konditoren die Zeit zwischen 23.00 und 5.00 Uhr.

Als Nachtarbeit gilt jede Arbeit, die zu mehr als zwei Stunden in die Nachtarbeitszeit fällt, in Bäckereien also dann, wenn die Arbeit vor 3.00 Uhr beginnt.

Arbeitsdauer

❒ Regelmäßige Arbeitszeit

Sie beträgt 8 Stunden täglich. Sie kann auf bis zu 10 Stunden verlängert werden, wenn die durchschnittliche Arbeitszeit innerhalb von 6 Monaten bzw. 24 Wochen nicht überschritten wird.

❒ Sonn- und Feiertagsarbeit

In Bäckereien und Konditoreien dürfen Arbeitnehmer für bis zu drei Stunden mit der Herstellung und dem Austragen oder Ausfahren von Konditorwaren und an diesem Tag zum Verkauf kommenden Bäckerwaren beschäftigt werden.

Mindestens 15 Sonn-/Feiertage im Jahr müssen beschäftigungsfrei bleiben.

Werden Arbeitnehmer an einem Sonntag beschäftigt, müssen sie innerhalb von zwei Wochen einen Ersatzruhetag erhalten, bei Feiertagsarbeit innerhalb von 8 Wochen.

4.2 Die Arbeitszeit für Jugendliche

Fünftagewoche

Jugendliche dürfen nur an fünf Tagen in der Woche beschäftigt werden.

Samstagsruhe

Für Jugendliche ist eine Beschäftigung an Samstagen nur in Ausnahmefällen zulässig:
- in Betrieben mit offenen Verkaufsstellen,
- bei außerbetrieblichen Ausbildungsmaßnahmen.

Mindestens zwei Samstage im Monat sollten beschäftigungsfrei bleiben.

Samstagsbeschäftigung ist durch Freistellung an einem anderen berufsschulfreien Arbeitstag der selben Woche auszugleichen.

Nachtarbeit

„Jugendliche dürfen nur in der Zeit zwischen 7 bis 20 Uhr beschäftigt werden"

Soweit es jedoch zur Erreichung des Ausbildungsziels erforderlich ist, dürfen Jugendliche in Bäckereien und Konditoreien zu folgenden Zeiten mit der Arbeit beginnen:

– unter 16 Jahren	ab 6 Uhr
– über 16 Jahren	ab 5 Uhr
– über 17 Jahren	ab 4 Uhr

4.3 Die Verkaufszeiten in Bäckereien (Ladenschluss)

Allgemeine Ladenschlusszeiten

Verkaufsstellen müssen geschlossen sein ...

- ❑ ... an Sonn- und Feiertagen,
- ❑ ... montags bis freitags vor 6.00 und ab 20 Uhr,
- ❑ ... samstags bis 6.00 und ab 16.00 Uhr,
- ❑ ... an den vier aufeinanderfolgenden Samstagen vor dem 24. Dezember bis 6.00 Uhr und ab 18.00 Uhr,
- ❑ ... am 24. Dezember, wenn dieser Tag auf einen Werktag fällt bis 6.00 Uhr

Besondere Ladenöffnungszeiten ...

- ❑ **... an Werktagen**

Verkaufsstellen für Bäckereien dürfen ab 5.30 Uhr geöffnet sein.
Kunden, die bei Ladenschluss noch anwesend sind, dürfen noch bedient werden.

- ❑ **... an Sonn- und Feiertagen**

Verkaufsstellen von Betrieben, die Bäcker- und Konditorwaren herstellen, dürfen für 3 Stunden geöffnet sein.

5 Vorschriften zur Hygiene in der Bäckerei

Rechtliche Grundlagen sind:[1]

- ❑ das Bundesseuchengesetz,
- ❑ die Bestimmungen über die Einrichtung und den Betrieb von Bäckereien und Konditoreien
- ❑ das HACCP-Konzept

Die Vorschriften über die Hygiene sollen Verbraucher und Beschäftigte vor gesundheitlichen Schäden schützen.

Daher werden bestimmte Auflagen gemacht; diese betreffen:

- ❑ die Gesundheit und das Verhalten der Beschäftigten,
- ❑ die Beschaffenheit der Räume und der Gegenstände,
- ❑ die Behandlung der Backwaren.

Neu sind die Bestimmungen des HACCP-Konzepts. Sie basieren auf der „Verordnung über Lebensmittelhygiene" (LMHV) und der darin ausgesprochenen besonderen Sorgfaltspflicht für jeden, der gewerbsmäßig Umgang hat mit Lebensmitteln.

Das HACCP-Konzept[2] gibt Hilfestellung im Sinne einer „guten Hygienepraxis" und Anregungen für die von jedem Betriebsinhaber geforderte „Eigenkontrolle" in seinem Betrieb:

---

[1] Die meisten dieser Bestimmungen sind näher ausgeführt in Band 1, Seiten 24 bis 27).

[2] Nähere Darstellung des HACCP-Konzepts: siehe die im gleichen Verlag erschienene Broschüre „Verordnung über Lebensmittelhygiene".

- Erkennen der hygienischen Gefahrenquellen bei der Herstellung, beim Behandeln und beim Inverkehrbringen der Lebensmittel.
- Festlegung von Sicherheitsmaßnahmen zur Ausschaltung dieser Gefahren sowie Überwachung der Durchführung und der Wirksamkeit dieser Maßnahmen.

6 Betriebskontrolle

Die Einhaltung der gesetzlichen Auflagen wird vom Staat kontrolliert.

Lebensmittelkontrolle

Sie wird durch die Lebensmittelpolizei bzw. durch amtlich beauftragte Sachverständige durchgeführt.

Dabei werden die *Erzeugnisse* daraufhin überprüft:

- ob sie gesundheitlich unbedenklich sind,
- ob die Qualität der Erzeugnisse übereinstimmt mit den Bezeichnungen, z.B. Marzipan/Persipan,
- ob die vorgeschriebene Gewichtsangabe erfolgt ist,
- ob die angegebenen Gewichte stimmen,
- ob die vorgeschriebene Deklaration vorgenommen wurde,
- ob die vorgeschriebene Preisauszeichnung vorhanden ist.

Betriebskontrolle

Sie wird von Gewerbepolizei bzw. Gewerbeaufsichtsamt durchgeführt.

Dabei werden die Räume und Einrichtungen daraufhin überprüft:

- ob sie den baubehördlichen Auflagen unter dem Gesichtspunkt der „Sicherheit am Arbeitsplatz" entsprechen,
- ob sie den hygienischen Vorschriften entsprechen.

Aufgabenstellungen

		Seite
1	Nennen Sie die Grundbestandteile von Brot, ferner andere Lebensmittel, die Brotteigen zugesetzt werden sowie die zulässigen Anteile an Fett und/oder Zuckerarten.	111
2	Unter welchen Voraussetzungen und in welchen Mengenanteilen darf Restbrot zugesetzt werden?	111
3	Unterscheiden Sie: allgemein zugelassene – beschränkt zugelassene Zusatzstoffe	111
4	Nennen Sie die für den Bäcker wichtigen Konservierungsstoffe und geben Sie an, wofür und unter welchen Voraussetzungen sie verwendet werden dürfen.	111f
5	Nennen Sie weitere Zusatzstoffe, die zur Konservierung von Lebensmitteln dienen.	112
6	Wozu dürfen Farbstoffe und künstliche Aromen in der Bäckerei verwendet werden?	112
7	Unter welchen Voraussetzungen und auf welche Weise muss der Zusatz von Zusatzstoffen deklariert werden?	112f
8	Welche Gewichte für Brote gelten als „privilegierte Werte" und welche Bedeutung hat das für die Gewichtsangabe und für die Preisauszeichnung?	113
9	Wie soll die Gewichtsangabe für Brote vorgenommen werden?	114
10	Wie soll die Preisangabe für Brote und andere Erzeugnisse vorgenommen werden?	114

Fortsetzung der Aufgabenstellungen auf der folgenden Seite

	Seite
11 Nennen Sie die fünf vorgeschriebenen Kennzeichnungsmerkmale für Fertigpackungen.	114f
12 Was muss im Zutatenverzeichnis angegeben werden?	114
13 Welche Bedeutung hat die Angabe des Mindesthaltbarkeitsdatums?	115
14 Wie genau muss die Mengenkennzeichnung (Gewichtsangabe) erfolgen?	115
11 Zu welchen Tages- und Nachtzeiten und wie lange täglich dürfen Bäcker beschäftigt werden?	115
15 Unter welchen Voraussetzungen dürfen Bäcker auch an Sonn- und Feiertagen arbeiten?	115
16 Geben Sie die Bestimmungen über die Arbeitszeit für Jugendliche in Bäckereien an.	116
17 Nennen Sie die allgemeinen Ladenschlusszeiten.	116
18 Welche besonderen Ladenöffnungszeiten gibt es für Bäckereien?	116
19 Nennen Sie Vorschriften zu Hygiene in der Bäckerei und geben Sie an, was diese bezwecken.	116
20 Auf welche Weise wird der Bäcker durch das HACCP-Konzept zur Eigenkontrolle in seinem Betrieb aufgefordert?	116f
21 Durch wen und auf welche Weise werden die Betriebe auf Einhaltung der rechtlichen Bestimmungen überprüft?	117

Die Herstellung von Schrotbroten und Vollkornbroten

1 Die Verbrauchererwartung

Viele Verbraucher erwarten von „ihrem" Bäcker, dass er mindestens eine Sorte von Roggen- und Weizenschrotbrot herstellt; die Nachfrage nach schrothaltigen Kleingebäcken ist ebenfalls gestiegen.

Schrotbrote sind deswegen gefragt ...

- ❐ ... weil sie einen hohen Anteil an Ballaststoffen enthalten.

  Die unlöslichen und unverdaulichen Ballaststoffe begünstigen die Darmtätigkeit sowie den gesamten Verdauungsvorgang.

- ❐ ... weil sie besonders hochwertige Nährstoffe enthalten.

  Das Eiweiß und die Mineralstoffe der Aleuronschicht und der äußeren Schalen erhöhen den physiologischen Nährwert des Brotes.

- ❐ ... weil sie eine gute Frischhaltung besitzen.

  Die zahlreichen Quellstoffe der Schale (Pentosane) bewirken hohe Wasseraufnahme und gutes Wasserhaltevermögen.

- ❐ ... weil sie einen besonderen Wohlgeschmack haben.

  Neben kräftiger Säuerung ist oft ein leicht süßlicher Geschmack vorhanden (s. S. 123).

2 Einteilung der Brotsorten

Nach der „Systematik der Backwaren in der Bundesrepublik Deutschland für Brot und Feine Backwaren" müssen alle Schrotbrote aus Roggen- und/oder Weizenbackschrot hergestellt werden.

Ferner darf Roggen- bzw. Weizenvollkornschrot verwendet werden.

Roggenschrotbrote

Sie enthalten mindestens 90% Roggenbackschrot und/oder Roggenvollkornschrot.

Weizenschrotbrote

Sie enthalten mindestens 90% Weizenbackschrot und/oder Weizenvollkornschrot.

Abb. 1: Brot- und Kleingebäcksortiment mit mehreren Schrot- und Vollkornbrotsorten

**Roggen-Weizenschrotbrote
und
Weizen-Roggenschrotbrote**
Sie enthalten mindestens 90% Schrot- oder Vollkornschrotanteile, wobei je nachdem der Anteil an Roggen- oder Weizenschrot überwiegt.

Vollkornbrote
Der Schrot- oder Mehlanteil darf nur aus Mahlprodukten bestehen, die die gesamten Kornbestandteile einschließlich des Keimlings enthalten.

**Roggen-Schrot-Toastbrote
und
Weizen-Schrot-Toastbrote**
Neben den o. a. Schrotanteilen dürfen Toastbrote bis zu 11% Fett und/oder Zucker (auf Getreidemahlerzeugnisse bezogen) enthalten.

3 Die besondere Beschaffenheit von Schrot

Für Roggenschrot eignen sich besonders enzymärmere Roggensorten.

Für Weizenschrot sind Weizensorten von weicher Korn-Struktur besonders geeignet; die Kleberqualität ist von untergeordneter Bedeutung, da es bei der groben Teilchengröße nur begrenzt zur Kleberbildung kommen kann.

Gewinnung der Schrote in der Mühle

Die Getreidekörner werden entweder von Mahlsteinen (Steinmühle) oder von Mahlwalzen (Walzenstühlen) zerkleinert.

Je nach Art der Schrotung werden die Getreidekörner …

| … leicht gequetscht ➠ weicher Schrot
oder aber
… zerschnitten ➠ scharfer Schrot.

Abb. 1: Weiche Schrote
  links: fein-weich   rechts: grob-weich

Abb. 2: Scharfe Schrote
  links: mittelscharf   rechts: grob-scharf

| **Backschrote stellt man in unterschiedlichen Feinheitsgraden her.**

Nach der Körnungsgröße werden unterschieden:
feiner Schrot   Körnungsgröße bis 250 µ
mittlerer Schrot   Körnungsgröße bis 700 µ
grober Schrot   Körnungsgröße bis 1400 µ

Einteilung nach Typenzahlen
Roggenschrot   ➠ Type 1800
zulässiger Aschegehalt 1,65 bis 2,0%

Weizenschrot   ➠ Type 1700
zulässiger Aschegehalt 1,60 bis 1,9%

| **Vollkornschrote und Vollkornmehle werden nicht nach Typenzahlen gekennzeichnet.**

Vollkornerzeugnisse müssen alle Bestandteile des ganzen Kornes enthalten, es darf nichts entfernt (auch nicht der Keimling) und nichts zugesetzt werden.

Backeigenschaften

Die Körnungsgröße hat entscheidenden Einfluss auf Wasseraufnahme, Teigbildung und Lockerungsfähigkeit des Schrots:

❏ grober Schrot quillt langsamer, ergibt weniger bindige Teige und daher Brote von geringerem Volumen,

❏ feine sowie weiche Schrote binden das Teigwasser schneller, ergeben bindigere Teige und daher gut gelockerte, voluminöse Brote.

Schrote, die durch das schonendere Walzenverfahren gewonnen wurden, ergeben ebenfalls besser gelockerte Brote mit größerem Volumen.

Die besten Volumenausbeuten erzielen die mit Riffelwalzen hergestellten, scharf zerschnittenen Schrote.

4 Aufbewahrung von Schroten

Schrote sind nur kurzfristig lagerfähig.

Das liegt am höheren Anteil an Enzymen aus den Schalenschichten.

Vollkornerzeugnisse sind wegen der Fettbestandteile und der zahlreichen Enzyme aus dem Keimling besonders lagerempfindlich: die Enzyme bauen einen Teil der Mehlbestandteile zu löslichen Stoffen ab, das Keimlingsöl wird durch die Enzyme und durch Einwirkung des Luftsauerstoffs bald ranzig.

Schrot soll daher möglichst frisch verarbeitet werden und nicht länger als einen Monat lagern.

Dabei soll der Schrot kühl, trocken, bei ausreichender Belüftung und geruchsfrei aufbewahrt werden.

5 Verfahrenstechnik der Schrotbrotbereitung

5.1 Maßnahmen zur besseren Verquellung

- Schrot besitzt ein sehr hohes Quellvermögen.
  Das beruht auf dem Gehalt an hochquellfähigen Schalenbestandteilen (Pentosane, Pektine).
- Die Quellungsvorgänge verlaufen jedoch erheblich langsamer als z. B. bei Mehl.
  Das Teigwasser kann nur langsam ins Innere der Schrotpartikelchen eindringen; das dauert um so länger, je gröber die Partikelchen sind.
- Bei der Teigbereitung ist Schrot „von Natur aus" nicht in der Lage, die erforderliche Wassermenge aufzunehmen.
  Würde der Bäcker nur so viel Wasser zusetzen, wie der Schrot aufnimmt, ergäbe das in Folge der späteren Nachquellung viel zu trockene Teige und keine ausreichend saftige, schnittfeste Krume.

Deshalb muss der Bäcker Maßnahmen ergreifen, die eine rechtzeitige und ausreichende Wasseraufnahme des Teiges ermöglichen.

Eine höhere Wasseraufnahme bei der Teigbereitung wird erreicht durch:

- Bereiten von Quellstufen.
  Dazu zählen **Quellstück** und **Brühstück**.
- Zusatz von hochquellfähigen Stoffen zum Teig.
  Erlaubte Zusätze sind **Restbrot** und **Backmittel** (Quellmehle).

5.1.1 Quellstufen

Durch Einweichen von Schrot in Wasser soll erreicht werden, dass das Teigwasser bis ins Innere der Partikel eindringt.

- Eine solche Vorbehandlung ist um so wichtiger, je gröber die Schrotteile sind.
  Das Wasseraufnahmevermögen von Grobschrot oder auch von ganzen Körnern kann so dem von Feinschrot angepasst werden.
- Je nach Struktur des Backschrots (grob, fein) und nach angewandter Temperatur ergeben sich sehr unterschiedliche Abstehzeiten (3 bis 20 Stunden).
  Längere Abstehzeiten bei grobem Schrot und kühler Temperatur,
  kürzere Abstehzeiten vor allem bei warmen Temperaturen (Brühen).
- Zu lange Abstehzeiten sind zu vermeiden, weil sonst Fremdgärungen auftreten können.
  Durch Zusatz von Teigsäuerungsmitteln, insbesondere Essigsäure oder deren Salze, werden mikrobielle Schädlinge unterdrückt.
- Während der Abstehzeit der Quellstufe werden ferner Mehlbestandteile enzymatisch abgebaut.
  Enzymreiche Schrote dürfen daher nur kurz abstehen, der Schrotanteil ist zu verringern, ein Teil der Enzyme kann durch Brühen zerstört werden.
  Enzymärmere Schrote vertragen längere Abstehzeiten und höhere Anteile in der Quellstufe.

Quellstück

Etwa ⅔ bis ¾ des Backschrotes wird mit Wasser zu einem weichen Teig angesetzt.

Temperatur des Quellstücks:	20 bis 30 °C
Quellstufenausbeute:	ca. 200
Abstehzeit:	5 bis 20 Stunden (meist über Nacht)

Bei Sauerteigstufenführung vermindert sich die zu verquellende Schrotmenge.

Der im Sauerteig enthaltene Schrotanteil quillt während der Abstehzeit der weichen Sauerstufe ebenfalls auf.

Brühstück

Etwa die Hälfte des Backschrotes wird mit heißem Wasser (70 bis 100 °C) zu einem sehr weichen Teig angesetzt.

Temperatur des Quellstücks:	50 bis 70 °C
Quellstufenausbeute:	ca. 250
Abstehzeit:	3 bis 5 Stunden

Teilweise verkleistert die Stärke.
Dadurch wird eine etwas höhere Teigausbeute erzielt (ca. 180%).

Brühstück für Ganzkörner

Ganze Körner (etwa 25% auf die insgesamt verwendete Schrotmenge bezogen) werden mit kochendem Wasser überbrüht.

Temperatur des Quellstücks:	85 bis 95 °C
Quellstufenausbeute:	ca. 300
Abstehzeit:	ca. 3 Stunden

In Folge intensiver Stärkeverkleisterung werden Teigausbeuten bis zu 185% erzielt.

Abb. 1: Ungequollene Körner

Abb. 2: Bei 65 °C gequollene Körner

Abb. 3: Bei 85 °C gequollene Körner

5.1.2 Zusätze zum Teig

Restbrot

❑ Das als Restbrot verwendete Brot muss verkehrsfähig und hygienisch einwandfrei sein.
Die als Frischbrot berechnete Zusatzmenge beträgt bei Broten …

… mit überwiegendem **Weizen**anteil
bis zu **6%**

… mit überwiegendem **Roggen**anteil
bis zu **20%**

Das mitverwendete Brot darf im Enderzeugnis mit bloßem Auge nicht sichtbar sein.

❑ In Folge der Verkleisterung der Stärke beim vorausgegangenen Backprozess kann Restbrot im Teig das Vielfache seines Eigengewichts an Wasser aufnehmen.

❑ Das Restbrot wird in der Regel zuvor eingeweicht; es kann auch in getrockneter und vermahlener Form (Paniermehl) verwendet werden, indem man es:
– entweder unter das Schrot für die Quellstufe mischt,
– in kaltem Wasser über 2 bis 3 Stunden oder
– in warmem Wasser über etwa eine Stunde einweicht und dann dem Teig zusetzt.

❑ Durch den Zusatz von Restbrot erreicht man auch eine geschmackliche Verbesserung des Brotes, weil die beim vorausgegangenen Backprozess gebildeten Geschmacksstoffe in der Krume des Schrotbrotes verteilt sind.

Quellmehle …

❑ … bestehen vorwiegend aus verkleisterter Stärke (vgl. S. 52 f);

❑ … können ferner hochquellfähige Zusätze enthalten, z.B. Pektin, Gelatine u.a. (s. S. 53);

❐ ... können darüber hinaus mit Säuren angereichert sein; in diesem Fall zählen sie zu den Teigsäuerungsmitteln (vgl. S. 53).

❐ Die Zusatzmenge wird von der Herstellerfirma angegeben.

5.2 Teigsäuerung

Der Verbraucher erwartet bei Schrot-/Vollkornbroten in den meisten Fällen eine Mischung aus mild-saurem und leicht süßlichem Geschmack.

Die süßliche Geschmackskomponente kann man sowohl durch Teigzusätze (Sirup, Malzbackmittel) wie durch entsprechende Backverfahren erzielen (s. S. 88).

> Die Säuerung kann durch Stufensauer, Zusatz von Teigsäuerungsmitteln oder auch durch Kombination von Sauerteig und Säuerungsmitteln (kombinierte Führung; s. S. 54) erfolgen.

Wie viel Sauerteig oder säurehaltige Backmittel zugesetzt werden hängt davon ab, welcher Brotgeschmack angestrebt wird.

Es kommt jedoch auch darauf an, wie hoch der Enzymgehalt des Schrotes ist.

❐ Schrot ist wegen des Gehalts an Schalenbestandteilen meist enzymreicher als vergleichsweise Mehl.

Das macht sich bei Schrot aus auswuchshaltigem Roggen besonders deutlich bemerkbar.

Bei auswuchshaltigem Schrot:

❐ Saueranteil erhöhen,

❐ pH-Wert durch Zusatz entsprechender Säuerungsmittel senken,

❐ wenig oder keine malzhaltigen Backmittel verwenden.

Einen Teil der Enzyme in auswuchshaltigem Schrot kann man durch Anwendung höherer Temperaturen im Brühstück ausschalten (vgl. S. 122).

5.3 Rezepturen für Schrot- und Vollkornbrote

Schrotbrot

Hergestellt aus:
◆ 20% Roggenschrot extra grob-scharf mit ganzen Körnern

◆ 40% Roggenschrot grob
◆ 30% Roggenschrot fein
◆ 10% Roggenmehl
◆ mit Sauerteigführung

Rezeptur

Brühstück

10 kg Roggenschrot extra grob-scharf
15 kg (l) Wasser
 1 kg trockenes Restbrot

= 26 kg Brühstück

Abstehzeit:	ca. 2 Stunden
Temperatur:	ca. 90 °C
TA:	300

Sauerteig

20 kg Backschrot grob
16 kg (l) Wasser

= 36 kg Sauerteig

Einstufensauer über Nacht

Temperatur:	18 bis 20 °C
TA:	180

Zusätze zum Teig

15 kg Backschrot fein
 5 kg Roggenmehl
10 kg (l) Wasser
 1 kg Kochsalz
 1 kg Sirup

ergibt: **94 kg Schrotteig**

TA (Nettoteigausbeute):	182
Teigtemperatur:	ca. 28 °C
Backen:	2 bis 3 Std. bei 180 bis 200 °C

Abb. 1: Roggenschrotbrot

Vollkornbrot

Hergestellt aus:

- ca. 25% Roggenvollkornschrot grob
- ca. 70 % Roggenvollkornschrot mittel
- ca. 5% Roggenvollkornmehl
- mit Zusatz von Teigsäuerungsmittel

Rezeptur

Quellstück

 10 kg Vollkornschrot grob
 10 kg (l) Wasser
= **20 kg Quellstück**

Abstehzeit:	ca. 8 Stunden
Temperatur:	ca. 20 °C
TA:	200

Restbrot

 2 kg getrocknetes Restbrot
 2 kg (l) Wasser
= **4 kg Restbrot**

Abstehzeit:	ca. 3 Stunden
Temperatur:	ca. 20 °C

Zusätze zum Teig

 28 kg Vollkornschrot mittel
  2 kg Vollkornmehl
 20 kg (l) Wasser
 1,6 kg Teigsäuerungsmittel
 1,0 kg Kochsalz
 0,4 kg Hefe

TA (Nettoteigausbeute):	180
Teigtemperatur:	28 bis 30 °C

ergibt: **77 kg Vollkornschrotteig**

Abb. 1: Vollkorn-Schrotbrote

5.4 Rezeptur für Kleingebäcke mit Schrotanteil

Weizen-Roggen-Vollkornbrötchen

Hergestellt aus:

- 60% Weizenanteilen
- 40% Roggenanteilen
- mit kombinierter Führung

Rezeptur

Quellstück

 4 kg Roggenvollkornschrot mittel
 3 kg Weizenvollkornschrot mittel
 7 kg (l) Wasser
= **14 kg Quellstück**

Abstehzeit:	ca. 8 Stunden
Temperatur:	20 °C
TA:	200

Sauerteig (Berliner Kurzsauer)

 5 kg Roggenvollkornschrot fein
 5 kg (l) Wasser
= **10 kg Kurzsauer**

Abstehzeit:	ca. 3 Stunden
Temperatur:	35 °C
TA:	200

Zusätze zum Teig

 10,5 kg Weizenvollkornmehl
  4 kg (l) Wasser
  1,2 kg gesäuertes Quellmehl
  0,5 kg Malzbackmittel
  0,5 kg Kochsalz
  1,0 kg Hefe

TA (Netto-TA):	171
Teigtemperatur:	ca. 28 °C

ergibt: **42,5 kg Teig**

Abb. 2: Vollkornbrötchen mit Schrotanteilen

5.5 Bereitung und Aufarbeitung des Teiges

Kneten

❐ Schrotteige brauchen nicht intensiv geknetet zu werden.
Sie sollten nur im Langsamgang geknetet werden.
Es erfolgt keine Kleberbildung.
Zum Kneten geeignet sind Bottichknetmaschinen.

❐ Der Knetvorgang soll 20 bis 30 Minuten dauern.
Er kann bei etwa der Hälfte der Knetzeit für 10 bis 15 Minuten unterbrochen und danach fortgesetzt werden.
Dabei ist eine gründliche Vermischung der Bestandteile (Brüh-, Quellstück, Restbrot, Sauer, Teigzutaten) zu erreichen.
Das noch ungebundene Wasser soll aufgenommen werden.

Formen

❐ Schrotteige besitzen nur wenig Bindigkeit und sind nach Abschluss des Knetvorganges noch sehr feucht.

❐ Der Teig wird entweder von Hand oder mit der Maschine strangförmig ausgeformt und in rechteckige oder rundliche Kastenformen gefüllt; er kann auch in rechteckiger Form für angeschobenes Brot ausgeformt werden.

❐ In beiden Fällen entsteht ein krustenarmes Brot, das nur wenig Teigwasser verliert und deshalb saftig bleibt.

Abb. 1: Angeschobenes, nicht im Kasten gebackenes Brot

5.6 Backen, Auskühlen und Schneiden von Schrotbrot

Backen

❐ In Kastenform backen die Brote ca. 2 bis 3 Stunden. Ofentemperaturen: 200 bis 180 °C.
Durch längere Backzeiten entsteht eine etwas kompaktere, dunklere Krume mit vollem Aroma.

❐ Im Dampfkammerverfahren (s. S. 88) entstehen Temperaturen von nur 100 °C. Dadurch dauert die Backzeit erheblich länger (12 bis 16 Stunden); es kann sich keine Kruste bilden, wohl aber eine besonders saftige Krume mit langer Frischhaltung.

❐ Infolge des Abbaus eines Teils der Stärke zu Zucker entsteht ein süßlicher Geschmack.
Während der langen Abstehzeit des Teiges und in der ersten Phase des Backprozesses wird Stärke enzymatisch abgebaut.

Auskühlen

❐ Angebackene und aus den Kästen entnommene Brote sollen ausschwaden und mindestens 10 Stunden bei +18 °C und einer relativen Luftfeuchtigkeit von 70 bis 80% ablagern.

❐ In Folge des Auskühlens von Krume und Kruste hat das Brot die zum Schneiden erforderliche Festigkeit (Schnittfestigkeit) erzielt.

Schneiden

❐ Dazu gibt es verschiedene Brotschneidemaschinen mit unterschiedlichen Messersystemen.
  - **Kreismesser** und **Schlagmesser** schneiden das Brot in einzelne Scheiben.
  - **Gattermesser:** Das Brot wird von zahlreichen Messern in einem Arbeitsgang in Scheiben geschnitten.

❐ Durch Brotschneidemaschinen können sehr schwere Unfälle verursacht werden. Deshalb ist unbedingtes Beachten der Unfallverhütungsvorschriften erforderlich.

❐ Insbesondere müssen angebracht sein:
  - Messerschutz (Umkleidung);
  - Fingerschutz;
  - Sicherheitsverriegelung.

❐ Die Brotscheiben werden portioniert und exakt ausgewogen, sodann verpackt und je nachdem sterilisiert (vgl. S. 109f).

Aufgabenstellungen

	Seite
1 Welche besondere Beschaffenheit und Inhaltsstoffe haben:	
a) Schrotbrote,	119
b) Vollkornbrote?	120
2 Nennen Sie Schrotbrotsorten.	119 f
3 Unterscheiden Sie die Schrotbrotsorten nach den vorgeschriebenen Anteilen an Getreide sowie anderen Rohstoffen.	119 f
4 Unterscheiden Sie weichen und scharfen Schrot nach Vermahlung und Eigenschaften.	120
5 Unterscheiden Sie Schrot nach Feinheitsgraden und Quellvermögen.	120
6 Erläutern Sie die Typenzahlen von Roggen- und Weizenschrot.	120
7 Weshalb werden Vollkornerzeugnisse nicht mit Typenzahlen gekennzeichnet?	120
8 Weshalb sind Schrote nicht lange lagerfähig?	121
9 Wie soll Schrot gelagert werden?	121
10 Erläutern Sie das Quellvermögen von Schrotteigen.	121
11 Nennen Sie Methoden zur Verbesserung der Wasseraufnahme in Schrotteigen.	121 ff.
12 Was kann durch Ansetzen einer Quellstufe erreicht werden?	121 f
13 Unterscheiden Sie:	
a) Quellstück,	121 f
b) Brühstück.	122
14 In welchem Umfang ist ein Zusatz an Restbrot zulässig?	122
15 Wie kann der Restbrotzusatz erfolgen?	122
16 Was kann durch Restbrotzusatz erreicht werden?	122
17 Erläutern Sie Zusammensetzung und Wirkung von Quellmehlen.	122 f
18 Worauf ist bei der Säuerung von Schrotteigen zu achten?	123
19 Wodurch kann ein süßlicher Geschmack von Schrotbroten erzielt werden?	123
20 Nennen und erläutern Sie Rezepte für Schrot- und Vollkornbrote.	123 ff.
21 Worauf ist beim Kneten und bei der Formung von Schrotteigen zu achten?	125
22 Wie sollen Schrotbrote gebacken werden?	125

Herstellung von besonderen Broten

Neben den Brotgrundsorten (vgl. Seite 5) werden zahlreiche andere Brotsorten hergestellt. Die frühere Bezeichnung „Spezialbrote" ist nicht mehr üblich. Statt dessen werden die Brote entsprechend ihrer Besonderheit in verschiedene Brotgruppen eingeteilt:

Abb. 1: Besondere Brotsorten
① Gewürzbrot
② Steinmetzbrot
③ Buttermilchbrot
④ Grahambrot
⑤ Rosinenbrot
⑥ Simonsbrot
⑦ Zwiebelbrot
⑧ Knäckebrot
⑨ Pumpernickel
⑩ Toastbrot

1 Überblick

Zu den besonderen Broten zählen:

Brote mit wertbestimmenden Zutaten

Butterbrot	Leinsamenbrot
Buttermilchbrot	Sesambrot
Milchbrot	Sonnenblumenkernbrot
Milcheiweißbrot	Mohnbrot
Quarkbrot	Nussbrot
Sauermilchbrot	Korinthenbrot
Molkebrot	Rosinenbrot
Joghurtbrot	Weizenkeimbrot
Kefirbrot	Kleiebrot
Sauerteigbrot	Ballaststoffbrot

Brote mit Namen gebenden Nicht-Brotgetreidearten

Haferbrot
Gerstebrot
Reisbrot
Maisbrot
Buchweizenbrot
Hafervollkornbrot

Brote aus Brotgetreide und Nicht-Brotgetreide

Dreikornbrot
Vierkornbrot
Mehrkornbrot
Mehrkorntoastbrot

Brote aus besonderen Mahlerzeugnissen

Steinmetzbrot
Schlüterbrot

Brote auf Grund besonderer Teigführungen

Loosbrot
Simonsbrot

Brote auf Grund besonderer Backverfahren

Holzofenbrot
Steinofenbrot
Gersterbrot
Pumpernickel

Brote im Nährwert verändert

kohlenhydratvermindertes Brot
brennwertvermindertes Brot

Diätetische Brote

eiweißarmes Brot
eiweißvermindertes Brot
natriumarmes Brot
vitaminisiertes Brot
Diätbrot
Diabetikerbrot

Brote mit geografischen Hinweisen

Eifeler Brot	Rheinisches Schwarzbrot
Fränkisches Brot	Bayerisches Hausbrot
Hamburger Brot	Altmärker Brot
Mecklenburger Landbrot	
Schlesisches Brot u.v.a.	

Zu den besonderen Broten werden auch folgende Brotsorten gerechnet:

Toastbrot
Roggentoastbrot

Sie sind besonders zum Toasten geeignet.

Knäckebrot
anderes Trockenflachbrot

Merkmal ist die besondere Form des Brotes.

Bauernbrot
Landbrot

Merkmale sind die rustikale Form und der spezielle Geschmack.

Laugengebäck

Merkmal ist die besondere Art des Backens.

2 Brote mit besonderen Zusätzen

2.1 Brote mit wertbestimmenden Zutaten

Die dem Brot zugesetzten Stoffe haben Einfluss auf den Geschmack, das Aussehen, vor allem aber auf den Nährwert der Erzeugnisse. Diese Zutaten sollen deshalb nach Nährstoffgehalt sowie nach jeweiliger Besonderheit tabellarisch dargestellt werden:

2 Brote mit besonderen Zusätzen

Zutat	Nährstoffgehalt an				Besonderheiten
	Eiweiß	Fett	Zuckerstoffe	Mineralien	
Milch	3,5	3,5	4 – 6	0,7	besonders vitaminreich
Buttermilch	4	0,5	3 – 3,5	0,7	säurehaltig
Joghurt	4,8	3,8	4,5	0,8	über 1% Milchsäure
Kefir	3,2	3,5	2,8	0,8	Milchsäure 0,7; Alkohol 0,7
Quark	7–17	1– 45	1– 2	1,0	Milchsäure, Vitamine
Butter	0,6	82	0,5	0,1	vitaminreich, Milchsäure
Molke	0,8	0,3	4,5	0,6	Milchsäure
Weizenkeime	50	7	5 –10	4 – 5	zahlreiche Enzyme und Vitamine
Speisekleie	15,5	7,5	10	7	Ballaststoffe 50%
Speisetreber	11	4,5	5	5	Ballaststoffe 72%
Sojabohnen	35	20	25	4,6	–
Malz	11	1,8	65 (Stärke/Zucker)	1,8	Ballaststoffe, Enzyme

Weizenkeime
Speisekleie
Speisetreber

sind besonders reich an essentiellen Fettsäuren

Gewürze

enthalten 2 bis 20 % ätherische Öle, alkalische Stoffe (Basen) und Ballaststoffe, ferner sehr verschiedenartige Geschmacksstoffe

Leinsamen	32 bis 42 % Fett
Sesam	45 bis 50 % Fett
Sonnenblumenkerne	22 bis 32 % Fett

– Sie haben einen sehr hohen Anteil an essentiellen Fettsäuren, besonders Sonnenblumen und Leinsamen.
– Sie sind sehr reich an Ballaststoffen

Die besondere geschmackliche Wirkung dieser Zutaten kann beruhen …

… auf dem hohen Fettgehalt,
… auf dem Anteil an Säuren bzw. an alkalischen Stoffen,
… auf dem Anteil an ätherischen Ölen und anderen Geschmacksträgern.

Abb. 1: Zutaten für besondere Brote

2.2 Brote mit Zusätzen von anderen Getreidearten

Dazu zählen vor allem die Nicht-Brot-Getreidearten:

Gerste	Hafer	Mais
Reis	Hirse	Buchweizen

Ihre Verwendung zu Drei-, Vier-, Fünf- oder Mehrkornbroten wirkt sich sowohl auf Aussehen und Geschmack, insbesondere aber auf eine Verbesserung des physiologischen Nährwerts aus. Letzteres beruht vor allem auf der „Ergänzungswirkung", und zwar im Eiweiß- und Vitaminhaushalt sowie nach Anteil und Art der Mineralstoffe.

Getreide-art	Eiweiß in %	Fett in %	Kohlen-hydrate in %	Vitamine[1]		Mineralien[1]		
				B_1	B_2	gesamt in %	Calcium	Eisen	Mangan
Hafer	12,6	7,1	62,9	0,52	0,17	2,9	79,6	5,8	3,7
Gerste	10,6	2,1	71,8	0,43	0,18	2,3	38,0	2,8	1,7
Mais	10,0	3,8	67,0			1,5			
Reis	7,4	2,2	75,4			1,2			
Hirse	10,6	3,9	70,7			1,6			
Buchweizen	9,8	1,7	72,4			1,7			
Weizen	11,7	2,0	69,3	0,48	0,14	1,8	43,7	3,3	2,4
Roggen	11,6	1,7	69,0	0,35	0,17	1,9	115,0	5,1	2,4

3 Im Nährwert veränderte Brote

Ein erheblicher Teil der Verbraucher[2] unterzieht sich einer regelmäßigen Diät oder aber nimmt gelegentlich Schonkost zu sich.

Den weitaus größeren Anteil machen die an Diabetes (Zuckerkrankheit) Leidenden aus. Daneben gibt es zahlreiche Menschen, die an Erkrankungen der Verdauungswege, an Natriumunverträglichkeit oder an Eiweißunverträglichkeit (Zöliakie) leiden. Ferner versuchen zahlreiche Menschen, mit Hilfe einer Diät ihr Übergewicht abzubauen.

Der Bäcker kann für diese Verbrauchergruppe eine Reihe spezieller Brote herstellen. Er verarbeitet dazu besondere Rohstoffe, die er meist in Form von backfertigen Mischungen bezieht.

Tabellarische Übersicht

	Bestimmungen über die Zusammensetzung	Zweck/Verbraucherkreis
Nährwertveränderte Brote		
Eiweißangereicherte Brote	Der Eiweißgehalt beträgt mindestens 22% i.T.	Brot mit vollwertigem Eiweiß (alle essentiellen Aminosäuren) durch Zusatz von Milcheiweiß
Kohlenhydratverminderte Brote	Der Anteil an Kohlen-hydraten ist um mindestens 30% geringer als bei vergleichbaren Broten.	Gewichtsabnahme Bekämpfung der Diabetes
Brennwert- (Energie-) verminderte Brote	Weist mindestens 30% weniger Energie auf als vergleichbares Brot.	Gewichtsabnahme

[1] Angaben in mg je 100 g als Mittelwerte.
[2] Nach Angaben des Statistischen Bundesamtes sind das etwa 6% der Bevölkerung (= etwa 4 Millionen Menschen).

	Bestimmungen über die Zusammensetzung	Zweck/ Verbraucherkreis
Diätbrote		
Eiweißarmes Brot (glutenfrei)	Darf keinen Weizenkleber oder Produkte aus Roggen, Hafer oder Gerste enthalten.	Für an Zöliakie Erkrankte
Natriumarmes Brot (= kochsalzarm)	Darf nur 120 Milligramm Natrium je 100 g Brot enthalten.	Für an Natriumunverträglichkeit Leidende
Streng natriumarmes Brot	Darf nur 40 Milligramm Natrium je 100 g Brot enthalten.	Für an Natriumunverträglichkeit Leidende
Vitaminisierte Brote	mit B-Vitaminen angereicherte Brote (Hefe, Keimlinge u.a.)	Erhöhung des physiologischen Nährwertes
Diabetikerbrot	Siehe folgendes Kapitel	

3.1 Diabetikergebäcke

Diesen Erzeugnissen kommt die größte Bedeutung zu. Sie sollen deshalb hier ausführlicher dargestellt werden. Am Beispiel der Diabetikerbrote werden ferner die Bestimmungen der *Nährwertkennzeichnungsverordnung* dargestellt.

3.1.1 Begriffsbestimmung

Diabetikergebäcke sind Lebensmittel, die dazu bestimmt sind, einem diätetischen Zweck zu dienen, indem sie die Zufuhr von Kohlenhydraten (Zuckerstoffe) verringern. Sie müssen sich daher von anderen Gebäcken in ihrer Zusammensetzung maßgeblich unterscheiden.

3.1.2 Zusammensetzung

Der Bäcker bezieht zur Herstellung von Diabetikergebäcken backfertige Mischungen von *Getreidemahlerzeugnissen* und stellt daraus Brot und andere Backwaren für Diabetiker her.

Sowohl die Rohstoffe wie die Erzeugnisse müssen einen um mindestens $^{3}/_{10}$ *geringeren Gehalt an Zuckerstoffen* (d-Glukose, Invertzucker, Disacchariden, Stärke und Stärkeabbauprodukten) aufweisen als es bei vergleichbaren, nicht für Diabetiker bestimmten Lebensmitteln üblich ist.

Ferner darf der Fettgehalt nicht größer als normal sein.

An Stelle der Zuckerstoffe dürfen den für Diabetiker bestimmten Backwaren (= diätetische Lebensmittel) die *Zuckeraustauschstoffe* Fruktose, Mannit, Sorbit und Xylit sowie bestimmte Süßstoffe zugesetzt werden.

3.1.3 Bestimmungen über die Abgabe

Sofern Diabetikergebäcke *frische Backwaren* sind, dürfen sie „auch im Anschnitt", d.h. lose bzw. nicht in Packungen abgegeben werden. Für alle anderen Diabetikergebäcke gilt die allgemeine Vorschrift für diätetische Lebensmittel, wonach diese „gewerbsmäßig nur in Packungen oder Behältnissen abgegeben werden" dürfen.

3.1.4 Kennzeichnungsvorschriften

Diabetikergebäcke müssen als solche kenntlich gemacht werden. Die Kennzeichnung muss erfolgen:
- bei loser Abgabe: auf Schildern, die auf oder neben dem Erzeugnis für den Verbraucher deutlich sichtbar und leicht lesbar anzubringen oder aufzustellen sind;
- bei Abgabe in Packungen oder Behältnissen: auf der Verpackung.

Dabei sind die Angaben im Einzelnen vorgeschrieben, z.B. sind anzugeben der Gehalt an brennbaren Nährstoffen, der physiologische Brennwert, die verwendeten Zuckeraustauschstoffe sowie das Mindesthaltbarkeitsdatum (s. S. 115).

Aufgabenstellungen

		Seite
1	Nennen Sie die verschiedenen Gruppen von besonderen Broten	128
2	Nennen Sie die zu den jeweiligen Gruppen gehörenden besonderen Brote.	128f
3	Welchen Einfluss haben die für besondere Brote verwendeten Zutaten (nähere Erläuterung)?	128f
4	Nennen Sie die Getreidearten.	129
5	Unterscheiden Sie die Getreidearten nach Besonderheiten in der Nährstoffzusammensetzung.	130
6	Für welchen Verbraucherkreis stellt der Bäcker im Nährwert veränderte Brote her?	130
7	Nennen und unterscheiden Sie nährwertveränderte Brote.	130
8	Nennen und unterscheiden Sie Diätbrote.	131
9	Was versteht man unter Diabetikergebäcken?	131
10	Wie sind Diabetikergebäcke zusammengesetzt?	131
11	Wie müssen Diabetikergebäcke beim Verkauf kenntlich gemacht werden?	131

Feine Backwaren

Die Rohstoffe für Feine Backwaren

Man unterscheidet je nach Mengenanteil und Bedeutung:

❐ Rohstoffe,

❐ Zutaten/Zusätze,

❐ Hilfsstoffe.

Rohstoffe

- Weizenmehl/Weizenpuder
- Milch
- Milcherzeugnisse (Quark, Käse, Sahne, Butter, Butterfett)
- Zucker
- Fette
- Eier

Bedeutung und Wirkung

Sie sind die Hauptbestandteile von Teigen und Massen (größter Anteil innerhalb der Rezepte).

Sie ermöglichen die Bildung von Teigen und Massen und bestimmen deren Beschaffenheit.

Grund dafür sind ihre jeweils besonderen technologischen (mechanischen) Eigenschaften.

Sie sind ferner für den Geschmack und für den Nährwert der Feinen Backwaren verantwortlich.

Zutaten

- **Obst**
- **Obsterzeugnisse** (Gelees, Konfitüren u.a.)
- **Früchte**
- **Fruchterzeugnisse** (Marzipan Persipan, Kuvertüre Fettglasur u.a.)
- **Gewürze**
- **Aromen**

Bedeutung und Wirkung

❐ Sie werden insbesondere zur Verbesserung des Geschmacks der Erzeugnisse verwendet.

❐ Sie beeinflussen ferner das Aussehen und den Nährwert.

❐ Bei ihrer Verarbeitung stellen sich jedoch auch technologische Probleme.

Abb. 1: Früchte – Mandelkerne, Bittermandelkerne, Mandelstifte, Kokosraspeln, Mohnsamen, Paranusskerne (vlnr.)

Abb. 1: Gewürze – Piment, Sternanis, Anissamen, Nelken, getrockneter Ingwer, Koriander (vlnr.)

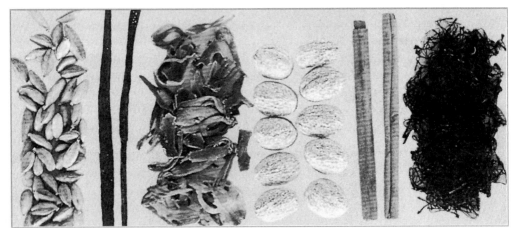

Abb. 2: Gewürze – Kardamomen, Vanillestangen, Muskatblüte, Muskatnüsse, Zimtstangen, Safran (vlnr.)

Hilfsstoffe

- chemische Lockerungsmittel
- Dickungs- und Geliermittel
- Konservierungsmittel
- Farbstoffe

Bedeutung und Wirkung

Sie werden nur in ganz geringen Mengenanteilen zugesetzt.

Sie dienen jeweils einem ganz speziellen Zweck, z. B. der
- Lockerung (Gasbildung),
- Wasserbindung (Verfestigung),
- Haltbarmachung,
- Farbgebung.

Sie haben keinen Nähr- oder Genusswert.

Für ihre Verwendung gelten meist besondere lebensmittelrechtliche Vorschriften bzw. Einschränkungen.

In zunehmendem Maße werden in der Bäckerei neben den reinen Rohstoffen und Zutaten auch vorgefertigte Mischungen dieser Stoffe verarbeitet.

Solche Mischungen sind bekannt unter den Bezeichnungen:

❏ Fertigmehle,

❏ Backkrems

oder

❏ Convenience-Produkte.

Fertigmehle …

❏ … sind zur Herstellung von jeweils ganz bestimmten Teigen (z. B. Hefeteig-Fertigmehl) oder Massen bestimmt.

❏ … sind fertige Rohstoffmischungen, in denen die rezeptmäßigen Anteile an trockenen (haltbaren) Rohstoffen und Zutaten enthalten sind, z. B.:

- Weizenmehl,
- Zucker,
- Fett,
- Kochsalz,
- Trockenmilch,
- Aromen.

❏ … enthalten meist auch Zusätze, die die Verarbeitung erleichtern (z. B. Emulgatoren) oder die Gebäckeigenschaften beeinflussen (z. B. Frischhaltemittel).

Zur Bereitung der Teige und Massen müssen dem Fertigmehl je nachdem Wasser/Milch, Hefe und/oder Eier zugesetzt werden.

Vorteil:
⊕ Herstellung ist einfacher, sicherer und zeitsparender.

Problem:
⊖ Geschmackliche Belastung der Erzeugnisse durch den Gehalt an Zusätzen (Emulgatoren, Frischhaltemittel).

Backkrems …

❏ … sind als Zusätze zu Hefeteigen, Mürbeteigen und Sandmassen geeignet.

❏ … sind keine hochprozentigen Fette, sondern vorgefertigte, emulgierte Zubereitungen, die außer Fetten (ca. 40%) vor allem aus Zuckerarten (Rübenzucker, Sirup) und Milchpulver bestehen. Sie enthalten ferner Emulgatoren (Lezithin) und Dickungsmittel.

❏ … lassen sich auf Grund ihres Gehalts an backtechnisch wirksamen Bestandteilen besonders leicht zu Teigen und Massen verarbeiten.

❏ … erfordern wegen ihrer stofflichen Zusammensetzung jedoch zwingend Umstellungen der sonst üblichen Rezepturen.

Der Zusatz von Backkrems zu Teigen und Massen erfolgt vornehmlich aus backtechnischen Gründen:

❏ Die Teigeigenschaften werden verbessert:
- *bessere Emulgierbarkeit,*
- *Verbesserung der Klebereigenschaften,*
- *Beschleunigung der Gärung und Erhöhung der Gärstabilität bei Hefeteigen.*

❏ Die Gebäckeigenschaften werden verbessert:
- *zartere Krume,*
- *größeres Volumen,*
- *längere Frischhaltung.*

Convenienceprodukte …

❏ … dienen einer Vereinfachung der Herstellung von Produkten (convenience = Bequemlichkeit),

❏ … sind fertige Rohstoffmischungen, vergleichbar den Fertigmehlen; sie enthalten jedoch neben „normalen" Rohstoffen und Zutaten auch solche, die durch besondere Verfahren vorbehandelt sind, z. B. durch Kochen, Abrösten, Emulgieren u. a.

Durch solche Vorbehandlungen …

❏ … werden manche Arbeitsvorgänge überflüssig, z. B. das Abrösten bei der Bereitung von Brandteig (Brühmasse),

❏ … werden Verarbeitungsfehler weitgehend ausgeschlossen („Geling-Garantie"), sofern der Bäcker (bzw. die Hausfrau!) die vorgegebenen Verarbeitungsanleitungen beachtet.

Problem:
⊖ Uniformierung (Vereinheitlichung) des Geschmacks,
⊖ geschmackliche Belastung der Erzeugnisse durch die Zusätze (Quellstoffe, Emulgatoren).

Rohstoffe,
Zutaten,
Hilfsstoffe
sowie
Fertigmischungen
werden in den folgenden Kapiteln eingehend beschrieben.

Die teigbildenden Rohstoffe

Zu den teigbildenden Rostoffen zählen wir:

- Weizenmehl (s. Bd. 1),
- Weizenpuder,
- Milch,
- Zucker,
- Fette,
- Eier,

Desweiteren die Erzeugnisse aus Milch:

- Sahne,
- Butter/Butterfett,
- Käse.

Diese als Hauptbestandteile von Teigen und Massen verwendeten Rohstoffe sind im strengen Wortsinn nicht „roh"; vielmehr wurden die meisten von ihnen von der Herstellerindustrie für ihre Verwendung in der Bäckerei ganz speziell vorbereitet bzw. vorbehandelt.

Das drückt sich in der Einteilung der einzelnen Rohstoffe nach Typen (z. B. Mehltypen), Sorten (z. B. Spezialfette) oder Handelsklassen (z. B. bei Zucker) aus. Die so klassifizierten Rohstoffe sind in ihrer Zusammensetzung und backtechnischen Eignung auf die entsprechenden speziellen Verwendungszwecke abgestimmt.

Es eignen sich z. B.:
- die Mehltype 405 nur für bestimmte Teige oder Massen,
- die Ziehfette nur für Blätterteige oder Plunder,
- Puderzucker nur für bestimmte Verwendungszwecke.

Zu den allgemeinen Kenntnissen des Bäckers über seine Rohstoffe gehört daher, dass er weiß …

- … wofür er sie verwenden kann,
- … in welchen verschiedenen Handelsklassen die Rohstoffe angeboten werden,
- … an welchen Merkmalen er ihre Güte (Qualität) erkennen kann,
- … wie die Rohstoffe sachgerecht gelagert bzw. frisch gehalten werden können.

Zum genaueren Verständnis dafür, wie sich die einzelnen Rohstoffe bei der Verarbeitung verhalten, ist es besonders wichtig, dass der Bäcker weiß …

- … wie die Rohstoffe zusammengesetzt sind,
- … welche mechanischen bzw. technologischen Eigenschaften diese einzelnen Bestandteile haben.

1 Milch

1.1 Verwendung und Wirkung

Milch wird verwendet …

- … für Weizenhefegebäcke (Milchbrötchen, Stuten, Toastbrot u.a.),
- … für Hefe- und Mürbegebäcke
- … für Brand- (Brüh-) und Sandmassengebäcke,
- … für Krems (Vanillekrem),
- … für Speiseeis (Milchspeiseeis).

Durch die Verwendung von Milch werden beeinflusst:

- der Geschmack

  Der Eigengeschmack der Milch teilt sich dem Erzeugnis mit.

- die Beschaffenheit des Teiges

  Die Milchbestandteile beeinflussen Teigwiderstand, Dehnbarkeit und Elastizität.

- die Beschaffenheit des Gebäcks

  Die Krume wird zarter und bleibt länger frisch. Die Kruste wird röscher und bräunt besser.

- der Nährwert

  Milch und Milcherzeugnisse enthalten hochwertige Nährstoffe.

1 Milch

1.2 Zusammensetzung der Milch

Vollmilch enthält folgende Nährstoffe:

Wasser	87%			
Fett	3,5 – 4%			
Eiweiße	3,6%	davon:	Kasein	3,0%
			Albumin	0,5%
			Globulin	0,1%
Zucker	4,8%			
Mineralstoffe	0,75%			
Vitamine		insbesondere:		
				Vitamin A
			8 Vitamine der B-Gruppe	
			die Vitamine C, D, E und K	

Milch enthält ferner zahlreiche Enzyme.

Man kann die einzelnen Nährstoffe mit folgenden Methoden nachweisen:

Nachweis von Wasser

„Trocknungsprobe"
100 g Milch werden im Vakuum gekocht (s. S. 138) und anschließend getrocknet (s. S. 138 f). Das Ergebnis ist Trockenmilch. Aus dem Vergleich des Gewichts der Milch und der Trockenmilch errechnet sich der Wassergehalt der Milch.

Nachweis von Fett

„Wiegeprobe"
Mit Hilfe einer Senkwaage (Milchspindel; Laktodensimeter) erkennt man die Dichte bzw. das spezifische Gewicht der Milch (s. S. 141).

Nachweis der Eiweiße

„Kochprobe"
Der Anteil an Albumineiweiß kann nachgewiesen werden, indem man die Milch auf über 60 °C erhitzt.
Das Albumin gerinnt und setzt sich als Haut an der Oberfläche der Milch ab.

„Säureprobe"
Das Kasein kann durch Zusatz von Säure zur Milch nachgewiesen werden: Es gerinnt, wird dabei hoch quellfähig und flockt aus; die Milch wird dick.

Nachweis von Zucker

„Farbprobe"
Der Milch wird Fehlingsche Lösung zugesetzt. Beim Erhitzen der Milch zeigt sich orangerote Färbung.

Diese Farbreaktion gilt als Nachweis für Milchzucker (Laktose; das ist die Verbindung von Trauben- und Schleimzucker).

Nachweis von Mineralstoffen

„Veraschungsprobe"
Trockenmilch wird restlos verglüht.
Zurück bleibt Asche = unverbrennbare Bestandteile der Milch.

Milch enthält:
0,39% Phosphorverbindungen,
0,12% Calciumverbindungen,

Verbindungen mit Natrium, Kalium und Chlor, ferner Spurenelemente (Eisen, Kupfer, Mangan, Zink, Fluor und Jod).

1.3. Handelsarten der Milch

1.3.1 Frische Milch

Als Milch im Sinne des Milchgesetzes gilt ausschließlich die Kuhmilch.

Zu den Frischmilchsorten zählen:

Rohmilch
❐ ist nicht erhitzte, unbehandelte Milch

Vollmilch
❐ Sie muss einer Wärmebehandlung (pasteurisieren) unterzogen worden sein,
❐ der Fettgehalt beträgt mindestens 3,5%.

Teilentrahmte Milch (fettarm)
❐ Behandlung wie Vollmilch,
❐ der Fettgehalt beträgt mindestens 1,5 und höchstens 1,8%.

Entrahmte Milch
❐ Behandlung wie Vollmilch,
❐ der Fettgehalt beträgt höchstens 0,3%.

Vorzugsmilch

- muss besonders hohen Anforderungen hinsichtlich der Hygiene entsprechen, und zwar sowohl bei der Gewinnung im landwirtschaftlichen Erzeugerbetrieb (Sauberkeit, TBC-freie Viehbestände, laufende tierärztliche Überwachung), als auch bei der Verarbeitung in der Molkerei.
- Sie darf nur in verkaufsfertigen Packungen angeboten werden.

1.3.2 Milchkonserven (Milchdauerwaren)

> Um Milch auf längere Zeit haltbar zu machen, müssen alle Keime durch Hitzebehandlung abgetötet werden.

Die keimfrei gemachte Milch muss unter sterilen Bedingungen in lichtundurchlässige Packungen abgefüllt und keimdicht verschlossen werden.

Zu Hitzebehandlungsverfahren zählen ...

... Pasteurisieren

Erhitzung und anschließende plötzliche Abkühlung auf mindestens + 5 °C (nicht unter 0 °C). Dadurch werden die meisten Keime, insbesondere alle TBC-Keime, abgetötet.

Man unterscheidet 3 Verfahrensweisen:

① **Hocherhitzen:**
Auf 85 bis 127 °C. Dieses Verfahren ist vorgeschrieben zur Herstellung von Marken- und Molkereibutter.

② **Kurzerhitzen:**
Auf 72 bis 75 °C auf die Dauer von 15 bis 20 Sekunden.

③ **Dauererhitzen:**
Auf 62 bis 65 °C auf die Dauer von mindestens einer halben Stunde.

Vorteile des Pasteurisierens sind:

⊕ Die Milch ist gesünder, weil „keimarm",
⊕ die Haltbarkeit ist etwas verbessert,
⊕ die Milch ist nicht hitzegeschädigt; es tritt weder Kochgeschmack auf noch sind die Milcheiweiße geronnen.

Nachteil

⊖ Ein Teil der Vitamine ist geschädigt.

... Sterilisieren

Erhitzung bei mindestens 110 °C in luftdicht verschlossener Packung.

- Die Milch ist in ungeöffneter Packung 6 bis 12 Monate haltbar.

... Ultrahocherhitzen

Momenterhitzung auf mindestens 135 °C; dabei darf der Wassergehalt der Milch nicht geringer werden.

- Die ultrahocherhitzte Milch muss homogenisiert werden,
- sie muss mindestens 15 Tage bei Temperaturen von + 30 °C und mindestens 7 Tage bei + 35 °C lagerfähig sein.

> Die Eiweiße und Vitamine der Milch werden durch die hohen Temperaturen des Sterilisierens und Ultrahocherhitzens verändert (leichte Eiweißgerinnung).

Der Kochgeschmack kann durch Anwendung eines Entgasungsverfahrens gemindert werden.

> Zur Herstellung bestimmter Milchkonserven muss die Milch eingedickt werden.

... Eindicken

Pasteurisierte Frischmilch wird kurzfristig hocherhitzt.

Die Milch wird im Vakuum (= Unterdruck) bei Temperaturen von ca. 50 °C gekocht.

Erklärung:
Bei Unterdruck verdampft Wasser je nach Druckstärke bereits bei Temperaturen weit unter 100 °C. So kann man das Wasser entziehen, ohne dass die Eiweiße allzu sehr gerinnen.

> Damit die Milch nicht aufrahmt, wird sie homogenisiert.

Homogenisieren ist ein Verfahren, bei dem die Fett-Tröpfchen in der eingedickten Milch mechanisch zerkleinert werden.

Die eingedickte, homogenisierte Milch wird abgekühlt und in Dosen oder Büchsen abgefüllt. Die verschlossenen Dosen werden bei über 100 °C sterilisiert.

... Trocknen

Zur Gewinnung von Trockenmilch wird eingedickter Milch durch ein Trocknungsverfahren das restliche Wasser entzogen.

1 Milch

- **Sprühverfahren:**
  die Kondensmilch wird zerstäubt und im heißen Luftstrom getrocknet (Sprühmilch).
- **Walzenverfahren:**
  die Kondensmilch wird auf überhitzte Walzen gegossen und so getrocknet (Walzenmilch).

Zu den Milchkonserven zählen ...

... Kondensmilch

> Milch, der durch Kochen im Vakuum ein Teil des Wassers entzogen worden ist.

Kondensmilch wird mit unterschiedlichen Fettgehalten sowie als ungezuckerte oder gezuckerte Kondensmilch hergestellt.

Kondens-milch	Fett	andere Trockenbestandteile (mindestens)
K.M. ungezuckert	7,5%	25,0%
K.M. mit hohem Fettgehalt	15%	26,5%
K.M. teilentrahmt	1–7,5%	20,0%
K.M. gezuckert	8%	28,0%

... Milchpulver (Trockenmilch)

> Eingedickte Milch, der durch spezielle Trocknungsverfahren das restliche Wasser entzogen worden ist.

Milchpulver

- darf höchstens 5% Wasser enthalten,
- muss einen bestimmten Mindestanteil an Fett enthalten:

– Magermilchpulver	1% Fett
– Vollmilchpulver	26% Fett
– Sahnepulver	42% Fett

Bei sachgemäßer Lagerung (kühl, vor Licht und vor Feuchtigkeit geschützt) ist Milchpulver für längere Zeit (mehrere Monate) lagerfähig.

Sofern der Bäcker Milchpulver anstelle von Frischmilch verwendet, ergibt sich die Notwendigkeit der folgenden Umrechnung:

Umrechnungsformeln

für 1000 g Milch:
135 g Milchpulver + 865 g Wasser

auf 1000 g Wasser 160 g Milchpulver:
1160 g Milch

aus 100 g Milchpulver + 650 g Wasser:
750 g Milch

1.3.3 Geschmacklich aufbereitete Milch (Milcherzeugnisse)

In der Bäckerei werden für die Herstellung sowohl von Broten und Kleingebäcken wie auch für Feine Backwaren verschiedene Erzeugnisse aus Milch als „wertbestimmende Zutaten" verwendet.

Der besondere Geschmack entsteht dadurch, dass Kleinlebewesen (Bakterien, Hefen) durch Selbstsäuerung oder in Folge des Zusatzes von Reinzuchtkulturen den Milchzucker vergären.

Die dabei gebildeten Stoffe (Milchsäure und andere Gärprodukte) ergeben den jeweils besonderen Geschmack.

Gesäuerte Milch (Sauermilch)

- durch Selbstsäuerung (Milchsäurebakterien) sauer oder dick gewordene Vollmilch.
- Der Fettgehalt beträgt mindestens 3,5 %.

Buttermilch

- ist ein Erzeugnis, das bei der Verbutterung von Milch oder Sahne nach Abscheiden der Butter anfällt.
- Der Fettgehalt beträgt höchstens 1%.
- Buttermilch kann bis zu 0,7% Milchsäure enthalten, ferner außer Fett nahezu alle Bestandteile der Vollmilch.

Joghurt

- wird aus erhitzter Vollmilch gewonnen, der besondere Gärungserreger (besondere Arten von Milchsäurebakterien) zugesetzt wurden.
- Dadurch entsteht der angenehm säuerliche, aromatische Geschmack.
- Die Milch wird dick und flockt zu besonders feiner, homogener Beschaffenheit aus.
- Der Fettgehalt beträgt mindestens 3,5%.

Kefir

- wird ebenfalls aus erhitzter Vollmilch gewonnen. Als Gärungserreger wirken verschiedene Hefearten, Milchsäurebakterien und Kefirbazillen. Dabei entsteht ein säuerliches, schäumendes, alkohol- und kohlensäurehaltiges Erzeugnis.
- Der Fettgehalt beträgt mindestens 3,5%.
- Infolge des Gehalts an Milchsäure (0,5 bis 1%) flockt das Milcheiweiß aus.

Durch Kondensieren und Trocknen von geschmacklich aufbereiteter Milch erhält man diese in getrockneter Form als:

- Sauermilchpulver,
- Joghurtpulver,
- Kefirpulver,
- Buttermilchpulver.

Geschmacklich aufbereitete Milcherzeugnisse gibt es auch in folgenden Formen:

- fettarme Sauermilch
- fettarmer Joghurt
- fettarmer Kefir
- saure Magermilch
- Magermilchjoghurt
- Magermilchkefir
- saure Sahne
- Sahnejoghurt
- Sahnekefir
- Crème fraîche
 (aus pasteurisierter Milch oder Sahne, Fettgehalt mindestens 30%).

1.4 Beurteilung der Milch

Frische Milch erkennt man ...

- ... am Geruch.
 Er ist angenehm, voll; das liegt an den zahlreichen flüchtigen, also luftlöslichen Stoffen, die in frischer Milch noch voll enthalten sind.
- ... am Geschmack.
 Er ist mildsüß, auf keinen Fall säuerlich.
- ... am Aussehen.
 Die Farbe ist gelblich weiß, das Milchgefüge ist homogen (= einheitlich).

Bei längerer Lagerung geht die Frische immer mehr verloren; das erkennt man ...

- ... am nachlassenden Aroma.
- ... an der zunehmenden Säuerung.
- ... an Veränderungen im Milchgefüge.

Milch (auch frische Milch) kann ferner folgende Fehler aufweisen:

- Fremdgeruch, Fremdgeschmack,
- Verunreinigungen,
- Verfälschungen durch Fettentzug oder Wasserzusatz.

Durch bestimmte Methoden kann man überprüfen, ob Milch einwandfrei oder ob sie fehlerhaft ist:

Prüfung auf Kochfestigkeit

„Kochprobe"

Ein Teil der Milch wird bis zum Kochen erhitzt. Ist der Säureanteil bereits zu hoch (12 bis 15 Säuregrade), gerinnt die Milch.
Sie ist nicht mehr zum Kochen von Krems oder zur Speiseeisbereitung zu gebrauchen, manchmal aber noch als Teigflüssigkeit.

„Alkoholprobe"

Etwas Milch wird mit der gleichen Menge hochprozentigen Alkohols vermischt und durchgeschüttelt.
Schon bei geringer Übersäuerung (9 bis 10 Säuregrade) flockt das Kasein aus.

Prüfung auf Reinheit

„Filterprobe"

Milch wird durch ein Filterpapier gegossen. Zumindest grobe Verunreinigungen werden vom Filter zurückgehalten.

Prüfung auf Unverfälschtheit

„Nagelprobe"

Ein Tropfen Milch wird auf einen Fingernagel gegeben.
Einwandfreie Milch bildet einen dicken Tropfen von hoher Oberflächenspannung. Gewässerte Milch dagegen ist in ihrem Gefüge verändert und hat ihre Homogenität eingebüßt.
Sie kann nur noch flache Tropfen bilden.

1 Milch

Prüfung auf Fettentzug

„Wiegeprobe"

Mit Hilfe der Milchspindel (Senkwaage, Laktodensimeter) lässt sich das Artgewicht (spezifisches Gewicht) feststellen. Die Milchspindel taucht in fetthaltige Milch tiefer ein als in fettarme oder gar entfettete Milch (Magermilch); das liegt am geringeren spezifischen Gewicht.

Spezifische Gewichte:

Vollmilch	1028 g je Liter
Magermilch	1032 g je Liter

Die Gefahr der Verfälschung oder Verunreinigung der Milch ist heute gering, weil sowohl Molkereien als auch der Milchhandel strengen staatlichen Kontrollen unterliegen.

1.5 Aufbewahrung

Frischmilch

❏ Sie soll kühl und lichtgeschützt aufbewahrt werden. So können unerwünschte Vorgänge wie Vermehrung der Bakterien und Säurebildung nur verlangsamt erfolgen. Wärme und Licht würden die Vorgänge beschleunigen.

Frischmilch, die nicht am Anlieferungstag verarbeitet wird, sollte im Kühlschrank bei etwa + 5 °C aufbewahrt werden.

Sterilisierte Milchkonserven

❏ Sie müssen bald nach dem Öffnen der Behältnisse verbraucht werden. Da beim Hocherhitzen alle Enzyme zerstört wurden, ist ihre Widerstandskraft gegen eindringende Mikroorganismen (Bakterien, Schimmelpilze) nur gering.

Milchpulver

❏ Ist wegen des niedrigen Wassergehalts (ca. 5%) zwar unempfindlich gegen mikrobiellen Befall. Aufgrund der hohen Konzentration an hydrophilen Stoffen (Zucker, Eiweiße) hat Trockenmilch jedoch wasseranziehende Kräfte. Bei luftfeuchter Lagerung kann der Wassergehalt so steigen, dass sich Schimmelpilze entwickeln und die Milch verdirbt.

Außerdem neigt Milchfett zum ranzig werden, wenn es Wärme und Licht ausgesetzt ist. Bei trockener, kühler und lichtgeschützter Lagerung ist Milchpulver über mehrere Monate lagerfähig.

1.6. Mechanische Eigenschaften der Milchbestandteile

Sofern Milch als Teigflüssigkeit verwendet wird, hat dies Einfluss auf den Geschmack der Erzeugnisse, aber auch auf die Beschaffenheit (= mechanische Eigenschaften) des Teiges, auf den Gärverlauf sowie auf die Beschaffenheit der Gebäcke.

Ursache dafür sind die in der Milch enthaltenen Nährstoffe und deren Einwirkung auf die übrigen Teigbestandteile.

1.6.1 Das Milchfett

Gestalt (Struktur) des Milchfettes

Milchfett hat die Gestalt von winzig kleinen Kügelchen von sehr unterschiedlicher Größe.

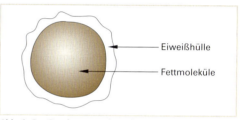

Abb. 1: Der Durchmesser schwankt zwischen 0,1 und 15µ.

Mechanische Eigenschaften

Emulgierfähigkeit

Die Milchfettkügelchen sind in der wässrigen Lösung der Milch (Milchserum) gleichmäßig verteilt und schweben darin (= Emulsion).

Das kommt daher, weil das spezifisch leichtere Fett von der umgebenden, spezifisch schwereren Eiweißhülle eingerahmt ist. So gleichen sich die Gewichtsunterschiede der Fett-/Eiweißbestandteile aus; dazu kommt, dass das Eiweiß wasseranziehende Kräfte besitzt und daher den Schwebezustand unterstützt.

> Nach einiger Zeit (ca. 16 Stunden) jedoch entmischt sich die Emulsion; die Fett-Tröpfchen steigen langsam nach oben und setzen sich an der Oberfläche als Rahm („Obers") ab.

Verbesserung der Emulgierbarkeit

Durch homogenisieren (= Zerkleinerung der Fett-Tröpfchen) kann deren Schwebezustand verlängert und damit die Emulgierfähigkeit verbessert werden.

Beeinträchtigung der Emulgierfähigkeit

Durch Kochen der Milch wird deren Emulgierfähigkeit z.T. zerstört: die Eiweißhülle gerinnt, die wasserbindenden Kräfte lassen nach. Die Folge ist, dass das Fett sich schneller nach oben absetzt.

Schmelzbereich

Im Milchfett lassen sich mehr als zehn gesättigte und etwa gleich viele ungesättigte Fettsäuren mit sehr unterschiedlichen Schmelzpunkten nachweisen. Milch hat daher einen breiten Schmelzbereich, der von − 10 bis + 37 °C reicht:

- bei über 37 °C sind alle Fettfraktionen flüssig
- bei unter 10 °C sind alle Fettfraktionen fest.

(Diese Beschaffenheit des Milchfettes ist vor allem für die verarbeitungstechnischen Eigenschaften der Butter von Bedeutung.)

1.6.2 Die Milcheiweiße

Arten von Milcheiweißen

In der Milch sind enthalten:
- 0,5% Albumine
- 0,1% Globuline
- 3,0% Kaseine

Mechanische Eigenschaften

Löslichkeit

Albumine und Globuline sind in der Milch in Form einer schwach kolloidalen (= leimartigen) Lösung enthalten.
So erklärt sich auch die etwas „schlierige" Beschaffenheit der Milch (= Milchserum).
Die Kaseine zählen zu den Phosphorproteiden (= zusammengesetzte Eiweiße). Man nennt sie auch Kalk-Kasein-Verbindungen, diese sind in der Milch salzartig (= dissoziert) gelöst.

Gerinnungsfähigkeit

> *Albumine* und *Globuline* gerinnen durch Hitze, sie verfestigen sich, werden unlöslich und verkleben miteinander. Aufgrund ihres geringeren spezifischen Gewichts steigen sie an die Oberfläche und bilden dort eine Haut.

Beim Kochen der Milch wird Wasserdampf gebildet; Dieser kann die Eiweißhaut nicht ohne weiteres durchdringen; die Haut wird hochgedrückt, die Milch kocht über.

> *Kaseine* gerinnen nicht durch Hitze, wohl aber durch Milchsäure sowie durch das Ferment (Enzym) Lab.

In beiden Fällen wird die lösliche Kalk-Kasein-Verbindung in eine quellfähige Eiweißform umgewandelt. So kommt es, dass die Milch dick wird.

Bei der Gerinnung durch Säure entsteht daneben ein saures Spaltprodukt (Calciumlactat).

Bei der Gerinnung durch Lab entsteht dagegen ein weniger saures Spaltprodukt (parakaseinsaures Calcium).

1.6.3 Der Milchzucker (Lactose)

Struktur des Milchzuckers

Milch besteht zu etwa 4,8% aus Zucker.

Milchzucker ist ein doppelter Zucker und ist aufgebaut aus je einem Teil Traubenzucker und Schleimzucker.

Da Schleimzucker nur knapp ein Zehntel der Süßkraft von Traubenzucker besitzt, schmeckt die Milch nur wenig süß.

Mechanische Eigenschaften

Vergärbarkeit

> Milchzucker kann von der Backhefe nicht und von Starktriebhefe nur langsam vergoren werden.
>
> Die Aufspaltung von Milchzucker kann nur durch das Enzym β-Galaktosidase erfolgen.
> Dieses fehlt in der Backhefe, in Starktriebhefe ist es nur in geringen Mengen enthalten.

Bräunungsvermögen

> Milchzucker bräunt stärker und bereits bei niedrigeren Temperaturen als andere Zuckerarten.

Grund dafür ist die Abspaltung von Aminosäuren aus den Albumin- und Kasein-Eiweißen der Milch.

Der Milchzucker reagiert unter Einwirkung von Hitze mit diesen Stoffen und verbindet sich mit ihnen zu Melanoidinen (= braunfarbene, stark schmeckende Stoffe), die vor allem in der Kruste der Gebäcke gebildet werden.

1 Milch

Aufgabenstellungen

	Seite
1 Nennen Sie die Rohstoffe, Zutaten und Hilfsstoffe.	133
2 Unterscheiden Sie Rohstoffe, Zutaten und Hilfsstoffe nach ihrer Bedeutung bei der Verarbeitung.	133f
3 Erläutern Sie die Zusammensetzung und Verarbeitung von	
a) Fertigmehlen,	135
b) Backkrems,	135
c) Convenienceprodukten.	135
4 Wozu wird Milch in der Bäckerei verwendet?	136
5 Welchen Einfluss hat Milch auf Teig- und Gebäckbeschaffenheit?	136
6 Nennen Sie die Bestandteile der Milch.	137
7 Wie kann man die Nährstoffe der Milch nachweisen?	137
8 Beschreiben Sie, wie und weshalb Milch pasteurisiert wird.	138
9 Nennen und unterscheiden Sie die verschiedenen Handelsformen der Frischmilch.	137f
10 Was ist	
a) sterilisierte Milch?	138
b) Kondensmilch?	138
11 Erläutern Sie die Zusammensetzung, Aufbewahrung und Verarbeitung von Trockenmilch (Milchpulver).	138f
12 Unterscheiden Sie: Sauermilch, Joghurt, Kefir, Buttermilch.	139f
13 Woran erkennt man frische Milch bzw. fehlerhafte Milch?	140
14 Wie kann man feststellen, ob Milch noch kochfest ist?	140
15 Wie soll Milch aufbewahrt werden?	141
16 Erläutern Sie die Schmelzpunkte und den Schmelzbereich des Milchfettes.	142
17 Wie sind die Milcheiweiße in der Milch gelöst?	142
18 Wodurch gerinnen Milcheiweiße?	142
19 Beschreiben Sie den Einfluss des Milchzuckers auf die Hefegärung und auf das Bräunungsvermögen.	142

2 Erzeugnisse aus Milch

2.1 Sahne

Verwendung ...

- ❏ ... als Schlagsahne (geschlagene Sahne):
  - zur Füllung von Torten und Desserts,
  - zur Dekoration von Sahnetorten, Desserts, Obsttorten und -törtchen,
  - zur Herstellung von Sahnekrems.
- ❏ ... als Kaffeesahne:
  - zur Speiseeisbereitung,
  - zur Bereitung von Teigen und Massen.

Gewinnung

- ❏ Schlagsahne:
  - durch Zentrifugieren (Schleudern) der Milch

  Dabei werden die leichteren Milchfette von den schwereren Bestandteilen mechanisch, d.h. mit Hilfe der Zentrifugalkräfte, getrennt.

  Ergebnis:
  Schlagsahne und Magermilch;
  Schlagsahne muss mindestens 30% Fett enthalten.

- ❏ Kaffeesahne:
  - durch Kondensieren der Milch (= eindicken infolge Wasserverdampfung)

  Kaffeesahne ist Kondensmilch mit einem Fettgehalt von mindestens 7,5%
  oder „Kondensmilch mit hohem Fettgehalt";
  Fettanteile mindestens 15%.

Zusammensetzung

- ❏ Schlagsahne
  enthält neben Milchfett und Wasser nur noch einen Teil der in der Frischmilch enthaltenen Trockenbestandteile; ein Teil der Stoffe ist in der Magermilch enthalten.

Wasser	64,0%	
Fett	30,5%	
Eiweiße	2,2%	
Zucker	3,0%	
Mineralstoffe	0,3%	= 100,0%

- ❏ Kaffeesahne
  enthält neben höheren Fettanteilen auch alle anderen Milchtrockenbestandteile (s. S. 137).

Die mechanischen Eigenschaften von Schlagsahne sowie die Verfahrenstechnik des Schlagens werden auf den Seiten 323f beschrieben.

2.2 Butter

Verwendung

- ❏ Für alle fetthaltigen Teige, Massen und Krems.
- ❏ Butter zeichnet sich gegenüber den meisten anderen Fetten durch ihren besonderen Geschmack aus; sie gilt ferner als hochwertiges Nahrungsmittel. Mit Butter hergestellte Erzeugnisse werden daher als Qualitätsware eingestuft und gerne entsprechend bezeichnet:

> **Rechtliche Vorschriften**
>
> Für Erzeugnisse, die z.B. als „Butterkuchen", „Butterspekulatius", „Butterkrem" u.a. bezeichnet werden, darf außer Butter kein anderes Fett verarbeitet werden.
> Der Anteil an Butter muss mindestens 10% der Mehlmenge betragen.

Herstellung

- ❏ Aus dem Rahm der Milch; dieser wird meist gesäuert.

  Zusatz von Milchsäurebakterien; das Ergebnis ist Sauerrahmbutter. (Ungesäuerter Rahm ergibt Süßrahmbutter.)

- ❏ Sodann wird er einem mindestens 16-stündigen Reifungsprozess ausgesetzt.

  Durch die Einwirkung von Säuren und Enzymen entstehen Geschmacksstoffe, ferner verändert sich die mechanische Beschaffenheit der Eiweiße und Fette.

- ❏ Der Rahm wird geschlagen.

  Dazu wird er auf ca. 15 °C abgekühlt. Der eingearbeitete Luftsauerstoff bewirkt, dass der Rahm „bricht". Die Fett-Tröpfchen vereinigen sich zu Butterkörnern und trennen sich vom Milchserum, dieses tritt als Buttermilch aus.

- ❏ Die Butter wird ...

  ... gewaschen.
  Davon ist die Haltbarkeit abhängig.

  ... gesalzen.
  Bei mehr als 0,1% Kochsalz muss die Butter als „gesalzen" bezeichnet werden.

2 Erzeugnisse aus Milch

... geknetet.
Zur Erzielung eines plastischen Gefüges.
... ausgeformt.
Vorgeschriebene Gewichtsgrößen: 500 g, 250 g, 125 g oder 62,5 g.

Zusammensetzung

Butter enthält:
- mindestens 80% und höchstens 90% Milchfett
- höchstens 16% Wasser
- höchstens 2% fettfreie Trockenmasse (Milchzucker, Milchsäure, Eiweiß, Mineralstoffe, Vitamine A, D, E, K sowie Karotin)

Butter wird auch hergestellt mit anderen Fettanteilen, und zwar als:

- **Dreiviertelbutter** Fettgehalt 60 bis 62%
- **Halbfettbutter** Fettgehalt 39 bis 41%
- **Milchstreichfett** Xv.H Fettgehalt unter 39%
  Fettgehalt 41 bis 60%
  Fettgehalt 62 bis 80%

Güteklassen

Butter wird nach sensorischen Merkmalen mit je vier Wertpunkten beurteilt:
❐ Aussehen,
❐ Geruch,
❐ Geschmack,
❐ Textur,
❐ Wasserverteilung,
❐ Streichfähigkeit.

Danach werden unterschieden:

- **Marken**butter je vier Wertpunkte
- **Molkerei**butter je drei Wertpunkte
- **Land**butter ist Butter, die im Erzeugerbetrieb hergestellt wurde.

Der Geschmacksrichtung nach werden unterschieden:

- **Sauerrahm**butter
- **Süßrahm**butter
- **mildgesäuerte** Butter

Lagerung

Butter muss kühl und vor Licht und Luft geschützt aufbewahrt werden:

❐ **Kühl**
 im Kühlschrank bei + 4 °C über 1 bis 4 Wochen
 im Froster bei – 12 °C bis zu 5 Monaten
 im Froster bei – 20 °C länger als 5 Monate

❐ **Lichtgeschützt**
 Dunkellagerung, z.B. im Kühlschrank oder im Froster,

❐ **Luftgeschützt**
 in Pergamentpapier sorgfältig verschlossen halten.

> Butter darf nicht in der Nähe von stark riechenden Stoffen lagern und darf nicht lange mit bestimmten Metallen (z. B. Kupferkessel) in Berührung kommen

2.3 Butterfett (Butterschmalz, Schmelzbutter)

Verwendung

Butterfett kann in Bäckereien und Konditoreien anstelle von Butter verwendet werden.
Dabei ersetzen 80 g Butterfett den Fettgehalt von 100 g Butter.

Rechtliche Vorschrift:
Erzeugnisse, die anstelle von Butter mit Butterfett hergestellt wurden, dürfen als Buttererzeugnisse bezeichnet werden (z. B. „Butterkuchen", „Butterstreusel" u.a.), sofern die verwendete Menge den Qualitätsanforderungen entspricht.

Butterfett eignet sich nicht immer für solche Erzeugnisse, bei denen es auf den besonderen, voll aromatischen Geschmack der Butter ankommt.

Das hat folgende Gründe:
- Butterfett wird häufig aus lang abgelagerter Butter hergestellt (Vorratshaltung).
- Beim Schmelzen der Butter gehen Aromastoffe verloren, sodass Butterfett der Butter im Geschmack nicht gleichwertig ist.

Butterfett eignet sich nicht als Siedefett, da sein Rauchpunkt zu niedrig ist (ca. 150 °C; s. S. 162f).

Herstellung

Butterfett wird gewonnen ...

- ❏ ... entweder durch das Kochen der Butter (100 °C); das Wasser verdampft, das Eiweiß gerinnt und wird zusammen mit den anderen Bestandteilen abgeschieden.
- ❏ ... oder durch schmelzen der Butter (70 bis 80 °C); das Fett setzt sich oben ab und wird durch Zentrifugieren abgetrennt.

Handelsarten

Butter**schmalz**	mindestens 99,8% Fett
Butter**fett**	mindestens 96,0% Fett
Butter**fett** (fraktioniert)	mindestens 99,5% Fett

Aufbewahrung

Butterfett ist haltbarer als Butter, es wird u.a. aus Gründen der längeren Lagerhaltung hergestellt. Butterfett soll kühl, luft- und lichtgeschützt lagern.

2.4 Käse

2.4.1 Frischkäse

Zu den Frischkäsen zählen Quark und Schichtkäse.

Verwendung

- ❏ als „wertbestimmende Zutat" zu besonderen Broten in Form von Quarkpulver (z.B. Quarkbrot);
- ❏ zur Herstellung von Käsegebäcken.

Dazu werden aus Quark und anderen Rohstoffen bestimmte Käsemassen (Käsefüllungen) bereitet:

z.B. Quarkfüllungen, ungekochte Käsekrems.

Die Käsemasse wird auf Teigunterlagen aufgestrichen und mit dieser zusammen gebacken ...

- ... **auf Hefeteig** für Quarkstollen, Quarkschnitten, Eierscheke, Käseschnitten u.a.,
- ... **auf Plunderteig** für Plunderteilchen
- ... **auf Blätterteig** für Blätterteigteilchen, Käseschnitten, Käsekuchen, Käsetorte
- ... **auf Mürbeteig** für Käsekuchen, -torten, -schnitten,

z.B. gekochter Käsekrem, Käseschneekrem

Die Käsemasse wird auf gebackene Mürbeboden, die mit Tortenringen oder Rahmen umstellt sind, eingefüllt und glattgestrichen und die Oberfläche mit Ei abgestrichen.

Die so vorbereiteten Torten oder Schnitten flämmt man im Ofen nur noch ab.

z.B. Käsesahnekrem

Käsemasse wird auf gebackene Mürbeböden oder Wiener Böden oder Kapseln in Ring- oder Rahmenform eingefüllt.

Die Oberfläche wird mit dünnen Böden oder Kapseln belegt und kühl gestellt.

Nach dem Absteifen werden die Ringe oder Rahmen abgenommen, der Rand mit Sahne eingestrichen.

Dann die Oberfläche mit Puderzucker übersieben.

Gewinnung

von Quark (Speisequark)

Der Eiweißstoff Kasein wird zur Gerinnung gebracht ...

- ... **durch Milchsäure**
  das Ergebnis ist
  Sauermilchquark
- **durch das Enzym Lab**
  das Ergebnis ist
  Labquark

- ❏ Beim Gerinnen quillt das Kasein auf und geliert zu einer miteinander verklebten, homogenen Masse, der Dickmilch.
- ❏ Durch Schleudern und Pressen (Separieren) wird der ungebundene Flüssigkeitsanteil, die Molke, abgeschieden,.

Quark kann aus Voll-, Mager-, Buttermilch, Rahm oder aus Mischungen davon gewonnen werden.

Das Ergebnis ist je nach dem:

- **Vollmilch**quark
- **Magermilch**quark
- **Rahm**quark
- **Buttermilch**quark

Speisequark wird in verschiedenen Fettstufen hergestellt, z. B.:

Rahm-,
Doppelrahmquark u.a.

Abb. 1: Speisequark   Abb. 2: Cottagecheese

von Schichtkäse

❐ Er wird hergestellt aus Speisequark, der nicht separiert, sondern geschöpft und in zwei verschiedenen Fettstufen übereinander geschichtet wird.

Zusammensetzung

Die verschiedenen Quarksorten unterscheiden sich vor allem im Fettgehalt.

Dieser schwankt je nach Fettstufe zwischen 10% (Magerstufe) bis zu mehr als 60% (Doppelrahmstufe), bezogen auf Trockenbestandteile (i.T.).

Quark enthält ferner ca. 80% Wasser, 7 bis 17% Eiweiß, Mineralstoffe, Vitamine und Säuren (als Geschmacksstoffe).

2.4.2 Hartkäse, Schnittkäse, Weichkäse

Verwendung

Hartkäse

❐ Er wird in geriebener Form in Blätterteig eintouriert oder in Mürbeteig bzw. in Brühmasse eingearbeitet.

Auf diese Weise erhält man ...

... Käseblätterteig
   für Käsestangen, Blätterteig-Salzstangen

... Käsemürbeteig
   für ausgestochenes Käsemürbegebäck, englisches Käsegebäck,

... Käsebrühmasse
   für Windbeutel, Eclairs.

Weichkäse, Schnittkäse

❐ Werden zusammen mit anderen Rohstoffen und scharfen Gewürzen zu pikant schmeckenden, würzigen Käsemassen bereitet, z. B. Käsekrem, Käsebutterkrem.
❐ Werden in kleine Windbeutel, Eclairs oder Mürbegebäcke eingefüllt und dienen so zur Herstellung von gefülltem Käsegebäck (Käsefours).

Herstellung

❐ In die durch Lab geronnene Quarkmasse werden Reinzuchtkulturen von Mikroorganismen (Schimmelpilze, Hefen, Bakterien) eingeimpft.
❐ Im Verlauf der folgenden Reifungszeit wandeln die Mikroorganismen die Nährstoffe der Milch in Geschmacksstoffe um:

So entstehen ...

... aus Zucker
   Milchsäure, Propionsäure sowie andere Aromastoffe,
   CO_2-Gas; dadurch werden in manchen Käsesorten die Löcher gebildet.

... aus Fett
   flüchtige Fettsäuren und deren Abbauprodukte (Aldehyde, Ketone); diese geben bestimmten Käsesorten den besonderen Geruch und Geschmack (Roquefort, Gorgonzola, Stilton u.a.)

... aus Eiweiß
   verschiedene Aminosäuren, Peptone, einfache Fettsäuren, Ammoniak u.a.

▌ **Die Ausprägung des Geschmacks ist abhängig vom jeweiligen Reifungsgrad des Käses.**

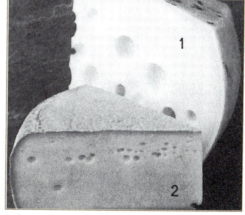

Abb. 1: Hartkäse   ① Allgäuer Emmentaler, ② Bergkäse

Die Käsemasse (Bruch) wird zu Anfang des Reifungsprozesses zerkleinert, mit Zusätzen versehen (z. B. Reifungsmittel, Kochsalz, Gewürze), in Formen gefüllt und mehrmals gepresst. Dabei tropft das ungebundene Wasser ab.

Der Vorgang der Reifung dauert unterschiedlich lange:

bei **Sauermilch**käse	etwa eine Woche
bei **Weich**käse	7 bis 15 Wochen
bei **Schnitt**käse	20 bis 40 Wochen
bei **Hart**käse	1 bis 3 Jahre

Während der Reifungszeit werden die ausgeformten Käselaibe mehrmals gewendet und abwechselnd bei kühlen und warmen Temperaturen sowie bei hoher Luftfeuchtigkeit gelagert. Schnitt- und Hartkäse müssen nach dem Reifungsprozess trocken lagern.

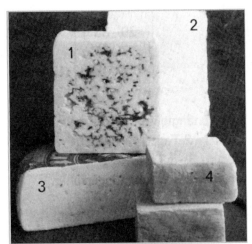

Abb. 2: *Halbfester Schnittkäse*
① Edelpilzkäse ③ Butterkäse
② Weißlacker ④ Steinbuscher

Abb. 1: *Schnittkäse*
① Edamer ④ Wilstermarschkäse
② Gouda ⑤ Trappistenkäse
③ Tilsiter ⑥ Geheimratskäse

Abb. 3: *Weichkäse*
① Brie ④ Weinkäse
② Camembert ⑤ Limburger
③ Münsterkäse ⑥ Romadur

Andere Käsesorten

Dazu zählen:

Schmelzkäse …

❐ … werden hergestellt, indem man vorwiegend Hart- und Schnittkäse bis zum Schmelzen erwärmt und sogenannte Schmelzsalze (Salze der Phosphorsäure und der Zitronensäure) zusetzt. Dadurch verändert sich die Bindigkeit der Käsemasse; sie wird streichfähig.

Kochkäse …

❐ … erhält man, wenn Sauermilchquark geschmolzen wird. Dazu dürfen Sahne, Butter oder Butterfett zugesetzt werden, nicht jedoch Sahneschmelzkäse.

Käsezubereitungen …

❐ … werden ohne Schmelzvorgang hergestellt.
❐ Der Käsemasse dürfen Milchbestandteile sowie Gewürze und andere Lebensmittel zugesetzt werden, nicht jedoch Schmelzkäse.

2 Erzeugnisse aus Milch

	Zusammensetzung der Käsesorten			
Wasser in %	Trockenmasse in %		Fett	Eiweiß
	laut rechtlicher Vorschrift	davon Fett i.T. (%) je nach Fettstufe	in g je 100 g Käse	
Hartkäse bis 38%	mind. 62%	40 bis 50%	28 bis 31 g	36 bis 29 g
Schnittkäse bis 51%	49 bis 57%	30 bis 50%	15 bis 28 g	28 g
halbfester Schnittkäse bis 56%	44 bis 55%	45 bis 60%	20 bis 33 g	22 g
Weichkäse bis 65%	35 bis 52%	20 bis 60%	7 bis 31 g	20 g
Frischkäse bis 80%	20 bis 55%	1,5 bis 75%	0,5 bis 45 g	17 bis 7 g

Rechtliche Vorschrift:

- Der Fettgehalt von Käse muss in Prozent der Trockenmasse (i.T.) angegeben werden,
- vorgeschrieben ist auch der Mindestgehalt an Trockenmasse (außer bei Frisch- und Sauermilchkäse).

> Weichkäse, der noch nicht den richtigen Reifegrad hat, sollte man für einige Tage warm lagern.
> Dadurch bringt man ihn schneller zum Reifen.

Aufbewahrung

- **kühl**
  bei warmer Lagerung reift der Käse weiter, er kann aber auch faulen oder austrocknen
- **lichtgeschützt**
  Käse kann ausbleichen; bestimmte Vitamine werden zerstört
- **luftgeschützt**
  durch Luft kann der Käse austrocknen, die Duftstoffe können entweichen, es können Luftinfektionen oder oxidative Vorgänge erfolgen.

Aufgabenstellungen

		Seite
Sahne		
1	Wozu wird Sahne verwendet?	144
2	Wie wird Sahne gewonnen?	144
3	Unterscheiden Sie: Schlagsahne – Kaffeesahne.	144
4	Nennen Sie die Bestandteile der Sahne.	144
Butter		
5	Wann darf ein Erzeugnis als „Buttergebäck" bezeichnet werden?	144
6	Wie wird Butter hergestellt?	144
7	Nennen Sie die Bestandteile der Butter.	145
8	Nennen und unterscheiden Sie die verschiedenen Güteklassen der Butter.	145
9	Wie muss Butter gelagert werden?	145

Fortsetzung der Aufgabenstellungen auf der folgenden Seite

	Seite
Butterfett	
10 Wozu wird Butterfett verwendet?	145
11 Wie wird Butterfett hergestellt?	146
12 Vergleichen Sie die Qualität von Butterfett mit der von Butter.	145f
13 Beschreiben Sie die Zusammensetzung und Aufbewahrung von Butterfett.	146
14 Nennen Sie Butterarten mit anderen Fettanteilen.	145
Quark	
15 Wozu wird Quark verwendet?	146
16 Wie wird Quark gewonnen?	146
17 Nennen Sie die Bestandteile von Quark.	147
Käse	
18 Nennen Sie verschiedene Käsearten und Käsesorten.	147 ff.
19 Wozu wird Käse verwendet?	147
20 Wie wird Käse hergestellt?	147
21 Was sind Schmelzkäse, Kochkäse, Käsezubereitungen?	148
22 Nennen Sie die Bestandteile der Käsesorten.	149
23 Wie soll Käse aufbewahrt werden?	149

3 Zucker

3.1 Verwendung von Zucker

Zucker wird verwendet …

❐ … als Zusatz zu Teigen.
  Hefe-, Plunder-, Mürbe-, Lebkuchenteige

❐ … als Zusatz zu Massen.
  Baiser-, Biskuit-, Wiener, Sandmassen Makronenmassen, Nussecken, Florentiner Speiseeis

❐ … als Zusatz zu Füllungen.
  Sahne-, Krem-, Quarkfüllungen

❐ … für Glasuren.
  Fondant, Puderzucker-, Eiweißspritzglasur, gekochte Zucker- und Schokoladenglasuren

❐ … zur Herstellung von Marzipan und Persipan.

❐ … zur Dekoration von Erzeugnissen.
  überpudern, bestäuben, rändeln

❐ … zur Konservierung von Obst und Obsterzeugnissen.
  eingekochtes Obst, Dickzuckerfrüchte Gelee, Konfitüre, Marmelade

3.2 Was der Zusatz von Zucker bewirkt

3.2.1 Geschmackliche Wirkungen

❐ Zucker süßt die Erzeugnisse.

❐ Beim Erhitzen (Backprozess, Zuckerkochen) wird der Süßgeschmack z.T. umgewandelt in „aromatisch-süß" bis zu „röstbitter", letzteres vor allem in der Kruste.

❐ Zucker dient zur Geschmacksabrundung der Erzeugnisse.
  Bei Rohstoffen, die bitter (z.B. Kakao, Zimt), sauer (z.B. bestimmte Obstsorten) oder fade

schmecken (z.B. Mehl), wird der Eigengeschmack dieser Stoffe von der Süßkraft des Zuckers überlagert. Erst dadurch werden die anderen Geschmacksaromen als besonders wohlschmeckend und angenehm empfunden.

3.2.2 Technologische Wirkungen

Zucker beeinflusst die Herstellung von Teigen und Massen sowie die Beschaffenheit der Erzeugnisse.

Zucker hat Einfluss ...

... auf die Teigbeschaffenheit.
- Durch Zucker wird der Teig fester.
  Zucker wird im Teig gelöst, dabei „bindet" bzw. „immobilisiert" er das Wasser, es entsteht eine zähflüssige Lösung.
- Die Teigausbeute wird erhöht.
  Den quellfähigen Mehlbestandteilen muss weiteres „freies" Wasser zugeführt werden.

... auf die Gärtätigkeit der Hefe.
- Ohne Zucker kann keine Gärtätigkeit der Hefe erfolgen.
  Zucker wird von der Hefe vergoren, d.h. in Alkohol und CO_2-Gas umgewandelt.
- Höhere Zuckeranteile, z.B. bei schwerem Hefeteig, bewirken Gärverzögerung.
  Die Stoffwechselvorgänge der Hefe werden verlangsamt, weil durch die hohe Lösungskonzentration ungünstige osmotische Bedingungen gegeben sind (s. Bd. 1, S. 96).

... auf die Beschaffenheit der Krume.
- Zucker macht Mürbegebäck brüchig.
  Da Zucker im hohen Fettanteil des Mürbeteigs nicht gelöst wird, verschmilzt der Zucker in der hohen Backhitze bei ca. 160 °C zu glasigen Schichten. Bei sehr hohem Zuckeranteil (Spekulatius, Printen) kann das zu hart-brüchiger Gebäckbeschaffenheit führen.
- Zucker macht Sandgebäck „sandig".
  In schweren (= fettreichen) Sandmassen bleibt ein Teil des Zuckers ungelöst; der zuvor gelöste Zucker kristallisiert in Folge der Wasserverdampfung aus.

... auf die Gebäckform.
- Zucker treibt bestimmte Gebäcke in die Breite.
  Ungelöster Zucker, z.B. in Teegebäcken aus Mürbeteig, schmilzt bei 160 °C. Der nunmehr flüssige Zucker setzt sich in Folge seines hohen spezifischen Gewichts nach unten ab. Er zerfließt und drückt die noch weiche, weil heiße Krume in die Breite.

... auf die Krustenbildung.
- Zucker bewirkt die Braunfärbung der Kruste.
  Bei Temperaturen über 160 °C wird Zucker z.T. chemisch umgewandelt; es entstehen hell- bis dunkelbraunfarbene Stoffe (= Kulör, Couleur).
- Zucker bewirkt die Rösche der Kruste.
  Zucker schmilzt bei 160 °C. Beim Erkalten bildet er eine zusammenhängende, feste, glasigbrüchige Schicht.

... auf die Schlagfähigkeit des Eiklars.
- Zucker bewirkt eine Verbesserung der Schaumstabilität.
  Ein Teil des im Eiklar ungebundenen Wassers wird gebunden, dadurch erhöht sich die Viskosität (= Zähflüssigkeit) des Eischaums.

... auf die Schlagfähigkeit der Sahne.
- Zucker trägt zur Stabilisierung der geschlagenen Sahne bei.
  Zucker wird gelöst; dabei bindet er einen Teil der Flüssigkeit (s. S. 155).

... auf die Haltbarkeit der Erzeugnisse.
- Früchte und Fruchterzeugnisse können mit Hilfe von Zucker konserviert werden.
  Hoch konzentrierte Zuckerlösung entzieht infolge ihrer hygroskopischen Eigenschaften den Fäulniserregern den Zellsaft (s. Bd. 1, S. 96).

3.3 Herkunft und Gewinnung des Zuckers

3.3.1 Rohr- oder Rübenzucker

Herkunft
Er ist im Mark der Zuckerrohrpflanze oder in den Zellen von Zuckerrüben als *doppelter Zucker* (Saccharose) enthalten. Rohr- und Rübenzucker besteht aus zwei Einfachzuckern: je einem Teil Traubenzucker und einem Teil Fruchtzucker.

Gewinnung

Der Zucker wird aus den Pflanzenzellen herausgelöst und durch Verdampfung des Lösungswassers zur Auskristallisation gebracht.

Im Verlauf dieses Gewinnungsprozesses müssen viele verschiedene Reinigungsverfahren angewendet werden, um die zahlreichen Schmutz- und Fremdstoffe zu entfernen. Die Zuckerkristalle, die sich durch das Kochen in der hoch konzentrierten Lösung (= Sirup) bilden, sind außen von einer dünnen, braunen Siruphaut umgeben.

❏ Weißzucker (EG-Qualität II)
   wird gewonnen, indem die anhaftende Siruphaut mit Hilfe von heißem Dampf abgelöst und in einer Zentrifuge abgeschleudert wird (= Affination).

❏ Raffinade (EG-Qualität I)
   wird gewonnen, indem der Weißzucker wieder gelöst wird. Den flüssigen Zucker leitet man dann durch verschiedene chemisch aktive Filter, wobei nahezu alle Nichtzuckerstoffe ausgeschieden werden (= Raffination).

3.3.2 Stärkezucker, Stärkesirup

Dazu zählen z. B. Bonbonsirup sowie bestimmte Traubenzuckerpräparate. Sie werden gewonnen aus der Stärke von Mais, Reis oder Kartoffeln.

Die Stärke wird zunächst verkleistert ...

❏ die Stärkekörnchen werden in Wasser erhitzt
   Dadurch werden die Körnchen „aufgeschlossen", d.h. die Eiweißhülle reißt auf, der Stärkebestandteil Amylopektin quillt auf, die Amylose wird gelöst.

... sodann wird die verkleisterte Stärke chemisch abgebaut ...

❏ ... durch Zusatz von Enzymen.
   Aus Amylopektinen werden Dextrine, Malz- und Traubenzucker.

❏ ... durch Kochen in verdünnten Säuren.
   Aus Amylose wird Malz- und Traubenzucker.

Je nach Dauer und Intensität dieser chemischen Behandlung sind die Anteile an Dextrinen und Traubenzucker unterschiedlich hoch. Der Anteil an Malzzucker ist meist nur gering.

3.4 Handelsarten

3.4.1 Stärkezuckerarten

Man unterscheidet:

❏ reinen Traubenzucker (Dextrose)
   in trocken-pulverisierter oder gepresster Form.

Abb. 1: Puderzucker, brauner Kandis – gestoßen, feiner Kristallzucker, Farinzucker, Hagelzucker, brauner Würfel-Kandis (v.l.n.r.)

3 Zucker

❑ **Stärkezucker**
in sirupartiger Form; er schmeckt weniger süß als reiner Traubenzucker.

Bestandteile:
70% Traubenzucker
15% Dextrin
15% Wasser

❑ **Stärkesirup**
in sirupartiger Form; er schmeckt noch weniger süß.

Bestandteile:
40% Traubenzucker
40% Dextrin
20% Wasser

Stärkesirup wird auch unter den Bezeichnungen Glukosesirup, Bonbonsirup oder Kapillärsirup in den Handel gebracht.

3.4.2 Rohr-, Rübenzucker

Die Zuckersorten werden in erster Linie nach Reinheit unterschieden, ferner nach Körnungsgröße, Farbe und nach besonderen Formmerkmalen, die vom jeweiligen Bearbeitungsverfahren abhängen.

Unterscheidungsmerkmale:

Reinheitsgrade

Nach der EWG-Zuckerverordnung werden Farbe, Aschegehalt und Körnung nach einem Punktesystem bewertet.

❑ **Raffinade** (Kategorie I)
– reine Farbe
– niedriger Aschegehalt[1]

❑ **Grundsorte** (Kategorie II)
– weniger reine Farbe
– höherer Aschegehalt

Körnungsgröße

❑ **Kristallzucker** (Kristallraffinade)
– feinkörniger Zucker in unterschiedlicher Kristallgröße,

❑ **Hagelzucker** (Hagelraffinade)
– ausgesiebter grobkörniger Zucker; jedes Korn besteht aus einer Vielzahl von zusammengeballten Kristallen,

❑ **Kandiszucker** (Kandisraffinade)
– große Zuckerkristalle, die sich beim langsamen Abkühlen einer nicht bewegten Zuckerlösung bilden.

Besondere Bearbeitungsverfahren

❑ **Puderzucker** (Staubzucker)
fein vermahlener Kristallzucker bzw. -raffinade,

❑ **Plattenzucker**

❑ **Stangenzucker**

❑ **Hutzucker**
in entsprechende Formen gegossene Zuckermasse oder feucht gepresster Kristallzucker,

❑ **Würfelzucker**
in Würfel geschnittener Stangen- oder Plattenzucker,

❑ **Flüssigzucker** (flüssige Raffinade)
aufgelöster Weißzucker oder Raffinade; die sirupartige Lösung hat einen Wassergehalt von 20 bis 30%,

❑ **Invertzucker**
durch Kochen mit Säuren oder durch Zusatz von Enzymen (Invertase) in Trauben- und Fruchtzucker aufgespaltener Rohr- oder Rübenzucker.

Färbung

❑ **Farinzucker**
gelber bis brauner Zucker von geringerer Reinheit; er wird aus Rohrzuckernachprodukten gewonnen.

❑ **Brauner Kandis**
entsteht durch Erhitzen der Zuckerlösung bis zur Kulörbildung und anschließender langsamer Abkühlung bei Ruhigstellung, wobei sich große Zuckerkristalle bilden,

❑ **Kandisfarin**
brauner Kandis, von geringerer Kristallgröße und minderer Reinheit,

---

[1] Der nach der EWG-Verordnung zugelassene Zucker der Kategorie III wird in der Bundesrepublik nicht hergestellt, da er den Ansprüchen der Verbraucher nicht genügt.

❏ **Zuckerkulör** (Couleur)
durch Erhitzen auf über 160 °C chemisch umgewandelter Zucker von mittel- bis dunkelbrauner Farbe,

❏ **Backsirup**
gelber bis brauner Zuckersirup, der aus dem ersten oder zweiten Ablaufsirup hergestellt wird.

3.5 Mechanische Eigenschaften des Zuckers

3.5.1 Süßkraft

Der süße Geschmack des Zuckers entsteht folgendermaßen:

Durch die Lösung des Zuckers (im Erzeugnis oder im Mundspeichel) entsteht eine bestimmte elektrische Spannung, die von der Zunge als Reiz wahrgenommen wird.

❏ Die verschiedenen Zuckerarten haben eine sehr verschieden starke Süßkraft; man kann diese in vergleichenden Messzahlen ausdrücken:

Einfache Zucker	
Fruchtzucker	100
Traubenzucker	43
Schleimzucker	9
Doppelte Zucker	
Rohr-, Rübenzucker	71
Malzzucker	43
Milchzucker	26

❏ Aus Stärke gewonnene Zucker (z. B. Bonbonsirup) haben eine geringere Süßkraft; das kommt daher, weil ihr Zuckeranteil nur aus Traubenzucker besteht. Die Gesamtzuckermenge ist – besonders bei sirupartigen Erzeugnissen – nur gering (Stärkezucker nur 70%, Stärkesirup nur 40% Traubenzucker).

❏ Durch Hitze, z. B. in der Kruste, entstehen Verbindungen von Zucker mit Eiweißstoffen (Melanoidine = Röstbitterstoffe). Ab 160 °C wird Zucker in Kulör (= brauner Farbstoff) umgewandelt, der bitter schmeckt.

3.5.2 Löslichkeit

❏ Bei der Lösung des Zuckers in Wasser wird dieser bis zur Molekülform zerlegt und gleichmäßig im Wasser verteilt.

❏ Der spezifisch schwerere Zucker (1,61 g je ccm) sinkt dabei nicht zu Boden, sondern wird von den Lösungskräften des Wassers (= elektrische Energie) „aufgehängt".

❏ Man kann sich die Lösungskraft des Wassers als Energie-Linien vorstellen. An den Schnittstellen dieser Linien können die Zuckermoleküle festgehalten bzw. in der Schwebe gehalten werden. Die Zahl der Schnittstellen und damit die Lösungskraft des Wassers ist abhängig von der Temperatur:

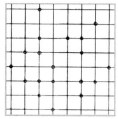 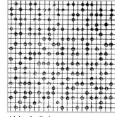

Abb. 1: Bei kalter Temperatur *Abb. 1: Bei warmer Temperatur*

❏ Wie viel Zucker gelöst werden kann, ist daher abhängig von der Temperatur des Wassers.
In kaltem Wasser kann weniger, in warmem oder heißem Wasser kann mehr Zucker gelöst werden.

In einem Liter Wasser können gelöst werden:

Wassertemperatur	kg Zucker
10 °C	1,8 kg
20 °C	2,0 kg
30 °C	2,2 kg
40 °C	2,4 kg
50 °C	2,6 kg
80 °C	3,6 kg
100 °C	4,87 kg

❏ Eine Zuckerlösung ist „gesättigt", wenn sie genau so viel Zucker enthält wie gelöst werden kann.

❏ Beim Abkühlen der gesättigten Zuckerlösung kann nicht mehr aller Zucker in Lösung gehalten werden; ein Teil des Zuckers kristallisiert aus und setzt sich als Bodensatz ab (= Rückkristallisation).

❏ Wie schnell Zucker gelöst wird ist abhängig…
… von der Temperatur des Wassers.
Der Lösungsvorgang dauert in kaltem Wasser länger als in warmem oder heißem.
… von der Größe der Kirstalle.
Puderzucker und feiner Kristallzucker sind besonders schnell und leicht löslich.

❏ Zucker ist in Fett nicht löslich.

3.5.3 Immobilisierung des Wassers

- Durch das Auflösen von Zucker in Wasser wird bewirkt, dass die Lösung zähflüssiger (viskoser) wird.

  Das Wasser wird unbeweglicher (= immobil), eine bestimmte Menge der Wassermoleküle ist energetisch an die Zuckermoleküle gebunden.

- Das gebundene Wasser steht für die Teigbildungsvorgänge (Kleberbildung) nur noch zum Teil zur Verfügung.

  Die Teige werden „kürzer", d.h. weniger dehnbar-elastisch, dafür aber mehr plastisch-formbar.

3.5.4 Kristallbildungsvermögen

- Doppelter Zucker bildet aufgrund seiner chemischen Struktur Kristalle.

  Diese sind sehr fest, lichtdurchlässig und farblos klar.

  Zucker wird weiß, wenn die Kristalle zerbrochen werden (vermahlen zu Puderzucker) oder wenn man die Kristallanordnung verschiebt (Tablieren von Fondant).

- Einfacher Zucker kann keine Kristalle bilden.

Das Auskristallisieren von Zucker kann behindert werden …

- … durch Zusatz von Glykose.

  Glykose ist einfacher Zucker, die Einfachzuckermoleküle, die selbst keine Kristalle bilden können, liegen den Doppelzuckermolekülen im Weg.

- … durch Zusatz von Invertase (Invertin).

  Invertase ist ein Enzym, das doppelten Zucker in einfachen Zucker abbaut.

- … durch Zusatz von Fruchtsäure oder saurem Salz (z. B. Weinstein).

  Säuren oder saure Salze „invertieren" den doppelten Zucker, d.h. sie bauen ihn zu einfachem Zucker ab.

Aufgabenstellungen

		Seite
1	Wozu wird Zucker in der Bäckerei verwendet?	150
2	Welche Wirkung hat Zucker im Teig?	151
3	Welche Wirkung hat Zucker im Gebäck?	150f
4	Welche Wirkung hat Zucker beim Schlagen von Eischnee und Schlagsahne?	151
5	Unterscheiden Sie: Rohr-/Rübenzucker – Stärkezucker.	151f
6	Wie wird Rübenzucker gewonnen?	151f
7	Wie wird Stärkezucker gewannen?	152
8	Nennen Sie Handelsarten von Stärkezucker und deren Zusammensetzung.	152f
9	Unterscheiden Sie Rohr- oder Rübenzucker:	
	a) nach dem Reinheitsgrad,	153
	b) nach Körnungsgröße und anderen Gestaltsmerkmalen,	153
	c) nach Färbung.	153f
10	Erläutern Sie die Süßkraft des Zuckers.	154
11	Wovon ist die Löslichkeit des Zuckers abhängig?	154
12	Welche Wirkung hat gelöster Zucker auf die Fließfähigkeit des Wassers sowie auf die Teigbeschaffenheit?	155
13	Beschreiben Sie, unter welchen Voraussetzungen Zucker Kristalle bildet.	155
14	Wodurch bekommt Zucker eine weiße Farbe?	155
15	Wie kann man das Auskristallisieren von Zucker behindern?	155

4 Fette

4.1 Verwendung

In der Bäckerei werden folgende Fette verwendet ...

- Butter, Butterschmalz
- Schweineschmalz
- Margarine (meist als Spezialmargarine in der Form von Back-, Cake-, Krem- und Ziehmargarine)
  ... als Rohstoffe für Teige und Massen
- gehärtete Pflanzenfette (und Schweineschmalz)
  ... als Siedefette zum Backen von Fettgebäcken wie Berliner, Spritzringe, Krapfen, Mutzen u.a.
- Öle
- Trennwachse (auch Butter und Margarine)
  ... als Trennfett zur Vermeidung des Anhaftens von Teigen oder des Anbackens von Gebäcken am Backblech
- Kakaobutter
  ... als Glanzgeber und Isolierfett vor allem bei ausgeformtem Marzipan
  sowie als Verdünner von Kuvertüre.

4.2 Wirkung

Fette können folgende Wirkungen haben:

- Sie sind Geschmacksstoffträger.
  Im Hinblick auf den Genußwert jeglicher Nahrung kann auf Fette weitgehend nicht verzichtet werden.

- Sie beeinflussen die Beschaffenheit von Teigen und Massen.
  Auf Grund ihrer eigenen plastischen Eigenschaften geben sie Teigen eine besondere Art von Bindigkeit und Gleitfähigkeit. Fett beeinträchtigt die elastischen Eigenschaften des Klebers. Fettreiche Teige sind daher „kurz", z.B. Mürbeteig.

- Sie beeinflussen die Lockerung von Teigen und Massen.
  Hefeteige und geschlagene Massen werden in ihrer Lockerungsfähigkeit durch Fett beeinträchtigt. Das liegt daran, daß sowohl der Kleber des Mehls als auch das Mucin-Eiweiß

  des Hühnereies angegriffen werden, wodurch das Gashaltevermögen dieser Stoffe entsprechend geringer ist.
  In gerührten Massen dagegen besitzt Fett zusammen mit Zucker eine gewisse Luftaufnahmefähigkeit (Schaumigrühren) und begünstigt insofern die Lockerung.
  Bei Blätterteiggebäck wird der besondere Lockerungseffekt auf Grund der isolierenden Wirkung des Fettes erst ermöglicht.

- Sie beeinflussen Haltbarkeit und Frischhaltung von Gebäcken.
  Während Wasser im Verlauf der Gebäcklagerung verdunstet, verbleibt der Fettanteil auch bei längerer Lagerung im Gebäck. Fettreiche Gebäcke werden daher nicht „altbacken" (s.S. 105); sie zählen zu den Dauerbackwaren. Fette begünstigen die Haltbarkeit auch durch ihre isolierende Wirkung, vor allem wenn sie zur Oberflächenbeschichtung verwendet werden, z.B. beim Abglänzen von Marzipan oder beim Überziehen von Torten, Desserts, lebkuchenartigen Backwaren u.a. mit fettreicher Kuvertüre.

- Sie sind Wärmeleiter.
  Siedefette leiten die Hitze um ein Vielfaches schneller als die heiße Luft im Backofen. Für Gebäckstücke von gleicher Größe und Teigart bzw. Masse ist die Backzeit im siedenden Fett deutlich kürzer als im Backofen.
  Beispiel:

Gebäckart	Backtemperatur	Backzeit
Windbeutel	ca. 230 °C	20 – 25 Min. im Ofen
Spritzringe	ca. 180 °C	6 Min. in der Frittüre

- Sie sind Trennschichtbildner.
  Fette trennen das Backgut vom Backblech. Das auf dem Backblech ausgestrichene Fett haftet an dessen Oberfläche. Es weist jedoch den Wasser haltigen Teig aufgrund seiner gegenüber Wasser antimagnetischen Wirkung ab und verhindert so die unmittelbare Berührung des Teiges mit dem Backblech und damit das Ankleben.
  Auch bei Einwirken der Ofenhitze bleibt die Fettschicht bis zum Ende des Backprozesses erhalten und somit als Trennschicht wirksam.
  Der nach dem Verdampfen des Wassers in der Kruste auskristallisierende und bei hohen Hitzegraden (ca. 160 °C) flüssig werdende Zucker bleibt durch die Fettschicht getrennt: er kann sich weder in Fett lösen noch an der Blechoberfläche anhaften.

4.3 Herkunft und Gewinnung

Fette werden entweder aus dem Fruchtfleisch oder Samen bestimmter Pflanzen gewonnen oder sie entstammen der Milch (Butter, Butterschmalz) bzw. den Bindegeweben von Tieren.

4.3.1 Pflanzliche Fette

Herkunft

Fettfrucht	Fettgehalt	Weltproduktion in Mio. t 1974	Herkunftsländer
Sojabohnen	17 – 20%	8,3	USA, China, Brasilien
Sonnenblumenkerne	22 – 32%	3,8	UdSSR, Argentinien, Südostasien
Baumwollsaat	18 – 28%	2,9	USA, UdSSR, China, Indien
Palmkerne	40 – 50%	2,7	Nigeria, Zaire, Indonesien
Palmfleisch	60 – 70%	2,7	Malaysia
Erdnüsse	40 – 50%	2,6	Indien, China, Nigeria, Senegal, USA
Kokosnüsse (Kopra)	63 – 70%	2,4	Philippinen, Indonesien, Ozeanien, Indien
Raps	35 – 45%	2,4	Kanada, Indien, China, Pakistan
Rübsen	30 – 40%		Polen, Japan, Mitteleuropa
Oliven	50 – 56%	1,6	Mittelmeerländer
Sesamsaat	50 – 56%	0,7	Asien, Afrika, Mexico, Venezuela
Maiskeime	30 – 40%	0,4	USA, Brasilien, Mexico, UdSSR, Balkan, Argentinien, Indien
Saflor (Färberdistel)	ca. 30%	0,2	Indien, Amerika
Babassukerne	63 – 70%	noch nicht ausgebeutet	Brasilianischer Urwald

Die meisten dieser Fette werden zu Margarine und Spezialfetten verarbeitet (s. S. 161f).

Folgende Fette finden aber auch unmittelbare Verwendung in der Bäckerei:

❑ Gehärtetes Erdnussfett
   als Siedefett für Fettgebäcke,

❑ Palmkernfett

❑ Kokosfett
   zum Verdünnen von Schokoladenfettglasur,

❑ Rüböl

❑ Olivenöl
   zum Einfetten von Backformen.

Gewinnung

Die gereinigten Früchte werden zuerst gemahlen und dann ausgepresst bzw. extrahiert. Das dabei austretende Rohöl wird gereinigt (raffiniert) und je nachdem weiteren Behandlungen (z. B. Härtung) unterzogen.

Von der Frucht zum rohen Öl

❑ Die Ölfrüchte werden zerkleinert und zu Brei zerquetscht. Die Wände der Zellen, in denen das Öl gelagert ist, reißen dabei auf.

❑ Aus dem Brei von Ölfrüchten mit hohem Fettgehalt (z. B. Kopra, Palmkernen, Erdnüssen) lässt sich das Öl mit Hilfe von Druck (Schneckenpressen) gewinnen.

❑ Der Brei von Ölfrüchten mit geringerem Fettgehalt wie Sojabohnen, Sonnenblumenkernen oder Baumwollsaat wird mit einem Fettlösungsmittel (Hexan) übersprüht. Das so gelöste Fett wird extrahiert (= herausgezogen), indem man das Lösungsmittel durch Erwärmen zur Verdampfung bringt.

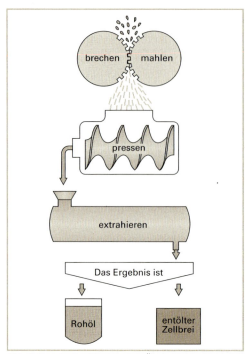

Abb. 1: Von der Frucht zum rohen Öl

Durch Raffination zum Speiseöl

Das rohe Öl muss raffiniert, d. h. von allen Verunreinigungen befreit werden. Verunreinigungen in diesem Sinne können sein:

◆ **Fremdbeimengungen,**
◆ **freie Fettsäuren,**
◆ **Glycerin,**
◆ **Harze,**
◆ **Wachse,**
◆ **Geruchs- und Geschmacksstoffe,**
◆ **Farbstoffe** und
◆ **Enzyme.**

Die Raffination selbst erfolgt in einem mehrstufigen Industrieverfahren.

Das Ergebnis ist:

4.3.2 Tierische Fette

Neben Butter und Butterschmalz (vgl. S. 144f) können folgende tierische Fette in der Bäckerei verarbeitet werden:

❒ Schweineschmalz,
  – als Rohstoff zur Herstellung von Schmalzgebäck und Hefestollen,
  – als Siedefett.

❒ Rindertalg,

❒ Fischöle,

❒ Waltran …
  … können Bestandteile von Margarine und Spezialfetten sein.

Das Fett entstammt bestimmten Bindegewebeschichten dieser Tierarten:

❒ der inneren Bauchwand, z. B. Nierenfett (Schmalz, Rindertalg),

❒ dem Darmfettgewebe, Flomen

❒ dem Rücken- bzw. Bauchgewebe, z. B. Speck.

Das Fett kann auf warmem oder kaltem Wege gewonnen werden …

❒ Durch Erwärmen schmilzt das Fett (Schmalz); die braun gewordenen, krustigen Gewebeteile (= Grieben) werden abgesondert;

❒ Durch Pressen lässt sich vor allem aus dem Rücken- oder Bauchfett von Schweinen Schmalz gewinnen.

4.4 Mechanische Eigenschaften der Fette

Die verschiedenen Fette unterscheiden sich …

… nach der Zustandsform (Aggregatzustand)

❒ Fette können flüssig, weich oder fest sein. (schmelzen = flüssig werden; erstarren = fest werden)

  Das richtet sich nach der Temperatur; der Schmelz- oder Erstarrungspunkt ist bei den einzelnen Fetten verschieden.

❒ Die verschiedenen Fette enthalten meist mehrere Arten von Fettsäuren mit sehr unterschiedlichen Schmelzpunkten.

4 Fette

Fettsäuren	Schmelzpunkte
Stearinsäure	+ 70 °C
Palmitinsäure	+ 63 °C
Ölsäure	+ 13 °C
Linolsäure	– 5 °C
Linolensäure	– 11 °C

- Aus diesem Grunde gibt es keinen klaren Übergang von fest zu flüssig. Bei normalen Raumtemperaturen sind die meisten Fette weich, d.h. sie enthalten z.T. flüssige, z.T. feste Fettsäuren.
- Diesen „Temperaturspielraum" bezeichnet man als *Schmelzbereich*.

Fettart	Schmelzbereich
Butter	+ 10 bis + 32 °C
Schweineschmalz	+ 22 bis + 40 °C
Kokosfett	+ 22 bis + 28 °C
Kakaobutter	+ 28 bis + 36 °C

… nach der Mischbarkeit (Emulgierbarkeit)

- Bei der Verarbeitung von Fett zu bzw. in Teigen und Massen tritt immer die Schwierigkeit auf, dass sich Fett mit dem Flüssigkeitsanteil (Wasser, Milch, Ei) nur schwer mischen lässt: Fett und Wasser stoßen einander ab.
- Durch besondere Arbeitstechniken lässt sich die Mischbarkeit des Fettes verbessern.
  - *Erwärmen:*
    Fett wird weich und damit fließ- und haftfähiger.
  - *Schaumigrühren:*
    mit Zucker oder Weizenpuder:
    Fett wird an der Oberfläche dieser Stoffe fein verteilt.

Die Mischbarkeit (Emulgierbarkeit) der einzelnen Fette ist jedoch sehr verschieden; sie ist abhängig von der Zusammensetzung der Fette:

- Reine Fette
  sind besonders schwer emulgierbar. Sie bestehen nur aus Wasser abstoßenden Bestandteilen.
- Butter
  ist bereits eine Emulsion, die Wasser haltig (bis 16%) ist. Eine gründliche Mischbarkeit jedoch lässt sich nur mit Hilfe der oben aufgezeigten Arbeitstechniken erzielen.

- Spezialmargarinen (Back-, Kremmargarine)
  Sie enthalten Fettbegleitstoffe, z.B. Lipoproteide. Das sind Wasser anziehende (hydrophile) Bestandteile wie z.B. Lezithin. Dadurch wird die Wasser abstoßende Wirkung entsprechend gemindert und die Mischbarkeit verbessert.
  Die emulgierende Wirkung dieser Stoffe beruht darauf, dass die Molekülseite mit den Fettsäuren eine Bindigkeit mit den Nachbarfettmolekülen aufweist (= lyophil), während jene Molekülseite, an die z.B. Phosphorsäure gebunden ist, Bindigkeit mit Wasser hat (= hydrophil).
  Diese fettähnlichen Stoffe werden auch als Mono- und Diglyceride bezeichnet (vgl. Bd. 1, S. 57f).

… nach der Bindigkeit

Zum Tourieren von Blätterteig wird ein Fett gebraucht, das sich sehr weit ausdehnen lässt, ohne dabei zu zerreißen.

Fette sind um so bindiger (stabiler), …

… je weniger verschiedene Fettsäuren im Fettmolekül enthalten sind,

… je einheitlicher die Anordnung der Fettsäuren ist.

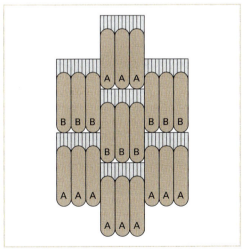

Abb. 1: Stabile Fettkristalle
– einheitliche Anordnung
– wenig verschiedene Fettsäuren

Man kann die Bindigkeit der Fette durch Umestern verbessern.

Umestern = Umgruppieren der Fettsäuren *innerhalb* der Fettmoleküle.

Abb. 1: Unstabile Fettkristalle
- uneinheitliche Anordnung
- viele verschiedene Fettsäuren

... nach dem Rauchpunkt (Qualmpunkt)

Als Siedefett zum Backen von Berlinern, Krapfen u.a. eignen sich Fette, die hoch erhitzt werden können, ohne dass sie qualmen.

Zum Sieden ungeeignete Fette bilden bereits bei Backtemperaturen (170 bis 180 °C) stechend riechende Dämpfe (Rauch, Qualm).

Dabei werden die Fettmoleküle durch die Hitze umgewandelt.

Vorgang der Fettumwandlung durch Hitze

Die Fettmoleküle werden aufgespalten in *Glycerin* und *Fettsäuren*.

Glycerin

❒ wird durch die Hitze umgewandelt in Akrolein (= Allylaldehyd).

Akroleine sind ungesättigte Verbindungen, die als Rauch in die Luft eintreten. Diese Stoffe riechen stechend und sind beim Einatmen giftig.

Fettsäuren

❒ werden mit Hilfe des Luftsauerstoffs oxidiert; dabei erhöht sich der Säuregrad.

In Folge des so eintretenden Sauerwerdens sind Siedefette nach mehrmaligem starken Erhitzen genussuntauglich.

Die Rauchpunkte der Siedefette sind um so höher ...

... je mehr gesättigte Fettsäuren enthalten sind,

Siedefette werden deshalb meist gehärtet (vgl. Bd. 1, S. 56).

... je reiner das Fett ist.

Es dürfen keine oxidierten Fettreste enthalten sein (s. S. 163).

4.5 Die einzelnen Bäckereifette

Butter und Butterschmalz wurden als Erzeugnisse aus Milch auf den Seiten 144f dargestellt.

4.5.1 Schweineschmalz

Verwendung

Für solche Erzeugnisse, bei denen der ihnen anhaftende typische, arteigene Geruch und Geschmack erwünscht ist. Dazu zählen Schmalzstollen und bestimmte Fettgebäcke wie Mutzen, Schmalzringe u.a.

Mechanische Eigenschaften

Der Rauchpunkt liegt bei 190 °C.
Der Schmelzbereich liegt zwischen 36 und 42 °C.

Gewinnung

Durch das Ausschmelzen des Nierenfettgewebes (= Flomenschmalz), des Darmfettes und des Rücken- und Bauchspecks oder durch Auspressen des Specks (= geringere Qualität).

Zusammensetzung

Mindestens 99,5% Fett.
Höchstens 0,5% Wasser.

Gütemerkmale

Bei Zimmertemperatur weiche, pastöse Zustandsform, weiße Farbe, glatte bis körnige Konsistenz; im erwärmten Zustand flüssig und farblos klar.

Aufbewahrung

Kühl, luft- und lichtgeschützt.
Haltbarkeit mehrere Wochen.

4.5.2 Margarine, Mischfette, Streichfette

Herstellung und Zusammensetzung

Margarineerzeugnisse werden hergestellt durch Emulgieren von genusstauglichen Fetten mit Milchfett und anderen erlaubten Zusätzen.

Der Anteil an Milchfett beträgt bei Margarinen und Streichfetten höchstens 3%, bei Misch- und Streichfetten 10 bis 80% des Gesamtfettes.

Bezeichnung		Fettgehalt
Margarine		80–89%
Dreiviertelfettmargarine		60–62%
Halbfettmargarine		39–41%
Margarineschmalz	mind.	99%
Mischfett		80–90%
Dreiviertelmischfett		60–62%
Halbmischfett		39–40%
Streichfett X v.H.	von weniger als	39%
sowie	über	41–60%
Mischstreichfett	bis zu	62–80%

Erlaubte Zusätze

- **Sorbinsäure** zur Konservierung
- **Bixin, Kurkumin, Carotin** zum Färben
- **Lezithin** als Emulgator
- **synthetische Vitamine**
- **Kochsalz**

Margarine enthält als typischen Bestandteil tierischer Fette das *Phytosterin*, Butter dagegen das *Cholesterin*.

In Pflanzenmargarine sind besonders viele „essentielle", d.h. mehrfach ungesättigte Fettsäuren enthalten

4.5.3 Spezialmargarinen

Darunter versteht man Margarinen, die für ganz bestimmte Verwendungszwecke bestimmt sind:

- **Ziehmargarine** für Blätter- und Plunderteige,
- **Backmargarine** für Mürbe- und Hefeteige,
- **spez. Margarine** für gerührte Massen,
- **Kremmargarine** für Fettkrems.

Diese Margarinen sind nach Auswahl und Vorbehandlung der Fette so konstruiert, dass sie ganz bestimmte Eigenschaften aufweisen und daher jeweils für besondere Zwecke geeignet sind.

Ziehmargarine

Mechanische Eigenschaften

- besonders gute Dehnbarkeit

   Ausreichender Anteil an öligen, gleitfähigen Bestandteilen.

- isolierende Wirkung

   Besonders geringer Anteil an Wasser bewirkt, dass Teig- und Fettschichten beim Tourieren nicht miteinander verkleben.

- hohe Bindigkeit und Zerreißfestigkeit

   Hoher Anteil an festen Fettfraktionen (45%) mit stabilen Fettkristallen (vgl. S. 159).

- weiter Schmelzbereich

   Angemessene Anteile von niedriger und höher schmelzenden Fettfraktionen (s. S. 159).

Bedeutung für die Verarbeitung

In Plunder- und Blätterteigen werden die Fettschichten durch das Ausrollen (Tourieren) enorm gedehnt und bilden dabei schließlich hauchdünne Fettfilme zwischen den Teigschichten. Die Fettschichten dürfen weder reißen noch dürfen sie sich mit den Teigschichten verbinden. Gerade in der Isolierung der Fett-/Teig-Schichten liegt ja die Besonderheit, die die Lockerungsfähigkeit von Plunder- und Blätterteigen bewirkt.

Während des Backprozesses darf der feste Fettfilm nur stufenweise in die flüssige Zustandsform übergehen. Die Isolierwirkung soll so lange wie möglich vorhalten (vgl. S. 156). Andererseits sollen zur rechten Zeit flüssige Fette bereitstehen, die von den quellenden Teigbestandteilen (Stärke) im Backprozess aufgenommen werden können.

Backmargarine

Mechanische Eigenschaften

- gute Mischbarkeit

   Feinste Tröpfchenverteilung der Fette und ausreichender Anteil an Fettbegleitstoffen mit emulgierender Wirkung.

- mittlere Festigkeit (Bindigkeit)

   Ausgewogener Anteil an festen (ca. 35%) Fettfraktionen mit entsprechender Kristallstruktur.

Bedeutung für die Verarbeitung

Backmargarine muss im Teig leicht mischbar sein. Sie darf, vor allem bei der Verwendung in Mürbeteigen, nicht ölig werden, weil sonst die Gefahr besteht, dass der Mürbeteig „brandig" wird (s. S. 275).

Spezialmargarine für gerührte Massen

Mechanische Eigenschaften

❏ hohe Emulgierbarkeit

Feinste Tröpfchenverteilung der Fette und entsprechende Anteile an Fettbegleitstoffen.

❏ geringere Festigkeit (Bindigkeit)

Geringerer Anteil (ca. 28%) an festen Fettfraktionen.

❏ Luftaufnahme- und Lufthaltevermögen

Durch entsprechende Kristallstruktur gegebene Stabilität der festen Fettfraktionen bei gleichzeitig hohem Anteil an flüssigen Fettfraktionen.

Bedeutung für die Verarbeitung

Bei der Herstellung von gerührten Massen werden Fett und Zucker schaumig gerührt.

Dabei wird Luft eingefangen. Diese dient zusammen mit den von chemischen Triebmitteln erzeugten Gasen zur Lockerung der Gebäcke.

Bei der Fett/Zucker-Schaumbildung wird die Luft von den zahlreichen kristallförmigen Fetten „eingefangen".

Damit die eingeschlossene Luft aber für längere Zeit erhalten bleibt, muss ein ausreichender Anteil an festen Fetten mit entsprechender Stabilität enthalten sein.

Kremmargarine

Mechanische Eigenschaften

❏ besonders gute Emulgierbarkeit

Hoher Anteil an Fettbegleitstoffen, z. B. Lezithin u. a.

❏ geringe Festigkeit

Niedriger Anteil an festen Fettfraktionen.

❏ niedriger Schmelzpunkt

Für Verarbeitungstemperaturen von 20 bis 22 °C eingestellt (vgl. S. 159).

Kremmargarine soll bei 16 bis 18 °C gelagert werden.

❏ Gutes Luftaufnahme- und Lufthaltevermögen

Besonders hoher Anteil an flüssigen Fettfraktionen.

Der geringe Anteil an festen Fettfraktionen wird durch deren besonders stabile Kristallstruktur ausgeglichen (vgl. S. 159).

4.5.4 Siedefett

Siedefett dient zum Backen von Fettgebäck wie Berliner Ballen, Mutzen, Spritzringe, Krapfen u. a.

Mechanische Eigenschaften

❏ hoher Rauchpunkt

Beruht auf dem Gehalt an hochschmelzenden Fetten mit gesättigten Fettsäuren (vgl. S. 160).

❏ starke hitzetechnische Belastbarkeit

Ist abhängig von der chemischen Reinheit (Raffinationsgrad) der Fette (vgl. S. 158).

Siedefette sollen im Geschmack neutral sein. Es werden deshalb vorwiegend raffinierte und gehärtete Pflanzenfette verwendet.

Das erhitzte Siedefett leitet die Hitze in das Backgut. Ein Teil des Fettes dringt in das Gebäck ein; daher muss man die nach mehrmaligem Backen fehlende Fettmenge ergänzen.

Erklärung: des Rauchpunktes

Er soll mindestens bei 190 bis 200 °C liegen, weil die Backtemperatur für Fettgebäcke (z. B. Berliner, Spritzringe u. a.) bei 170 bis 180 C liegt.

Das so hoch erhitzte Fett wird bei der Berührung mit den Heizaggregaten der Fritüre in deren unmittelbarer Nähe über die gewünschte Backtemperatur hinaus erhitzt und würde bei zu niedrigem Rauchpunkt bereits zersetzt werden.

Als Siedefett ist ein Fett jedoch erst dann gut geeignet, wenn der Rauchpunkt über 220 °C liegt.

Eine so hohe Hitzestabilität ist deswegen wichtig, weil der Rauchpunkt bei mehrmaliger Verwendung des Fettes immer weiter absinkt.

Bäckereifette	Rauchpunkt
Butterschmalz	150 °C
Schweineschmalz	190 °C
Sojaöl	230 °C
Erdnussöl	230 °C

4 Fette

Das Absinken des Rauchpunktes hat folgende Ursachen:

❏ Der Anteil an oxidativen Restbestandteilen nimmt mit jeder Erhitzung zu;

❏ das aus dem Backgut (Teigstück) austretende Wasser trägt zur Aufspaltung der erhitzten Fettmoleküle bei (hydrolytische Spaltung, s. S. 163, rechts);

❏ die ins Siedefett gelangenden Fremdbestandteile (z. B. durch Abbröckeln aus den Gebäckstücken) verunreinigen das Fett und tragen zum Absinken seiner chemischen Hitzestabilität bei.

Ein Siedefett ist unbrauchbar geworden und gilt als verdorben, wenn der Rauchpunkt unter 170 °C abgesunken ist (= zu hoher Anteil an oxidierten Bestandteilen).

Für den Bäcker bedeutet dies, dass er den Teil des Fettes, der beim Backen durch Eindringen ins Gebäck verloren geht, nicht auf lange Zeit immer nur durch Zugabe der entsprechenden Menge an frischem Fett ersetzen darf. Vielmehr muss er das Fett nach einer bestimmten Anzahl von Erhitzungsfolgen vollständig erneuern und die Frittüre jeweils gründlich reinigen.

4.5.5 Backkrem

Wird für Hefeteige, Mürbeteige und Sandmassen verwendet.

Zusammensetzung

ca. 40 % Fett;
ferner:
Zucker oder Speisesirup,
Milchpulver,
Lezithin,
Dickungsmittel.

Backkrems sind also keine hochprozentigen Fette, sondern emulgierte Rohstoffmischungen.

Bedeutung für die Verarbeitung

Sie lassen sich aufgrund ihres Gehalts an backtechnisch wirksamen Bestandteilen besonders leicht zu Teigen und Massen verarbeiten.

Die Verwendung von Backkrems zwingt wegen der besonderen stofflichen Zusammensetzung zu Rezeptumstellungen.

4.6 Haltbarkeit und Aufbewahrung

4.6.1 Verderbnisanfälligkeit der Fette

Fette können sich unter bestimmten Bedingungen chemisch verändern. Je nachdem werden sie dabei ranzig bzw. sie verseifen. Wasserhaltige Fettemulsionen, z. B. Butter oder Margarine, können Kleinlebewesen (Mikroorganismen) als Nährboden dienen. Das führt zur Bildung von Pilzrasen (Stockflecken).

Fette, vor allem Butter, können Fremdgerüche aufnehmen.

Hydrolytische Spaltung

Stoffliche Veränderungen:
Die Fettsäuren werden vom Glycerin abgespalten. Dazu wird Wasser benötigt das an die Fettsäureester angelagert wird.

Begünstigende Bedingungen:
Wasser, Wärme, Licht, fettspaltende Enzyme (Lipasen) bewirken bzw. beschleunigen diese Vorgänge.

Oxidative Spaltung

Stoffliche Veränderungen:
Die freien Fettsäuren werden mit Hilfe von Luftsauerstoff – vor allem an den C-Doppelbindungen innerhalb der Kohlenstoffketten – weiter aufgespalten. Dabei entstehen flüchtige Fettsäuren. Der Säuregrad steigt an, das Fett wird sauer.

Mehrfach ungesättigte Fettsäuren sind wegen der C-Doppelbindungen oxidationsanfälliger.

Begünstigende Bedingungen:
Luftsauerstoff in Verbindung mit Wärme, Licht und Enzymen (Oxidasen) bewirken bzw. beschleunigen diese Vorgänge.

Die energetische Wirkung der Enzyme kann aber auch durch bestimmte Metalle (Kupfer, Messing, Bronze), welche als Katalysatoren wirken, ersetzt werden. Bei längerer unmittelbarer Berührung des Fettes mit diesen Metallen (z. B. Kupferkessel) erfolgt autooxidative Aufspaltung der Fettsäuren.

Parfümranzigkeit infolge der Spaltungsvorgänge durch Mikroorganismen

Stoffliche Veränderungen:
Freie Fettsäuren sowie Eiweißstoffe werden durch die Enzyme von Mikroorganismen (Bakterien, Pilze Hefen) in zahlreiche Fettsäureester und Ketone umgebaut. Diese sind z. T. unangenehm riechende Stoffe.

Begünstigende Bedingungen:
Wasserhaltige Fettemulsionen, z. B. Butter, Margarine, sind günstige Nährböden für die Mikroorganismen. Wärme und Licht begünstigen deren Entwicklung. Durch offene, nicht luftgeschützte Lagerung können weitere Kleinlebewesen in das Fett eindringen (Luftinfektion).

> Verseifung der Fette kann dann erfolgen, wenn das Fett mit Laugen (Alkalien, z. B. Natrium) in Berührung kommt. Durch Anlagerung der Alkalien an die freien Fettsäuren werden Alkalisalze der Fettsäuren gebildet (= Verseifung).

4.6.2 Aufbewahrung der Fette

Um Fette vor den aufgezeigten Verderbniserscheinungen zu schützen, muss man sie unter solchen Bedingungen aufbewahren, bei denen die entsprechenden Zersetzungsvorgänge unterbleiben oder nur sehr verlangsamt auftreten können.

Richtige Lagerung

❒ Kühl
Fett bleibt formbeständig, die Mikroorganismen vermehren sich nicht, die Enzymaktivität ist gebremst.

❒ Lichtgeschützt
oxidative Veränderungen werden so wegen Energiemangels erschwert

❒ Luftgeschützt
keine oxidativen Veränderungen wegen Sauerstoffmangels, keine Luftinfektion durch Mikroorganismen

❒ Geruchsgeschützt
keine Aufnahme von unangenehmem Fremdgeruch oder -geschmack

> Fette sollen auch nicht für längere Zeit mit bestimmten Metallen (z. B. Kupferkessel) in Berührung kommen, weil sonst autooxidative Veränderungen auftreten, das Metall wirkt in solchen Fällen als Katalysator.

Aufgabenstellungen

		Seite
1	Nennen Sie die verschiedenen Fette der Bäckerei und deren Verwendungsmöglichkeiten.	156
2	Welche Wirkungen können Fette in Teig und Gebäck hervorrufen?	156
3	Nennen Sie Früchte, die zur Gewinnung von Speisefetten dienen.	157
4	Wie gewinnt man pflanzliche Fette?	157
5	Wie gewinnt man tierische Fette?	158
6	Woraus erklärt sich die unterschiedliche Zustandsform (Aggregatzustand) der verschiedenen Fette?	158f
7	Erläutern Sie, was man unter dem „Schmelzbereich" von Fetten versteht.	159
8	Weshalb lassen sich Fette in Teigen und Massen nur schwer vermischen?	159
9	Auf welche Weise kann man die Mischbarkeit (Emulgierbarkeit) von Fetten verbessern?	159
10	Wovon ist die Bindigkeit (Eignung als Ziehfett) von Fetten abhängig?	159f
11	Weshalb müssen Siedefette einen hohen Rauchpunkt haben?	160
12	Beschreiben Sie die Umwandlung des Fettes durch Hitze und deren Folgewirkungen.	160
13	Wovon ist der Rauchpunkt von Siedefetten abhängig?	160,162
14	Erklären Sie, weshalb der Rauchpunkt von Siedefetten absinken kann.	163

5 Eier

	Seite
15 Beschreiben und erklären Sie, wie man mit Siedefett und Fritüre nach mehrmaligem Gebrauch des Fettes umgehen muss.	163
16 Beschreiben Sie die Verwendung, Gewinnung, Zusammensetzung und Eignung von Schweineschmalz.	160
17 Welche Fette und Zusatzstoffe dürfen zur Margarineherstellung verwendet werden?	161
18 Erläutern Sie, weshalb Ziehmargarine zur Herstellung von Plunder- und Blätterteigen besonders geeignet ist.	161
19 Beschreiben Sie Beschaffenheit und Eignung von Backmargarinen.	161 f
20 Beschreiben Sie Beschaffenheit und Eignung von Kremmargarinen.	162
21 Was versteht man unter Backkrem?	163
22 Nennen Sie Ursachen die zum Verderben des Fettes führen können.	163
23 Unterscheiden Sie: ranzig werden – verseifen.	163
24 Beschreiben Sie folgende Formen des Ranzigwerdens:	
a) durch Wasser	163
b) durch Luftsauerstoff	163
c) durch Mikroorganismen.	163
25 Wie sollen Fette aufbewahrt werden?	164

5 Eier

5.1 Verwendung

❏ In der Bäckerei werden fast ausnahmslos Hühnereier verwendet:

als ganze Eier	(= Vollei)
als Eiklar	(= Eiweiß)
als Dotter	(= Eigelb)

❏ Die Verwendung von Enteneiern ist wegen der Infektionsgefahr durch gesundheitsschädliche Salmonellen verboten.

Die Bestandteile Dotter und Eiklar sind in ihrer Zusammensetzung (Nährstoffgehalt) sehr verschieden, vor allem im Fettgehalt sowie in der Beschaffenheit des Nährstoffes Eiweiß.

Dotter	33,0% Fett
Eiklar	0,2% Fett

Daraus ergeben sich entscheidende Unterschiede in den mechanischen Eigenschaften, insbesondere in der Schlagfähigkeit und der Emulgierbarkeit.

Je nachdem werden Eier daher als Volleier oder aber als Dotter oder Eiklar getrennt verarbeitet.

Der Verarbeitungstechnik nach werden sie entweder untergemischt (z. B. in Teigen), untergerührt (z. B. in schweren Massen) oder geschlagen (z. B. in leichten Massen).

Es werden verwendet:

Vollei
- für Hefeteige (Berliner, Plunder, Zwieback)
- für Sandmassen, Brandmassen
- zur Herstellung von Krems und Eistreiche
- für Wiener Masse, Biskuit-, Rouladen- oder Kapselmasse

Eigelb
- für Hefe- und Mürbeteige
- für „Mehrkesselmassen", z. B. Mohrenkopfmasse u.a.
- zur Herstellung von Eistreiche und französischem Butterkrem

Eiklar
- zur Herstellung von Makronenmasse und von Eiweißspritzglasur
- zur Herstellung von Eischnee; dieser wird weiterverarbeitet zu Krem (Schneekrem, italienischer Butterkrem) oder zu Massen (Baiser-, Mohrenkopfmasse u.a.)

5.2 Wirkung

Eiklar ...

❏ ... besitzt gute Schlagfähigkeit.
Das beruht auf dem Gehalt an elastischen Eiweißstoffen (Globulin- und Mucin-Eiweiß).

❏ ... ergibt großes Volumen der Erzeugnisse.
Elastische Eigenschaften der Eiweißstoffe werden nicht beeinträchtigt, da fast kein Fett vorhanden ist.

Eigelb ...

❏ besitzt gute Emulgierbarkeit.
Das beruht auf der besonderen Beschaffenheit der Dottereiweiße sowie auf dem Lezithingehalt.

❏ ...bewirkt lange Frischhaltung der Erzeugnisse.
Das beruht auf dem hohen Fettanteil; im Gegensatz zu Wasser entweicht dieser bei der Lagerung nicht; die Erzeugnisse bleiben länger „saftig".

❏ ... ergibt guten Geschmack der Erzeugnisse.
Fett ist Geschmacksstoffträger.

5.3 Aufbau des Hühnereies

Die Hauptbestandteile sind:

❏ Schale   – etwa 10% vom Gesamtgewicht
❏ Eigelb   – etwa 2/5 vom Ei-Inhalt
❏ Eiklar   – etwa 3/5 vom Ei-Inhalt

Bei einem Ei der Gewichtsklasse L (= 53 bis unter 63 g) verteilen sich diese Anteile etwa so:

Gesamtgewicht des Eies:	56 g	
– Schale (10% davon):	ca. 6 g	
Ei-Inhalt:	ca. 50 g	
davon	ca. 30 g	Eiklar (= 3/5)
	ca. 20 g	Eigelb (= 2/5)

Struktur des Hühnereis

Das **Eiklar** ...

❏ ... besteht zu 40% aus dünnflüssiger Substanz.
Dieses enthält vorwiegend in Wasser gelöste Albumine und Globuline.

❏ ... besteht zu 60% aus dickflüssiger Substanz.
Dieses enthält hochquellfähige Mucin-Eiweiße, die einen Teil des Wassers gebunden haben.

❏ Bei längerer Aufbewahrung nimmt der Anteil des zähflüssigen Eiklars ab und der dünnflüssige Anteil entsprechend zu. Damit ist eine mindere Qualität, vor allem aber eine geringere Schlagfähigkeit des Eiklars verbunden.

Das **Eigelb (Dotter)**

❏ Es ist durch eine Haut **(Dottermembran)** eingeschlossen und so vom Eiklar getrennt. Diese Haut ist stoßempfindlich und zerreißt leicht, besonders bei älteren Eiern.

❏ Aus der inneren Eiklarschicht, die die Dotterhaut umgibt, ragen an zwei Enden die **Hagelschnüre** bis in das mittlere, zähflüssige Eiklar hinein.

Dadurch wird die Dotterkugel in der Eimitte fixiert. Die Hagelschnüre bestehen aus schraubenförmig gedrehten, zähen Eiklarsträngen.

Am stumpfen Ende des Eies befindet sich zwischen der doppelschichtigen Schalenhaut eine Luftblase (Luftkammer). Diese ist bei einem frischen Ei verhältnismäßig klein.

Bei längerer Lagerung vergrößert sie sich in Folge der Stoffwechselvorgänge im Ei sowie durch Wasserverdunstung.

❏ Von der Größe der Luftblase kann man auf das Alter des Eies schließen:

kleine Luftblase	→ frisches Ei
größere Luftblase	→ älteres Ei

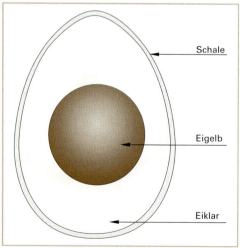

Abb. 1: Schnitt durch ein Hühnerei

5 Eier

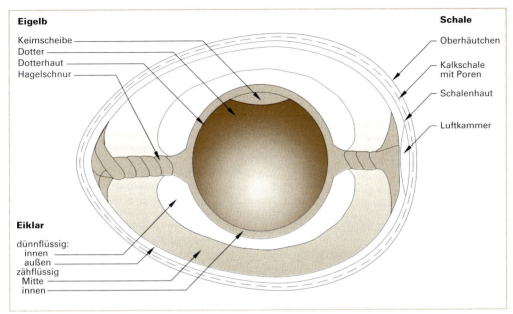

Abb. 1: Aufbau eines Hühnereies

5.4 Zusammensetzung (Nährstoffgehalt)

Das Hühnerei enthält folgende Nährstoffe:

Wasser	73%
Eiweiß	13%
Fett	12%
Kohlenhydrate	1%
Mineralstoffe	1%

Ferner sind im Ei nahezu alle Vitamine (außer Vitamin C) enthalten sowie zahlreiche Spurenelemente.

Die Nährstoffe sind im Hühnerei nicht gleichmäßig verteilt.

In Eiklar und Eigelb sind Nährstoffe in unterschiedlicher Menge sowie verschiedenartiger Beschaffenheit enthalten:

	Eiklar	Eigelb
Wasser	88,0%	ca. 50%
Eiweiß	10,5%	16%
Fett	Spuren	32%
Kohlenhydrate	1,0%	1%
Mineralstoffe	0,5%	1%
	100,0%	100%

Die auffälligsten Unterschiede sind:

Eiklar …
- ❐ … enthält nahezu kein Fett.
- ❐ … enthält fast 88% Wasser.
- ❐ … enthält weniger, aber gut schlagfähiges Eiweiß.

Eigelb …
- ❐ … besteht zu einem Drittel aus Fett.
- ❐ … besteht nur knapp zur Hälfte aus Wasser.
- ❐ … enthält mehr, aber nicht gut schlagfähiges Eiweiß.

5.5 Handelsklassen

Eier werden eingeteilt in:

- ❐ Frischeier
  Diese werden unterschieden nach:
  – Güteklassen,
  – Gewichtsklassen.

- ❐ Eikonserven
  Diese werden unterschieden in
  – Flüssigei   (Gefrierei),
  – Trockenei   (Eipulver).

5.5.1 Frischeier

Güteklassen

Die Güteklasse (= Frischezustand) der Eier, die im Einzelhandel angeboten werden, muss durch den Aufdruck von Großbuchstaben auf der Packung kenntlich gemacht werden.

Man unterscheidet folgende Güteklassen:

Klasse A „Extra"
- besonders frische Eier, Höchstalter ab Verpackung: 7 Tage,
- Luftkammerhöhe weniger als 4 mm zum Zeitpunkt der Verpackung,
- dürfen nur in Kleinpackungen abgegeben werden, die mit einer Banderole versehen sind,
- Aufdruck des Verpackungsdatums und des Wortes „Extra"

Klasse A
- Schale und Häutchen müssen normal, sauber und unverletzt sein,
- Luftkammerhöhe nicht über 6 mm,
- das Eiweiß ist klar, durchsichtig, gallertartig fest und muss frei von Fremdeinlagerungen sein,
- der Dotter darf nur schattenhaft sichtbar, der Keim nicht sichtbar sein,
- der Eiinhalt muss frei von Fremdgerüchen sein, die Schale nicht gewaschen oder gereinigt sein,
- die Eier dürfen weder haltbar gemacht noch künstlich unter + 5 °C gekühlt worden sein.

Klasse B
Die Eier dieser Güteklasse werden in drei Gruppen eingeteilt:
- nicht gekühlte und nicht haltbar gemachte Eier,
- gekühlte Eier in Räumen mit künstlich unter + 5 °C gehaltenen Temperaturen,
- haltbar gemachte Eier, z. B. durch besondere Gasgemische, Kalk, oder Wasserglas u.a.

Diese Eier dürfen gereinigt worden sein, die Luftkammerhöhe darf bis zu 9 mm betragen, das Eiweiß muss nicht mehr gallertartig fest sein.

Klasse C
Die Eier entsprechen nicht den obigen Gütemerkmalen, müssen aber genusstauglich sein und dürfen nur an Unternehmen der Lebensmittelindustrie abgegeben werden.

Gewichtsklassen für Eier der Klasse A

XL	Sehr groß	73 g und darüber
L	Groß	63 g bis unter 73 g
M	Mittel	53 g bis unter 63 g
S	Klein	unter 53 g

Kennzeichnung der Eier

Für Eier der Güteklasse A sind folgende Zeichen auf der Packung vorgeschrieben:

❏ **Güteklassezeichen**
   (im Kreis, mindestens 12 mm Durchmesser)

❏ **Gewichtsklassezeichen**
   (Buchstaben 2 bis 3 mm hoch)

❏ **Packstellennummer**
   (drei- oder mehrstellige Zahl, mindestens 5 mm hoch)

❏ **die Datenangaben**
   (in Buchstaben und Ziffern) müssen mindestens 5 mm hoch sein.

❏ **gekühlte Eier**
   (Klasse B) erhalten ein **gleichseitiges Dreieck**,

❏ **haltbar gemachte Eier**
   (Klasse B) erhalten einen **Rhombus**.

5.5.2 Eikonserven (Eiprodukte)

Eikonserven werden in flüssiger oder pulverartiger Form aus Frischeiern gewonnen. Sie sind lange lagerfähig. Eier sind so einfach und preiswert zu verpacken, zu transportieren und zu lagern.

Flüssigei (Gefrierei)

Bei der Gewinnung wird darauf geachtet, dass die mechanischen (= funktionalen) Eigenschaften der Eibestandteile nicht beeinträchtigt werden. Deshalb verwendet man nur niedrige Temperaturen und keine zu langen Einwirkungszeiten von Hitze. So bleibt u.a. die Schlagfähigkeit erhalten.

Flüssigei enthält als erlaubte Zusätze Kochsalz und Konservierungsstoffe (Benzoesäure, Sorbinsäure).

Aufbewahrung
- im Froster bei unter − 10 °C.

Verarbeitung

❏ Geschlossene Kanister bei Raumtemperatur oder in fließendem Wasser langsam auftauen.

☐ Aufgetauten Ei-Inhalt vor der Entnahme gut umrühren, da sich die spezifisch leichteren Fettbestandteile (Eigelb) oben absetzen.

☐ Geöffnete Kanister nach Entnahme sofort wieder tiefgefrieren.

☐ Wieder eingefrorenen Ei-Inhalt möglichst bald verarbeiten, weil beim Öffnen Luftinfektion (= Befall durch Bakterien, z. B. Salmonellen) erfolgen kann und die Haltbarkeit beeinträchtigt wird.

Es entsprechen (bezogen auf Eier der Gewichtsklasse M) ...

- ... ca. **50 g Gefriervollei** dem Inhalt von einem Frischei,
- ... ca. **17 g Gefriereigelb** dem Eigelb von einem Frischei,
- ... ca. **33 g Gefriereiklar** dem Eiklar von einem Frischei.

Trockenei (Eipulver)

Es wird, durch Verdampfen des Wassers, als Trockenvollei, Trockeneigelb und Trockeneiklar (Eiklarpulver, Kristalleiweiß) hergestellt. Dabei erfolgt eine Konzentration des Eiinhalts:
- bei **Eiklar** auf ca. 1/4 des Ausgangsgewichts,
- bei **Eigelb** auf ca. 1/2 des Ausgangsgewichts,
- bei **Vollei** auf ca. 1/3 des Ausgangsgewichts.

Zusammensetzung

	Trocken-eiklar	Trocken-eigelb	Trocken-vollei
Wasser	12	3,5	6,0
Eiweiß	77	31,0	46,0
Fett	1	60,0	42,0
Kohlenhydrate	5	2,0	2,5
Mineralstoffe	5	3,5	3,5
	100	100,0	100,0

Aufbewahrung

☐ Kühl (+ 5 °C),

☐ In geeigneter Verpackung: z. B. verzinnte Dosen unter Stickstoffatmosphäre.

So gelagertes Eipulver ist über mehrere Jahre lagerfähig.

Der Inhalt von einmal geöffneten Behältnissen soll trocken gehalten und kontinuierlich aufgebraucht werden.

Verarbeitung

☐ Eipulver wird mit der erforderlichen Wassermenge verrührt. Durch Quellung entsteht ein dem Frischei nahezu gleiches Erzeugnis.

Mengenumrechnung (Umrechnungsformel), bezogen jeweils auf Frischeier der Gewichtsklasse M:

Eigewicht 53 – 63 g:
Dies entspricht einem Eiinhalt von 50 bis 54 g.

    8 g Trockeneiklar
+ 25 g Wasser
= 33 g Eiklar

    9 g Trockeneigelb
+ 10 g Wasser
= 19 g Eigelb

  17 g Trockenvollei
+ 35 g Wasser
= 52 g Vollei

  1000 g Trockeneiklar
+ 3125 g Wasser
= 4125 g Eiklar

  1000 g Trockeneigelb
+ 1100 g Wasser
= 2100 g Eigelb

  1000 g Trockenvollei
+ 2000 g Wasser
= 3000 g Vollei

Für 1 Liter Eiklar braucht man ca.
  250 g Trockeneiklar
+ 750 g Wasser

Für 1 Liter Eigelb braucht man ca.
  475 g Trockeneigelb
+ 525 g Wasser

Für 1 Liter Vollei braucht man ca.
  335 g Trockenvollei
+ 665 g Wasser

5.6 Lagerung von Frischeiern

In Folge der heute üblichen Hühnerhaltung stehen Eier das ganze Jahr über als Frischeier zur Verfügung; die Notwendigkeit der Lagerhaltung entfällt somit. Für eine kurzfristige Lagerung von Frischeiern gelten folgende Regeln:

☐ **Kühl**

Die Lebensvorgänge (Enzymtätigkeiten) im Ei-innern verlaufen langsamer.

Bei unter + 10 °C wird die Vermehrung von Fäulniserregern sehr stark gebremst.

Bei längerer Lagerung unter + 1 °C sterben die meisten Bakterien ab.

☐ **Luftgeschützt**

Luftinfektionen unterbleiben.

Die Wasserverdunstung ist erheblich geringer.

☐ **Trocken**

Es können sich auf der Außenfläche der Schale keine Keime entwickeln.

Bei *längerer* Aufbewahrung muss die Außenschale der Eier verschlossen werden; das kann man erreichen durch ...

☐ ... Einölen bzw. Paraffinieren.

Auf diese Weise wird ein besonders wirksamer Schutz gegen Luftinfektion und Wasserverdunstung erreicht.

☐ ... Einlegen in Wasserglas.

Die Atmung der Eier wird verlangsamt.

☐ ... Einlegen in Kalkwasser.

Kalklösung bewirkt allerdings eine Schädigung der Schlagfähigkeit des Eiweißes.

5.7 Prüfung der Eier auf Frische und Unverdorbenheit

Bei der Verwendung von Eiern muss ausgeschlossen werden, dass ein verdorbenes Ei in eine Masse oder in einen Teig gelangt.

Verdorbene Eier kann man optisch (= durch Sehen) bereits an der Schale erkennen, indem man sie durchleuchtet. Das gilt jedoch nicht für Heueier.

Sicherer und zugleich einfacher lassen sich verdorbene Eier mit Hilfe des Gehörs (Schüttelprobe) und des Geruchssinns (Riechprobe) erkennen und ausscheiden.

Am deutlichsten kann man den Frischezustand mit dem Geruchssinn feststellen.

Die Frische lässt sich ferner erkennen an der gallertartigen Beschaffenheit des Eiklars (Aufschlagprobe). Diese gibt auch Auskunft über die mechanische Beschaffenheit der Eibestandteile.

Prüfung

Durchleuchtungsprobe

Beschreibung

① Durchleuchtungslampe (Schierlampe) macht das Ei durchscheinend.

② Das Ei wird mit den Handflächen umschlossen und vor ein helles Licht gehalten; es wird ebenfalls durchscheinend.

Erkennbare Gütemerkmale

☐ kleine Luftkammer als heller Fleck sichtbar = Frischei

☐ klar durchscheinende Eifläche; Dotterschatten kaum sichtbar = einwandfreies frisches Ei

Erkennbare Mängel

☐ große Luftkammer = älteres Ei

☐ dunkel, Trübfärbung, Dotterschatten deutlich sichtbar = älteres Ei

☐ dunkle Flecken oder Streifen: = verdorbenes Ei

Prüfung

Schüttelprobe

Beschreibung

Ei kräftig in der Nähe des Ohres schütteln.

Erkennbare Gütemerkmale

☐ kein Schwappen = frisches Ei

Erkennbare Mängel

☐ leichtes Schwappen = älteres Ei

☐ starkes Schwappen = verdorbenes Ei

Prüfung

Schwimmprobe

Beschreibung

Eier in eine zehnprozentige Salzwasserlösung legen.

Erkennbare Gütemerkmale

Eier bleiben am Boden liegen = frische Eier.

Erkennbare Mängel

☐ Eier richten sich am spitzen Ende auf = ältere Eier.

☐ Eier schwimmen oben = verdorbene Eier.

Aufschlagprobe

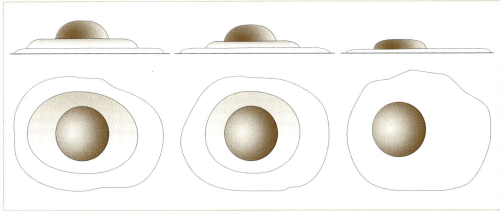

Abb. 1: Frisches Ei   Abb. 2: Älteres Ei   Abb. 3: Altes Ei

Prüfung: Riechprobe

Beschreibung

Eier unmittelbar vor der Verarbeitung an scharfkantigem Gefäß vorsichtig aufschlagen und auf Geruch prüfen. Schalenhälften erst nach der Prüfung auseinanderbrechen.

Erkennbare Gütemerkmale

❏ einwandfreier Geruch

Erkennbare Mängel

❏ käsiger, dumpfer, muffiger, heuartiger, kohlähnlicher ammoniakhaltiger, schwefelsaurer, ekelerregender Geruch

Prüfung: Aufschlagprobe

Beschreibung

Ei-Inhalt auf glatter Unterlage ausschlagen

Erkennbare Gütemerkmale

❏ größerer Anteil des gallertartigen Eiklaranteils
❏ hochstehender Dotter = frisches, schlagfähiges Ei

Erkennbare Mängel

❏ vergrößerter Anteil des flüssigen Eiklars
❏ flacher, breiter, stehender Dotter = älteres, weniger schlagfähiges Ei
❏ nur noch flüssiges Eiklar und breit stehender Dotter = altes, nicht mehr schlagfähiges Ei (evtl. verdorben)

5.8 Mechanische Eigenschaften der Eibestandteile

5.8.1 Eiklar

Wasserbindevermögen

100 g Eiklar enthalten:

❏ ca. 88,0 g Wasser,

❏ ca. 10,5 g Eiweiße;

davon

ca. 8,0 g **Albumine** und **Globuline**
= Proteine (einfache Eiweiße)

ca. 2,5 g **Mucine**
= Proteide (zusammengesetzte Eiweiße)

Die Eiweißkörper sind in die relativ große Wassermenge eingebettet und dabei zum Teil gelöst, zum Teil schleimartig miteinander verbunden.

Albumine

❏ sind in Wasser löslich, d.h. sie sind molekular verteilt.

❏ bilden eine dünnflüssige, leicht viskose Lösung (= dünnflüssige Eiklarschicht; vgl. S. 167)
Jedes Molekül kann an seiner Oberfläche Wasser anlagern. Auf diese Weise wird ein Teil des Wassers unbeweglich gemacht (= immobilisiert).

Globuline

❏ sind nur in salzhaltigem Wasser löslich.

- ◻ Sie bilden dann ebenfalls eine dünnflüssige, leicht viskose Lösung.

  Erst unter der Einwirkung der elektrisch geladenen Ionen, die bei der Lösung des Kochsalzes in Wasser frei werden, erlangen die Globaline die gleichen Eigenschaften wie die Albumine (s.o.).

Mucine

- ◻ sind in Wasser nicht löslich, d.h. sie sind nicht als einzelne Moleküle im Wasser verteilt.
- ◻ Sie bilden eine gallertartige, schleimige Masse (= dickflüssige Eiklarschicht; vgl. S. 167).

  Sie können wie Albumine und Globuline Wasser anlagern; dabei entstehen aber zusätzliche Bindekräfte von Molekül zu Molekül. Das führt zur Entstehung einer zusammenhängenden Eiweißschicht.

Veränderungen durch Hitze

- ◻ Unter der Einwirkung von Hitze, z.B. beim Backprozess, beim Kochen oder beim Abrösten, gerinnen die Eiweiße.

  Dabei verändern sie ihre Gestalt (Strecken der Peptidketten) als Folge daraus verfestigen sie sich (s. Bd. 1).

Für das Wasserbindevermögen hat dies folgende Auswirkungen:

- ◻ Verlust der Löslichkeit.

  Die geronnenen Eiweißkörper können sich im Wasser nicht mehr im molekularen Schwebezustand halten; sie berühren sich und verkleben miteinander.

- ◻ Erhöhung des Wasserbindevermögens.

  In Folge der Gerinnung und Verklebung entsteht ein zusammenhängendes, schwammartiges Gebilde. An dessen großer „innerer Oberfläche" kann das im Eiklar enthaltene Wasser gebunden, d.h. schwammartig angesaugt (immobilisiert) werden.

Beim Backprozess kann dieses nur lose anhaftende Wasser leicht in Dampf umgewandelt werden und entweichen.

- ◻ Der so entstehende Wasserdampf trägt zur Lockerung (Volumenvergrößerung) von Gebäcken bei.
- ◻ Der Wasseranteil des Eiklars backt aus, d.h. er geht als Backgewichtsverlust verloren. So erklärt sich der hohe Backverlust eireicher, stärkearmer Massen (Baiser, Biskuit, Makronen).

Schaumbildungsvermögen

- ◻ Eiklar lässt sich zu Schaum (Eischnee) schlagen. Dabei wird Luft untergemischt, die die Eiweißstoffe dann bläschenartig umschließen. Die Eiweiße bilden hauchdünne, elastische Schichten.
- ◻ Schaum (Schnee) bildet sich aber erst, wenn das Eiklar eine bestimmte Zeit lang geschlagen wird.

Abb. 1: Ausgeschlagener Eischnee

Das erklärt sich folgendermaßen:

- ◻ Die Eiweißkörper liegen im Eiklar ungeordnet vor.

  Durch die gleichmäßige Bewegung des Schlagbesens werden sie in eine einheitliche Richtung gestreckt. Dabei ergeben sich wesentlich zahlreichere Berührungen der Oberfläche als zuvor.

- ◻ Durch Reibung (Energiezufuhr) beim Schlagen wird die Oberfläche der Eiweißmoleküle elektrostatisch geladen. Besonders die gelösten Albumine/Globuline werden erst nach Zufuhr einer bestimmten Energiemenge bindig.

Albumine und **Globuline** ...

- ◻ ... sind dünnflüssig gelöst und lassen sich daher leichter aufschlagen.
- ◻ ... ergeben zwar ein großes Schaumvolumen; da die beim Schlagen eingearbeitete elektrostatische Ladung aber bald nachläßt, entsteht ein nur wenig stabiler Schaum, der sich wieder in flüssiges Eiklar zurückverwandelt.

Mucine ...

- ◻ ... sind dickflüssig verteilt und lassen sich daher schwerer aufschlagen.

- ... ergeben ein geringeres Schaumvolumen; da sie aber eine natürliche Bindigkeit besitzen (vgl. S. 172), entsteht ein stabiler Schaum d.h. der Eischnee bleibt länger erhalten, ehe er sich wieder absetzt.

Frische Eier:
lassen sich schwerer aufschlagen, ergeben ein kleineres Schaumvolumen, haben aber eine bessere Schaumstabilität.

Ältere Eier:
lassen sich leichter aufschlagen, ergeben ein größeres Schaumvolumen, haben aber eine geringere Schaumstabilität.

Man kann das Schaumbildungsvermögen verbessern ...

- ... durch Zusatz von Kochsalz.
  Die Globuline lösen sich; dadurch wird das Eiklar entzäht. Das ist besonders bei frischen Eiern von Vorteil.
- ... durch Zusatz von Zucker.
  Zucker verringert die Bindigkeit der Eiweiße; dadurch wird das Eiklar entzäht und lässt sich leichter aufschlagen.
  Zucker bindet einen Teil des im Eiklar enthaltenen Wassers; dadurch erhöht sich die Viskosität (Zähflüssigkeit) und somit auch die Schaumstabilität.
- ... durch Erwärmen der Eimasse.
  Insbesondere beim Schlagen von Vollei (z.B. bei Wiener Massen) löst sich der Zucker schneller und gründlicher auf; es entsteht eine zähflüssigere Lösung.

Das Schaumbildungsvermögen des Eiklars wird verschlechtert ...

- ... wenn beim Ablassen der Eier (Trennen von Eiklar und Eigelb) Teile des Eigelbs ins Eiklar gelangen.
  Durch das Dotterfett wird die Bläschenbildung beeinträchtigt. Die Folge ist geringeres Schaumbildungsvermögen und längere Schlagzeit.
- ...wenn Fremdfette ins Eiklar gelangen, z.B. wenn an der Innenwand des Schlagkessels noch Fett aus einer vorher darin befindlichen Masse (z.B. Streusel) haftet. Je nachdem kann eine völlige Zerstörung der Schlagfähigkeit damit verbunden sein.

- ...wenn der Schlagvorgang unterbrochen wird.
  Der Schnee wird nicht genügend homogen, die Bläschenbildung wird behindert, der Eischnee wird leicht schmierig.

Die Schwaumstabilität des Eischnees wird beeinträchtigt ...

- ...wenn der Eischnee zu lange geschlagen wird.
  Überschlagener Eischnee wird „kurz" und leicht griesig.

Abb. 1: Überschlagener Eischnee

- ...wenn der Eischnee zu lange absteht.
  Er fällt dann zusammen, wird leicht käsig; ein Teil des Eiklars wird wieder flüssig.

Krumenbildende Eigenschaften

Infolge der Hitze gerinnen die Eiweiße und verfestigen sich.

Für die Gebäckbeschaffenheit hat das folgende Bedeutung:

- Geronnenes Eiweiß gibt dem Gebäck Festigkeit und Stabilität (= gerüstbildende Eigenschaften).
- Geronnenes Eiweiß verliert seine zugelastischen Eigenschaften, d.h. es lässt sich nicht mehr – wie vor der Gerinnung in Teig oder Masse – ziehen; beim Auseinanderziehen der Krume zerreißt diese.
- Geronnenes Eiweiß ist jedoch druckelastisch. Die Krume der Gebäcke lässt sich mit dem Daumen eindrücken. Beim Wegnehmen des Daumendrucks schnellt die Krume in ihre Ausgangsposition zurück, sodass keine Druckstelle zurückbleibt.

5.8.2 Eigelb

Wasserbindevermögen

100 g Eigelb enthalten:
- ca. 50 g Wasser,
- ca. 32 g Fette,
- ca. 16 g Eiweiße.

Diese drei Nährstoffe liegen im Eigelb in der Form einer Emulsion, d.h. einer gleichmäßigen (= homogenen) Mischung vor.

Die **Eiweißstoffe des Eigelbs** ...
- ... sind zum größten Teil an Fette (Lipoide) gebunden. Man nennt sie daher Lipoproteine bzw. Lipoproteide.

Die meisten Eiweiße (9 von 10) sind albuminähnliche Lipoproteine, etwa $\frac{1}{10}$ der Eiweiße sind globulinähnliche Lipoproteide.

Beide Eiweißstoffe verfügen über eine Doppelbindigkeit.

Das heißt, sie können an der einen Seite Wasser und an der anderen Seite Fett anlagern.

Die **Fette des Eigelbs** ...
- ... sind zu ca. ⅔ echte Fette (Triglyceride), zu ca. ⅓ fettähnliche Stoffe, z. B. Lezithin sowie Cholesterin.

Die im Fett enthaltenen Lezithine (= Diglyceride) verfügen ebenfalls über Doppelbindigkeit.

Dies bedeutet, auch sie können sowohl Wasser als auch Fett anlagern.

Veränderung der Eiweiße durch Hitze

- Unter der Einwirkung von Hitze gerinnen die Eiweiße des Eigelbs.
  Dabei verändern sie ihre Gestalt und verfestigen sich; es entsteht ein schwammartiges Gebilde.

Für das Wasserbindevermögen hat dies folgende Auswirkungen:

- An der großen Oberfläche des „Eiweißschwamms" können sowohl Fett als auch Wasser haften. Auf diese Weise bindet das geronnene Eiweiß des Eigelbs das gesamte „natürliche Wasser" (ca. 50%) als auch Fett (32%), und zwar um so intensiver, je länger die Hitze auf das Ei einwirkt. Ein hartgekochter Dotter scheint aus diesem Grunde nahezu trocken zu sein, weil das Wasser fester anhaftet.

Emulgierfähigkeit

- Eigelb ist nur schwach schlagfähig.
  Das liegt daran, dass es zwischen den einzelnen Eiweißkörpern nur zu wenigen unmittelbaren Bindungen kommt.

- Eigelb ist flüssig.
  *Die meisten Fette sind Öle (Eieröl).
  Die Eiweiße befinden sich in der sie umgebenden Flüssigkeit (Wasser + Eieröl) in einem lösungsähnlichen Schwebezustand.*

- Eigelb kann auch andere Fette emulgieren.
  Das liegt an der Doppelbindigkeit sowohl der Eiweißkörper als auch der fettähnlichen Stoffe (Mono- und Diglyceride).

Um Fremdfette mit Eigelb emulgieren zu können ...

- ... müssen diese genügend flüssige Fette (Öle) enthalten oder aber erwärmt werden,
- ... müssen die Fremdfette etwa die gleiche Temperatur haben wie das Eigelb.
  Beispiel: Warmschlagen einer Wiener Masse. Das Vollei wird mit Zucker blutwarm geschlagen, dann wird das erwärmte Fett zugesetzt, das sich so besonders gut in der Masse verteilt.

Krumenbildende Eigenschaften

- Die durch die Hitze geronnenen Eiweiße des Eigelbs tragen ebenfalls zur Festigkeit und Stabilität der Gebäckkrume bei.
- Eigelbhaltige Gebäcke backen nicht so trocken aus wie solche mit hohem Eiklaranteil.
  In Folge des höheren Fettanteils sind diese Gebäcke saftiger: der Fettanteil kann weder im Ofen noch bei der Gebäcklagerung entweichen.
- Die Krume wird nicht so schnell altbacken, weil der Fettanteil die Verhärtung der Stärke (Retrogradation) erschwert.

Krustenbildende Eigenschaften

- Eigelbhaltige Gebäcke, vor allem mit Eistreiche abgestrichene Backwaren, erhalten einen besonders schönen, goldgelben Farbton.
  Das beruht auf einer Farbreaktion, die bei Temperaturen ab ca. 140 °C erfolgt; dabei gehen die Eiweiße mit Zucker chemische Verbindungen ein (Maillard-Reaktion, vgl. Bd. 1, S. 288).
- Gebäcke mit eihaltigem Krustenanteil haben einen intensiveren Geschmack.
  Bei der Maillard-Reaktion entstehende Stoffe (= Melanoidine) sind löslich und schmeckbar.

Aufgabenstellungen

	Seite
1 Weshalb dürfen in Bäckereien keine Enteneier verwendet werden?	165
2 Für welche Erzeugnisse verwendet man:	
a) Vollei,	165
b) Eiklar,	165
c) Eigelb?	165
3 Worin besteht die besondere backtechnische Wirkung von	
a) Eiklar,	166
b) Eigelb?	166
4 Beschreiben Sie den Aufbau des Hühnereies.	166
5 Unterscheiden Sie dünnflüssige und dickflüssige Schicht des Hühnereiklars.	166
6 Was kann man aus der Größe der Luftblase erkennen?	166
7 Nennen Sie die Bestandteile (Inhaltsstoffe) des Hühnereies.	167
8 Unterscheiden Sie bei Frischeiern:	
a) Güteklassen,	168
b) Gewichtsklassen.	168
9 Beschreiben Sie die Unterschiede zwischen den einzelnen Güteklassen der Eier.	168
10 Was bedeuten bei den Gewichtsklassen die einzelnen Zahlen?	168
11 Was versteht man unter Eikonserven?	168f
12 Wie werden Eikonserven hergestellt?	168f
13 Worauf ist bei der Verarbeitung von Gefrierei (Flüssigei) zu achten?	168f
14 Worauf ist bei der Verarbeitung von Eipulver (Trockenei) zu achten?	169
15 Beschreiben Sie, wie Frischeier kurzfristig aufbewahrt oder aber längerfristig gelagert werden sollen.	169f
16 Wie kann man Eier auf Frische und Unverdorbenheit prüfen?	170f
17 Was sagt die Aufschlagprobe über Beschaffenheit und Eignung von Eiern aus?	171
18 Beschreiben Sie die Wasserlöslichkeit bzw. Bindefähigkeit der Eiweißstoffe des Eiklars.	171
19 Beschreiben Sie die Veränderungen des Wasserbindevermögens der Eiweiße durch Hitze.	172
20 Beschreiben und erklären Sie den Vorgang der Schaumbildung.	172

Fortsetzung der Aufgabenstellungen auf der folgenden Seite

		Seite
21	Wovon sind Schaumvolumen und Schaumstabilität abhängig?	172
22	Wie kann man das Schaumbildungsvermögen verbessern?	173
23	Wodurch kann die Schaumbildung behindert oder gar ausgeschlossen werden?	173
24	Welchen Einfluss haben die Eiweißstoffe des Eiklars auf die Beschaffenheit der Gebäckkrume?	173
25	Erläutern Sie die besondere Beschaffenheit der Eiweiße und Fette des Eigelbs.	173f
26	Erklären Sie das Emulgiervermögen des Eigelbs.	174
27	Weshalb bleiben eigelbhaltige Gebäcke länger frisch (saftig)?	174
28	Welchen Einfluss hat Eigelb auf Farbe und Geschmack der Gebäcke?	174

Die vorwiegend Geschmack gebenden Zutaten

Überblick

Zu den vorwiegend Geschmack gebenden Zutaten zählen:

◆ Obst und Südfrüchte (frisch oder haltbar gemacht) sowie Zubereitungen aus Obst, z. B. Konfitüre, Gelee;

◆ Schalen- oder Kernfrüchte, z. B. Mandeln sowie Halbfabrikate aus Schalenfrüchten, z. B. Marzipan-, Persipanrohmasse;

◆ Erzeugnisse aus Kakaobohnen, z. B. Kakaobutter, Kakaopulver sowie Zubereitungen aus Kakaomasse, z. B. Kuvertüre, Fettglasur;

◆ zuckerhaltige Rohstoffe, z. B. Honig, Invertzuckerkrem;

◆ Gewürze, Aromen.

Diese Zutaten zeichnen sich durch einen besonders hohen Anteil an Geschmack gebenden Bestandteilen aus, was sich entsprechend auf die Bäckereierzeugnisse auswirkt. Das kann so weit gehen, dass der Geschmack einer bestimmten Zutat so sehr dominiert, dass das Erzeugnis nach ihm benannt wird, z. B. Erdbeertorte, Mandelmakronen, Honigkuchen, Anisplätzchen, Vanilleeis u. a.

Die meisten Erzeugnisse enthalten jedoch eine ganze Anzahl verschiedenartiger Geschmacksstoffe.

Durch deren rechte Auswahl und Zusammenstellung hat der Bäcker die Möglichkeit, seine Erzeugnisse in vielgestaltiger und abwechslungsreicher Geschmacksrichtung herzustellen.

Einige dieser Zutaten bestimmen darüber hinaus entscheidend das Aussehen der Erzeugnisse, z. B. Obst durch seine Gestalt und Farbe, Kuvertüre durch ihren Glanz und Farbton.

Auf die backtechnische Beschaffenheit von Teigen und Massen dagegen haben diese vorwiegend Geschmack gebenden Zutaten kaum bzw. nur geringen Einfluss.

Vielmehr befinden sich die meisten nur in passiver Form im Teig; z. B. werden Rosinen, Zitronat und Gewürze zwar untergemischt, sind jedoch an den Teigbildungsvorgängen in der Regel nicht beteiligt.

Technologische Probleme ergeben sich für den Bäcker jedoch da, wo er …

❒ … bestimmte Zutaten oder Halbfabrikate vorbehandelt.

Z. B. Zerkleinern oder Blanchieren von Früchten, Rösten von Mandeln und Nüssen, Vorbereitung von Aprikotur und Fondant zum Glasieren u. a.

❒ … bestimmte Halbfabrikate weiterverarbeitet.

Z. B. Herstellung von Persipan oder Marzipan, Verdünnen von Kuvertüre u. a.

❒ … Schokoladenerzeugnisse verarbeitet.

Z. B. Überziehen mit Kuvertüre oder Fettglasur.

Den Bäcker interessieren somit alle Merkmale dieser Zutaten, die Einfluss haben …

❒ … auf den Geschmack und den Geruch sowie auf das Aussehen der damit hergestellten Erzeugnisse (= sensorische Merkmale).

Dazu muss man die verschiedenen Arten und deren Handelsklassenunterschiede kennen, die Gütemerkmale beurteilen und von daher die Eignung richtig einschätzen können. Ferner muss man wissen, wie die Stoffe gelagert werden, damit sie frisch bleiben.

❒ … auf die Verarbeitung (= technologische Merkmale).

Dazu ist es wichtig, die mechanischen Eigenschaften der betreffenden Stoffe zu kennen.

1 Obst und Südfrüchte

1.1 Verwendung

Obst wird vorwiegend verwendet …

❒ … zum Belegen von Torten und Desserts, z. B. für Erdbeer-, Himbeertorten, gemischte Obsttorten und -törtchen u. a.

Das vorbereitete Obst (Belegfrüchte) wird auf gebackene Böden oder Kapseln aufgelegt und mit Gelatine abgeglänzt bzw. mit Jus (= eingedickter Obstsaft) übergossen.

❏ ... als Füllung oder Belag von Gebäcken (Kuchen, Teilchen),
z. B. für gedeckte Apfel-, Kirschkuchen, Pflaumenkuchen, Stachelbeerbaiser; Kaffeeteilchen; ferner für schwere Stollen (Christstollen) und Sandkuchen (z. B. englischer Cake).
Die Obstfüllung wird mitgebacken.
Als Füllung können auch Trockenobst (Rosinen, Korinthen) oder kandiertes Obst (Zitronat, Orangeat) verwendet werden.

❏ ... als Geschmacksgeber für Sahne, Krems und Speiseeis,
z.B. für Ananassahne, Fruchtsahnekrem, Apfelsinenbutterkrem, Zitroneneis u.a.
Das fein gehackte Fruchtfleisch bzw. der Fruchtsaft wird zugesetzt; bei Zitronen oder Orangen dient die abgeriebene äußere Schale als Geschmacksgeber.

❏ ... als Dekor.
z. B. für Torten, Desserts, Pralinen.
Dazu werden häufig in Dickzucker eingelegte Obststücke verwendet.

1.2 Einteilung

Obstarten werden eingeteilt ...

❏ ... nach ihrer Herkunft.
- **Einheimische Früchte** bzw. Obst aus den gemäßigten Zonen,
- **Südfrüchte**.

❏ ... nach der Fruchtart.
- **Kern-**,
- **Stein-**,
- **Beerenobst** sowie
- **Schalenfrüchte**.

Kernobst
Äpfel, Birnen, Quitten, ferner Hagebutten

Steinobst
Aprikosen (Marillen), Pfirsiche, Kirschen, Pflaumen, Zwetschen (Zwetschgen), Mirabellen, Reineclauden (Renekloden), ferner Schlehen

Beerenobst
Brombeeren, Himbeeren, Heidelbeeren (Blaubeeren), Erdbeeren, Preiselbeeren, Weinbeeren (Weintrauben), Johannisbeeren, Stachelbeeren, ferner Sanddornbeeren

Südfrüchte
Ananas, Bananen, Kiwis, Mangos u.a.

Eine besondere Gruppe der Südfrüchte sind die Zitrusfrüchte:

Apfelsinen (Orangen), Mandarinen, Zitronen (u.a. Zedratzitrone), Pampelmusen (Grapefruit), Pomeranzen (Bitterorangen); zu den Südfrüchten zählen ferner Datteln, Feigen, Johannisbrot und Manna.

1.3 Zusammensetzung

Der saftig-fleischige Teil von frischen Obstfrüchten besteht zu etwa 75 bis 90% aus Wasser. Die Kerne, insbesondere die der Schalenfrüchte, enthalten frisch nur 20 bis 40%, in getrocknetem Zustand sogar weniger als 10% Wasser.

Der Anteil an Eiweiß und Fett ist im Fruchtfleisch nur sehr gering; er schwankt für Eiweiß zwischen 0,2 und 1%, für Fett zwischen 0,1 und 0,5%.

In den Fruchtkernen dagegen ist der Anteil an Fett (über 50%) und Eiweiß (15 bis 20%) ganz erheblich höher.

Das Fruchtfleisch von Obst enthält neben Wasser vor allem folgende Nährstoffe:

Kohlenhydrate
❏ Vorwiegend Trauben- und Fruchtzucker; ferner Rohr- oder Rübenzucker (Saccharose).
Unreife Früchte enthalten Stärke, die jedoch mit fortschreitender Reife abgebaut wird. Grüne Bananen z. B. können bis zu 15% Stärke enthalten.

Mineralstoffe
❏ Vorwiegend Kalium;
ferner Magnesium, Calcium, Phosphor, Eisen.
In geringen Mengen („Spuren") sind außerdem enthalten: Schwefel, Kupfer, Mangan, Zink.

Vitamine
❏ Vorwiegend Vitamin C (Ascorbinsäure); ferner unterschiedliche Mengen an Vitamin B_1 (Thiamin), B_2 (Riboflavin und Niacin), B_6 (Pantothensäure) sowie das Provitamin A (β-Karotin).

Ballaststoffe
❏ Cellulose, z.T. auch Hemicellulose als Baustoff der Zellwände insbesondere in Schalenschichten. Ihr Anteil beträgt zwischen 0,5 und 1%.

1 Obst und Südfrüchte

❏ In den Zwischenlamellen der Zellwände sind ferner Pektine enthalten. Diese regeln in Folge ihrer hohen Wasserbindekraft den Wasserhaushalt der Zellen. Gerade wegen dieser Wasserbindekraft sind die Pektine von großem Einfluss auf die Gelierfähigkeit der Früchte. Besonders pektinreiche und daher zur Geleeherstellung geeignete Früchte sind: Quitten, Äpfel, Aprikosen, Johannisbeeren, Stachelbeeren, Preiselbeeren.

Fruchtsäuren

❏ Die Fruchtsäureanteile schwanken zwischen 0,3% (bei Birnen) und nahezu 6% (bei Zitronen).

❏ Die vorherrschenden Säuren sind:

Apfelsäure:
– vorwiegend bei Kern- und Steinobst,

Zitronensäure:
– vorwiegend bei Zitrusfrüchten, ferner bei Beerenobst sowie bei Ananas,

Weinsäure:
– vorwiegend bei Weintrauben.

❏ Außerdem sind in geringen Mengenanteilen enthalten:

Chinasäure, z.B. in Heidelbeeren,

Bernsteinsäure, z.B. in Kirschen, Preisel- und Heidelbeeren,

Benzoesäure, z.B. in Preiselbeeren,

ferner verschiedene Gerbstoffe.

Aromen

❏ Sie sind im Gegensatz zu den meist wasserlöslichen Fruchtsäuren flüchtig (= in Luft löslich).

Aromareiche Früchte büßen daher besonders schnell ihren vollen frischen Duft und Geschmack ein.

Als Aromastoffe kommen vorwiegend Ester organischer Säuren (z.B. Essigamylsäureester in Bananen) und Aldehyde (Fruchtäther) vor.

	Wasser	Zucker	Mineralstoffe	Säuren	Gelierfähigkeit (Pektingehalt)
Erdbeeren	90	5,5	0,45	1,0	gering
Stachelbeeren	89	4,5	0,45	1,8	Sehr gut
Zitronen	89	2,0	0.50	6,0	–
Pampelmusen, Grapefruit	88	7,0	0,40	1,3	–
Pfirsiche	87	8,5	0,45	0,6	gering
Orangen (Apfelsinen)	87	8,0	0,50	0,8	–
Mandarinen	87	9,0	0,60	0,5	–
Preiselbeeren	87	10,0	0,80	2,0	sehr gut
Pflaumen	86	7,5	0,50	1,5	gut
Aprikosen	86	7,0	0,75	1,5	sehr gut
Himbeeren	85	6,0	0,45	1,5	gut
Brombeeren	85	7,0	0,45	1,1	gut
Ananas	85	12,5	0,40	0,8	–
Quitten	85	8,0	1,20	5,0	besonders gut
Äpfel	84	11,0	0,30	0,5	gut
Johannisbeeren (rot)	84	6,0	0,60	2,1	sehr gut
Birnen	83	10,0	0,35	0,3	gering
Kirschen	83	11,0	0,45	1,0	gering (süße) bis gut (saure)
Weintrauben	82	15,0	0,50	0,4	gering
Heidelbeeren	82	15,5	0,40	0,8	gut
Johannisbeeren (schwarz)	81	7,0	0,70	3,2	sehr gut
Bananen	75	18,0	0,80	0,4	–

1.4 Gütemerkmale

Frisches Obst muss beim Verkauf nach Handels- oder Güteklassen eingeteilt werden.

An die äußere Beschaffenheit des Obstes werden ganz bestimmte Güteanforderungen gestellt, die die Größe, den Reifezustand, die Beschaffenheit des Fruchtfleisches betreffen und die eine Begrenzung der Fehlerhaftigkeit von Früchten nach Anzahl und Art der Fehler vorschreiben.

Je nachdem wird das Obst der Handelsklasse Extra (= auserlesene Früchte), der Klasse I, II oder III zugeordnet.

Beispiel für Äpfel und Birnen:

Handelsklasse **Extra**

Geforderte Gütemerkmale
Auserlesene Früchte nach Größe, Form und Farbe, einheitlich in der Reife, frei von Fehlern und Mängeln jeder Art, besonders keine wurmstichigen Früchte.

Handelsklasse **I**

Geforderte Gütemerkmale
Sortentypische Größe, Form und Farbe, fast einheitlich in der Reife, Fruchtfleisch ohne Mängel, Schale mit leichten Fehlern zulässig; keine wurmstichigen Früchte.

Handelsklasse **II**

Geforderte Gütemerkmale
Baumreif gepflückt, Fruchtfleisch ohne wesentliche Mängel, stärkere Wuchs- und Schalenfehler zulässig.

Handelsklasse **III**

Geforderte Gütemerkmale
Wie Handelsklasse II, größere Schalenfehler sind zulässig.

Obst, das den für Handelsklassen geforderten Gütemerkmalen nicht entspricht, gilt als Ausfall. Dazu zählt z. B. Fallobst.

Nach Handelsklassen eingeteiltes Obst muss allgemein zumindest folgende Merkmale aufweisen:

- ❒ gesund und frei von Schädlingsbefall,
- ❒ ganz, sauber, trocken,
- ❒ unvermischt in Arten und Sorten,
- ❒ frei von Fremdkörpern, insbesondere von Rückständen an Düngemitteln und Schädlingsbekämpfungsmitteln,
- ❒ frei von fremdem Geruch und Geschmack.

Der Bäcker kann Obst auch direkt vom Erzeugerbetrieb beziehen.

Für dieses Obst ist eine Einteilung nach Handelsklassen nicht verbindlich vorgeschrieben. Beim Einkauf von Obst sollte der Bäcker nicht nur auf die sichtbaren äußeren Merkmale achten.

Vielmehr kommt es entscheidend darauf an, dass das Obst einen guten und einwandfreien Geschmack hat.

Auch unter dem Gesichtspunkt der Gesundheit, z. B. Vitamin- und Mineralstoffgehalt, besitzt die schönste Frucht nicht unbedingt auch den höchsten „inneren" Wert.

Kleine Äpfel z. B. haben sowohl einen höheren Gehalt an Vitamin C als auch an Säuren und Pektin.

1.5 Eignung/Qualitätsanforderung

Je nach dem Verwendungszweck ist bei Obst auf folgende Merkmale zu achten:

- ❒ Obst, das „ins Auge fällt", z. B. für Tortenbelag oder Dekor, soll auch gut aussehen, also den Ansprüchen der oberen Handelsklassen entsprechen.
- ❒ Obst, das als Füllung dient, muss keine fehlerfreie Schale, wohl aber gesundes Fruchtfleisch besitzen.
- ❒ Obst soll in jedem Falle gut schmecken. Ungeeignet sind daher unreife oder überreife Früchte. Angefaulte Früchte müssen aussortiert werden. Vollreife Früchte sind besonders süß und verfügen über ein kräftiges Aroma.
- ❒ Obst, das durch Druck weich geworden ist, muss entfernt werden; an den Druckstellen verfärbt sich das Fruchtfleisch, es wird dunkel und verliert sein gutes Aussehen sowie seinen Wohlgeschmack.

Grundsätzlich sollte der Bäcker nur Obst von einwandfreier, gesunder Beschaffenheit verwenden; aus minderwertigen Früchten kann man keine Qualitätserzeugnisse herstellen.

1.6 Lagerung

Frisches Obst soll möglichst bald verarbeitet werden. Das gilt insbesondere für solche Obstarten, die viel Wasser und viele Aromastoffe, jedoch weniger Fruchtsäuren und Zucker enthalten. Schimmelpilze und andere Fäulniserreger finden hier einen günstigen Nährboden; sie vermehren sich rasch und wandeln die Nährstoffe in übel riechende, gesundheitsschädliche Stoffwechselprodukte um; das Obst wird faul, es verdirbt.

Fruchtsäuren können die Entwicklung von Fäulniserregern hemmen, das gleiche gilt für Zucker in höheren Konzentrationen.

Früchte mit dünner Außenhaut, dünnen Zellwänden und hohem Zelldruck verlieren ihre Frischemerkmale besonders schnell. Daher besitzen Beerenobst und Steinobst die geringste Lagerfähigkeit. Erdbeeren, Himbeeren und Brombeeren sollten innerhalb von ein bis zwei Tagen verarbeitet werden, die übrigen Beerenarten und Steinfrüchte bleiben je nach Lagerbedingungen einige Tage länger frisch.

Bei Äpfeln und Birnen ist die Lagerfähigkeit von der Sorte und vom Reifegrad abhängig: Winteräpfel, z.T. auch späte Birnensorten, sind im Kaltlager über mehrere Monate lagerfähig, ebenso noch nicht genussreife Zitrusfrüchte.

Reife Bananen und andere Südfrüchte sollten nicht aufbewahrt werden; sie würden bei warmer und luftfeuchter Lagerung zwar einige Wochen lagerfähig sein, jedoch besteht dann die Gefahr des Schimmelbefalls.

Obst, das gelagert werden soll, muss zuvor sorgfältig auf Krankheiten (Pilzbefall), Beschädigungen oder Druckstellen kontrolliert und so schnell wie möglich in die Lagerräume gebracht werden.

Lagerbedingungen für Obst:

- **Kühl:** 0 bis + 3 °C; jedoch nicht unterhalb des Gefrierpunkts (Braunverfärbung, Ungenießbarkeit)
- **Luftig:** in Regalen mit gleichmäßigen Abständen
- **Feuchte Luft:** relative Luftfeuchtigkeit 85 bis 90%
- **Lichtgeschützt**
- **Vor Druck geschützt:** falls überhaupt, dann nicht zu hoch aufeinander stapeln.

So gelagerte Früchte müssen in regelmäßigen Abständen auf ihren Qualitätszustand überprüft werden. Die nicht mehr einwandfreien Früchte sind sofort auszusortieren (Ansteckungsgefahr).

1.7 Verarbeitung

Bevor frisches Obst und Südfrüchte zur Herstellung von Bäckereierzeugnissen verwendet werden, sind je nachdem bestimmte Vorbehandlungen erforderlich:

Reinigen

Auslesen von Fremdkörpern
Insbesondere bei Beerenfrüchten, Steinobst sowie bei Rosinen und Korinthen müssen Stiele, Blätter, kleine Steine und nicht verwendungsfähige Früchte entfernt werden.

Waschen
In lauwarmem Wasser (unter 50 °C) werden Schmutz und anhaftende Konservierungsstoffe entfernt.

Schälen

Mit Messer oder Schälmaschine
Äpfel, Birnen;
Schale sowie Kerne und Kerngehäuse müssen entfernt werden.

Überbrühen mit siedendem Wasser
Aprikosen, Pfirsiche;
Eiweißgerinnung in den Zellschichten unter der Außenhaut führt dazu, dass sich die Haut leicht abziehen lässt; das trifft auch für Mandeln, Walnüsse und Pistazien zu.

Rösten in trockener Hitze
Haselnüsse;
die spröde gewordene Samenhaut lässt sich durch Reiben ablösen.

Zerkleinern

In Scheiben schneiden
Pfirsiche, Äpfel, Birnen, Bananen als Fruchtauflage.

Stückeln
Früchte für Füllungen, insbesondere auch Zitronat und Orangeat.

Halbieren, hacken hobeln, raspeln u.a.
Schalenfrüchte; zur Dekoration und als Füllung.

Blanchieren

Erhitzen
(= kurzes „Ziehen lassen" von Früchten in siedendem Wasser und anschließendes „Abschrecken" mit kaltem Wasser)
Früchte, die zum Tiefgefrieren verwendet werden oder die eingekocht werden sollen.

Durch die Hitzebehandlung ...

– ... wird die Braunverfärbung z. B. von Äpfeln verhindert, weil das entsprechende Enzym (Oxidase) zerstört wird,

– ... wird das Fruchtfleisch aufgehellt (blanch = weiß); die natürlichen Farbpigmente sind zerstört.[1]

Aufgabenstellungen

		Seite
1	Worin unterscheiden sich die vorwiegend geschmacksgebenden Zutaten von den Rohstoffen?	177
2	Wozu werden Obst und Südfrüchte vorwiegend verwendet?	177f
3	Unterscheiden Sie die Obstarten nach Herkunft und anderen Merkmalen.	178
4	Wodurch zeichnet sich Obst in seiner Nährstoffzusammensetzung aus?	178f
5	Nennen Sie Handelsklassen für Frischobst und geben Sie die damit geforderten Gütemerkmale an.	180
6	Worauf soll man beim Einkauf von frischem Obst besonders achten?	180
7	Wovon ist die unterschiedliche Lagerfähigkeit der einzelnen Obstarten abhängig?	181
8	Wie soll Obst gelagert werden?	181
9	Beschreiben Sie, auf welche Weise Obst in der Bäckerei vorbehandelt wird bzw. werden kann.	181f

2 Haltbar gemachtes Obst (Obstkonserven)

Frisches Obst ist wegen des hohen Wassergehalts (80 bis 90%) nur für kurze Zeit haltbar; manche Früchte, insbesondere Beerenobst (Erdbeeren, Himbeeren u.a.), verlieren ihre Qualitätsmerkmale schon nach 1 bis 2 Tagen: die Früchte werden weich und schrumpfen, weil das Wasser verdunstet und der Zelldruck nachlässt.

Bei längerer Aufbewahrung setzen Verderbniserscheinungen ein, die durch Mikroorganismen, insbesondere Schimmelpilze, durch fruchteigene Enzyme sowie durch Luftsauerstoff (z. B. Braunverfärbungen infolge Oxidation) verursacht werden.

Nur frische, einwandfreie Früchte eignen sich zur Herstellung von Obstkonserven.

Die häufigsten Methoden der Haltbarmachung sind:

❏ **Trocknen**
Das Wasser wird zum größten Teil entzogen.

❏ **Zucker- oder Alkoholzusatz**
Durch hohe Lösungskonzentration werden die Mikroben abgetötet, die Enzyme inaktiviert.

❏ **Erhitzen**
Die Mikroben sterben ab.

❏ **Tiefgefrieren**
Alle Lebenstätigkeiten erstarren ab – 18 °C.

---

[1] Durch Zusatz von Lebensmittelfarben kann man den natürlichen Farbton roter Früchte nachahmen. Das natürliche Grün von Früchten kann erhalten werden wenn man am Schluss des Blanchiervorganges 1–1,5% Kochsalz und Essig zusetzt. Hierbei sind die rechtlichen Vorschriften zu beachten.

2 Haltbar gemachtes Obst

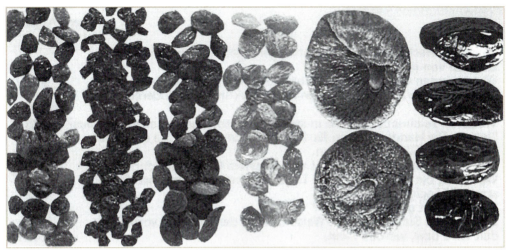

Abb. 1: Rosinen, Korinthen, Sultaninen, Rosinen, Feigen, Datteln (vlnr.)

2.1 Trockenobst

2.1.1 Arten

Sonnengetrocknete Südfrüchte

- **Rosinen:** Weinbeeren, kernreich, sehr süß, gelbbraun
- **Korinthen:** Weinbeeren, kernlos, klein, herb-süß, blauschwarz
- **Sultaninen:** Weinbeeren, kernlos, aromatisch-süß, goldgelb
- **Rosinen:** Weinbeeren, kernreich, sehr süß, gelbgrün
- **Feigen:** Kernfrucht des Feigenbaumes, kernreich, sehr süß, hellbraun, matt
- **Datteln:** Steinfrucht der Dattelpalme, mit und ohne Stein, sehr süß, dunkelbraun, glänzend

Heißluftgetrocknete einheimische Früchte

- **Birnen** (halbiert)
  weiches Fruchtfleisch; voll aromatisch, wenig säurehaltig; weiß bis goldgelbe Farbe

Abb. 2: Birnen

- **Aprikosen** (halbiert)
  5 Güteklassen; sehr süß, fruchtsäurereich; goldgelbe Farbe

Abb. 3: Aprikosen

- **Pflaumen** (mit und ohne Stein)
  festes Fruchtfleisch, dünnhäutig; voll aromatisch, herbsüß: dunkelblaue Farbe

Abb. 4: Pflaumen

- **Äpfel** (Ringäpfel, Apfelstücke)
  zahlreiche Apfelsorten; vollaromatisch, säurereich; helle Farbe

- **Pfirsiche** (halbiert)
  festes Fruchtfleisch; sehr süß, leicht säurehaltig, voll aromatisch; helle, gelbliche Farbe

> Trockenfrüchte sollen geschmeidig sein.
>
> Sie sollen dem Fingerdruck zwar nachgeben, ohne jedoch zu Klumpen zu verkleben.

2.1.2 Aufbewahrung und Verarbeitung

- Trockenfrüchte sollen kühl, trocken und luftgeschützt gelagert werden.
- Manche Trockenfrüchte sind geschwefelt, d.h. die Oberfläche ist mit einer schwefelhaltigen Verbindung (z.B. Schwefeldioxid) behandelt worden.
  Durch das Schwefeln wird Schimmelbefall verhütet; ferner wird die Farbe der Früchte aufgehellt.
- Die Verwendung von geschwefelten Früchten ist deklarationspflichtig (s. S. 191).
  Korinthen dürfen nicht geschwefelt werden.

Trockenäpfel
- Sie müssen vor der Verarbeitung längere Zeit in Wasser quellen.
  Das beim Trocknen verlorene Wasser wird wieder aufgenommen.
- Durch Zusatz von Bindemittel (Pektin) wird die Quellung unterstützt.
  Auf diese Weise entsteht eine bindige Apfelfüllung für Hefe- und Plundergebäcke sowie für Apfelkuchen.
- Sie sind im Fachhandel auch als Fertigerzeugnis für Füllungen zu beziehen. Sie enthalten bereits das erforderliche, kaltquellende Bindemittel.

Rosinen, Sultaninen, Korinthen ...
- ... sollen vor der Zugabe zu Massen gemehlt werden.
  So wird das Klumpen unterbunden, eine gleichmäßige Verteilung erreicht und das Absinken der Früchte auf den Boden der weichen Masse vermieden.
- ... sollen vor der Zugabe zu Teigen (z.B. Christstollen) über Nacht in Rum quellen.
  So erfolgt eine Verstärkung der geschmacklichen Wirkung; ferner wird die Krume von sonst „trockenen" Gebäcken saftiger.

2.2 Eingekochte Früchte (sterilisiertes Obst)

Durch Anwendung von Kochtemperaturen werden die Früchte keimfrei gemacht (sterilisiert) und luftdicht in Dosen oder Gläsern verschlossen. Durch das Einkochen werden die Früchte gegart. Geeignet sind alle reifen, einwandfreien Kern-, Stein- und Beerenfrüchte.

Dunstobst (Früchte mit Zucker)
- Früchte oder Fruchtstücke werden roh in die Behältnisse gefüllt und mit Zuckerlösung (Läuterzucker) übergossen.
  Oder:
- Früchte zuvor blanchieren (vgl. S. 182). Beerenobstarten, vor allem Erdbeeren, sollten nicht blanchiert werden, weil sie sonst zerfallen.

Obstpülpe (Früchte ohne Zucker)
- Sie gelten als Halbfabrikate; den fehlenden Zucker setzt der Bäcker bei der Verwendung zu.

Nachteil:
- ⊖ Der Zucker zieht nicht so intensiv durch; weniger voller Fruchtgeschmack, höhere Verderbnisanfälligkeit.

Vorteil:
- ⊕ Pülpe kann für weniger süße Erzeugnisse verwendet werden.

Obstmark
- Zerkleinertes, passiertes Obst mit und ohne Zuckerzusatz; vorwiegend aus Äpfeln (Apfelmark), ferner Erdbeer- und Himbeermark für Fruchteis und Füllungen.

Aufbewahrung

- In einwandfrei verschlossenen Behältnissen sind die sterilisierten Früchte bei Temperaturen unter +20 °C etwa 2 Jahre bei guter Qualitätserhaltung lagerfähig.
- Falls die Behältnisse nicht einwandfrei verschlossen sind, können Bombagen entstehen.
  Unter **Bombagen** *versteht man Dosen, deren Deckel und Boden sich wölben. Ursache dafür ist Gasbildung in der Dose: bestimmte Mikroorganismen, die beim Erhitzen nicht abgetötet wurden und die sich ohne Sauerstoff entwickeln können (Anaerobier), vergären einen Teil des Zuckers; dabei entsteht CO_2-Gas, welches den Gasdruck bewirkt.*
  Da die Mikroorganismen neben dem Zucker auch die übrigen Nährstoffe zersetzen, sind die Früchte in so aufgetriebenen Dosen verdorben.

2.3 Tiefgefrorene Früchte

Durch das Tiefgefrieren wird die ursprüngliche Beschaffenheit der Früchte besser als bei jeder anderen Konservierungsmethode erhalten. Daher gefriert man vor allem solche Früchte ein, die als Fruchtbelag Verwendung finden sollen und die bei anderen Konservierungsmethoden zu unansehnlich würden.

Dazu zählen insbesondere die Beerenfrüchte: Erdbeeren, Himbeeren, Heidelbeeren; ferner Sauerkirschen.

Vorbereiten der Früchte

- ❐ Fehlerfreie Früchte auslesen und reinigen, je nachdem schälen, entkernen, halbieren.
- ❐ Obstarten mit hellem Fruchtfleisch (Äpfel, Birnen, Pfirsiche, Aprikosen, Mirabellen) blanchieren: Bräunungsempfindlichkeit wird gemindert (vgl. S. 182).
- ❐ Die Früchte können mit und ohne Zuckerzusatz tiefgefroren werden.

Bei Zuckerzusatz:
- Früchte, die zunächst lose, d.h. ohne Verpackung tiefgefroren werden (Erdbeeren, Himbeeren, Brombeeren, Heidelbeeren), wälzt man in Puderzucker; dann legt man sie auf Bleche.
- Früchte, die in einer Verpackung tiefgefroren werden, übergießt man mit Zuckerlösung. Der Zuckeranteil soll 140 g, bei Zwetschen 200 g je kg Früchte betragen.

- ❐ Vorbereitete Früchte portionieren und in Beutel aus Zellglas oder in gewachste, lackierte Behälter einfüllen.

Technik des Tiefgefrierens

- ❐ Früchte werden in den Schockfroster mit –35 bis –40 °C gegeben.
  Durch den plötzlichen Wärmeentzug wird der Zellsaft der Früchte innerhalb kurzer Zeit in zahlreiche winzig kleine Eiskristalle von hoher Stabilität umgewandelt.
  Bei langsamer Abkühlung würden die Eiskristalle zu größeren Gebilden zusammenwachsen und dabei die Zellwände beschädigen.
  Die Folge wäre, dass die Früchte nach dem Auftauen einen großen Teil ihres Saftes abgeben und ihre pralle Form verlieren.

- ❐ Nach Erreichen der erforderlichen Stabilität werden die Obstpackungen aus dem Schockgefrierfach herausgenommen und in Gefrierfächer bei gleichbleibender Temperatur von mindestens –18 °C dicht gestapelt gelagert.

- ❐ Die auf Blechen – von der Industrie im Fließbandverfahren im Gefriertunnel – tiefgefrorenen Früchte werden nochmals mit Zucker bestreut, danach portioniert in Beutel verpackt und ebenfalls in Gefrierfächern gestapelt.

> **Die Früchte müssen tiefgekühlt bei mindestens –18 °C lagern.**
>
> **Das gilt auch für die Früchte, die über die sogenannte „Tiefkühlkette" (Gefrieren, Lagerung, Vertrieb/Transport, Lagerung, Verbrauch) vom Handel bezogen werden.**

Unter solcher Voraussetzung sind tiefgefrorene Früchte bis zu einem Jahr bei guter Qualitätserhaltung lagerfähig, was bedeutet, dass der Bäcker während des ganzen Kalenderjahres über Früchte verfügt, die weitgehend die Merkmale von frischen Früchten besitzen.

Auftauen

- ❐ Nach Entnahme aus dem Frosterfach die Verpackung entfernen.
- ❐ Früchte möglichst in bedecktem Gefäß auftauen lassen (Vermeidung von Trockenschäden an der Oberfläche):
  - im Kühlschrank bei ca. +4 °C; Dauer etwa 8 Stunden,
  - bei Raumtemperatur von ca. 20 °C; Dauer etwa 6 Stunden.
- ❐ Zum raschen Auftauen können ungezuckerte Früchte mit heißer Zuckerlösung übergossen werden.
- ❐ Bei ungezuckerten, hellfleischigen Früchten soll die Zuckerlösung die Früchte ganz abdecken; so wird der Bräunungsempfindlichkeit vorgebeugt.

> **Es dürfen nur so viel Früchte aufgetaut werden, wie man noch am gleichen Tage verarbeitet.**

Auf keinen Fall darf man ...

- ❐ ... aufgetaute Früchte über mehrere Tage aufbewahren.
  Durch die Frostertemperaturen sind die Schutzenzyme geschädigt; die Abwehrkraft gegen auftretende Fäulniserreger ist geschwächt.

☐ ... aufgetaute Früchte wieder einfrosten.
Das Zellgewebe würde einer neuerlichen Belastung durch die Eiskristallbildung nicht gewachsen sein.

2.4 Eingelegte Früchte

Zu den Obstkonserven zählen ferner:

In Alkohol eingelegte Früchte
☐ Geeignete Alkoholarten sind, wegen ihres spezifischen Aromas, **Rum**, **Arrak** und **Weinbrand**.
☐ Die Früchte verwendet man vornehmlich für Desserts, Pralinen und Eisspezialitäten.

In Dickzucker eingelegte Früchte
☐ Die Früchte werden pikiert (= durchstochen), blanchiert und sodann in Zuckerlösungen mit stufenweise erhöhter Konzentration gelegt (Gesamtdauer 6 Tage). Dabei zieht der Zucker in das Fruchtfleisch ein.

Verwendung ...
☐ ... als Belegfrüchte für Torten, Desserts und Petits fours,
☐ ... als Füllung für Stollen, Cakes und für Pralinen.

Zitronat ➟ aus den Schalen der Zedratzitrone,
Orangeat ➟ aus Pomeranzenschalen.
☐ Dazu werden die dickfleischigen Schalen dieser Früchte zuvor in Wasser gelegt:
– zunächst in Salzwasser ➟ zum Entbittern,
– dann in Süßwasser ➟ zum Entsalzen.
☐ Danach werden sie in Dickzucker eingelegt (s.o.). Dabei bildet sich eine feste Zuckerkruste (Kandisschicht) um die Fruchtstücke (= kandierte Früchte).

Aufgabenstellungen

		Seite
1	Beschreiben und erläutern Sie: a) den Verlust der Frische bei Obst, b) das Verderben von Obst.	182
2	Nennen Sie Methoden der Haltbarmachung von Obst und geben Sie die Gründe für die Verlängerung der Haltbarkeit an.	182
3	Unterscheiden Sie: Rosinen, Sultaninen, Korinthen.	183
4	Welche einheimischen Obstarten werden als Trockenobst verarbeitet?	183
5	Durch welche Lagerbedingungen und Behandlungsmethoden werden Trockenfrüchte besonders lange haltbar gemacht?	184
6	Beschreiben Sie, wie Trockenobst vor der Verarbeitung behandelt werden soll.	184
7	Unterscheiden Sie: Dunstobst, Pülpe, Mark.	184
8	Welche Obstarten eignen sich besonders zum Tiefgefrieren?	185
9	Wie soll Obst zum Tiefgefrieren vorbereitet werden?	185
10	Beschreiben Sie die Technik des Tiefgefrierens.	185
11	Worauf ist beim Auftauen von tiefgefrorenem Obst zu achten?	185
12	Wie legt man Früchte in Dickzucker ein?	186
13	Woraus und wie werden Zitronat und Orangeat gewonnen?	186
14	Wozu verwendet der Bäcker Dickzuckerfrüchte?	186

3 Schalenfrüchte

Abb. 1: Erdnusskerne, Pecankerne, Pinienkerne, Pistazien, Walnusskerne, Haselnusskerne (vlnr.).

3.1 Einteilung

- Mandeln[1]
- Haselnüsse
- Walnüsse
- Pistazien
- Kokosnüsse

ferner:

- Paranüsse[1]
- Pinienkerne
- Cashewnüsse
- Pecannüsse
- Edelkastanien (Maronen)

Es sind die Früchte von Bäumen (z. B. Mandelbäumen) bzw. mehrjährigen Sträuchern (z. B. Haselnuss-Strauch).

Die Kerne befinden sich in einer Steinschale, diese wiederum ist von einer Fruchthülle (Fruchtfleisch mit Fruchthaut) umgeben, die meist ungenießbar ist.

- Erdnüsse

Dies sind die Früchte einer einjährigen Pflanze, die zu den Hülsenfrüchten (Leguminosen) gehört.

- Aprikosenkerne
- Kirschkerne
- Pfirsichkerne
- Pflaumenkerne

Sind die Samenkerne der entsprechenden Steinobstarten.

[1] Abbildungen s. S. 133

3.2 Zusammensetzung

Die Kerne der Schalenfrüchte zeichnen sich aus:

- durch einen besonders hohen Fettanteil,
- durch hohen Gehalt an weiteren Nährstoffen,
- durch einen nur geringen Wasseranteil,
- durch einen hohen Genusswert (= zahlreiche Geschmacksstoffe).

Schalenfrüchte enthalten ferner:

- **Ballaststoffe** (2–5%), vorwiegend Zellulose;
- **Aromastoffe**, vorwiegend ätherische Öle (z. B. das Benzaldehyd des Bittermandelöls), ferner Cholin, Asparagin u. a.;
- **Vitamine** der Gruppen A, B_1, B_2, Nikotinsäure, C sowie geringe Anteile an Vitamin B_6 und E.
- **Amygdalin**

Amygdalin ist ein *Bitterstoff*, der in Bittermandeln sowie in Aprikosen- und Pfirsichkernen enthalten ist.
Amygdalin wird durch ein im Mundspeichel enthaltenes Enzym (Emulsin) abgebaut, dabei entsteht neben Bittermandelöl und Traubenzucker auch Blausäure.
Blausäure ist äußerst giftig; bei Kleinkindern können 7 bis 10, bei Erwachsenen 50 bis 70 Kerne zum Vergiftungstod führen.

Man kann den Amygdalin-Gehalt herabsetzen:

❑ Durch „Wässern" (= einlegen der Kerne in Wasser, wenn möglich über Nacht).
   Amygdalin ist an Zucker gebunden; es löst sich daher in Wasser auf.

❑ Durch Erhitzen.
   Amygdalin wird durch die Backhitze aufgespalten; die entstehende Blausäure entweicht.

Die vorwiegend Geschmack gebenden Zutaten

trocken gelagerte Früchte	Wasser	Fett	Eiweiß	Kohlenhydrate	Mineralstoffe	Amygdalin
Mandeln (süße)	5 – 7	53 – 60	16 – 22	12 – 15	2,3	0,1
Bittermandeln	6 – 7	52 – 58	16 – 20	12 – 15	2,3	2,4 – 5
Pistazien	5 – 6	51 – 54	18 – 20	14 – 16	2,5	
Walnüsse	7 – 8	58 – 65	15 – 17	13 – 15	1,6	
Haselnüsse	7 – 8	60 – 63	15 – 18	7 – 18	2,5	
Paranüsse	5 – 6	62 – 65	9 – 17	10 – 11	1,8	
Cashewkerne	6 – 7	58 – 64	15 – 17	10 – 12	2,0	
Kokosfleisch	4 – 5	38 – 42	3 – 4	50 – 53	1,5	
Pinienkerne	5 – 6	55 – 60	16 – 20	15 – 16	2,5	
Maronen	7 – 8	5 – 7	6 – 10	70 – 75	2,6	
Erdnüsse	5 – 6	42 – 52	27 – 34	10 – 21	2,5	
Aprikosen-, Pfirsichkerne	4 – 5	45 – 50	22 – 25	12 – 14	2,9	2–4

3.3 Verwendung

Die Schalenfrüchte können verwendet werden:
- Als ganze oder halbierte Kerne,
- in unterschiedlich zerkleinerter Form:
  - ◆ gehobelt
  - ◆ geraspelt
  - ◆ geschabt
  - ◆ gehackt
  - ◆ gestiftelt
  - ◆ gerieben
  - ◆ als **Mandelgrieß** u.a.

Ganze oder halbe Schalenfrüchte

Sie dienen zur Dekoration (Belegen) von Torten, Törtchen, Desserts, Petits fours, Lebkuchengebäcken (z.B. Hexenhäusern), Honigkuchen, Printen, Spekulatius; ferner zur Herstellung von Nussknackern sowie für Pralinen.

Zerkleinerte Schalenfrüchte

Sie dienen je nachdem …
- … zum Füllen von Gebäcken.
  z.B. Stollen, Napfkuchen, Mürbegebäcke (Linzer Gebäcke, Cakes), Mandel-, Nussgebäcke, Lebkuchen, Makronengebäcke, Marzipanhörnchen u.a.
- … zum Bestreuen von Gebäcken und Torten, z.B. Tortenränder, glasierte Kränze u.a.
- … zur Bereitung von Bienenstichmasse, Nussecken, Florentiner, Krokant.
- … als Füllung für Krems, Schlagsahne und Speiseeis.
- … zur Herstellung von Mandelsplitter.
- … zur Herstellung von Marzipan- und Persipanrohmasse.

3.4 Lagerung

Schalenfrüchte sind wegen des niedrigen Wassergehalts länger lagerfähig. Sie sind jedoch anfällig gegen Schimmelbefall und Insektenfraß. Ferner neigen sie wegen des hohen Fettanteils dazu, ranzig oder seifig zu werden.

Schalenfrüchte sollen gelagert werden:

Kühl: Enzymatische Vorgänge werden verlangsamt, Gefahr des Ranzig werdens ist geringer.

Trocken: Verringerte Schimmelgefahr.

Luftgeschützt: Kerne trocknen nicht aus, Aromen können nicht entweichen.

Lichtgeschützt: Aktivierung der Enzyme durch Lichtenergie unterbleibt; Farbstoffe bleichen nicht aus.

Geruchsgeschützt: Kerne nehmen so keine Fremdgerüche an.

Die Lagerfähigkeit von zerkleinerten und geschälten Schalenfrüchten ist geringer als die von ganzen Früchten in der braunen Samenhaut. Dies gilt besonders, nachdem die Verpackung geöffnet worden ist.

Aufgabenstellungen

	Seite
1 Nennen und unterscheiden Sie die verschiedenen Schalenfrüchte.	187
2 Durch welchen Gehalt an Nährstoffen zeichnen sich Schalenfrüchte aus?	187
3 Nennen Sie den Nährstoffgehalt von Mandeln und Hasel-/Walnüssen.	188
4 Was wissen Sie über den Gehalt an Amygdalin bei bestimmten Schalenfrüchten?	187
5 Auf welche Weise kann der Amygdalingehalt verringert bzw. entfernt werden?	187
6 Wozu werden in der Bäckerei ganze oder zerkleinerte Mandeln oder Nüsse verwendet?	188
7 Wie sollen Schalenfrüchte gelagert werden?	188

4 Fruchterzeugnisse

4.1 Erzeugnisse aus Obst

Den Bäcker interessieren dabei insbesondere die sogenannten „**streichfähigen Zubereitungen**".

Nach der Konfitürenverordnung vom 26. Okt. 1982 zählen dazu folgende 10 Erzeugnisse:

- Konfitüre extra
- Konfitüre einfach
- Gelee extra
- Gelee einfach
- Marmelade
- Maronenkrem
- Apfelkraut
- Birnenkraut
- Gemischtes Kraut
- Pflaumenmus

> Verwendet werden in der Bäckerei vor allem Konfitüren und Gelees sowie Marmeladen.

Verwendung

- zum Abglänzen von ofenwarmen Gebäcken,
- zum Füllen von Berlinern,
- als Füllung für Plunder- und Blätterteiggebäck,
- zum Füllen/Einstreichen von Tortenböden, Wiener Schnitten, Petits fours,
- als Zusätze zu Sahne und Krems,
- zur Dekoration von Torten, Desserts und Teegebäck, z.B. Einlassen in Ornamente aus Zuckerglasuren.

Zur Herstellung von streichfähigen Zubereitungen dürfen verwendet werden:

Früchte

- Erlaubt sind nur frische, einwandfreie Früchte, denen keine wesentlichen Bestandteile entzogen wurden.
- Die im geeigneten Reifezustand geernteten Früchte müssen gereinigt bzw. geputzt werden.
- Neben Obstfrüchten dürfen auch Rhabarberstengel und in Sirup haltbar gemachte Ingwerwurzeln verwendet werden, ferner Tomaten, Gurken, Melonen, Wassermelonen und Kürbisse.

Pülpe (Fruchtpülpe)

- Geschälte oder entkernte Früchte; sie können ungeteilt, in Stücke geschnitten oder grob zerkleinert sein. Sie werden erhitzt, aber nicht gezuckert.

Mark (Fruchtmark)

- Früchte, die durch Passieren oder ein ähnliches Verfahren zerkleinert wurden.

Fruchtsaft

- Ist reiner, unverdünnter Saft ohne Zuckerzusatz.

Wässrige Auszüge

- Müssen aus Früchten stammen und alle wasserlöslichen Bestandteile der Früchte enthalten.

Zucker

☐ Zuckerarten sind:
  – Rohr- oder Rübenzucker,
  – flüssige Rohr- oder Rübenzuckerlösungen mit einem Gehalt an Invertzucker bis zu 3%,
  – Fruktose.

Ferner dürfen zugesetzt werden ...

☐ ... zahlreiche geschmacksgebende Lebensmittel.
  Z.B. Schalen von Zitrusfrüchten, Vanille und andere Gewürze, Alkohol, Kräuter, Mandeln, Nüsse u.a.

☐ ... bestimmte Zusatzstoffe.
  Z.B. Pektine, Aromastoffe, Konservierungsstoffe u.a.

4.1.1 Konfitüren, Gelees und Marmeladen

Obsterzeugnis: Konfitüre extra

Zusammensetzung
- Pülpe; mindestens 450 g je 1000 g Erzeugnis (bei bestimmten Früchten auch weniger)
- Zucker

Arten
- Einfruchtkonfitüre
- Mehrfruchtkonfitüre

Besonderheiten
- Nicht erlaubt ist die Verwendung von Äpfeln, Birnen, steinhaften Pflaumen, Melonen, Kürbissen, Weintrauben, Gurken, Tomaten.

Obsterzeugnis: Konfitüre einfach

Zusammensetzung
- Pülpe oder Mark mindestens 350 g je 1000 g Erzeugnis
- Zucker

Arten
- Einfruchtkonfitüre
- Mehrfruchtkonfitüre

Besonderheiten
- Es dürfen auch getrocknete Aprikosen verwendet werden.
  Auf den Zusatz muss hingewiesen werden.

Obsterzeugnis: Gelee extra

Zusammensetzung
- Saft oder wässrige Auszüge; mindestens 450 g je 1000 g Erzeugnis
- Zucker

Arten
- Einfruchtgelee
- Mehrfruchtgelee

Besonderheiten
- Nicht erlaubt sind die Früchte wie zuvor unter „Konfitüre extra" aufgezählt.

Obsterzeugnis: Gelee einfach

Zusammensetzung
- Saft oder wässrige Auszüge; mindestens 350 g je 1000 g Erzeugnis
- Zucker

Arten
- Einfruchtgelee
- Mehrfruchtgelee

Besonderheiten: Keine

Obsterzeugnis: Marmelade

Zusammensetzung
- Pülpe, Mark, Saft, wässrige Auszüge, Schalen von Zitrusfrüchten; mindestens 200 g je 1000 g Erzeugnis
- Zuckerarten

Arten
- Nur Zitrusfruchtmarmeladen
- Einheimische Obstarten dürfen nicht verwendet werden.

Besonderheiten
- Falls Zitrusschalen enthalten sind, muss angegeben werden, wie diese geschnitten sind.
- Falls keine Zitrusschalen verwendet wurden, muss darauf besonders hingewiesen werden.

4.1.2 Andere Obsterzeugnisse

Obsterzeugnis: Maronenkrem

Gewinnung/Zusammensetzung
- Maronenmark; mindestens 380 g je 1000 g Maronenkrem. (Maronen sind die Früchte der Edelkastanie; Castanea sativa.)
- Zuckerarten

4 Fruchterzeugnisse

Obsterzeugnis: **Apfelkraut**

Gewinnung/Zusammensetzung
- Durch Dämpfen oder Kochen, Abpressen und Eindampfen gewonnene Auszüge aus Äpfeln und einer geringen Menge Birnen
- Zur Herstellung von 1000 g Apfelkraut ist vorgeschrieben: mindestens 2100 g Äpfel, höchstens 600 g Birnen sowie höchstens 400 g Zuckerarten.

Obsterzeugnis: **Birnenkraut**

Gewinnung/Zusammensetzung
- Gewinnung wie Apfelkraut
- Zur Herstellung von 1000 g Birnenkraut ist vorgeschrieben: mindestens 3500 g Birnen, höchstens 700 g Äpfel und 300 g Zucker.

Obsterzeugnis: **Gemischtes Kraut**

Gewinnung/Zusammensetzung
- Mischung aus mindestens 500 g Apfelkraut und höchstens 500 g Rübenkraut

Obsterzeugnis: **Pflaumenmus** (Zwetschenmus)

Gewinnung/Zusammensetzung
- Aus Pflaumenpülpe oder -mark; z.T. auch aus getrockneten Pflaumen
- Zur Herstellung von 1000 g Pflaumenmus ist vorgeschrieben: mindestens 1400 g Pülpe oder Mark; davon dürfen höchstens 350 g aus getrockneten Pflaumen stammen.
- Höchstens 300 g Zuckerarten dürfen enthalten sein.

Rechtliche Vorschriften

Verkehrsbezeichnung

Bei der Bezeichnung von Konfitüren, Gelees, Marmeladen u.a. müssen die verwendeten Früchte genannt werden, und zwar in der Reihenfolge des Mengenanteils. Bei Mehrfruchtkonfitüren oder -gelees genügt der Hinweis „Mehrfrucht" oder die Angabe der Zahl der verwendeten Früchte, z.B. „Dreifruchtgelee einfach".

Zutatenverzeichnis

Im Zutatenverzeichnis sind anzugeben:
- die Worte: „hergestellt aus … Früchte je 100 g";
- die Worte: „Gesamtzuckergehalt … g je 100 g"';
- der Hinweis „nach dem Öffnen kühl aufbewahren", falls der Gehalt an löslichen Trockenbestandteilen unter 63% liegt;
- ein Gehalt an Zitrussaft, Spirituosen, Nüssen, Mandeln, Honig, Kräutern und Gewürzen, sofern diese den Geschmack des Erzeugnisses beeinflussen;
- Gehalt an Äthylvanillin;
- ein Gehalt an Saft aus roten Rüben durch die Worte „Saft aus roten Rüben zur Verstärkung der Farbe".

Deklarationspflicht
- Zusätze an Konservierungsstoffen, Schwefeldioxid und Farbstoffen müssen auf dem Behältnis (Dose, Glas u.a.) besonders angegeben (= deklariert) werden.
- Der Bäcker muss die Verwendung von z.B. konservierungsstoffhaltigen Fruchterzeugnissen dann deklarieren:
  - wenn der Anteil mehr als 2% des Enderzeugnisses ausmacht (z.B. mehr als 20 g je kg Torte),
  - wenn das konservierungsstoffhaltige Erzeugnis als eigener Bestandteil des Erzeugnisses deutlich zu erkennen ist (z.B. Überzug, Dekor, Füllung). Die Deklaration muss dann z.B. lauten: „Fruchtfüllung mit Konservierungsstoff Benzoesäure".

4.2 Erzeugnisse aus Schalenfrüchten (Halbfabrikate)

Der Bäcker bezieht diese „Halbfabrikate" in Form von Rohmassen.

4.2.1 Einteilung der Rohmassen

Rohmassen sind Zubereitungen aus geschälten, geriebenen Schalenfrüchten, die zusammen mit Zucker erhitzt (geröstet) wurden.

Man unterscheidet:

- **Marzipanrohmasse**
  - aus geriebenen Mandeln und Zucker
- **Persipanrohmasse**
  - aus Aprikosenkernen, Pfirsischkernen und entbitterten Bittermandeln

- **Nussrohmassen**
  - aus verschiedenen Nussarten und Zucker
  - Nussrohmassen aus Hasel- und Walnüssen
  - Mandelnussrohmasse aus Mandeln und Nüssen
  - Cashewnuss-Rohmasse aus Cashewnüssen
- **Nugatmasse**
  - aus Mandeln, Nüssen und Zucker unter Zusatz von *Kakaoerzeugnissen*.
  - Mandel-Nugatmasse mit süßen Mandeln,
  - Nuss-Nugatmasse mit Hasel- und/oder Walnüssen
  - Mandel-Nuss-Nugatmasse mit etwa gleichen Anteilen an Mandeln und Nüssen.
- **Nugatkrem**
  - Sie ist in der Bäckerei eine Ersatzmasse für Nugatmasse.
  - Sie kann neben Mandeln und Nüssen auch entbitterte Bittermandeln sowie zugesetzte Speisefette enthalten. Der Gesamtgehalt an Ölsamen muss mindestens 10% betragen, der Zuckeranteil darf 67% nicht überschreiten.

4.2.2 Zusammensetzung der Rohmassen

Marzipanrohmasse

- Sie wird aus 2/3 geriebenen Mandeln und 1/3 Zucker hergestellt.
- Außer süßen Mandeln darf keine andere Frucht verwendet werden.
- Zulässige bzw. vorgeschriebene Zusammensetzung:

Fett (Mandelöl)	mindestens 28%
Wasser	höchstens 17%
Zucker	höchstens 35%; (davon bis zu 10% Invertzucker)
Konservierungsstoffe, bis zu 1,5 g je kg Rohmasse (E 200 = Sorbinsäure, E 210 = Benzoesäure, E 219 = PHB) – muss auf der Packung deklariert sein.	

Ob und wie der Bäcker/Konditor die mit konservierungsstoffhaltiger Marzipanrohmasse hergestellten Erzeugnisse ebenfalls deklarieren muss, hängt von der verwendeten Marzipanmenge ab (vgl. S. 191: Deklarationspflicht bei Fruchterzeugnissen). Das gleiche gilt auch für Persipanrohmasse.

Ein Zusatz von Invertzucker (= einfacher Zucker) verhindert das Auskristallisieren des Zuckers und dient insofern der Frischhaltung.

Marzipanrohmasse wird in folgenden Handelsklassen angeboten:

❐ **Rohmasse 00**
I. Qualität; enthält nur ausgesuchte Mandeln, vorwiegend aus Mittelmeergebieten.

❐ **Rohmasse 0**
mittlere Qualität

❐ **Rohmasse I**
geringere Qualität; enthält u.a. auch Bruchmandeln.

> Bei der Weiterverarbeitung zu Marzipan dürfen auf 100 Teile Rohmasse höchstens 100 Teile Puderzucker zugesetzt werden (Verhältnis 1 : 1).

Persipanrohmasse

Sie wird nicht aus Mandeln, sondern zu 2/3 aus anderen fetthaltigen Früchten (Aprikosenkernen, Pfirsischkernen oder entbitterten Bittermandeln) und zu 1/3 aus Zucker hergestellt.

Der Zuckeranteil beträgt höchstens 35%, der von Wasser höchstens 20%.

Vorgeschrieben ist ein Zusatz von 0,5% Stärke (zur chemischen Unterscheidung von Marzipan durch die Jodprobe).

Zulässig sind je kg Rohmasse 1,5 g Konservierungsstoffe (wie bei Marzipanrohmasse).

Erlaubt ist ein Zusatz von Konservierungsstoffen (1, 2, 3, siehe nebenstehende Spalte) bis zu 1,5 g je kg Rohmasse.

> Bei der Weiterverarbeitung zu *Persipan* dürfen auf 100 Teile Rohmasse bis zu 150 Teile Puderzucker zugesetzt werden (Verhältnis 1 : 1,5).

Nussrohmasse

Sie kann aus verschiedenen Nussarten hergestellt werden:
Hasel- Wal-, Cashew- und Erdnüssen.

Der Anteil am Nüssen beträgt 2/3, der von Zucker 1/3 (bis zu 35%).

Nugatrohmasse

Sie wird aus trockenen, geschälten, gerösteten, zerkleinerten Haselnüssen oder süßen Mandeln hergestellt.

Nugat kann zusätzlich auch Kakao enthalten.

Arten von **Nugatrohmassen** sind:

Nussnugat
enthält höchstens 50% Zucker, mindestens 30% Gesamtfett, ferner Haselnusskerne, evtl. Kakaoerzeugnisse.

Mandelnugat
enthält nur süße Mandeln, evtl. Kakaoerzeugnisse, höchstens 50% Zucker, mindestens 28% Gesamtfett.

Mandel-Nuss-Nugat
besteht aus Haselnusskernen und süßen Mandeln etwa im gleichen Mengenverhältnis, evtl. Kakaoerzeugnissen, höchstens 50% Zucker, mindestens 28% Gesamtfett.

Gesüßtes Nussmark
besteht ausschließlich aus Haselnusskernen und bis zu 50% Zucker, der Gesamtfettanteil liegt bei mindestens 32%.

Nugatkrem

Sie besteht zu mindestens 10% aus Ölsamen (Mandeln, verschiedene Nüsse, entbitterte Bittermandeln).

Sie darf bis zu 67% Zucker enthalten.

Es dürfen andere Speisefette zugesetzt werden; Fettgehalt mindestens 28%.

4.2.3 Verwendung

Rohmassen verwendet der Bäcker vorwiegend ...

❐ ... für Füllungen von Hefe-, Plunder-, Mürbe-, Lebkuchengebäcken sowie für Torten und Schnitten.

Dazu können die entsprechenden Rohmassen je nachdem mit Milch, Eigelb, Butter, Zucker oder Konfitüre glattgearbeitet werden.

❐ ... zur Herstellung von Makronengebäcken (Mandel-, Nuss-, Persipan-, Kokosmakronen), Mandelhörnchen Hippengebäcken u.a.

Hierfür werden den entsprechenden Rohmassen neben Zucker vor allem Eiklar oder Eigelbe zugesetzt.

❐ ... zum Anwirken von Marzipan für Figuren oder zum Einschlagen von Torten u.a.

Je nach der beabsichtigten Qualität werden auf 1 kg Marzipanrohmasse 200 bis 1000 g Puderzucker untergearbeitet.

Abb. 1: Königsberger Marzipankonfekt

4.2.4 Lagerung

Die Rohmassen sind empfindliche Rohstoffmischungen; sie neigen dazu, gärig oder ranzig zu werden, zu schimmeln oder auszutrocknen.

Man sollte vor allem Marzipan- und Persipanrohmassen nicht zu lange lagern. Der zum Verbrauch bzw. zur Weiterverarbeitung bestimmte Anteil an Rohmasse wird mit dem Messer abgetrennt, damit eine glatte Schnittfläche von nicht zu großer Oberfläche entsteht. Die Schnittfläche deckt man am besten sofort mit Fettpapier ab.

Rohmassen sollen aufbewahrt werden:

Kühl
unter + 15 °C

Lichtgeschützt
eingepackt in eine Kiste

Luftgeschützt
fest in Fettpapier eingeschlagen

Vor Feuchtigkeit geschützt
in kühlem Lagerraum; auf keinen Fall im Kühlschrank

Aufgabenstellungen

Erzeugnisse aus Obst	Seite
1 Nennen Sie verschiedene streichfähige Zubereitungen.	189
2 Wozu werden Konfitüren und Gelees in der Bäckerei verwendet?	189
3 Welche Früchte, Fruchterzeugnisse und welche anderen Stoffe dürfen zur Herstellung von streichfähigen Zubereitungen verwendet werden?	189 f
4 Unterscheiden Sie: Konfitüren, Gelees, Marmeladen.	190
5 Welche Bestimmungen gibt es hinsichtlich der Zusammensetzung von Konfitüren, Gelees und Marmeladen?	190
6 Wann besteht bei der Verwendung von streichfähigen Zubereitungen für den Bäcker Deklarationspflicht?	191

Erzeugnisse aus Schalenfrüchten

7 Wie werden Rohmassen und Nugatmassen bereitet?	191
8 Nennen und unterscheiden Sie die verschiedenen Rohmassen.	191 f
9 Nennen und unterscheiden Sie die verschiedenen Nugatmassen.	192
10 Erläutern Sie die Zusammensetzung und Qualitätsunterschiede bei Marzipanrohmassen.	192
11 Worin unterscheidet sich Persipanrohmasse von Marzipanrohmasse?	192
12 Beschreiben Sie den Hauptunterschied zwischen Nussrohmasse und Nugatmassen.	192 f
13 Worin unterscheidet sich Nugatkrem von den übrigen Nugatmassen?	193
14 Wozu werden Rohmassen in der Bäckerei verwendet?	193
15 Wie sollen Rohmassen gelagert werden?	193

5 Kakaoerzeugnisse

Der Bäcker bezieht Kakaoerzeugnisse in folgenden Handelsformen:

◆ Kakaopulver
◆ Kuvertüre
◆ Kakaobutter
◆ Fettglasur

Ferner stehen ihm verarbeitungsfertige Produkte aus Schokoladenerzeugnissen zur Verfügung, z. B. Schokostreusel, Schokoraspel, Schokodekorstücke u. a.

5.1 Gewinnung und Zusammensetzung der Kakaoerzeugnisse

Ausgangsprodukte zur Herstellung von Kakaoerzeugnissen sind die Kakaobohnen; sie sind die Früchte des Kakaobaumes.

Die Kakaobohnen werden einem Gärungsprozess unterzogen und anschließend geröstet; durch beide Verfahren werden sie mit Geschmacksstoffen angereichert.

Die gerösteten Kakaobohnen werden gereinigt, geschält und vermahlen. Das Ergebnis ist **Kakaomasse**.

Zusammensetzung der Kakaomasse:

Fett	53%
Eiweiß	13%
Stärke	6,5%
Wasser	5%
Mineralstoffe	3,6%
Zellulose	3,5%
Gerbstoffe (Katechine)	6%
organische Säuren	2,5%
andere stickstofffreie Bestandteile, z.B. Zucker	5,5%
Aromen u.a.	
Theobromin	1,2%
Koffein	0,2%

Kakaopulver

- Die Kakaomasse wird gepresst; dabei wird das Fett (= Kakaobutter) flüssig und kann abgefiltert werden.
  Kakaopulver enthält nahezu alle Bestandteile der Kakaomasse (s.o.), jedoch weniger Fett.
- Je nach Art des Pressens (kalt, warm) tritt mehr oder weniger Kakaobutter aus; so erhält man schwach oder stark „entöltes" Kakaopulver.
  Schwach entöltes Kakaopulver enthält mindestens 20% Kakaobutter.
  Stark entöltes Kakaopulver enthält mindestens 8% Kakaobutter.
- Dem Kakaopulver dürfen zugesetzt werden: Zuckerarten, Lezithin, Aromen, ferner Zitronen- und Weinsäure, verschiedene Mineralsalze, für Überzugsmittel auch Gummiarabikum und Pektine.
- Die gepresste Kakaomasse (= Presskuchen) wird zu Kakaopulver vermahlen.
  Zur Herstellung von Trinkschokolade können außerdem alkalische Stoffe (Basen bzw. Laugen) zugesetzt werden; diese verbessern die Schwebefähigkeit der Kakaobestandteile sowie den Geschmack, indem sie zur Entsäuerung und Entbitterung beitragen.

Kakaobutter

- Sie wird gewonnen durch Auspressen der Kakaomasse (s.o.). Kakaobutter ist ein reines Fett; es besteht zu 60% aus festen (Stearin) und halbfesten Fettsäuren (Palmitin), und zu ca. 40% aus flüssigen Ölsäuren.

Kuvertüre

- Ist eine homogene Mischung von Kakaomasse und Zucker unter Zusatz von Kakaobutter, *Kakaotrockenbestandteile insgesamt mindestens 35%, Kakaobutteranteil mindestens 31%.*
- Sie kann mit unterschiedlichen Anteilen an Zucker und Kakaobutter hergestellt werden.
  Die Zusammensetzung wird auf der Handelspackung angegeben, z.B. 70/30, 60/40, 50/50: diese Zahlen drücken die Prozentanteile von Kakaobestandteilen und Zucker aus. Durch eine dritte Zahl z.B. 70/30/40 kann zusätzlich der Prozentanteil der Kakaobutter in der Kuvertüre angegeben sein.
- Zulässig ist ferner ein Zusatz von Lezithin, Zitronen- und Weinsäure (je 0,5%).
- Sie kann auch unter Zusatz von Milch oder Sahne hergestellt werden.

Milchkuvertüre
14% Milchtrockenbestandteile, davon 3,5% Milchfett
Sahnekuvertüre
5,5% Milchfett

Fettglasur

- Sie ist ein Kakaoprodukt, das der Kuvertüre in Aussehen, Geruch und Geschmack sehr ähnlich ist; es sind jedoch nicht alle Bestandteile der Kakaobohne enthalten: vor allem wird die teure Kakaobutter durch billigere fremde Pflanzenfette ersetzt. Fettglasur gilt daher als nachgemachtes Kakaoprodukt von geringerer Qualität.
- Fettglasur besteht aus:
  - entölter Kakaomasse,
  - fremden Pflanzenfetten (Erdnuss-, Kokos-, Palmkernfett, gehärtetes Sojaöl u.a.),
  - Zucker,
  - evtl. auch Gummiarabikum und Pektine.
- Wegen des Anteils an gehärteten Pflanzenfetten ist Fettglasur für leber- und gallenempfindliche Menschen nicht gut verträglich.

Rechtliche Vorschriften
Die Verwendung von Fettglasur zu Bäckereierzeugnissen muss deklariert werden; die Deklaration muss durch den Hinweis „mit Fettglasur" erfolgen.

Das entsprechende Hinweisschild muss deutlich sichtbar und lesbar angebracht sein:
- bei verpackten Erzeugnissen auf der Packung,
- bei unverpackten Erzeugnissen neben dem Erzeugnis oder auf dem Preisschild,
- bei mehreren verschiedenen Erzeugnissen nebeneinander, z. B. in der Kühltheke, genügt ein einzelnes Hinweisschild mit der Aufschrift „Erzeugnisse mit Fettglasur".

5.2 Verwendung

Der Bäcker verwendet Kakaoerzeugnisse …

☐ … als Rohstoffe für Teige und Massen.

☐ … zum Überziehen oder Eintauchen von Gebäcken oder anderen Erzeugnissen.

☐ … zur Dekoration.

Kakaopulver

Es wird verwendet …

☐ … als Rohstoff für:
- Mürbeteige,
  z. B. Schwarz-Weiß-, Teegebäcke,
- Sandmassen,
  z. B. Marmorkuchen
- Wiener Massen,
  z. B. dunkle Böden (Schokoböden),
- Krems und Puddings,
  z. B. Schokoladenkrem,
- Speiseeis,
  z. B. Schokoladeneis,

☐ … zum Überpudern
  von z. B. Marzipankartoffeln,

☐ … zum Übersieben,
  z. B. von Torten.

Kakaobutter

Sie wird verwendet …

☐ … zum Verdünnen von Kuvertüre,

☐ … zum Abglänzen von Marzipan.

Kuvertüre

Sie findet Verwendung …

☐ … zum Überziehen von:
- Torten,
  z. B. Herren-, Sacchertorten,
- Teegebäcken,
  z. B. Makronenkonfekt,
- Dauergebäcken,
  z. B. Printen, Spitzkuchen,
- Marzipan,
  z. B. Marzipanfiguren,

☐ … zum Eintauchen (Absetzen) von:
Florentinern, Nussknackern, Mandelsplittern,

☐ … zur Herstellung von Schokoladenkrems,
z. B. Canache.

Fettglasur

Sie wird verwendet …

☐ … zum Überziehen von Erzeugnissen, an die weniger hohe Qualitätsanforderungen gestellt werden.

▌**Die Verwendung von Fettglasur ist für bestimmte Erzeugnisse, die als besonders hochwertig gelten, verboten.**

Mit Fettglasur dürfen **nicht** überzogen werden:
- Erzeugnisse mit süßen Mandeln, Marzipan, Hasel-, Walnüssen,
- Dauerbackwaren von besonderer Qualität, z. B. Oblatenlebkuchen, Spitzkuchen, Printen, Zimtsterne, Schlotfeger u. a.,
- Herrentorten, Sacchertorten, Biskuits.

5.3 Lagerung

Kakaoerzeugnisse sind lange lagerfähig:

Der hohe Zuckergehalt wirkt konservierend, der Wassergehalt ist sehr gering, das Kakaofett neigt nur wenig zum Ranzigwerden.

Kakaoerzeugnisse sind jedoch empfindlich gegenüber:

▌**Licht**
Besonders die gelbe Kakaobutter bleicht aus und wird weiß.

Wärme
Das Kakaofett schmilzt und setzt sich außen als matt grauer „Fettreif" ab.
Bei höheren Temperaturen schmilzt das Fett so sehr, dass das Kakaoerzeugnis verläuft und seine Form verliert.

Feuchtigkeit
Ein Teil des Zuckers der äußeren Schicht wird gelöst; beim späteren Trocknen kristallisiert der Zucker aus und bildet einen mattgrauen „Zuckerreif".
Es besteht die Gefahr des Schimmelbefalls.

Fremdgerüchen
Sie nehmen den Geruch und Geschmack von stark riechenden Stoffen an.

5.4 Verarbeitung

5.4.1 Kuvertüre

Mechanische Eigenschaften

Schmelzverhalten

Kuvertüre kann je nachdem 31 bis 45% Kakaobutter enthalten. Das Schmelzverhalten dieses Fettes ist für die Verarbeitung von entscheidender Bedeutung.

Kuvertüre ist bei Temperaturen unter 20 °C fest; bei Erwärmung wird sie weich und schließlich flüssig.

Erstarrungspunkt	+ 20 °C
Schmelzpunkt	+ 32 bis + 36 °C
Schmelzbereich	+ 20 bis + 36 °C

Erstarren

Beim Abkühlen der flüssigen Kuvertüre erstarrt diese wieder zu einer festen und spröden Masse.

Die Erstarrung erfolgt bei schnellem Abkühlen auf eine Temperatur unter 28 °C ziemlich plötzlich; die Kuvertüre „stockt ab".

Ursache ist das besondere Kristallisationsverhalten des Kakaofettes, welches aus etwa 60% gesättigten und 40% ungesättigten Fettsäuren besteht.

Fehlerquellen:

Bei unsachgemäßer Verarbeitung:
- wird Kuvertüre graustreifig oder graufleckig,
- ist der Kuvertüreüberzug glanzlos und unansehnlich.

Erklärung:

❒ Kakaobutter besitzt (im Gegensatz zu gehärteten Pflanzenfetten, z. B. in der Fettglasur) eine nur geringe Emulgierfähigkeit.

Die beim Erwärmen flüssig werdende Kakaobutter kann die übrigen Kakaobestandteile, insbesondere aber die zugesetzten Zuckeranteile, nicht in der Schwebe halten.

Die Nichtfette setzen sich auf Grund ihres höheren spezifischen Gewichts nach und nach ab; dabei entmischt sich die Kuvertüre und verliert ihr glattes, homogenes Gefüge.

Beim Umrühren wird sie graustreifig: die hellen Kakaobutteranteile haben sich von den dunkleren übrigen Kakaobestandteilen getrennt.

❒ Sofern die Kuvertüre zu langsam abkühlt, entsteht eine glanzlose Oberfläche.

Kuvertüre darf zum Überziehen nicht zu warm sein, sonst kristallisieren die unterschiedlichen Fette in größeren Zeitabständen nacheinander aus.

Dabei entsteht keine glatte, sondern eine rauhe und damit glanzlose Oberfläche.

5.4.2 Verarbeitung der Kuvertüre (Verfahrenstechnik)

Kuvertüre darf zum Überziehen nicht einfach erwärmt werden.

Vielmehr muss man sie temperieren[1].

Das **Temperieren** umfasst folgende Arbeitsschritte:

❒ **Erwärmen**

Die Kakaobutter in der Kuvertüre wird zum Schmelzen gebracht; die Kuvertüre wird flüssig (= „aufgelöst").

❒ **Abkühlen**

Ein Teil der Kuvertüre wird auf eine kalte Unterlage, z. B. Marmorplatte, gegossen.

Die abgekühlte Kuvertüre wird mit Hilfe eines Spachtels hin und her bewegt, bis sie erstarrt, und sodann abgeschabt.

---

[1] Temperieren = Erwärmen der Kuvertüre bis zur Verflüssigung, nachfolgendes Abkühlen bis in die Nähe des Erstarrens und sodann erneutes Erwärmen.

❏ **Umrühren**

Die erstarrten Bestandteile werden mit den flüssigen vermischt.

Dadurch wird die Kuvertüre herunter gekühlt.

Durch das Umrühren erhält sie eine glatte bindige, homogene Beschaffenheit.

❏ **Erneutes Erwärmen**

Die heruntergekühlte Kuvertüre muss sodann „von unten nach oben" temperiert werden, bis sie die erforderliche Temperatur von 29 bis 33 °C hat.

Während der Verarbeitung darf Kuvertüre nicht mit Wasser oder Wasserdampf in Berührung kommen, weil sie sonst schlagartig verhärtet („abstockt").

Kuvertüre kann auch über Nacht im Wärmeschrank oder im Temperiergerät warm gehalten werden, sodass sie dickflüssig bleibt.

So findet kaum eine Entmischung der Bestandteile statt.

Vor der Verarbeitung wird die fließfähige Kuvertüre gründlich durchgemischt und kann sodann verarbeitet werden.

Ermittlung der richtigen Beschaffenheit zum Überziehen ...

❏ **... nach Sinneseindruck** (Gefühl)

Die besonders empfindliche Kuppe des kleinen Fingers wird in die Kuvertüre eingetaucht.

Die Wärmeempfindung sagt dem Fachmann, ob die Kuvertüre richtig temperiert ist.

❏ **... durch Probetauchen**

Eines der Teile, die überzogen werden sollen, wird in die temperierte Kuvertüre eingetaucht; oder man taucht einen Teigschaber (Hörnchen) in die Kuvertüre.

An der Ausprägung der Oberfläche (Glanz, homogene Beschaffenheit) erkennt man, ob die Kuvertüre richtig temperiert ist.

Vorbehandlung der zu überziehenden Teile:

❏ Die Teile (Gebäcke, Tortendecken, Marzipanstücke), die überzogen werden sollen, müssen vorgewärmt werden.

Auf keinen Fall dürfen sie zu kalt sein, weil der Überzug sonst abplatzt.

Auf der kalten Oberfläche verhärtet die Kuvertüre sehr plötzlich und zieht sich fest zusammen.

Dabei entstehen starke innere Spannungen; gleichzeitig aber ist die Oberfläche des Überzugs besonders empfindlich.

❏ Die zu überziehenden Teile stellt man deshalb so lange in einen erwärmten Raum, bis sie eine Temperatur von etwa 25 °C haben.

5.4.3 Fettglasur

Mechanische Eigenschaften

❏ Fettglasur enthält neben Zucker und den Kakaobestandteilen auch gehärtete Pflanzenfette.

Infolge der Härtung der Fette haben diese einen im Vergleich zu Kakaobutter kleineren Schmelzbereich.

Der Schmelzpunkt liegt meist etwas niedriger als bei Kuvertüre, sodass der Überzug leicht nassglänzend erscheint und eher klebt und verläuft, falls die Erzeugnisse bei warmer Raumtemperatur gelagert werden.

❏ Die gehärteten Pflanzenfette besitzen eine gute Emulgierfähigkeit.

Sowohl die Kakaobestandteile wie die Zuckerteilchen können von den Fetten in der Schwebe gehalten werden („Grenzflächenaktivität" der Fettmoleküle), sodass sich die Bestandteile nicht entmischen.

Verfahrenstechnik

❏ Fettglasur wird zum Überziehen auf etwa 40 °C erwärmt und dadurch zum Schmelzen gebracht.

☞ Fettglasur braucht nicht temperiert zu werden,

☞ sie wird weder grau noch streifig,

☞ es entsteht stets ein glänzender Überzug.

❏ Zum Verdünnen der Fettglasur, z. B. für dünne Überzüge, dürfen außer Kakaobutter auch andere Pflanzenfette zugesetzt werden.

Aufgabenstellungen

		Seite
1	Nennen Sie die verschiedenen Kakaoerzeugnisse.	194
2	Wie wird Kakaomasse gewonnen?	194
3	Nennen Sie die wichtigsten Bestandteile der Kakaomasse.	195
4	Beschreiben Sie die Gewinnung und Zusammensetzung von Kakaopulver.	195
5	Aus welchen Hauptbestandteilen wird Kuvertüre bereitet?	195
6	Was bedeuten die Zahlenangaben auf der Verpackung von Kuvertüre (z. B. 70/30/40)?	195
7	Wieso ist Fettglasur nur ein „nachgemachtes" Kakaoprodukt?	195
8	Warum und wie muss die Verwendung von Fettglasur deklariert werden?	195f
9	Wozu werden die einzelnen Kakaoerzeugnisse in der Bäckerei verwendet?	196
10	Wie sollen Kakaoerzeugnisse gelagert werden?	196f
11	Erläutern Sie das Schmelzverhalten von Kuvertüre.	197
12	Erklären Sie folgende Fehler bei Überzügen: a) Kuvertüre wird grau, b) Kuvertüre ist glanzlos.	197
13	Beschreiben und erläutern Sie das Temperieren von Kuvertüre.	197f
14	Wie ermittelt man die richtige Beschaffenheit der Kuvertüre zum Überziehen?	198
15	Wie sollen die zu überziehenden Teile vorbereitet werden?	198
16	Weshalb muss man Fettglasur nicht wie Kuvertüre temperieren?	198

6 Honig

6.1 Verwendung

Honig gilt als ein besonders hochwertiger Rohstoff.

Durch seine aromatische Süße verbessert er den Geschmack der Erzeugnisse.

Honig wird wegen seines Gehalts an Enzymen, Mineralien und einfachen Zuckern (Invertzucker) auch als gesundes und leicht bekömmliches Nahrungsmittel geschätzt.

Honig kann für die Herstellung folgender Erzeugnisse verwendet werden:

❒ Honigkuchen

❒ Honiglebkuchen

  Mindestens die Hälfte des Zuckergehalts muss aus reinem Bienenhonig stammen.

❒ Bienenstich

❒ Florentiner

❒ Nussknacker

  Die Verwendung von Honig ist für diese Erzeugnisse nicht vorgeschrieben, d.h. es können statt Honig auch andere Zuckerarten verwendet werden. Ein Honiggehalt gilt aber als qualitäts- und geschmacksverbessernd; erlaubt ist dann der Hinweis „mit Honig".

6.2 Herkunft und Gewinnung

Erzeugung

Bienen sammeln den zuckerhaltigen Saft bestimmter Blüten (Blütennektar) und/oder anderer Pflanzenteile.

Im Honigmagen der Bienen wandeln Enzyme den Rohrzucker in Invertzucker um, d.h. der Rohrzucker (= Doppelzucker) wird aufgespalten in Frucht- (Fruktose) und Traubenzucker (Glukose), also in einfache Zucker.

Während der Einlagerung in Waben reift der Honig: dabei werden Aromen gebildet; ferner wird der Honig eingedickt.

Gewinnung

Durch Schleudern der Waben, durch Abtropfen oder Pressen.

Herkunftsländer

Hauptausfuhrländer sind Mittelamerika und die Westindischen Inseln.

Inländischer Honig stammt vorwiegend aus dem Allgäu oder aus dem Schwarzwald.

6.3 Handelsarten

Honig wird nach Güteklassen unterschieden, darüber hinaus auch nach seiner pflanzlichen Herkunft sowie nach der Art der Gewinnung.

Unterscheidung nach Güteklassen

Speisehonig (= 1. Qualität)
- Vollwertiger Honig, zum unmittelbaren Genuss durch den Verbraucher bestimmt. Er zeichnet sich durch sein volles Aroma und seine Reinheit aus.

Backhonig (= 2. Qualität)
- Nicht vollwertiger Honig, der aromaärmer ist (z.B. Honigtau-Honig) oder aber in Folge des Gewinnungsverfahrens von geringerer Qualität ist (z.B. Seimhonig).
- Er kann als Zusatz zu Backwaren Verwendung finden.
  Ein Teil der Aromen geht durch die Ofenhitze verloren.

Unterscheidung nach pflanzlicher Herkunft

Blütenhonig (z.B. Heide-, Linden-, Rapshonig)
- ist heller und besonders aromatisch, ferner reich an Frucht- und Traubenzucker

Honigtau-Honig (z.B. Tannen-, Fichtenhonig)
- stammt nicht von Blüten, sondern vorwiegend von anderen Pflanzenteilen. Er ist dunkler, von harzigem Geruch und Geschmack, enthält weniger Frucht- und Traubenzucker.

Unterscheidung nach Gewinnungsart

Scheibenhonig
- Höchste Qualität/Reinheit, da aus brutfreien Waben (Scheiben) gewonnen;

Tropfhonig
- durch Abtropfen der Waben gewonnen;

Schleuderhonig
- durch Zentrifugieren bei Brutwärme gewonnen (= Hauptgewinnungsart);

Presshonig
- kalt gepresst;

Honig mit Wabenteilen
- erwärmt und gepresst (= geringste Qualität).

6.4 Zusammensetzung

Honig besteht aus:

- **Zucker** 70 bis 80%
  vorwiegend Invertzucker (Fruktose, Glukose), ferner 5 bis 10% Saccharose und Maltose;

- **Wasser** 16 bis 19%
  zulässiger Höchstwassergehalt bei Blütenhonig 22%, bei Heidehonig 25%;

- **anderen Stoffen** ca. 3%
  – Dextrine,
  – organische Säuren (Wein-, Äpfel-, Zitronen-, Bernsteinsäuren u.a.),
  – 0,1–1,0% Mineralstoffe (Calcium, Magnesium, Eisen, Mangan u.a.),
  – 0,3–1,0% stickstoffhaltige Substanzen (z.B. Aminosäuren),

7 Invertzucker-Creme

- zahlreiche Aromastoffe, vorwiegend flüchtige Säuren,
- Vitamine,
- Enzyme (Amylasen, Diastasen, Saccharasen u.a.),
- Blütenpollen.

6.5 Lagerung

Honig ist wegen seines hohen Zuckergehalts gut haltbar; er ist jedoch sehr geruchsempfindlich.

Bei der Lagerung von Honig muss auf Folgendes besonders geachtet werden:

- ◆ Kühle Temperatur
- ◆ Schutz vor Licht
  (Enzym- und Vitaminschädigung!)
- ◆ Schutz vor Fremdgerüchen
  (verschlossen halten).

6.6 Besondere Eigenschaften

Fließfähigkeit

- ❏ Bei frischem Honig gut; älterer Honig wird in Folge der Wasserabnahme zähflüssiger, weil einige Doppelzucker (Saccharose, Maltose) auskristallisieren.
- ❏ Durch Erwärmen wird Honig fließfähiger; Erwärmung jedoch nicht über 80 °C, weil sonst Aromen verloren gehen und Enzyme zerstört werden.

Frischhaltevermögen

- ❏ Auf Grund des hohen Gehalts an Invertzucker ist die Gefahr der Kristallbildung in der Krume des Erzeugnisses gering; die Krume verhärtet weniger als vergleichsweise bei Rohr- oder Rübenzuckerzusatz.

Bräunungsvermögen

- ❏ Kulör- und Melanoidinbildung beim Backprozess in der Kruste der Erzeugnisse.
- ❏ Bräunung erfolgt auch wegen der Eigenfarbe des Honigs („braune Lebkuchen").

Aufgabenstellungen

		Seite
1	Zu welchen Bäckereierzeugnissen kann Honig verwendet werden?	199
2	Wie entsteht Honig und wie wird er gewonnen?	200
3	Unterscheiden Sie Honig nach Güteklassen sowie nach anderen Merkmalen.	200
4	Nennen Sie die Bestandteile von Honig.	200
5	Wie soll Honig gelagert werden?	201
6	Beschreiben Sie den Einfluss von Honig auf die Gebäckbeschaffenheit.	201

7 Invertzucker-Creme

Die frühere Bezeichnung

KUNSTHONIG

darf nach der

EG-Honig-Richtlinie vom 22.7.1974

seit dem 1. September 1979 nicht mehr verwendet werden.

Verwendung

- ❏ Als Ersatzstoff für Honig, z. B. für dunkle Lebkuchen, Printen und Bienenstich, nicht jedoch für Honigkuchen.

Gewinnung

- ❏ Rohr- oder Rübenzucker wird „invertiert" durch Kochen mit verdünnten, chemisch reinen Genuss-Säuren (z. B. Milch, Wein-, Zitronensäure u.a.).
  Hierdurch wird der doppelte Zucker (Saccharose) in einfachen Zucker (Fruktose, Glukose) aufgespalten .

Diesem Invertzucker dürfen zugesetzt werden:

- Glukosesirup oder andere Stärkeverzuckerungserzeugnisse, jedoch höchstens bis zu einem Gesamtanteil von 38,5%,
    - Honig,
    - Aromen, z. B. Honigessenz (Phenylessigsäure-Äthylester) und organische Genuss-Säuren
    - Farbstoffe, insbesondere farbgebende Lebensmittel, z. B. Zuckerkulör.

Zusammensetzung

Folgende Mindestmengen sind (nach der „Richtlinie für Invertzucker-Creme von 1979") vorgeschrieben bzw. folgende Höchstmengen sind zugelassen:

Invertzucker	mindestens 50%
Saccharose	höchstens 38,5%
Wasser	höchstens 22%
Mineralstoffe	höchstens 0,5%

Invertzuckercreme enthält ferner organische Nichtzuckerstoffe.

Zur chemischen Unterscheidung von Honig ist ein Zusatz von Hydroxymethylfurfurol (ca. 0,1%) vorgeschrieben.

Kennzeichnung

Invertzuckercreme muss auf der Verpackung deutlich als solche gekennzeichnet sein; sie unterliegt der Lebensmittel-Kennzeichnungsverordnung.

Bei Invertzuckercreme, in der mindestens 10% Honig enthalten ist, darf auf diesen Honiggehalt hingewiesen werden.

Das daraus hergestellte Erzeugnis, z. B. dunkler Lebkuchen, darf jedoch nicht als „Honiglebkuchen" bezeichnet werden; zulässig ist dagegen ein Hinweis auf den prozentualen Honiganteil in der Invertzuckercreme „in unmittelbarem Zusammenhang mit der Produktbezeichnung"; z. B. „Lebkuchen mit honighaltiger (10%) Invertzuckercreme".

Aufgabenstellungen

		Seite
1	Wozu darf Invertzucker verwendet und wozu nicht verwendet werden?	201
2	Wie wird Invertzucker gewonnen?	201
3	Welche Stoffe dürfen dem Invertzucker zugesetzt werden?	202
4	Nennen Sie die Bestandteile von Invertzuckercreme.	202
5	Wie dürfen Erzeugnisse mit Invertzucker gekennzeichnet (bezeichnet) werden?	202

8 Gewürze

8.1 Herkunft und Gewinnung

Gewürze sind Pflanzenteile, in denen besonders viele Geruchs- und Geschmacksstoffe eingelagert sind.

Sie können stammen aus …

- ❑ **… Früchten** (Samen)
  Anis, Sternanis, Fenchel, Kardamom, Koriander, Kümmel, Mohn, Paprika, Piment, Pfeffer, Vanille

- ❑ **… Fruchtteilen**
  Macis, Zitronenschale

- ❑ **… Blüten oder Blütenteilen:** Gewürznelken, Safran

- ❑ **… der Rinde:** Zimt;

- ❑ **… Wurzeln:** Ingwer

- ❑ Die entsprechenden Pflanzenteile werden getrocknet und sind dadurch lagerfähig; Vanilleschoten werden zuvor fermentiert (= Anreicherung mit Geschmacksstoffen durch enzymatischen Abbau).

- ❑ Der Bäcker bezieht die Gewürze meist in zerkleinerter, oft in pulverisierter Form. Häufig werden verschiedene Gewürzpulver vom Herstellerbetrieb bereits zu fertigen Gewürzmischungen zusammengestellt, z. B. Stollengewürz, Spekulatiusgewürz u. a.

8.2 Zusammensetzung und Wirkung

Gewürze enthalten je nach Art und Sorte verschiedenartige und unterschiedlich viele Geruchs- und Geschmacksstoffe.

Zu den geruchs- und geschmacksgebenden Bestandteilen zählen ...

... **Ätherische Öle.**
❑ Sie sind flüchtig, d.h. sie entweichen in die Luft („verfliegen"); dadurch werden sie riechbar und sind für den Duft der Gewürze verantwortlich.
Zu den ätherischen Ölen zählen z.B. Terpene, Aldehyde, Ketone, Phenole; ferner bestimmte Alkohole, z.B. Menthol.
❑ Sie sind in Wasser nur schwer löslich, in Fett dagegen gut (Fett ist Hauptgeschmacksstoffträger).

... **Gerbstoffe.**
❑ Sie sind in Wasser löslich und daher nicht flüchtig.
❑ Sie schmecken bitter (Bitterstoffe).
❑ Viele Gerbstoffe sind basisch (z.B. Piperon), manche Gerbstoffe sind sauer (Gerbsäuren, z.B. Katechine).

... **Harze.**
❑ Diese sind in Fett löslich.
❑ Sie schmecken scharf; der besondere Geschmack von Macis z.B. beruht auf dem Gehalt von 3,2% Harzstoffen.

Gewürze haben nur einen ganz geringen Nährwert, weil sie außer Mineralstoffen fast keine Nährstoffe enthalten. Auch der Vitamingehalt ist in Folge der Trocknung nur gering. Trotzdem sind sie ein sehr wichtiger Bestandteil unserer Nahrung, weil sie ihr erst den besonderen Wohlgeschmack und Duft verleihen.

Gewürze können folgendes bewirken:

❑ Durch die Erhöhung des Genusswertes der Nahrung steigern sie die Freude am Essen.
❑ Durch die Reizwirkung ihrer Bestandteile werden die Sekretion der Verdauungssäfte sowie der Blutkreislauf angeregt.
❑ Da viele Gewürze basische Bestandteile enthalten, verbessern sie die Bekömmlichkeit der Nahrung.
❑ Einige Gewürze, z.B. Gewürznelken, enthalten Stoffe, die das Verderben der Nahrung durch Oxidation erschweren und antibakteriell (= keimtötend) wirken; insofern besitzen sie also auch eine gewisse medizinische Wirkung.

8.3 Zusatz der Gewürze zu Teigen und Massen

Entscheidend für den Wohlgeschmack vieler Feiner Backwaren ist die richtige Auswahl der jeweils geeigneten Gewürze.

Bestimmte Gewürze werden für sehr viele Erzeugnisse verwendet; dazu zählen vor allem Zitrone und Vanille. Andere Gewürze finden meist für ganz bestimmte Erzeugnisse Verwendung, z.B. Anis für Anisplätzchen, Safran für Käsegebäcke.

Viele Gewürze verwendet der Bäcker nicht als einzelne Gewürze, sondern innerhalb von Gewürzmischungen. Solche fertigen Mischungen kann man kaufen; das vereinfacht die Herstellung von Erzeugnissen, weil es weniger Arbeit und größere Sicherheit bedeutet.

Wer jedoch der Gefahr der geschmacklichen Standardisierung bzw. Vereinheitlichung aus dem Wege gehen will und mehr Wert auf eine individuelle Geschmacksrichtung seiner Erzeugnisse legt, wird die Zusammensetzung seiner Gewürzmischungen lieber selber bestimmen wollen.

Für den Zusatz der Gewürze müssen folgende Regeln beachtet werden:

❑ Hochwertige, d.h. vollaromatische Gewürze ergeben einen besseren Geschmack und Geruch als Gewürze von minderer Qualität.
❑ Gewürze sind teuer; sie müssen sorgfältig ausgewählt und rezeptgenau abgewogen werden.
❑ Einzelne Gewürze dürfen im Erzeugnis nicht aufdringlich durchschmecken; ihre Menge muss so bemessen sein, dass jedes Gewürz am Gesamtaroma den ihm gebührenden Anteil hat.
❑ Bei speziellen Erzeugnissen jedoch können bestimmte Gewürze dominieren, z.B. Anis bei Anisplätzchen, Zimt bei Zimtsternen u.a.
❑ Zu viele Gewürze sind aufdringlich, sie verderben eher den Geschmack.
❑ Zu wenige Gewürze ergeben einen leeren, unbefriedigenden Geschmack.

Das richtige Würzen war seit eh und je eine besondere Kunst. In manchen Betrieben gilt die Zusammenstellung der Gewürzmischungen auch heute noch als Besonderheit und wird mit einer gewissen Geheimhaltung vom Betriebsinhaber selber vorgenommen.

8.4 Überblick über die einzelnen Gewürze

Samengewürze

Anis

Herkunft: Balkan, östliche Mittelmeerländer
Beschreibung: Dunkelbraune Samenkörner eines Doldengewächses. Enthalten 2 bis 3% ätherisches Anisöl (Anethol).
Stark süß-aromatischer Geruch und Geschmack.
Verwendung: Anisplätzchen, Aniszwieback

Sternanis

Herkunft: Indien, China, Java, Philippinen
Beschreibung: Sternförmig angeordnete, rotbraune Samenkapseln des Magnoleaceenbaumes.
Enthält höheren Anteil an Anisöl und anderen Aromen. Anisähnlicher, aber stärkerer und vollerer Geruch und Geschmack.
Verwendung: Anisplätzchen, Aniszwieback, Gewürzmischungen für Weihnachtsgebäcke.

Fenchel

Herkunft: Mitteleuropa, Mittelmeerländer
Beschreibung: Gelbbraune, länglich gespaltene Samen eines Doldengewächses.
Enthalten bis zu 6% Fenchelöl. Starker, leicht süßlicher Geruch, aber etwas bitterer Geschmack.
Verwendung: Bestandteil verschiedener Gewürzmischungen für Massen und Teige, „Brotgewürz".

Kardamom

Herkunft: Indien, Sri Lanka, Java
Beschreibung: Blassgelbe bis grünliche Kapseln, in denen sich die dunkelbraunen Samen eines Schilfgewächses (Ingwerart) befinden. Wertvollster Bestandteil ist der Samen; die Fruchtschale (Kapsel) besitzt nur wenig Würzkraft.

Dunkles Kardamompulver ist besser als helles, da der Samenanteil höher ist.
Enthält leicht flüchtiges, ätherisches Öl mit würzigem Geruch und scharfem Geschmack.
Verwendung: Lebkuchen, Honigkuchen, Hefeteige, Obstfüllungen, Bestandteil von Gewürzmischungen.

Koriander

Herkunft: Südeuropa, Kleinasien, Thüringen
Beschreibung: Rötlichgelbe, kugelförmige Samen eines Doldengewächses.
Enthält zahlreiche ätherische Öle. Stark aromatischer Geruch und Geschmack.
Verwendung: Honigkuchen, Lebkuchen.

Kümmel

Herkunft: Mittel- und Osteuropa
Beschreibung: Hellbraune, sichelförmig gebogene Samenkörner eines Doldengewächses.
Enthält etwa 2,5% ätherisches Kümmelöl. Würzig scharfer Geruch und Geschmack.
Verwendung: Käsegebäck, Kümmelstangen, Kümmelbrötchen.

Muskatnuss

Herkunft: Westindien, Indonesien, insbesondere Molukken
Beschreibung: Hellbraune, ovale Samenkerne des Muskatbaumes. Zur Vermeidung von Insektenfraß werden viele Nüsse in Kalk eingelegt und sind daher kalkig-weiß.
Enthält 7 bis 16% ätherische Öle von starker, herber Würzkraft; ferner 30 bis 40% fette Öle.
Verwendung: Brühmassen, Bestandteil von Gewürzmischungen.

Mohn

Herkunft: Asien, Holland, Norddeutschland
Beschreibung: Blaue, runde Samenkörner der Mohnblume.
Enthält bis zu 50% fettes[1] Mohnöl
Verwendung: Käsegebäck, Mohnkuchen, Mohnstollen, Mohnbrötchen.

---

[1] Fette Öle sind im Gegensatz zu ätherischen Ölen nicht flüchtig.

Paprika (spanischer Pfeffer)

Herkunft: Ungarn, Bulgarien

Beschreibung: Rotes, getrocknetes, pulverisiertes Fruchtfleisch der Früchte einer Tomatenpflanze.
Enthält den scharf schmeckenden Stoff „Capsaicin".
Weniger scharf ist der edelsüße Paprika, mittelscharf der Rosenpaprika, besonders scharf der Chilli (= Gewürzpaprika).

Verwendung: Käsegebäck

Piment (Nelkenpfeffer)

Herkunft: Mexiko, Jamaika, nördliches Südamerika, Ostindien

Beschreibung: Braune, eirunde, erbsengroße Früchte eines immergrünen Baumes.
Enthält 4 bis 5 % ätherische Öle (Eugenol) und 8 bis 14% Gerbsäure.
Scharf würziger, vielgestaltiger Geruch und Geschmack.

Verwendung: Pfefferkuchen, Lebkuchen, andere Weihnachtsgebäcke

Pfeffer

Herkunft: Indien, Sri Lanka, Indonesien, Thailand

Beschreibung: Beerenartige Steinfrüchte eines Schling- oder Kletterstrauches.
Schwarzer Pfeffer wird unreif geerntet.
Weißer Pfeffer wird reif geerntet und einige Tage lang fermentiert. Die dunkle Fruchtschale wird entfernt, die Kerne getrocknet.
Enthält 1,2 bis 3,6% ätherische Öle sowie 5 bis 10% nicht flüchtige, scharf schmeckende Alkaloide (Piperin).

Verwendung: Käsegebäck, Käsekrem

Vanille

Herkunft: Madagaskar, Westindien, Sri Lanka, Java, Mexiko

Beschreibung: Zunächst gelblich-grüne, unreife Kapselfrucht einer Orchideenpflanze. Durch Fermentation bilden sich die schwarzbraunen, glänzenden Vanillestangen.
Sie enthalten 0,5 bis 1% ätherisches Öl (nur schwacher Duft) und bis zu 3,5% Vanillin, ein kristallförmiger, weißer Stoff, der sich in Luft langsam löst und bei 80 °C schmilzt.
Wertvollster Bestandteil ist das Fruchtmark mit den kleinen schwarzen Kernen. Die ausgeschabten Stangen können in Zucker gelegt (ergibt Vanillezucker) oder ausgekocht und zu Krems verwendet werden

Verwendung: Nahezu alle Teige und Massen; Krems, Sahne, Speiseeis.

Blütengewürze

Nelken (Gewürznelken)

Herkunft: Molukken, Philippinen, Madagaskar, Sansibar

Beschreibung: Dunkelrotbraune, getrocknete kurz vor dem Aufblühen geerntete Blütenknospen des Gewürznelkenbaumes.
Enthält 15 bis 20% ätherisches Öl (vorwiegend Eugenol).
Entölte (= verfälschte) Nelken schwimmen waagerecht im Wasser, unverfälschte sinken unter.

Verwendung: Lebkuchen, Pfeffernüsse, Spekulatius, Bestandteil von Gewürzmischungen

Safran

Herkunft: Spanien, Frankreich, Griechenland, Vorderasien

Beschreibung: Orangegelbe Blütenteile (Stempel, Narben, Griffel) einer Krokusart (sechzig- bis achtzigtausend Blüten für 1 kg Safran).
Enthält 0,5 bis 1,5% ätherisches Öl, ferner Bitterstoffe Säuren und den gelben Farbstoff Crocin, ein Glykosid.
Stark aromatischer Geruch, bitterer Geschmack

Verwendung: Käsegebäck. Safran gilt als natürlicher Farbstoff zur Gelbfärbung.

Gewürze aus Fruchtschalen

Macis

Herkunft: Indonesien, insbesondere Molukken, Westindien

Beschreibung: Rötlichgelber, getrockneter Samenmantel der Muskatnuss.
Enthält bis zu 12% ätherisches Öl (vorwiegend Terpene und Terpenalkohole), ferner etwa 25% fette Öle. Angenehm würziger Geruch, etwas scharfer Geschmack (3,2% Harzstoffe).

Verwendung: Brühmassen, Bestandteil von Gewürzmischungen

Zitronenschale

Herkunft: Mittelmeerländer

Beschreibung: Gelbe, äußere Schalenschicht der Zitrone.
Enthält ätherisches Öl (Zitronenöl) sowie Bitterstoffe. Brauchbar ist nur der äußere gelbe Teil der Schale von nicht geschwefelten Früchten. Die unteren Schichten enthalten kein ätherisches Öl, jedoch viele Bitterstoffe und Zellulose.
Der Saft der Zitrone enthält vor allem Zitronensäure.

Verwendung: Die meisten Teige und Massen, Krems, Speiseeis.

Rindengewürze

Zimt

Herkunft: Sri Lanka, Java, Indien, China

Beschreibung: Rötlichbraune, getrocknete, innere Rinde des Zimtlorbeerbaumes, meist die der Wurzelschößlinge.
Enthält 2 bis 6% ätherisches Öl (Zimtöl besteht vorwiegend aus Aldehyden, ferner aus Eugenol). Milder, vollaromatischer Geruch und Geschmack.
1. Qualität: Ceylonzimt
2. Qualität: Kassiazimt (China)
3. Qualität: Holzzimt

Vorsicht vor Verfälschungen des Zimtpulvers mit Holzteilen.

Verwendung: Viele Teige u. Massen, Zimtsterne

Wurzelgewürze

Ingwer

Herkunft: Malaiische Inseln, Indien, China, Japan

Beschreibung: Hellbrauner bis gelber, geschälter und getrockneter Wurzelstock eines Schilfgewächses (Kurkuma).
Enthält bis zu 5% ätherisches Öl (Ingweröl), ferner scharf schmeckende Stoffe wie Gingerol und Zingiberon (= Oxiketon).

Verwendung: Ingwerplätzchen, Honigkuchen, Lebkuchen, kandierte Ingwerstäbchen

8.5 Lagerung

Die Geruchs- und Geschmacksstoffe sind in bestimmten Zellgeweben der Pflanzen gespeichert. Im getrockneten, unzerkleinerten Pflanzenteil bleiben die flüchtigen Bestandteile eine Zeit lang erhalten. Im zerbrochenen oder vermahlenen Gewürz dagegen können vor allem die ätherischen Öle bald entweichen, falls sie offen, also unter Zutritt von Luft gelagert werden. In warmer Luft lösen sich die flüchtigen Bestandteile besonders schnell auf, sodass das Gewürzpulver bereits nach kurzer Zeit seine Würzkraft verliert.

Die Gewürze sollen gelagert werden:

Luftdicht, verschlossen in Gefäßen,

Kühl

Lichtgeschützt, in dunkel getönten Glasgefäßen und lichtundurchlässigen Behältnissen.

Aufgabenstellungen

		Seite
1	Von welchen Pflanzenteilen können Gewürze stammen?	202
2	Nennen Sie Gewürze und bestimmen Sie jeweils, von welchen Pflanzenteilen sie stammen.	202
3	Nennen Sie die in Gewürzen vorkommenden Geruchs- und Geschmacksstoffe und geben Sie deren Eigenart an.	203
4	Welche Wirkungen können Gewürze haben?	203
5	Worauf muss beim Einsatz von Gewürzen geachtet werden?	203f
6	Unterscheiden Sie Gewürze nach regionaler Herkunft (z. B. europäisch, tropisch u.a.).	204
7	Teilen Sie Gewürze nach besonders häufiger Verwendung für bestimmte Erzeugnisse ein.	204
8	Stellen Sie anhand von Rezeptvorlagen und aufgrund Ihrer betrieblichen Erfahrung besondere Gewürzmischungen zusammen.	
9	Wie sollen Gewürze gelagert werden?	206

9 Aromen

9.1 Einteilung

Anstelle der pflanzlichen Gewürze oder Gewürzpulver werden in Bäckereien heute vorwiegend Aromen verwendet.

> Aromen sind flüssige, pastenförmige oder pulverförmige konzentrierte Zubereitungen von Geruchs- und Geschmacksstoffen (Aromastoffen).

Unterscheidung nach der Aromenverordnung:

Natürliche Aromastoffe
❒ stammen aus Gewürzen oder anderen Früchten.

Naturidentische Aromastoffe
❒ sind den in der Natur vorkommenden Aromen chemisch genau nachgebildet (= identisch).

Künstliche Aromastoffe
❒ kommen in der Natur nicht vor.

9.2 Gewinnung und Zusammensetzung

9.2.1 Natürliche Aromastoffe

Zur Gewinnung von natürlichen Aromastoffen werden die Geruchs- oder Geschmacksstoffe aus Früchten und Gewürzen herausgezogen und in konzentrierte Form gebracht („Konzentrate").

Folgende Gewinnungsmethoden sind üblich:

Auspressen
❒ Durch Auspressen kalter oder erwärmter Früchte und Gewürze erhält man deren flüssige Bestandteile. Darin sind sowohl die ätherischen Öle (Aromen), die Fruchtsäuren als auch andere Geschmacksstoffe (z.B. Bitterstoffe, Harze) enthalten.
❒ Durch Eindicken (Verringern oder Binden des Wassers) erhält das Konzentrat eine dickflüssige oder pastenförmige Beschaffenheit.

Extrahieren
❒ Mit Hilfe von Lösungsmitteln, in erster Linie Alkohol, können die Geruchs- und Geschmacksstoffe auch aus den Pflanzenteilen herausgezogen werden, aus denen sie sich durch Pressen nicht gewinnen lassen.
❒ Das Lösungsmittel wird durch Verdampfen ganz oder zum Teil entfernt.

Destillieren
❒ Mit Hilfe von Wasserdampf lassen sich aus zerkleinerten Gewürzen oder Früchten vor allem ätherische Öle gewinnen. Damit diese Aromen sowie die Farbstoffe nicht durch Hitze geschädigt werden, wendet man das Unterdruckverfahren (Vakuum) an. Dabei verdampft das Wasser u.U. bereits bei 30 bis 40 °C. Die ätherischen Öle werden vom Wasserdampf mitgerissen. Nach dem Abkühlen und der daraufhin erfolgenden Kondensierung des Wassers setzen sich die nur schwer wasserlöslichen ätherischen Öle ab und werden so als reine Stoffe gewonnen.

> Natürliche Aromen (d.h. Aromen mit natürlichen Aromastoffen) dürfen ohne Einschränkung allen Erzeugnissen der Bäckerei zugesetzt werden.

9.2.2 Naturidentische Aromastoffe (Aromen mit naturidentischen Aromastoffen)

Zu ihrer Herstellung können andere Ausgangsmaterialien als Früchte oder Gewürze verwendet und zu Aromastoffen aufgebaut (synthetisiert) werden.

Die so gewonnenen Aromastoffe müssen den natürlichen Aromastoffen chemisch gleich sein.

Vorteile:
⊕ Diese Stoffe sind in der Regel hitzebeständig, säurefest und besonders lagerfähig.

Nachteile:
⊖ Der Geschmack ist häufig nicht so „voll" wie bei natürlichen Aromen.

Das liegt u.a. daran, dass die entsprechenden Aromen nur einen Teil der in der Natur vorkommenden Geschmacksstoffe enthalten.
Um unserem Geschmackssinn z.B. den Eindruck von Apfelgeschmack zu vermitteln, genügen ca. 50 verschiedene Aromastoffe. Tatsächlich kommen in den unterschiedlichen Apfelsorten aber weit mehr als 100 verschiedene Aromastoffe vor.

Naturidentische Aromastoffe dürfen für nahezu alle Erzeugnisse verwendet werden.

Einschränkung: Für Speiseeis ist aus der Gruppe der naturidentischen Aromastoffe nur das Vanillin zulässig.

9.2.3 Künstliche Aromastoffe (Aromen mit künstlichen Aromastoffen)

Es handelt sich dabei um synthetisch hergestellte Substanzen, die in der Natur, also in Früchten oder Gewürzen, nicht vorkommen. Sie haben aber besondere Geschmackseigenschaften.

Es stellt sich hier die Frage nach der gesundheitlichen Verträglichkeit, insbesondere für empfindliche Menschen. Da für die Verwendung von künstl. Aromastoffen Deklarationspflicht besteht und da die meisten Menschen Abneigung gegen solche Stoffe hegen, werden in Bäckereien meist nur Aromen der beiden ersten Arten verwendet.

Künstliche Aromastoffe sind nur für bestimmte Lebensmittel zugelassen.

Im Bereich der Bäckerei zählen dazu:
Kremspeisen, Puddings, Geleespeisen, Backwaren, Teigmassen und deren Füllungen, Zuckerwaren.

9.3 Kenntlichmachung und Deklaration

Der *Aromenhersteller* muss auf der Verpackung neben dem Firmennamen und der Anschrift Folgendes angeben:
- die genauere Bezeichnung oder Beschreibung des Aromas, z. B. „Bananenaroma", „Erdbeerextrakt" u.a.,
- die Liste der Bestandteile (aromatisierende Bestandteile und andere Bestandteile),
- Angaben zum Verwendungszweck (für welche Lebensmittel) und zur Dosierung,
- Kennzeichnung der Partie,
- je nachdem auch das Mindesthaltbarkeitsdatum.

Deklaration:

❒ Bei der Verwendung künstlicher Aromastoffe muss der Bäcker dies ausdrücklich bekanntgeben durch den Hinweis „mit ...-Geschmack".

9.4 Verwendung von Fruchtsäuren

Neben Aromen können in der Bäckerei auch Fruchtsäuren verwendet werden.

Dazu zählen:

Äpfelsäure, Weinsäure, Milchsäure, Essigsäure, Gerbsäure, Zitronensäure

Fruchtsäuren ...

... werden heute meist auf natürliche Weise gewonnen, z.B. durch Vergärung von Melasse oder verzuckerter Stärke,

... können aber auch künstlich (= synthetisch) hergestellt werden,

... dienen in erster Linie als Würzstoff zur Hervorhebung des Fruchtgeschmacks für Obstgebäcke, Obstfüllungen, Obsterzeugnisse (Konfitüre, Gelee), Krems sowie Speiseeis.

... haben darüber hinaus folgende technologische Nebenwirkungen:
- Auslösung der Lockerungswirkung bei Backpulver (s. S. 211 ff.),
- Einwirkung auf den Gelier- oder Quellvorgang bei Geliermitteln
- Abbau (Invertierung) von Zucker (siehe auch Seite 201).

Aufgabenstellungen

		Seite
1	Was versteht man unter Aromen?	207
2	Welche Arten von Aromastoffen sind zu unterscheiden?	207
3	Durch welche Methoden können natürliche Aromastoffe gewonnen werden?	207
4	Welche Vor- und Nachteile haben Aromen mit naturidentischen Aromastoffen?	207
5	Welche Auflagen/Einschränkungen gibt es bei Verwendung von künstl. Aromastoffen?	208
6	Was wissen Sie über die Verwendung von Fruchtsäuren in der Bäckerei?	208

Die Hilfsstoffe

Überblick

Zu den Hilfsstoffen zählen:

- chemische Lockerungsmittel,
- Quellmittel (Dickungs- und Geliermittel),
- konservierende Stoffe,
- Farbstoffe.

Diese Stoffe unterscheiden sich von den übrigen Rohstoffen und Zutaten in Folgendem:

- Sie haben keinen Nährwert.
  Sie enthalten keine Nährstoffe, sondern sind im lebensmittelrechtlichen Sinne Zusatzstoffe.
- Sie haben keinen Genusswert.
  Sie enthalten keine aromatischen Geschmacks- oder Geruchsstoffe; einige Stoffe können sogar geschmacklich nachteilig wirken, z.B. Backpulver, Ammonium, Gelatine.
- Sie dienen jeweils einem speziellen Zweck:
  - Gasbildung = chemische Lockerungsmittel
  - Wasserbindung = Quellstoffe
  - Haltbarmachung = konservierende Stoffe
  - Farbgebung = Farbstoffe

Der Bäcker ist zur Herstellung bestimmter Erzeugnisse auf die Verwendung dieser Stoffe angewiesen, und zwar immer dann, wenn die übrigen Rohstoffe dem angestrebten Zweck allein nicht genügen können:

Chemische Lockerungsmittel ...

- ... müssen für solche Teige eingesetzt werden, in denen die Hefe nicht gären kann (z.B. in Mürbe- und Lebkuchenteigen); ferner für solche Massen, in die nicht genügend Luft untergemischt werden kann (z.B. schwere Sandmassen und Wiener Massen).

Quellmittel ...

- ... müssen den Wasseranteil binden, der sonst von den nicht ausreichend quellfähigen Rohstoffen nicht gebunden werden kann, z.B. in Gelees, in Jus (Tortenguss) und in bestimmten Krems (Sahnekrem).
- ... sind in den meisten Convenience-Produkten bereits enthalten.

Konservierende Stoffe ...

- ... setzt der Bäcker in Form von Schutzmitteln gegen Fadenziehen oder Schimmel zu.
- ... sind bereits vielen Rohstoffen zugesetzt (s. S. 218).

Farbstoffe ...

- ... werden dann zugesetzt, wenn die Eigenfarbe der Rohstoffe den Ansprüchen nicht genügt.

Da es sich bei vielen dieser Hilfsstoffe um chemische Erzeugnisse handelt, ist ihre Verwendungsmöglichkeit vom Gesetzgeber eingeschränkt.

Viele Hilfsstoffe dürfen nur für ganz bestimmte Verwendungszwecke eingesetzt werden:

Ammonium z.B. nur als Lockerungsmittel für trocken ausbackende Flachgebäcke, bestimmte Farbstoffe nur für bestimmte Erzeugnisse.

Die Verwendung von Hilfsstoffen muss vom Bäcker in einigen Fällen dem Verbraucher angezeigt (deklariert) werden.

Beispielsweise die Verwendung bestimmter Konservierungsstoffe und Farbstoffe.

1 Die chemischen Lockerungsmittel

Zu den chemischen Lockerungsmitteln zählen:

- Ammonium
- Natron
- Backpulver
- Pottasche

1.1 Ammonium (Hirschhornsalz)

Verwendung

- für trocken ausbackende Mürbegebäcke, z.B. Mürbeböden, Torteletts, Teegebäck, Spekulatius, Mürbekeks.

> Ammonium ist ein Gemisch aus drei verschiedenen Ammoniumverbindungen.

Ammonium-verbindung	deutsche Bezeichnung	Formel	zerfällt in folgende Stoffe		
			Ammoniak	Wasser	Kohlendioxid
Ammonium-bicarbonat (ABC-Trieb)	doppelt-kohlensaures Ammonium	NH_4HCO_3	NH_3	H_2O	CO_2
Ammonium-karbonat	kohlensaures Ammonium	$(NH_4)_2CO_3$	$(NH_3)_2$	H_2O	CO_2
Ammonium-Karbaminat	karbaminsaures Ammonium	$NH_4CO_2NH_2$	$(NH_3)_2$	–	CO_2

Versuch:

Ammonium wird in trockener Form auf eine Porzellanschale gegeben und über einer Bunsenflamme erhitzt.

Ergebnis:

Nach und nach verflüchtigt sich das Ammonium vollständig. Es wird, ohne dass ein Rückstand verbleibt, völlig in Gas umgewandelt.

Erkenntnis:

☞ Hitze wandelt Ammonium in trockener Form restlos in Gas um.

Versuch:

Ammonium wird in Wasser aufgelöst und in einem Becherglas erhitzt.

Ergebnis:

Die Lösung schäumt langsam und nachhaltig auf. Gibt man beim Kochen weiteres Ammonium dazu, so schäumt dieses plötzlich und intensiv auf. Die im Glas – nach Abklingen der Schaumbildung – verbleibende Lösung riecht und schmeckt stark nach Ammoniak.

Erkenntnis:

☞ Ammoniak ist in Wasser löslich.

☞ So lange im Mürbegebäck Wasser enthalten ist, bleibt das übel riechende und schmeckende Ammoniak im Wasser gelöst und damit im Gebäck enthalten.

Der im Gebäck zurückbleibende Anteil an Ammoniak beeinträchtigt den Geschmack des Erzeugnisses; Ammoniak ist ferner gesundheitlich bedenklich.

▌ Aus diesem Grunde darf Ammonium nur zur Lockerung solcher Gebäcke verwendet werden, die trocken ausbacken.

Versuch:

Ammonium wird in Wasser gelöst; sodann wird Säure zugesetzt.

Ergebnis:

Die Lösung schäumt auf.

Erkenntnis:

☞ Säure treibt aus Ammonium ebenfalls CO_2-Gas aus.

▌ Ammonium eignet sich jedoch weniger für säurehaltige Teige, weil bei nicht vollständigem Ausbacken ein Salz mit mehr oder weniger starkem Eigengeschmack zurückbleibt.

1.2 Natron

Verwendung …

❏ … für Lebkuchen, Honigkuchen, Printen.

▌ Natron ist doppeltkohlensaures Natrium (Natriumbicarbonat) = $NaHCO_3$.

Versuch:

Natron wird in Wasser aufgelöst und im Becherglas erhitzt.

Ergebnis:

Die Lösung schäumt langsam und nachhaltig auf.

Erkenntnis:

☞ Hitze treibt aus Natronlösung CO_2-Gas aus.

1 Die chemischen Lockerungsmittel

Erklärung:

- **Natron** verbindet sich bei der Lösung mit den freien H- und OH-Ionen des Wassers. Es wird in Sodalauge und Kohlensäure gespalten.

$$2\ NaHCO_3 + 2\ H_2O \rightarrow Na_2CO_3 + H_2CO_3 + 2\ H_2O$$

Natron — Wasser — Soda — Kohlensäure — Wasser

$$\downarrow \quad \downarrow$$
$$H_2O \quad CO_2$$
Wasser — Kohlendioxid

- **Soda** (Natriumcarbonat) dissoziiert sofort mit den freien H- und OH-Ionen des Wassers; es entsteht Natronlauge und weitere Kohlensäure, die ebenfalls wieder zerfällt.

$$Na_2CO_3 + 2\ H_2O \rightarrow 2\ NaOH + H_2CO_3$$

Soda — Wasser — Natronlauge — Kohlensäure

$$\downarrow \quad \downarrow$$
$$H_2O \quad CO_2$$
Wasser — Kohlendioxid

Versuch:

Nachdem die aus dem obigen Versuch übrig gebliebene Lösung nicht mehr schäumt, setzt man einige Tropfen Säure zu.

Ergebnis:

Die Lösung schäumt erneut stark auf.

Erkenntnis:

- **Säure treibt aus Natronlösung weiteres CO_2-Gas aus.**

Erklärung:

- Die Säure verbindet sich mit der Natronlauge; dabei entsteht ein Salz und Kohlensäure, welche zu Wasser und CO_2-Gas zerfällt.

> Natron eignet sich sowohl für säurearme Teige, z. B. frisch bereitete Leb- und Honigkuchenteige, wie für säurereichere Teige (Lagerteige, s. S. 284).

Im ersten Fall wird nur ein Teil des CO_2-Gases ausgetrieben; es bleibt Sodalauge (Natronlauge) als Restbestandteil zurück. Der etwas laugige Geschmack des sodahaltigen Gebäcks kann als nachteilig empfunden werden.

Bei Lagerteigen wird durch den Säureanteil das gesamte CO_2-Gas ausgetrieben. Die Lockerungswirkung ist demnach stärker. Es bleibt – wie bei Backpulver – ein saures Salz mit deutlichem Eigengeschmack übrig.

Durch den stark würzigen Geschmack von Honig- und Lebkuchen wird der Eigengeschmack von Natronlauge oder von saurem Salz überlagert, sodass man ihn kaum wahrnimmt.

1.3 Backpulver

Verwendung ...

... für Mürbeteige, Sandmassen, Wiener Massen, Brühmassen.

> **Backpulver ist ein Gemisch aus Natron, sauren Salzen oder Säuren und Trennmitteln.**

❐ **Natron** (Natriumhydrogencarbonat)
liefert das CO_2-Gas

❐ **saure Salze und**

❐ **Säuren**
treiben das Gas aus.
Zulässig sind:

Weinsäure, Zitronensäure, die Natrium-, Calcium- oder Kaliumsalze dieser Säuren, ferner bestimmte Phosphorsäuren sowie milch- und schwefelsaures Calcium.

❐ **Trennmittel**
(Stärkemehl, Getreidemehl, Calciumcarbonat) dienen zur Trockenhaltung des Backpulvers während der Lagerung. Feuchtes Backpulver würde klumpen und könnte vorzeitig mit der Gasbildung einsetzen.

Versuch:

Backpulver wird in einem Becherglas mit Wasser aufgelöst.

Ergebnis:

Ein leichtes Schäumen und langsames Nachperlen setzt ein.

Erkenntnis:

- CO$_2$-Gas entsteht bereits ohne Einwirkung von Hitze.

Gutes Backpulver bewirkt bereits einen Vortrieb im Teig.

Falls bei nebenstehendem Versuch keine Gasbildung erfolgt, handelt es sich um ein Backpulver ohne diese wünschenswerte Eigenschaft.

Versuch:

Backpulver wird im Becherglas mit Wasser aufgelöst und erhitzt.

Ergebnis:

Die Lösung schäumt mit steigender Temperatur langsam auf, bei Kochtemperatur erfolgt starkes, anhaltendes Aufschäumen.

Erkenntnis:

- **Die volle Triebwirkung von Backpulver setzt erst bei Kochtemperatur ein (Ofentrieb).**

Erklärung:

- Die im Backpulvergemisch vorhandenen Säuren oder sauren Salze enthalten zum Teil Kristallwasser. Dadurch wird eine Einwirkung der Säuren auf das Natron im Teig noch verhindert. Bei hohen Temperaturen wird das Kristallwasser abgespalten. Jetzt können die Säuren das Natron angreifen und das CO$_2$-Gas austreiben.
- Bei der chemischen Verbindung von Säuren oder sauren Salzen mit Natron wird ein Salz gebildet, das im Gebäck verbleibt. Es verleiht dem mit Backpulver gelockerten Gebäck den typischen „Backpulvergeschmack".

Beispiel für die chemische Umwandlung von Backpulver:

$$NaHCO_3 + C_4H_5O_6K \rightarrow C_4H_4O_6KNa + H_2CO_3$$

Natron — Weinsäure — Seignettesalz — Kohlensäure

$$\downarrow \quad \downarrow$$

$$H_2O \quad CO_2$$

Wasser — Kohlendioxid

- Die Kohlensäure zerfällt in Wasser und CO$_2$-Gas.

Gutes Backpulver darf keinen starken, aufdringlichen Geschmack hervorrufen. Durch den Eigengeschmack der verarbeiteten Rohstoffe und Zutaten jedoch wird der Backpulvergeschmack weitgehend überlagert.

Die Triebkraft der verschiedenen Backpulverarten ist unterschiedlich. Sie ist davon abhängig, ob stärkere oder schwächere Säuren verwendet werden. Je nachdem enthalten 100 g Backpulver

- weniger, aber stärkere Säuren und viel Natron = hohe Triebkraft,
- mehr, aber schwächere Säuren und weniger Natron = geringere Triebkraft.

Der Anteil an Trennmitteln darf höchstens 20% des Gesamtgewichts betragen. Nach den „Richtlinien für Backtriebmittel: Backpulver, Hirschhornsalz, Pottasche" von 1962 muss auf der Packung angegeben sein, für welche Mehlmenge der Inhalt ausreicht.

Backpulver muss 3 Monate lagerfähig sein und voll wirksam bleiben.

1.4 Pottasche

Verwendung ...

☐ ... für Lebkuchen, Honigkuchen, Printen.

Nach den „Richtlinien für Backtriebmittel" muss vom Hersteller auf der Packung angegeben werden, für welche Gebäcke die Pottasche bestimmt bzw. geeignet ist.

1 Die chemischen Lockerungsmittel

■ **Pottasche ist kohlensaures Kalium (Kaliumcarbonat) = K_2CO_3.**

Versuch:
Pottasche wird in Wasser aufgelöst und im Becherglas erhitzt.

Ergebnis:
Es erfolgt zunächst ein langsames, bei Kochtemperatur ein starkes und nachhaltiges Aufschäumen.

Erkenntnis:
☛ Hitze treibt aus Pottasche CO_2-Gas aus.

Erklärung:
☛ Bei der Lösung von Pottasche im Wasser verbindet sich Pottasche mit den freien H- oder OH-Ionen des Wassers. Es wird in Kalilauge und Kohlensäure aufgespalten (hydrolysiert).

$$K_2CO_3 + 2\,H_2O \rightarrow 2\,KOH + H_2CO_3$$

K_2CO_3	+	$2\,H_2O$	→	$2\,KOH$	+	H_2CO_3
Pottasche		Wasser		Kalilauge		Kohlensäure
						↓ ↓
						H_2O CO_2
						Wasser Kohlendioxid

☛ Die Kohlensäure zerfällt sofort in Wasser und CO_2-Gas.

Versuch:
Pottasche wird in Wasser aufgelöst; der Lösung wird Säure zugesetzt.

Ergebnis:
Die Lösung schäumt stark auf.

Erkenntnis:
☛ Säure treibt aus Pottasche ebenfalls CO_2-Gas aus.

Erklärung:
☛ Die Säure verbindet sich mit der Kalilauge; dabei entsteht ein Salz und Kohlensäure, welche zu Wasser und CO_2-Gas zerfällt.

K_2CO_3	+	$2\,CH_3COOH$	→	$2\,CH_3COOK$	+	H_2CO_3
Pottasche		Essigsäure		Kaliumacetat		Kohlensäure
						↓ ↓
						H_2O CO_2
						Wasser Kohlendioxid

■ **Pottasche eignet sich als Lockerungsmittel nur für solche Teige, die Säure enthalten, z. B. lange gelagerte Leb- und Honigkuchenteige.**

Durch die Reaktion der Säure mit der Pottasche entsteht auf jeden Fall CO_2-Gas.

In säurearmen Leb- und Honigkuchenteigen dagegen kann kaum CO_2-Gas entstehen. Diese Teige enthalten nur sehr wenig Wasser, und das wenige Wasser ist durch den hohen Zuckeranteil zum Teil noch gebunden. Daher sind nur sehr wenige H- und OH-Ionen vorhanden. So kann die Pottasche nicht zerfallen und es bildet sich daher auch kaum CO_2-Gas.

Pottasche, die nicht durch Säure verändert wurde, verursacht im Teig eine Nebenwirkung:

❏ Pottasche bildet im Wasser eine Lauge. Diese beeinflusst die Quellfähigkeit des Klebers:
– der Kleber wird quellfähiger und dadurch weicher,
– der Teig wird daher fließfähiger: er „treibt in die Breite".

Das ist bei den schweren bzw. zähen zuckerreichen Leb- und Honigkuchenteigen sehr erwünscht. Der nicht mehr so zähe Teig lässt sich besser bearbeiten und erhält eine bessere Lockerung und feinere Porung.

Durch die im Teig verbleibende Pottasche haben Leb- und Honigkuchen einen leicht laugigen Geschmack, der aber nicht als nachteilig, sondern als „typisch" empfunden wird.

Aufgabenstellungen

		Seite
1	Zählen Sie die Hilfsstoffe auf.	209
2	Worin unterscheiden sich die Hilfsstoffe von den übrigen Rohstoffen und Zutaten?	209
3	Nennen Sie Beispiele, bei denen der Bäcker auf die Verwendung der einzelnen Hilfsstoffe angewiesen ist.	209
4	Welche Einschränkungen oder Auflagen (Vorschriften) gibt es für die Verwendung von Hilfsstoffen?	209
5	Nennen Sie die chemischen Lockerungsmittel.	209
6	Für welche Erzeugnisse ist Ammonium geeignet?	209
7	Beschreiben Sie die Lockerungswirkung von Ammonium.	210
8	Für welche Erzeugnisse ist Natron geeignet?	210
9	Beschreiben Sie die Lockerungswirkung von Natron.	210f
10	Für welche Erzeugnisse ist Backpulver geeignet?	211
11	Aus welchen Stoffen kann Backpulver bestehen?	211
12	Beschreiben Sie die Lockerungswirkung von Backpulver.	212
13	Wovon ist die Triebkraft von Backpulver abhängig?	212
14	Für welche Erzeugnisse ist Pottasche geeignet?	212
15	Beschreiben Sie die Lockerungswirkung von Pottasche.	213
16	Welche Nebenwirkungen im Teig werden durch Pottasche verursacht?	214

2 Die Quellstoffe (Dickungs- und Geliermittel)

2.1 Herkunft und Bedeutung

Quellstoffe oder Dickungsmittel sind solche Stoffe, die besonders viel Wasser binden können.

❏ Es handelt sich dabei vorwiegend um pflanzliche Stoffe, sogenannte „Pflanzenschleime"; sie stammen meist aus den Schalenschichten bestimmter Pflanzen, auch aus Meeresalgen.

Diese Stoffe dienen der Pflanze zur Regulierung ihres Wasserhaushalts; sie sind also von Natur aus besonders wasserbindefähig.

Pflanzliche Quellstoffe sind geschmacklich weitgehend neutral.

2 Die Quellstoffe

❏ Gelatine ist ein tierisches Eiweiß mit besonders hoher Quellfähigkeit.

❏ Gelatine ist schmeckbar; zu hohe Anteile in Erzeugnissen werden als unangenehm empfunden.

❏ Im weiteren Sinne zählen zu den Quellstoffen auch Stärkepräparate.
Z. B. Weizen-, Reis-, Mais-, Kartoffelstärke
Sie dienen zum Dicken von Krems (Pudding), Tortenguss (Jus) sowie von Massen.

2.2 Handelsformen

Der Bäcker kann Quellstoffe beziehen …

❏ … entweder in pulverisierter Form als fabrikmäßig vorgefertigte Quellstoffmischungen, z. B.

- **Quellmehle für Teige,**
- **Sahnestabilisierungsmittel,**
- **Geliermittel, z. B. als Tortenguss,**
- **Eisbindemittel**

❏ oder als originäre, von Pflanzenteilen oder aus tierischen Gewebeschichten stammende Stoffe
pflanzliche Stoffe:

Pektine, Alginate, Agar-Agar,

tierischer Stoff:

Gelatine

Die meisten Convenience-Produkte enthalten Quellstoffe.

Dadurch wird u. a. erreicht, dass die Herstellung von Erzeugnissen mit Convenience-Produkten einfach und sicher ist („Geling-Garantie").

2.3 Zusammensetzung

❏ Dem chemischen Aufbau nach handelt es sich bei den pflanzlichen Quellstoffen meist um hoch aufgebaute Kohlenhydrate, jedoch in sehr unterschiedlicher Form.

Es sind vorwiegend langkettige Molekülverbindungen mit sehr großer Oberfläche und starken wasseranziehenden (hydrophilen) Kräften.

❏ Bei der Gelatine handelt es sich um ein Kollagen-Eiweiß.

❏ Die meisten pflanzlichen Quellstoffe besitzen keinen Nährwert.

Ausgenommen die Stärkepräparate.

Rechtliche Vorschriften

(Verordnung
über den Zusatz von Zusatzstoffen)

- Quellstoffe zählen im Sinne dieser Verordnung zu den Zusatzstoffen, die für Lebensmittel allgemein zugelassen sind.
Dabei sind jedoch bestimmte Lebensmittel ausgenommen.

- Der Zusatz ist nicht kennzeichnungspflichtig.

- Für den Zusatz gibt es keine definierte Mengenbegrenzung.
Es gilt vielmehr der Grundsatz, dass so viele Stoffe wie nötig zugesetzt werden dürfen („quantum satis").

- Dickungs- und Geliermitteln dürfen u. a. folgende Stoffe enthalten:
Bestimmte Säuren (Essig-, Milch-, Weinsäure und deren Salze), Agar-Agar, Johannisbrotkernmehl, Pektine sowie modifizierte Stärken.

- Zu den Quellstoffen zählt auch Gummiarabikum, ein „allgemein ohne Einschränkung zugelassener Stoff".

2.4 Überblick über die einzelnen Quellstoffe

Gelatine

Herkunft:
Bindegewebe, Knochen, Knorpel von Schlachttieren

Chemische Beschaffenheit:
Kollagen-Eiweiß (leimgebende Substanz); wird durch Kochen mit verdünnter Säure (= Hydrolyse) in Glutin (Gelatine) umgewandelt

Mechanische Eigenschaften:
- quillt in kaltem Wasser stark auf,
- wird in warmem Wasser gelöst,
- erstarrt bei Abkühlung zu Gallerte

Verwendung:
als dünne, glasartig durchsichtige Blätter (je 2 g) oder als Gelatinepulver für
- Sahne
- Speiseeis
- Krems

Agar-Agar

Herkunft: aus Rotalgen (ostasiatische Meere)

Chemische Beschaffenheit:
Polysaccharide; wirksamer Bestandteil ist Galaktan (aus Schleimzuckern aufgebaut)

Mechanische Eigenschaften:
- quillt in kaltem Wasser leicht auf (einweichen)
- quillt in kochendem Wasser stark
- erstarrt beim Erkalten zu Gallerte (ca. 8 g je Liter Flüssigkeit)

Verwendung:
als farblose Faserbündel für:
- Gelierfrüchte
- Waffelfüllungen (Frucht-, Weingelees)
- Speiseeis

Alginsäure

Herkunft: aus Grün- und Braunalgen

Chemische Beschaffenheit:
Polysaccharide; wirksamer Bestandteil ist die Mannuronsäure.

Mechanische Eigenschaften:
- quillt in heißem Wasser stark auf
- hat emulgierende Wirkung

Verwendung:
- Bestandteil von Puddingpulvern
- Speiseeis (0,3 %)

Alginate

Herkunft: aus Grün- und Braunalgen

Chemische Beschaffenheit:
Natrium- und Calciumsalze der Alginsäure

Mechanische Eigenschaften:
wie Alginsäure

Carrageen

Herkunft: nordatlantische Rotalgen

Chemische Beschaffenheit:
Polysaccharide

Mechanische Eigenschaften:
- quillt in heißem Wasser, dickt beim Erkalten zu einer festen Gallerte
- quillt kalt mit Säuren (irreversibel)[1]

Verwendung:
- Tortenguss
- Speiseeis
- für kaltquellende Erzeugnisse geeignet

Guarkernmehl

Herkunft: indische Bohnenart

Chemische Beschaffenheit:
wirksame Bestandteile sind Poliogalaktomannane; Eiweißgehalt wird auf unter 6 % reduziert, weil quellhemmend

Mechanische Eigenschaften:
- quillt mit verschiedenen Säuren (irreversibel)
- besonders hohes Wasserbindevermögen

Verwendung:
- Speiseeis, Tortenguss

Gummiarabikum

Herkunft: getrockneter Saft von afrikanischen Akazienbäumen

Chemische Beschaffenheit:
Pflanzengummi; besteht vorwiegend aus Arabin, einem Salz der Arabinsäure (Abbauprodukt aus Pentosanen)

Mechanische Eigenschaften:
quillt mit Säuren in heißem Wasser

Verwendung:
- Speiseeis
- Glasur für Marzipan, Makronen, Lebkuchen u.a.

Johannisbrotkernmehl

Herkunft:
geschälte, gemahlene Samenkörner des Johannisbrotbaumes aus Mittelmeerländern

Chemische Beschaffenheit:
wirksame Bestandteile sind Poliogalaktomannane

Mechanische Eigenschaften:
quillt mit verschiedenen Säuren (irreversibel)

Verwendung:
- Speiseeis, Tortenguss

---

[1] irreversibel = nicht mehr umkehrbar, d.h. Gallerte bleibt auch beim Erhitzen fest (backfest). (Vgl. Bd. 1, S. 60)

2 Die Quellstoffe

Pektine

Herkunft:
Saft und Schale von Zitrusfrüchten, Quitten, Orangen; Pressrückstände von Äpfeln, Weintrauben, Zuckerrübenschnitzel

Chemische Beschaffenheit:
verschiedene Polysaccharide, vor allem Galakturonsäure, ferner Pentosane, Galaktose, Arabinose, Xylose, Methylalkohol u.a.; infolge des unterschiedlichen Aufbaus gibt es unterschiedlich quellfähige Pektine.

Mechanische Eigenschaften:
- werden in heißem Wasser gelöst
- werden durch Säuren „gefällt" (irreversibel)
- bilden zusammen mit Säuren und Zucker feste Gallerten

Verwendung:
- Marmeladen, Konfitüren, Gelees,
- Geleefrüchte, Tortenguss, Speiseeis

Tragant

Herkunft:
eingedickter Saft eines Strauches aus Mittelmeerländern und Südamerika

Chemische Beschaffenheit:
Pflanzengummi,
Pflanzenschleim;
besteht vorwiegend aus Bassorin (saures Salz).

Mechanische Eigenschaften:
- quillt in Wasser stark auf
- verhärtet zu einem gummiartigen Gebilde, besonders zusammen mit Puderzucker

Verwendung:
- Speiseeis
- zur Herstellung von Tragantfiguren, -aufsätzen und Dekorationsstücken

Aufgabenstellungen

#	Aufgabe	Seite
1	Beschreiben Sie, aus welchen Rohstoffen die verschied. Quellstoffe gewonnen werden.	215
2	In welcher Handelsform stehen dem Bäcker Quellstoffe zur Verfügung?	215
3	Wann werden Quellstoffe in der Bäckerei eingesetzt?	215 ff.
4	Welche quellfähigen Bestandteile können in Quellstoffen enthalten sein?	215
5	Durch welche gesetzlichen Bestimmungen ist der Zusatz von Quellstoffen geregelt?	215
6	Unterscheiden Sie die einzelnen Quellstoffe nach Herkunft, Zusammensetzung, Eigenschaften und Verwendung.	216 f

3 Konservierende Stoffe

Dazu zählen:
- die Konservierungsstoffe
- Schwefeldioxid
- Antioxidantien
- Oberflächenbehandlungsmittel

Manche Rohstoffe der Bäckerei enthalten bereits konservierende Stoffe.

Der Hersteller muss den Gehalt an konservierenden Stoffen auf der Packung kenntlich machen (= deklarieren).

Der Bäcker kann seinen Erzeugnissen aber auch selber konservierende Stoffe zusetzen, z.B. Schutzmittel gegen Fadenziehen und Schimmel.

In diesem Falle besteht für ihn Deklarationspflicht.

3.1 Die Konservierungsstoffe

Die Zusatzstoff-Zulassungs-Verordnung nennt insgesamt 26 Stoffe, die Lebensmitteln zum Zwecke der Konservierung zugesetzt werden dürfen.

Dazu zählen:

E 200[1] Sorbinsäure
E 202 Kaliumsorbat
E 203 Calciumsorbat (Ss)
E 210 Benzoesäure
E 211 Natriumbenzoat
E 212 Kaliumbenzoat
E 213 Calciumbenzoat (Bs)
E 219 PHB(Natriummethyl-p-hydroxybenzoat)
E 230 Biphenol
E 239 Hexamethylentetramin
E 280 Propionsäure
E 281 Natriumpropionat
E 282 Calciumpropionat
E 283 Kaliumpropionat

> Diese Stoffe dürfen jedoch nicht allen, sondern nur ganz bestimmten Lebensmitteln zugesetzt werden.

Ferner dürfen diese Stoffe nur in festgesetzten Höchstmengen zugesetzt werden, z.B.:

> Für abgepacktes und geschnittenes Brot bis zu 2 g Calciumsorbat oder bis zu 3 g Propionsäure bzw. Propionate je kg Brot (vgl. S. 112).

Zulässige Konservierungsstoffe

E 203 (Ss)

Rohstoffe, denen diese Stoffe zugesetzt werden dürfen:

- Trockenfrüchte
- Eiprodukte, getrocknet, konzentriert, gefroren oder tiefgefroren
- Brot, Roggenbrot (Einschränkung: abgepackt, geschnitten)
- vorgebackene und abgepackte Backwaren für den Einzelhandel
- Feine Backwaren mit einer Wasseraktivität von mehr als 0,65
- Rührteig, Panaden, Überzüge, Topping
- Fettemulsionen, ausgenommen Butter mit einem Fettgehalt von 60% oder mehr

E 203 (Ss)
E 213 (Bs)   (einzeln oder in Kombination)

Rohstoffe, denen diese Stoffe zugesetzt werden dürfen:

- zuckerarme Konfitüren, Gelees, Marmeladen

– sowie ähnliche Erzeugnisse mit reduziertem Brennwert oder zuckerfrei
– kandiertes, kristallisiertes oder glasiertes Obst

E 230 – 232

Rohstoffe, denen diese Stoffe zugesetzt werden dürfen:

– Zitrusfrüchte (Einschränkung: nur zur Oberflächenbehandlung[1])

E 280 bis 283

Rohstoffe, denen diese Stoffe zugesetzt werden dürfen:

– Brot, Roggenbrot (Einschränkung: abgepackt, geschnitten)
– Brot mit reduziertem Energiegehalt,
– vorgebackenes und abgepacktes Brot,
– abgepackte Feine Backwaren mit einer Wasseraktivität von mehr als 0,65

Deklarationsvorschriften

> Der Zusatz von Konservierungsstoffen ist deklarationspflichtig.

Deklarationsvorschriften bei verpackten Lebensmitteln (Fertigpackungen):

❑ In der Zutatenliste müssen grundsätzlich alle Zutaten und Zusatzstoffe, darunter auch die Konservierungsstoffe aufgeführt werden.

❑ Der Klassenamen ist anzugeben, gefolgt von der Verkehrsbezeichnung (z.B. „Konservierungsstoff Calciumsorbat") oder der EG-Nummer (z.B. „Konservierungsstoff E 203").

Deklarationsvorschriften bei unverpackten (losen) Lebensmitteln,

Sind Lebensmittel zur alsbaldigen Abgabe an den Verbraucher bestimmt, in der Verkaufsstätte hergestellt und in den Verkehr gebracht …

❑ … muss in bestimmter Weise auf den Gehalt an Konservierungsstoffen hingewiesen werden und zwar durch die Angabe „mit Konservierungsstoff" oder „konserviert".

---

[1] Oberflächenbehandlung bedeutet auch, dass die Oberfläche eines in einem Behältnis befindlichen Lebensmittels mit Konservierungsstoff behandelt wird.

3 Konservierende Stoffe

- ❏ ... muss der verwendete Konservierungsstoff selbst nicht mehr, kann aber angegeben werden.
- ❏ ... muss die Angabe gut sichtbar, in leicht lesbarer Schrift und unverwischbar auf einem Schild auf oder neben dem Lebensmittel bzw. auf der Umhüllung angebracht werden.

Die Angabe (Deklaration) kann entfallen ...

- ❏ ... wenn konservierte Zutaten in der fertigen Backware oder dem Lebensmittel keine technologische Wirkung mehr entfalten.
  Das ist z.B. dann gegeben, wenn eine Backmargarine zwar konserviert ist, dieser konservierende Effekt aber nicht mehr für die damit hergestellte Backware gilt.
- ❏ ... wenn ein Zutatenverzeichnis vorhanden ist.
- ❏ ... wenn in einem Aushang oder in einer schriftlichen Aufzeichnung, die dem Endverbraucher unmittelbar zugänglich sein muss, alle bei der Herstellung des Lebensmittels verwendeten Zusatzstoffe angegeben werden.

3.2 Schwefeldioxid und Schwefeldioxid entwickelnde Stoffe

Zu diesen Stoffen zählen:

E 220	Schwefeldioxid (SO_2)
E 221	Natriumsulfit
E 222	Natriumhydrogensulfit
E 223	Natriummetabisulfit
E 224	Kaliummetabisulfit
E 226	Calciumsulfit
E 227	Calciumbisulfit
E 228	Kaliumbisulfit

Der Zusatz der genannten Stoffe ist deklarationspflichtig (wie bei Konservierungsstoffe; s. S. 113).

Ihre Verwendung ist zulässig zur konservierenden Behandlung folgender Erzeugnisse:

- Hartkekse, Stärke,
- Trockenfrüchte:
  Aprikosen, Pfirsiche, Trauben, Pflaumen, Feigen, Bananen, Äpfel, Birnen, Nüsse mit Schale, getrocknete Kokosnüsse

- Obst, Zitrusschalen (kandiert, kristallisiert oder glasiert), Zitronenscheiben in Gläsern,
- Gelees und Marmeladen (außer Konfitüre Extra und Gelee Extra) oder ähnliche Fruchtaufstriche einschließlich brennwertverminderte Erzeugnisse,
- Pastetenfüllungen auf Früchtebasis,
- Würzmittel auf Zitrussaftbasis,
- bestimmte Zuckerarten, Speisesirup, Überzüge, Süßwaren auf Glukosesirupbasis.

Deklarationsvorschriften

- ❏ Bei fertig verpackten Lebensmitteln (Fertigpackungen) müssen in der Zutatenliste auch Schwefeldioxid und Sulfite angegeben werden.
- ❏ Anzugeben sind der Klasse-Name („Schwefeldioxid"), gefolgt von der Verkehrsbezeichnung (z.B. „Natriumsulfit") oder der EG-Nummer (z.B. „E 221").
- ❏ Die Angabe muss so erfolgen, wie bei den Konservierungsstoffen dargestellt.
- ❏ Bei unverpackten (losen) Lebensmitteln muss dann auf die Verwendung von Schwefeldioxid hingewiesen werden, wenn der Anteil an Schwefeldioxid im Lebensmittel mehr als 10 mg/kg beträgt.

Die Angabe kann entfallen, wenn geschwefelte Zutaten in der fertigen Backware keine technologische Wirkung mehr entfalten.

Das ist z.B. dann der Fall, wenn eine Trockenfrucht zwar geschwefelt ist, dieser konservierende Effekt aber nicht mehr für die damit hergestellte Backware gilt.

Bei Backwaren wird der Anteil an Schwefeldioxid durch die Hitze oft soweit reduziert, dass in der Regel keine Deklaration erforderlich wird. Dies gilt insbesondere für geschwefelte Apfelstücke.

3.3 Antioxidantien

Antioxidantien sind Stoffe die das Verderben von Lebensmitteln durch Oxidation verhindern.

Zulässig sind folgende Stoffe:

E 310	Propylgallat
E 311	Octylgallat
E 312	Dodecylgallat
E 315	Isoascorbinsäure
E 316	Natriumisoascorbat
E 320	BHA (Buthylhydroxyanisol)
E 321	BHT (Buthylhydroxytoluol)

Die Antioxidantien
E 310 bis 312 und 320 bis 321
dürfen für folgende Lebensmittel verwendet werden:

- für Fette und Öle zur gewerblichen Herstellung von hitzebehandelten Lebensmitteln (z. B. Backfette),
- für Kuchenmischungen,
- für verarbeitete Nüsse.

Deklarationsvorschriften

❐ Die Verwendung von Antioxidantien muss deklariert werden durch den Hinweis „mit Antioxidationsmittel".
Im übrigen gelten die gleichen Bestimmungen wie bei den Konservierungsstoffen.

❐ Für den Bäcker kann die Deklaration entfallen, wenn Zutaten, die Oxidationsmittel enthalten, in der fertigen Backware keine technologische Wirkung mehr entfalten.
Beispielsweise wenn ein Siedefett für Krapfen zwar Antioxidantien enthält, die konservierende Wirkung für die damit hergestellte Backware aber nicht feststellbar ist.

4 Färbende Stoffe

Farben üben auf das Auge eine besondere Reizwirkung aus. Das gilt auch für die meisten Erzeugnisse der Bäckerei.

Gebäcke erhalten ihre Farbe weitgehend durch den Backprozess. Durch die Ofenhitze wird der blasse Teig außen zur Kruste umgewandelt.

Diese verleiht dem Gebäck durch die vielfach strukturierten Braun- und Goldbrauntöne ein besonders appetitliches Aussehen.

Wenn Feine Backwaren mit Füllungen versehen oder mit Obst belegt werden sollen, reicht der natürliche Farbton oft nicht aus.

Bestimmte Füllungen, z. B. Krems, Geleespeisen, Marzipan, Persipan u. a., sind von Natur aus farbarm.

Früchte büßen ihre Farbe leicht ein, z. B. durch die Einwirkung von Licht und Sauerstoff. Insbesondere gekochtes Obst wird unansehnlich, weil durch die Hitze viele Farbpigmente zerstört werden.

Um den fehlenden oder verloren gegangenen Farbgehalt zu ersetzen, stehen dem Bäcker einige Rohstoffe mit besonders ausgeprägter Eigenfarbe zur Verfügung.

Dazu zählen:

♦ **Kakaopulver und Zuckerkulör**
zur Braunfärbung

♦ **Eigelb, Safran und Karotin**
zur Gelbfärbung

♦ **Fruchtsäfte**
vorwiegend zur Rotfärbung.

Es gilt jedoch als Irreführung des Verbrauchers, wenn z. B. durch Gelbfärbung der Eindruck erweckt wird, dass das Erzeugnis einen hohen Anteil an Eiern oder Butter enthält.

Aus diesem Grunde dürfen **nicht** gefärbt werden:

- unbehandelte Lebensmittel,
- Mehl und andere Müllerei-Erzeugnisse,
- Stärkeerzeugnisse,
- Teige,
- Brot,
- Massen, die aus Mehl und Puder bereitet werden
- Milch,
- Fleisch,
- Fisch
- Zubereitungen mit Kakao und Schokolade sowie Füllungen von Pralinen und Schokoladen.

Erzeugnisse, aus deren Bezeichnung auf die Mitverwendung von karamelisiertem Zucker, Malz, Kakao, Schokolade, Kaffee oder Tee geschlossen werden kann, z. B. Karamelkrem u. a., dürfen nicht mit Zuckerkulör gefärbt werden.

Dem Hersteller von Bäckereirohstoffen sowie dem Bäcker selber ist es jedoch erlaubt, folgende Rohstoffe zu färben:

4 Färbende Stoffe

- kandierte Früchte,
- rote Obstkonserven (Erdbeer-, Kirsch-, Himbeer-, Pflaumenkonserven),
- Feine Backwaren,
- Dekorationen oder Überzüge,
- Süßwaren,
- Speiseeis,
- Butter (nur mit Carotin),
- Margarine, Halbfettmargarine, andere Fettemulsionen, wasserfreie Fette (nur Kurkumin, Carotine, Annatto),
- Konfitüre, Gelees, Marmeladen (außer Konfitüre extra und Gelee extra) und ähnliche Zubereitungen,
- kalorienverminderte Produkte.

Zur Färbung dieser Stoffe sind nach der „Zusatzstoff-Zulassungs-Verordnung" vom Mai 1997 insgesamt 43 Farbstoffe erlaubt. Diese Stoffe sind selber keine Lebensmittel, sondern „Zusatzstoffe". (Sie werden in einer besonderen Anlage zur Verordnung einzeln aufgeführt).

Die allgemeinen Bedenken, die nach der strengen Auslegung der Lebensmittelgesetzgebung gegenüber den meisten Zusatzstoffen bestehen, führen auch bei den Farbstoffen zu entsprechenden **Einschränkungen**.

Wir unterscheiden ...

- ... Farbstoffe, die allgemein verwendet werden dürfen;
  dazu zählen: Lactoflavin (Riboflavin), beta-Carotin, Zuckerkulör, Gold und Silber.
- ... Farbstoffe, die zum Färben der Masse und Oberfläche bestimmter Lebensmittel erlaubt sind.
- ... Farbstoffe, die für Überzüge von Käse verwendet werden dürfen.
- ... Farbstoffe zum Stempeln der Oberfläche von Lebensmitteln und ihren Verpackungsmitteln.
- ... Farbstoffe zum Färben von Eiern.

Im übrigen gelten folgende Einschränkungen:

- Farbstoffe dürfen den Lebensmitteln nicht in beliebiger Menge zugesetzt werden, sondern höchstens so viel, wie notwendig ist, um entweder den Farbton dieser Lebensmittel dem natürlichen Farbton anzunähern (Fruchtkonserven, Fruchtmark) oder aber einen solchen Farbton zu erzielen, der „der allgemeinen Verkehrsauffassung" nicht widerspricht.
- Falls eines der oben aufgeführten Lebensmittel gefärbt zur Herstellung oder Zubereitung anderer Lebensmittel verwendet wird, darf das nur unter der Voraussetzung geschehen, dass das gefärbte Lebensmittel als besonderer Bestandteil des hergestellten Lebensmittels erkennbar ist und in diesem keine sichtbare Farbänderung entsteht (z.B. gefärbte Kirschen als Dekor oder in einem englischen Kuchen, gefärbtes Fruchtmark als Zwischenschicht bei Tortenböden).
- **Eine Ausnahme bildet Speiseeis.**
  Bei Speiseeis dürfen gefärbtes, sterilisiertes Kirsch-, Himbeer- und Erdbeermark oder gefärbte Konserven dieser Früchte verwendet werden, obwohl so eine sichtbare Farbänderung der gesamten Eismasse entsteht.

Deklarationsvorschriften

Der Zusatz von färbenden fremden Stoffen ist deklarationspflichtig.

Ganz gleich, ob der Bäcker die färbenden Stoffe seinem Erzeugnis unmittelbar zusetzt oder ob er bereits gefärbte Lebensmittel (z.B. gefärbte Kirschen) verwendet.

- Die Deklaration erfolgt durch die Angabe „mit Farbstoff".
- Falls nur Teile eines Lebensmittels gefärbt sind und diese als besondere Bestandteile deutlich erkennbar sind (z.B. gefärbte Kirschen in einem englischen Kuchen), darf sich die Kenntlichmachung auf diese Bestandteile beschränken, z.B. durch die Angabe „Kirschen mit Farbstoff".
- Die Deklaration kann entfallen, wenn Zutaten, die Farbstoffe enthalten, in der fertigen Backware oder dem Lebensmittel keine technologische Wirkung mehr entfalten. Dies ist z.B. dann der Fall, wenn eine Butter zwar mit Carotin gefärbt ist, die damit hergestellte Backware aber keine sichtbare Färbung aufweist.

Inwieweit sich der Bäcker bei der Farbgebung seiner Erzeugnisse für eine kräftigere oder mehr zurückhaltende Färbung entscheidet, wird von seinem eigenen ästhetischen Geschmacksempfinden, allerdings auch von der jeweiligen Verbrauchererwartung abhängen.

Aufgabenstellungen

	Seite
1 Nennen Sie die verschiedenen Gruppen von konservierenden Stoffen.	217
2 Nennen Sie für die Bäckerei wichtige Konservierungsstoffe.	218
3 Nennen Sie Erzeugnisse und Rohstoffe der Bäckerei, in denen Konservierungsstoffe enthalten sein dürfen.	218
4 Welche Angaben über den Gehalt an Konservierungsstoffen sind bei Fertigpackungen vorgeschrieben?	218
5 Wie müssen lose Erzeugnisse auf den Gehalt an Konservierungsstoffen kenntlich gemacht (deklariert) werden?	218
6 Wann kann eine Deklaration von Konservierungsstoffen entfallen?	219
7 In welchen Fällen muss der Bäcker die Verwendung geschwefelter Rohstoffe kenntlich machen und wann braucht er dies nicht?	219
8 In welchen Bäckereirohstoffen können Antioxidantien enthalten sein?	220
9 Wann braucht der Bäcker die Verwendung von Rohstoffen mit Antioxidantien nicht kenntlich zu machen.	220
10 Aus welchen Gründen werden in der Bäckerei färbende Stoffe verwendet?	220
11 Nennen Sie Rohstoffe mit ausgeprägter Eigenfarbe.	220
12 Nennen Sie Produkte, die nicht gefärbt werden dürfen und geben Sie Gründe dafür an.	220
13 Welche Bäckereirohstoffe dürfen gefärbt werden?	221
14 Unterscheiden Sie Farbstoffe nach Art der gesetzlich erlaubten Verwendungsmöglichkeiten.	221
15 Welche gesetzlichen Einschränkungen gibt es: a) hinsichtlich der Menge der zugesetzten Farbstoffe? b) hinsichtlich der Verwendung von gefärbten Rohstoffen für Erzeugnisse?	221
16 Erläutern Sie, wann und wie bei der Verwendung von färbenden Stoffen eine Deklaration erfolgen muss.	221

Die Herstellung von Feinen Backwaren

Überblick

Unter Feinen Backwaren versteht man alle Backwaren außer Brot und Kleingebäcken.

Unterscheidung von anderen Backwaren

- ❐ Nach den „Richtlinien für Feine Backwaren" müssen auf 90 Teile Mehl oder andere Getreideerzeugnisse mindestens 10 Teile Fett und/oder Zucker (Zuckerarten) verwendet werden.
- ❐ Ferner gehören zu den Feinen Backwaren Laugengebäcke, Kräcker und Knabbererzeugnisse, und zwar auch dann, wenn der Fett- und Zuckeranteil unter der oben angegebenen Grenze liegt.

Zu den Feinen Backwaren zählen ...

- ❐ ... gebackene Erzeugnisse, die nach dem Backen meist nur noch glasiert zu werden brauchen.
  Beispielsweise Kuchen, Schnitten, Kaffeegebäcke (Hefe-, Plunder-, Blätterteigteile), Teegebäcke (Mürbe-, Makronengebäcke), Dauerbackwaren (z. B. Nussknacker, Lebkuchen u.a.) sowie Böden.
- ❐ Erzeugnisse, die aus gebackenen Teilen und Füllungen bzw. Überzügen zusammengesetzt sind:
  Beispielsweise Torten und Schnitten mit Füllung (Sahne-, Krem-, Käsesahnetorte, Eistorte u.a.), Torten mit Auflage (Obsttorten, -torteletts) Desserts (Rouladen, Omeletts, Windbeutel u.a.).

Zur Herstellung solcher Feinen Backwaren können verwendet werden:

- ♦ **Gebackene Teile aus Teigen und Massen**
  - Hefeteig, Blätterteig, Mürbeteig, Lebkuchenteig.
  - Brüh-/Brandmasse, Biskuitmasse, Wiener Masse, Sandmasse, Schaummasse, Makronenmasse, Röstmasse.

- ♦ **Füllungen**
  - Obstfüllungen; Rosinen, Zitronat, Orangeat u.a.;
  - Obsterzeugnisse wie Konfitüre, Gelee;
  - Früchte, z. B. Mandeln, Nüsse u.a.;
  - Fruchterzeugnisse wie Marzipan, Persipan u.a.;
  - Schlagsahne;
  - Krems: Vanille-, Sahne-, Fett-, Butter-, Käse-, Käsesahne-, Fruchtkrem, u.a.

- ♦ **Auflagen**
  - Streusel, Bienenstichmasse, Obst u.a.
  - Speiseeis (Halbgefrorenes)

- ♦ **Überzüge**
  - Marzipandecken
  - eingestrichene Krem oder Sahne

- ♦ **Glasuren**
  - Fondant mit Aprikotur, andere Zuckerglasuren;
  - Kuvertüre, Fettglasur.

Herstellen von Feinen Backwaren aus Hefeteigen

1 Einteilung der Erzeugnisse

Frische Hefegebäcke zählen zum täglichen Sortiment jeder Bäckerei. Dabei fallen sowohl die Vielfalt der Gebäcksorten als auch die Unterschiedlichkeiten nach Aussehen und Beschaffenheit ins Auge. Das ist im einzelnen Betrieb zu beobachten; noch mehr aber, wenn man die regionalen Besonderheiten in den verschiedenen Gegenden Deutschlands berücksichtigt.

Gerade die vielfältigen Möglichkeiten, so unterschiedlich aussehende und schmeckende Gebäcke kaufen und genießen zu können, sind für den Verbraucher von besonderem Reiz.

Man kann Hefegebäcke einteilen ...

- ❏ ... nach der Gebäckgröße.
  - In Kuchen (= Großgebäcke) und Kleingebäcke.
- ❏ ... nach Menge und Art der Zutaten.
  - In Gebäcke mit Füllungen und Auflagen sowie
  - in ungefüllte Gebäcke.
- ❏ ... nach dem Fett-/Zuckeranteil im Teig.
  - In leichtes, mittelschweres und schweres Hefegebäck.
- ❏ ... nach der Art des Backens.
  - In Ofengebäcke und Siede- bzw. Fettgebäcke,
- ❏ ... nach der Gebäckform.
  - In aufgemachtes Formgebäck, Flechtgebäck, Blechkuchen, Napfkuchen.

Überblick über die Gebäcke aus Hefeteigen:

Kuchen aus Hefeteig
- ❏ Stollen (Christ-, Mandel-, Mohn-, Nuss-, Quarkstollen u.a.)
- ❏ Kränze, Zöpfe, Stuten u.a.
- ❏ Blechkuchen (Obst-, Butter-, Streuselkuchen, Bienenstich, Quark-, Mohn-, Nuss-Schnitten u.a.)
- ❏ Napfkuchen (Hefe-Rodon, Gugelhupf), Savarin

Kleingebäcke aus Hefeteig
- ❏ Kaffeegebäcke (z.B. Hörnchen, Schnecken, Taschen, Brezeln, Weckmänner, Stützen, Plunderteilchen u.a.)
- ❏ Pfannkuchen (Berliner Ballen, Apfelberliner u.a.)
- ❏ Brioches
- ❏ Zwieback

2 Die besondere Beschaffenheit von Erzeugnissen aus Hefeteig

Hefeteiggebäcke sind ...

... voluminös.
Das liegt an der Gasbildung durch die Hefe sowie am guten Gashaltevermögen des Klebers. Schwere (fettreiche) Hefegebäcke erzielen ein weniger großes Volumen.

... besonders zartporig.
Es entstehen zahlreiche Poren mit hauchdünnen Porenwänden von hoher Biegsamkeit. Bei Zugabe von Eiern, besonders von Eigelben wird das noch verstärkt.
In den meist weichen, fetthaltigen Teigen kann die Stärke beim Backprozess intensiv verkleistern. Bei höheren Fettanteilen wird jedoch das Gashaltevermögen des Klebers gemindert. Die Krume ist daher weniger zartporig

... von typischem Geschmack.
Das liegt am Eigengeschmack der Hefe.

... stark duftend, besonders im noch warmen Zustand.
Hefegebäcke enthalten eine Fülle an flüchtigen (luftlöslichen) Aromastoffen. Diese treten über die große Oberfläche der Krume aus und werden, selbst in geringeren Mengen, sofort deutlich riechbar.

... nur kurze Zeit „frisch".
Hefegebäcke werden bald altbacken (vgl. S. 239). Die Krume trocknet aus, die verkleisterte Stärke verhärtet. Fettreiche Hefegebäcke halten länger ihre Frische, ferner Gebäcke mit fetthaltigen Füllungen, z.B. Stollen mit Marzipan-Füllung u.a.

Die meisten Gebäcke aus Hefeteig haben ihren vollen Genusswert im frischen Zustand, Plundergebäcke sogar dann, wenn sie noch warm sind. Christstollen dagegen erlangen ihren höchsten Genusswert erst nach Tagen oder Wochen, wenn sie richtig „durchgezogen" sind (s. S. 252).

3 Die besondere Beschaffenheit der Hefeteige

Für Hefeteige werden als Rohstoffe vorwiegend Weizenmehl und Milch verwendet. Auf Grund des hohen Wasseranteils der Milch (ca. 86%) kann im Hefeteig starker, elastischer Kleber entstehen.

3 Die besondere Beschaffenheit der Hefeteige

Hefeteige …

… sind daher elastisch dehnbar.

… besitzen somit eine gute Formbarkeit, die auf der Oberflächenspannung infolge des „Wirkens" und anderer Formungsmethoden (z. B. ausrollen, einschlagen u. a.) beruht,

… haben ein hohes Gashaltevermögen und sind daher ganz besonders lockerungsfähig.

Zur Herstellung von Hefegebäcken werden je nach Gebäckart Teige von unterschiedlicher Zusammensetzung bereitet. Insbesondere nach dem Fett- und Zuckeranteil unterscheidet man leichte, mittelschwere und schwere Hefeteige.

Leichter Hefeteig
enthält wenig Fett
(bis 100 g Fett je 1000 g Mehl).

Mittelschwerer Hefeteig
enthält mehr Fett
(bis 200 g Fett je 1000 g Mehl).

Schwerer Hefeteig
enthält viel Fett
(über 200 g Fett je 1000 g Mehl).

Die Bezeichnung „schwer" oder „leicht" lässt sich auf mehrfache Weise erklären:

- *Schwer* im Sinne von „schwierig"
  Die Hefe hat es je nachdem schwerer oder leichter zu garen.
  Schwere (= fettreiche) Hefeteige treiben nur langsam. Mit Rücksicht auf die Gärleistung der Hefe wird bei schweren Teigen daher ein Ansatz bereitet (s. S. 228), während leichte Hefeteige „direkt", d.h. ohne Ansatz geführt werden (s. S. 229).

- *Leicht* im Sinne von „einfach"
  Der Kleber hat es je nachdem einfacher oder schwerer, sich zu bilden.
  Fett behindert die Kleberbildung; in schweren Teigen ist der Kleber weniger elastisch und hat nur geringes Gashaltevermögen; die Teige sind weniger gelockert, die Gebäcke haben ein kleineres Volumen.

- *Schwer* im Sinne von „schwer verdaulich"
  Gebäcke mit hohem Anteil an Fett und fetthaltigen Früchten (Mandeln, Nüssen u.a.) liegen schwerer im Magen.

- *Schwer* oder *leicht* im Sinne von **schwer-** oder **leichtgewichtig**

  > Hefegebäcke aus schweren Teigen haben ein geringeres Volumen als solche aus leichten Teigen. Vergleicht man zwei gleich große Gebäcke aus schwerem und leichtem Hefeteig, so wiegt das fettreichere (= weniger gelockerte) Gebäck schwerer.

Eine weitere, speziell backtechnische Unterscheidung der Hefegebäcke bezieht sich auf besondere Verfahrensweisen bei der Teigbearbeitung.

Nach der Herstellungsweise unterscheidet man:

Gekneteten Hefeteig
Die meisten Hefeteige werden mit Hilfe der Knetmaschine oder von Hand geknetet; der Teig erhält dabei die Beschaffenheit, die aufgrund der Zusammensetzung (Rezept) möglich bzw. für die Weiterverarbeitung erforderlich ist.

Gerührten Hefeteig
Zur Herstellung von Napfkuchen (Rodon, Gugelhupf und Savarins) werden besonders weiche Teige bereitet; diese sind nicht knetfähig; sie werden daher in der Rührmaschine hergestellt, anschließend in Formen gefüllt und darin gebacken.

Geschlagenen Hefeteig
Zur Herstellung von Pfannkuchen (Berliner) und Brioches (Frühstücksgebäck) werden unter Zusatz von Eiern oder Eigelben ebenfalls weichere Teige bereitet; diese werden in der Regel jedoch geknetet.
Das „Schlagen" erfolgt erst anschließend, indem man den Teig mehrmals nacheinander antreiben lässt und ihn dann jedesmal „zusammenschlägt" (= Ausstoßen der Gärgase) und übereinander lappt. Auf diese Weise entstehen besonders intensiv gelockerte, feinporige Gebäcke (s. S. 245f).

Gezogenen Hefeteig
Zur Herstellung von Plundergebäcken (Kaffeeteilchen, Kränze, Zöpfe, Stangen) wird in einen gekneteten Hefeteig Ziehmargarine oder Butter eingeschlagen. Der Teig wird mit Hilfe der Ausrollmaschine oder mit Rollhölzern ausgerollt und dabei in die Länge und Breite „gezogen".

An Fetten können verwendet werden:
Butter, andere Milchfetterzeugnisse, Margarinen („Ziehmargarine") oder andere „praktisch wasserfreie Fette".

Nach dem Anteil an Fett unterscheidet man:

Plunder (deutschen Plunder)
Der Fettanteil muss mindestens 30 kg je 100 kg Mehl betragen.

Dänischer Plunder (Kopenhagener)
Der Fettanteil muss mindestens 60 kg je 100 kg Mehl betragen.

Das verwendete Fett ist z.T. Bestandteil des Hefeteiges, z.T. wird es in den Hefeteig eingezogen (= Ziehfett).

4 Der Einfluss der Rohstoffe auf Teig- und Gebäckbeschaffenheit

4.1 Fertigmehle

Darunter versteht man fertige, genau abgestimmte Mischungen von Zutaten für bestimmte Teige bzw. die daraus herzustellenden Produkte, z. B. „HTM".'

Fertigmehle für Hefeteige enthalten ...

❐ ... alle „trockenen" Rohstoffe.
Mehl, Zucker, Fett, Milchpulver, Kochsalz, evtl. auch Gewürze/Aromen

❐ ... meist solche Zutaten, die bestimmte backtechnische Wirkungen verursachen.
Emulgatoren (Lezithin oder andere Mono-/Diglyceride)
Sie ermöglichen eine gründlichere Verteilung der Fette im Teig.

Invertzucker
Er verbessert die Frischhaltung, da er die Rückkristallisation des Zuckers verhindert (vgl. auch S. 201f).

Quellstoffe (s. S. 215f)
Sie ermöglichen eine ausreichende Flüssigkeitsaufnahme und gewährleisten eine mechanisch einwandfreie Gebäckkrume.

Zur Bereitung der Teige müssen zugesetzt werden:

❐ die Teigflüssigkeit (Wasser/Milch),
❐ Hefe,
❐ evtl. Eier,
❐ evtl. Gewürze/Aromen.

4.2 Convenienceprodukte

Darunter versteht man fertige, genau abgestimmte Mischungen aus solchen Rohstoffen und Zutaten, die einer Vorbehandlung unterzogen worden sind, z. B. rösten, kochen, trocknen, emulgieren u.a.

Rohstoffmischungen als Convenienceprodukte

Beispiel:
Fertigprodukt für Brühmasse
Darin ist u.a. mit Fett emulgierte und durch Erhitzung verkleisterte Stärke enthalten.

Convenienceprodukte enthalten ferner meist backtechnisch besonders wirksame Zusätze wie Quellstoffe und Emulgatoren.

Bei der Herstellung von Hefegebäcken können Convenienceprodukte auch in der Form von Fertig-Füllmassen sowie als Backkrems Verwendung finden.

Füllmassen als Convenienceprodukte

Beispiel:
Trockenapfelfüllung
Die getrockneten Apfelstücke sind mit Quellstoffen vermischt.
Der Bäcker braucht nur noch die erforderliche Wassermenge zuzusetzen und die Quellzeit abzuwarten.

Backkrems ...

❐ ... enthalten Fett (ca. 40 %), Zuckerarten, Milchpulver, Lezithin und Quellmittel;

❐ ... können Hefeteigen, Mürbeteigen und Sandmassen zugesetzt werden; dazu ist jedoch eine Umstellung der sonst üblichen Rezepte erforderlich;

❐ ... erleichtern die Herstellung der Teige und Massen und verbessern bestimmte Teig- und Gebäckeigenschaften:
  – bessere Gärstabilität,
  – größeres Gebäckvolumen,
  – zartere Krume,
  – längere Frischhaltung.

4.3 Die einzelnen Rohstoffe

Weizenmehl

Wirkungen in Teig und Gebäck:
Geeignet sind kleberstarke, helle Mehle (Type 550).

Diese verleihen dem Teig:
- gute Dehnbarkeit bei hohem Dehnwiderstand (= Zähigkeit),
- hohe Elastizität; darauf beruht die Formbarkeit (Oberflächenspannung) des Teiges,
- gutes Gashaltevermögen.

Milch

Wirkungen in Teig und Gebäck:
Sie enthält das zur Teigbildung erforderliche Wasser; ferner Fett (3 – 4%), welches die Gleitfähigkeit des Klebers und damit die Dehnbarkeit des Teiges verbessert.

Fett

Wirkungen in Teig und Gebäck:
Es beeinflusst entscheidend die Klebereigenschaften, indem es die Oberflächenspannung der Kleberteilchen herabsetzt.
Der Kleber wird durch Fett:
- weniger elastisch,
- weniger zäh,
- dehnbarer,
- weniger gashaltefähig.

Bei sehr hohem Fettanteil (schwere Hefeteige) …

… reicht die vorhandene Wassermenge nicht aus, um alle Kleberteilchen zu erreichen. Statt dessen wird Fett angelagert. An diesen Stellen entsteht jedoch keine Kleberbildung, sondern nur eine zähe Verklebung der Fette miteinander. Der Teig wird daher „kurz", d.h. er ist nicht mehr gut dehnbar, kaum noch elastisch und von geringer Gashaltefähigkeit.

Zucker

Wirkungen in Teig und Gebäck:
Dient der Hefe zur Bildung von Lockerungsgasen; hemmt in größerer Menge die Gärtätigkeit der Hefe;
führt zur Bräunung der Gebäckkruste (Kulörbildung).

Hefe

Wirkungen in Teig und Gebäck:
Sie lockert den Teig, indem sie einen Teil des Zuckers in Gas (CO_2) umwandelt.

> Manchen Hefeteigen, insbesondere den geschlagenen Hefeteigen, werden Eier bzw. Eigelbe zugesetzt:

Eier

Wirkungen in Teig und Gebäck:
Sie erhöhen die Lockerungsfähigkeit des Teiges auf Grund des Gehalts an gashaltefähigen Eiweißstoffen.

Eigelbe

Wirkungen in Teig und Gebäck:
Sie dienen der besseren Emulgierung der Fette,
Sie „entzähen" den Kleber und machen ihn dehnbarer.

Kochsalz

Wirkungen in Teig und Gebäck:
Es hemmt die Quellung des Klebers und macht diesen somit zäher; dadurch werden Formbarkeit und Standvermögen des Teiges verbessert,
Es hemmt die Gärtätigkeit der Hefe; das führt zur Verlangsamung der Gare.
Die gärhemmende Wirkung der Hefe ist ein Nachteil, den der Bäcker jedoch hinnehmen muss, weil bei Verzicht auf Kochsalzzusatz ein fader Geschmack und unzureichende Teigbeschaffenheit die Folge wären.
Die Gärverzögerung ist andererseits aber von Nutzen: dem Teig steht somit mehr Zeit für seine eigene Entwicklung (Nachquellung, Entspannung) zur Verfügung. Insofern übt das Kochsalz eine regulierende Wirkung auf die richtige zeitliche Abstimmung der Teigentwicklungsvorgänge mit der Gasbildung durch die Hefe aus.

> Zum Zweck der Verbesserung des Genusswerts der Erzeugnisse werden Hefeteigen Gewürze oder Essenzen, ferner Füllungen und/oder Auflagen zugesetzt:

Füllungen

Früchte
- z.B. Rosinen, Sultaninen, Korinthen, Mandeln, Nüsse u.a.

Fruchterzeugnisse
- z.B. Orangeat, Zitronat; Marmelade, Konfitüre, Gelee

Fruchtzubereitungen
- z.B. Marzipan, Persipan

Auflagen

Obst
- z.B. Pflaumen, Kirschen, Aprikosen u.a.

Fruchtzubereitungen
- z.B. Mohn-, Bienenstichmasse

Krems
- z.B. Vanille-, Käsekrem

Mürbeteig
- z.B. Streusel

5 Die Führung von Hefeteigen

Hefeteige – so der Sprachgebrauch des Bäckers – werden nicht wie alle übrigen Teige und Massen lediglich „hergestellt" und aufgearbeitet: sie werden vielmehr „geführt".

Gemeint ist damit folgendes:

Im Teig laufen gleichzeitig und unabhängig voneinander **zwei** stoffliche Entwicklungen ab:

① Die Gärtätigkeit der Hefe.
  Sie führt zur Bildung von Lockerungsgasen.

② Die Teigbildung bzw. Teigentwicklung bzw. Teigreife.
  Davon ist die Formbarkeit des Teiges und das Gashaltevermögen (Volumenbildung) abhängig.

Der Bäcker lenkt oder „führt" durch seine Maßnahmen diese beiden Entwicklungen so aufeinander zu, dass beide zum entscheidenden Zeitpunkt (= Beginn des Backprozesses) die „Reife" besitzen.

Diese Reife ist zum Gelingen des jeweiligen Gebäckes erforderlich.

Die Führung beginnt für einige Erzeugnisse aus Hefeteig mit der Bereitung eines Ansatzes bzw. Vorteiges.

5.1 Die Vorteigführung (Hefeansatz)

Zur Herstellung nachfolgender Erzeugnisse empfiehlt sich die Bereitung eines Vorteiges:
♦ schwere Stollen
♦ Brioches
♦ schwere Napfkuchen
♦ Savarins

Der Grund dafür liegt vor allem darin, dass diese Teige einen hohen Anteil an Fett und Zucker enthalten.

Durch Fett und hohe Zuckerkonzentration, ferner durch Kochsalz und Säuren, werden die Lebensbedingungen der Hefe erschwert.

Fett

Es ersetzt im Rezept einen Teil der Teigflüssigkeit.
Der Fettanteil wird auf die Gesamtflüssigkeit angerechnet.
Je höher der Fettanteil, um so weniger Milch/Wasser oder Eier werden dem Teig zugesetzt.

Es trägt zur Erhöhung der Zuckerkonzentration bei.
Zucker kann in Fett nicht gelöst werden.
In fettreichen Teigen steht dem Zucker weniger Flüssigkeit zur Verfügung.
Die Folge ist, dass die gleiche Zuckermenge in weniger Wasser gelöst werden muss.
So entsteht im Teig eine konzentriertere Zuckerlösung bzw. eine höhere Zuckerkonzentration.

Hohe Zuckerkonzentration

Ist Ursache für die Verlangsamung der Gärung.
Der Hefe stehen für die Nahrungsaufnahme keine körpereigenen Werkzeuge wie Arme oder Hände zur Verfügung; vielmehr gelangt die Nahrung mit Hilfe von Saugkräften ins Zellinnere. Solche Saugkräfte (= osmotischer Druck; vgl. Bd. 1) bestehen auf Grund des Konzentrationsgefälles zwischen Zellinnerem und umgebender Nährlösung.
Bei hoher Zuckerkonzentration im Teig liegt ein nur geringes Gefälle im Vergleich zur Konzentration im Zellinnern vor. In Folge der daher nur geringen Saugwirkung dauern die Stoffwechselvorgänge länger; es ist nur eine schleppende Gare möglich.[1]
Der Bäcker kann eine flottere und ausreichende Gare erzielen, wenn er bei schweren Hefeteigen einen Ansatz (Vorteig) führt (s. S. 251).

---

[1] Bei Lösungskonzentrationen, die höher sind als im Innern der Zelle, wird der Zellsaft herausgesogen; das führt zum Absterben der Hefe (vgl. die konservierende Wirkung des Zuckers; Bd. 1).

5 Die Führung von Hefeteigen

Kochsalz

Es erhöht, wenn es im Teig gelöst ist, ebenfalls die Konzentration der Lösung.

Bereits geringe Kochsalzmengen (15 – 20 g Kochsalz je 1000 g Mehl) haben eine gärverzögernde Wirkung. Das liegt u.a. an der besonderen Lösungsform des Kochsalzes (dissoziierte Lösung; s. Bd. 1).

Säuren

Im Teig gelöste Säuren senken den pH-Wert[1].

Presshefe ist säureempfindlich; die Gärtätigkeit wird bei niedrigen pH-Werten verlangsamt.

Durch die Führung eines Vorteiges soll folgendes erreicht werden:

■ **Die Hefe wird „aufgeweckt" und aktiviert.**

Die in der Paketruhe befindliche Hefe muss zunächst „anspringen", d.h. die Enzymtätigkeit muss unter günstigen Bedingungen in Gang gesetzt werden.

■ **Die Hefe wird regeneriert bzw. gekräftigt.**

Die bei der Lagerung z.T. verbrauchten Reserve-Nährstoffe (Glykogen) müssen durch schnelle Nahrungsaufnahme wieder ersetzt werden; dadurch ist die Hefe den insbesondere in fett- und zuckerreichen Teigen gegebenen erschwerten Lebensbedingungen besser gewachsen.

Eine besondere Bedeutung hat die Vorteigführung für schwere Stollenteige:

Stollen sind Gebäcke mit längerer Lagerzeit. Um ein vorzeitiges Austrocknen (Altbacken werden) zu vermeiden, muss die Krume über genügend Feuchtigkeit (Wasser/Fett) verfügen. Das kann man durch eine etwas längere Vorteigführung unterstützen, weil dadurch für die Quellungsvorgänge mehr Zeit zur Verfügung steht.

❏ Die Mehlpartikelchen quellen vollständig auf.

❏ Dazu muss der Vorteig etwas kühler und fester geführt werden, damit die Gärtätigkeit der Hefe verlangsamt ist.

Die Vorteigführung eignet sich aber nicht nur – wie beschrieben – für schwere, fettreiche Teige, sondern auch zur Herstellung von solchen Hefegebäcken, die besonders fein- und zartporig sein sollen.

Dazu zählen: Pfannkuchen (Berliner), Zwieback.

Verfahrensweise

➤ **Ein Vorteig wird bereitet aus:**

Weizenmehl
1/3 – 1/2 der Gesamtmehlmenge,

Zuguss (Milch/Wasser)
so viel, dass die gewünschte Teigfestigkeit erzielt wird,

Hefe
die gesamte Menge:
ca. 40 – 130 g je 1000 g Mehl.

Auf keinen Fall dürfen Kochsalz oder Fett dem Ansatz zugesetzt werden, da beide Stoffe die Stoffwechselvorgänge der Hefe belasten. Kochsalz beeinträchtigt ferner die Quellungsvorgänge des Klebers.

➤ Die Rohstoffe werden unter Zufuhr von Luft (Rühren, Kneten, Schlagen) gründlich vermischt.

Teigtemperatur: 28 – 30 °C
Teigfestigkeit: ca. 170%
Abstehzeit: 20 – 40 Minuten

Der zugeführte Sauerstoff ermöglicht die Atmung und aktiviert gleichzeitig die Gärung.
In warmen und weichen Teigen erfolgt flotte Gare.

Es ist nicht mehr üblich, den Vorteig über mehrere Stunden abstehen zu lassen (= indirekte Führung). In dieser Zeit würde der Kleber von mehleigenen Enzymen angegriffen und z.T. abgebaut. Das wäre aber nur bei besonders starkem zähem Kleber erwünscht, nicht jedoch bei normal backfähigem oder gar kleberschwachem Mehl.

Bei der heute üblichen kurzen Abstehzeit kann sich die Hefe nicht vermehren.

Zur Teigbereitung werden die restlichen Rohstoffe und Zutaten zusammen mit dem Vorteig zu einem Teig geknetet („unterlaufen lassen").

5.2 Die Teigbereitung (bei direkter Führung)

Zur Herstellung von leichten und mittelschweren Hefeteigen braucht kein Vorteig bereitet zu werden:

❏ Leichte Hefeteige (ohne Eianteile)
   für einfaches Hefegebäck (tägliche Frischgebäcke) sowie für Plunder (Hefegrundteig).

---

[1] niedrigere pH-Werte = höhere Anzahl an freien Wasserstoff-Ionen

- ❏ Leichte Hefeteige (mit Eianteilen)
  für Pfannkuchen, z. B. Berliner
- ❏ Mittelschwere Hefeteige
  für Blechkuchen

5.2.1 Teigbereitung mit herkömmlichen Rohstoffen und Zutaten

Verfahrensweise
- ➢ Die Rohstoffe und Zutaten sollen rechtzeitig bei Raumtemperatur bereitgestellt und abgewogen bzw. abgemessen werden.
- ➢ Die Hefe wird mit einem Teil der Milch aufgeschlämmt („aufgelöst").
  Diese Aufschlämmung wird dann zusammen mit der restlichen Milch und dem Mehl vermischt.
- ➢ Die übrigen Rohstoffe und Zutaten werden je nachdem auf verschiedene Weise vorbehandelt und in entsprechender Reihenfolge zugesetzt.
  – Z.B. Fett und Zucker schaumig rühren;
  – z.B. Zutaten mit Eigelb emulgieren;
  – z.B. Kuchenfrüchte in Alkohol tränken; (sie dürfen erst am Ende des Knetprozesses unter den fertigen Teig gemischt werden).
- ➢ Nach Zusatz der Zutaten wird der Teig je nach Festigkeit geknetet, gerührt oder geschlagen. Die gewünschte Teigfestigkeit erzielt man durch den abschließenden Zuguss der restlichen Milch, was spätestens dann erfolgen soll, wenn alle Rohstoffe vermischt sind.

5.2.2 Teigbereitung mit Fertigmehl

Dem Fertigmehl (= Mischung aller „trockenen" Rohstoffe und Zutaten; vgl. S. 226) brauchen nur noch die Zugussflüssigkeit sowie Hefe zugesetzt zu werden.

Ferner können zugesetzt werden:

Eier,
z. B. für Pfannkuchen, Savarins, Napfkuchen;

Fett,
z. B. für mittelschwere und schwere Hefeteige.

Verfahrensweise
- ➢ Fertigmehl sowie Hefe abwiegen.
- ➢ Zugussflüssigkeit temperieren und abmessen.
- ➢ Soweit erforderlich Fett und Eier abwiegen bzw. abmessen.
- ➢ Alle Stoffe zusammen (= „All-In-Verfahren") vermischen und intensiv kneten.
  Infolge der besonderen Rohstoffauswahl im Fertigmehl sowie aufgrund der backtechnisch wirksamen Zusätze (Emulgatoren, Quellstoffe u.a.) verlaufen die Teigbildungs- und Teigentwicklungsvorgänge schneller als bei herkömmlichen Rohstoffen und Zutaten.

5.3 Der Knetprozess

Leichte, fettärmere Hefeteige

Sie sollen länger und intensiver geknetet werden, damit sich als Folge der zugeführten Energie ein elastischer und gashaltefähiger Kleber bilden kann.

Schwere, fettreiche Hefeteige

Sie dürfen weder lange noch intensiv geknetet werden, weil sonst eine zu häufige Berührung von Fett und Kleber gegeben ist und dadurch eine Schädigung der Klebereigenschaften durch das Fett erfolgt.

Auf die Dauer des Knetvorganges hat auch die Art der Maschine Einfluss. Bei intensiver Knetung (= schnelle Bewegung bei großer Reibungsfläche) wird der Teig in kürzerer Zeit gebildet.

Intensive Knetung:
- bei hoher Schlag- oder Umdrehungszahl in der Minute,
- bei großer Reibungsfläche von Knetarm oder Schlagbesen.

Durch intensives Kneten oder Schlagen wird ferner eine günstige Voraussetzung für besonders gute Lockerung des Hefeteiges geschaffen.

Durch das Überlappen und Verstreichen des Teiges wird Luft eingearbeitet. Dabei bilden sich überall im Teig kleine Bläschen, aus denen im Zusammenhang mit der Gasbildung durch die Hefe die Poren des Teiges bzw. des Gebäckes entstehen.

Der mit der Luft eingearbeitete Sauerstoff dient der Hefe zur Atmung und trägt damit zur Intensivierung der Gärung bei.

Am Ende des Teigbereitungsvorgangs ist die Oberfläche des Teiges glatt; sie erscheint ferner trockener als zuvor und hat daher eine etwas hellere Farbe. Der Teig lässt sich leicht von der Wand des Kessels und vom Knetarm ablösen.

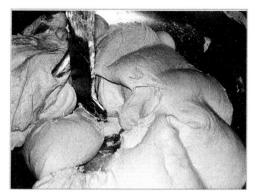

Abb. 1: Fertig gekneteter Teig mit glatter Oberfläche

5.4 Die Teigruhe

Nach Abschluss des Knetvorgangs kann der Teig noch nicht sofort aufgearbeitet werden, vielmehr braucht er zunächst eine gewisse Ruhe- oder Abstehzeit.

Die „Teigruhe" kann im Knetbottich bzw. im Kessel erfolgen, besser jedoch auf einem hölzernen Arbeitstisch.

Man kann den Teig zunächst auch zu Teilstücken abwiegen und rundstoßen. In jedem Falle soll die Teigoberfläche während der Teigruhezeit abgedeckt werden, damit sie nicht zu stark austrocknet oder auskühlt.

Während der Teigruhezeit vollziehen sich folgende innerstoffliche Vorgänge:

❑ Der Teig quillt nach.
Die Quellungsvorgänge bestimmter Mehlpartikelchen sowie die Wasseraufnahme ins Innere des Klebers dauern weiter an.

❑ Der Kleber entspannt.
In Folge der Reibung beim Kneten ist der Kleber elektrostatisch aufgeladen, durch die Dehnung beim Kneten ist der Teig an der Oberfläche bis zum Zerreißen gespannt.
Während der Ruhezeit erfolgt eine gleichmäßige Verteilung der Spannungsenergie durch Ionenwanderung (die Spannung verteilt sich). Erst dann kann der Teig neu gedehnt werden, ohne zu zerreißen.

❑ Die Hefe erlangt ihre volle Triebkraft
Aus der Paketruhe erwachend, stellt sich die Hefe auf die Lebensbedingungen im jeweiligen Hefeteig ein. Sie gärt. Die dabei entstehenden Gase werden vom Kleber festgehalten und hohlraumartig umschlossen (Porenbildung); der Teig treibt sichtbar hoch.

Der Hefeteig soll während der Ruhezeit ausgestoßen, das heißt zusammengedrückt, übereinandergeschlagen und ausgestrichen werden.

Durch das Ausstoßen wird Folgendes erreicht:

❑ Die Zahl der Poren wird vermehrt.
Die im Teig befindlichen CO_2-Gase entweichen zum größten Teil. Die Innenwände der bereits vorhandenen Poren werden aneinander gedrückt und verkleben. Zwischen den Klebestellen bilden die verbleibenden, weil nicht restlos ausgestoßenen Gase zahlreiche kleine Bläschen.

Abb. 2: Wenige große Poren mit dicken Teigwänden

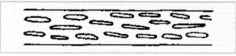

Abb. 3: Ausstoßen der Gärgase und Verkleben der Poreninnenwände

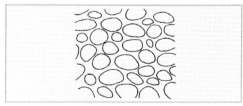

Abb. 4: Zahlreiche kleine Poren mit dünnen Teigwänden

Bei der nachfolgenden Gare werden die Bläschen mit CO_2-Gas gefüllt; es entstehen zahlreiche kleinere Poren mit dünnen Teigwänden.

Die Verdünnung der Teigwände hat zur Folge, dass ein zarteres Gebäck entsteht, das ist vor allem bei Gebäcken aus Pfannkuchenteigen (geschlagene Hefeteige) erwünscht.

- ❏ Der Teig erhält besseren Stand.

  Mit Hilfe der zugeführten Reibungsenergie wird der „nachlassende" Kleber erneut aufgeladen.

  In Folge der Dehnung gerät der Kleber unter elastische Spannung.

  Durch die Vermehrung der Porenzahl ist das Teiginnere mit viel mehr „tragenden Wänden" ausgestattet und somit statisch besser strukturiert.

- ❏ Der Teig erzielt ein größeres Volumen.

  Das CO_2-Gas ist in größerer Menge für die Hefe schädlich. Dadurch, dass es ausgestoßen und gleichzeitig Luft (Sauerstoff) eingearbeitet wird, kann die Hefe anschließend wieder ungestörter und kräftiger atmen und gären.

  In Folge der besseren statischen Voraussetzungen (s. oben) kann ein großvolumigeres Gebilde entstehen, das nicht „breitläuft", sondern – da es Stand hat – sich nach oben wölbt.

Die Dauer der Teigruhe ist abhängig von:		
	länger	kürzer
Art der Teigführung	direkt	indirekt
Temperatur	kalt	warm
Teigzusammensetzung	schwer	leicht
Teigfestigkeit	fest	weich

Je nachdem beträgt die Ruhezeit 15 bis 30 Minuten.

5.5 Die Aufarbeitung des Hefeteiges

▎ Im Anschluss an die Teigruhe wird der Hefeteig aufgearbeitet.

Er wird zunächst …

- ❏ … abgewogen und „aufgewirkt", z. B. rundgestoßen.

  Das kann auch bereits vor der Teigruhe erfolgen.

- ❏ … eingeteilt bzw. gepresst.

  Beispielsweise bei Kleingebäcken (Berliner).

- ❏ … ausgeformt.

  Der jeweiligen Gebäckart entsprechend.

Aufwirken bzw. Rundwirken

Aus den einzelnen Teigstücken werden durch Drücken und Wirken noch einmal die bis dahin gebildeten Gärgase ausgestoßen. Dadurch vergrößert sich die Porenzahl weiter, und zwar besonders stark: die Innenwände der Poren sind in Folge der Nachquellung des Teiges inzwischen trockener geworden und haften daher besser zusammen.

Nachlässigkeit beim Wirken führt zur Bildung größerer Hohlräume im Gebäck (= „Gär- oder Wirkblasen"). Je sorgfältiger und kräftiger die Teigstücke aufgewirkt werden, um so vorteilhafter ist das für Teig und Gebäck: es entsteht dadurch eine gleichmäßigere, zartere Porung und ein größeres Volumen.

Zwischengare

Die aufgewirkten Teigstücke müssen noch eine Zeit lang abstehen. Dabei lässt die hohe Teigspannung nach. Diese Abstehzeit (= Zwischengare) soll etwa 10 Minuten dauern.

▎ Erst danach werden die Teigstücke ausgeformt.

Das Ausformen kann geschehen durch …

- ❏ … rundwirken, z. B. Berliner.
- ❏ … rundwirken, langstoßen, ausrollen und wickeln, z. B. Hörnchen.
- ❏ … ausrollen, z. B. Blechkuchen
- ❏ … langrollen und flechten, z. B. Zöpfe oder Brezeln.
- ❏ … langstoßen, ausrollen und übereinanderschlagen, z. B. Stollen
- ❏ … ausrollen bzw. „ziehen", z. B. Plunder.

Abb. 1: Pressen und Rundwirken von Berliner Ballen

Zur Herstellung von bestimmten gefüllten Hefegebäcken muss dabei die entsprechende Füllung, z. B. Marzipan-, Persipanrohmasse, Mohnfüllung u.a., eingezogen werden.

5 Die Führung von Hefeteigen

Abb. 1: Flechten von Brezeln, Kränzen, Zöpfen

Bei allen Ausformungsarten wird der Kleber gedehnt, sodass erneut Spannung entsteht.

Für den Stand bzw. die Formbarkeit der Teigstücke ist dabei entscheidend, dass die Spannung auf die Teigoberfläche konzentriert wird und dass diese Oberflächenspannung erhalten bleibt.

Dies wird z. B. beim Rundwirken dadurch erreicht, dass man den unterhalb der Teigkugel entstehenden „Schluss" zusammendrückt und somit verklebt.

❐ Den Zugkräften der gedehnten Oberfläche wirken jetzt die Rück-Zugkräfte des Klebers entgegen (s. Bd. 1).
Auf Grund dieser Oberflächenspannung erhalten und behalten die Hefeteigstücke ihre Form bzw. Gestalt.

Hefeteig ist nämlich nicht plastisch formbar wie z. B. Mürbeteig oder Marzipan, weil der elastische Kleber stets in die Ausgangsposition zurückstrebt und so jede bloße Druckverformung wieder zunichte macht.

5.6 Die Stückgare

Im Anschluss an die Formung werden die Teigstücke für 30 – 60 Minuten auf Gare gestellt.

In dieser Zeit …

– … entfaltet die Hefe ihre volle Gärleistung und bildet die für die Lockerung erforderliche Gasmenge. Durch den Gasdruck erhalten die Teigstücke ihr Volumen.

– … kommen die Teigbildungsvorgänge (Nachquellung) zum Abschluss.

Den Verlauf der Stückgare kann der Bäcker steuern (= „Führung") …

❐ … durch Temperatur

Da eine flotte Gare erfolgen soll, sind höhere Temperaturen (über + 30 °C) geeigneter. Besonders günstig sind Temperaturen um + 45 °C im Garschrank.

Bei größeren Teigmengen werden die Bleche mit den geformten Teigstücken in Gärwagen oder Stikken von unten nach oben gesetzt.

Die zuletzt geformten Teigstücke garen schneller, weil die Luft oben wärmer ist.

Sie haben dann zum Zeitpunkt des Einschießens trotz der kürzeren Garzeit etwa den gleichen Gärstand wie die zuletzt geformten Teigstücke.

❐ … durch Luftfeuchtigkeit

Bei zu trockener Luft außerhalb des Gärraums bildet sich an der Teigoberfläche in Folge der Wasserverdunstung eine trockene, „borkige" Haut, die zum Aufreißen neigt.

Deshalb sollen die Teigstücke mit Tüchern abgedeckt werden, insbesondere Teigstücke mit hohem Ei-Anteil.

Im Gärraum kann durch Schwadengabe eine feuchte Atmosphäre erzeugt werden. Die Teigoberfläche bleibt feucht und dehnungsfähig; die Gare wird beschleunigt.

Führungsfehler können auftreten …

… bei zu kurzer Stückgare

Die Gebäcke erhalten eine zu runde Form und ein geringes Volumen; die Porung ist dicht und gleichmäßig.

Der Teig war noch nicht reif:
– *zu geringe Gasmenge,*
– *zu starker Dehnwiderstand des noch sehr stark gespannten Klebers.*

… bei zu langer Stückgare

Die Gebäcke erhalten eine zu flache Form und dadurch ebenfalls ein zu geringes Volumen; die Porung ist zu groß und ungleichmäßig.

Der Teig war überreif:
– *sehr hohe Gasmenge,*
– *zu geringer Dehnwiderstand des zu sehr entspannten Klebers.*

> Den richtigen Gärstand erkennt der Bäcker durch Abtasten der Teigoberfläche mit den Fingerspitzen, und zwar am Widerstand, den der Teig dem Fingerdruck entgegensetzt:

Starker Widerstand

Druckstelle verschwindet nahezu völlig.
Teigstück ist noch nicht reif, die Gare muss fortgesetzt werden

Geringer Widerstand

Druckstelle bleibt deutlich erhalten.
Teigstück ist überreif, die Teigstücke müssen sofort bei heißem Ofen gebacken werden.

> Die Teigstücke sind backfähig, wenn sie eine bestimmte Mindeststreife erlangt, eine bestimmte Höchststreife aber noch nicht überschritten haben.

Diese Spanne in der Teigentwicklung wie im Gärverhalten (= Gasbildung) bezeichnet man als **Gärtoleranz**.

Aus Gründen der rationellen Backwarenherstellung verfährt der Bäcker häufig so, dass er bei bestimmten Hefeteigen, z. B. Plunderteigen, die Gare durch Anwendung von Kälte unmittelbar nach der Formung der Teigstücke hinauszögert oder gar unterbricht.

Die üblichen Verfahren bezeichnet man als *Gärverzögerung* oder als *Gärunterbrechung*.

5.7 Gärverzögerung

> Darunter versteht man das Abkühlen und Lagern der Teiglinge bei ca. + 3 °C im Kühlraum.

Verfahrensweise
- Die Teiglinge werden backfertig geformt, auf Backbleche abgesetzt und bei knapper Gare im Kühlraum (Kühlschrank) abgestellt.
- Damit sich keine Haut bilden kann, ist hohe Luftfeuchtigkeit erforderlich.
- In Folge der Auskühlung verlangsamt sich die Gärtätigkeit der Hefe und kommt schließlich zum Stillstand.
- Am folgenden Tag werden die Teiglinge aus dem Kühlschrank entnommen und bei Raumtemperatur bzw. im Gärschrank zur Endgare gebracht; dabei sollte zu schnelles Erwärmen, z. B. bei hohen Gärraumtemperaturen, vermieden werden, weil es zu Gebäckfehlern führen kann (Blasenbildung, ungleichmäßige Porung).
- Die Gärverzögerung sollte möglichst nur bis zu 24 Stunden dauern; bestimmte enzymatische Tätigkeiten im Teig gehen nämlich bei Temperaturen oberhalb der Gefriergrenze weiter, insbesondere wird der Kleber angegriffen.

Bei zu langer Gärverzögerung treten folgende Gebäckfehler auf:
- schwacher Ausbund bei Form- und Flechtgebäcken sowie bei Stollen,
- geringes Gebäckvolumen.

5.8 Gärunterbrechung

> Darunter versteht man das Frosten der Teiglinge.

Verfahrensweise
- Die geformten Teigstücke werden bei −18 °C im Froster abgesetzt.
  Die Gärung der Hefe wird unterbrochen, die Teigbildungsvorgänge werden in Folge der Kristallisation des Wassers zu Eis unterbunden.
- Nach ein bis fünf Tagen wird die benötigte Anzahl an Teigstücken dem Froster entnommen und etwa 60 Minuten lang bei Backraumtemperatur aufgetaut, danach im Gärschrank auf Stückgare gestellt und sodann gebacken.

Bei Plunderteigen, die länger als drei Tage im Froster gelagert haben, treten geringe Qualitätsminderungen auf: durch die Luftumwälzung im Froster wird ein Teil des Teigwassers entzogen.

6 Backverfahren für Hefekuchenteige

6.1 Vorbereitende Maßnahmen

Backbleche und Backformen werden mit Fett bestrichen ...

☐ ... zur Vermeidung des Anbackens.
Fett bildet eine Trennschicht (s. S. 156) zwischen Backform und Teig.

Auf Grund seiner wasserabstoßenden Eigenschaften verhindert das Fett die unmittelbare Berührung des Teiges mit dem Backblech und damit das Ankleben.

Die Gebäcke können nach dem Backprozess unbeschadet aus der Backform herausgenommen werden.

Auch der bei der hohen Backhitze in der Kruste flüssig werdende Zucker kann nicht an der Backform ankleben, da er in Fett nicht löslich ist und somit vom Fett abgewiesen wird.

❏ ... zur Verhinderung des Anbrennens bzw. des Verkohlens der Gebäckkruste.

Fett wirkt als „Hitzebremse" zwischen Metall und Backgut.

Fett leitet die Ofenhitze langsamer als das Metall der Backform.

Das flüssige Fett reagiert auf die unterschiedliche Hitze von heißem Metall und kühlerem Backgut insofern, als es in Bewegung gerät; durch diesen „fließenden Wärmeaustausch", den man auch als Temperaturausgleich bezeichnen kann, wird die Gefahr der all zu schnellen Hocherhitzung mit Verkohlungserscheinungen gemindert.

Die Teigstücke werden vorbehandelt durch:

❏ Auflegen von Obst
 – z.B. für Blechkuchen,

❏ Benetzen der Oberfläche mit Wasser oder Milch
 – z.B. für Blechkuchen vor dem Auflegen von Streusel,

❏ Aufdressieren von Krem
 – z.B. für Plunderteilchen,

❏ Abstreichen mit Ei
 – z.B. für Kaffeegebäcke, Hörnchen, Stollen.

Diese Vorbereitungen sollen dann erfolgen, wenn die richtige Gare erreicht ist (siehe bei den einzelnen Erzeugnissen).

6.2 Der Backvorgang

6.2.1 Backtemperatur und Backdauer

Hefeteige werden je nach Gebäckart bei mittlerer (190 – 210 °C) bis starker Ofenhitze (220 – 240 °C) gebacken.

In der Frittüre beträgt die Backtemperatur etwa 170 – 180 °C.

Die Backdauer kann je nach Backtemperatur, Teigbeschaffenheit sowie Arbeitsweise sehr unterschiedlich sein; sie kann zwischen 6 Minuten in der Frittüre bis zu anderthalb Stunden im Ofen betragen.

Die Backdauer hängt ab von:		
	längere Backzeit	kürzere Backzeit
Ofentemperatur	kühler Ofen	heißer Ofen
Gebäckgröße	Kuchen	Kleingebäcke
Gebäckform	Stollen, Napfkuchen	flache Gebäcke
Füllung	schwere oder nasse Füllung	ungefüllte Gebäcke

Fettgebäcke haben deshalb eine kürzere Backzeit, weil Siedefett eine viel höhere Wärmeleitfähigkeit besitzt als die heiße Luft des Ofens.

6.2.2 Backen im Ofen

Manche Gebäcke, z. B. Blechkuchen, werden mit unterschiedlicher Ober- oder Unterhitze gebacken.

Bei Elektroöfen lassen sich Unter- und Oberhitze getrennt durch Schaltung regulieren.

Bei anderen Öfen erzielt man z. B. eine höhere Unterhitze, indem man den Herd auf die gewünschte Unterhitze bringt, vor der Beschickung jedoch den Zug zieht, damit die Heißluft entweichen kann (= geringere Oberhitze).

Die Einwirkung sowohl von zu starker Ober- wie Unterhitze lässt sich abschwächen, indem man das Backgut abisoliert, z. B. mit Hilfe von Pappe.

Dort, wo Ofengebäcke auf Backblechen aufliegen, erfolgt auf Grund der besonders hohen Leitfähigkeit des Metalls eine schnellere Erhitzung des Backgutes und somit eine stärkere Bräunung (Krustenbildung).

Zur Vermeidung oder Abschwächung solcher Bräunungen kann man empfindliche Erzeugnisse auch auf Doppelblechen backen.

Durch die zwischen den Blechen befindliche Luftschicht wird die Wärmeleitung von der Herdfläche über das Metall zum Backgut gemindert.

6.2.3 Backen im Fettbackgerät

Fettbackgeräte ...

❐ ... müssen eine Wanne aus rostfreiem Metall haben, damit keine Oxidation des Fettes, z.B. mit Kupfer, erfolgen kann.

Abb. 1: Fettbackgerät

❐ ... müssen eine Beheizung haben, die oberhalb der Bodenfläche angebracht ist: dadurch wird eine Zirkulation des Fettes ermöglicht, vor allem aber können abgesplitterte Gebäckteile auf den Boden der Wanne absinken, ohne dass sie verbrennen und damit das Fett verunreinigen.

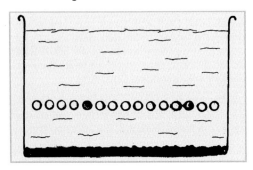

❐ ... sind meist thermostatisch regulierbar: dadurch wird eine Überhitzung des Fettes vermieden.

❐ ... müssen leicht sauber zu halten sein, z.B. indem die Heizschlange aus der Wanne herausgehoben werden kann.

Die Verunreinigungen am Boden der Wanne und auch das nach mehrmaligem Gebrauch chemisch veränderte Fett müssen regelmäßig entfernt werden.

Das Siedefett ...

❐ ... darf nicht höher als bis 180 °C erhitzt werden.

Bei wesentlich höherer Temperatur qualmt das Fett; die Dämpfe sind übelriechend und giftig (vgl. S. 162f).

❐ ... muss im Falle der Verunreinigung durch Backgutreste gereinigt werden,

Dazu wird das Fett erwärmt, damit es flüssig wird. Das abgeschaltete Heizgitter wird ausgeschwenkt, der Bodensatz entfernt, die Wanne und die Heizaggregate gründlich ausgewischt.

❐ ... muss nach mehrmaligem Gebrauch ausgetauscht werden, spätestens nach 20 Stunden Betriebsdauer.

Bei wiederholter Erhitzung werden immer mehr Fette aufgespalten und die Fettsäuren oxidieren (vgl. S. 160).
Das so zersetzte Fett darf zur menschlichen Ernährung nicht weiterverwendet werden.

Unfallgefahr

❐ Bei der Beschickung des heißen Fettes mit Backgut zischt das Fett auf und spritzt.

Das beruht auf der augenblicklichen, explosionsartigen Entstehung von Wasserdampf.

❐ Es darf auf keinen Fall Wasser in das heiße Fett gelangen, sonst spritzt dieses zusammen mit dem heißen Fett heraus.

Das kann zu Verbrennungen 2. und 3. Grades führen.

Unfallverhütung

Beim Umgang mit Fettbackgeräten ist wegen der akuten Verbrennungsgefahr erhöhte Vorsicht geboten.

6.3 Schwadengabe

Die meisten Hefeteige werden mit Schwaden gebacken.

Lediglich solche Teigstücke, deren Oberfläche durch dicke, meist wasserhaltige Auflagen abgedeckt ist, brauchen keinen Schwaden.

Beispielsweise Obst-, Quark-, Streuselkuchen, Bienenstich.

Die Schwadengabe erfolgt durch …

- … Erzeugung von Wasserdampf im Ofen.

  Beim Aufdrehen der Schwadenkräne am Ofen spritzen dünne Wasserstrahlen aus der Rohrleitung auf heiße Metallbleche seitlich oder unterhalb der Herdflächen.

  Das Wasser wird zu Dampf, strömt in den Herdraum und bildet dort eine feuchte Atmosphäre.

- … Bildung von Wasserdampf aus dem Backgut.

  Beim Eintauchen von Pfannkuchen in das heiße Siedefett verdampft augenblicklich das in der äußeren Teigschicht befindliche Wasser.

  Durch Auflegen des Deckels entsteht im verschlossenen Innenraum der Fettpfanne eine feuchte Atmosphäre.

Durch die Schwadengabe wird bezweckt …

- … dass die Oberfläche der Teigstücke feucht bleibt.

  Der heiße Wasserdampf trifft auf die kühlere Oberfläche der Teigstücke und kondensiert, d.h. es bildet sich eine dünne Wasserschicht.

- … dass die Teigoberfläche somit dem Gasdruck von innen nachgeben kann.

  Da die Oberfläche der Teigstücke feucht bleibt, kann noch keine Temperatur von über 100 °C entstehen[1]; somit können auch noch keine unelastisch-verhärteten Krustenbestandteile gebildet werden. Die Teigbestandteile bleiben daher verschiebbar, die Oberfläche also ausdehnungsfähig; sie kann dem Druck der Gärgase nachgeben, sodass die Teigstücke an Volumen zunehmen können, ohne dass die Kruste aufreißt.

Durch die Schwadengabe wird also:

- erreicht, dass die Gebäcke ein größeres Volumen erzielen,
- vermieden, dass die Kruste dabei aufreißt,
- bewirkt, dass die Gebäcke eine gute Form erhalten.

Für die gute Form ist es entscheidend, dass der Schwaden zum rechten Zeitpunkt wieder entfernt wird, indem entweder der Schwadenzug am Ofen gezogen oder der Deckel von der Fettpfanne abgehoben wird.

Falls der Schwaden zu spät entfernt wird …

- … wird die Teigoberfläche zu weit ausgedehnt.

  Sie wird luftdurchlässig; ein Teil der Gärgase entweicht.

- … „setzt sich" das Teigstück und geht in die Breite.

  Es entsteht keine rundliche, herausgehobene, sondern eine abgeflachte, gesetzte Gebäckform. Das tritt besonders deutlich bei Pfannkuchen und Stollen zutage.

Nach dem Entfernen des Schwadens verfestigt sich die Teigoberfläche zur Kruste. Die Oberfläche dehnt sich nicht mehr aus. Unter dem Gasdruck von innen nimmt das Gebäckstück daher eine rundliche Form an.

Schwadenmenge und Dauer der Schwadengabe hängen ab …

… vom Gärstand der Teigstücke zu Beginn des Backprozesses.

- Bei voller Gare (hohe Gasmenge, nachlassender Kleber):
  - wenig Schwaden geben,
  - Zug früher ziehen.

  Durch schnelle Verfestigung der Kruste wird vermieden, dass der Teig breit treibt.

- Bei knapper Gare (geringere Gasmenge, noch wenig gedehnter, zäher Kleber):
  - mehr Schwaden geben,
  - Zug später ziehen.

  Durch den Schwaden bleibt die Teigoberfläche noch eine Zeit lang dehnbar, sodass sie unter dem Druck der Gase nicht auf reißt.

… von der Temperatur des Ofens bzw. des Siedefettes.

- Bei heißem Ofen
  - mehr Schwaden geben,
  - Zug später ziehen.

  Bei kühlem Ofen
  - weniger Schwaden geben,
  - Zug früher ziehen.

---

[1] Ein zusätzlicher Abkühlungseffekt tritt dadurch ein, dass das Kondenswasser an der Oberfläche durch die Backhitze wieder in Dampf verwandelt wird; dabei entzieht das Wasser der Oberfläche die zur Verdampfung notwendige Energie. Die Folge ist eine Abkühlung der Teigoberfläche, was augenblicklich zur erneuten Kondensation von Dampf zu Wasser führt.

Der Bäcker hat also stets drei Bedingungen gleichzeitig zu beachten:
Gärstand
Ofentemperatur
Schwadengabe

Dabei ist die Ofentemperatur die am meisten feststehende Voraussetzung; die anderen Bedingungen können und müssen auf die Ofentemperatur eingestellt bzw. angepasst werden.

Es sollte nach folgender Regel verfahren werden:

Heißer Ofen
- volle Gare abwarten
- mehr Schwaden geben
- Zug später ziehen

Weniger heißer Ofen
- bei knapper Gare backen
- weniger Schwaden geben
- Zug früher ziehen

6.4 Lockerung (Ofentrieb)

Die gegarten Teigstücke heben sich während der ersten Phase des Backprozesses deutlich sichtbar heraus: sie „treiben" in die Höhe, vergrößern ihr Volumen und erlangen dabei die Gebäckgestalt.

Diesen Teil des Lockerungsvorganges bezeichnet man als Ofentrieb.

Der Ofentrieb erfolgt durch:

Nachgare der Hefe
Die Hefe gärt bei Temperaturen von 30 bis 50 °C besonders schnell und intensiv.
Dabei erfolgt Neubildung von Gasen (CO_2).
- *Bei über 50 °C endet die Gärtätigkeit,*
- *bei 55 °C stirbt die Hefe ab.*

Hitzeausdehnung der vorhandenen Gase
Durch die ansteigende Hitze werden die bereits vorhandenen Gase zunehmend ausgedehnt.
Die dadurch bewirkte Volumenausdehnung erfolgt nur in der ersten Phase des Backprozesses; die Temperatur in der Krume steigt nicht über 100 °C an. Nach Erreichen dieser Temperatur dehnen sich die Gase also nicht weiter aus.

Bildung von Wasserdampf
Bei 100 °C verdampft ein Teil des Teigwassers.
Durch die fortlaufende Neubildung von Wasserdampf stehen die Gebäckstücke während der gesamten Backzeit unter ständigem Dampfdruck.

Wenn die ausgebackenen Hefegebäcke aus dem Ofen heraus genommen werden, „setzen" sie sich etwas, d.h. sie verlieren an Höhe, an Rundheit der Form sowie an Volumen. Die Volumeneinbuße liegt zwischen 5 und 10%.

Das „Absetzen" (Volumeneinbuße) ist bedingt durch …

❐ … den Wegfall des Dampfdrucks.
Sobald das Gebäck den Ofen verlässt, sinkt die Innentemperatur unter 100 °C ab, der vorhandene Wasserdampf kondensiert; es bildet sich kein Wasserdampf mehr.

❐ … die geringe statische Belastbarkeit der noch heißen Krume.
Die weichen, weil noch heißen Porenwände sinken nach dem Wegfall des Dampfdrucks etwas in sich zusammen.

7 Ausbacken und Fertigstellen von Hefekuchengebäcken

Die ausgebackenen Gebäckstücke müssen je nachdem im ofenheißen Zustand abgestrichen werden oder aber sie müssen erst auskühlen und können sodann glasiert oder mit Zucker bestreut bzw. überpudert werden.

7.1 Abstreichen mit Wasser oder Stärkekleister

Im noch ofenheißen Zustand werden Hörnchen, Flechtgebäcke, Stollen, Weckmänner u.a. mit Wasser oder mit dünnflüssigem Stärkekleister abgestrichen: dadurch wird die Gebäckoberfläche glänzend.

Die unter der Einwirkung der Ofenhitze in der Gebäckkruste entstandenen Dextrine werden durch das Wasser kolloidal gelöst (= Gelbildung) und bilden eine leimartige, glänzende Schicht.

Das gilt nicht für Gebäcke, die mit Ei abgestrichen wurden.

Verkleisterte Stärke bildet nach dem Erkalten ebenfalls eine solche glänzende Schicht.

7.2 Glasieren

Hefegebäcke werden häufig mit Fondantglasur überzogen. Für bestimmte Gebäcke kann auch Puderzuckerglasur verwendet werden.

7.2.1 Glasieren mit Fondantglasur

Aprikotieren

- Im noch ofenwarmen Zustand werden Plundergebäcke und andere Hefe-Kleingebäcke mit heißer Aprikosenkonfitüre überstrichen.
- Danach müssen die Gebäckstücke auskühlen, damit die Aprikotur zur Gallerte erstarrt.
  Die erstarrte Aprikotur bildet eine Isolierschicht zwischen Gebäckkruste und Glasur.

Glasieren

- Der Fondant darf nur bis zur Bluttemperatur (37 °C) erwärmt werden.
  Bei höheren Temperaturen würden die Zuckerkristalle gelöst.
  Beim anschließenden Abkühlen kristallisieren sie zu regelmäßiger, lichtdurchlässiger Anordnung aus; dadurch büßt der Fondant seine weiße Farbe ein und wird glasig.
- Der Fondant darf nur auf Gebäckstücke aufgetragen werden, die zuvor mit gekochter Aprikosenmarmelade bestrichen wurden (= Aprikotieren).
  Sonst „stirbt der Fondant ab", d.h. er verliert seinen Glanz.
  Das kommt daher, dass die trockene und somit saugfähige Gebäckkruste dem Fondant einen Teil des Wassers entzieht. Das führt zur Bildung von groben Zuckerkristallen; die Oberfläche wird rauh und reflektiert die Lichtstrahlen nicht mehr regelmäßig geordnet, sondern zerstreut („dispers").

7.2.2 Glasieren mit Puderzuckerglasur

Gebäcke, deren Oberfläche keinen Glanz haben soll, können mit Puderzuckerglasur bestrichen werden.

Die Glasur kann vom Bäcker selbst hergestellt werden, indem er 5 Teile Puderzucker mit einem Teil Wasser verrührt. Der Zucker wird erst nach einigen Stunden vollständig gelöst; am besten soll die Glasur über Nacht abstehen.

Glasieren

- Die Glasur soll auf die noch warmen Gebäckstücke aufgetragen werden.
  Durch die Wärme trocknet sie bald aus.
  Sie erhält jedoch keinen Glanz, stirbt leicht ab und bildet eine harte, weiße Zuckerkruste.

7.3 Zuckern

Darunter versteht man ...

... das Übersieben mit Puderzucker.
  Beispielsweise Christstollen; diese werden zuvor mit Butter getränkt.
  Ferner können Berliner und bestimmte Blechkuchen, Stollen sowie Plundergebäcke mit Puderzucker übersiebt werden.

... das Wälzen von z. B. Berlinern in Kristallzucker.

... das Bestreuen von z. B. Flechtgebäcken und Taschen mit Hagelzucker.
  Der Zucker muss auf das frisch abgestrichene Gebäck aufgestreut werden, damit er haftet.

8 Qualitätsanforderungen

> Die meisten Erzeugnisse aus Hefeteig schmecken am besten, wenn sie frisch sind, Plunderteilchen sogar im noch warmen Zustand.

Das hat folgende Ursachen:

- Hefegebäcke haben in Folge der intensiven Lockerung eine besonders großporige Oberfläche der Krume.
- Über diese insgesamt riesengroße Oberfläche der hauchdünnen Porenwände können alle vorhandenen Geruchsstoffe sehr schnell an die Luft abgegeben werden; beim Kauen werden die Geschmacksstoffe sofort deutlich schmeckbar.
- Im warmen Zustand werden die Aromastoffe besonders schnell von der Luft aufgenommen; daher riechen Ofenfrische Gebäcke besonders intensiv.

> Schon nach wenigen Stunden verlieren Hefegebäcke einen Teil ihrer Frische, mit fortschreitender Lagerung werden sie altbacken, d.h. trocken und hart.

Das hat folgende Ursachen:

- Die Krume von Hefegebäcken enthält einen hohen Anteil an Wasser; nur bei schweren Hefegebäcken ist ein höherer Anteil an Fett gegeben.
- Über die große Oberfläche der Krume kann das Wasser entsprechend schnell verdunsten. Hefegebäcke trocknen daher schnell aus.

- ❏ Mit dem verdunstenden Wasser entweichen auch alle wasserlöslichen Duftstoffe; der Geschmack des trockenen Hefegebäcks ist aromaärmer.
- ❏ Mit fortschreitender Austrocknung wird die Krume härter, bedingt durch Veränderungen der Stärke (Retrogradation; s. Bd. 1, S. 163); trockene Hefegebäcke schmecken „strohig".

Hefegebäcke sollen deshalb frisch verzehrt werden.

9 Qualitätserhaltung

Der Bäcker kann das Austrocknen und die damit verbundenen Nachteile durch folgende Maßnahmen mindern:

Glasieren

Die Gebäckoberfläche wird isoliert und so vor dem Austrocknen geschützt.

Füllen

Füllungen enthalten meist Wasser und/oder Fett; dies dient als Flüssigkeitsreservoir, aus dem die Austrocknungsverluste ersetzt werden können.

Mit heißer Butter bestreichen

Die äußeren Stärkeschichten saugen das Fett auf; da Fett nicht verdunstet, bildet es gleichzeitig eine Isolierschicht und verhindert bzw. verzögert das Austrocknen.

Fettreiche Hefegebäcke, z. B. schwere Stollen, Napfkuchen, Dänischer (Kopenhagener) Plunder, sind vom Austrocknen weniger bedroht und daher länger lagerfähig.

Besonders fett- und zutatenreiche Hefegebäcke, z. B. Christstollen, erhalten ihren vollen Genusswert erst nach einigen Tagen oder Wochen.

> **Erklärung**
>
> Die in den Früchten (Zitronat, Sultaninen u.a.) und Füllungen (z. B. Marzipan) konzentriert enthaltenen Geschmacksstoffe werden mit Hilfe der Saugkraft der Stärke langsam, aber stetig „herausgezogen" und über die große Oberfläche der Poren verteilt.
>
> Für unseren Gaumen sind sie dadurch sofort voll schmeckbar, während sie zuvor nur auf wenige Stellen konzentriert waren – nämlich in den Früchten; der übrige Teil der Krume schmeckte relativ leer.

Falls fett- und zutatenreiche Hefegebäcke länger gelagert werden sollen, kann man sie verpacken oder aber tiefgefrieren.

Verpacken

Durch das Einpacken bzw. Umschließen mit geeignetem Verpackungsmaterial wird das Gebäck weitgehend von der umgebenden Luft isoliert.

Das hat zur Folge, dass das Gebäck:
- nicht so schnell austrocknet,
- weniger Aromastoffe verliert,
- weniger Luftfeuchtigkeit aufnehmen kann,
- vor Keimbefall und vor Verschmutzung geschützt ist.

Ferner dient die Verpackung der Portionierung und Transportfähigkeit sowie auch für werbliche Zwecke.

Auf der Verpackung müssen ferner Zutatenliste und die übrigen nach der Fertigpackungs-Verordnung vorgeschriebenen Angaben enthalten sein.

Bei luftdichten Verpackungsmaterialien kann auch die sauerstoffhaltige Luft entzogen und dafür Kohlendioxid zugesetzt werden. Dadurch wird das Ranzigwerden (= Oxidation von Fetten) sowie die Schimmelbildung erschwert; letzteres besonders auch dann, wenn gleichzeitig eine Sterilisation der verpackten Backwaren durch Erhitzung (bis zur Kerntemperatur von ca. 80 °C) erfolgt.

Tiefgefrieren

Geeignet zum Tiefgefrieren[1] sind nur fettreichere Gebäcke.

Bei fettärmeren Gebäcken (vgl. Frosten von Brötchen) splittert die Kruste nach dem Auftauen ab.

Gebäcke aus leichtem Hefeteig können ohne wesentlichen Qualitätsverlust bis zu 6 Tage tiefgefroren werden, Gebäcke aus schweren Hefeteigen sind länger lagerfähig.

Ungeeignet zum Frosten sind:
- ❏ Gebäcke mit wasserhaltigen Auflagen (z. B. Obstkuchen) und Füllungen (z. B. Kremteilchen).

  Das Obst wird durch das Frosten in Folge der Zerstörung der Zellwände unansehnlich.

  Die Krems (= verkleisterte Stärke) verlieren einen Teil ihres Wasserbindevermögens.

---

[1] Die Technik des Tiefgefrierens ist im Band 1 beschrieben.

❐ Glasierte Gebäcke
Die Glasur „stirbt ab".
In Folge der Eiskristallbildung geht das homogene Gefüge der Zuckerlösung verloren; ein Teil des Zuckers wird wieder kristallförmig.
Die Glasur wird unansehnlich.
Beim Auftauen schlägt sich Luftfeuchtigkeit als Kondenswasser nieder. Beim anschließenden Erhitzen im Ofen wird ein Teil des Zuckers gelöst. Die Glasur wird dadurch schmierigglanzlos.

10 Herstellen einzelner Erzeugnisse aus Hefeteig

10.1 Gebäcke aus leichtem Hefeteig

Dazu zählen:

- Hörnchen
- Zöpfe
- Weckmänner u.a. **Formgebäcke**
- Stuten
- Schnecken
- Kränze u.a. **Flechtgebäcke**
- Stütchen
- Taschen u.a. **Kaffeegebäcke**

Diese Gebäcke müssen täglich frisch hergestellt werden (= tägliche Frischgebäcke).
*Wegen des geringen Fettanteils sind sie zum Frosten nicht geeignet.
Sie werden sehr bald altbacken.*

- Ferner stellt man aus leichtem Hefeteig **Zwieback** her.

Gefüllte Hefekleingebäcke

Abb. 1: Gefüllte Hefekleingebäcke

Rezeptbeispiel
(Kilorezept für leichten Hefeteig)

1000 g	Weizenmehl (Type 550)
500 g	Milch
150 g	Fett
120 g	Zucker
50 g	Hefe
15 g	Kochsalz
	Gewürze/Aromen

Füllungen dazu (zwei Beispiele):

Mohnfüllung

❖ Gemahlenen Mohn mit gesüßter, kochender Milch überbrühen.

❖ Zur geschmacklichen Verbesserung können Zitronat, Orangeat, Rosinen, Persipan-/Marzipanrohmasse, Gewürze sowie Alkohole (Rum, Maraschino u.a.) zugesetzt werden.

❖ Die Mohnmasse kann auch mit Vanillekrem abgebunden oder aber mit Eiern oder Fett streichfähig gemacht werden.

Vanillekrem

❖ 1000 g Milch
   150 g Zucker
   100 g Eigelb
   80 g Krempulver
   Kochsalz, Vanille

werden in einem Kupferkessel unter ständigem Rühren zum Kochen gebracht.

❖ Der gut durchgekochte Krem wird zum Erkalten auf ein Weißblech geschüttet und vor dem Füllen entsprechend abgeschmeckt.

Verfahrensweise

Teigtemperatur: 28 – 30 °C

Teigbereitung:

➢ Intensive Teigknetung, bis sich der Teig vom Kesselrand der Teigknetmaschine „ballenartig" abhebt bzw. von der Hand „löst".

1. Zwischengare:

➢ Den Teig abstehen lassen, bis er um etwa die Hälfte seines Volumens zugenommen hat (= halbe Gare).

Aufarbeitung:
- Kurzes Durchwirken und Zusammenschlagen des Teiges.
- Abwiegen der Teigstücke; rund- und langwirken.

2. Zwischengare:
- Die Teiglinge „kurz anspringen" lassen (= sichtbare Volumenzunahme).

Aufarbeitung:
- Formen der Teiglinge, z. B rollen, stoßen, flechten, schleifen, überschlagen, einschlagen schneiden.
- je nachdem füllen.

Stückgare:
- Die aufgearbeiteten Teiglinge bei warmer (40 – 50 °C) und feuchter Atmosphäre (Gärraum) bis zur Zweidrittel Gare antreiben lassen.

Backen:
- bei 210 bis 230 °C mit Schwaden.

Dekor:
- Je nachdem aprikotieren, glasieren, mit Puderzucker abstauben, mit Zucker oder Mandelsplitter bestreuen mit Butter bestreichen (= „buttern","), mit Läuterzucker tränken, füllen u.a.

Zwieback

Zwieback kann in verschiedenen Sorten und Qualitätsstufen hergestellt werden:

Einfacher Zwieback (Haushaltszwieback)
Auf 100 g Mehl kommen etwa 10 Teile Zucker und 6 Teile Fett.

Nährzwieback
Auf 100 g Mehl kommen mindestens je 10 Teile Butter und Vollei oder 3,5 Teile Eigelb.
Als Teigflüssigkeit ist nur Vollmilch zulässig.

Eierzwieback
Auf 100 g Mehl kommen mindestens 20 Teile Vollei oder 8 Teile Eigelb.

Butterzwieback
Auf 100 g Mehl kommen mindestens 10 Teile Butter, andere Fette sind nicht zulässig.

Zwieback mit Aufstrich
Beispielsweise mit Marzipan oder Schokoladenglasur.

Gewürz- oder **Kräuterzwieback**
Enthält besonders würzende Zusätze, z. B. Aniszwieback.

Zwieback zeichnet sich aus:

❖ Durch besondere Feinporigkeit.
Das kann erreicht werden durch Hefeansatz, intensive Knetung und knappe Gärführung.

❖ Durch gute Rösche und mürbe Krumenbeschaffenheit.
Voraussetzung dafür sind besondere Feinporigkeit sowie Zusatz von Eigelb oder anderen Emulgatoren.

❖ Durch sehr lange Haltbarkeit.
Der Wasseranteil liegt bei unter 10% in Folge des Röstens. Wegen seiner stark Wasser anziehenden Beschaffenheit muss Zwieback luftdicht verpackt werden.

❖ Durch einwandfreie Form.
Zwieback neigt dazu, sich beim Rösten zusammenzuziehen (= Taillenbildung); und zwar um so mehr:
– Je dicker die Kruste ist (die trockene, saugfähige Kruste entzieht der Krume das Wasser; dabei gerät sie unter hohe Spannung).
– Je grobporiger die Krume ist (grobe Poren können der Saug-Spannung weniger Widerstand entgegesetzen.)

Rezeptbeispiel (Literrezept für Zwieback)
Ansatz (Vorteig):
  1000 g Milch
  1250 g Weizenmehl
   150 g Hefe
Teig:
   200 g Zucker
   200 g Eier
   150 g Fett
    30 g Kochsalz
  1250 g Weizenmehl

Verfahrensweise

Ansatzführung
- Warm, ca. 35 °C; bis zum Doppelten des Volumens garen lassen

Teigbereitung
- Intensive Teigknetung; Teigtemperatur ca. 28 °C

Zwischengare
- Teig nur kurz „anspringen" lassen

Aufarbeitung
- Abwiegen, rundwirken, langwirken;
- Teigstränge auf Bleche oder in Kastenform absetzen, evtl. mit besonderen Hauben abdecken.

Stückgare
- Bei Zimmertemperatur bis zur ganz knappen Gare, auf keinen Fall im Gärschrank.
  Durch die knappe Gärführung entstehen nur kleine Poren. Das ist die Voraussetzung dafür, dass die Krume nach dem Rösten nicht zu sehr splittert.

Backen
- Bei 220 bis 230 °C

Aufschneiden
- Nach vollständigem Auskühlen (24 Stunden) werden die strang- oder kastenförmigen Gebäcke in etwa 6 mm breite Scheiben geschnitten und auf besondere Lochbleche oder Gitter abgelegt.

Rösten
- Bei 150 bis 160 °C
- Der Zwieback muss von beiden Seiten gleichmäßig geröstet werden. Falls die Scheiben auf normalen Backblechen erhitzt werden, muss man sie zwischenzeitlich umdrehen.

Verpacken
- Erst nach völligem Erkalten in luftdichte, geschlossene Dosen oder Papiertüten füllen.
- Im noch warmen Zustand ist Zwieback auf Grund des hohen Anteils an Röstprodukten besonders wasseranziehend und nicht trocken verpackbar.
- Bei trockener, luftgeschützter Lagerung ist Zwieback lange lagerfähig.

Plundergebäcke
(Gebäcke aus gezogenem Hefeteig)

Aus gezogenem Hefeteig (= Plunderteig) werden vorwiegend hergestellt:

- **Kaffeegebäck** (Plunderteilchen)
- **Croissants** (aus zuckerarmem Hefeteig)
- **Zöpfe**
- **Kränze**
- **Stangen**

Abb. 1: Kaffeeteilchen aus Plunderteig

Qualitätsanforderungen:

❖ Blättrig-schichtige Krustenbeschaffenheit
   Das ist die Folge des Einziehens von Ziehfett in den Hefeteig zu zahlreichen Teig-Fett-Schichten (Tourieren).

❖ Besonderer Wohlgeschmack
   Dieser beruht darauf, dass sowohl die geschmacklichen Vorzüge der Hefe als auch des hohen Fettanteils („Fett ist Hauptgeschmacksstoffträger") gegeben sind.

❖ Längere Frischhaltung
   Der hohe Fettanteil schließt ein schnelles Altbacken werden aus.

Rechtliche Vorschriften

Plunder (deutscher Plunder)
enthält mindestens 30 kg Butter oder anderes Ziehfett je 100 kg Mehl bzw. Getreideerzeugnisse.

Dänischer Plunder (Kopenhagener)
enthält mindestens 60 kg Butter oder anderes Ziehfett je 100 kg Mehl bzw. Getreideerzeugnisse.

Ein Teil dieses Fettes ist im Hefeteig enthalten. Der Zusatz an Ziehfett wird vom Bäcker oft je kg Hefeteig berechnet. Je nach dem Fettanteil wird der Teig wärmer oder kühler geführt und unterschiedlich touriert:

❐ **Deutscher Plunder:**
je kg Hefeteig 150 – 200 g Butter
warme Führung (25 – 28 °C)
zwei bis drei einfache Touren

❐ **Dänischer Plunder (Kopenhagener):**
je kg Hefeteig 300 – 500 g Butter
kältere Führung (15 – 20 °C)
drei einfache und eine doppelte Tour

Die unterschiedliche Temperaturführung des Hefeteiges ist aus folgenden Gründen notwendig:

❐ Bei deutschem Plunder mit geringem Ziehfettanteil wird die Teiglockerung vorwiegend durch die Hefegärung bewirkt; dazu sind warme Temperaturen erforderlich.

❐ Bei den schweren, fettreichen Plunderarten beruht die Teiglockerung zu einem erheblichen Teil auf dem Blätterungseffekt (Wasserdampfbildung in den zahlreichen Teigschichten; s. S. 268).

❐ Ferner ist eine kühle Teigführung bei schweren Plunderteigen deshalb besonders wichtig, damit das Ziehfett nicht weich wird, sondern etwa die gleiche Festigkeit besitzt wie der Teig.
Bei unterschiedlicher Festigkeit von Teig und Ziehfett lässt sich keine fehlerfreie Schichtung erzielen, weil der festere Teil den weicheren Teil zerdrückt.

❐ Von der Temperatur des Hefeteiges ist auch die Dauer der Teigruhe abhängig:
 – Deutscher Plunder   Teigruhe etwa 30 Minuten
 – Dänischer Plunder (Kopenhagener) Teigruhe etwa 40 – 60 Minuten

Verfahrensweise

Vorbereitung
➤ Es werden die gewünschten Anteile an leichtem Hefeteig (s. Rezept S. 241) und Ziehfett abgewogen und bereitgestellt; z. B. für deutschen Plunder:
1000 g Hefeteig, 200 g Ziehfett.

Tourieren zum Plunderteig
➤ Hefeteig rechteckig ausrollen, das Ziehfett als Platte bis zur Hälfte auflegen.

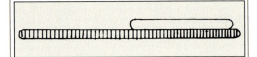

➤ Die freie Teighälfte darüber schlagen; Teig an den Seiten andrücken.

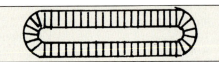

➤ Teig ausrollen.

➤ Mehl abfegen und Teig zur ersten Tour zusammenlegen; das ergibt drei Teig-Fett-Teig-Schichten.

➤ Bei Verwendung von Butter als Ziehfett soll der Teig nach jeder Tour etwa 5 Minuten im Kühlschrank oder Froster abkühlen und entspannen, nach der letzten Tour etwa 30 Minuten.

Aufarbeiten
➤ Ausrollen auf die gewünschte Flächengröße.

➤ Den Teig sodann kurz von der Tischplatte schlagartig abheben (= „lösen" oder „lockern"), sodass Luft darunter kommt.
Dadurch wird verhindert, dass der Teig sich nach dem Schneiden wieder zusammen zieht (= schnurren).

➤ Einteilen der Teigfläche in die gewünschten Größen; schneiden mit scharfem Messer;

➤ formen,
z. B. zu Taschen, Ecken, Schnecken, Brezeln, Hörnchen, Kämmchen, Windmühlen, Krawatten; ferner zu Zöpfen und Kränzen;

10 Herstellen einzelner Erzeugnisse aus Hefeteig

- füllen,
z. B. mit Mandel-, Nuss-, Marzipan-, Mohn-, Quark-, Fruchtfüllungen u.a.; ferner mit Vanillekrem, Sultaninen, Orangeat und Marmelade;
Plundergebäcke erhalten ihre Bezeichnung meist nach den als Füllung vorwiegend verwendeten Zutaten, z. B. Aprikosentaschen, Nusshörnchen, Krembrezeln u.a.)
- abstreichen mit Ei; dabei darf die Schnittfläche nicht mit Ei oder Füllung verschmiert werden, da das Gebäck sonst nicht mehr gleichmäßig hochzieht.

Stückgare
- Deutscher Plunder
bis zur halben bis Dreiviertel-Gare
- Dänischer (Kopenhagener) Plunder
nur bis zur ganz knappen Gare (durch die zur Gare erforderliche Wärme würde der hohe Fettanteil schmelzen und die Schichtung schädigen und damit die Blätterung beeinträchtigen).

Backen
- bei ca. 220 °C.

Dekor
- Aprikotieren und mit gut abgeschmecktem Fondant dünn glasieren,
oder
mit fester gehaltenem Fondant überspritzen,
oder
mit gehobelten, gerösteten Mandeln bestreuen und mit süßem Schnee überziehen;
- mit heißer Butter bestreichen und mit Kristallzucker bestreuen.
Bei Dänischem bzw. Kopenhagener Plunder darf nicht zu heiß aprikotiert werden, da das Gebäck sonst nicht blättrig/knusprig bleibt, sondern weich wird.

Frosten
☐ Plunder kann sowohl als fertiges Gebäck, zweckmäßiger aber noch als Teiglinge auf Vorrat hergestellt und dann eingefrostet werden.
☐ Die Teiglinge sollen nicht zu lange im Froster aufbewahrt werden, weil durch die Luftumwälzung im Froster dem Teig Wasser entzogen wird, das führt zur Hautbildung und zum Abblättern der Gebäckoberfläche.

☐ Die Teiglinge, die dem Froster entnommen werden, müssen zunächst vollständig auftauen, ehe sie im Gärschrank auf Gare gestellt werden. So erzielt man aus auf Vorrat hergestelltem Plunderteig ein ofenfrisches Gebäck.

10.2 Gebäcke aus leichtem Hefeteig mit Eianteil (geschlagener Hefeteig)

Aus geschlagenem Hefeteig werden vorwiegend Pfannkuchen hergestellt, ferner Brioches; letztere zählen jedoch wegen des hohen Fettanteils zu den schweren Hefeteigen.

Berliner
Sie werden hergestellt aus einem leichten, eihaltigen, sehr weich geführten, geschlagenen Hefeteig.

Qualitätsanforderungen
- ❖ Besonders feinporige, lockere und zarte Krume.
Sie wird erzielt durch das mehrmalige „Schlagen" des Teiges sowie durch den hohen Eianteil.
- ❖ Der charakteristische weiße Rand („Kragen").
Er entsteht nur bei besonders gut gelockerten Gebäcken, weil diese nicht bis zur vollen Hälfte in das Siedefett eintauchen.
- ❖ Der besondere, typische Geschmack.
Das beruht sowohl auf dem hohen Eianteil als auch auf der feinporigen Lockerheit, ferner am Fettanteil in Folge des Siedens in Fett (Berliner „ziehen" Fett).

Abb. 1: Berliner

Rezeptbeispiel
(Kilorezept)

1000 g	Weizenmehl
300 g	Milch
250 g	Ei (= 5 Stück)
120 g	Fett
120 g	Zucker
80 g	Hefe
15 g	Kochsalz
	Zitrone, Vanille, Macis

Verfahrensweise

Teigbereitung
➢ Tüchtiges „Durchschlagen" bzw. „Glattschlagen" des Teiges,
➢ Teigtemperatur ca. 28 °C.

Zwischengare
➢ Teig insgesamt dreimal kurz „anspringen" lassen und jeweils, sobald er angetrieben ist, zusammenschlagen.
Dadurch wird die Zahl der Poren vermehrt (vgl. Bd. 1, S. 259); in Folge der feineren Porung erhält der Teig auch einen besseren Stand. Das ist die Voraussetzung dafür, dass die Berliner beim Backen hochziehen und ihren charakteristischen weißen Rand erhalten.[1]

Aufarbeiten
➢ Abwiegen, rundwirken, pressen, teilen, rundschleifen.[2]
➢ Ballen mit dem „Schluss" nach unten absetzen, möglichst auf Holzdielen, die mit leicht gefettetem Backpapier ausgelegt sind. (An Ballen, die auf bemehlte Tücher gesetzt wurden, haften noch Mehlschichten an, die im Fett verbrennen und so das Fett verunreinigen und dunkel werden lassen.)
➢ Ballen etwas flachdrücken und mit einem Tuch zur Vermeidung von Hautbildung abdecken.

Stückgare
➢ Im nicht zu warmen Gärschrank bei feuchter Atmosphäre bis etwa zur Zweidrittel-Gare.

Backen
➢ Schwimmend im heißen Fett (Siedefett) bei 180 °C.
➢ Ballen mit dem Schluss nach oben in das Fett setzen; Fettpfanne mit dem Deckel verschließen.
Der entstehende Schwaden verbleibt in der Fettpfanne; dadurch können die Berliner besser „aufgehen".
➢ Nach deutlich sichtbarer Volumenvergrößerung einen Berliner versuchsweise umdrehen: falls die Unterseite die gewünschte Bräunung zeigt, die übrigen Berliner drehen.
➢ Die Berliner werden noch zweimal gedreht, sodass sie von beiden Seiten je zweimal gebacken werden.
Dadurch erzielt die Kruste eine gleichmäßige Härte; sie bleibt glatt und fällt nach dem Backen nicht zusammen.
➢ Vor dem Herausnehmen aus der Fettpfanne Ballen etwa 20 Sekunden lang bis über den weißen Rand in das Fett drücken.
So wird auch die sonst weiße und weiche Randschicht leicht angebacken und dabei soweit verhärtet, dass sie nicht zusammenfällt.

Dekor
➢ Zuckern: die noch heißen Berliner mit Kristallzucker bestreuen; dabei soll der weiße Rand frei bleiben.
Mit Puderzucker abgestaubte Berliner sehen „industriemäßig" aus.
➢ Aprikotieren und Glasieren: es soll sowohl der weiße Rand sauber bleiben wie „Nasenbildung" (= abgelaufener Fondant) vermieden werden.

Brioches

Brioches sind französische Frühstücksgebäcke aus geschlagenem Hefeteig.

Qualitätsanforderungen
❖ Die typische Gebäckform.
❖ Der durch den Ausbund erzielte Farbkontrast in der Kruste.
❖ Die besonders lockere Krume.
❖ Der darauf und auf dem hohen Fettanteil beruhende typische Geschmack.
❖ Die trotz des hohen Fettanteils gegebene leichte Bekömmlichkeit die auf besonderer Lockerheit beruht.

---

[1] Durch das „Hochziehen" vergrößert sich das Volumen der Ballen. Je größer das Volumen, um so höher ragt der Ballen aus dem siedenden Fett heraus, um so breiter wird also der weiße Rand.

[2] Berliner erst nach dem Backen füllen: Das Einfüllen von Konfitüre in den Teigling setzt große Sorgfalt voraus; das würde zu großem Zeitaufwand führen.

Abb. 1: Brioches

Rezeptbeispiel
(ergibt 70 Gebäcke zu je etwa 50 g Gewicht)

Ansatz
- 1000 g Weizenmehl
- 800 g Milch
- 80 g Hefe

Teig
- 1500 g Fett
- 800 g Eier
- 150 g Zucker
- 35 g Kochsalz
- 1000 g Weizenmehl

Verfahrensweise
➤ Brioche-Teig muss wegen des hohen Butteranteils mit Ansatz geführt werden (vgl. S. 228).

➤ Der Teig wird auf die gleiche Weise behandelt, wie bei Berlinern dargestellt.

Aufarbeiten
➤ Gepresste Teiglinge rundstoßen; dabei zu einem Drittel kopfförmig mit dem Handballen abschleifen.

Abb. 2: Formen von Brioches

➤ Geformte Teiglinge in leicht gefettete, bemehlte, evtl. mit Zimt abgestaubte Rundförmchen setzen und mit Ei abstreichen.

Stückgare
➤ Bis zur knappen Gare; bei zu starker Gare würde das Köpfchen schief umkippen; der erwünschte Ausbund würde nicht erzielt.

Backen
➤ bei 220 °C im Ofen.

Brioches-Teig kann – wie Berliner Teig – schon am Vortag bereitet werden; dabei sollte man den Ansatz kalt führen.

Abb. 3: Verschiedene Blechkuchen: Apfel-Streuselkuchen, Pflaumenkuchen, Aprikosenkuchen, Kirsch-Streuselkuchen (vlnr.)

10.3 Gebäcke aus mittelschwerem Hefeteig (Blechkuchen)

Dazu zählen:

- **Obstkuchen** (Pflaumen-, Apfel-, Aprikosen-, Kirsch-, Stachelbeerkuchen u. a.)
- **Quarkkuchen**
- **Mohnkuchen**
- **Nuss-Schnitten**
- **Streuselkuchen**
- **Bienenstich**
- **Butterkuchen**

Rezeptbeispiel
(Kilorezept)

1000 g	Weizenmehl
400 g	Milch
200 g	Fett
120 g	Zucker
150 g	Ei (= 3 Stück)
60 g	Hefe
25 g	Kochsalz
	Zitrone

Verfahrensweise

Teigbereitung
- Intensive Teigknetung; Teigtemperatur ca. 28 °C.

1. Zwischengare
- Teigruhezeit bis zur halben Gare.

Aufarbeitung
- Abwiegen, rundstoßen; Langwirken der Teiglinge
  In der lang gewirkten Form ist der Teig beim folgenden Ausrollen besser zu handhaben.

2. Zwischengare
- Lang gewirkte Teiglinge in weiterer Ruhepause „kurz anspringen" lassen.

Aufarbeitung
- Angetriebene Teigstücke leicht „zusammenschlagen".
- Ausrollen der Teigstücke; darauf achten, dass der Teig gleichmäßig dick gerollt wird.
- Ausgerollten Teig auf gefettete oder mit Backpapier ausgelegte Bleche bis zu den Ecken hin auslegen.
- Ausgerollten Teig mit Hilfe einer Stipprolle oder Gabel „stippen", um Gasblasen zu entfernen.
- Füllungen auflegen (s. S. 235).

Stückgare
- Blechkuchen sollen im Gärschrank bis etwa 50 °C „flott" bis etwa zur halben Gare antreiben.
  Zu volle Gare führt zu grobporigem Gebäck, das schneller austrocknet.

Backen
- bei 210 – 230 °C.
- Je nach Art des Blechkuchens muss unterschiedlich hohe Ober-/Unterhitze gegeben werden (siehe bei einzelnen Blechkuchen).

Ausbacken
- Ob der Blechkuchen ausgebacken ist, stellt man durch Überprüfung der Festigkeit sowie der Bräune von Belag und Boden fest.
- Der ausgebackene Blechkuchen soll auf Gitter gesetzt werden, damit er nicht „schwitzt" und nicht feucht wird.
  Durch Belüftung von unten wird verhindert, dass das verdunstende Wasser an der Gebäckunterseite sofort wieder kondensiert.

Obstkuchen

Abb. 1: Gedeckter Kirschstreusel

Besonderheit der Herstellung von Obstauflagen:

Obstauflagen können auf folgende Weise verschieden aufgetragen werden:

- als offene Auflagen, z. B. für Pflaumenkuchen,
- als Obstauflage mit Gitter oder „Riemchen" abdecken, z. B. für Apfelkuchen.
- als Obstauflage mit Eier- oder Kremmasse überstrichen oder mit Streusel und/oder Mandeln bestreut, z. B. für Kirschkuchen.
- als Obstauflage, die erst nach dem Backen mit abgebundenem Obstsaft (Jus) bzw. mit Obststückchen aufgetragen (abgedeckt) wird, z. B. Heidelbeerkuchen.

Verfahrensweise

Auftragen der Obstfrüchte

- Obstfrüchte auf Teigtemperatur erwärmen (ca. 28 °C); gut abgelaufene Früchte verwenden.
- Unter den Hefeteig sollte ein Viertel des Anteils an Mürbeteig untergearbeitet werden.
  Dadurch wird der Geschmack des Bodens verbessert, vor allem aber weicht der Gebäckboden später nicht so schnell auf.
- Die Obstfrüchte und eventuelle Zusätze auf den knapp angesprungenen Hefeteig auflegen, bei wasserreichen Früchten, z. B. Pflaumen, sollte auf den Teig zuerst Biskuit aufgelegt oder Brösel aufgestreut werden.

Stückgare

- Den Teig bis zur Dreiviertel-Gare antreiben lassen.
  Bei Zusatz von Mürbeteig dauert die Stückgare länger, weil der höhere Fettanteil eine garverzögernde Wirkung hat.

Backen

- bei 210 – 220 °C;
  bei besonders wasserreichen wie bei offen aufgelegten Früchten ist höhere Oberhitze nötig.

Abb. 1: Sächsische Eierschnecke

Verfahrensweise

Auftragen der Quarkfüllung

- Die Quarkfüllung auf ca. 28 °C erwärmen (= Teigtemperatur).
- Die erwärmte Füllung vorsichtig auf den zur halben Gare angetriebenen Hefeteig mit Winkelpalette gleichmäßig auftragen.
  Eine kalte Füllung würde bewirken, dass der Hefeteig zusammenfällt und „speckig" wird.

Backen

- Der Quarkkuchen wird bei 210 °C mit etwas niedrigerer Oberhitze gebacken.

Quarkkuchen

Besonderheit der Herstellung von Quarkfüllungen:

Quarkfüllungen …

- … bereitet man durch Passieren von Quark mit Eiern, Zucker, Milch, Sahne, Gewürzen sowie Weizen- oder Krempulver,
- … enthalten mindestens 15 kg Speisequark auf 100 kg Masse,
- … können in vielen Variationen hergestellt werden.

Beispiel:
„Sächsische Eierschnecke"

- Eine Mischung aus gleichen Teilen Butter, Eiern und Marzipan wird zusammen mit Gewürzen stark schaumig gerührt und mit einem Spritzbeutel mit kleiner Lochtülle aufgespritzt.

Streuselkuchen

Besonderheit der Herstellung von Streusel:

- Die Gebäckqualität von Streuselkuchen wird vor allem durch die Güte des Streusels, z. B. Butterstreusel, bestimmt.
- Verbesserungen des Geschmacks können ferner erzielt werden z. B. durch Aufstreichen von Marzipan auf den Hefeteig oder durch Bestreuen des Streusels mit Vanillezucker.

Abb. 2: Streuselkuchen

Rezeptbeispiel
(für Streusel):
- 500 g Fett/Butter
- 500 g Zucker
-         Gewürze
- 750 g Weizenmehl

Verfahrensweise

➢ Den sorgfältig ausgerollten Hefeteig mit angewärmter Milch dünn bestreichen; so haftet der Streusel besser an.

➢ Den Streusel gleichmäßig auflegen.

➢ Den Teig bis zur Zweidrittel-Gare abstellen.

➢ Backen bei 220 °C mit gleicher Ober- und Unterhitze.

Bienenstich

Abb. 1: Bienenstich

Besonderheit der Herstellung von Bienenstichmasse:

❖ Bienenstichmasse wird aus etwa gleichen Anteilen Zucker, Honig, Sahne sowie aus gehobelten Mandeln zubereitet.

❖ Der Anteil der Ölsamen (Mandeln) in der Bienenstichmasse beträgt mindestens 30%.

❖ Der Anteil der Bienenstichmasse macht mindestens ein Fünftel (20%) des Gebäcks aus.

Rezeptbeispiel
(Bienenstich-Röstmasse):
- 450 g Zucker
- 450 g Honig
- 450 g Sahne
- 650 g gehobelte Mandeln
- 2000 g Bienenstichmasse

Verfahrensweise

➢ Die Rohstoffe werden gemischt und bis zum starken Faden zu einer Röstmasse gekocht.

➢ Die noch warme Röstmasse wird auf den frisch ausgerollten Hefeteig aufgestrichen.

➢ Die Stückgare erfolgt im Gärschrank bis zur halben Gare.

➢ Der ausgekühlte Kuchen wird aufgeschnitten und erhält eine Füllung, meist aus leichtem Vanillekrem (s. S. 241) oder aus Sahnekrem (s. S. 326).

Butterkuchen

Abb. 2: Butterkuchen

Besonderheit der Herstellung

Butterkuchen erhält seine charakteristische Beschaffenheit und seinen besonderen Wohlgeschmack durch:

❖ das Zerfließen und Eindringen der Butter in die Gebäckkrume,

❖ das Karamelisieren des aufgestreuten Zuckers,

❖ das Röstbraunwerden der Mandeln an der Gebäckoberfläche.

Verfahrensweise

➢ In den sorgfältig ausgerollten und gegarten Hefeteig werden mit Hilfe eines Spritzbeutels weiche Butterstippen in kurzen Abständen eingespritzt.

➢ Der Teig wird mit Zucker bzw. Zimtzucker sowie mit gehobelten Mandeln gleichmäßig bestreut.

➢ Die auf Blechen gegarten Teige werden bei 210 °C aber mit deutlich höherer Unterhitze gebacken.

10.4 Gebäcke aus schwerem Hefeteig

Aus schwerem Hefeteig werden hergestellt:

- **Stollen**
  - Christstollen
    (z. B. nach rheinischer oder sächsischer Art)
  - Dresdener Stollen
  - Mandelstollen[1]
  - Mohnstollen
  - Nuss-Stollen
  - Quarkstollen
- **Napfkuchen** (Gugelhupf, Rodon)
  Napfkuchen werden häufig auch aus gerührtem Hefeteig hergestellt (s. S. 252).

Besonderheiten bei Gebäcken aus schwerem Hefeteig:

- Hoher Anteil an Füllung und Gewürzen,
- Hoher Fettgehalt,
  daher ist die Führung eines Hefeansatzes erforderlich
- Lange Haltbarkeit,
  sie beruht vor allem auf dem hohen Fettanteil; dadurch wird das Altbackenwerden verzögert
- Volle Geschmacksentfaltung meist erst bei längerer Lagerung.

Dresdener Stollen

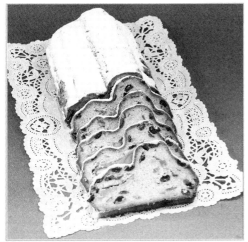

Abb. 1: Dresdener Stollen

---
[1] Bei Bezeichnungen wie Mandel-, Mohnstollen u.a. müssen mindestens 20 Teile dieser Zutaten auf 100 Teile Mehl enthalten sein. Stollen müssen mindestens 30 Teile Butter oder andere Fette auf 100 Teile Mehl enthalten.

Rezeptbeispiel

Ansatz
- 400 g Weizenmehl (Type 550)
- 300 g Milch
- 80 g   Hefe

Rohstoffe und Zutaten zum Teig
- 600 g Weizenmehl
- 350 g Butter
          (evtl. zusätzlich 50 g Erdnussfett)
- 120 g Zucker
- 15 g   Kochsalz
- 30 g   Stollengewürze
          Vanille, Macis, Kardamom, Zitrone
- 2 Eigelbe
- Ein ganzes Ei

Früchte
- 900 g Sultaninen
- 50 g   Orangeat
- 50 g   Zitronat
- 150 g Mandeln (gestiftelt)
- 100 g Rum

Verfahrensweise

Vorbereiten der Früchte

- Nur kleinere Früchte (Sultaninen) oder Fruchtstücke (Zitronat, Orangeat) verwenden; Sultaninen evtl. vorher kurz waschen; zu großes Zitronat oder Orangeat mit dem Messer etwas zerkleinern.
- Früchte mit dem Rum vermischen, gut abdecken und einen Tag lang bei 45 °C im Gärschrank „ziehen lassen".

  Die in Alkohol löslichen Geruchs- und Geschmacksstoffe treten so zum großen Teil aus dem Fruchtinnern aus (osmotischer Vorgang) und werden deshalb schneller und intensiver schmeckbar.

Ansatzführung

- Warm (25 – 28 °C).
- Abstehzeit etwa 45 Minuten.

  Hauptzweck der Vorteigführung ist hier das bessere Aufquellen der Mehlbestandteile mit dem Ziel der längeren Gebäckfrischhaltung.

Teigbereitung

- Rohstoffe und Zutaten „unterlaufen lassen", bis der Teig glatt ist.
- Kurze Ruhepause, bis der Teig „anspringt" (= sichtbare Volumenzunahme).

➤ Jetzt erst die eingelegten Früchte vorsichtig unterarbeiten.

Früchte dürfen nicht gequetscht werden: sie werden sonst unansehnlich, der Saft tritt aus, wodurch eine Grauverfärbung der Krume entsteht.

Aufarbeiten des Teiges
➤ Teigstücke abwiegen und rundwirken.

Zwischengare
➤ Schwere Stollen brauchen nur eine kurze Ruhepause; bei größeren Teigmengen reicht dazu die Zeitspanne zwischen Rundstoßen und Aufarbeiten.

Der hohe Fettanteil im Teig bewirkt eine schnellere Entspannung des Klebers.

Aufarbeiten
➤ Klappstollen (= Stollen ohne Formen) …
  … werden mit einem Rollholz oder Rollstab ausgerollt,

Abb. 1: Ausrollen mit dem Rollstab

… bei gefüllten Stollen, z. B. mit Marzipan, muss die Füllung so in die Teigmitte eingelegt werden, dass sie beim Backen nicht austritt.

➤ Stollen in Formen oder Hauben …
  … brauchen weder ausgerollt noch eingeklappt zu werden; nach dem Langwirken und Einlegen der Marzipanfüllung werden sie eingefüllt.

Stückgare
➤ Bei 28 – 30 °C bis zur knappen Gare.

Backen
➤ Bei 200 – 220 °C; Klappstollen mit Schwaden.
➤ Bei Klappstollen vor dem Backen alle Früchte, die an der Teigoberfläche zum größten Teil frei liegen, entfernen; sie werden sonst schwarz, bitter und unansehnlich.

> **Stollen sind empfindlich gegen zu niedrige und gegen zu hohe Hitze:**
> **Zu kalt:**
> Teige laufen breit und backen „speckig",
> **zu heiß:**
> Kruste wird zu hart und zu dunkel (Stollen evtl. auf mit Pappe ausgelegten Blechen backen oder mit Pappe abdecken).

Verfahrensweise (Fortsetzung)

Dekor
➤ Stollen noch ofenheiß mit heißer Butter bestreichen oder tauchen.
➤ Sodann in mit Vanille abgeschmecktem Kristallzucker wälzen oder gleichmäßig damit bestreuen.
➤ 24 Stunden abkühlen lassen; in dieser Zeit bildet sich eine dünne Zuckerkruste. Überflüssigen Zucker abkehren.
➤ Stollen mit „süßem Schnee" bestreuen.
➤ Man kann die Stollen auch noch ofenheiß mit Rum-Läuterzucker tränken, sodann aprikotieren und später glasieren.

Aufbewahrung
➤ Zur längeren Frischhaltung Stollen in Alu-Folie einpacken (Verlangsamung der Austrocknung).
➤ Kühl lagern, vor allem um Ranzigwerden der Butter zu vermeiden.
➤ Christstollen erhalten ihren vollen Genusswert erst nach 3 – 4 Wochen.

Napfkuchen (gerührter Hefeteig)

> **Sie Werden in der Regel aus schwerem Hefeteig mit hohem Anteil an Butter und Früchten bereitet (manche jedoch auch aus leichtem Hefeteig).**

Besonderheiten

❖ Sehr weiche Teigführung (TA ca. 240).[1]
❖ Hoher Anteil an Ei bzw. Eigelb.
❖ Teigbereitung durch Rühren.
❖ Einfüllen des weichen Teiges in Formen (Rodonformen).

---

[1] TA = Teigausbeute; 100 Teile Mehl + 140 Teile Flüssigkeit = 240 Teile Teig.

Abb. 1: Napfkuchen-Form

Rezeptbeispiel
(ergibt Teig für 10 Formen je ein Liter)

Ansatz
- 1000 g Weizenmehl
- 700 g Milch
- 100 g Hefe

Rohstoffe zum Schaumigrühren
- 700 g Fett
- 800 g Eier
- 500 g Zucker
- 15 g Kochsalz
- 20 g Gewürze (Zitrone, Bittermandeln)

Früchte
- 400 g Rosinen
- 100 g Korinthen
- 100 g Zitronat
- 250 g Mandeln

ferner:
- 500 g Weizenmehl zum Teig

Verfahrensweise

Ansatz
➤ Ca. 28 °C; abdecken und warm bis zur vollen Gare (= das Doppelte des vorherigen Volumens) abstellen.

Teigbereitung
➤ Butter, Zucker, Eier, Kochsalz und Gewürze schaumig rühren.
➤ Ansatz und restliches Mehl vorsichtig in die schaumige Masse unterarbeiten.
➤ Zuletzt Früchte unterheben.
➤ Teig in gefettete und bemehlte oder mit gehobelten Mandeln ausgelegte Form einfüllen.

Teigtemperatur
➤ 28 – 30 °C

Stückgare
➤ Im Gärschrank bis höchstens zur Viertel-Gare.

Der sehr weiche Teig treibt im Ofen noch stark nach; bei voller Stückgare würde der Teig aus der Form austreten und überlaufen.

Zu stark gegarter Teig ergibt ein grobporiges, schnell austrocknendes Gebäck.

Backen
➤ Bei ca. 190 °C etwa 60 Minuten lang.

Voller gegarte Teige müssen heißer gebacken werden, um die Ofengare abzukürzen.

Ausbacken
➤ Ausgebackene Napfkuchen auf Gitter „stürzen".

Dekor
➤ Aprikotieren, mit Rumfondant glasieren und den unteren Rand mit gehobelten Mandeln absetzen.

oder:

➤ Mit flüssiger Butter bestreichen, mit Vanillezucker bestreuen und nach dem Erkalten mit süßem Schnee bestäuben.

11 Gebäckfehler

Gebäckfehler
sowie Ursachen (●) und Erklärungen (○) dafür

Zwieback

großporige und splittrige Krume
● bei zu voller Stückgare gebacken

unterschiedliche Bräunung
● verschieden dick geschnittene Scheiben

Zwieback ist weich oder wird später weich
● nicht ausreichend geröstet
● nicht luftdicht aufbewahrt

Plunder

kleines Volumen bei fester Gebäckbeschaffenheit und fehlender Blätterung
● zu wenig Butter, also zu dünne Fettschichten
● zu viele Touren oder zu weit ausgerollt

Fett läuft aus
- zu wenige oder zu dicke Lagen

abblätterndes Gebäck
- vor dem Backen ausgetrocknete Eistreiche
- Oberfläche konnte sich nicht ausdehnen

zu starke Bräunung
- zu viel Zucker im Teig

zu langsame Bräunung bei strohigem Geschmack
- zu lange, schleppende Gare:
- Zucker ist zum großen Teil vergoren
- zu geringer Wassergehalt und daher Altbackenwerden

weiche, nicht mehr blättrige Gebäckbeschaffenheit
- es wurde zu heiß aprikotiert

Berliner

zu kleines und zu dunkles Gebäck
- zu heißes Fett
- zu schnelle Krustenbildung

zu kleines und zu rundes Gebäck
- zu knappe Stückgare
- zu geringe Gasbildung
- zu kurze Teigruhe
- zu zähe Kleberbeschaffenheit
- nach dem Rundschleifen nicht flachgedrückt

eingefallene, faltige Oberfläche
- nicht lange genug gebacken oder nicht oft genug im Fettbad gedreht
- unzureichende Verfestigung der Kruste

zu schweres Gebäck bei eingefallener Oberfläche
- zu kaltes Fett
- in Folge verzögerter Krustenbildung zu viel Fett aufgesaugt

zu breite und flache Form
- zu warme und daher zu schnelle Gare:
- durch zu intensive Gasbildung überdehnter Kleber

weißer Rand ist zusammengefallen
- Rand (Kragen) ist nicht ins siedende Fett eingetaucht worden und daher zu weich.

grobporige, schnell trocknende Krume
- zu viel Eiklar:
- zu geringer Dehnwiderstand des Teiges bei hohem Gashaltevermögen
- zu wenig Eigelb:
- zu geringer Fettanteil

Blechkuchen

unterschiedlich dicker Boden; verschobene Auflage oder Füllung
- Teig nicht gleichmäßig dick und nicht bis in die Blechecken hin ausgerollt

blasige Oberfläche bei verschobener Auflage
- zu volle Gare
- Teig nicht gestippt

zu dünner und gedrungener Boden
- Aufstrich bzw. Belag wurde nicht auf Teigtemperatur erwärmt

nicht ausgebackene Auflage bei dunklem Gebäckboden
- zu starke Unterhitze

feuchter, weicher Boden
- Kuchen nach dem Backen nicht auf Gitter gesetzt
- zu wasserhaltige, nicht genügend abgelaufene Früchte verwendet
- Boden nicht abisoliert, z. B. mit Biskuit oder Brösel

grobporige, schnell austrocknende Krume
- zu lange Stückgare

Stollen

zu kleine gedrungene Form
- ohne Ansatz geführt:
- zu geringe Gasbildung
- zu kurze Teigruhe:
- zu zähe Kleberbeschaffenheit bei geringer Gasbildung
- zu heißer Ofen
- zu schnelle Verhärtung der Kruste

breitgelaufener, flacher Stollen (Klappstollen)
- zu hoher Fettanteil:
- Kleberschwächung

11 Gebäckfehler

zu weiche Teigführung:
- zu geringer Stand

zu kalter Ofen:
- zu späte Verhärtung der Kruste

„speckige" Krume
- zu kurze Teigruhe:
- zu geringe Lockerung

zu kalter Ofen:
- Teig ist breitgelaufen und zu wenig gelockert

zu dicke Zuckerkruste
- mangelnde Sorgfalt beim Einstreuen oder Abfegen des Zuckers

Füllung am Rande sichtbar
- fehlerhaftes Einlegen der Füllung

Grauverfärbung der Krume
- Früchte (Sultaninen) wurden durch zu langes Kneten beschädigt, sodass der Saft austreten konnte

kleine Steine im Stollen
- Sultaninen nicht gewaschen

verbrannte, harte Früchte an der Gebäckoberfläche
- herausragende Früchte an der Teigoberfläche nicht abgenommen

ranziger Geschmack
- zu lange oder zu warme Gebäcklagerung

schwaches Aroma
- ohne Ansatz geführt
- noch zu frisches Gebäck

Aufgabenstellungen

		Seite
1	Nach welchen Gesichtspunkten kann man Hefegebäcke einteilen?	224
2	Nennen Sie Kuchen und Kleingebäcke aus Hefeteig.	224
3	Wodurch zeichnen sich Hefegebäcke besonders aus?	224
4	Beschreiben Sie leichten, mittelschweren und schweren Hefeteig.	225
5	Erläutern Sie die Bezeichnung „leicht" oder „schwer" bei Hefeteigen.	225
6	Beschreiben Sie gekneteten, gerührten, geschlagenen, gezogenen Hefeteig.	225
7	Was versteht man unter Fertigmehlen?	226
8	Was versteht man unter Convenienceprodukten?	226
9	Weshalb müssen für Hefeteige helle, kleberstarke Weizenmehle verwendet werden?	227
10	Welchen Einfluss hat Fett auf die Teig- und Gebäckbeschaffenheit?	227
11	Nennen Sie Füllungen und Auflagen für Hefegebäcke.	227f
12	Weshalb müssen Hefeteige „geführt" werden?	228
13	Welchen Einfluss haben Fett und hohe Zuckerkonzentration auf die Lebenstätigkeiten der Hefe?	228
14	Was soll durch die Führung eines Vorteiges erreicht werden?	229
15	Beschreiben Sie die Bereitung und Führung eines Vorteiges (Hefeansatz).	229

Fortsetzung der Aufgabenstellungen auf der folgenden Seite

		Seite
16	Beschreiben Sie die Bereitung eines Hefeteiges mit Fertigmehl.	230
17	Beschreiben Sie die Bereitung eines Hefeteiges mit herkömmlichen Rohstoffen und Zutaten.	230
18	Wie sollen Hefeteige geknetet werden?	230
19	Wozu braucht der Hefeteig eine Ruhezeit (Teigruhe)?	231
20	Was kann durch das Ausstoßen des Teiges erreicht werden?	231
21	Wovon ist die Dauer der Teigruhezeit abhängig?	232
22	Beschreiben Sie das Aufwirken und Ausformen von Hefeteigen.	232
23	Wozu dient die Stückgare?	233
24	Wie kann der Bäcker den Verlauf der Stückgare steuern?	233
25	Welche Fehler entstehen bei zu kurzer oder zu langer Stückgare?	233
26	Woran erkennt man den richtigen Gärstand?	234
27	Beschreiben Sie, weshalb und wie die Gare verzögert werden kann (Gärverzögerung).	234
28	Beschreiben Sie die Gärunterbrechung.	234
29	Wie werden Backbleche und Formen zum Backen vorbereitet?	234f
30	Wie werden die Teigstücke zum Backen vorbehandelt?	235
31	Wovon sind Backtemperatur und Backdauer abhängig?	235
32	Beschreiben Sie Möglichkeiten, um Ober- und Unterhitze im Ofen zu steuern.	235
33	Wie müssen Fettbackgeräte beschaffen sein?	236
34	Weshalb muss das Siedefett nach mehrmaligem Gebrauch ausgewechselt werden?	236
35	Wie entsteht Schwaden im Ofen bzw. in der Fettpfanne?	236f
36	Was soll durch die Schwadengabe bezweckt werden?	237
37	Welche Gebäckfehler können durch falsche Schwadengabe verursacht werden?	237
38	Wovon hängen Schwadenmenge und Dauer der Schwadengabe ab?	237
39	Erläutern Sie den Zusammenhang zwischen Gärstand, Ofenhitze und Schwadengabe.	238
40	Beschreiben Sie den Ofentrieb.	238
41	Weshalb setzen sich Gebäcke nach dem Ausbacken nach unten ab?	238
42	Was wird durch das Abstreichen der Gebäckoberfläche mit Wasser oder Stärkekleister erreicht?	238
43	Beschreiben und erläutern Sie das Glasieren mit Fondant.	238f

Aufgabenstellungen **257**

		Seite
44	Welche Bedeutung hat das Glasieren: a) für den Gebäckgeschmack, b) für das Aussehen des Gebäcks, c) für die Frischhaltung?	239
45	Beschreiben Sie das Glasieren mit Puderzuckerglasur.	239
46	Wie werden Gebäcke gezuckert?	239
47	Weshalb schmecken Hefegebäcke am besten frisch?	239
48	Beschreiben Sie den Vorgang des Altbackenwerdens.	239f
49	Wie kann man das Austrocknen der Hefegebäcke verzögern?	240
50	Weshalb erhalten Christstollen erst nach mehreren Tagen ihren vollen Genusswert?	240
51	Beschreiben und erläutern Sie das Verpacken von Hefegebäcken.	240
52	Weshalb sind fettreichere Hefegebäcke zum Tiefgefrieren besser geeignet?	240
53	Weshalb sind wasserhaltige und glasierte Gebäcke zum Tiefgefrieren nicht geeignet?	240f
54	Nennen Sie Gebäcke aus leichtem Hefeteig und deren Eigenarten.	241
55	Stellen Sie verschiedene Rezepte für leichte Hefeteige auf.	241
56	Beschreiben Sie die Herstellung von Gebäcken aus leichtem Hefeteig.	241f
57	Nennen Sie verschiedene Zwiebacksorten und deren jeweilige Qualitätsmerkmale.	242
58	Welche besonderen Qualitätsanforderungen werden an Zwieback gestellt?	242
59	Beschreiben Sie die Besonderheiten bei der Herstellung von Zwieback.	243
60	Nennen Sie Plundergebäcke und deren besondere Beschaffenheit.	243
61	Unterscheiden Sie die verschiedenen Plunderarten: a) nach Fettanteil, b) nach Art des Tourierens, c) nach Temperatur bei der Verarbeitung.	243 244 244
62	Erklären Sie die Notwendigkeit der unterschiedlichen Temperaturführung bei Plunderteigen.	244
63	Beschreiben Sie das Tourieren und Aufarbeiten von Plunderteig.	244f
64	Welche besonderen Qualitätsanforderungen werden an Pfannkuchen (Berliner) gestellt?	245
65	Erklären Sie, wodurch der weiße Rand („Kragen") entsteht und weshalb dieser Rand als besonderes Gütemerkmal gilt.	245

Fortsetzung der Aufgabenstellungen auf der folgenden Seite

		Seite
66	Beschreiben Sie die Führung und Aufarbeitung von Berlinern.	246
67	Worauf ist beim Backen von Berlinern besonders zu achten?	246
68	Beschreiben Sie die Herstellung von Brioche.	246f
69	Stellen Sie verschiedene Rezepte für mittelschwere Hefeteige auf.	248
70	Beschreiben Sie die Herstellung von Blechkuchen.	248
71	Beschreiben Sie die Besonderheit der Herstellung: a) bei Obstkuchen, b) bei Quarkkuchen, c) bei Streuselkuchen, d) bei Bienenstich, e) bei Butterkuchen.	248f 249 249f 250 250
72	Nennen Sie Gebäcke aus schwerem Hefeteig und deren Besonderheiten.	251
73	Stellen Sie verschiedene Rezepte für schwere Hefeteige auf.	251
74	Wie soll man die Früchte als Füllung zu schweren Stollen vorbereiten?	251
75	Beschreiben Sie die Herstellung eines Stollens aus schwerem Hefeteig.	251f
76	Beschreiben Sie die Herstellung eines Napfkuchens aus gerührtem Hefeteig.	252f
77	**Sammelfrage:** Welche Gebäckfehler können bei den verschiedenen Hefegebäcken auftreten? Nennen Sie jeweils die Ursachen, geben Sie die Erklärung dafür und erläutern Sie, wie man die Fehler vermeiden kann.	253f

Herstellen von Erzeugnissen aus Blätterteig

Zu den Erzeugnissen aus Blätterteig zählen:

- **Gefüllte Kaffeeteilchen**
  z. B. Taschen, Windmühlen, Strudel u.a.
- **Ungefüllte Kaffeegebäcke**
  z. B. Schweinsohren, Fächer, Falter
- **Dessertgebäcke**
  z.B. Schillerlocken, Sahnerollen
- **Teegebäcke**
  z. B. Schweinsöhrchen
- **Böden/Kapseln**
  z. B. für bestimmte Torten (Holländer Kirsch und Schnitten)
- **Pasteten**
  z. B. Formpasteten, Pastetenhäuser
- **Käsegebäcke**
  z. B. Käsestangen, ausgestochenes Käsegebäck
- **Salzgebäcke**
  z. B. Salzstangen
- **Appetithappen**
  z. B. Wurstbrötchen

Gemeinsame Merkmale dieser Erzeugnisse sind:
- Sie bestehen aus gebackenem Blätterteig.
- Sie enthalten häufig eine Füllung.
- Sie werden oft mit einem Überzug versehen.

Abb. 1: Gefüllte Kaffeeteilchen aus Blätterteig

Abb. 2: Blätterteigpasteten

Füllungen …

❏ … können dem Teig zugesetzt und mitgebacken werden.

Süße Füllungen sind:
Obst, Obststücke, Krems, Marzipan, Kristallzucker.

Würzige Füllungen sind:
geriebener Käse, Kochsalz.

❏ … werden bei bestimmten Erzeugnissen erst dem fertigen Gebäck zugesetzt.

Süße Füllungen:
Obst für Taschen, Schlagsahne für Schillerlocken und Sahnerollen.

Würzige Füllungen:
Käsekrem für Käsefours, Fleischragout für Pasteten.

Überzüge …

❏ … werden auf das fertige Gebäck aufgetragen, z.B. Aprikotur und Fondant auf Kaffeegebäcke u.a.

❏ … können auch bereits vor dem Backen auf den Teig aufgetragen werden, z.B. Eistreiche zu Pasteten.

1 Die besondere Beschaffenheit des Blätterteiges

Blätterteige werden hergestellt …

■ **… aus einem Grundteig (ohne Triebmittel).**
Dieser besteht aus Mehl, Wasser und Kochsalz. Er kann ferner enthalten: Fett, Ei bzw. Eigelb, Zucker, Gewürze, Rum, Essigsäure.

■ **… unter Zusatz eines hohen Anteils (mind. 68,3 kg Fett je 100 kg Mehl) an Ziehfett (Butter, Ziehmargarine, Pflanzenfett).**

Das Ziehfett wird in den Grundteig eingeschlagen und mit diesem zusammen ausgerollt.
Es dient als Trennschichtbildner zwischen den Teigschichten.

Der Bäcker rechnet auf 1 kg Mehlanteil im Grundteig etwa 1 kg Ziehfett.

Verfahrensweise

Einschlagen
Deutscher Blätterteig:
➤ Das Ziehfett wird in den Grundteig eingeschlagen.

Französischer Blätterteig:
➤ Der Grundteig wird in das Ziehfett eingeschlagen.

Ausrollen (Tourieren)
➤ Der so eingeschlagene Teig wird ausgerollt, sodann in 3 oder 4 Lagen übereinander geschlagen und erneut ausgerollt (= touriert). Dabei entsteht ein Teig, der aus zahlreichen blattdünnen Teig- und Fettschichten besteht (= Blätterteig).

Aufarbeiten
➤ Der fertig tourierte Blätterteig wird nach einer Ruhepause dünn ausgerollt. Durch Schneiden, Ausstechen, Überschlagen, Drehen und andere Formungstechniken kann man ihn zu vielfältigen Gebilden ausformen und je nachdem füllen.
➤ Im Anschluss an die letzte Formung werden die Teile nach kurzer Ruhepause gebacken; dabei entsteht ein blättrig gelockertes Gebäck.

Frosten
➤ Blätterteig kann auch auf Vorrat hergestellt und dann tiefgefroren werden. Bei Bedarf wird er aufgetaut und dann gebacken.

Besonderheit

❖ Eine besondere Art der Verfahrenstechnik wird als „Blitz-", „Schnell-" oder „holländischer Blätterteig" bezeichnet.
Dazu wird das Ziehfett im Mehl zu groben Würfeln gehackt und zusammen mit den übrigen Rohstoffen vorsichtig zu einem Gesamtteig verarbeitet (= „All-In-Verfahren").

2 Die Rohstoffe und ihr Einfluss auf Teig- und Gebäckeigenschaften

2.1 Die Rohstoffe im Grundteig

Aus Weizenmehl, Wasser und Kochsalz wird ein fester Grundteig hergestellt.

Anstelle von Wasser kann auch Milch als Teigflüssigkeit dienen.

Ferner können dem Grundteig zugesetzt werden:

Zucker, Fett, Eier oder Eigelb, Fruchtsäuren und würzende Stoffe wie Rum oder Zitrone.

Diese Rohstoffe haben im Teig bestimmte Wirkungen:

Weizenmehl
❒ Geeignet sind Mehle der Typen 405 oder 550. Diese enthalten besonders hoch aufgebaute Eiweißbausteine (Gliadin und Glutenin) aus denen im Teig starker Kleber gebildet werden kann.
Bei kleberschwächeren Mehlen würden die gedehnten Teigschichten zerreißen, zumal das Ziehfett deren Oberflächenspannung herabsetzt und der Teig dadurch an Bindigkeit und Elastizität verliert.

Wasser
❒ Führt zusammen mit den im Mehl enthaltenen Eiweißbausteinen zur Kleberbildung.

Kochsalz
❒ Hemmt die Quellung (Wasseraufnahmevermögen) des Klebers; das führt zu höherer Zähigkeit und besserer Elastizität.

Zucker
❒ Bewirkt stärkere Bräunung und Rösche (Brüchigkeit bzw. Splittrigkeit) der Gebäckschichten.

Fett

- Beeinträchtigt die Zähigkeit und Elastizität des Klebers.
- In geringeren Mengen unterstützen Fette die Gleitfähigkeit der Kleberschichten; das ergibt eine bessere Dehnbarkeit des Teiges.
  Als Teigzutaten sind Butter oder Backmargarine geeignet. Letztere lässt sich wegen ihres Gehalts an Emulgatoren besonders gut im Teig mischen.
- Die Zusatzmenge an Fett im Grundteig soll nur gering sein, und zwar 50 bis 80 g Fett je 1000 g Mehl.

Eigelb

- Der Fettanteil des Eigelbs setzt die Zähigkeit des Klebers herab; das ergibt eine bessere Dehnbarkeit des Teiges.
- Eigelbzusatz empfiehlt sich deshalb bei besonders kleberhartem Mehl.
- Durch Eigelbzusatz erzielt man besonders zartblättrige Gebäcke.

Eiklar

- Enthält selber quellfähige Eiweiße mit starkem Bindevermögen; dadurch wird die Bindigkeit des Teiges gestärkt.
- Eiklarzusatz empfiehlt sich daher bei kleberschwachem Mehl.

Fruchtsäuren
(Essig-, Zitronensäure)

- Erhöhen die Quellfähigkeit der Klebereiweiße; dadurch wird der Kleber weniger zäh und ist besser dehnbar.
- Sie Unterstützen die Kleberbindungen.
- Durch Zusatz von Fruchtsäuren erhalten Blätterteiggebäcke daher ein größeres Volumen.
- Fruchtsäuren beeinflussen ferner den Geschmack der Erzeugnisse.

2.2 Die Ziehfette

Der Bäcker verwendet als Ziehfett vorwiegend Ziehmargarine (= Spezialfett).

Man kann aber auch Butter oder Butterfett sowie gehärtete Pflanzenfette verwenden.

Ziehfette bewirken im Teig ...

- ... den Abbau der Oberflächenspannung des Klebers
  Dadurch wird der Blätterteig dehnbarer.
- ... die Isolierung der einzelnen Teigschichten
  Das führt zur Bildung zahlreicher hauchdünner, geschlossener Teig- und Fettschichten.

Ziehfette müssen sein ...

- ... fließfähig (dehnbar).
  Voraussetzung ist, dass genügend flüssige Fettfraktionen vorhanden sind.
- ... bindig (zerreißfest).
  Das ist die Voraussetzung dafür, dass die Isolierung der einzelnen Teigschichten voneinander auch gewährleistet ist.
- ... möglichst wasserarm.
  Durch Verbindung des Wassers mit den Teigschichten würde die Geschlossenheit der Teig- und Fettschichten beeinträchtigt.

Die verschiedenen Ziehfette erfüllen diese Voraussetzungen auf unterschiedliche Weise:

Ziehmargarine

- Sie ist fließfähig.
  Sie enthält einen genau bemessenen Anteil an öligen und festen (kristallinen) Fettfraktionen.
- Sie besitzt besonders gute Bindigkeit.
  Durch ein gezieltes Härtungsverfahren (Umestern; vgl. S. 159) wird die Bildung besonders stabiler Fettkristalle erreicht.
- Ziehmargarine lässt sich in der Ausrollmaschine zu einem millimeterdünnen langen Band ausrollen, ohne zu zerreißen.
  Sie kann bei Raumtemperatur von ca. 20 °C touriert werden.
- Blätterteiggebäcke mit Ziehmargarine erzielen ein besonders großes Volumen und einwandfreie Form.

Butter

- Sie ist sehr fließfähig.
  Das liegt am hohen Anteil an flüssigen Fettfraktionen.
  Butter muss daher besonders kühl verarbeitet werden.

- ☐ Sie besitzt nur geringe Bindigkeit.
  Durch Zusatz von gehärteten Pflanzenfetten wird die Bindigkeit der Butter verbessert.
- ☐ Sie enthält bis zu 16% Wasser.
  Durch Zusatz (Unterkneten) von Mehl in die Butter wird das Wasser gebunden.
- ☐ „Butterblätterteige" ziehen weniger hoch als solche mit Ziehmargarine. Der Bäcker verwendet Butter trotzdem als Ziehfett, weil ihr Aromagehalt dem Gebäck einen besonders guten Geschmack verleiht.

Rechtliche Vorschrift
Die Bezeichnung „Buttergebäck" ist nur dann zulässig, wenn kein anderes Fett außer Butter bzw. Butterfett verwendet wurde (auch kein Anteil an Pflanzenfett).

Gehärtetes Pflanzenfett
- ☐ Es ist fließfähig.
  Es ist ein ausreichender Anteil an öligen Fettfraktionen vorhanden.
- ☐ Es besitzt genügend Bindigkeit.
  Bei der Härtung der Pflanzenöle (meist Erdnussöl) sind stabile Fettkristalle entstanden.
- ☐ Erdnussfett wird häufig mit Butter vermischt als Ziehfett verwendet; es kann aber auch allein als Ziehfett dienen.

3 Die Herstellung von Blätterteig

3.1 Bereitung des Grundteigs

Zur Herstellung von deutschem oder französischem Blätterteig wird jeweils ein Grundteig bereitet.

Rezeptbeispiel

1000 g	Weizenmehl
550 g	Wasser
50 g	Fett
20 g	Zucker
15 g	Kochsalz
1635 g	Grundteig

Evtl. Zusatz von 50 g Eigelb, ferner Essig- oder Zitronensäure.

Als Geschmacksstoffe dienen Rum und Aromen.

Der Ziehfettanteil wird auf die Mehlmenge berechnet, und zwar im Verhältnis 1:1, also auf 1000 g Weizenmehl 1000 g Ziehfett.

Verfahrensweise
- ➢ Der Teig muss intensiv geknetet werden.
- ➢ Der fertige Grundteig wird rundgewirkt; die Oberfläche kann man kreuzweise einschneiden, damit die hohe Oberflächenspannung bald nachlässt.
- ➢ Der Teig soll etwa 30 Minuten ruhen (Nachquellung, Kleberentspannung); er soll kühl gelagert (ca. + 20 °C) und mit einem Tuch abgedeckt werden, damit er keine Haut zieht.

3.2 Vorbereitung des Ziehfettes

Ziehmargarine
- ☐ Sie bedarf keiner speziellen Vorbehandlung; sie wird lediglich abgewogen und zu einer entsprechend großen Fettplatte ausgerollt; diese wird kühl (ca. + 20 °C) gelagert.

Butter
- ☐ Sie muss wegen ihres hohen Anteils an Wasser (12 – 14%) und an niedrig schmelzenden Fettsäuren „trockengelegt" werden.
- ☐ Dazu knetet man Mehl unter die Butter:
  - bei **deutschem** Blätterteig auf 1000 g Butter ca. 50 g Mehl;
  - bei **französischem** Blätterteig sind bis zu 400 g Mehl je 1000 g Butter erforderlich.

Das Mehl bindet sowohl Wasser wie die öligen Fettbestandteile; die Butter „schmiert" nicht mehr und klebt nicht an Tisch und Ausrollmaschine.

3.3 Tourieren zum Blätterteig

Grundteig und Ziehfett müssen die gleiche Festigkeit haben, weil sich der Blätterteig sonst nicht einwandfrei ausrollen lässt: Der festere Teil würde den weicheren Teil zerdrücken.

3 Die Herstellung von Blätterteig

Einstellen der Festigkeit:

❏ Die Teigfestigkeit wird mit dem richtigen Verhältnis von Mehl- und Flüssigkeitsanteil eingestellt.
❏ Die Festigkeit des Fettes ist abhängig von der Temperatur.

Verfahrensweise
➢ Nachdem Grundteig und Ziehfett gut durchgekühlt sind, werden beide zu unterschiedlich großen rechteckigen Flächen ausgerollt.
➢ Beim deutschen Blätterteig wird die Fettschicht kleiner ausgerollt und auf den weiter ausgedehnten Grundteig aufgelegt, eingeschlagen und sodann dünn ausgerollt.
➢ Beim französischen Blätterteig wird der Grundteig kleiner ausgerollt und auf die weiter ausgedehnte Fettschicht aufgelegt, eingeschlagen und sodann dünn ausgerollt.

Deutsche Art
Fett in den Teig einschlagen

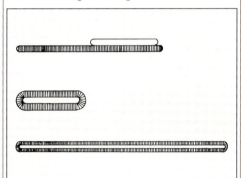

Französische Art
Teig in das Fett einschlagen

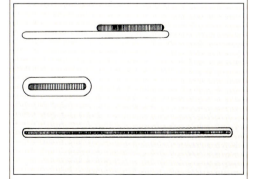

➢ Der auf etwa 1 cm Dicke ausgerollte Teig wird nunmehr so übereinander gelegt (eingeschlagen), dass dabei entweder drei oder vier Lagen entstehen.

Einfache Tour: drei Lagen

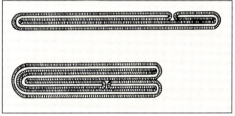

Doppelte Tour: vier Lagen

➢ Der so übereinandergelegte Teig wird wiederum dünn ausgerollt und erneut zur einfachen oder doppelten Tour eingeschlagen.

> Wie und wie oft der Teig touriert wird hängt davon ab, welches Gebäck daraus hergestellt wird und wie blättrig das Gebäck beschaffen sein soll.

Am häufigsten wendet der Bäcker folgende Verfahren an:

Zwei einfache und eine doppelte Tour
ergeben 36 Fettschichten
und 36 + 1 Teigschichten ($3 \times 3 \times 4 = 36$)

Zwei einfache und zwei doppelte Touren
ergeben 144 Fettschichten und
144 + 1 Teigschichten ($3 \times 4 \times 3 \times 4 = 144$)

Fünf einfache Touren
ergeben 243 Fettschichten und
243 + 1 Teigschichten
($3 \times 3 \times 3 \times 3 \times 3 = 243$)

(So beim Deutschen Blätterteig; beim Französischen Blätterteig, wo das Fett außen ist, ergibt sich je eine Fettschicht mehr.)

Je blättriger ein Erzeugnis sein soll, desto mehr Schichten sind erforderlich. Pasteten sollen besonders hoch ziehen; deshalb erhalten sie fünf einfache Touren.

Im Verlauf des Tourierens werden die einzelnen Teig-Fett-Schichten immer dünner und sind schließlich nur noch etwa 0,1 bis 0,2 Millimeter stark.

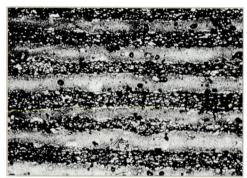

Abb. 1: Mikroskopische Aufnahme des Querschnitts durch einen gleichmäßig tourierten Blätterteig.
Helle Schichten = Fett
Dunkle Schichten = Teig

Während des Tourieren muss darauf geachtet werden ...

❒ ... dass der Teig mit gleichmäßigem Druck gerollt wird.
Sonst entstehen ungleichmäßig dicke Schichten.

❒ ... dass die Ausrollmaschine nicht zu schnell sehr eng eingestellt wird.
Sonst werden die Schichtungen deformiert.

❒ ... dass der Teig gleichmäßig nach allen Richtungen gerollt wird, damit er sich auch gleichmäßig wieder zusammen ziehen kann.
Andernfalls würde sich der Teig „verziehen"; ein rundes Teigstück z. B. bekäme am Ende eine ovale Form.

▎ **Eine solche ungewollte Formveränderung wird als „schnurren" bezeichnet.**

❒ ... dass der ausgerollte Teig gleichmäßig eingeschlagen wird, und zwar exakt bis zu den Teigkanten.
Bei unexaktem Auflegen entstehen fehlerhafte Schichtungen; das Gebäck kann dann nicht gleichmäßig hochziehen.

❒ Der Teig muss nach jedem Tourieren so gedreht werden, dass bei der nächsten Tour die offenen Seiten eingeschlagen werden.

❒ Spätestens nach dem zweiten Tourieren, ferner nach Abschluss des Tournierens muss der Teig eine Ruhepause von 30 bis 90 Minuten erhalten.

▎ **Die Ruhepausen dienen der Entspannung des Teiges, der ja durch das Ausrollen auf das Vielfache der ursprünglichen Fläche gedehnt wurde.**

Besonderheiten bei deutschem Blätterteig:
(die Teigschicht ist außen)

❖ Die Tischplatte oder das Band der Ausrollmaschine muss gut mit Mehl abgestaubt sein,
Andernfalls kann der Teig beim Ausrollen ankleben.

❖ Vor jedem übereinanderschlagen des Teiges muss das Streumehl sauber abgefegt werden.
Sonst isoliert das Mehl die Teigschichten an den Auflagestellen; sie können nicht miteinander verkleben.

❖ Der Teig erhält besonders lange Ruhepausen:
  – nach dem zweiten Tourieren etwa anderthalb Stunden,
  – nach Abschluss des Tourierens etwa eine Stunde.
Durch das Dehnen steht die Teigoberfläche unter extremer Spannung; diese muss erst abgebaut werden (Entspannung des Klebers).

❖ Der Teig muss während der Ruhepausen in ein Tuch eingeschlagen und wieder kühl gelagert werden.
Sonst zieht er eine „Haut"; bei warmer Lagerung würde das Fett weich.

Besonderheiten bei Französischem Blätterteig:
(Die Fettschicht ist außen.)

❖ Es besteht eine erheblich geringere Oberflächenspannung.
Die Ruhepausen zwischen den Touren können kürzer sein (ca. 30 Minuten).

❖ Da sich das Fett außen befindet, ist der Teig temperaturempfindlicher.
Beim Tourieren, Lagern und Aufarbeiten muss ganz besonders auf kühle Temperaturen

(ca. + 20 °C) geachtet werden: kühle Räume, kühle Tische oder Platten, Teigruhe im Kühlschrank oder im Froster.

❖ Der Teig braucht während der Ruhepausen nicht in ein Tuch eingeschlagen zu werden, weil die Fettschicht das Austrocknen verhindert.

Besonderheiten bei Holländischem Blätterteig:

❖ Holländischer Blätterteig („Blitz"-, „Schnellblätterteig") ist auf Grund der besonderen Teigbereitung (vgl. rechts, oben) anders strukturiert: hier befinden sich kurzflächige Fett- und Teigschichten im Wechsel innen und außen.
Daher können sich keine geschlossenen Schichtungen bilden.
Deshalb verträgt der Teig auch weniger Tourierungen.

❖ Der Teig braucht nur am Ende des Knetprozesses eine Teigruhe von etwa 30 Minuten; danach kann er ohne Ruhepausen hintereinander touriert werden. Die Gebäcke können etwa anderthalb Stunden nach der Teigherstellung fertig sein (= „Blitzblätterteig").

❖ In Folge der nur groben Anordnung der Teig- und Fettschichten sowie auf Grund der geringen Anzahl der Schichten ergibt sich eine nur schwache Blätterung. Holländischer Blätterteig ist daher vorwiegend für solche Gebäcke geeignet, die nur wenig hochzuziehen brauchen, z. B. Böden, Zwischenlagen oder Käsegebäck.

Vergleichender Überblick:

Deutscher Blätterteig

Besonderheit: Butter in den Teig einschlagen
Verwendung: für alle Gebäckarten
⊕ **Vorteile:** geringe Temperaturempfindlichkeit
⊖ **Nachteile:** längere Ruhepausen beim Tourieren, Antrocknen der Teigoberfläche

Französischer Blätterteig

Besonderheit: Teig in die Butter einschlagen
Verwendung: für alle Gebäckarten
⊕ **Vorteile:** schnelles Tourieren, Teigoberfläche trocknet nicht aus
⊖ **Nachteile:** temperaturempfindlich beim Tourieren und Aufarbeiten

Holländischer Blätterteig

Besonderheit: Butter in Mehl hacken
Verwendung: nur für Böden, Zwischenlagen, Käsegebäck
⊕ **Vorteile:** schnellste Herstellung
⊖ **Nachteile:** ungleichmäßiges Hochziehen

3.4 Aufarbeitung und Formung des Blätterteiges

Nach der Ruhepause muss der Teig genauso vorsichtig aufgearbeitet werden, wie er zuvor touriert wurde. Er darf an keiner Stelle eingedrückt sein, weil dadurch die Einheitlichkeit der Schichtung beschädigt wird; das hätte zur Folge, dass das Gebäck nicht gleichmäßig hochzieht.

Verfahrensweise

➤ Die benötigte Teigmenge wird mit scharfem Schnitt vom Gesamtteig abgetrennt; dabei dürfen die Schichtungen an der Schnittstelle nicht beschädigt werden; sie dürfen nicht ineinander gedrückt bzw. miteinander verklebt werden.

➤ Das abgetrennte Teigstück soll vorsichtig und mit gleichmäßigem Druck nach allen Richtungen ausgerollt werden.

➤ Je nach Art des angestrebten Gebäcks wird der Teig mehr oder weniger dick ausgerollt: Gebäcke, die stark hochziehen sollen, z. B. Pasteten, werden dicker ausgerollt.
Zu dünn ausgerollter Teig zieht beim Backen nicht genügend hoch; die Gebäcke erzielen kein ausreichendes Volumen und keine gute Form.
Ferner kann der zu dünn ausgerollte Teig an zahlreichen Stellen zerreißen; das hat ein ungleichmäßiges Hochziehen verbunden mit schiefer Form zur Folge.

➤ Der ausgerollte Blätterteig wird „gelockert", d.h. kurz von der Tischplatte gehoben, sodass Luft darunter kommt.
Dadurch kann sich der Teig leicht zusammen ziehen, die Spannung im Teig lässt nach; die Gefahr des Schnurrens (vgl. S. 264) wird geringer.

➤ Die Gesamtteigfläche wird mit Hilfe eines Lineals genau eingeteilt, der Rand wird abgeschnitten, weil Randstücke nicht gleichmäßig hochziehen.

➤ Die einzelnen Teigstücke werden mit scharfem Messer abgetrennt.

Abb. 1: Einteilen und Abschneiden des ausgerollten Blätterteiges

➤ Die Teigstücke werden nun je nachdem unterteilt, vorgeschnitten, geformt, gefüllt, belegt u.a.

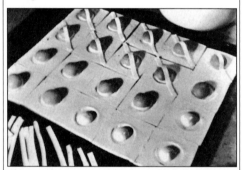

Abb. 2: Auflegen von Fruchtstücken und Teigstreifen

Abb. 3: Ausrollen von vorgeschnittenen Teigstücken zu Hörnchen

Verwendung von „Abfallblätterteig"

❏ Die beim Schneiden anfallenden Randstücke können zu Teigstreifen geschnitten werden und zum Abdecken von gefüllten Gebäcken dienen; ausgestochene Teile können für Fleurons verwendet werden. Der verbleibende Restteig (= Abfallblätterteig) ist nur noch für solche Erzeugnisse geeignet, die beim Backen nur wenig aufgehen sollen, z.B. Böden, Decken, Fleurons, Schweinsohren.

❏ Die Abfallblätterteigstücke werden sauber abgefegt und mit dem Rollholz vorsichtig aneinander gedrückt (nicht gewirkt); andernfalls würde der Teig in der Schichtung verschoben.

3.5 Backen

3.5.1 Vorbereitung zum Backen

Die fertig geformten Teigstücke werden vor dem Abbacken auf Bleche oder auf Papier aufgesetzt, je nach Gebäckart mit Ei bestrichen und nach einer Teigruhe von 30 bis 120 Minuten gebacken.

Abb. 4: Abstreichen von Taschen, Windmühlen und Strudeln mit Eistreiche

Absetzen auf nasse Backbleche

Teigstücke, die sich in der Grundfläche (Horizontale) nicht verändern, sondern nur hochziehen, werden auf nasse Bleche gesetzt, z.B. Pasteten, Kaffeeteilchen u.a.

Der Teig haftet auf dem benetzten Metall fester an; auf diese Weise wird auch das Schnurren der Teigstücke eher vermieden.

Absetzen auf gefettete Backbleche

Teigstücke, die sich weniger nach oben heben, sondern in die Breite treiben sollen, werden auf gefettete Bleche gesetzt, z.B. Schweinsohren, Fächer u.a.

Der Teig haftet auf der Fettschicht des Bleches weniger an und kann in die Breite treiben.

Die entsprechenden Teigstücke sind so geschnitten, dass die Schichtungen nach oben, also in vertikale Richtung zeigen.

3 Die Herstellung von Blätterteig

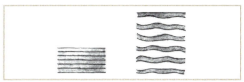

Abb. 1: Waagerechte Schichtung; das Gebäck treibt hoch

Abb. 2: Senkrechte Schichtung; das Gebäck treibt breit

Abstreichen mit Ei

Viele senkrecht backende Teigstücke werden auf der Oberfläche mit Eistreiche bestrichen
Die Gebäcke erhalten dadurch eine hellbraune Farbe sowie einen besseren Geschmack.
Die Schnittflächen dürfen dabei nicht überstrichen werden.
Die Teigstücke würden miteinander verkleben und an diesen Stellen nicht hochziehen.

Teigruhe

Die backfertigen Blätterteigstücke sollen je nach Blätterteig- oder Gebäckart 30 Minuten bis 2 Stunden abstehen.
Der Teig entspannt.
Die Teigoberfläche sollte vor dem Backen noch einmal mit Ei abgestrichen werden.

3.5.2 Ofentemperatur und Backzeit

> Blätterteig wird bei „flotter Hitze" gebacken, also bei höheren Ofentemperaturen (180 – 230 °C) innerhalb kurzer Zeit (10 – 25 Minuten).

Mit Butter hergestellter Blätterteig sollte um ca. 20 °C heißer gebacken werden als vergleichbare Gebäcke mit Ziehmargarine.

Butter hat einen breiteren Schmelzbereich als Ziehmargarine. Sie wird im Ofen daher eher flüssig und neigt dazu auszulaufen. Durch höhere Ofentemperatur wird erreicht, dass die Stärke im Teig schneller verkleistert und die flüssige Butter rechtzeitig bindet.

> Backen
> bei **hoher Temperatur** (210 – 230 °C)
> und **kurzer Backzeit** (10 – 15 Minuten):

dünne, flache Blätterteigstücke, z.B. Schweinsohren, Böden, Schillerlocken, Sahnerollen u.a.

> Backen
> bei **hoher Temperatur** (210 – 230 °C)
> und **längerer Backzeit** (16 – 25 Minuten).

Gebäcke mit schwerer Füllung (Marzipan-, Fleisch-, Apfelfüllung), z.B. Kaffeegebäcke, Wurstbrötchen, Apfelstrudel u.a.

Die längere Backzeit bewirkt ein besseres Durchbacken des feuchten Teiginneren sowie der Füllung.

> Backen
> bei **niedriger Temperatur** (180 – 200 °C) und längerer Backzeit (16 – 25 Minuten):

Gebäcke mit leichter Füllung (Krem, Obst), z.B. Windmühlen u.a.

Pasteten sollen bei 190 – 210 °C etwa 20 – 25 Minuten lang gebacken werden. So können die einzelnen Schichten länger und besser hochziehen.

Bei zu niedrigen Temperaturen treten folgende Gebäckfehler auf:

❐ Unzureichendes Aufgehen.
   Ursache: zu schleppender Dampfdruck.

❐ Zu blasse Farbe (grau).
   Ursache:
   zu geringe Farbstoffbildung, da hierzu höhere Hitzegrade erforderlich sind.

❐ Fett läuft z.T. aus.
   Ursache:
   der Zeitraum zwischen Verflüssigung des Fettes und Verkleisterung der Stärke ist zu lang.

> Die meisten Blätterteige werden ohne Schwaden gebacken. Lediglich bei hochziehenden Gebäcken (Pasteten) kann eine leichte Schwadengabe die Volumenbildung begünstigen.

3.5.3 Backverlauf und Lockerung

Die Ofenhitze greift die Teigstücke von außen an. Von außen nach innen fortschreitend vollziehen sich dabei folgende Vorgänge:

Krumenbildung

❐ Durch die Ofenwärme wird das Fett bald flüssig,

❐ Ab ca. 60 °C verkleistert die Stärke und saugt das flüssige Fett auf,

- ❏ Der Kleber gerinnt und verhärtet; er bleibt im heißen Zustand aber biegeelastisch. Die vorhandenen Kleberhäutchen sind also weiterhin gashaltefähig.

Lockerung (Volumenbildung)

> Die Lockerung erfolgt dadurch, dass das in den Teigschichten enthaltene Wasser zu Dampf wird.

- ❏ In Folge der damit verbundenen Raum- bzw. Volumenausdehnung (Dampfdruck) heben sich zunächst die äußeren Schichten von den jeweils darunter befindlichen Schichten ab.

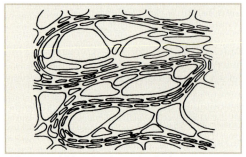

Abb. 1: Porenbildung im Blätterteiggebäck

- ❏ Die einzelnen Schichten werden dabei jedoch nicht voneinander abgelöst; sie sind nämlich in Folge des mehrmaligen Übereinanderschlagens beim Tourieren nach allen Seiten hin faltenartig miteinander verwoben. Dadurch entstehen zahlreiche größere und kleinere Poren (= Abhebungen der jeweiligen Schichtbereiche).

Abb. 2: Querschnitt durch ein Blätterteiggebäck

- ❏ In rascher Folge ziehen auch die inneren Schichten hoch; das Gebäckstück erreicht ein besonders großes Volumen.
- ❏ Der Wasserdampf wird zunächst von den Kleberhäutchen umschlossen; er kann schließlich durch feine Zerreißstellen entweichen.

Krustenbildung

- ❏ Nach Entweichen des Wasserdampfs steigt die Temperatur auf über 100 °C an.
- ❏ Unter der Einwirkung der hohen Ofenhitze verändern sich die Teigbestandteile: aus Eiweißen und Stärkebausteinen entstehen Röstbitterstoffe (Melanoidine).
- ❏ Der Blätterteig verhärtet; es entstehen die splittrig-brüchigen Schichten des Blätterteiggebäcks.
- ❏ Trockene Gebäcke ohne Füllung, z. B. Böden oder Pasteten bestehen nahezu ausschließlich aus Kruste.

Gefüllte Blätterteige backen nicht überall trocken aus. Im Gebäckinneren, insbesondere in unmittelbarer Nähe der Füllung, entweicht nur ein Teil des Wassers. Somit können nur Kochtemperaturen um 100 °C entstehen. Das führt zu intensiver Verklebung der verkleisterten Stärke (= Krumenbildung).

Um richtig durchzubacken, müssen die Kochtemperaturen eine bestimmte Zeit lang einwirken. Bei zu kurzer Backzeit bleibt die Krume feucht oder fettig („speckig"). Solches Blätterteiggebäck hat einen erheblich verminderten Genusswert.

3.6 Ausbacken und Herrichten der Gebäcke

Blätterteiggebäcke sind dann ausgebacken, wenn sie die erforderliche Bräune erlangt haben.

Ob die Gebäcke ausgebacken sind, kann der Bäcker auch feststellen, indem er die Oberfläche der Gebäckstücke abtastet.

Von deren mürbem bzw. splittrigem Zustand hängt es ab, wann er die Gebäcke aus dem Ofen herausnimmt.

Sodann können folgende Behandlungen der Gebäckstücke erforderlich werden:

Ablösen vom Backblech

- ❏ In Zucker gerollte Blätterteiggebäcke, beispielsweise Schweinsohren, müssen sofort nach dem Ausbacken vom Blech abgelöst werden, weil der in Folge der Hitze flüssig gewordene und beim Abkühlen erstarrende Zucker (Karamel) sonst fest haften bleibt.

Aprikotieren

☐ Kaffeegebäcke werden noch auf dem Blech möglichst bald nach dem Ausbacken mit nicht zu heißer Aprikosenmarmelade überstrichen.

Glasieren

☐ Erst nach dem Auskühlen wird über die zur Gallerte erstarrte Aprikotur eine dünne Schicht Fondant aufgestrichen.

☐ Käsefours können mit einer käse- und fetthaltigen Glasur überzogen werden.

Tauchen in Kuvertüre

☐ Beispielsweise Schweinsohren, Fächer u.a.

3.7 Frosten von Blätterteig

Die Herstellung von Blätterteig, insbesondere das Tourieren, ist zeit- und arbeitsaufwendig. Es ist daher rationeller, Blätterteig nicht täglich in kleinen Mengen, sondern für mehrere Tage auf Vorrat herzustellen und die nicht sofort benötigten Anteile einzufrosten (= Aufbewahren im Froster bei – 20 °C).

> Zum Frosten eignen sich sowohl fertig tourierter Teig wie auch bereits backfertig vorbereitete Teigstücke ohne Füllung.

Durch das Frosten wird bewirkt:

☐ Konservierung des Teiges
   Alle biochemischen Vorgänge unterbleiben.

☐ Verhärtung des Teiges
   Aus dem Wasser im Grundteig entstehen feste Eiskristalle.
   Die Fette verfestigen sich.

Gefrosteter Blätterteig lässt sich wegen seiner Härte und der damit verbundenen Unempfindlichkeit gut und raumsparend stapeln; backfertig vorbereitete Einzelstücke können portionsweise in Beutel oder Kartons gestapelt werden, sodass man sie genau nach Bedarf entnehmen kann.

Vor der Einlagerung im Froster muss der Blätterteig luftgeschützt verpackt werden, z. B. in Folie oder Kartons.

Andernfalls …

… würde ein Teil des Wassers verdunsten, und zwar sowohl im Froster als auch beim Auftauen.

Die Folge wären Hautbildung sowie Beeinträchtigung der Lockerungsfähigkeit.

… würden die Teigstücke beim Herausnehmen aus dem Froster beschlagen und die Teigoberfläche dadurch schmierig.

Zum Frosten geeignet sind:

⊕ Fertig tourierter Teig

Nach dem Auftauen wird der Teig ausgerollt und geformt; dabei wird der Teig gedehnt, der Kleber somit energetisch neu aufgeladen.

Damit ist eine Verbesserung des Gashaltevermögens verbunden, sodass dieser Teig für alle, insbesondere auch für hochziehende Gebäcke, verwendet werden kann.

⊕ Backfertig vorbereitete Teigstücke

Durch die längere Lagerung hat der Kleber an Spannung verloren und verfügt daher nur über ein geringeres Gashaltevermögen.

Wegen der so geminderten Lockerungsfähigkeit sollen backfertig vorbereitete Teile nur für solche Gebäcke verwendet werden, die nicht besonders hochziehen müssen.

Zum Frosten **nicht** geeignet sind:

⊖ Fertige Gebäcke

Sie neigen nach dem Auftauen zum Zerbrechen bzw. zum Abblättern; dadurch werden sie unansehnlich.

Die Krustenanteile enthalten kaum noch Wasser; somit können sich in der Kruste keine stabilen Eiskristalle bilden.

Die bereits gelockerten, dünnen Gebäckschichten sind statisch weniger belastbar als der kompakte Teig:

Beim Stapeln im Froster zerbrechen daher zumindest die äußeren Schichten der Kruste.

Auftauen

Zum Auftauen wird die Anzahl der benötigten Teigstücke bzw. die erforderliche Menge an touriertem Teig entnommen:

☐ Der tourierte Teig wird zunächst in der Folie bei höchstens +10 °C aufgetaut und sodann ausgerollt und weiterverarbeitet.

☐ Die Teigstücke werden auf Backbleche abgesetzt, bei Backraumtemperatur aufgetaut und sodann vorbereitet und gebacken.

4 Qualitätsanforderungen an Blätterteiggebäcke

Die meisten Gebäcke aus Blätterteig schmecken am besten in frischem Zustand, einige sogar, wenn sie noch warm sind.

Temperatur

❏ **Warm**
schmecken vor allem Blätterteiggebäcke mit würzigen Füllungen, z. B. Wurstbrötchen, Fleischpasteten, Pizza, Zwiebelkuchen, Käsegebäcke u. a.; sie sollten unmittelbar vor dem Verzehr noch einmal im Ofen erhitzt werden.

❏ **Ausgekühlt**
müssen solche Gebäcke sein, die mit Sahne gefüllt werden sollen, z. B. Obsttaschen, Sahnerollen, Schillerlocken, Fächer u. a.

Mit Butter hergestellte Blätterteiggebäcke behalten auch im abgekühlten Zustand ihren Wohlgeschmack länger als solche mit Ziehmargarine.

Das liegt daran, dass der Schmelzpunkt der Butter entsprechend niedriger liegt.

Frische

Frischemerkmale sind:

❏ die Rösche bzw. die feste, splittrige Beschaffenheit der Kruste,

❏ die zarte Beschaffenheit der Krume.

Im Verlauf der Lagerung verlieren Blätterteiggebäcke ihre Frische:

❏ Die Kruste wird ledrig-zäh.

Die hygroskopischen Krustenbestandteile nehmen Wasser auf, z.T. aus der Luft, vor allem aber aus dem Teiginnern.
Insbesondere, wenn wasserhaltige Füllungen vorhanden sind.
Blätterteiggebäcke, die ausschließlich aus Krustenanteilen bestehen, z. B. Pasteten, Böden u. a., behalten ihre Rösche dann, wenn sie trocken und luftgeschützt gelagert werden.

❏ Die Krume wird strohig-zäh (altbacken).

Die weit ausgedehnte Stärke zieht sich in Folge der Wasserwanderung von innen nach außen zusammen und verhärtet dabei.

5 Gebäckfehler

Die **Blätterteigfehler** und
Ursachen für diese Fehler (●)
sowie
Erklärungen für die Fehler (○)
und Angaben zur
Vermeidung der Fehler (☛)

Fett läuft aus.

● Zu kalter Ofen
○ Das Ziehfett ist spätestens bei 36 °C flüssig, sodass es an den Seiten auslaufen kann.
○ Ab 60 °C verkleistert die in den Teigschichten enthaltene Stärke; dabei saugt sie das flüssige Fett auf.
○ Falls der Zeitraum zwischen Fettverflüssigung und Stärkeverkleisterung zu lang ist, kann ein Teil des Fettes auslaufen.
☛ Heißer Ofen (190 – 220 °C)

● Zu wenig touriert
○ Je weniger Touren der Blätterteig hat, um so dicker sind die Schichten.
○ Die Saugkraft der verkleisterten Stärke reicht nicht bis zum Innern der flüssigen Fettschicht, sodass dieser Teil des Fettes auslaufen kann.
☛ Ausreichende Anzahl an Touren

● Teig wurde beim Tourieren nicht weit genug ausgerollt.
○ Teigschichten sind zu dick.
☛ Beim Tourieren weit genug ausrollen.

Wilder Trieb führt zu fehlerhafter Form des Gebäcks in Folge ungleichmäßiger Lockerung.

● Zu wenig touriert.
○ Die einzelnen Teigschichten sind verhältnismäßig dick, die Anzahl der Faltungen ist zu gering. Der Wasserdampfdruck verteilt sich nicht auf viele, sondern konzentriert sich auf die wenigen Nahtstellen. Die Folge ist das Abreißen und Umkippen zahlreicher Schichten.
☛ Ausreichende Anzahl an Touren.

● Ungleichmäßig touriert.
○ Durch ungleichen Druck beim Tourieren entstehen verschieden dicke Schichten.
☛ Sorgfältiges Tourieren.

4 Gebäckfehler

- Teig mit stumpfem Messer geschnitten.
- ○ Teigschichten sind an den Schnittstellen verklebt.
- ☞ Scharfes Messer benutzen.

- Eistreiche ist abgelaufen.
- ○ Teigschichten sind an den Schnittstellen verklebt.
- ☞ Ei nur an der Teigoberfläche aufstreichen.

Schnurren führt zu unansehnlicher Form und zu geringem Volumen des Gebäcks.

- Zu kurze Ruhepausen zwischen den einzelnen Touren und vor der Aufarbeitung des Teiges.
- ○ Durch die Dehnung des Blätterteiges beim Tourieren sind Kleberschichten entsprechend gespannt und streben in die Ausgangslage zurück: der Teig zieht sich wieder zusammen.
- ☞ Ausreichend lange Ruhepausen.

- Auf gefettete Bleche aufgesetzt.
- ○ Die noch unter Spannung stehenden Teigstücke finden auf der Fettschicht keinen ausreichenden Widerstand; vielmehr dient das Fett als Gleitfläche, sodass sich der Teig zusammenziehen kann (= schnurren).
- ☞ Auf nasse Bleche oder Backpapier aufsetzen.

- Grundteig war zu fest.
- ○ Dadurch ist ein zu zäher Kleber entstanden, der sich stark zusammenzieht.
- ☞ Nicht zu fester Grundteig.
- ☞ Höherer Fettzusatz.

Strohiger Geschmack

- Zu viel Streumehl verwendet.
- ○ Der überschüssige Mehlanteil wird nicht vom Teig aufgenommen; er bleibt trocken; die Mehlstärke kann nicht oder nicht ausreichend verkleistern.
- ☞ Weniger Streumehl verwenden.

Stumpf in der Farbe

- Zu viel Streumehl verwendet.
- ○ Die trockenen Mehlanteile verhindern, dass die Gebäckoberfläche glatt und damit glänzend wird.
- ☞ Weniger Streumehl verwenden.

Aufgabenstellungen

		Seite
1	Nennen Sie Erzeugnisse aus Blätterteig.	259
2	Wie werden Erzeugnisse aus Blätterteig	
	a) gefüllt?	259
	b) überzogen?	259
3	Skizzieren Sie die besondere Beschaffenheit des Blätterteigs und seine Herstellung.	260
4	Weshalb werden für Blätterteig kleberstarke Mehle benötigt?	260
5	Welchen Einfluss auf die Teigbeschaffenheit haben: Kochsalz, Säuren, Eier, Fett?	260 f
6	Was bewirkt das Ziehfett im Blätterteig?	261
7	Welche Eigenschaften müssen Ziehfette haben?	261
8	Wie bereitet man Butter zur Verwendung als Ziehfett vor?	261 f
9	Stellen Sie verschiedene Rezepte für Grundteige auf.	262

Fortsetzung der Aufgabenstellungen auf der folgenden Seite

		Seite
10	Weshalb müssen Teig und Ziehfett zum Tourieren die gleiche Festigkeit haben?	262
11	Unterscheiden Sie einfache und doppelte Tour nach deutscher und französischer Verfahrensweise.	263
12	Wovon sind Anzahl und Art der Tourierung abhängig?	263
13	Worauf ist beim Tourieren besonders zu achten?	264
14	Was ist das jeweils Besondere beim Tourieren von deutschem, französischem und holländischem Blätterteig?	264f
15	Nennen Sie Vor- und Nachteile der verschiedenen Tourierungsverfahren.	265
16	Beschreiben Sie die Aufarbeitung und Formung von fertig touriertem Blätterteig.	265f
17	Welche Vorbereitungen zum Backen sind für Blätterteiggebäcke üblich?	266
18	Wovon sind Ofentemperatur und Backzeit abhängig?	267
19	Welche Gebäckfehler können bei zu niedrigen Backtemperaturen auftreten?	267
20	Beschreiben Sie, wie Blätterteig gelockert wird.	267f
21	Beschreiben Sie das Ausbacken und die Herrichtung von Blätterteiggebäck.	268f
22	Nennen Sie Gründe, weshalb das Frosten von Blätterteig in Betracht gezogen werden sollte.	269
23	Beschreiben und erläutern Sie, wie Blätterteig zum Frosten behandelt werden muss.	269
24	Weshalb sind fertige Blätterteiggebäcke zum Frosten weniger geeignet?	269
25	Wie wird gefrosteter Blätterteig zum Auftauen behandelt?	269
26	Welche Gütemerkmale haben frische Blätterteiggebäcke?	270
27	Beschreiben Sie, wie sich Blätterteiggebäcke nach längerer Lagerung verändern.	270
28	Erklären Sie folgende Blätterteigfehler und geben Sie Möglichkeiten der Vermeidung dieser Fehler an: a) Fett läuft aus, b) wilder Trieb, c) Schnurren.	270 270f 271

Herstellen von Erzeugnissen aus Mürbeteig

1 Einteilung der Erzeugnisse

Aus Mürbeteig können hergestellt werden:

- **Tortenböden**
  - dünne Böden als Unterlagen für Biskuit-Obstböden
  - dicke Böden mit und ohne Rand für Obsttorten und Blechkuchen
  - Decken für Blechkuchen, z. B. Apfelzuschläge
- **Torteletts**
  - kleine Böden für Obsttörtchen
- **andere Kleingebäcke**
  - Zuckerbrezeln, Knippplätzchen, Nussblättchen, gefülltes Mürbegebäck u.a.
- **Teegebäcke**
  - ausgestochenes, eingelegtes, gespritztes Teegebäck (Spritzgebäck)
- **Formgebäcke**
  - z. B. Spekulatius, Brezeln, Kipferl u.a.
- **Keks**
  - z. B. Mürbekeks, Albertkeks u.a.
- **Käsemürbegebäcke**
- **Fettgebäcke**
  - in Siedefett gebackene Erzeugnisse aus Mürbeteig, z.B.: Mutzen, Mutzenmandeln, Kameruner, Donats u.a.

Zu den Erzeugnissen aus Mürbeteig zählt ferner

- **Streusel**

2 Die besondere Beschaffenheit der Mürbeteige

2.1 Zusammensetzung

Mürbeteige bestehen vorwiegend aus Weizenmehl, Fett und Zucker.

Man unterscheidet Mürbeteige nach verschiedenen Rezeptqualitäten:

Schwerer und ausrollbarer Mürbeteig

= 1 : 2 : 3-Teig[1]
(Zuckeranteil ca. 1/6 der Teigmenge)
– für Böden und Torteletts
– für ausgestochenes und eingelegtes Teegebäck

> **Rezeptbeispiel**
> 1000 g Weizenmehl
> 650 g Backmargarine
> 350 g Zucker
>   Kochsalz Aromen

Leichter und ausrollbarer Mürbeteig

= 1 : 1 : 2-Teig[1]
(Zuckeranteil ca. 1/4 der Teigmenge)
– für dünne Böden
– für Spekulatius
– evtl. für Streusel, jedoch ohne Zusatz von Milch

> **Rezeptbeispiel**
> 1000 g Weizenmehl
> 500 g Backmargarine
> 500 g Zucker
> 150 g Milch
>   15 g Backpulver/Ammonium
>   Kochsalz, Aromen

Spritzbarer Mürbeteig

= 1 : 2 : 2-Teig[1]
(Zuckeranteil ca. 1/5 der Teigmenge)
– für Spritzgebäcke (aus besonders weichem Teig, der mit Hilfe des Spritzbeutels aufdressiert wird)

Spritzbarer Mürbeteig ist besonders fettreich; es werden ferner Eier oder Eigelbe zugesetzt, evtl. auch Milch und Rum.

Neben diesen Rezeptqualitäten gibt es eine Reihe von Abwandlungen, z. B. für Fettgebäcke, Käsegebäcke sowie für Erzeugnisse aus Linzer Mürbeteig (s. S. 278).

---

[1] Die Zahlen nennen die Anteile an Zucker : Butter : Mehl, z.B. bei 1 : 2 : 3-Teig 500 g Zucker + 1000 g Butter + 1500 g Mehl = 3000 g Mürbeteig.

2.2 Mechanische Beschaffenheit der Mürbeteige

Durch den hohen Fettanteil in Mürbeteigen wird die Bildung von Kleber erschwert.

In Mürbeteigen, die außer Fett keine andere Teigflüssigkeit enthalten (z. B. 1 : 2 : 3-Teig), kann kein Kleber gebildet werden.

Mürbeteige sind daher ...

... nicht elastisch.
Ausgerollter Mürbeteig zieht sich nicht wieder zusammen.
Spritzbarer Mürbeteig behält die ihm beim Spritzen verliehene Form.

... gut dehnbar und bindig.
Mürbeteig lässt sich weit und bis zu dünnen Teigschichten ausrollen, z. B. für dünne Böden.

Damit diese erwünschten Teigeigenschaften erzielt werden, muss bei der Teigbereitung und -aufarbeitung darauf geachtet werden ...

– ... dass das Fett kalt und fest, nicht aber warm und dadurch weich oder gar flüssig ist,
– ... dass der Teig nicht zu stark geknetet und dass er vorsichtig aufgearbeitet wird.

Fehlerhafte Mürbeteige können sein ...

... brandig
Der Teig verliert seine Bindigkeit.
Er wird rissig, bröckelt und ist nicht mehr ausrollbar.
Ursachen dafür können sein:
– *zu warmer Teig (Fett wird weich, s. S. 275),*
– *zu langes Kneten oder Aufarbeiten (ebenfalls: Fett wird zu weich).*

... zäh
Der Teig „schnurrt", d.h. er ist nicht mehr ausreichend dehnbar und zieht sich z.T. wieder zurück.
Spritzbarer Mürbeteig ergibt keine einwandfreie Gebäckform.
Ursache dafür ist die Kleberbildung bei milch- oder eiklarreichen Teigen in Folge starken Knetens oder Schlagens.

3 Der Einfluss der Rohstoffe auf Teig- und Gebäckbeschaffenheit

Hauptrohstoffe zur Herstellung von Mürbeteigen sind:

♦ **Weizenmehl**
♦ **Fett** (Butter/Backmargarine)
♦ **Zucker**

ferner:
♦ **Milch**
♦ **Eigelbe** oder
♦ **Eier/Eiklar**

Zur Geschmacksverbesserung können beigefügt werden:

♦ **Gewürze:**
abgeriebene Zitronenschale, Vanille, Tonkabohnen, Koriander, Macisblüte, Zimt, Nelken, Kardamomen (für Gewürzspekulatius)
♦ **Kochsalz**
♦ **weitere Rohstoffe:**
geriebene Mandeln und Nüsse, Kakaopulver

Triebmittel bei bestimmten Mürbeteigen ist Ammonium, evtl. auch Backpulver.

Die Rohstoffe und ihre Wirkungen in Teig und Gebäck:

Weizenmehl (Type 405) (Weizenpuder)
❏ Der Mehlanteil in Mürbeteigen macht etwa die Hälfte des Teiggewichtes aus.
❏ Das Mehl bindet die Teigflüssigkeiten: Fett, Milch, Eier. Da sich wegen des hohen Fettanteils kein oder nur wenig Kleber bilden kann, sind kleberarme, weiche, stärkereiche Mehle am besten geeignet (Type 405); man kann sogar einen Teil des Mehls durch Weizenpuder ersetzen. Dadurch ist mit größerer Sicherheit gewährleistet, dass Mürbeteige nicht zäh werden.

Fett (Backmargarine, Butter, Pflanzenfett)
❏ Das Fett umschließt die Mehlpartikelchen und haftet außen an der Oberfläche der Stärkekörnchen an.
❏ Im kalten Zustand ist das Fett fest; es umschließt die Mehlpartikelchen in verhältnismäßig dicken Schichten; diese haften klebrig aneinander und geben dem Mürbeteig so seine Bindigkeit und seine Gleitfähigkeit (Dehnbarkeit, Ausrollbarkeit).

Bei fehlerhafter Verarbeitung wird Mürbeteig brandig.

❒ Durch starkes Kneten wird das Fett erwärmt und z.T. flüssig. Die flüssigen Fettanteile können in die Mehlpartikelchen eindringen.

❒ Dabei zerfallen die Partikelchen in kleinere Bruchstücke, wodurch eine erheblich vergrößerte Gesamtoberfläche entsteht.

Abb. 1: Bindiger Mürbeteig bei kaltem Fett: Die Mehrpartikelchen sind von dicken Fettschichten umhüllt.

Abb. 2: Brandiger Mürbeteig bei warmen Fett: Die zerkleinerten Mehrpartikelchen sind von nur dünnen Fettschichten umhüllt.

❒ Die Fettschichten, die diese vergrößerte Oberfläche umschließen, werden entsprechend dünner und haften nicht mehr so bindig aneinander: der Teig wird „kürzer", beim Ausrollen wird er rissig, er bröckelt, er ist **brandig**.

Zucker (feiner Kristallzucker; Puderzucker)

❒ Die hohen Zuckeranteile im Mürbeteig können nur schwer gelöst werden: Zucker ist nicht in Fett, sondern nur im Wasseranteil des Mürbeteiges löslich

Wasseranteile in Milch: 87%; Eier: 75%; Eigelbe: 50%; Butter/Margarine: 14 – 16%.

❒ Um eine möglichst vollständige Lösung des Zuckers zu erzielen, verwendet man feinkörnige Zuckerkristalle; für Teegebäcke oder, wenn Mürbeteig schnell aufgearbeitet werden soll, verwendet man Puderzucker.

❒ Bei fettreichen Teigen kann eine bessere Lösung des Zuckers in dem geringen Wasseranteil des Teiges dadurch erreicht werden, dass der Teig zwischen Bereitung und Aufarbeitung mehrere Stunden absteht, z.B. bei Lagerteigen.

Nicht gelöste Zuckerkristalle sind Ursache für folgende nachteilige Wirkungen:

❒ Der Teig treibt beim Backen breit.

Die Zuckerkristalle schmelzen in der Ofenhitze (ab 160 °C): sie werden flüssig und drücken in Folge ihres hohen spezifischen Gewichts (1,6) die übrigen Gebäckbestandteile zur Seite; das noch weiche, weil heiße Gebäck fließt in die Breite.

❒ Das Gebäck besitzt kein ausreichendes Formhaltevermögen.

Überall da, wo Zuckerkristalle schmelzen, geht ein Teil der Gebäckform verloren. Das wirkt sich am nachteiligsten bei formempfindlichen Gebäcken aus, z. B. bei eingelegtem Teegebäck oder Spritzgebäck. Deshalb sollte dazu nur feinkörniger Zucker (Puderzucker) verwendet werden.

❒ Das Gebäck bräunt ungleichmäßig („stippig").

Die geschmolzenen Zuckerkristalle bilden bei Temperaturen über 160 °C Kulör (= Farbstoffe); das führt zu unterschiedlich fleckiger Braunverfärbung der Gebäckoberfläche, also zu unansehnlichen Gebäcken.

❒ in besonders zuckerreichen Teigen, z.B. Spekulatius, bildet der in der Ofenhitze kochende Zucker Karamelschichten. Dadurch erhalten solche Gebäcke die erwünschte harte, splittrige oder brüchige Beschaffenheit.

❒ Zuckerreiche Gebäcke müssen trocken, d.h. luftgeschützt verpackt aufbewahrt werden, weil sie infolge der hygroskopischen (= wasseranziehenden) Kraft des Zuckers sonst feucht bzw. weich werden.

Milch, Wasser

❒ Bei Verwendung von Milch oder Wasser kann im Mürbeteig Kleber gebildet werden. Der Teig wird dadurch entsprechend zäher, das Gebäck fester und weniger bruchempfindlich.

❒ Aus solchem Teig bereitete Böden eignen sich besser zur Auflage von Obst; sie sind auch weniger saftdurchlässig.

- Milch- bzw. wasserhaltige Mürbeteige müssen mit Hilfe eines chemischen Triebmittels (Ammonium) gelockert werden, weil die Gebäcke sonst eine zu harte und nicht ausreichend mürbe Beschaffenheit besitzen.

Eigelbe

- Sie unterstützen durch ihre emulgierende Wirkung die leichte Verteilbarkeit des Fettes.
- Spritzbare Mürbeteige erhalten insbesondere dadurch die erforderliche Beschaffenheit.

Eier, Eiklare

- Auf Grund der Bindigkeit ihrer eigenen Bestandteile (quellfähige, kleberähnliche Eiweiße; s. S. 172) können sie Mürbeteigen zusätzliche Bindigkeit verleihen.
- Durch vorsichtiges Unterziehen von Eiklar kann ein brandig gewordener Mürbeteig sogar seine Bindigkeit zum Teil wiedererlangen, sodass er weiter verarbeitungsfähig ist.

4 Verfahrenstechnik

4.1 Teigbereitung

Mürbeteige sind gegen Wärme und gegen zu starke mechanische Beanspruchung empfindlich.

Daher gelten sowohl für die Bereitung als auch für die Aufarbeitung des Teiges folgende wichtige Grundregeln:

> kühle Temperaturen (unter +20 °C),
> keine Anwendung von starkem Druck.

Im Einzelnen sollte wie folgt verfahren werden:

- Rohstoffe vorkühlen, genau abwiegen; Mehl/Puder sieben.
- Butter, Zucker, Kochsalz, Gewürze vormischen und glattarbeiten; je nach Rezept Eigelbe, Milch oder Wasser zugeben.
- Die Butter darf nur so weich sein, dass sie sich mit den übrigen Rohstoffen verarbeiten lässt.
- Dabei darauf achten, dass die Masse nicht schaumig wird.
Die schaumig eingefangenen Gase (Luft) würden sich beim Backprozess zu stark ausdehnen; der wenig standfeste, weil fettreiche Mürbeteig würde dadurch verlaufen bzw. in die Breite treiben.

- Die Masse schnell unter das gesiebte Mehl bzw. Mehl-Puder-Gemisch vermengen (vergreifen, unterziehen);
Zu starkes Kneten führt zur Erwärmung des Fettes: der Teig wird brandig (vgl. S. 277); auch bei anschließendem Abkühlen und Verfestigen des Fettes kann die volle Bindigkeit nicht wieder erreicht werden.

- Den dabei entstehenden streuselartigen Teig nicht kneten, sondern nur vorsichtig zusammendrücken.
Bei Mürbeteigen mit hohem Anteil an Milch/Wasser führt starkes Kneten zur Kleberbildung: dadurch wird der Mürbeteig unerwünscht zäh und schnurrt beim Backen.

Größere Teigmengen werden in der Knetmaschine bereitet. Geeignet sind schnell knetende Maschinen mit schneller Mischungswirkung. Die Maschine muss jedoch rechtzeitig ausgeschaltet werden, um Überknetung des Teiges zu vermeiden.

4.2 Aufarbeitung

- Der fertig bereitete Mürbeteig soll vor der Aufarbeitung kühl gestellt werden.
Die weich gewordenen Fettanteile verfestigen sich und dringen so nicht in die Mehlpartielchen ein; die Gefahr des Brandigwerdens ist geringer.

- Der Teig soll nach Möglichkeit eine Zeit lang (über eine Stunde) ablagern; das ist besonders wichtig bei fettreichen Mürbeteigen.
Der im Teig enthaltene Zucker muss sich möglichst ganz lösen. Wegen des geringen Wasseranteils dauert das entsprechend lange. Zu viel nicht gelöster Zucker führt zum Breittreiben und Fleckig- bzw. Blasigbacken des Gebäcks.

- Spritzbare Mürbeteige dürfen jedoch nicht lange abstehen, weil sie sonst zäh werden.
In Folge des hohen Flüssigkeitsanteils im weichen Spritz-Mürbeteig kann es zum Nachquellen des Mehls und zur Kleberbildung kommen.

- Die Aufarbeitung soll in kühlem Raum und auf gekühlten Arbeitstischen erfolgen.
- Bei allen Formungsvorgängen (ausrollen, ausstechen, schneiden, einlegen, spritzen) muss der Mürbeteig kühl gehalten werden.
- Die fertig geformten Teigstücke werden auf gefettete oder mit Backpapier ausgelegte Bleche abgesetzt.

4.3 Backen

Backhitze

- ❏ Ofengebäcke ➞ bei ca. 180 – 220 °C,
- ❏ Fettgebäcke ➞ bei ca. 170 °C in der Frittüre.

Schwadengabe

- ❏ nur kurzfristig
  Feuchte Teigoberfläche führt zur Ausdehnung und Volumenvergrößerung.
- ❏ Zug bald ziehen
  Trockene Backhitze ist für Gebäcke wichtig, die ihre Form behalten sollen, z. B. eingelegtes Teegebäck.
- ❏ Mit Zucker bestreute Mürbegebäcke werden ohne Schwaden gebacken.
  Der Zucker würde vom Wasserdampf z.T. gelöst; er würde verlaufen, das Gebäck wäre unansehnlich.

Lockerung

- ❏ Fettreiche Mürbeteige, z. B. 1 : 2 : 3-Teige, werden ohne Zusatz von chemischen Triebmitteln gelockert.
  Eine gewisse Ausdehnung des heißen Teiges erfolgt durch den entstehenden Wasserdampf. Da im Mürbeteig kein gashaltefähiger Stoff enthalten ist, entweicht der Dampf; es entstehen keine Poren im Gebäck wie vergleichsweise im Hefegebäck. Der Gasdruck reicht aber aus, um den kompakten Teig mürbe zu machen.
- ❏ Wasserhaltige Mürbeteige, z. B. 1 : 1 : 2-Teige, werden mit Ammonium gelockert (s. S. 210).
  Dieses Triebsalz wird durch die Ofenhitze in CO_2-Gas umgewandelt. Die doppelte Gasentwicklung (Wasserdampf + CO_2-Gas) ist notwendig, weil sonst der zähere, fettärmere, kleberhaltige Teig nicht ausreichend gedehnt und das Gebäck nicht genügend mürbe würde.

Rechtliche Vorschriften

Ammonium (Hirschhornsalz) darf nur für solche Gebäcke verwendet werden, die trocken ausbacken.
So lange Wasser im Gebäck enthalten ist, verbleibt übel riechendes Ammoniak im Wasser gelöst. Dieses beeinträchtigt den Geschmack des Erzeugnisses; ferner ist es gesundheitlich bedenklich.

Da Mürbegebäcke trocken ausbacken, erleiden sie einen verhältnismäßig hohen Backverlust von etwa 13%.

5 Gebäcke aus besonderen Mürbeteigen

5.1 Teegebäck aus ausrollbarem Mürbeteig

Ausgestochenes, zusammengesetztes Teegebäck (aus 1 : 2 : 3-Teig)

Abb. 1: Ausgestochenes Teegebäck

Verfahrensweise

- ➤ Mürbeteig ausrollen, mit einem Ausstecher ausstechen oder ausschneiden.
- ➤ Ausgestochene Teile auf gefettete oder mit Backpapier ausgelegte Bleche aufsetzen und je nachdem mit Ei abstreichen, mit halben Mandeln oder Nüssen belegen, mit Zucker bestreuen u.a.
- ➤ Backen bei 180 °C
- ➤ Gebackene Teile abglänzen, überziehen und dekorieren.

Eingelegtes Teegebäck (aus 1 : 2 : 3-Teig)

Es wird Puderzucker verwendet; das ergibt besseres Formhaltevermögen.

Abb. 1: Eingelegtes Teegebäck (Schwarz-Weiß-Gebäck)

Verfahrensweise

- Hellen und dunklen Mürbeteig (unter Zusatz von Kakaopulver) herstellen.
- Den Teig gut durchkühlen lassen und dick ausrollen, zu Streifen oder Flächen schneiden oder zu Rollen formen.
- Einen Teil des Mürbeteigs zu dünner Fläche ausrollen.
- Die Teigstreifen, -flächen oder -rollen mit Wasser abstreichen, zu Mustern zusammensetzen in die dünne Teigfläche einschlagen und kühl stellen.
- Die durchgekühlten Streifen bzw. Rollen in ca. 0,5 cm dicke Scheiben schneiden und auf gefetteten Blechen absetzen.
- Backen bei ca. 180 °C.

5.2 Teegebäcke aus spritzbarem Mürbeteig

Spritzgebäck (aus 1 : 2 : 2-Teig)

Abb. 1: Spritzgebäck

Verfahrensweise

- Butter, Zucker, Eier, Kochsalz und Gewürze schaumig rühren; Mehl unter die schaumige Masse heben.
- Der Spritzteig muss bald nach Fertigstellung in Spritzbeutel gefüllt und auf gefettete Backbleche aufdressiert werden.
- Backen bei ca. 180 °C.
- Die Gebäcke können belegt, gefüllt und zusammengesetzt sowie mit Kuvertüre überzogen werden.

5.3 Gebäcke aus Linzer Teig

Linzer Schnitten (Linzer Torten und Törtchen)

> Linzer Mürbeteig ist ein schwerer, fettreicher Mürbeteig, dem zusätzlich geriebene oder gehackte Nüsse bzw. Mandeln zugesetzt werden.

Rezeptbeispiel

1000 g	Weizenmehl
1000 g	Butter
400 g	Zucker
400 g	geriebene Mandeln oder Nüsse
	Kochsalz
	Gewürze

Verfahrensweise

- Auf die ausgeformten Teigstücke wird Obst (Johannisbeeren, Preiselbeeren u.a.) aufgestrichen und ein Gitter aus Mürbeteig aufgelegt.
- Backen bei ca. 200 – 220 °C.

5.4 Spekulatius

Abb. 2: Holzmodel für Spekulatius

5 Gebäcke aus besonderen Mürbeteigen

Spekulatius wird vorwiegend hergestellt als:

Butterspekulatius nach dem 1:2:2-Rezept

❐ Das ergibt besonders mürbes Gebäck, welches „auf der Zunge zergeht".

Rezeptbeispiel	
1000 g	Weizenmehl
650 g	Butter
300 g	Ei
400 g	Puderzucker
	Kochsalz,
	Vanille, Zitrone

Mandelspekulatius

❐ In den Teig von Butterspekulatius wird Mandelgries eingearbeitet.
❐ Der Teig wird auf Blechen gebacken, die mit gehobelten Mandeln bestreut sind.

Gewürzspekulatius
nach dem 1:1:2-Rezept unter Zusatz zahlreicher, typischer Gewürze

Rezeptbeispiel	
1000 g	Weizenmehl
350 g	Backmargarine
100 g	Milch
100 g	Ei
500 g	Zucker
10 g	Ammonium
	Kochsalz, Gewürze

❐ In Folge des hohen Zuckeranteils entsteht ein rösches, knackig-brüchiges Gebäck.
❐ Als Gewürze werden vorwiegend verwendet: Nelken, Macisblüte, Koriander, Zimt, Kardamomen.

Abb. 1: Maschinelles Ausformen von Spekulatius

Verfahrensbesonderheiten

❖ Der Spekulatiusteig kann in Holzformen oder in speziellen Maschinen ausgeformt werden.
❖ Die ausgeformten Teiglinge sollen mit Milch abgestrichen werden.
❖ Backen bei 200 bis 220 °C.

5.5 Mutzenmandeln

Sie werden aus einem Teig bereitet, der dem Mürbeteig ähnlich ist.

Abb. 2: Mutzenmandeln

Rezeptbeispiel	
1000 g	Weizenmehl
275 g	Ei/Eigelb
150 g	Fett
100 g	Milch
100 g	Rum
375 g	Marzipan
350 g	Puderzucker
	Kochsalz
	Zitrone

Verfahrensweise

➢ Der Teig wird etwa 1 cm dick ausgerollt und mit einem besonderen Ausstecher ausgestochen.
➢ Die vom Mehl entstaubten Teiglinge werden in Siedefett bei ca. 170 °C unter ständiger, vorsichtiger Bewegung gebacken.
➢ Die Gebäcke werden in Zimtzucker gewälzt und mit Puderzucker bestreut.

6 Teig- und Gebäckfehler

Teigfehler
und deren **Ursachen** (●)

Mürbeteig ist brandig:
- zu warmes und daher weiches oder gar flüssiges Fett,
- schaumig gerührte Fett-/Zuckermasse,
- zu langes, intensives Kneten,
- nicht genügend kühle Verarbeitung des Teiges.

Mürbeteig ist zäh:
- zu hoher Anteil an Milch/Wasser,
- zu langes Kneten des Teiges,
- zu langes Abstehen von Spritzmürbeteig.

Mürbeteig ist beim Backen breitgetrieben:
- zu schaumig gerührte Fett-/Zuckermasse,
- zu hoher Anteil an nicht gelöstem Zucker,
- zu hoher Anteil an Ammonium (ABC-Trieb).

Gebäckfehler
und deren **Ursachen** (●)

Böden:
Sie sind zu mürbe, zu bruchempfindlich, zu saftdurchlässig.
- zu hoher Anteil an Fett,
- zu geringer Anteil an Milch.

Eingelegtes Teegebäck:
Breit getriebenes Gebäck
- Teig wurde beim Zusammensetzen mit Eistreiche statt mit Wasser angefeuchtet.

Verlaufene Konturen
- zu grobkörnigen Zucker statt Puderzucker verwendet.

Zu blasses Gebäck
- zu kurze Abstehzeit des Teiges,
- zu kurze Backzeit.

Spritzgebäck:
Breit gelaufenes Gebäck
- überschlagene Butter-/Zuckermasse

Spekulatius:
Hohes und blasiges Gebäck
- zu viel Ammonium (ABC-Trieb).

Zu blasses Gebäck
- zu kühler Ofen oder zu kurze Backzeit.

Aufgabenstellungen

		Seite
1	Nennen Sie die Erzeugnisse aus Mürbeteig.	273
2	Unterscheiden Sie Mürbeteige nach verschiedenen Rezeptqualitäten.	273
3	Stellen Sie verschiedene Rezepte für die einzelnen Mürbeteige auf.	273
4	Beschreiben und erläutern Sie die Dehnungseigenschaften (= mechanische Eigenschaften) der Mürbeteige.	274
5	Weshalb muss Mürbeteig kühl verarbeitet werden?	274

2 Die besondere Beschaffenheit der Mürbeteige

		Seite
6	Weshalb darf Mürbeteig nicht intensiv geknetet werden?	275
7	Weshalb können für Mürbeteige kleberweiche Mehle verarbeitet werden?	274
8	Beschreiben und erklären Sie, wie Mürbeteig brandig wird.	274f
9	Weshalb eignet sich für Mürbeteige entweder feinkörniger Kristallzucker oder Puderzucker?	275
10	Wie kann man erreichen, dass ein größerer Teil des Zuckers im Mürbeteig gelöst wird?	275
11	Nennen und erklären Sie Gebäckfehler, die durch nicht gelösten Zucker entstehen können.	275
12	Welchen Einfluss auf die Teigbeschaffenheit hat die Verwendung von Milch oder Wasser für Mürbeteig?	275f
13	Beschreiben Sie den Einfluss von Eiern, insbesondere von Eigelb, auf die Beschaffenheit des Mürbeteiges.	276
14	Beschreiben Sie, worauf besonders zu achten ist:	
	a) bei der Bereitung von Mürbeteig,	276
	b) bei der Aufarbeitung von Mürbeteig.	276
15	Weshalb sollen Mürbegebäcke mit nur wenig oder gar ohne Schwaden gebacken werden?	277
16	Weshalb können fettreiche Mürbeteige ohne Triebmittel gelockert werden?	277
17	Beschreiben Sie die Lockerung von Mürbeteigen mit chemischen Triebmitteln.	277
18	Welche rechtlichen Einschränkungen gibt es für die Verwendung von Ammonium als Triebmittel?	277
19	Beschreiben Sie die Herstellung	
	a) von ausgestochenem Teegebäck,	277
	b) von eingelegtem Teegebäck,	277f
	c) von Spritzgebäck.	278
20	Stellen Sie verschiedene Rezepte für Spekulatius auf.	279
21	Beschreiben Sie (mit Rezeptbeispielen) die Herstellung	
	a) von Linzer Gebäck,	278
	b) von Mutzenmandeln.	279

Herstellen von Lebkuchengebäcken

1 Einteilung der Erzeugnisse

Man unterscheidet drei Hauptgruppen von Lebkuchensorten:

1.1 Braune Lebkuchen

Dazu zählen:

- Honigkuchen,
- Braune Mandellebkuchen,
- Braune Nusslebkuchen.

❒ Die braune Farbe ergibt sich durch den hohen Anteil an Honig, braunem Sirup oder Farinzucker.

❒ Braune Lebkuchen dürfen Fett enthalten.

Rechtliche Vorschriften
Leitsätze für Feine Backwaren

- Lebkuchen und lebkuchenartige Backwaren müssen auf 100 Teile Mehl mindestens 50 Teile Zucker oder Trockenmasse von Zucker oder Honig enthalten.
- Bei der Bezeichnung „Honigkuchen" muss mindestens die Hälfte des Zuckergehalts aus Bienenhonig stammen.
- Bei Bezeichnungen wie „Braune Mandel-" oder „Braune Nusslebkuchen" müssen mindestens 20% der Teigmasse oder Garnierung aus zerkleinerten Mandeln oder Hasel-/Walnüssen bestehen.

1.2 Weiße Lebkuchen (Oblatenlebkuchen)

Dazu zählen:

- Elisenlebkuchen,
- Nusslebkuchen,
- Makronenlebkuchen.

❒ Oblatenlebkuchen werden aus einer Masse bereitet, die der Makronenmasse sehr ähnlich ist (s. S. 296f); sie wird auf Backoblaten aufgestrichen.

1.3 Lebkuchenartige Backwaren

Dazu zählen:

- Printen,
- Dominosteine,
- Spitzkuchen,
- Pfeffernüsse u.a.

Ferner zählen dazu eine Reihe von Spezialitäten, die sich durch den Gehalt an unterschiedlichen Früchten, Füllungen und Gewürzmischungen auszeichnen; z. B.

- Baseler Leckerli,
- St. Gallener Biberle u.a.

2 Die besondere Beschaffenheit der Lebkuchengebäcke

Lebkuchen und lebkuchenartige Backwaren sind …

❒ … sehr süß.

Sie enthalten hohe Anteile an Zucker, Sirup, Honig, Invertzuckerkrem sowie kandierte Früchte, Trockenfrüchte, süße Füllungen (Marzipan, Konfitüre, Gelees) und süße Überzüge (Fondant, Kuvertüre u.a.).

❒ … besonders würzig.

Sie enthalten im Durchschnitt 20 g Gewürzmischung je 1000 g Teig, ferner zahlreiche Früchte und Fruchtzubereitungen.

❒ … lange haltbar

Die Gebäcke sind verhältnismäßig trocken und enthalten hohe Zuckeranteile (= konservierende Wirkung);
ferner haben die Glasuren eine isolierende Wirkung, indem sie sowohl vor dem Austrocknen schützen wie vor dem Feuchtwerden von außen.

❒ … gut aussehend

Das liegt an den ansprechenden Farben der Gebäcke, den dekorativen Formen und Figuren sowie an den Dekorteilen und Glasuren.

3 Die besondere Beschaffenheit der Lebkuchenteige

Man unterscheidet:

- Lebkuchenteige
  Sie sind sehr zäh. Das liegt an der geringen Flüssigkeitsmenge sowie am hohen Zuckeranteil.
- Lebkuchenmassen
  Sie sind verhältnismäßig weich. Das liegt am hohen Gehalt an Eiweiß und Marzipan sowie am geringen Mehlanteil.

Nach dem Zeitpunkt der Herstellung unterscheidet man:

- Frischteige
  Der Teig wird mit allen rezeptmäßigen Rohstoffen und Zutaten einschließlich der Gewürze und Triebmittel hergestellt und innerhalb von wenigen Tagen verarbeitet.
- Lagerteige
  Der Teig wird auf Vorrat hergestellt und sodann über mehrere Monate gelagert.
  Dem Lagerteig werden noch keine Triebmittel und Gewürze zugesetzt.
  Während der langen Lagerzeit werden Säuren gebildet (Milchsäure); diese würden vorzeitig mit den Triebmitteln reagieren (vgl. S. 284).
  Die Gewürze würden z.T. „verfliegen".
  Der Lagerteig soll alle rezeptmäßigen Rohstoffe enthalten, insbesondere auch die Zutaten (Früchte).
  Die Früchte „ziehen durch", d.h. ein großer Teil der Geschmacksstoffe tritt im Verlauf der Lagerzeit aus dem Fruchtinneren in den Teig über.

4 Der Einfluss der Rohstoffe auf Teig- und Gebäckbeschaffenheit

Weizenmehl Typen 812 und 1050

- Diese kleberschwachen Mehle bewirken, dass keine allzu zähe Teigbeschaffenheit entsteht.
- Der Weizenkleber ist jedoch genügend gashaltefähig, sodass eine feinporige Krumenstruktur entstehen kann.

Roggenmehl Typen 997 und 1150

- Da Roggen keinen Kleber bildet, entsteht kein zu zäher Teig.
- Roggenmehl kann mehr Wasser binden; das ist vor allem für Lagerteige wichtig.
- Der Roggenanteil sollte etwa 1/4 der Weizenmehlmenge betragen.

Zucker

- Er bewirkt durch seinen hohen Anteil eine zähe Teigbeschaffenheit,
- Zucker macht die Gebäcke süß (Invertzuckeranteile können dazu beitragen, den allzu süßen Geschmack zu mildern),
- Zucker beeinflusst die Bräunung der Kruste,
- Zucker macht das Gebäck lagerfähig (konservierende Wirkung),
- Zucker macht die Krume hart (Rückkristallisation beim Backen).

Zuckersirup

- Zuckersirup ist einfacher zu verarbeiten; da der Zucker gelöst ist, entstehen keine Fehler wie z. B. braune Krustenflecken oder Krustenblasen.
- Je nach Art des Sirups hat dieser Einfluss auf:
  - Farbe (dunkler Sirup),
  - Frischhaltung (Invertzuckerkrem, Stärkesirup behindern das Auskristallisieren von Zucker),
  - Geschmack (unterschiedliche Süßkraft, anderer Eigengeschmack).

Früchte und Fruchterzeugnisse

- Dazu zählen:
  - Zitronat, Orangeat, Rosinen, Sultaninen, Korinthen;
  - geriebene Mandeln und Nüsse sowie Marzipan;
  - Konfitüren, Obstmark u.a.
- Sie geben den verschiedenen Lebkuchenarten, insbesondere speziellen Gebäcken wie Liegnitzer Bomben, St. Gallener Biberle u.a., ihren typischen Geschmack.

Gewürze

- ❏ Sie geben den Gebäcken den stark würzigen und jeweils charakteristischen Geschmack,
- ❏ Sie färben den Teig wie das Gebäck dunkler.
- ❏ Als typische Lebkuchengewürze finden Verwendung:

Zimt	Macisblüte	Anis
Muskatnuss	Majoran	Nelken
Koriander	Vanille	Zitrone
Pfeffer	Piment	Ingwer
Fenchel	Kardamomen	u.a.

Chemische Triebmittel

- ❏ Geeignet sind Pottasche, Natron, ABC-Trieb (Ammonium).
- ❏ Pottasche und Natron sind für säurehaltige Teige geeignet, insbesondere für Lagerteige.
- ❏ ABC-Trieb ist auch für säurearme Teige geeignet (Frischteige).

  ABC-Trieb darf nur für trocken ausbackende Gebäcke verwendet werden (vgl. S. 210).

- ❏ Falls Pottasche und ABC-Trieb verwendet werden, müssen diese getrennt in kaltem Wasser aufgelöst werden.

  Andernfalls reagieren beide miteinander und das Lockerungsgas wird vorzeitig ausgetrieben.

5 Herstellung von Lebkuchengebäcken
(Braune Lebkuchen)

5.1 Teigbereitung

Leb- oder Honigkuchenteige werden je nach dem als Frischteige oder als Lagerteige hergestellt.

Frischteig für Honigkuchen

Rezeptbeispiel	
750 g	Weizenmehl
250 g	Roggenmehl
1000 g	Honig
100 g	Eigelb
40 g	Gewürze
10 g	Triebmittel (ABC-Trieb/Pottasche halb und halb)

Verfahrensweise

- ❖ Honig oder Sirup werden auf etwa 80 °C erwärmt, damit sie flüssig werden und aller Zucker gelöst wird.
- ❖ Nach Abkühlung auf etwa 40 °C wird das Mehl untergearbeitet.

Lagerteige ...

- ❏ ... sollen in Holzgefäße gefüllt, abgedeckt und kühl gelagert werden;
- ❏ ... sollen vor der Verarbeitung rechtzeitig warmgestellt werden, damit der feste Teig weich, plastisch, verarbeitungsfähig wird.

Frischteige ...

- ❏ ... sollen mindestens 1–3 Tage abstehen, je nach Anteil an Früchten auch über mehrere Wochen.

Backprobe:

- ❏ Lebkuchen enthalten je nach Rezept und Lagerdauer unterschiedliche Anteile an Säuren. Die Triebmittelmenge muss auf diesen Säureanteil eingestellt werden, sonst entstehen fehlerhafte Gebäcke.

Abb. 1: Richtige Triebmittelmenge

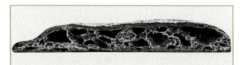

Abb. 2: Zu viel Triebmittel

- ❏ Die erforderliche Triebmittelmenge kann man durch eine oder mehrere Backproben ermitteln. Da jeder Lebkuchenteig anders zusammengesetzt ist, muss auch jeweils eine neue Backprobe gemacht werden.

5.2 Aufarbeitung und Backen

- ❏ Der Teig wird ausgerollt und geformt (ausstechen, schneiden, in Formen eindrücken).
- ❏ Je nachdem können Füllungen aufgestrichen oder in den Teig eingerollt, ferner Dekorteile (Mandeln, Belegfrüchte) aufgelegt werden.

6 Herstellung von Weißen Lebkuchen

- Die Teigstücke werden auf dünn gewachste und bemehlte Bleche aufgelegt.
- Gebacken werden sie bei gleichbleibender Hitze ohne Schwaden, und zwar:

Oblatenlebkuchen	bei 160–170 °C
dünne, leichte Gebäcke	bei 170–180 °C
schwere, fetthaltige Gebäcke	bei 180–200 °C

- Die verschiedenen Gebäcke werden sodann je nachdem:
  - noch ofenheiß abgeglänzt,
  - glasiert,
  - nach dem Abkühlen mit Kuvertüre überzogen,
  - dekoriert, z. B. mit Eiweißglasur ausgarniert oder mit Dekorteilen belegt, z. B. mit kandierten Früchten, halbierten Mandeln, Pistazien oder Nüssen.

5.4 Lagerung der Gebäcke

- Lebkuchengebäcke sollen trocken und möglichst luftgeschützt gelagert werden.

  Wegen des hohen Zuckeranteils sind sie stark wasseranziehend und nehmen Luftfeuchtigkeit auf.

  Saftprinten (Weichprinten) dagegen sollen zunächst kühl und feucht gelagert werden, damit sie Feuchtigkeit aufnehmen und weich werden.

- Danach werden sie mit Kuvertüre, Fondant, Dextrin- oder Fadenzuckerglasur überzogen.

Abb. 1: Lebkuchenform   Abb. 2: Gebackener „Printenmann"

5.3 Herrichten der Gebäcke

- Die gebackenen Lebkuchen müssen sofort vom heißen Backblech abgehoben werden, weil sie sonst anbacken.

Abb. 3: Honiglebkuchen, glasiert; z. T. in Klarsichtfolie verpackt

6 Herstellung von Weißen Lebkuchen   (Oblatenlebkuchen)

Für Oblatenlebkuchen gelten besondere Qualitätsvorschriften; sie sind in den „Leitsätzen für Feine Backwaren" festgelegt.

- Oblatenlebkuchen werden aus frisch zubereiteten Massen hergestellt. Die Masse muss mindestens 7%, feine Oblatenlebkuchen mindestens 12,5% Ölsamen enthalten, wovon mindestens die Hälfte aus Mandeln und/oder Hasel- bzw. Walnüssen besteht.
- Ölsamen, die der Verzierung dienen, werden dem Ölsamenanteil nicht zugerechnet.
- Die Masse wird auf Oblaten aufgestrichen und gebacken.

Elisenlebkuchen

- mindestens 25% der Teigmasse müssen aus Mandeln oder Hasel- oder Walnusskernen bestehen.
- zulässig sind höchstens 10% Mehl oder 7,5% Stärke.

Haselnuss-, Walnuss-, Nusslebkuchen

❐ mindestens 20% der Teigmasse müssen aus Hasel- oder Walnusskernen und/oder Mandeln bestehen, wobei der namengebende Nussanteil überwiegt.

❐ zulässig sind höchstens 10% Mehl oder 7,5% Stärke.

Weiße Lebkuchen

❐ Sie müssen mindestens 15% Vollei und dürfen höchstens 40% Mehl enthalten.[1]

7 Andere Lebkuchenarten

Sie werden in der Regel aus braunem Lebkuchenteig bereitet. Es handelt sich dabei um z.T. standartisierte Gebäcke, die sich nach Form, Aufmachung, Füllungen, Überzügen, Dekor u.a. unterscheiden.

Für die Güte dieser Erzeugnisse gibt es ebenfalls rechtliche Regelungen in Form von Qualitätsnormen.

7.1 Allgemein übliche Lebkuchenarten

Spitzkuchen

Abb. 1: Spitzkuchen

> Spitzkuchen sind etwa bissengroße, mit Schokoladenarten überzogene, gefüllte oder ungefüllte Stücke aus braunen Lebkuchen mit meist dreieckiger oder viereckiger Form.

Die Verwendung von Fettglasur ist – auch bei Kenntlichmachung – nicht zulässig.

Rezeptbeispiel
(Lagerteig für Spitzkuchen)

750 g	Weizenmehl
250 g	Roggenmehl
600 g	Honig
200 g	Sirup
100 g	Vollei
120 g	Zitronat
120 g	Orangeat
80 g	geriebene Nüsse

❐ Der Lebkuchenteig wird zu Strängen ausgerollt und in Dreiecksform geschnitten.

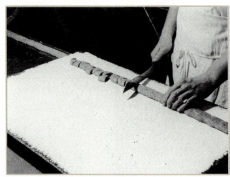

Abb. 2: Schneiden von Lebkuchensträngen für Spitzkuchen

Dominosteine

Abb. 3: Dominosteine

> Dominosteine sind etwa bissengroße Würfel aus einer oder mehreren Schichten von braunen Lebkuchen und einer Lage oder mehreren Lagen von Zubereitungen, beispielsweise aus Fruchtmark, Marzipan oder Persipan.

Sie sind mit Schokoladenarten überzogen. Fondantmasse oder -krem sind nicht zulässig.

---

[1] Genauere Angaben über alle Dauerbackwaren siehe in dem im selben Verlag erschienenen Buch „Rechtliche Vorschriften, Bäckerei, Konditorei, Café".

Pfeffernüsse

Abb. 1: Pfeffernüsse

Sie zählen ähnlich wie „Pflastersteine", „Magenbrot" oder „Alpenbrot" zu den traditionellen Lebkuchenarten.

Sie entsprechen den Anforderungen an braune Lebkuchen; dem Lebkuchenteig können Eier zugesetzt werden.

Pfeffernüsse sind meist stark gewürzt; sie können, müssen aber keinen Pfeffer enthalten.

Der Teig wird rund ausgestoßen, die Gebäcke werden mit Fadenzuckerglasur überzogen.

Printen

Abb. 2: Printen

▌ Sind besonders zuckerreiche (mindestens 80 Teile Zuckerarten auf 100 Teile Mehl), pikant gewürzte Gebäcke, meist rechteckig, plattenartig oder gebildartig geformt.

❒ Sie werden mit Dextrin abgestrichen oder mit Kuvertüre überzogen. Fettglasur ist nicht zulässig.

❒ Als Ölsamen sind nur Mandeln, Hasel- oder Walnüsse zulässig.

Man unterscheidet:

◆ **Hartprinten**
 Dazu zählen: Gewürzprinten, Kräuterprinten
 Durch den hohen Zuckeranteil, insbesondere bei Zusatz von Kandiszucker, entstehen glasigharte, brüchige Karamelschichten.

◆ **Weichprinten**
 Dazu zählen: Saftprinten, Mandelprinten, Marzipanprinten u.a.
 Sie enthalten meist einen höheren Anteil an Früchten
 Die trocken ausgebackenen und daher ebenfalls harten Printen werden nach dem Backprozess für etwa 8 Tage in einem kühlen Raum mit hoher Luftfeuchtigkeit abgestellt; die Printen ziehen die Feuchtigkeit an und werden weich.
 Nach dem Weichwerden überzieht man die Printen mit Kuvertüre.

7.2 Regionale Besonderheiten

St. Gallener Biberle

Abb. 3: St. Gallener Biberle

▌ Sind mit Marzipan gefüllte Gebäcke aus Honigkuchenteig.

Der Teig wird stangenförmig gerollt und trapezförmig geschnitten.

Die noch ofenheißen Gebäcke werden mit Dextrin abgeglänzt und zur besseren Frischhaltung luftdicht verpackt.

Basler Leckerli

▌ Sind gefüllte Gebäcke aus Honigkuchenteig, der in Kapselform gebacken wird.

Die noch ofenheißen Kapseln werden mit Fadenzuckerglasur dünn bestrichen und in quadratische Stücke geschnitten

Rezeptbeispiel

1000 g	Honigkuchenteig
150 g	geriebene Mandeln
60 g	Orangeat
60 g	Zitronat
25 g	Vollei
12 g	Gewürze
	(Zimt, Nelken, Muskatblüte)
20 g	Kirschwasser
1	abgeriebene Zitrone
12 g	Triebmittel
	(ABC-Trieb und Natron)

Liegnitzer Bomben

Sind mit Marzipan und Früchten gefüllte Gebäcke aus Honigkuchenteig.

Der Teig wird mit der Füllung gerollt, in Scheiben geschnitten, in Ringform gebacken und mit Kuvertüre überzogen.

Abb. 1: Liegnitzer Bombe

Aufgabenstellungen

Seite

1 Nennen Sie die drei Hauptgruppen von Lebkuchengebäckarten. 282
2 Zählen Sie die einzelnen Lebkuchenarten innerhalb dieser Gebäckgruppen auf. 282
3 Welche lebensmittelrechtl. Bestimm. über die Zusammensetzung der Lebkuchen gibt es? 282
4 Beschreiben Sie die besondere Beschaffenheit der Lebkuchengebäcke. 282
5 Unterscheiden Sie: – Frischteige – Lagerteige. 283
6 Weshalb sind für Lebkuchenteige kleberschwache Weizenmehle geeignet? 283
7 Weshalb empfiehlt sich für Lebkuchenteige ein Zusatz von Roggenmehl? 283
8 Welchen Einfluss hat Zucker auf die Teig- und Gebäckbeschaffenheit? 283
9 Weshalb empfiehlt sich die Verwendung von Zuckersirup? 283
10 Nennen Sie typische Lebkuchengewürze. 284
11 Beschreiben Sie: Eignung und Verwendung von chemischen Triebmitteln. 284
12 Stellen Sie verschiedene Rezepte für Lebkuchenteige auf. 284
13 Wie können Lebkuchenteige hergestellt werden? 284
14 Weshalb soll man vor dem Abbacken der Lebkuchenteige eine Backprobe vornehmen? 284
15 Beschreiben Sie, wie Lebkuchenteige aufgearbeitet und gebacken werden. 284 f
16 Wie kann man Lebkuchen nach dem Backen für den Verkauf herrichten? 285
17 Wie sollen Lebkuchen gelagert werden? 285
18 Nennen Sie lebensmittelrechtliche Vorschriften für Oblatenlebkuchen. 285 f
19 Beschreiben Sie die typischen Merkmale folgender Lebkuchenarten:
   – Dominosteine, – Spitzkuchen, – Pfeffernüsse, – Printen. 286 f
20 Wie werden Weichprinten hergestellt? 287
21 Nennen Sie regional besondere Lebkuchenarten und beschreiben Sie deren Eigenarten. 287 f

Erzeugnisse aus Massen

1 Herstellen von Erzeugnissen aus Brandmasse

1.1 Einteilung der Erzeugnisse

Aus Brüh- oder Brandmasse können hergestellt werden:

Ofengebäcke

- ♦ **Windbeutel**
  Dessertgebäcke mit Sahnefüllung und Puderzuckerdekor
- ♦ **Lucca-Augen**
  Dessertgebäcke mit leichter Vanillekremfüllung und Karamelüberzug
- ♦ **Eclairs** (Liebesknochen)
  Dessertgebäcke mit abgeschmeckter, leichter Vanillekremfüllung (z. B. Mokka, Schoko u.a.) und Oberzügen aus weißem Fondant oder Mokka- bzw. Schokofondant
- ♦ **Flockenböden** für Flockensahnetorte
- ♦ **Kränze** mit Frucht- und Sahnefüllung
- ♦ **Käsefours** mit Käsekremfüllung
- ♦ **Suppeneinlagen**
- ♦ **Ornamente** zur Dekoration von Torten

Fettgebäcke

- ♦ **Spritzringe** (Spritzkuchen)
  – sowohl ungefüllt wie aufgeschnitten und mit Obst und Sahne gefüllt
- ♦ **Krapfen**

1.2 Die besondere Beschaffenheit der Erzeugnisse aus Brandmasse

Gebäckbeschaffenheit und **Ursachen** (●) dafür

Sehr voluminös
- die intensive Lockerung
  Aus der sehr wasserreichen Masse entsteht entsprechend viel Wasserdampf; Backverlust bis zu 45%.

Großporig/ dünnwandig
- der hohe Eianteil
  Die eihaltige Masse besitzt gutes Gashaltevermögen und dehnt sich unter dem Gasdruck weit aus.

Sehr leicht
- als Folge der intensiven Lockerung

Sehr zart in der Krume
- die dünnen Porenwände
- der hohe Eianteil, besonders der Fettgehalt der Eigelbe
- der hohe Flüssigkeitsanteil (Wasser/Fett)

1.3 Die besondere Beschaffenheit der Brandmasse

❐ Die Brandmasse zählt zu den „abgerösteten" Massen.
   Das Mehl wird in die kochende Flüssigkeit (Wasser/Milch + Fett) eingerührt.

❐ Im eigentlichen Sinne handelt es sich hier weder um ein Rösten (das wäre eine Erhitzung auf über 100 °C) noch erst recht nicht um ein Brennen, sondern lediglich um eine Erhitzung auf Kochtemperatur (= *Brühen*).

Bei diesem „Rösten" (= Brüh- oder Kochvorgang) geschieht folgendes:

❐ Die Stärke verkleistert.
   Sie bindet die gesamte vorhandene Flüssigkeit, zunächst also Wasser Milch und Fett, später auch noch die untergerührten Eier.
   Auf 100 Teile Mehl kommen etwa 350 bis 400 Teile Gesamtflüssigkeit (siehe Rezeptbeispiel); das entspricht einer TA von 400 bis 500.
   Die durch das Brühen (= Kochen) aufgequollenen Stärkebestandteile (Amyiopektine) verweben zu einer bindigen, sämigen, spritzbaren Masse.

❐ Der Kleber gerinnt.
   Er verfestigt sich und trägt damit zur Stabilität bzw. Standfestigkeit der Brühmasse bei.
   Er erlangt zwar keine elastische Beschaffenheit, ist jedoch bindig und dehnbar; er ist somit für die Formbarkeit der Masse mitverantwortlich.

Das Gashaltevermögen des geronnenen Klebers ist eingeschränkt: beim Backprozess reißen die unter dem heftigen Druck des Wasserdampfs gedehnten Kleberschichten an zahlreichen Stellen auf, sodass großporige Hohlräume (= Windbeutel) entstehen.

Nach dem Abkühlen der Röstmasse werden Eier untergerührt.

Dabei geschieht folgendes:

❐ Der hohe Flüssigkeitsanteil der Eier (ca. 85% Wasser + Fett) wird von der verkleisterten Stärke gebunden.
  Die Brandmasse wird um so weicher, je mehr Eier zugesetzt werden.

❐ Die Lockerungsfähigkeit (= Gashaltevermögen) der Brandmasse wird verbessert.
  Eier enthalten 14 bis 16% quell- und dehnungsfähige Eiweiße.

Der Bäcker bereitet Brandmasse in der Regel nicht nach dieser herkömmlichen Verfahrensweise, er verwendet vielmehr Convenienceprodukte.

Bei diesen Fertigprodukten ist die oben beschriebene Vorbehandlung der Rohstoffe im Herstellerbetrieb vorweggenommen worden, sodass der Bäcker dem trockenen Fertigprodukt nur noch die erforderliche Teigflüssigkeit (Wasser/Milch; evtl. auch noch Eier) zusetzen muss.

1.4 Verfahrensweise

1.4.1 Herstellung der Brandmasse

Herstellung mit Convenienceprodukten

❐ Abwiegen der gewünschten Menge des Fertigprodukts.
❐ Abmessen der erforderlichen Flüssigkeit.
❐ Vermischen und glattrühren dieser Stoffe in der Rührmaschine.

Dieses Verfahren hat den Vorzug der Arbeits- und Zeitersparnis.

Ferner ist die Herstellung der Brandmasse einfacher und sicherer, Fehlermöglichkeiten sind weitgehend ausgeschlossen.

Herstellung auf herkömmliche Weise

Zubereiten der Röstmasse

Rezeptbeispiel
  250 g Milch
  250 g Wasser
  125 g Butterfett
  250 g Weizenmehl
  ca. 350 g Vollei
ferner:
          Kochsalz
          Gewürze: Zitrone, Macisblüte
  evtl. Zucker

❐ Milch, Wasser und Fett werden zusammen mit Kochsalz und Gewürzen in einem Kupferkessel bis zum Kochen erhitzt.

❐ Das zuvor gesiebte Mehl wird auf einmal in die kochende Flüssigkeit eingerührt.
  Das Mehl darf nicht in mehreren Schüben zugegeben werden, weil sonst das zuerst zugesetzte Mehl die gesamte Flüssigkeit bindet (verkleisternde Stärke kann das Zehnfache und mehr des Eigengewichts an Flüssigkeit binden). Das später zugesetzte Mehl findet keine ausreichende Menge an freier Flüssigkeit mehr vor: es kann nicht mehr voll verkleistern und liegt in ungleichmäßiger, klümpchenartiger Verteilung vor.

❐ Die verkleisterte und geronnene Masse wird solange mit dem Spatel gerührt, bis sich im Kessel ein weißer Belag zeigt und bis die Masse sich ballenartig vom Kesselrand ablöst. Erst dann ist sie gut „abgeröstet".

Unterrühren der Eier

❐ Die heiße Röstmasse soll zunächst auf Bluttemperatur abgekühlt werden; dazu gibt man sie zweckmäßigerweise auf eine kalte Marmorplatte und streicht sie mit der Palette kurz durch.
  Würde man die Eier in die noch kochendheiße Masse geben, würde das Eiweiß gerinnen: die Masse wäre zäher, weniger dressier- bzw. spritzfähig und besäße beim Backen geringeres Gashaltevermögen. Die Folge wären zu kleine, auftreibende Gebäcke mit zu grober, hohler Porung.

❐ Eine Abkühlung erfolgt auch dadurch, dass die Masse in einen anderen Kessel umgefüllt wird.

1 Herstellen von Erzeugnissen aus Brandmasse

❑ Die auf Bluttemperatur abgekühlte Masse soll nicht wieder in einen Kupferkessel gefüllt, sondern in einem Cromargankessel weiterverarbeitet werden.

Kupfer neigt zur Bildung von Grünspan (Kupfersulfat), wenn schwefelhaltige Säuren damit in Berührung kommen.

Eier enthalten in ihren Eiweißstoffen Säuren (Aminosäuren) mit den für die Sulfat-Bildung erforderlichen Schwefelanteilen.

❑ Die Eier dürfen auf keinen Fall in einem Kupferkessel in die noch warme Masse untergerührt werden.

Grünspan ruft beim Menschen Vergiftungserscheinungen hervor.

Grünspan bewirkt ferner, dass sich die Brühmasse vor dem Backen leicht grün verfärbt.

❑ Die Eier gibt man nach und nach in die Masse und rührt sie solange unter, bis die Masse jeweils vollständig glattgearbeitet ist.

Die genaue Eizugabe richtet sich:
- *nach der gewünschten Festigkeit der Masse; diese ist abhängig vom jeweiligen Erzeugnis*
- *nach dem Quellvermögen der Röstmasse.*

❑ Die Brandmasse darf dabei niemals schaumiggerührt werden.

Die Lockerung würde durch die eingefangene Luft noch intensiver, das Gebäck läuft breit.

Gleichzeitig wird der Kleber noch mehr überstrapaziert.

Das Gashaltevermögen ist gemindert, die Windbeutel fallen nach dem Backen zusammen.

1.4.2 Vorbereitung zum Backen

❑ Die Masse wird in einen Spritzbeutel gefüllt und durch eine Stern- oder Lochtülle entweder auf Fettpapier (Spritzringe) oder auf gefettete Bleche (Windbeutel, Eclairs, Suppeneinlagen u.a.) aufdressiert.

Die Masse für Flockenböden wird mit einem Hörnchen oder einer Palette auf gefettete und bemehlte Bleche aufgestrichen.

❑ Zur Herstellung von Krapfen wird die Brandmasse mit einem Portionierer direkt ins siedende Fett gegeben.

1.4.3 Backen und Lockerung

❑ Brandmasse soll heiß gebacken werden.
- Ofengebäcke bei ca. 210 °C
- Fettgebäcke bei 165 bis 175 °C

❑ Während der ersten Phase des Backprozesses wird viel Schwaden benötigt, damit die Gebäckoberfläche dem Dampfdruck eine Zeitlang nachgeben kann, sich also ausdehnt, ohne zu zerreißen.
- für Ofengebäck: Schwaden geben
- für Fettgebäcke: Abdecken der Fettpfanne, damit der aus dem Gebäck entstehende Wasserdampf nicht entweicht und als feuchte Atmosphäre wirkt.

Die Gebäcke erzielen so ein hohes Volumen.

❑ Nach dem Abzug des Schwadens (Ziehen der Schwedenzüge, Abheben des Deckels von der Fettpfanne) verhärtet die Gebäckoberfläche zur Kruste und dehnt sich nicht weiter aus.

❑ Der hohe Dampfdruck im Innern hält weiter an dabei wird die kochende Krume in viele gröbere Hohlräume aufgerissen.

Der durch das anfängliche Brühen bereits geronnene Kleber besitzt beim Backprozess nicht mehr die normale Gashaltefähigkeit.

1.5 Herstellen einzelner Gebäcke aus Brandmasse

1.5.1 Fettgebäcke

Dazu zählen:

◆ Spritzringe

◆ Krapfen

Abb. 1: Spritzringe

Rezeptbeispiel für Spritzringe

- 500 g Milch
- 500 g Wasser
- 250 g Fett (Backmargarine)
- 500 g Weizenmehl
- 600 g Vollei (12 Eier)
-         Kochsalz, Zitrone, Macis

Verfahrensweise

Herstellen und Verarbeiten der Brandmasse

- Masse abrösten, wie auf Seite 290 dargestellt.
- Abgeröstete Masse in einen Cromargankessel umfüllen.
- Eier unterrühren, Brandmasse in Spritzbeutel füllen und in zwei Ringen übereinander auf gefettete Spezialbleche aufdressieren; Innenseite der Ringe mit nassem Finger oder Rundholz glattreiben.

Backen

- bei 170 °C, in der Fettpfanne,
- Spezialblech mit Spritzringen ins heiße Fett stürzen und Spritzringe abrutschen lassen,
- Fettpfanne abdecken bis zum Wenden der Ringe,
- Spritzringe von jeder Seite zweimal backen.

Dekor

- glasieren: mit Aprikosenmarmelade und Fondant, oder
- bestreuen: mit Zimtzucker und/oder Puderzucker.

Abb. 1: Krapfen

1.5.2 Ofengebäcke

Abb. 2: Windbeutel

Rezeptbeispiel für Windbeutel und Eclairs

- 500 g Milch
- 500 g Wasser
- 300 g Fett
- 500 g Weizenmehl
- 800 g Vollei (16 Eier)
-         Kochsalz, Zitrone, Macis

Verfahrensweise

Die fertig abgeröstete Masse (s.o.) auf gefettete oder mit Backpapier ausgelegte Bleche mit Sterntülle rosettenförmig aufdressieren.

Backen

- bei 210 °C im Ofen.
- Zusatz von Schwaden bei geschlossenem Zug.

  Windbeutel sollen etwas breiter treiben als Eclairs, jedoch müssen die Spritzkonturen deutlich sichtbar erhalten bleiben.

Füllen

- Gebäcke nach dem Erkalten in der Mitte waagerecht durchschneiden,
- entsprechende Füllung auf das Gebäckunterteil auftragen.

  Windbeutel werden mit Schlagsahne, evtl. zusätzlich mit Früchten gefüllt (s. S. 346), Eclairs füllt man mit Sahnekrem.

Dekor

- für Windbeutel:

  Gebäckoberteil (= Deckel) aufsetzen und mit Staubzucker überpudern,

- für Eclairs:

  Deckel glasieren (z.B. Mokka-Fondant) und dann aufsetzen.

1 Herstellen von Erzeugnissen aus Brandmasse

1.6 Gebäckfehler

Gebäckfehler, Ursachen (●) und Erklärung (○)

Ⓐ Allgemeine Formfehler

Zu kleines Volumen.
- ● Nicht genügend abgeröstet.
- ○ Unvollständige Verkleisterung der Stärke, daher zu geringe Flüssigkeitsaufnahme und zu geringer Dampfdruck.
- ● Zu feste Masse auf Grund zu geringen Eianteils.
- ○ Zu geringer Dampfdruck bei gleichzeitig schwachem Gashaltevermögen.
- ● Zu kühler Ofen.
- ○ Zu geringer bzw. verlangsamter Dampfdruck.
- ● Zu heißer Ofen bzw. zu heißes Fett.
- ○ Zu schnelle Verfestigung der Kruste.
- ● Zu geringe Schwadengabe bzw. bei offenem Deckel gebacken.
- ○ Zu geringes Ausdehnungsvermögen der Gebäckoberfläche.

Breitgetriebene Form.
- ● Zu weiche Masse.
- ○ Zu späte Verfestigung bei starkem Dampfdruck.
- ● Zu kalter Ofen bzw. zu kaltes Fett.
- ○ Zu langsame Verfestigung der Kruste.
- ● Schaumig gerührte Masse.
- ○ Verdoppelung des Gasdrucks (Dampf + Luft).

Ⓑ Fehler bei Spritzkuchen

Ohne hellen Rand
- ● Zu weiche Masse.
- ○ Breittreibend statt hochziehend.
- ● Zu heißes Fett.
- ○ Zu geringes Volumen (s.o.).
- ● Zu altes Fett.
- ○ Niedriger Qualmpunkt (vgl. S. 162f), daher zu kaltes Fett (s.o.); breittreibend statt hochziehend.
- ● Ohne Deckel gebacken.
- ○ Zu kleines Volumen infolge des fehlenden Schwadens (s.o.).

Geplatzte Spritzringe.
- ● Zu weiche Masse.
- ○ Zu hoher Dampfdruck.
- ● Zu frühes Wenden.
- ○ Zu schnelle Verfestigung der Kruste bei hohem Dampfdruck.
- ● Zu kühles Fett.
- ○ Zu späte Verfestigung der Kruste bei hohem Dampfdruck.
- ● Zu heißes Fett.
- ○ Zu frühe Verfestigung der Kruste bei hohem Dampfdruck.

Zusammengefallene Spritzringe.
- ● Zu kurze Backzeit in sehr heißem Fett.
- ○ Nicht ausreichende Verfestigung der Krume trotz brauner Kruste.
- ● Schaumig gerührte Masse.
- ○ Zu große Hohlräume in Folge des doppelten Gasdrucks (Dampf + Luft).

Aufgabenstellungen

#	Aufgabe	Seite
1	Nennen Sie Gebäcke aus Brandmasse.	289
2	Nennen und erläutern Sie die besondere Beschaffenheit (Qualitätsmerkmale) von Gebäcken aus Brandmasse.	289
3	Was geschieht mit den Mehlbestandteilen beim „Röst-" bzw. Kochvorgang?	289f
4	Erklären Sie, weshalb in der Brandmasse ein besonders hoher Flüssigkeitsanteil gebunden werden kann.	289
5	Weshalb muss die Röstmasse vor dem Zusatz der Eier abgekühlt werden?	290

Fortsetzung der Aufgaben auf der folgenden Seite

	Seite
6 Welchen Einfluss haben die Eier auf die Beschaffenheit von Teig und Gebäck?	290
7 Aus welchen Gründen verwendet der Bäcker zur Herstellung von Brandmasse Fertigprodukte (Convenienceprodukte)?	290
8 Beschreiben Sie die Bereitung von Brandmasse mit Conceviceprodukten.	290
9 Beschreiben und erklären Sie die Zubereitung der Röstmasse nach herkömmlicher Weise.	290
10 Weshalb muss das Mehl auf einen Schub in die kochende Flüssigkeit gegeben werden?	290
11 Beschreiben Sie das Unterrühren der Eier zur Brandmasse.	290
12 Weshalb darf die eihaltige Brandmasse nicht in einem Kupferkessel verarbeitet werden?	291
13 Wie kann die Brandmasse zum Backen vorbereitet werden?	291
14 Beschreiben Sie, wie Brandmasse gebacken wird: a) im Ofen, b) in der Fettpfanne.	291
15 Beschreiben und erklären Sie die Lockerung der Brandmasse.	291
16 Stellen Sie verschiedene Rezepturen für Erzeugnisse aus Brandmasse auf.	292
17 Beschreiben Sie die Herstellung: a) von Fettgebäcken (z. B. Spritzringe), b) von Ofengebäcken (z. B. Windbeutel und Eclairs).	292 292
18 Erklären Sie, wie es zu folgenden Gebäckfehlern kommt und geben Sie an, wie man diese Fehler vermeiden kann: a) zu kleines Volumen, b) breitgetriebene Form, c) Spritzringe ohne hellen Rand, d) geplatzte Spritzringe, e) zusammengefallene Spritzringe.	293 293 293 293 293

2 Herstellen von Erzeugnissen aus Makronenmassen

2.1 Einteilung der Erzeugnisse

Makronenmassen werden aus Mandeln oder anderen fetthaltigen Früchten unter Zusatz von Zucker und Eiern bereitet.

Aus Makronenmassen können folgende Gebäcke hergestellt werden:

◆ **Mandelmakronen** (aus Mandelmassen)
 Makronentörtchen
 Mandelhörnchen
 Makronenlebkuchen
 Mandelkonfekt, z. B. Bethmännchen

◆ **Nussmakronen** (aus Nussmasse)
 Haselnussmakronen, Walnussmakronen

◆ **Andere Makronen** (aus Mandelersatzmassen)
 Persipanmakronen, Kokosmakronen

Aus Makronenmasse können ferner Füllungen hergestellt werden:

◆ **Franchipanmasse**
 Aus Marzipanrohmasse bereitet, indem diese mit Eigelben und Butter schaumig gerührt wird. Mit Konfitüre streichfähig gemachte Makronenmasse für Plunder-, Blätterteigteilchen, Aufstrichmasse für Blechkuchen u.a.
 Aus „anderen Makronenmassen" werden ebenfalls Füllungen zubereitet, z. B. für Torten, Schnitten, Plunderteilchen u.a.

Rechtliche Vorschrift

Erzeugnisse aus „anderen Makronenmassen" müssen so bezeichnet werden, dass eine Verwechslung mit Mandel- oder Nussmakronen ausgeschlossen ist, z. B. als „Kokosmakronen".

2.2 Die besondere Beschaffenheit der Mandel- und Mandelersatzmassen

- Mandelmassen enthalten als Hauptbestandteile Marzipanrohmasse (vgl. S. 192) oder geriebene Mandeln, ferner Zucker, Eiklar (Eiweiß) oder Eigelbe.
- Mandelersatzmassen (vgl. S. 192) enthalten als Hauptbestandteile zerkleinerte andere Ölsamen bzw. Persipanrohmasse, ferner Zucker und Eiklar.
- Alle Massen sind von spritz- und streichfähiger Beschaffenheit.
- Makronenmassen werden ohne Zusatz von Lockerungsmitteln hergestellt.
  Die Lockerung erfolgt durch Wasserdampfbildung, vorwiegend aus dem Wasser des Eiklaranteils.

Rechtliche Vorschriften

Makronen, Mandelmakronen, Marzipanmakronen

- Werden aus zerkleinerten süßen Mandeln oder Marzipanmasse hergestellt; die Verwendung anderer Ölsamen ist nicht zulässig.
- Dürfen weder Mehl noch Stärke enthalten,
- Als schokoladenhaltige Überzüge sind nur Schokolade und ihre Zubereitungen (z. B. Kuvertüre) zulässig; das gilt auch für Nussmakronen.

Nussmakronen, Haselnussmakronen Walnussmakronen

- Werden aus zerkleinerten Hasel- oder Walnüssen oder aus Nussmakronenmasse hergestellt; der Anteil muss mindestens 22% betragen,
- Die Verwendung anderer Ölsamen ist unzulässig,
- Dürfen weder Mehl noch Stärke enthalten.

Persipanmakronen

- Werden hergestellt aus zerkleinerten und geschälten Aprikosen- oder Pfirsischkernen oder aus entbitterten Bittermandeln (Anteil der Ölsamen mindestens 20%), oder aber aus Persipanrohmasse, Persipan oder Persipanmakronenmasse;
- Dürfen weder Mehl noch Stärke enthalten.

Kokosmakronen

- Werden hergestellt aus Kokosraspeln,
- Dürfen bis zu 3% Mehl oder Stärke enthalten.

2.3 Der Einfluss der Rohstoffe auf die Beschaffenheit von Makronenmassen und Gebäcken aus Makronenmassen

Wirkungen der Rohstoffe in Masse und Gebäck:

Marzipanrohmasse, Persipanrohmasse ...

- ... geben der Masse Bindigkeit.
  - In Folge der Haft- oder Bindefähigkeit der geronnenen Eiweißstoffe,
  - durch das Quellungsvermögen der beim Rösten verkleisterten Stärke.
- ... machen das Gebäck saftig.
  - Auf Grund des hohen Fettanteils (mindestens 28%).

Zucker ...

- ... wird nur zum Teil vom Wassergehalt des Eiklars gelöst.
- ... gibt der Masse Stand.
  Die ungelösten Zuckeranteile bleiben fest

Kristallzucker ...

- ... bewirkt, dass das Gebäck in die Breite treibt.
  Durch die Ofenhitze wird der Zucker flüssig; die Kristalle werden zu Tropfen, die breitlaufen und aufgrund ihres hohen spezifischen Gewichts die heiße, weiche Masse in die Breite treiben.
- ... bewirkt, dass die Gebäckoberfläche aufreißt.
  Die bindige, eiweißhaltige Masse wird durch flüssige Zuckerschichten unterbrochen. Unter dem Druck der Lockerungsgase reißt sie an den Bruchstellen auf.

Puderzucker ...

❑ ... führt zur Bildung einer glatten Gebäckoberfläche.
Wegen der feineren Verteilung des Zuckers treten die oben beschriebenen Wirkungen nicht auf.

Eiklar ...

❑ ... macht die Masse bindig.

❑ ... lockert die Gebäcke infolge der starken Wasserdampfbildung und des Gashaltevermögens der Eiweiße.

Mehl ...

❑ ... bewirkt in *Kokosmakronen* eine bessere Bindigkeit der Masse und eine festere Beschaffenheit der Gebäcke. Ein Mehlanteil (bis zu 3%) ist hier deshalb zweckmäßig, weil Kokosmakronen nur sehr wenig eigene Eiweißstoffe enthalten (3 – 4%; andere Ölsamen dagegen bis zu 25%).

2.4 Verfahrensweise

2.4.1 Zubereitung von Makronenmassen

Man kann Makronenmassen unmittelbar aus den Ölsamen (Mandeln, Haselnüsse Kokosnüsse u.a.) bereiten, oder aber aus Rohmassen (Marzipan-, Persipanrohmasse).

Im ersten Fall muss die Masse einem Röstprozess unterzogen werden.

Zubereitung aus Mandeln

Rezeptbeispiel
500 g feiner Mandelgrieß
1000 g Zucker
  Eiklar, Kochsalz, Zitrone

❑ Es wird doppelt soviel Zucker wie Mandelgrieß verwendet.

Verfahrensweise

Anwirken

➤ Der Mandelgrieß wird mit etwas Zucker und Eiklar glattgearbeitet.

➤ Danach werden der restliche Zucker und die Gewürze zugesetzt, ferner soviel Eiklar, dass die Masse die erforderliche Festigkeit erhält.

Abrösten

➤ Die Masse wird im Kupferkessel unter ständigem Rühren auf etwa 60 °C erwärmt, bis eine glatte, bindige Masse entsteht.

Durch diese Erwärmung auf 60 °C, die auch als „abrösten" bezeichnet wird, erfolgt eine leichte Eiweißgerinnung.

Ferner wird der hohe Zuckeranteil vom Wasser des Eiklars durch die Erwärmung schneller und vollständiger gelöst.

Zubereitung aus Rohmasse

Rezeptbeispiel
1000 g Persipanrohmasse
1000 g Zucker
 350 g Eiklar
  Kochsalz, Zitrone

❑ Es muss weniger Zucker verarbeitet werden weil die Rohmasse bereits zu 1/3 aus Zucker besteht.

Verfahrensweise

Anwirken

➤ Die Rohmasse wird mit dem gesamten Anteil an Zucker, Eiklar und Gewürzen zu einer glatten, geschmeidigen Masse durchgearbeitet.

Auf 1 Teil Rohmasse wird nur 1 Teil Zucker zugesetzt (die Rohmasse besteht bereits zu 1/3 aus Zucker).

❑ Die Masse braucht nicht abgeröstet zu werden, da die Rohmasse ja bereits bei ihrer Herstellung geröstet wurde.

2.4.2 Aufarbeiten der Makronenmasse

❑ Makronenmassen werden mit Spritzbeutel und Lochtülle aufdressiert.

❑ Geeignet sind gewachste Bleche, Backpapier oder Oblaten.

❑ Nicht geeignet sind gefettete Bleche:
Da Makronen zu den Dauerbackwaren zählen, besteht bei längerer Lagerung die Gefahr des Ranzigwerdens.

2 Herstellen von Erzeugnissen aus Makronenmassen

2.4.3 Backen

Eiweißmakronen sollen gebacken werden ...

❐ ... bei niedriger Hitze (160 bis 170 °C).
  Bei höheren Temperaturen würde infolge des hohen Zuckeranteils eine zu starke Bräunung erfolgen.

❐ ... bei offenem Zug.
  Schwaden würde die Entstehung einer festen Kruste hinauszögern.

Erwünscht ist eine frühe Krustenbildung: Dadurch wird erreicht, dass die Kruste unter dem Druck des Wasserdampfes aufreißt. Die Rissbildung in der Kruste ist ein beabsichtigtes, typisches Merkmal von Eiweißmakronen.

2.4.4 Herrichten der Gebäcke

❐ Die ausgebackenen Makronen müssen zuerst erkalten.
❐ Sodann hebt man sie mit einem Spachtel vorsichtig vom Blech oder Backpapier ab.
❐ Viele Makronengebäcke werden nach dem Backen mit Gummiarabikum, Aprikotur oder Dextringlasur abgestrichen.
❐ Bestimmte Makronengebäcke (Mandelhörnchen, Eigelbmakronen) werden in Kuvertüre „abgesetzt" (= zu einem Teil eingetaucht).

2.5 Herstellen einzelner Erzeugnisse

2.5.1 Erzeugnisse aus Makronenmasse

Mandelhörnchen

Abb. 1: Mandelhörnchen

Rezeptbeispiel

1000 g	Marzipanrohmasse
700 g	Zucker
200 g	Mandelgrieß
100 g	Honig
200 g	Eiklar
50 g	Wasser
5 g	Invertase (zur Frischhaltung)

Verfahrensweise

Herstellen und Verarbeiten der Masse
➤ Alle Zutaten zu einer bindigen Masse verkneten,
➤ Masse in 50 g schwere Stücke aufteilen, z. B. mit einem Eisportionierer,
➤ Stücke in gehobelte Mandeln werfen, rollen und zu einem Hörnchen formen.

Backen
➤ bei 200 °C und etwas geringerer Unterhitze (Backblech auf Unterblech auflegen).

Nachbehandlung und Dekor
➤ Nach dem Backen entweder abglänzen mit Gummiarabikum oder aprikotieren und glasieren, beide Enden in 60 : 40-Kuvertüre absetzen.

2.5.2 Erzeugnisse aus Mandelersatzmasse

Kokosmakronen

Abb. 2: Kokosmakronen

Rezeptbeispiel

1000 g	Kokosraspeln	150 g	Orangeat
1750 g	Zucker	100 g	Mehl
800 g	Eiklar		Kochsalz

Verfahrensweise

Herstellen und Verarbeiten der Masse
- Alle Zutaten mischen und bei etwa 60 °C abrösten, Masse abkühlen lassen,
- erkaltete Masse mit Sterntülle Nr. 8 auf Backpapier oder auf Oblaten aufspritzen.

Backen
- bei 190 °C mit offenem Zug bei schwächerer Unterhitze.

2.6 Qualitätsmerkmale

Makronengebäcke sollen sein …

☐ … sehr süß.
Ursache dafür:
Der hohe Anteil an Zucker.
Die meisten Makronenarten bestehen zu weit mehr als der Hälfte aus Zucker. Eigelbmakronen bestehen zu etwa 1/3 des Gebäckgewichts aus Zucker.

☐ … innen weich.
Ursachen dafür:
- Der hohe Anteil an Fett.
  Der Gesamtanteil an Fett (aus Marzipanrohmasse, Mandeln, anderen Ölsamen, Eigelben und evtl. aus Butter) beträgt bei den meisten Makronen etwa 15%, bei Eigelbmakronen bis zu 40%.
- Die niedrige Backhitze.
  Makronen werden bei 160 – 170 °C gebacken.
- Die kurze Backzeit.
  Eigelbmakronen werden getrocknet und dann bei 230 – 250 °C abgeflämmt.

☐ … lange haltbar (Dauergebäcke).
Ursachen dafür:
- die konservierende Wirkung des Zuckers
- der geringe Anteil an Wasser
  Eigelbmakronen sind wegen des hohen Fettgehaltes nicht so lange lagerfähig.

☐ … außen goldbraun und glänzend.
Ursachen dafür:
- der gebildete Zuckerkulör
- der Eigenglanz des Fettes und des gekochten Zuckers

☐ … in der Kruste grob gerissen.
Ursachen dafür:
- der hohe Dampfdruck beim Backprozess
- das geringe Gashaltevermögen des Eiweißes
- die breittreibende Wirkung des Zuckers (s. S. 275)

2.7 Gebäckfehler (Makronen)

Gebäckfehler, Ursachen (●) und Erklärung (○)

Makronen backen hohl.
- ● Masse war zu weich und/oder Ofen war zu heiß.
- ○ Zu intensive Wasserdampfbildung vor allem unterhalb der Gebäckfläche.

Gebäckoberfläche hat keinen Glanz.
- ● Zu feste Masse.
- ● Zu stark abgeröstete Masse.
- ○ Unvollständige Lösung des Zuckers
- ○ Rückkristallisation des Zuckers

Gebäck läuft breit.
Masse war zu weich.

Makronen bleiben klein und sind nicht gerissen.
- ● Masse war zu fest.
- ○ Zu geringe Wasserdampfbildung.
- ● Es wurde zuwenig Kristallzucker bzw. es wurde Puderzucker verwendet.
- ○ Die breittreibende Wirkung des Zuckers unterbleibt.

Makronen backen trocken.
- ● Zu kalter Ofen
- ○ Wasserverdampfung durch längere Backzeit

Makronen trocknen aus.
- ● unsachgemäße Aufbewahrung
- ○ Wasserverdunstung
  (ausgetrocknete Makronen sollte man einige Stunden in den Sahneklimaschrank stellen)

2 Herstellen von Erzeugnissen aus Makronenmassen

Aufgabenstellungen

	Seite
1 Nennen Sie Erzeugnisse aus Makronenmasse.	294
2 Wie müssen Erzeugnisse aus Mandelersatzmassen bezeichnet (gekennzeichnet) werden?	295
3 Nennen Sie die Hauptrohstoffe für Mandel- und für Mandelersatzmakronen.	295
4 Wie werden Makronengebäcke gelockert?	295
5 Nennen Sie lebensmittelrechtliche Bestimmungen für die verschiedenen Makronenarten.	295
6 Welchen Einfluss haben Zuckermenge und Zuckerkörnung auf	
a) das Fließverhalten (Trieb) der Gebäcke?	295
b) die Bildung (Ausprägung) der Gebäckkruste?	295 f
7 Welchen Einfluss haben Eiklar und Eigelb auf die Beschaffenheit von Makronenmassen und -gebäcken?	296
8 Wie und weshalb sollen bestimmte Makronenmassen (welche?) „abgeröstet" werden?	296
9 Stellen Sie verschiedene Rezepturen für Eiweißmakronen auf.	296
10 Wie sollen Makronenmassen aufdressiert werden?	296
11 Wie sollen Makronenmassen gebacken werden?	297
12 Beschreiben Sie, wie Makronen nach dem Backen behandelt und zum Verkauf hergerichtet werden.	297
13 Beschreiben Sie die Herstellung einzelner Erzeugnisse aus Makronenmasse.	297 f
14 Zählen Sie Qualitätsmerkmale von Makronengebäcken auf und nennen und erläutern Sie diese.	298
15 Erklären Sie, wie es zu folgenden Gebäckfehlern kommt und geben Sie an, wie man diese Fehler vermeiden kann:	298
a) Makronen backen hohl,	298
b) Gebäckoberfläche hat keinen Glanz,	298
c) Gebäck läuft breit,	298
d) Makronen bleiben klein und sind nicht gerissen,	298
e) Makronen backen trocken,	298
f) Makronen trocknen aus.	298

3 Herstellen von Erzeugnissen aus Röstmassen

Unter Röstmassen versteht man Zubereitungen aus Zuckerlösungen, die auf über 100 °C gekocht und denen Früchte (Mandeln, Nüsse) zugesetzt werden. Infolge der hohen Hitze entstehen Röstprodukte (Geschmacksstoffe).

Erzeugnisse aus Röstmassen schmecken sehr süß und aromatisch; sie sind von kompakter brüchiger (knackiger) bis zäher Beschaffenheit.

3.1 Die besondere Beschaffenheit von Röstmassen und von daraus hergestellten Erzeugnissen

Aus Röstmassen werden hergestellt:

- Florentiner
- Mandelbögen
- Mandelschiffchen
- Mandeltörtchen
- Nussecken
- Nussknacker
- Bienenstich

Florentiner bestehen lediglich aus der gekochten und sodann gebackenen Röstmasse. Für die übrigen Erzeugnisse wird zusätzlich eine Teigunterlage verwendet, und zwar entweder ausgestochener und angebackener Mürbeteig oder für Bienenstich frisch ausgerollter Hefeteig.

Die noch warme Röstmasse wird auf die Teigunterlage aufgestrichen und mit ihr zusammen gebacken.

Zur Bereitung der Röstmasse werden verwendet:

- Zucker,
  Glukose,
  Honig
- Butter,
  Sahne,
  Kondensmilch;
- Mandeln,
  Nüsse,
  Dickzuckerfrüchte.

3.2 Der Einfluss der Rohstoffe auf die Beschaffenheit von Röstmasse und Gebäck daraus

Wirkung der Rohstoffe auf Masse und Gebäck

Zucker ...
- ... gibt der Masse die Zähflüssigkeit, gibt dem Gebäck die „Knackigkeit".
  Die Zuckerlösung wird durch das Einkochen entsprechend eingedickt.
  Der beim Backprozess bis zu Karamel eingedickte Zucker verfestigt sich nach dem Erkalten der Gebäcke.

Glukose ...
- ... verhindert, dass der eingedickte Zucker beim Erkalten allzu fest wird.
  Glukose besteht aus einfachen Zuckern (Traubenzucker); dieser kann keine Kristalle bilden. Auch die Rückkristallisation des Backzuckers wird dadurch beeinträchtigt. Das Gebäck wird nicht glasig-hart, sondern bleibt kaufähig.

Sahne, Milch ...
- ... dient als Lösungsmittel (Wasser) für den Zucker.
  Der Mengenanteil an Flüssigkeit bestimmt den Grad der Zähflüssigkeit.
- ... Sahne/Milch verbessern den Geschmack der Erzeugnisse.

Fett ...
- ... macht die Röstmasse weicher, geschmeidiger und saftig.
  Fett behindert ebenfalls die Rückkristallisation des Zuckers.
  Fett kocht nicht aus, sondern bleibt als Flüssigkeitsanteil im Gebäck erhalten.

3.3 Herstellen der Erzeugnisse

Florentiner

Abb. 1: Florentiner

3 Herstellen von Erzeugnissen aus Röstmassen

Florentiner sind knusprige, flache Mandel- oder Nussgebäcke mit meist braunem Rand und hellerem Inneren.

Zur Herstellung können verwendet werden …

… feingehackte, oder gehobelte Mandeln und/oder Nüsse, Zuckerarten, Fette, Milch und Milcherzeugnisse; ferner Früchte, Fruchtbestandteile sowie Honig.

Der Mehlanteil darf höchstens 5% – bezogen auf die Masse – betragen.

Zum Überziehen dienen nur Schokoladenarten, nicht aber mit Schokoladenarten verwechselbare Überzüge.

Rezeptbeispiel
kochen:
- 700 g Zucker
- 350 g Glukose
- 700 g Sahne
- 300 g Butter

- 200 g Orangeat (gehackt)
- 1200 g Mandeln (gehackt/gehobelt)
- Belegkirschen

Nussknacker

Abb. 1: Nussknacker, Holländer Schnitten, Nussbissen

Sind flache Nussgebäcke mit ganzen oder auch sehr grob gehackten Nusskernen.

Der Anteil der zum Kochen verwendeten Zuckerarten sowie von Milch und Fett entspricht dem von Florentinern.

Die Verwendung von Früchten ist nicht üblich.

Der Mehlanteil darf ebenfalls höchstens 5% betragen. Zum Überziehen dienen nur Schokoladenarten.

Die gekochte Masse wird auf Mürbeteigböden mit Rand gebacken.

3.3.1 Zubereiten der Röstmasse

Zuckerkochen

❒ Zucker und Glukose werden zusammen mit Milch, Sahne und Fett bis zu einer Temperatur von ca. 112 °C gekocht (= „zum Faden kochen"); dabei wird die Zuckerlösung dickflüssig.

Der Zucker wird gelöst, ein Teil des Wassers verdampft beim Kochen.

Der richtige Eindickungsgrad ist entscheidend für die fehlerfreie Beschaffenheit der Gebäcke:

❒ Bei zu geringer Eindickung läuft das Gebäck im Ofen auseinander,

❒ Bei zu hoher Eindickung ist das Gebäck zu hart und hat an der Oberfläche keinen Glanz, da der Zucker beim Erkalten auskristallisiert.

Rösten der Masse

❒ Die Früchte (Mandeln, Nüsse, Dickzuckerfrüchte) werden zum Schluss vorsichtig in die kochende Zuckermasse untergezogen und dabei nur möglichst wenig gerührt.

Durch die Hitze werden die Früchte etwas gebräunt; es werden zusätzliche Geschmacksstoffe (Zuckerkulör) gebildet.

3.3.2 Verarbeiten der Röstmasse für Gebäcke

Die abgeröstete Masse wird portioniert und für den Backprozess vorbereitet.

Das kann erfolgen …

❒ … für Florentiner, indem man die Masse in Ringe einstreicht, die entweder auf gefettete und bemehlte Bleche oder auf Teflonbleche mit Vertiefung oder auf Pergamentpapier aufgesetzt sind.

❒ … für die übrigen Gebäcke, indem man die Masse auf angebackene Teigunterlage aufstreicht.

❒ … indem man für Bienenstich die noch warme Röstmasse auf den frisch ausgerollten Hefeteig aufstreicht (vgl. S. 250).

Backen:

❒ bei mittlerer (200 – 210 °C) bis schwacher Hitze (180 °C);

❒ man kann die Gebäcke auch zweimal backen, damit sie gleichmäßig braun und knusprig werden.

Herrichten der Gebäcke:

❏ Nach leichtem Auskühlen sollen die Ringe abgehoben werden;
   Florentiner setzt man auf gezuckerte Bleche

❏ Nach dem völligen Erkalten werden die Gebäcke an der Unterseite mit Kuvertüre abgesetzt.

❏ Man kann die Unterseite noch einmal mit Kuvertüre bestreichen und anschließend mit einem Kamm sauber riefen.

3.4 Gebäckfehler

Gebäckfehler, Ursache (●) und Erklärung (○)

Gebäck läuft beim Backen stark auseinander.
● Grundmasse war zu wenig eingedickt.
○ Masse ist zu dünnflüssig.

Gebäck hat an der Oberfläche keinen Glanz.
● Grundmasse war zu stark eingedickt.
○ Zucker ist auskristallisiert.

Nüsse haben blanke (trockene) Oberfläche.
● Grundmasse war zu wenig eingedickt.
○ dünnflüssige Masse konnte ablaufen.

Aufgabenstellungen

		Seite
1	Nennen Sie Erzeugnisse aus Röstmasse.	300
2	Welchen Einfluss hat der richtige Eindickungsgrad des Zuckers auf die Beschaffenheit der Gebäcke?	300
3	Erläutern Sie die Einwirkung von Glukose und Fett auf die Beschaffenheit der Gebäcke.	300
4	Stellen Sie verschiedene Rezepte für Röstmassen auf.	300f
5	Beschreiben Sie die Zubereitung der Röstmasse.	301
6	Beschreiben Sie die Weiterverarbeitung der Röstmasse a) zu Florentinern, b) zu anderen Gebäcken.	301f
7	Erläutern und erklären Sie, wie es zu folgenden Gebäckfehlern kommt:	302
	a) Gebäck läuft auseinander,	302
	b) Oberfläche hat keinen Glanz,	302
	c) Nüsse haben blanke Oberfläche.	302

4 Herstellen von Erzeugnissen aus Eiermassen

Zu den Eiermassen gehören:

◆ Biskuitmassen
◆ Wiener Massen
◆ Sandmassen
◆ Schaummassen

Im weiteren Sinne gehören zu den Eiermassen auch

◆ Brandmassen
   und
◆ Makronenmassen.

Charakteristik der Eiermassen:
Sie enthalten besonders hohe Eianteile,
Sie werden gelockert mit Hilfe von Luft; diese wird entweder eingeschlagen (geschlagene Massen) oder eingerührt (gerührte Massen),
Sie besitzen ein besonders großes Gashaltevermögen.

Dem Herstellungsverfahren nach werden die Eiermassen unterschieden in:

– **geschlagene Massen**
   (Biskuit-, Wiener, Schaummassen)
– **gerührte Massen** (Sandmassen)

Zur Herstellung dieser Massen werden Rühr- oder Anschlagmaschinen verwendet.

4 Herstellen von Erzeugnissen aus Eiermassen

4.1 Maschinen zur Herstellung von Massen

4.1.1 Wirkungsweise der Maschinen

Rühr- und Anschlagmaschinen sollen ...

❐ ... die rezeptmäßigen Bestandteile von Massen vermischen, sodass eine homogene Beschaffenheit der Masse erzielt wird,

❐ ... eine bestimmte Luftmenge einfangen und unterziehen.

In der Wirkungsweise muss die Maschine auf die jeweilige Masse eingestellt werden:

Zum Schlagen (geschlagene Massen) werden benötigt:
- schnellere Schlagfolge,
- Schlagbesen mit möglichst vielen und dünnen Drähten

Begründung:
Geschlagene Massen sind weich und können wegen ihres hohen Anteils an Eiklar bei gleichzeitig geringem Fettanteil viel Luft aufnehmen.

Zum Rühren (gerührte Massen) werden benötigt:
- langsamere Schlagfolge bzw. Rührgeschwindigkeit,
- Rührbesen mit weniger, aber dickeren Drähten oder auch besondere Rühr- oder Knethebel.

Begründung:
Gerührte Massen sind fester; sie setzen dem Rührwerkzeug größeren Widerstand entgegen.
Sie können wegen ihres höheren Fett- und niedrigeren Eianteils weniger Luft aufnehmen.

Abb. 3: Rühr- oder Knethebel

Abb. 4: Knetarm, spiralförmig

Die Rühr- oder Schlagwirkung der Maschine kann durch ein sogen. „Planetensystem" noch gesteigert werden, weil dabei eine doppelte Umdrehungswirkung erfolgt:

❐ Der Besen oder Hebel dreht sich um die eigene Achse.

❐ Gleichzeitig entsteht eine weitere „exzentrische" Drehbewegung, weil die Hebelachse aus dem Zentrum der Hauptachse verlagert ist.

Dadurch wird das rotierende Werkzeug an der Kesselwand entlang geführt und hat so einen intensiveren Zugriff auf die bearbeitete Masse.

Planeten-System:

Abb. 1: Schlagbesen, fein

Abb. 2: Schlagbesen, grob

Abb. 5: Schnitt durch eine Rühr- und Anschlagmaschine

4.1.2 Umgang mit Maschinen

Beim Umgang mit Maschinen muss darauf geachtet werden:

- dass keine Unfälle geschehen (= Arbeitssicherheit),
- dass das Gebot der Hygiene beachtet wird (= Reinigung),
- dass die Maschinen funktionsfähig erhalten bleiben (= Wartung/Pflege).

Arbeitssicherheit (Unfallschutz)
- ❏ Gefahrenstellen bei allen Maschinen sind immer die beweglichen Teile, also die Antriebsachse sowie Schlag- oder Rührwerkzeuge.
  Die Hände können zwischen Schlagwerkzeug und Kesselrand gequetscht werden.
  Lose Kleidungsstücke, evtl. ungeschützte lange Haare können in die Antriebsachse geraten.

Vorsichtsmaßnahmen:
- Maschinen abschalten, bevor man z. B. den Kesselrand abschabt,
- Schutzvorrichtung, z. B. Gitter, nicht entfernen,
- feste, anliegende Kleidung und vorgeschriebenen Haarschutz tragen.

Reinigung
- ❏ Ist erforderlich aus Gründen der Sauberkeit und um zu vermeiden, dass Rückstände der einen Masse in die andere Masse geraten.
- ❏ Ist aus technologischen Gründen notwendig:
  Fetthaltige Rückstände z. B. erschweren das Anschlagen von Eiermassen oder machen es gar unmöglich.

Verfahrensweise:
- Auswaschen von Kessel und Rührwerkzeugen mit heißem Wasser und geeignetem Spülmittelzusatz,
- Nachspülen mit heißem, klarem Wasser.

Wartung/ Pflege
- ❏ Dazu zählen pfleglicher Umgang mit den Geräten sowie Kontrollen nach dem Wartungs- und Schmierplan der Herstellerfirma.
- ❏ Bei Beschädigungen von Maschinenteilen den Wartungsdienst informieren; keine unfachmännischen eigenen Reparaturversuche!

4.2 Einteilung der Erzeugnisse aus Eiermassen

Aus Eiermassen werden häufig verkaufsfertige Erzeugnisse hergestellt, z. B. Sandkuchen, Meringen, Baumkuchen u. a.

In vielen Fällen entstehen zunächst jedoch nur die gebackenen Teile von Erzeugnissen (Böden, Kapseln, Schalen u. a.), die erst noch zusammen mit Füllungen (Krems, geschlagener Sahne, Obst u. a.) zu verkaufsfertigen Produkten (Torten, Desserts, Petits Fours u. a.) zusammengesetzt und meist auch noch überzogen und dekoriert werden.

Die Böden, Kapseln oder Schalen können aus unterschiedlichen Eiermassen bereitet werden, je nachdem für welche Erzeugnisse sie bestimmt sind.

Masse/Gebäck	daraus herzustellende, verkaufsfertige Endprodukte
Biskuitmasse	
Rouladen	Butterkremtorten, Sahnetorten,
Omeletts	mit Sahnekrem und Obst gefüllte Desserts
Dobosböden	Butterkrem-, Sahne-, Obsttorten
Othelloschalen	gefüllte Mohrenköpfe
Anisplätzchen	(= verkaufsfertige Endprodukte)
Löffelbiskuits	(= verkaufsfertige Endprodukte)
Wiener Masse	
Wiener Böden	Torten aller Art
Kapseln	Desserts, Petits Fours
Dobosböden	Torten, Petits Fours
Baumkuchen	(= verkaufsfertige Endprodukte)
Sandmasse	
Sandkuchen	(= verkaufsfertige Endprodukte)
Sandstreifen	(= verkaufsfertige Endprodukte)
Sandkränze	(= verkaufsfertige Endprodukte)
Königskuchen	(= verkaufsfertige Endprodukte)
Englischer Teekuchen	(= verkaufsfertige Endprodukte)
Saccertorte	(= verkaufsfertige Endprodukte)
Dobosböden	Herrentorte, Spezialtorten
Kapseln	Petits Fours
Baumkuchen	(= verkaufsfertige Endprodukte)
Schaummasse	
Böden	Torten, z. B. Eissplittertorte
Schalen	Meringen (verkaufsfertig)
Desserts	Stachelbeer-, Johannisbeertorte
Eiweiß-Käsekuchenmasse	gebackener Käsekuchen

4 Herstellen von Erzeugnissen aus Eiermassen

4.3 Die besondere Beschaffenheit der Eiermassen

Hauptrohstoffe sind Eier mit unterschiedlichen Anteilen: von 20% bei schweren Sandmassen bis zu 55% bei leichten Biskuitmassen, bezogen auf das Gesamtgewicht der Masse.

Die Eier können, je nach Art der Masse, als ganze Eier, evtl. unter Zusatz von Eigelben, oder aber nur in Form von Eiklar verwendet werden.

Weitere Haupt-Rezeptbestandteile sind:

- **Zucker**
- **Butter (Fett)**
- **Weizenmehl**
- **Weizenpuder**
- ferner **Kochsalz** und **Gewürze**.

Je nach dem Anteil der einzelnen Rohstoffe ist eine Masse „leicht" oder „schwer".

Leichte Massen

Dazu zählen Biskuitmassen, leichte Wiener Massen, Schaummassen sowie leichte Sandmassen.

Leichte Massen ...
... ergeben Gebäcke mit großem Volumen.
Ein Gebäck aus einer leichten Masse wiegt bei gleichem Volumen weniger (es ist leichter) als ein Gebäck aus einer schweren Masse.
... enthalten besonders viele Eier, dagegen nur wenig oder kein Fett,
... haben einnen geringen Anteil an Zucker und Mehl/Puder.

Schwere Massen

Dazu zählen schwere Wiener Massen, insbesondere schwere Sandmassen.

Schwere Massen:
... ergeben Gebäcke mit geringerem Volumen.
Das Gebäck wiegt mehr (ist schwerer) als ein gleich großes aus leichter Masse.
... enthalten weniger Eier und mehr Fett.
Fett zerstört einen Teil der Eiweißhäutchen der geschlagenen Masse.
... können mehr Zucker und Mehl/Puder enthalten.
Auch diese Rohstoffe belasten den Eischaum und führen zur Verringerung des Volumens.

Bei besonders fettreichen Massen, (z.B. schwere Sandmassen), reicht die eingerührte Luft zur Lockerung der Gebäcke nicht aus, als Lockerungsmittel kann Backpulver zugesetzt werden.

Nach der Verfahrenstechnik werden unterschieden:

geschlagene Massen   **gerührte Massen**

Ob Massen geschlagen oder gerührt werden, hängt ab von der Rohstoffzusammensetzung, also davon, ob sie „leicht" oder „schwer" sind

leichte Massen ➡ werden geschlagen
schwere Massen ➡ werden meist gerührt

Massen können „kalt" oder „warm" (= Bluttemperatur) geschlagen werden:

Kalt geschlagene Massen sind:
- leichte Biskuitmassen,
- leichte Sandmassen,
- leichte Schaummassen.

> **Verfahrensweise**
>
> ➤ Die Eier werden nach Eiklar und Eigelb in zwei Kesseln getrennt verarbeitet (= **Zweikesselmassen**).
> ➤ Eiklar wird mit der Hälfte des Zuckers zu Schnee geschlagen;
> ➤ Eigelbe werden mit der anderen Hälfte des Zuckers zu einer Eigelbmasse schaumig gerührt.
> ➤ Die Eigelbmasse wird mit den übrigen Rohstoffen und Zutaten verrührt („zusammenmeliert").
> Der Eischnee wird zum Schluss vorsichtig „untergehoben".

Warm geschlagene Massen sind:
- fettreiche Massen, z.B. Wiener Masse, schwere Sandmasse

  Begündung:
  Bei Bluttemperatur emulgiert das Eigelb besser mit dem Fett.

- zuckerreiche Massen, z.B. schwere Biskuitmasse, schwere Schaummasse

  Begündung:
  Bei wärmerer Temperatur wird der Zuckeranteil besser gelöst.

4.4 Der Einfluss der Rohstoffe auf die Beschaffenheit von Masse und Gebäck

Die Rohstoffe bewirken im Teig und Gebäck Folgendes:

Eiklar ...

- ❏ ... ist hoch schlagfähig und für die Lockerung der Massen verantwortlich.
  Die Eiweiße halten die beim Schlagen oder Rühren untergemischte Luft fest; dabei bilden sich hauchdünne, elastische Schichten.
- ❏ ... gibt der Masse Stand.
  Das beruht auf der Oberflächenspannung der Eischaumbläschen.
- ❏ ... gibt dem Gebäck Festigkeit und Stabilität.
  Unter der Einwirkung der Hitze gerinnen die Eiweiße und verfestigen sich.
- ❏ ... macht das Gebäck trocken.
  Die geronnenen Eiweiße des Eiklars geben einen Teil des zuvor gebundenen Wassers ab; dieses verdampft beim Backprozess.
- ❏ Das Schaumbildungsvermögen des Eiklars wird beeinträchtigt durch Anteile von Eigelb; durch Fremdfette wird es sogar zerstört.

Eigelb ...

- ❏ ... ist weniger schlagfähig.
  Das liegt am hohen Fettgehalt (ca. 33%) und an der gänzlich anderen Beschaffenheit der Eiweißstoffe des Eigelbs.
- ❏ ... „entzäht" den Kleber.
  Der hohe Anteil an Lipoproteiden führt zur Bildung eines sehr dehnbaren, gleitfähigen und wenig elastischen Klebers.
- ❏ ... besitzt hohes Emulgiervermögen (siehe bei „Vollei").
- ❏ ... macht das Gebäck saftig.
  Die geronnenen Eiweiße des Eigelbs haben ein hohes Wasserbindevermögen und saugen sowohl Wasser wie Fett auf.
  Der Fettanteil bleibt auch im lagernden Gebäck enthalten.
- ❏ ... unterstützt die Festigkeit und Stabilität des Gebäcks.
  Die durch die Backhitze gerinnenden Eiweiße verfestigen sich.
- ❏ ... verbessert den Geschmack der Gebäcke.
  Die in der Kruste gebildeten Melanoidine sind löslich und daher intensiv schmeckbar.
  Eigelb ist aufgrund des hohen Fettgehalts „Hauptgeschmacksstoffträger".

Vollei ...

- ❏ ... ist schlagfähig.
  Wegen des Fettanteils im Eigelb ist das Schaumbildungsvermögen jedoch sehr begrenzt.
- ❏ ... besitzt hohes Emulgiervermögen (= Mischbarkeit mit Fetten), besonders im erwärmten Zustand.
  Volleimassen, denen Fett zugesetzt werden soll, werden meist warm geschlagen.
  Die Bindekräfte zwischen den Eiweißstoffen des Eigelbs und den zugesetzten Fremdfetten sind dann am höchsten, wenn Eigelb und Fett eine warme und gleich hohe Temperatur haben.

Zucker ...

- ❏ ... erhöht die Viskosität der Eiklarlösung.
  Zucker wird vom Wasser des Eiklars gelöst; es entsteht eine dickflüssige Lösung.
- ❏ ... mindert die Bindigkeit der Eiweiße.
  Dadurch wird das Eiklar besser schlagfähig und ergibt ein größeres Schaumvolumen.
- ❏ ... verbessert die Stabilität des Eischnees.
  In der dickflüssigen Lösung findet der Eischaum mehr Halt.
- ❏ ... kann in zu großen Mengen den Eischaum auch schmierig machen.
  Zu viel Zucker oder zu schnell gelöster Zucker entzäht das Eiklar so sehr, dass die Bindefähigkeit der Eiweiße gemindert bzw. durch die klebrig-viskose Zuckerlösung belastet wird.

Mehl ...

- ❏ ... macht die Masse etwas zäh.
  Das ist die Folge von Kleberbildungen.
- ❏ ... zerstört einen Teil der Schaumbläschen.
  Die Folge ist eine Verringerung des Gebäckvolumens.
- ❏ ... bewirkt, dass das Gebäck großporig wird.
  Der Kleber besitzt eigenes Gashaltevermögen.

Puder (Weizenpuder) …

- ❐ … macht die Masse „kurz".
  Das ist die Folge der starken Wasserbindung durch den hohen Stärkeanteil.

- ❐ … bewirkt, dass das Gebäck kleinporig wird.
  Die größeren Schaumbläschen werden beim Untermelieren zerstört.
  Die Stärke besitzt kein eigenes Gashaltevermögen.

- ❐ … macht das Gebäck „sandig".
  Bei hohem Puderanteil wird soviel Wasser gebunden, dass die Krume trocken erscheint und derart unter Spannung steht, dass sie am Gaumen sandig zerbricht.

Fett …

- ❐ … zerstört die Schlagfähigkeit des Eiklars.
  Eiklar darf beim Schlagen nicht mit Fett in Berührung kommen.

- ❐ … macht die Masse „schwer".
  Durch den Zusatz von Fett in die Masse werden viele Schaumbläschen zerstört: das Gebäckvolumen wird kleiner.

- ❐ … macht das Gebäck saftig.
  Der Fettanteil backt nicht aus und geht auch bei der Gebäcklagerung nicht verloren.

Kochsalz …

- ❐ … mindert die zähe Beschaffenheit des Eiklars, da die Globulineiweiße gelöst werden.

- ❐ … verbessert die Schlagfähigkeit.
  In Folge der Lösung der Globulineiweiße ist die Eiklarmasse weicher und lässt sich leichter aufschlagen; das Schaumvolumen wird erhöht.

- ❐ mindert die Schaumstabilität.
  Das weichere Eiklar hat an Quellfähigkeit und Bindigkeit verloren.

4.5 Grundtechniken der Massenherstellung

4.5.1 Schlagen von Eischnee

Beim Schlagen von Eiklar und Zucker zu Eischnee ist auf Folgendes zu achten:

- ❐ Anschlagkessel wie Schlagbesen müssen unbedingt fettfrei sein.
  Sonst bildet das Eiklar keinen Schaum.

- ❐ Der Schlagbesen muss aus vielen dünnen Drähten bestehen.
  Dadurch wird eine schnellere und gründlichere Zerteilung der Masse und eine intensivere Reibung der Bestandteile erreicht; die Folge ist ein stabilerer Schaum mit zahlreichen kleinen Bläschen.

- ❐ Durch Geruchsprobe wird sichergestellt, dass kein verdorbenes Ei dabei ist.

- ❐ Beim Trennen von Eiklar und Eigelb darf kein Anteil von Eigelb ins Eiklar gelangen.
  Sonst wird das Schaumbildungsvermögen des Eiklars erheblich verschlechtert.

Schlagtechnik

Verfahrensweise

➤ Zunächst langsam anschlagen,
  Sonst würden Teile der noch sehr flüssigen Masse aus dem Kessel herausspritzen.

➤ sodann intensives Aufschlagen bei voller Tourenzahl,
  Das bewirkt energetische Aufladung der Eiweißoberfläche durch Reibung.
  Es führt ferner zur Bildung zahlreicher stabiler, luftgefüllter Schaumbläschen.

➤ rechtzeitige Beendigung des Schlagens.
  Zu langes Schlagen (= Überschlagen) führt zur Bildung von flockigem Eischnee; dadurch entstehen „Eiweißnester", was zur Bildung von Hohlräumen im Gebäck führt.

Methoden der Zuckerzugabe:

Schlagen ohne Zucker …

- ❐ … führt zur schnellen Bildung von großvolumigem, jedoch flockigem Eischnee, der sich in der Masse schlecht verteilt.
  Bei der weiteren Verarbeitung fällt dieser Schnee bald zusammen (= geringere Schaumstabilität) und kann der Masse daher keinen ausreichenden Stand geben.

Zusatz von Zucker „nach und nach" …

- ❐ … führt erst nach einiger Zeit zur Bildung von Eischnee.
  Der Eischnee ist stabiler (= bessere Schaumstabilität) und verleiht der Masse daher guten Stand.

Sofortiger Zusatz der ganzen Zuckermenge ...

❏ ... führt erst nach längerer Zeit zur Bildung von Eischnee.
Es entstehen feinporige Schaumbläschen von dauerhafter Stabilität, die der Masse sehr guten Stand verleihen und der auch bei weiterer Behandlung der Masse erhalten bleibt.

❙ **Der Eischnee ist dann ausgeschlagen, wenn er Stand zeigt.**

❏ Der Eischnee muss bald verarbeitet, d.h. unter die übrige Masse gehoben werden; bei längerem Abstehen bildet sich der Schnee zu flüssigem Eiklar zurück und setzt sich unten ab.
Zu lange geschlagener („überschlagener") Eischnee wird „kurz" und leicht grießig.

4.5.2 Warm- und Kaltschlagen von Vollei

Verfahrensweise

➢ Vollei und Zucker werden im Anschlagkessel entweder auf offener Gasflamme in der Anschlagmaschine oder im Wasserbad auf 45 °C (knapp über blutwarm) erwärmt und dabei von Hand geschlagen.

➢ Die Erwärmung darf dabei weder zu schnell noch zu langsam erfolgen; vielmehr soll die angestrebte Temperatur zu dem Zeitpunkt erzielt werden, wo die Masse durch das Schlagen genügend Schaum gebildet hat.
Bei zu schnellem Erhitzen auf offener Gasflamme kann die Masse am Kesselboden ansetzen (= anbrennen).

Durch die Erwärmung ...

❏ ... wird die Emulgierfähigkeit des Eigelbs verbessert.
Zugesetzte Fremdfette und Eigelb müssen etwa die gleiche Temperatur haben.

❏ ... wird der Zuckeranteil besser gelöst.
Es entsteht eine zähflüssigere, viskosere Masse, was die Schaumbildung begünstigt.

➢ Sodann wird der Kessel von der Flamme bzw. vom Warmwasserbad entfernt; die Masse wird kalt weitergeschlagen, bis sie ihren optimalen Stand erreicht hat.
In Folge des leichten Auskühlens stabilisiert sich der Schaum besser.

➢ Nunmehr werden Mehl und/oder Puder untermeliert.

➢ Bei fetthaltigen Massen, z.B. Wiener Massen, erfolgt erst zum Schluss der Zusatz des erwärmten, flüssigen Fettes.
Das erwärmte Fett kühlt beim Untermelieren unter die Eiermasse etwas aus, die Masse wird dadurch gleichzeitig erwärmt.

4.6 Herstellen von Erzeugnissen aus Biskuitmassen

Biskuitmassen werden ohne Fettzusatz hergestellt.

Sie bestehen aus:

◆ **Eiern, Eigelben** und **Eiklar;**
Der Anteil an Vollei beträgt mindestens 66,7% des Mehl-/Stärkeanteils.
◆ **Zucker,**
◆ **Mehl/Stärkepuder.**

Aus Biskuitmassen erhält man besonders voluminöse Gebäcke, die leicht verdaulich und gut bekömmlich sind.

Die verschiedenen Biskuitmassen unterscheiden sich:

❏ nach der Rezeptzusammensetzung:
– leichte Biskuitmassen
– schwere Biskuitmassen

❏ nach der Verfahrenstechnik:
– kalt geschlagene Biskuitmassen
– warm geschlagene Biskuitmassen

Leichte Biskuitmassen enthalten:

– weniger Zucker und Mehl/Puder
– höheren Anteil an Eiklar,
– weniger Eigelb.

Richtwert:
auf 100 g Ei ➡ ca. 40 g Zucker
➡ ca. 40 g Mehl/Puder

❙ **Leichte Biskuitmassen werden kalt geschlagen als Zweikesselmassen.**

Schwere Biskuitmassen enthalten:

– mehr Zucker und Mehl/Puder,
– höheren Anteil an Vollei und Eigelb.

Richtwert:
auf 100 g Ei/Eigelb ➡ bis zu 100 g Zucker
➡ bis zu 100 g Mehl/Puder

❙ **Schwere Biskuitmassen werden warm geschlagen als Einkesselmassen.**

4 Herstellen von Erzeugnissen aus Eiermassen

4.6.1 Herstellen von leichten Biskuitmassen

Erzeugnisse aus leichter Biskuitmasse sind:
- Mohrenköpfe,
- Löffelbiskuits,
- Böden.

Abb. 1: Mohrenkopfschalen

Rezeptbeispiel Mohrenköpfe

Zu Schnee schlagen:
- 700 g Eiklar
- 200 g Zucker
- Kochsalz

Entzähen:
- 200 g Eigelb
- 200 g Mehl
- 100 g Wasser

Untermelieren:
- 200 g Weizenpuder

Verfahrensweise

➤ Eiklar, Zucker und Kochsalz zu Eischnee schlagen.

➤ Die übrigen Rohstoffe miteinander vermischen (schaumigrühren).

➤ Den Eischnee flott mit Hilfe eines Melierspatels untermelieren.

Bei zu langsamem Melieren:
– würden zu viele Eiklarbläschen zerstört,
– würde der abstehende Eischnee bald flockig werden.

➤ Mehl oder Puder zuvor mindestens einmal sieben.

➤ Weizenmehl oder Puder erst ganz zum Schluss vorsichtig und flott unter die Masse heben.

Es verteilt sich schneller und gründlicher, somit werden weniger Schaumbläschen zerstört; das Volumen der Masse bleibt erhalten; es nimmt schneller das freie Wasser auf; die Masse wird trockener und erlangt sofort besseren Stand.

➤ Die fertige Biskuitmasse muss bald entweder aufdressiert oder aufgestrichen und sodann gebacken werden.

Die Oberflächenspannung der Eischaumbläschen lässt schnell nach. Die Masse würde daher bald an Volumen verlieren und zusammenfallen.

➤ Backen bei etwa 200 °C mit offenem Zug.

Bei geschlossenem Zug treiben die leichten Gebäcke in Folge der Wasserdampfbildung zu stark auf; die Oberfläche würde zerreißen, die Gebäcke nach dem Ausbacken zusammenfallen.

❏ Leichte, kalt geschlagene Biskuitmassen ergeben Gebäcke mit großer Porung und großem Volumen.

❏ Die Gebäcke müssen im noch warmen Zustand vom Blech abgehoben und trocken gelagert werden.

4.6.2 Herstellen von schweren Biskuitmassen

Erzeugnisse aus schweren Biskuitmassen sind:
- Rouladen
- Omeletts
- Böden

ferner:
- Anisplätzchen

Rezeptbeispiel Rouladen

Warm und kalt schlagen:
- 2000 g Vollei
- 1000 g Zucker
- Kochsalz

Unterheben:
- 500 g Weizenmehl
- 500 g Weizenpuder

Verfahrensweise

➤ Vollei, evtl. unter Zusatz von Eigelben, zusammen mit Zucker und Kochsalz, je nachdem auch mit Gewürzen, erst warm und dann kalt schlagen (vgl. S. 308).

➤ In die ausgeschlagene Masse Mehl und Puder untermelieren.

➤ Die ausgeschlagene Masse wird auf mit Backpapier ausgelegten Blechen aufgestrichen.

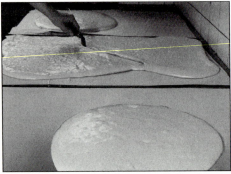

Abb. 1: Aufstreichen von Rouladenmasse für Kapseln

➤ Die Masse muss sehr bald gebacken werden.

➤ Backen bei etwa 230 °C mit geschlossenem Zug.
Für Rouladenmasse darf etwas Schwaden gegeben werden.

➤ Die gebackenen Kapseln werden nach dem Auskühlen mit Butterkrem, Sahnekrem oder Konfitüre eingestrichen
Anschließend werden sie eingerollt.

Abb. 1: Einrollen einer Sahnekremroulade

4.7 Herstellen von Erzeugnissen aus Wiener Massen

Wiener Massen werden unter Zusatz von Fett hergestellt. Das Fett wird in erwärmtem, flüssigem Zustand zum Schluss zugesetzt.

Wiener Massen bestehen aus:

◆ **Weizenmehl/Weizenstärke**

◆ **Eiern (Vollei)**
mindestens 66,7% auf Mehl/Stärke bezogen

◆ **Fett**
mindestens 8%, auf Mehl/Stärke bezogen

◆ **Zucker**

Aus Wiener Masse erhält man – im Vergleich zu Biskuitmasse – etwas schwerere Gebäcke mit dichterer Krume und daher etwas geringerem Volumen. Die Krume ist saftiger, sie krümelt nicht und trocknet wegen des Fettgehalts nicht so schnell aus.

Je nach dem Fettanteil unterscheidet man leichte oder schwere Biskuitmassen.

	leichte Masse	schwere Masse
Vollei	1200 g	1200 g
Zucker	800 g	800 g
Mehl	400 g	400 g
Puder	400 g	400 g
Fett	200 g	500 g
	= 3000 g Masse	= 3300 g Masse

Erzeugnisse aus Wiener Masse sind:

◆ **Wiener Böden**
= dicke Böden für Torten aller Art

◆ **Dobosböden**
= dünne Böden (2 – 3 mm Dicke) als Tortenböden

◆ **Torteletts**
= kleine Böden

◆ **Kapseln**
= auf Backblechen gebackene dünne Böden für Desserts, Petits Fours sowie andere Kleingebäcke

Böden oder Kapseln können Zusätze erhalten, z. B. Kakaoerzeugnisse, Mandeln, Nüsse, Nugat, Marzipan u.a.

So erhält man z. B. Schokoböden, Mandelböden u.a. für entsprechende Erzeugnisse.

4 Herstellen von Erzeugnissen aus Eiermassen

Abb. 1: Wiener Böden

Rezeptbeispiel für Wiener Böden
1000 g Vollei
 450 g Zucker
 300 g Weizenmehl
 300 g Weizenpuder
 300 g Fett
       Kochsalz, Vanille, Zitrone

Verfahrensweise
- Vollei und Zucker werden zuerst warm und dann kalt geschlagen (vgl. S. 308).
- Mehl und Weizenpuder müssen besonders sorgfältig und gründlich untermeliert werden.
  Zum Zeitpunkt der Fettzugabe muss das Mehl vollständig untermeliert sein, sonst bildet es Klumpen, diese lassen sich in der empfindlichen Masse nicht mehr „auflösen" = feinverteilen.
- Das erhitzte, flüssige Fett wird zum Schluss zugesetzt und muss gründlich meliert werden.
  Flüssiges Fett neigt sonst dazu, sich am Boden abzusetzen.
- Das Fett darf nicht zu heiß sein.
  Heißes Fett führt zur Gerinnung der Eiweiße:
  – die Schaumbläschen werden zerstört,
  – die Masse fällt zusammen,
  – das Volumen wird entsprechend geringer.
- Die fertige Wiener Masse wird sofort in Formen oder Bleche mit hohem Rand gefüllt, glattgestrichen und bei mittlerer Hitze gebacken.

- Die Formen, Ringe oder Bleche müssen zuvor mit Papier ausgelegt oder in Papier eingeschlagen worden sein.
- Backen bei 190 °C (Wiener Böden) bis zu 230 °C (Kapseln) bei geschlossenem Zug.
- Wiener Böden sind dann ausgebacken, wenn die Oberfläche des Bodens beim Eindrücken mit den Fingerspitzen keine Druckstellen mehr hinterlässt.
- Nach dem Ausbacken müssen die Gebäcke sofort auf eine glatte, leicht bemehlte Fläche gestürzt werden. Die Oberfläche kann sich so nicht absenken, sondern bleibt glatt.

4.8 Herstellen von Erzeugnissen aus Sandmassen

Sandmassen werden aus Fett, Zucker, Eier, Mehl und Weizenpuder bereitet.

Im Vergleich zu Wiener Massen
- ist der Fettanteil höher,
- wird das Fett nicht erhitzt, sondern schaumig gerührt,
- wird der Mehlanteil mindestens zur Hälfte, evtl. sogar ganz durch Weizenpuder (Stärkepuder) ersetzt,
- wird zur Lockerung meist Backpulver verwendet.

Aus Sandmasse erhält man schwerere, kompaktere Gebäcke mit geringerem Volumen. Die Krume ist von mürber, sandiger Beschaffenheit. Letzteres ist vor allem auf den hohen Anteil an Puder (keine Kleberbildung) sowie auf den vielen, im Fett ungelösten Zucker zurückzuführen.

Wegen des hohen Fettanteils ist die Krume saftig und trocknet nicht so schnell aus.

Je nach der Menge an Fett (Butter) im Verhältnis zum Eianteil unterscheidet man leichte und schwere Sandmassen:

	leichte Masse	schwere Masse
Fett	800 g	1000 g
Zucker	1000 g	1000 g
Eier	1200 g	800 g
Mehl	500 g	500 g
Puder	500 g	500 g
	= 4000 g Masse	= 3800 g Masse

Erzeugnisse aus Sandmassen sind:

- Sandstreifen
- Sandtorten
- Sandkränze
- Nusskranz
- Sachertorte
- Altdeutscher Königskuchen
- Englische Teekuchen
- Herrentorte
- Dobosböden
- Petits Fours-Kapseln
- Kleingebäcke

Abb. 1: Sandkuchen

Rezeptbeispiel für Sandkuchen

1000 g	Fett
1000 g	Zucker
550 g	Mehl
600 g	Weizenpuder
850 g	Vollei
200 g	Eigelb
15 g	Backpulver
	Kochsalz, Vanille, Zitrone

Sandmassen können auf sehr unterschiedliche Weise bereitet werden:

Ⓐ Auf kaltem Wege (= altdeutsche Art)

- Butter und Mehl schaumig rühren,
- Eier und Zucker schaumig rühren,
- die Eiermasse unter die Buttermasse heben,
- Weizenpuder und Backpulver untermelieren.

Ⓑ Auf warmem Wege

- Butter und Weizenpuder schaumig rühren,
- Eier und Zucker erst warm, dann kalt schlagen,
- die schaumige Eiermasse unter die Buttermasse heben,
- Mehl und Backpulver untermelieren.

Ⓒ Im „All-In-Verfahren"

- Butter, Zucker und Eier schaumig schlagen,
- Mehl und Weizenpuder nach und nach unterheben und mit aufschlagen.

Verarbeiten der Massen:

- Die Sandmasse muss nach dem Rühren und Untermelieren völlig glatt sein.
  Grießige Massen ergeben fehlerhafte Gebäcke mit „schliffiger", d.h. feuchter, kompakter Krume.
- Voraussetzung dafür ist u.a., dass die Rohstoffe etwa die gleiche Temperatur haben. Durch Zusatz von zu kalten Eiern (Kühlhauseier) z. B. ist die Emulgierfähigkeit der Masse beeinträchtigt.
- Die Sandmasse wird in Formen eingefüllt und gebacken.

Backen der Massen:

- Schwere Massen müssen heißer gebacken werden als leichte Massen,
- Sandstreifen, Sandtorten und Königskuchen sollen in der Länge der Form reißen.
  Deshalb werden sie nach kurzer, heißer Anbackphase mit einem nassen Messer der Länge nach eingeschnitten und dann etwas kühler bei offenem Zug ausgebacken.
  Die Oberfläche erstarrt in der hohen Ofenhitze bald zur festen Kruste, während das Innere noch weich ist.
  Die Kruste gibt dem Dampfdruck aus dem Inneren an der Schnittfläche nach, die weiche Masse treibt zu einem Teil nach oben.
  So entsteht der typische Ausbund dieser Gebäcke.

4 Herstellen von Erzeugnissen aus Eiermassen

Abb. 1: oben – Sandkranz; Sandtorte; Aprikosenkuchen
unten – Zitronenkuchen; Sandkuchen, glasiert; Marmorkuchen; Orangenkuchen

4.9 Herstellen von Erzeugnissen aus Schaummassen

Schaummassen werden aus geschlagenem Eiklar (mindestens 20%) und Zucker bereitet.

Zur geschmacklichen Verbesserung können auch geriebene Nüsse oder Mandeln sowie Kakaopulver zugesetzt werden. Bei besonderen Schaummassen, z. B. Japonaismassen für dünne Böden, wird flüssiges Fett sowie zur Stabilisierung dieser besonders „schweren" Masse wird Weizenpuder zugesetzt.

Aus Schaummassen erhält man sehr voluminöse, schaumig-leichte Gebäcke von zart-spröder bis fest-splittriger Beschaffenheit.

Schaumgebäcke backen trocken aus, insbesondere die Kruste. Infolge des hohen Zuckeranteils sind sie sehr wasseranziehend (hygroskopisch) und neigen dazu, bei der Lagerung feucht und weich zu werden. Sie sollen daher luftgeschützt, trocken und bei warmen Temperaturen gelagert werden, am besten in verschlossenen Dosen oder Eimern in der Nähe des Ofens.

Je nach dem Anteil an Zucker im Verhältnis zum Eiklar unterscheidet man leichte und schwere Schaummassen:

	Eiklar	Zucker
Leicht (= Schaummasse)	1000 g (1 Liter)	1500 g
Schwer (= Baisermasse)	1000 g (1 Liter)	2000 g

Erzeugnisse aus Schaummassen sind:
- Böden
- Schalen (Baisers, Meringen)
- Desserts

Abb. 2: Baisers (Meringen)

> **Rezeptbeispiel für leichte Schaummasse**
> 1000 g Eiklar
> 500 g   Kristallzucker
> 1000 g Puderzucker
>   Kochsalz, Vanille

Schaummassen können auf warmem oder auf kaltem Wege bereitet werden.

Ⓐ Herstellen auf kaltem Wege
Leichte Schaummassen
- Eiklar wird mit einem Drittel der Zuckermenge (Kristallzucker) zu einem standfesten, geschmeidigen Schnee geschlagen.
  Würde man die gesamte Zuckermenge unterschlagen, erhielte man einen schmierigen, nicht standfesten Eischnee.
- Zwei Drittel des Zuckeranteils (Puderzucker) werden in den Schnee untermeliert.
  Puderzucker belastet den Eischnee weniger als Kristallzucker und kann besser gelöst werden.

Baisermasse
- Herstellung wie beschrieben; der Kristallzuckeranteil im Eischnee ist jedoch zu verdoppeln.

Ⓑ Herstellen auf warmem Wege
Italienische Schaummasse (Windmasse)
- Eiklar wird mit einem Drittel der Zuckermenge zu steifem Schnee geschlagen,
- zwei Drittel der Zuckermenge werden auf 117 °C gekocht,
- der heiße Zucker wird zum Schluss in dünnem Strahl unter den Eischnee meliert.

Baisermasse
- Die gesamte Eiklar- und Zuckermenge schlägt man – wie bei einer Wiener Masse – im Kupferkessel zunächst warm und dann kalt auf.

> **Vorbereiten zum Backen**
> - Die Schaummasse wird zu entsprechenden Formen auf Papier gespritzt oder aufgestrichen,
> - das Papier mit der aufgetragenen Masse wird auf heiße Backbleche geschoben.

Dabei „stockt" die untere Schicht der Masse sofort an (Eiweißgerinnung); die Gebäcke lassen sich später leichter vom Papier ablösen.

> **Backen**
> Die Schaummassen werden entweder bei niedriger Hitze „getrocknet" oder bei hohen Hitzegraden „abgeflämmt".

Getrocknete Erzeugnisse

> **Dazu zählen:**
> - Böden für Torten
> - Baiserschalen
> - Böden und Schalen für Desserts
> - Schaumringe

- Das Trocknen erfolgt bei etwa 120 °C.
  Dabei werden die Erzeugnisse mehr getrocknet als gebacken; sie behalten so auch ihre weiße Farbe.

Abgeflämmte Erzeugnisse

> **Dazu zählen:**
> - Schaumtorten,
>   z. B. Johannisbeerschaumtorte
> - Desserts
> - Omelett Surprise u. a.

- Das Abflämmen erfolgt bei 220 bis 280 °C.
  Dabei verfestigt sich die Kruste sehr schnell, das Innere backt nicht trocken aus.
  Die Gebäckoberfläche erhält so die gewünschte Bräunung.

4.10 Rechtliche Vorschriften für Erzeugnisse aus Massen

4.10.1 Bezeichnung von Erzeugnissen

Bei der Bezeichnung von Erzeugnissen wird gern auf die Verwendung von solchen Rohstoffen und Zutaten hingewiesen, die beim Verbraucher ein hohes Ansehen (Wertschätzung) genießen.

Nach den „Leitsätzen für Feine Backwaren" sind solche Hinweise oder Bezeichnungen jedoch nur dann erlaubt, wenn eine bestimmte Mindestmenge der angegebenen Rohstoffe oder Zutaten enthalten ist bzw. wenn ganz bestimmte Qualitätsanforderungen erfüllt sind.

Sofern ein Erzeugnis z. B. als mit Butter hergestellt bezeichnet wird (z. B. Butterkremtorte), muss ein vorgeschriebener Mindestanteil des Namen gebenden Rohstoffs im Erzeugnis enthalten sein.

Mindestanteile der Namen gebenden Rohstoffe und Zutaten

Die Mengenangaben beziehen sich jeweils auf 100 kg Getreide, Getreideerzeugnisse und/oder Stärke bzw. auf das Gewicht von Massen.

Butter
Mindestens 10 kg Butter oder 8,2 kg Butterreinfett oder 8,6 kg Butterfett. Andere Fette – außer als Trennfette – werden nicht verwendet.
Aromen, die einen Buttergehalt vortäuschen, dürfen nicht verwendet werden.

Milch
Zum Anteigen werden bei Hefeteigen mindestens 40 Liter, bei Nichthefeteigen mindestens 20 Liter Milch verwendet.

Sahne, Rahm
Zum Anteigen werden mindestens 20 Liter Sahne (Rahm, mindestens 10% Milchfett) oder entsprechende Mengen konzentriertes Sahneerzeugnis verwendet.

Quark
Bei Teigen werden mindestens 10 kg Speisequark (Frischkäse) oder entsprechende Mengen Trockenerzeugnisse verwendet, bei Quarkkuchenmassen (Sand-, Rührkuchen) mindestens 15 kg Quark je kg Masse.

Eier
Es werden mindestens 18 kg Vollei und/oder entsprechende Mengen an Vollei- und/oder Vollei- oder Eigelbprodukten verwendet.

Schokolade
Der Anteil an mitverarbeiteten Kakaoerzeugnissen in Teigen, Massen, Überzug oder Füllung muss im fertigen Erzeugnis geschmacklich deutlich wahrnehmbar sein.

Mandeln, Nüsse, Marzipan, Persipan, Nugat
Die genannten Zutaten müssen im fertigen Erzeugnis geschmacklich deutlich wahrnehmbar sein. Andere Ölsamen dürfen nur verwendet werden, wenn auf diese hingewiesen wird.
Unter „Nüssen" werden nur Haselnuss- und Walnusskerne verstanden.
Erzeugnisse, die nach Mandeln, Haselnuss- oder Walnusskernen benannt sind, dürfen nur diese Ölsamen enthalten und überwiegend die namensgebenden Samenanteile.
Bei Hinweisen auf „Marzipan" oder „Nugat" dürfen als Füllung ausschließlich die entsprechenden Rohmassen oder angewirkten Massen enthalten sein.

Honig
Mindestens 50% der enthaltenen Zuckerarten stammen aus dem zugesetzten Honig, der andere Teil kann auch aus Invertzuckerkrem stammen.

Vanille
Als Aromastoffe dürfen nur Vanille und/oder Vanillearomen mit natürlichen Aromastoffen verwendet werden. Geruch und Geschmack müssen deutlich wahrnehmbar sein.

Pfeffer
Bei braunen Lebkuchen weist der Wortbestandteil „Pfeffer..." nur auf eine kräftige Würzung hin.

4.10.2 Qualitätsanforderungen an Erzeugnisse aus Massen

Englischer Kuchen

Wird aus Sandmasse hergestellt (vgl. S. 312). Er enthält auf 100 Teile Masse mindestens 30 Teile Rosinen/Sultaninen, Korinthen und kandierte Früchte (Kirschen und noch mindestens eine weitere Art von kandierten Früchten), nicht jedoch Geleefrüchte.

Frankfurter Kranz

Frankfurter Kranz ist eine kranzförmige Torte aus Sand-, Wiener oder Biskuitmasse. Sie ist in Lagen quer geschnitten, mit Butterkrem gefüllt und damit auf den Ober- und Seitenflächen bestrichen, außerdem mit Mandel- und Nusskrokant bestreut (s. S. 328).

Käsekuchen, Käsetorte

Beide können in offener, gedeckter oder gefüllter Form hergestellt werden. Auf 100 Teile Teig werden mindestens 150 Teile Käsemasse verwendet. Die Käsemasse enthält mindestens 30 Teile Speisequark (Frischkäse).

Königskuchen

Wird aus Sandmasse hergestellt. 100 Teile Masse enthalten mindestens 20 Teile Vollei und 20 Teile Butter oder andere Fette, ferner mindestens 20 Teile Rosinen, Sultaninen oder Korinthen und auch Citronat und Orangeat. Geleefrüchte werden nicht verwendet.

Königskuchen rheinischer Art

Wird in einer mit Blätterteig ausgelegten Form gebacken. Der Blätterteigboden in der Form wird mit Konfitüre bestrichen. Auf den Blätterteigboden wird in Mehl gehacktes Fett aufgetragen und dann die Königskuchenmasse eingefüllt. Vor dem Backen wird ein Blätterteiggitter aufgelegt. Üblich ist ferner die Mitverwendung von kandierten Kirschen.

Kremtorten

Butterkrem enthält mindestens 20% Butter oder entsprechende Mengen Butterreinfett oder Butterfett; anderes Fett wird nicht verwendet.

Fettkrem enthält mindestens 20,5% Margarine oder entsprechende Mengen praktisch wasserfreies Fett.

Sachertorte

Sachertorte ist eine Schokoladentorte aus Sachermasse.

Sachermasse ...
... enthält auf 100 Teile Mehl (oder Mehl-Stärke-Mischung) jeweils mindestens 100 Teile Schokolade oder entsprechende Mengen Kakao, 100 Teile Butter sowie 200 Teile Vollei.

Die Torte erhält eine Fruchtfüllung, die aus mindestens 45% Aprikosenanteil besteht. Die Torte wird mit Kuvertüre oder Kakaozuckerglasur überzogen, zuweilen auch mit der Fruchtfüllung unterlegt.

Sahnetorten

Die für Füllung und Garnierung verwendete Sahne enthält mindestens 60% Schlagsahne. Bei Quarksahnetorte (Käsesahnetorte), Wein- oder Joghurtsahnetorte beträgt der Sahneanteil mindestens 20%.

Sahnekremtorten

Die für Füllung und Garnierung verwendete Sahne enthält weniger, mindestens aber 20% Schlagsahne. Die Bezeichnung lautet Sahnekrem bzw. Sahnekremtorte. Als evtl. zugesetztes Fett wird nur Milchfett verwendet.

Schwarzwälder Kirschtorte

Verwendet werden dunkle (Mindestkakaoanteil 3%) und/oder helle Wiener- oder Biskuit-Böden. Für den Unterboden wird auch Mürbeteig verwendet.

Als Füllung dienen Kirschwasser-Sahne und/oder Kirschwasser-Butterkrem, teilweise auch Canache sowie Kirschen, auch als Stücke in gebundener Zubereitung.

Der zugesetzte Anteil an Kirschwasser ist geschmacklich deutlich wahrnehmbar.

Die Torte wird mit Butterkrem oder Sahne eingestrichen und mit Schokoladenspänen garniert.

4.11 Gebäckfehler

Gebäckfehler, Ursachen (●) und Erklärungen (○)

Biskuitgebäcke

Gebäck ist kleinporig, fest, nicht locker.
- ● Masse zu warm geschlagen.
- ○ Gerinnungserscheinung von Eiweiß: Verlust der Gashaltefähigkeit.
- ● Zu lange meliert.
- ○ Zerstörung der Schaumbläschen: Masse fällt zusammen

Gebäck ist in der Mitte zusammengefallen und hat eine klitschige Krume.
- ● Ungenügende Backzeit.
- ○ Masse war nicht ausgebacken.
- ● Gebäck wurde zu früh angerührt oder beim Ausbacken erschüttert.
- ○ Die noch weiche Masse fällt beim Backen zusammen, da das Eiweiß noch nicht ausreichend verfestigt ist.

Gebäcke aus Wiener Masse

Gebäcke haben zu geringes Volumen.
- ● Fett zu heiß zugesetzt.
- ○ Zerstörung der Schaumbläschen durch Eiweißgerinnung; Masse fällt zusammen.

Im Gebäck sind Mehlklümpchen.
- ● Mehl/Puder nicht gesiebt oder falsch meliert.
- ○ Klümpchen nicht aufgelöst.
- ○ Klumpenbildung, weil Mehl nicht zügig genug zugesetzt wurde.

Sandgebäcke

Gebäcke haben keinen guten Ausbund.
- ● Zu kühl angebacken oder zu heiß ausgebacken.
- ● Zu früh oder zu spät geschnitten.

Gebäck ist zusammengefallen und hat feuchtknitschige Krume.
- ● Masse war grießig oder zu schaumig.
- ○ Die fetthaltige Masse setzt sich beim Backen

- ● Masse wurde im Ofen zu früh angerührt.
- ○ Die noch sehr weiche, weil heiße Masse fällt zusammen.
- ● Zu kurze Backzeit.
- ○ Zu feuchte Krume, da nicht ausgebacken.

Grünliche Krume.
- ● Zu viel Backpulver.
- ○ Grünspanbildung im Kupferkessel durch Säure.

Früchte sind im Kuchen abgesunken.
- ● Früchte wurden nicht meliert.
- ○ Früchte finden so in der weichen Masse keinen Halt.
- ● Kuchen wurde im Ofen angestoßen.
- ○ Früchte „reißen" durch die Erschütterung der heißen, besonders weichen Masse ab.

Schaumgebäcke

Gebäck läuft breit und hat keine Konturen.
- ● Zucker zu zeitig zugesetzt; zu viel Zucker zugesetzt.
- ○ Schaum- oder Baisermasse ist schmierig geworden.
- ● Fettige Geräte benutzt; Eigelb im Eischnee.
- ○ Fett beeinträchtigt die Schlagfähigkeit der Masse.

Gebäck ist stark gebräunt, innen aber zäh und klebrig.
- ● Zu heißer Ofen.
- ○ Verkürzte Backzeit.
- ● Zu grober Zucker.
- ○ Zucker ist z.T. nicht gelöst.

Gebäcke lösen sich nicht vom Papier.
- ● Aufgespritzte Masse auf kalte Backbleche gesetzt.
- ○ Zucker setzt sich ab (kristallisiert aus) und verklebt am Papier.

Aufgabenstellungen

		Seite
1	Was soll bei der Herstellung einer Masse durch das Rühren bzw. Schlagen bewirkt werden?	303
2	Erläutern Sie, welche Massen gerührt oder geschlagen werden und wie die Rühr- oder Schlagwirkung maschinell am besten erreicht werden kann.	303
3	Was ist das Besondere am Planetenrührsystem?	303
4	Worauf ist beim Umgang mit Maschinen besonders zu achten?	304
5	Nennen Sie die verschiedenen Eiermassen und geben Sie die daraus herzustellenden Erzeugnisse an.	304
6	Unterscheiden Sie leichte und schwere Massen.	305
7	Welche Massen werden warm geschlagen und was soll dadurch erreicht werden?	305
8	Skizzieren Sie das Kaltschlagen von leichten Massen als „Zweikesselmassen".	305
9	Welchen Einfluss hat der Anteil an Eiklar, Eigelb und an Vollei auf a) die Schlagfähigkeit der Masse, b) das Gebäckvolumen, c) die mechanische Beschaffenheit der Krume, d) den Geschmack der Erzeugnisse?	306
10	Welchen Einfluss haben der Anteil und die Körnung des Zuckers auf die Beschaffenheit von Masse und Gebäck?	306
11	Welchen Einfluss hat die Verwendung von a) Weizenmehl, b) Weizenpuder auf die Beschaffenheit von Masse und Gebäck?	306 307
12	Was bewirkt ein zunehmender Butteranteil in der Masse und im Gebäck?	307
13	Beschreiben Sie das Schlagen von Eischnee.	307f
14	Wie vermeiden Sie das „Flockigwerden" von Eischnee?	307
15	Beschreiben Sie das Warm- und Kaltschlagen von Volleimassen.	308
16	Unterscheiden Sie leichte und schwere Massen: a) nach Rezeptzusammensetzung, b) nach Herstellungsweise (kalt/warm).	308 308
17	Nennen Sie Erzeugnisse aus leichten und schweren Biskuitmassen.	309
18	Beschreiben Sie die Herstellung eines Erzeugnisses aus leichter Biskuitmasse.	309
19	Beschreiben Sie die Herstellung eines Erzeugnisses aus schwerer Biskuitmasse.	309f
20	Stellen Sie verschiedene Rezepte für leichte und schwere Biskuitmassen auf.	310

		Seite
21	Wie unterscheiden sich Wiener Massen (leichte und schwere) von Biskuitmassen?	310
22	Nennen Sie Erzeugnisse aus Wiener Massen.	310
23	Beschreiben Sie die Herstellung eines Erzeugnisses aus Wiener Masse.	311
24	Unterscheiden Sie Sandmassen (leichte und schwere) von Wiener Massen.	311
25	Nennen Sie Erzeugnisse aus Sandmassen.	312
26	Unterscheiden Sie folgende Verfahrensweisen bei der Herstellung von Sandmassen: a) altdeutsche Art, b) auf warmem Wege, c) All-In-Verfahren.	312 312 312
27	Beschreiben Sie die Herstellung eines Erzeugnisses aus Sandmasse.	312f
28	Stellen Sie verschiedene Rezepte für leichte und schwere Sandmassen auf.	311f
29	Was ist das Besondere an Schaummassen und den daraus hergestellten Erzeugnissen?	313
30	Erläutern Sie a) leichte Schaummassen, b) schwere Schaummassen (Baiser), c) kalt bereitete, d) warm bereitete Schaummassen.	 313 313 314 314
31	Nennen und unterscheiden Sie a) getrocknete, b) abgeflämmte Erzeugnisse aus Schaum-/Baisermassen.	 314 314
32	Beschreiben Sie die Herstellung eines Erzeugnisses aus Schaummasse.	314
33	Nennen Sie rechtliche Vorschriften für die Bezeichnung von Erzeugnissen aus Massen.	314f
34	Nennen Sie Erzeugnisse aus Massen und beschreiben Sie die jeweiligen Qualitätsanforderungen (nach den „Leitsätzen für Feine Backwaren").	315

5 Erzeugnisse für Diabetiker

5.1 Erläuterungen zum Krankheitsbild „Diabetes"

Als Diabetes (Diabetes mellitus; Zuckerkrankheit) bezeichnet man eine Form von Stoffwechselstörung, bei der die mit der Nahrung aufgenommenen Zuckerstoffe (Kohlenhydrate) nach ihrem Abbau zu Einfachzucker „ungefiltert" ins Blut gelangen.

Dadurch steigt der „Zuckerspiegel" nach entsprechender Nahrungsaufnahme rapide an.

Umgekehrt kann der Zuckeranteil im Blut in die Nähe von Null-Werten abfallen, weil kein Reservelager gebildet werden konnte, aus dem der Zucker- bzw. Energiebedarf des Körpers kontinuierlich gedeckt wird.

Beide Phasen gehören zum Krankheitsbild des Diabetikers.

Beim gesunden Menschen

❏ werden von den Hormondrüsen der Bauchspeicheldrüse („Langerhans'sche Inseln") ausreichende Mengen des Hormons Insulin gebildet, das die Leberfunktion steuert.

- Die Leber kann mit Hilfe dieses Hormons einfachen Zucker speichern, indem sie diesen zu unlöslichem Glykogen (= mehrfacher Zucker) aufbaut.

  Einfacher Zucker wird bei der Verdauung aus Stärke, Dextrin und doppeltem Zucker abgebaut; er gelangt durch die Darmwände über den Pfortaderkreislauf zur Leber und erst von dort in den großen Blutkreislauf (vgl. Bd. 1).

- Nach dem Genuss von zucker- oder stärkereicher Nahrung steigt auch beim gesunden Menschen der Zuckerspiegel zunächst stark an, in der Regel jedoch überschreitet er nicht den Grenzwert von 180 mg/%.

  Bei sehr stark überhöhtem Blutzuckergehalt wird ein Teil des Zuckers über den Harn ausgeschieden; die Filterfunktion der Nieren fällt dann z.T. aus.

- Unter der Einwirkung des Insulins normalisieren sich die Zuckeranteile innerhalb von höchstens 2 Stunden wieder auf den Normalwert von 120 mg/%.

  Der zuviel ins Blut gelangte Zucker wird als Glykogen in bestimmten Zellschichten (z.B. Muskelzellen) gespeichert.

- Bei Bedarf kann Glykogen in Sekundenschnelle wieder zu Einfachzucker abgebaut und dem Blutkreislauf zugeführt werden.

Beim Diabetiker ...

- ... ist die Insulinproduktion gestört.
- ... kann der ins Blut gelangte Zucker nur in begrenztem Umfang oder gar nicht zu Glykogen aufgebaut und gespeichert werden. Das ist besonders bei hohem Zuckerüberschuss nachteilig.

  Die Folge ist ein lang anhaltender überhöhter Blutdruck.

  Der im Blut befindliche Zucker wird nur langsam zum Zweck der Gewinnung von Körperwärme und Energie abgebaut.

- kann der Zuckerspiegel umgekehrt unter die Mindestwerte abfallen, weil keine ausreichenden Reservelager bestehen; das tritt insbesondere bei plötzlich starkem Energiebedarf (größere Anstrengungen, Aufregungen) auf.

  Die Folge ist ein rapider Abfall des Blutdrucks, der zum sogenannten „Zuckerkoma" (= vorübergehende Bewusstlosigkeit) führen kann.

Je nach Art und Ausmaß des Insulinmangels gibt es für den an Diabetes Erkrankten unterschiedliche Behandlungsmöglichkeiten:

- In leichten Fällen reicht eine entsprechende Diät.

  Sie besteht vor allem darin, dass weniger zucker- oder stärkehaltige Nahrung aufgenommen wird.

- In schwereren Fällen werden Diabetikern vom Arzt Medikamente oder Insulininjektionen zusätzlich zur Diät verordnet.

Diabetes gilt als chronische, d.h. lebenslang anhaltende Stoffwechselstörung.

Deshalb muss sich der Diabetiker zeit seines Lebens auf die ärztlich vorgeschriebene Weise ernähren.

Das braucht jedoch weder eine Hungerkost zu sein noch muss der Diabetiker auf alle Gaumengenüsse verzichten.

Entscheidend ist jedoch der Verzicht auf ein hohes Maß an energiereicher (joulehaltiger) Nahrung, insbesondere auf Zuckerstoffe.

5.2 Zusammensetzung der Erzeugnisse für Diabetiker

Erzeugnisse für Diabetiker unterliegen der „Verordnung über diätetische Lebensmittel".

Danach sollen sie einem diätetischen Zweck dienen, indem sie die Zufuhr von Kohlenhydraten (Zuckerstoffen) verringern.

Sie müssen sich daher in ihrer Zusammensetzung von anderen Erzeugnissen maßgeblich unterscheiden:

- Der Gehalt an Zuckerstoffen muss um mindestens 3/10 geringer sein als bei vergleichbaren, nicht für Diabetiker bestimmten Lebensmitteln üblich ist.

- Als Zuckerstoffe gelten:
  Stärke,
  Stärkeabbauprodukte (z.B. Glukose u.a.),
  Doppelte und **einfache Zucker.**

- Anstelle der Zuckerstoffe dürfen für den Diabetiker *Zuckeraustauschstoffe* sowie bestimmte *Süßstoffe* zugesetzt werden.

Zuckeraustauschstoffe

Dazu zählen:

◆ **Fruktose**

Ist ein einfacher Zucker (Baustein von Rübenzucker),

Kann – im Gegensatz zu Traubenzucker – auch ohne Insulin in der Leber als Glykogen gespeichert werden

◆ **Sorbit**

◆ **Mannit**

◆ **Xylit**

ferner

◆ **Lactid**

◆ **Maltid**

Sind keine Zuckerstoffe, sondern süß schmeckende Alkohole,

Sie können im Körper verbrannt werden (Energiestoffe); der Nährwert (Brennwert) ist dem des Alkohols ähnlich,

Sie können ohne Insulinwirkung in der Leber gespeichert werden.

Zuckeraustauschstoffe haben besondere backtechnische Wirkungen:

Fruktose
Vergärbarkeit durch Hefe　　　　　　　　gut
Bräunungsvermögen　　　　　　　　zu stark
Süßkraft　　　　　　　　　besonders hoch

Sorbit
Vergärbarkeit durch Hefe　　nicht vergärbar
Bräunungsvermögen　　　　　　zu schwach
Süßkraft　　gering (50% des Rübenzuckers)

Mannit
Vergärbarkeit durch Hefe　　nicht vergärbar
Bräunungsvermögen　　　　　　　　　gut
Süßkraft　　gering (50% des Rübenzuckers)

Xylit
Vergärbarkeit durch Hefe　　nicht vergärbar
Bräunungsvermögen　　　　　　zu schwach
Süßkraft　　　　　gut (wie Rübenzucker)

❑ Zuckeraustauschstoffe bewirken im Gebäck einen leicht metallischen Geschmack.

In größerer Menge (über 10% im fertigen Gebäck) wirken sie ferner abführend.

Süßstoffe

Dazu zählen:

◆ **Saccharin**
◆ **Cyclamate**
◆ **Aspartam**
◆ **Acesulfam**
◆ **Thaumatin**
◆ **Neohesperidin DC**

Sie sind Abwandlungen von organischen Genusssäuren (Benzoe-, Sulfaminsäure).

Sie besitzen keinen Nährwert.

Sie haben eine besonders starke Süßkraft, die die des Rübenzuckers um das 30fache (Cyclamate) bis 500fache (Saccharin) übertrifft.

❑ Die Verwendung von Süßstoffen ist deklarationspflichtig, z. B. durch den Hinweis „mit Süßstoff Saccharin".

Der Bäcker kann zur Herstellung von Erzeugnissen für Diabetiker besondere Rohstoffe beziehen, beispielsweise Diätkonfitüre, Diätmarzipanrohmasse, Dunstfrüchte u.a. Diese Rohstoffe sind vom Hersteller auf ihren diätetischen Zweck eingestellt, d.h. sie enthalten entsprechend weniger Zuckerstoffe, statt dessen aber Zuckeraustauschstoff oder Süßstoffe. Dunstfrüchte müssen ohne Zucker hergestellt sein.

Ein Zusatz von weiteren Zuckerstoffen durch den Bäcker ist verboten, auch der indirekte Zusatz von Zucker über zuckerreiche Zutaten wie Rosinen, Zitronat u.a.

Für Diabetikergebäcke gelten ferner folgende Vorschriften:

❑ Sie dürfen nicht mehr Fett als normal üblich enthalten,

❑ Es dürfen keine Farbstoffe verwendet werden.

5.3 Vorschriften für die Kennzeichnung von Diabetikererzeugnissen

Erzeugnisse für Diabetiker müssen als solche kenntlich gemacht werden. Die Deklaration muss erfolgen:

– bei loser Abgabe: auf Schildern, die auf/neben dem Erzeugnis für den Verbraucher deutlich sichtbar anzubringen oder aufzustellen sind.

– bei Abgabe in Packungen oder Behältnissen: auf der Verpackung.

Die Deklaration muss folgende Angaben enthalten:

- ❏ Den durchschnittlichen Gehalt an verwertbaren Kohlenhydraten, Fetten und Eiweißstoffen in g, bezogen auf 100 g oder in Hundertteilen des Gewichts.
  Die Angabe braucht bei einem Gehalt von weniger als je einem Hundertteil nicht zu erfolgen.
- ❏ Den durchschnittlichen physiologischen Brennwert von 100 g des Lebensmittels in Kilojoule mit den Worten: „… Kilojoule (… Kilokalorien)" oder „… kJ (… Kcal)".
- ❏ Art und Menge der verwendeten Zuckeraustauschstoffe in g, bezogen auf 100 g oder in Hundertteilen des Gewichts,
- ❏ Zusätzlich gegebenenfalls diejenige Menge des Lebensmittels, die einer Broteinheit entspricht,
  Als Broteinheit gilt eine Menge von insgesamt 12 g an Zuckerstoffen sowie Sorbit und Xylit.
- ❏ Bei mehr als 10% Mannit, Sorbit und Xylit im Fertiggebäck der Hinweis: „kann bei übermäßigem Verzehr abführend wirken".

Bei Erzeugnissen, die in Packungen oder Behältnissen abgegeben werden, muss zusätzlich angegeben werden:

- ❏ Das Herstellungsdatum nach Monat und Jahr oder der Hinweis, bis zu welchem Zeitpunkt das Lebensmittel bei sachgemäßer Lagerung mindestens haltbar ist (Mindesthaltbarkeitsdatum).

Beispiel für eine Deklaration

Diabetiker-Buttergebäck

Rezept	
1000 g	Weizenmehl (550)
600 g	Butter
275 g	Fruktose
200 g	Diätmarzipanrohmasse
60 g	Eigelb
	Kochsalz
	Zitrone
	Vanille

Die Deklaration muss folgende Angaben enthalten:

„Diabetiker-Buttergebäck mit Fruktose"

100 g enthalten:

verwertbare Kohlenhydrate	46,2 g
Fett	30,9 g
Eiweiß	7,3 g
Fruchtzucker	15,6 g

physiologischer Brennwert:
2148 Kilojoule (507 Kilokalorien)

1 neue BE[1] = 21 g

---
[1] BE = Broteinheit

Aufgabenstellungen

		Seite
1	Auf welchem Mangel beruht die Zuckerkrankheit (Diabetes) und was sind die Folgen?	319f
2	Worauf muss der Diabetiker bei seiner Ernährung achten?	320
3	Worin müssen sich Erzeugnisse für Diabetiker von anderen Erzeugnissen unterscheiden?	320
4	Nennen Sie a) Zuckeraustauschstoffe, b) Süßstoffe und erläutern Sie deren Wirkung und Nährwert.	 321 321
5	Was muss bei der Deklaration von Erzeugnissen für Diabetiker angegeben werden?	321f
6	Auf welche Weise muss die Deklaration erfolgen?	322

Die Herstellung von Torten und Desserts

Torten und Desserts bestehen meist aus gebackenen Teilen und aus Füllungen/Auflagen, Überzügen und Dekorteilen.

1 Herstellen von Füllungen

Als Füllungen für Torten und Desserts dienen:

- Schlagsahne,
- Schlagsahnezubereitungen (Sahnekrems),
- Krems.

1.1 Schlagsahne

Schlagsahne wird durch Zentrifugieren der Milch gewonnen (vgl. S. 144).

Rechtliche Vorschriften
- Schlagsahne muss zu mindestens 30% aus Milchfett bestehen.
- Der Schlagsahne darf – um sie stand- bzw. schnittfest zu machen – bis zu 6 g Gelatine je Liter zugesetzt werden, ohne dass dies kenntlich gemacht werden muss.

1.1.1 Die Schlagfähigkeit (Schaumbildungsvermögen)

> Schlagsahne kann Luft, die durch Schlagen oder Blasen untergemischt wird, festhalten und somit Schaum bilden.

Frische („grüne") Sahne jedoch hat diese Fähigkeit noch nicht; sie muss zunächst einem Reifungsprozess ausgesetzt werden, der etwa 24 Stunden dauert. In dieser Zeit werden durch stoffliche Veränderungen in der Sahne die Voraussetzungen dafür geschaffen, dass aus der flüssigen Sahne (= schwach kolloidale Lösung) eine gelartige, hochkollaidale Lösung werden kann.

Die Eiweißstoffe werden durch Enzyme oder durch Milchsäure verändert:

- **Enzyme** bewirken, dass die Eiweiße quellfähiger werden; sie können mehr Wasser anlagern, die Sahne wird zähflüssiger (viskoser).
Die Eiweiße verkleben miteinander; sie können die eingeschlagene Luft bläschenartig umschließen (= Gashaltevermögen).

- **Milchsäure**, die durch Gärungsvorgänge gebildet wird, senkt den pH-Wert; dadurch wird das Quellungsvermögen der Eiweiße begrenzt, sodass die erforderliche Festigkeit/Stabilität entsteht und erhalten bleibt.

Erst nach der Erlangung eines entsprechenden Reifegrades infolge dieser Eiweißveränderungen ist die Sahne schlagfähig.

Beim Schlagen müssen bestimmte Voraussetzungen erfüllt werden:

- Durch kühle Temperatur (unter +10 °C) …

  … werden die sonst flüssigen Fettfraktionen der Milch fest. Das trägt zum „Stand" der Sahne wesentlich bei.

- Durch ausreichende Luftzufuhr …

  … reagiert der Sauerstoff der Luft mit den Eiweißen; dabei tritt eine leichte Eiweißgerinnung auf.
  Die Folge ist eine Erhöhung der Quellfähigkeit: das bisher noch ungebundene Wasser in der Sahne wird kolloidal gebunden (= Kolloidbildung der Eiweiße).

- Durch Zufuhr von Reibungsenergie …

  … wird die Oberfläche der membranbildenden Eiweiße elektrostatisch aufgeladen. Die Folge ist eine bessere Bindigkeit. Auf dieser Bindigkeit beruht entscheidend der Stand bzw. das Formhaltevermögen der geschlagenen Sahne.

Geeignet zum Schlagen („Reiben") sind Schlagbesen mit zahlreichen feinen Drähten: diese bewirken neben der intensiven Reibung auch eine schnelle Luftzufuhr.

Die Schlagfähigkeit der Schlagsahne kann verbessert werden …

- … durch Zusatz von Zucker.
  *Zucker bindet einen Teil der Flüssigkeit und verbessert damit die Stabilität der geschlagenen Sahne.
  Geeignet ist feinkörniger oder flüssiger Zucker. Man rechnet je Liter Sahne etwa 60–100 g Zucker.*

❏ ... durch Zusatz von Sahnestandmitteln.

Sie sind im Handel unter verschiedenen Bezeichnungen erhältlich. Zu diesen Standmitteln zählt auch die Gelatine (s. S. 216). Auf Grund der hohen Wasserbindefähigkeit (Quellvermögen) dieser Stoffe wird die Viskosität erhöht, also der Stand der Sahne verbessert, je nachdem bis zur Schnittfestigkeit. Die zulässige Zusatzmenge ist begrenzt, und zwar dürfen je Liter Sahne höchstens 6 g Gelatine zugesetzt werden. Bei höherer Zusatzmenge sowie bei Zugabe von Geschmacksstoffen darf geschlagene Sahne nicht mehr als Schlagsahne bezeichnet werden, sondern als **Sahnekrem**.

1.1.2 Verfahrenstechnik

Schlagen

❏ Schlagsahne kann in der Anschlagmaschine geschlagen werden; intensiver jedoch wird die erforderliche Luft im Sahnebläser eingefangen (eingeblasen).

Abb. 1: Sahnebläser

Abb. 2: Ausgeschlagene Sahne

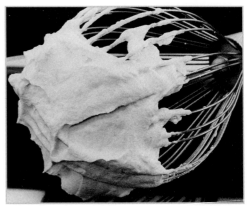

Abb. 3: Überschlagene Sahne

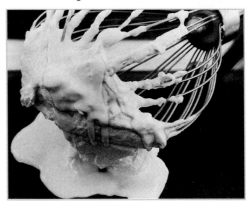

Abb. 4: Abgesetzte Sahne

❏ Der Schlagvorgang dauert etwa fünf Minuten; dann hat die Schlagsahne ihr größtes Volumen erreicht. Sie ist standfest und hat einen matten Glanz.

❏ Gut ausgeschlagene Schlagsahne setzt über 2 bis 3 Stunden keine oder nur wenig Flüssigkeit ab.

❏ Bei längerem Schlagen verringert sich das Volumen; die Sahne beginnt zu buttern.

❏ bei zu kurzem Schlagen ist die Schlagsahne nicht ausreichend fest; nach kurzer Zeit wird die Sahne wieder flüssig und setzt sich ab.

Andicken mit Hilfe von Gelatine

❏ Gelatine wird eingeweicht, erwärmt und so zur Lösung gebracht;

❏ die Gelatinelösung muss abgekühlt und sodann mit dem Schneebesen (Handrute) kurz und schnell unter die geschlagene Sahne gezogen werden.

1 Herstellen von Füllungen

Abschmecken

- Schlagsahne wird mit Puder- oder Läuterzucker gesüßt, jedoch nicht übersüßt;
- zum Füllen wird Schlagsahne häufig mit Vanille abgeschmeckt; für Eisspeisen und Desserts kann der Sahne durch entsprechende Zusätze jede gewünschte Geschmacksrichtung gegeben werden.

1.1.3 Eignung und Verwendung

Schlagsahne eignet sich:

- als Füllung oder Überzug (einstreichen) sowie als Dekor (aufdressieren) für:
  Sahnetorten
- als Füllung für:
  Sahnerollen
  Windbeutel
  Eclairs
  Schillerlocken
  Omeletts
- als Auflage bzw. Dekor für:
  Obsttorten
  Obsttörtchen
  Eisspeisen
  Fruchtschalen.

1.1.4 Aufbewahrung

Geschlagene Sahne sowie Erzeugnisse aus und mit Schlagsahne sind nur kurzfristig haltbar: die Sahne wird bald sauer, sie büßt ihr Gefüge sowie ihr Standvermögen ein: sie sinkt in sich zusammen (sie „setzt sich"), nach einiger Zeit tritt flüssige Sahne aus (s. Abb. auf S. 324).

Ursachen dafür sind …

… das Nachlassen der energetischen Aufladung der Eiweißmembran um die Fetttröpfchen (vgl. Nachlassen des Klebers),

… fortschreitende Oxidation, die zur Gerinnung der Eiweiße führt; dadurch verlieren diese ihre Quellfähigkeit, sodass die Sahne sich wieder verflüssigt.

Schlagsahne, deren Gefüge einmal zerstört ist, lässt sich nicht wieder aufschlagen, weil die Eiweiße infolge der Gerinnung z.T. chemisch umgewandelt und damit auch in ihren mechanischen Eigenschaften verändert sind.

Bei unsachgemäßer Aufbewahrung kann die Sahne verderben.

> Erzeugnisse mit Schlagsahne müssen kühl (0 bis + 3 °C) und bei hoher Luftfeuchtigkeit aufbewahrt werden. Am besten geeignet dafür sind Kühlschrank oder Sahneklimaschrank.

1.2 Schlagsahnezubereitungen
(Sahnekrems)

Dazu zählen:

- Fruchtsahnekrem
- Weinsahnekrem
- Joghurtsahnekrem
- Käsesahnekrem
- Schokoladensahnekrem
- Reissahnekrem u.a.

1.2.1 Zusammensetzung

Rechtliche Vorschriften

Zubereitungen aus Schlagsahne müssen dann als „Sahnekrem" bezeichnet werden, wenn der Schlagsahne mehr als 6 g Gelatine je Liter Sahne zugesetzt werden.

Die Notwendigkeit, mehr Gelatine (= Bindemittel) zuzusetzen ergibt sich dann, wenn höhere Anteile an nicht konzentrierten, wasserreichen Geschmacksstoffen zugesetzt werden (z.B. Fruchtsaft, Wein, Milch, Joghurt, Quark u.a.), andernfalls würde sich ein Teil des Wassers absetzen und der Krem nicht bindig werden.

Gelatine …

- … ist ein quellfähiger, leimgebender Eiweißstoff aus tierischen Bindegeweben.
- … wird in dünnen Tafeln, Blätterform oder als Pulver angeboten.
- … die trockenen Blätter werden in kaltem Wasser eingeweicht, dabei quellen sie auf und lagern Wasser an.
- … in heißem Wasser dehnen sich die Bestandteile, werden kolloidal gelöst und bilden eine weiche, fließfähige Gallerte (= Sol-Zustand).
- … beim Erkalten verhärten die Bestandteile und bilden eine feste starre Gallerte (= Gel-Zustand),

❐ ... durch Erwärmen lässt sich der Gel-Zustand wieder in den Sol-Zustand umkehren (= reversibel): die Gallerte wird wieder weich und fließfähig.

Zur Bindung sowie zur Geschmacksverbesserung kann auch ein Zusatz von Eigelb beitragen.

Für Sahnekrems mit besonders hohem Flüssigkeitsanteil wird zunächst ein Grundkrem (Fond) bereitet.

1.2.2 Herstellen von Sahnekrems mit herkömmlichen Rohstoffen

hier: **Orangensahnekrem**

Abb. 1: Orangen-Fruchtkrem-Törtchen

Rezeptbeispiel

150 g	Orangensaft
100 g	Eigelb
125 g	Zucker
6 Blatt	Gelatine
1000 g	Schlagsahne
	Kochsalz, Fruchtsäure
	Orangenstücke

Verfahrensweise

Bereiten des Fonds:
- Die Zutaten (Orangensaft, Eigelb, Zucker) werden unter ständigem Rühren auf etwa 80–85 °C erhitzt,
- Gelatine wird in kaltem Wasser eingeweicht, gut ausgedrückt und dann in den heißen Fond untergerührt.
- Der Fond wird bis kurz vor dem Erstarren abgekühlt.

Fertigstellen des Sahnekrems
- Die geschlagene, ungesüßte Schlagsahne wird unter den abgekühlten Fond gezogen,
- der Sahnekrem wird abgeschmeckt und evtl. nachgesüßt oder nachgewürzt.

Der fertige Krem wird zum Füllen, Einstreichen und Dekorieren von Torten oder Desserts verwendet.

1.2.3 Herstellen von Sahnekrems mit Convenienceprodukten

Fertigerzeugnisse für Sahnekrems enthalten bereits die Rohstoffe in Trockenform, die speziellen Geschmacksstoffe, z. B. Schokoladenpulver, sowie die erforderlichen, meist kaltquellenden Bindemittel.

hier: **Schokoladen-Sahne-Desserts**

Abb. 2: Sahnekrem-Dessert

Rezeptbeispiel

200 g	des Convenienceprodukts
250 g	Wasser (20 – 25 °C)
1000 g	geschlagene Schlagsahne
100 g	Schokoladenraspeln
	(unter Schokosahne ziehen)

Verfahrensweise
- Das Fertigprodukt mit Wasser verrühren.
- Die geschlagene Sahne unterheben.
- Geeignete Förmchen (z. B. Kuppelförmchen) mit Speiseöl dünn einölen und mit Puderzucker ausstauben.
- Den Sahnekrem in die so vorbereiteten Förmchen einstreichen.
- Auf die Sahnekrem entsprechend groß ausgestochene dünne Biskuitböden auflegen.
- Die Desserts ca. 2 Stunden im Kühlschrank aufsteifen lassen.
- Danach aus den Förmchen lösen und ausgarnieren.

1 Herstellen von Füllungen

1.3 Krems (Füllkrems)

Man unterscheidet:

Gekochte Krems

Dazu zählen:

- Schwere Krems, z. B. Vanillekrem
- Leichte Krems, z. B. Schneekrem, Eiweißkrem, Eiweißkäsekrem u.a.

Butterkrems

Dazu zählen:

- Deutscher Butterkrem
- Französischer Butterkrem
- Italienischer Butterkrem

Fettkrems

Sie werden mit Kremmargarine bereitet.

1.3.1 Die besondere Beschaffenheit der Füllkrems

Füllkrems sind sehr abwechslungsreich und intensiv im Geschmack.

Ursachen dafür sind …

- … die Vielzahl der Möglichkeiten, verschiedene Rohstoffe und Geschmackszusätze verwenden zu können.
- … die große Oberfläche bei leichten Krems.
- … der Fettgehalt bei Butterkrems und anderen fetthaltigen Krems.

Füllkrems sind nur kurzfristig haltbar:

Das liegt an der Gefahr …

- … dass milch- und sahnehaltige Krems leicht säuern,
- … dass sich die Flüssigkeit bald absetzt, weil die Quellfähigkeit von Stärke und Eiweiß nachlassen.

Leichte Krems (Eiweißkrems) sind nur warm zu verarbeiten.

- Im erkalteten Zustand erstarren und verfestigen sich die Eiweiße.

Schwere Krems sind nur kalt zu verarbeiten.

- Erst beim Erkalten werden die Bindemittel starr und fest.
- Die Bestandteile (Stärkekleister) bleiben jedoch verschiebbar.
- Fett ist nur im kalten Zustand fest.

1.3.2 Bindemittel für Füllkrems

Als Bindemittel dienen vor allem Zusätze von Krempulver und Weizenpuder. Ferner haben Eiklar und Eigelb bindende Wirkung.

Gelatine dagegen wird weniger für Krems als vielmehr für Schlagsahnezubereitungen verwendet (vgl. S. 324).

Krempulver …

… ist ein stärkehaltiges Fertigprodukt und wird vorwiegend für schwere Füllkrems sowie für leichte Vanillekrems (Grundkrem für deutschen Butterkrem) verwendet.

Man rechnet 90 bis 100 g Krempulver auf 1 Liter Milch.

… besteht aus unverkleisterter Stärke sowie aus geschmacksgebenden Aromen. Ferner können andere geschmacksgebende Lebensmittel zugesetzt sein, z. B. Früchte, Schokolade, Mokka, Ei, Karamel u.a.

Beim Kochen verkleistert die Stärke und bindet die Flüssigkeit.

Kartoffelstärke ist weniger geeignet, weil sie einen zähen Krem ergibt, der sich schwer verarbeiten lässt; ferner setzt Kartoffelstärke nach kurzer Zeit Wasser ab.

Krempulver bewirkt, dass der Krem im heißen Zustand fließfähig ist, im kalten Zustand verfestigt sich der Krem.

Weizenpuder …

… ist aus Weizenmehl gewonnene Stärke, die weitgehend von Eiweiß, Fett und Fasern befreit ist; sie enthält höchstens 14% Wasser.

… wird vorwiegend für Weinkrem (Fruchtkrem) verwendet.

Eiklar (Eiweiß), Eigelbe, Vollei

Geschlagener Eischnee ...
... wird vorwiegend für leichte Füllkrems (Eiweißkrem, Schneekrem) verwendet.

Volleier oder Eigelbe ...
... werden für schwere Füllkrems, Weinkrems, gestockte Krems, in geringem Umfang auch für Sahnekrems verwendet.

Die Eiweißstoffe im Eiklar und im Eigelb gerinnen beim Erhitzen:
- Sie binden viel Wasser; der Krem wird abgebunden.
- Sie erstarren bzw. verfestigen sich; der Krem wird im abgekühlten Zustand fest.

Durch Zugabe von Eischnee wird der Krem zusätzlich gelockert (= leichter Krem).

1.3.3 Herstellen der Krems

Gekochte Krems
(schwere und leichte Füllkrems)

Schwere und leichte Krems unterscheiden sich vor allem im Ei- und Zuckeranteil.

Grundrezeptur	schwerer Füllkrem	leichter Füllkrem
Flüssigkeit	1000 g	1000 g
Zucker	150 – 200 g	200 – 300 g
Vollei	200 g	–
Eigelb	–	100 g
Eiklar	–	250 – 300 g
Bindemittel	80 – 100 g	80 – 100 g

Schwere Krems

> Darunter versteht man kompakte Krems, die nicht, (wie z.B. leichte Krems durch Eischnee) gelockert sind.

Abb. 1: Frankfurter Kranz

Rezeptbeispiel schwerer Vanillekrem
 1000 g Milch
  150 g Zucker
   90 g Eigelb
   90 g Krempulver
        Kochsalz, Vanille

Herstellung

Bereiten des Krems

➤ Alle Zutaten werden zusammengegeben und unter ständigem Rühren zum Kochen gebracht.

Die Stärke verkleistert und bindet die Flüssigkeit; sie verliert dadurch auch ihren mehligen Geschmack.

➤ Bei größeren Mengen ist es zweckmäßig, die Stärke mit einem Teil der kalten Flüssigkeit gesondert anzurühren (aufzuschlämmen) und dies in die kochende Flüssigkeit flott einzurühren.

Auf diese Weise wird Klumpenbildung vermieden; vor allem wird eine gleichmäßig verkleisterte, homogene Kremmasse erzielt (vgl. „Brandmasse" S. 290).

Der Krem setzt nach dem Erkalten nicht so leicht ab,

es geht schneller (Zeitersparnis).

➤ Der fertig gekochte Krem soll sofort nach dem Kochen zum Abkühlen umgefüllt werden.

Der Krem darf dabei nicht in Zinn- oder Kupfergefäßen aufbewahrt werden, weil er sonst oxidiert (Grünspanbildung).

Verarbeiten

➤ Schwerer Füllkrem darf erst im abgekühlten Zustand verarbeitet werden.

Heiß ist er noch zu weich und weder streich- noch dressierfähig; beim Erkalten verfestigt sich die Stärke.

➤ Vor dem Füllen soll der Krem abgeschmeckt werden.

Dazu rührt man z.B. Alkohol oder Aromen unter.

Eignung

➤ Schwerer Füllkrem ist backfest; er kann daher in Teige für Kuchen oder Kaffeegebäcke (Plunderteilchen) eingespritzt und mitgebacken werden.

1 Herstellen von Füllungen

- Er eignet sich auch zum Einspritzen in Mohrenkopfschalen oder Eclairs.
- Er dient als Beimasse (Grundkrem) für deutschen Butterkrem.
- Er dient als Grundkrem zur Herstellung von leichten Krems.

Leichte Krems (Schneekrems)

Sie werden bereitet, indem man unter den schweren Krem geschlagenes Eiklar (Eischnee) unterhebt.

Dadurch erhält der Krem ein größeres Volumen: er ist lockerer und „leichter", d.h. die gleiche Volumenmenge wiegt im Vergleich mit schwerem Krem weniger.

Der Eianteil je Liter Flüssigkeit beträgt 250 bis 300 g.

Der Gesamtzuckeranteil (ist im Eischnee enthalten) ist höher als im schweren Krem.

Abb. 1: Kremtorte

Rezeptbeispiel Leichter Vanillekrem	
1000 g	Milch
60 g	Eigelb
90 g	Krempulver
	Kochsalz, Vanille
1	Blatt Gelatine
Zu Schnee schlagen:	
200 g	Eiklar
200 g	Zucker

Herstellung

Bereiten des Krems

- Der Vanillekrem wird gekocht (wie oben beschrieben).
- Bei besonders wasserhaltigen Krems ist zur Stabilisierung ein Zusatz von Gelatine notwendig.

Die Blattgelatine wird eingeweicht, ausgedrückt und in den fertigen Vanillekrem eingezogen.

- Eiklar und Zucker werden zu Schnee geschlagen (vgl. S. 307).
- Der Schnee wird unter den kochenden Krem gezogen:
  - Zuerst nach dem Abbinden des Krems 1/3 des Schnees zügig unterrühren und kurz aufwallen lassen.

  Dabei gerinnt das Eiweiß; die Folgen sind, dass mehr Wasser gebunden wird und dass der Krem infolge der Eiweißhärtung besseren Stand erhält.

  - Erst dann die restlichen 2/3 Eischnee vorsichtig untermelieren, nachdem der Krem vom Feuer genommen wurde.

  Dadurch nimmt der Krem an Volumen zu; er wird „leicht".

Verarbeiten

- Leichter Füllkrem muss sofort nach dem Fertigstellen verarbeitet werden; ein späteres Umrühren führt zur Zerstörung der Stand- und Schnittfestigkeit sowie zur Volumeneinbuße.

Nach dem Erkalten ist der Krem schnittfest; in diesem Zustand kann er nicht mehr zum Füllen verwendet werden. Durch das Rühren würde das Eiweißgerüst zerstört; der Krem würde schmierig.

Eignung

- Leichter Füllkrem eignet sich zum Füllen (Einstreichen, Aufdressieren) von Torten, Desserts und Schnitten, ferner für Bienenstich.

Butterkrems

Butterkrem besteht immer aus schaumig gerührter *Butter* und einer *Beimasse*.

Die bekanntesten Butterkrems sind:

- Deutscher Butterkrem
- Französischer Butterkrem
- Italienischer Butterkrem

Beimassen sind:

- Vanillekrem
- Eiermasse
- warme Baisermasse

Rechtliche Vorschriften

- Zur Herstellung von Butterkrems darf nur Butter, Butterreinfett oder Butterfett, nicht jedoch anderes Fett verwendet werden.
- Bei Verwendung oder Mitverwendung von anderen Fetten, z. B. Margarine oder Erdnussfett, ist die Bezeichnung „Fettkrem" vorgeschrieben.

Herstellung

Bereiten der Buttermasse

➤ Die Butter soll angewärmt werden, damit sie die zum Schaumigrühren erforderliche pastenförmige Konsistenz hat.

➤ Die angewärmte Butter wird im Anschlagkessel schaumiggerührt bzw. -geschlagen.
Butter soll jedoch nicht zu schaumig geschlagen werden, weil der Krem sonst „zusammenfällt".

Durch das Schaumigrühren der Butter ...

... wird der Krem locker.
Er erhält ein größeres Volumen, da Luft eingefangen wird.

... wird der Krem glatt und homogen.
Die Fettbestandteile können in der Beimasse vollständig und gleichmäßig verteilt werden.

... wird der Krem leichter verdaulich.
Das ist die Folge der Oberflächenvergrößerung.

Zugeben der Beimasse

➤ Die Beimassen müssen vor der Zugabe von Butter soweit abgekühlt sein, dass sie etwa die gleiche Temperatur bzw. Konsistenz haben wie die schaumiggerührte Butter.

➤ Die jeweilige Beimasse soll bei langsam gestellter Anschlagmaschine nach und nach zugesetzt werden.

Fehlerquellen:

Zu warme Beimassen ...
... machen die Butter flüssig; dadurch entweicht die eingefangene Luft; die Masse ist nicht genügend locker.

Zu kalte Beimassen ...
... machen die Butter zu fest; dadurch werden die Bestandteile nicht gleichmäßig (homogen) vermischt. Die Butter ballt sich zusammen und bildet Körnchen: der Butterkrem wird „grießig".

Abschmecken

➤ Man kann Butterkrems jede gewünschte Geschmacksausprägung geben, indem man Alkohole (Kirschwasser, Rum, Maraschino, Arrak, Himbeergeist), Gewürze, Fruchtmark oder andere, möglichst natürliche Geschmacksstoffe zusetzt.

➤ Der Butterkrem wird häufig nach seiner Geschmacksrichtung bezeichnet, z. B. als Vanille-, Schokoladenbutterkrem u.a.

Deutscher Butterkrem

Er wird aus Butter und gekochter Vanillekrem bereitet.

Rezeptbeispiel	
1000 g	Butter
Zum Vanillekrem:	
1500 g	Milch
300 g	Zucker
120 g	Weizenpuder
100 g	Eigelb
	Kochsalz, Vanille

Herstellung

➤ Vanillekrem wird gekocht (vgl. S. 328).

➤ Der gekochte Krem wird abgekühlt und durchgesiebt.
Klumpen werden ausgeschieden; man erhält eine glatte Masse.

➤ Der Vanillekrem wird unter die schaumiggerührte Butter gezogen.
Beide Massen müssen dabei die gleiche Temperatur haben.

Verwendung

❏ als Füll- und Garnierkrem, jedoch nicht in Verbindung mit Fondant.

Französischer Butterkrem

Er wird aus Butter und schaumiggerührter Eiermasse bereitet.

Rezeptspiel	
1000 g	Butter
Zur Eiermasse:	
400 g	Vollei
400 g	Zucker
	Kochsalz, Vanille

1 Herstellen von Füllungen

Herstellung

- Die Eier werden mit Zucker und Kochsalz erst warm und dann kalt geschlagen.
- Die schaumige Eiermasse wird unter die Buttermasse gegeben.

Verwendung

- Als Füllkrem und als besonders formbeständiger Garnierkrem auch für Gebäcke mit Fondantüberzug, z. B. Dessertstücke (Petits Fours).

Italienischer Butterkrem (Sommerkrem)

Er wird aus Buttermasse und warmer Baisermasse bereitet.

Rezeptbeispiel	
1000 g	Butter
Zur Baisermasse:	
350 g	Eiklar
450 g	Zucker
130 g	Glukose
	Kochsalz

Herstellung

- 1/3 des Zuckers werden mit Wasser unter Zusatz der Glukose auf 117 °C gekocht.
- Das Eiklar wird mit 1/3 des Zuckers zu Schnee geschlagen.
- Die kochende Zuckerlösung wird unter den Eischnee gehoben (vgl. S. 314).
- Die fertige, ausgekühlte Schaummasse wird unter die schaumige Buttermasse gegeben.

Verwendung

- als Füll- und Garnierkrem.
- Wegen des neutralen Geschmacks ist er besonders in Verbindung mit Früchten geeignet.

Vorteile ⊕ und Nachteile ⊖ der drei Butterkrems

Deutscher Butterkrem

- ⊕ Ist unempfindlich in der Verarbeitung
- ⊕ Hat einen guten Geschmack
- ⊕ Ist preiswert in der Herstellung
- ⊕ Ist leicht bekömmlich (weniger Butter)
- ⊖ säuert leicht (Milchgehalt)
- ⊖ löst Zuckerglasuren auf (hoher Wasseranteil)

Französischer Butterkrem

- ⊕ Ist sehr schnell herstellbar
- ⊕ Hat einen besonders guten Geschmack (hoher Fettanteil)
- ⊕ Ist sehr glatt
- ⊕ Ist lange haltbar
- ⊖ Ist empfindlich in der Verarbeitung (Volumenverluste durch Rühren)
- ⊖ Ist teurer in der Herstellung

Italienischer Butterkrem

- ⊕ Erzielt eine besonders hohe Volumenausbeute
- ⊕ Ist am längsten haltbar
- ⊕ Ist besonders preiswert
- ⊖ Ist ein nur schwacher Geschmacksstoffträger; zur Erzielung eines zufriedenstellenden Geschmacks müssen bis zu 10% Geschmacksstoffe zugesetzt werden
- ⊖ Ist für Torten weniger geeignet, da zu leicht und wenig schnittfest

Fettkrem

Fettkrems werden hergestellt …

… aus Kremmargarine und einer Beimasse.
… aus Convenienceprodukten (Fertigkrems).

Kremmargarine …

- … ist besonders leicht emulgierbar.
  Das beruht auf dem hohen Anteil an Emulgatoren (Fettbegleitstoffen).
- … ist verhältnismäßig weich.
  Der Anteil an festen Fetten beträgt nur ca. 20%.
- … hat einen niedrigen Schmelzpunkt.
  Sie braucht nicht erwärmt zu werden, weil die besten Verarbeitungstemperaturen bei 20 °C bis 22 °C liegen.
- … hat ein hohes Luftaufnahme- und Lufthaltevermögen.
  Das liegt an der besonderen Mischung von flüssigen und festen Fettfraktionen sowie an der stabilen Kristallstruktur der Fette (vgl. S. 162).

Mit Kremmargarine und den entsprechenden Beimassen lassen sich die gleichen Kremtypen herstellen wie mit Butter.

Die Bezeichnung muss jedoch „Fettkrem" lauten bzw. es wird nur die vorherrschende Geschmacksrichtung angegeben, z. B. „Frucht-", „Schokoladen-", „Mokkakrem" u. a.

Convenienceprodukte ...

... werden im Handel in den folgenden **drei Grundtypen** angeboten:

☐ **Grundkrem in Pulverform**
– Wird mit Wasser angerührt.
– Durch Zusatz von Eischnee, Schlagsahne, anderen geschmacksgebenden Rohstoffen sowie Aromen lassen sich daraus die verschiedensten Krems herstellen.

☐ **Fertigkrem auf Fett- und Emulgatorbasis**
– Wird mit Wasser oder Eiern aufgeschlagen und mit Geschmacksstoffen angereichert.

☐ **Fertigkrem in Pastenform**
– Kann ohne weitere Zusätze aufgeschlagen und braucht nur noch aromatisiert zu werden.

Vorteile:

Fettkrems sind
⊕ einfacher und zeitsparender herzustellen.
⊕ besonders locker (voluminös) und leicht.
⊕ preiswerter.

Nachteile:

⊖ Feinschmecker vermissen den Wohlgeschmack der Butter.
⊖ Bei Fertigkrems ist zu fragen:
– ob eine Uniformierung des Geschmacks gegeben ist,
– ob Nebengeschmack auftritt, z.B. durch Emulgatoren.

1.3.4 Fehlermöglichkeiten

Die **Kremfehler** und
Ursachen für diese Fehler (●)
sowie
Erklärungen für die Fehler (○)
und Angaben zur
Vermeidung der Fehler (☛)

Allgemeine Fehler bei **Krems**

„Stückiger Krem": im Krem sind kleine, feste Stücke enthalten, die man durch Rühren nicht beseitigen kann.

● Nachlässiges Unterrühren des Bindemittels.
○ Ungleichmäßige Quellung und Verhärtung des Bindemittels.
☛ Gleichmäßiges flottes Unterrühren des Bindemittels mit der Rute oder dem Holzspatel.

● Hautbildung.
○ Oberfläche des Krems ist ausgetrocknet.
☛ Oberfläche durch Zucker feucht halten.

Nachlassende Festigkeit des Krems.
● Unvollständiges Durchkochen.
○ Stärke ist nicht restlos verkleistert.
☛ Krem bis zum Aufwallen kochen.

● Zu langes Durchkochen.
○ Teilweise Zerstörung der Stärke: Abbau in Traubenzucker durch Kochen mit Säure.
☛ Zum Anrühren des Bindemittels wenig Flüssigkeit verwenden.

„Grießiger" Eiweißkrem.
● Flockiger Eischnee wurde untergezogen.
● Eischnee wurde dem Krem auf einmal zugesetzt.
○ Schaumbläschen sind in zu groben Teilchengrößen im Krem enthalten.
☛ Erst einen Teil des Eischnees mit dem Krem verrühren, dann erst den Rest nach und nach unterziehen

Mehliger Geschmack.
● Krem ist nicht genügend durchgekocht.
○ Stärke ist nicht ausreichend verkleistert.
☛ Krem gründlich durchkochen.

Spezielle Fehler bei **Butterkrems**

„Grießige" Beschaffenheit.
● Zu viel Beimasse zugesetzt.
○ Keine homogene Verteilung.
☛ Rezept genau einhalten.

● Beimasse war zu weich, weil zu warm.
● Beimasse war zu fest, weil zu kalt.
○ Beimasse hat sich von der Butter getrennt und ist so nicht spritzbar oder glatt streichfähig.
☛ Temperatur der beiden Massen aufeinander abstimmen.

● Zu viel flüssige Geschmacksstoffe zugesetzt.
○ Flüssigkeit kann nicht alle gebunden werden.
☛ Möglichst konzentrierte Geschmacksstoffe verwenden.

1 Herstellen von Füllungen

- Krem hat zu lange in kaltem Raum gestanden.
- ○ Butter verfestigt sich mehr als die Bestandteile der Beimasse.
- ☛ Leichtes Anwärmen und Glattrühren des Krems.

Krem ist „zusammengefallen" (geringes Volumen weiche Beschaffenheit, gelbliches Aussehen; geschmacklich nachteilige Veränderung)
- Zu warme, z.T. flüssige Butter wurde verwendet.
- ○ Weiche Butter lässt sich nicht mehr schaumigrühren.
- ☛ Butter vor dem Schaumigrühren nicht zu weich, sondern nur geschmeidig kneten
- Zu warme Beimasse wurde zugesetzt.
- ○ Luft entweicht aus bereits schaumiger Masse, wenn diese zu warm und weich wird.
- ☛ Beimassen vor dem Zugeben zur Buttermasse auf richtige Temperatur prüfen.

Aufgabenstellungen

		Seite
1	Unterscheiden Sie Schlagsahne und Sahnekrem nach der erlaubten Zusatzmenge an Gelatine.	323
2	Weshalb ist „grüne" Sahne nicht schlagfähig?	323
3	Beschreiben Sie, was bei der Reifung der Sahne geschieht.	323
4	Erläutern Sie, worauf beim Schlagen der Schlagsahne zu achten ist.	323
5	Wodurch kann die Schlagfähigkeit der Schlagsahne verbessert werden?	323f
6	Beschreiben Sie, wie Schlagsahne geschlagen werden soll.	324
7	Beschreiben Sie das Dicken und Abschmecken der Schlagsahne.	324f
8	Wofür kann geschlagene Schlagsahne verwendet werden?	325
9	Wie soll geschlagene Sahne aufbewahrt werden?	325
10	Beschreiben und erklären Sie, wie sich Schlagsahne bei längerer Aufbewahrung verändert.	325
11	Nennen Sie Schlagsahnezubereitungen (Sahnekrems).	325
12	Weshalb dürfen bzw. müssen Schlagsahnezubereitungen mehr zugesetzte Gelatine enthalten?	325
13	Beschreiben Sie Herkunft, Verwendung und Wirkung der Gelatine.	325
14	Beschreiben Sie die Bereitung eines Fonds (Grundkrem).	326
15	Stellen Sie Rezepte für verschiedene Schlagsahnezubereitungen auf.	326

Fortsetzung der Aufgabenstellungen auf der folgenden Seite

		Seite
16	Beschreiben Sie die Herstellung eines Sahnekrems mit Convenienceprodukten.	326
17	Nennen Sie verschiedene Arten von Krems.	327
18	Beschreiben Sie die besondere Beschaffenheit von Füllkrems.	327
19	Beschreiben Sie die Wirkung von Krempulver als Bindemittel.	327
20	Beschreiben Sie die Wirkung von Eiklar in Füllkrem.	328
21	Worin unterscheiden sich leichte und schwere gekochte Krems?	328
22	Beschreiben Sie die Herstellung von Vanillekrem als schweren Krem.	328
23	Beschreiben Sie die Herstellung von Schneekrem (leichter Krem).	329
24	Weshalb darf schwerer Krem erst im abgekühlten, leichter Krem dagegen nur im warmen Zustand verarbeitet werden?	328f
25	Nennen Sie die verschiedenen Butterkrems und die dazugehörenden Beimassen.	329
26	Wann darf ein Krem als Butterkrem bezeichnet werden?	330
27	Beschreiben Sie die Bereitung der Buttermasse.	330
28	Was wird durch das Schaumigrühren der Butter erreicht?	330
29	Worauf ist beim Zugeben der Beimasse zur Butter zu achten?	330
30	Beschreiben Sie die Herstellung von: a) Deutschem Butterkrem, b) Französischem Butterkrem, c) Italienischem Butterkrem.	330 330f 331
31	Vergleichen Sie Vor- und Nachteile der verschiedenen Butterkrems.	331
32	Worauf beruht die besondere Eignung von Kremmargarine zur Herstellung von Fettkrem?	331
33	Unterscheiden Sie die verschiedenen Arten von Convenienceprodukten zur Krembereitung.	332
34	Vergleichen Sie Vor- und Nachteile von Fettkrems aus Convenienceprodukten mit Butterkrems.	332
35	Erklären Sie folgende Fehler und zeigen Sie auf, wie man diese vermeiden kann: a) stückiger Krem, b) nachlassender Krem, c) grießiger Eiweißkrem, d) mehliger Geschmack, e) grießiger Butterkrem, f) zusammengefallener Krem.	332 332 332 332 332 333

2 Herstellen von Überzügen

Die meisten Feinen Backwaren werden nach dem Backen bzw. vor dem Verkauf glasiert oder überzogen.

Viele erhalten zusätzlich ein Dekor (= Schmuck).

Dadurch werden die Erzeugnisse …

❏ … schöner.
Farbe und Glanz der Überzüge erfreuen das Auge des Verbrauchers, besonders, wenn sauber, exakt und mit Form- und Farbgefühl gearbeitet wurde.

❏ … wohlschmeckender.
Das liegt am Eigengeschmack der verwendeten Materialien.

❏ … haltbarer.
Überzüge besitzen eine gewisse isolierende Wirkung; vor allem wird das Austrocknen von innen vermieden (= Frischhaltung).

Als Überzugsmassen werden verwendet:

Zuckerglasuren
- Fondantglasur
- Puderzuckerglasur
- Eiweißglasur
- Fadenzuckerglasur

Schokoladenhaltige Überzugsmassen
- Schokoladenglasur (Kochschokolade)
- Kuvertüre
- Fettglasur

Zu den Überzügen zählen auch Schokoladen- und Nugatüberzugsmassen, Kakaobutter, Konfitüren, Marzipandecken sowie bestimmte Ersatzglasuren, z. B. Dextringlasur u. a.

Spritzglasuren
- Schokoladenspritzglasur
- Eiweißspritzglasur u. a.

2.1 Zuckerglasuren

2.1.1 Fondantglasur

Zusammensetzung

❏ Fondantmasse, Wasser, evtl. Alkohol und/oder Fruchtsaft.

Bereiten der Glasur

❏ Die Fondantmasse mit etwas Wasser gut durcharbeiten, bis sie geschmeidig ist.

❏ Sodann erwärmen und mit Läuterzucker (mit Kirschwasser, Rum, Arrak) und mit Fruchtsaft (Zitronen-, Orangensaft) bis zur gewünschten Festigkeit verdünnen und gleichzeitig abschmecken.

❏ Das Erwärmen der Glasur darf nur langsam erfolgen; die Temperatur darf nicht über 35 °C ansteigen.

❏ Zu stark erwärmter Fondant wird später stumpf und glanzlos.
Ursache dafür ist das Auskristallisieren des Zuckers infolge Austrocknens (s. S. 239).

❏ Bei zu dickflüssiger Glasur können auf dem abgetrockneten Gebäck Falten entstehen.

Glasieren

❏ Die Gebäckoberfläche wird zunächst mit heißer Aprikotur (= bis zur Fadenprobe – 105 °C – gekochte Aprikosenkonfitüre) oder mit glattgearbeiteter, heißer Konfitüre bestrichen; erst dann wird die blutwarme Fondantglasur aufgetragen.
Die Aprikotur bildet eine Isolierschicht zwischen Gebäck und Glasur: die trockene Gebäckkruste kann so der Fondantglasur kein Wasser mehr entziehen, sodass sie nicht abstirbt.

Verwendung

❏ zum Glasieren von Blätterteig- und Plundergebäcken sowie von Kuchen,

❏ zum Überziehen von Torten (z. B. Wiener Torten), Desserts (z. B. Petits Fours, Wiener Schnitten) und Teegebäcken.

2.1.2 Puderzuckerglasur

Zusammensetzung

❏ 5 Teile Puderzucker und 1 Teil Wasser

Bereiten der Glasur

❏ Der Puderzucker wird in die Flüssigkeit eingerührt; diese nimmt den Zucker auf, ohne ihn zunächst völlig zu lösen.
Es entsteht jedoch eine geschlossene Oberfläche.

- ☐ Die Glasur soll einige Stunden, am besten über Nacht, stehen; dabei wird der Zucker vollständig gelöst.

Glasieren

- ☐ Die Glasur soll auf die noch warmen Gebäckstücke aufgetragen werden.
  Durch die Wärme trocknet sie bald aus, sie erhält jedoch keinen Glanz, stirbt leicht ab und bildet eine harte Zuckerkruste.

Verwendung

- ☐ Puderzuckerglasur ist einfach, schnell und preiswert herzustellen. Sie findet in der Bäckerei – wenn überhaupt – nur für billigere Gebäckstücke Verwendung.

2.1.3 Eiweißglasur

Zusammensetzung

- ☐ 4 Teile Puderzucker und 1 Teil Eiklar für Spritzglasur.
  Zum Überziehen wird mehr Eiklar verwendet, um die Glasur weicher zu halten.

Bereiten der Glasur

- ☐ Frisches Eiklar wird mit dem gesiebten Puderzucker glatt-, für Spritzglasur intensiv schaumiggerührt.
- ☐ Üblich ist ein Zusatz an **Fruchtsäure**.

  Fruchtsäure bewirkt …
  … dass die Glasur Glanz behält.
  Säuren bewirken den Abbau von doppeltem in einfachen Zucker; dieser ist nicht kristallisationsfähig.
  … dass die Glasur „kurz" wird.
  Säuren beeinträchtigen das Wasserbindevermögen des Eiweißes und machen dieses dadurch fester.
  … dass die Glasur schneller trocknet.
  Das nicht gebundene Wasser kann entweichen.

- ☐ Eiweißglasur zum Spritzen oder Garnieren soll unbedingt ohne Fruchtsäure bereitet werden, weil die Glasur sonst zu schnell trocknet. Dadurch bilden sich Klümpchen.

Glasieren

- ☐ Die Eiweißglasur wird kalt auf das ausgekühlte Gebäck aufgetragen.

Verwendung

- ☐ Die Eiweißglasur kann zum **Überziehen**, **Überbacken** und zum **Garnieren** verwendet werden.

  Überziehen:
  von Zwieback,
  Lebkuchen,
  Baumkuchen u.a.

  Überbacken:
  von Zimtsternen,
  Zedernbrot,
  Spezialnussschnitten u.a.

  Garnieren (Spritzen) von:
  Schriften,
  Randgarnierungen,
  Strichgarnierungen,
  Lebkuchendekor u.a.

2.1.4 Fadenzuckerglasur

Bereiten der Glasur

- ☐ Läuterzucker wird bis zur Fadenprobe gekocht, je nach Verwendung auf 105 – 112 °C.
- ☐ Man kann auch Läuterzucker und Fondant zur Herstellung von Fadenzuckerglasur verwenden.

Glasieren

- ☐ Die heiße Glasur muss sofort verarbeitet werden; dazu streicht man sie mit einem Pinsel auf das noch warme Gebäck.
- ☐ Durch mehrmaliges Hin- und Herstreichen der Fadenzuckerglasur mit dem Pinsel auf der Gebäckoberfläche wird diese tabliert.
  Durch das Tablieren erhält die Glasur ihre weiße Farbe.

Verwendung

- ☐ Zum Glasieren von Honigkuchen, Lebkuchen, Elisenlebkuchen, Pfeffernüssen, Dickzuckerfrüchten u.a.

2.2 Schokoladenhaltige Überzugsmassen

2.2.1 Schokoladenglasur (Kochschokolade)

Zusammensetzung

- 100 g Blockkakao, 500 g Zucker, 200 g Wasser.
- An Stelle von Blockkakao kann auch Kakaopulver verwendet werden; dieses muss jedoch mit Läuterzucker dicksämig angerührt werden.

Bereiten der Glasur

- Der Blockkakao wird erwärmt; in die geschmolzene („aufgelöste") Schokoladenmasse werden Zucker und Wasser eingerührt.
- Die Masse wird auf 106 °C gekocht (= schwacher Faden); keinen zu kleinen Kessel verwenden, denn die Masse steigt im Kessel hoch.
- Die gekochte Glasur wird vom Feuer genommen und bei ca. 37 bis 40 °C tabliert.

Fehlerquellen:
- Zu stark gekühlte Glasur stirbt bald ab.
- Zu wenig gekühlte Glasur trocknet sehr schwer.

- Bei zäher Glasur kann man etwas flüssige Schlagsahne, bei zu dünner Glasur etwas Kuvertüre zusetzen.

Glasieren

Die warme Glasur wird über die abgekühlten Gebäcke gegossen bzw. die Gebäcke (z. B. Mohrenkopfschalen) werden in die Masse eingetaucht („getunkt").

Verwendung

für Mohrenköpfe, Original-Sachertorte, Desserts u.a.

Übrig gebliebene Schokoladenglasur kann wieder mitverwendet werden; sie muss jedoch vor dem nächsten Gebrauch erst wieder auf 106 °C erhitzt und dann erneut abgekühlt und leicht tabliert werden.

2.2.2 Kuvertüre

(Die Kuvertüre ist auf den Seiten 196 – 198 ausführlich beschrieben.)

Verarbeiten

- Zum Überziehen von Torten oder frischen „Tagesgebäcken" soll Kuvertüre besonders dünnflüssig sein.

  Aus diesem Grund sollte vorwiegend 60 : 40-Kuvertüre verwendet werden.

  Diese Kuvertüre kann man durch Unterarbeiten von erwärmter Kakaobutter zusätzlich verdünnen.

- Die dünnen Kuvertüreüberzüge neigen nach dem Erkalten und Erstarren zum Brechen oder Splittern.

  Darum sollten Torten oder Streifen vor dem völligen Erstarren der Kuvertüre mit einem heißen Messer „eingeteilt" werden.

  Dies bedeutet: die Kuvertüredecke wird durchgeschnitten.

2.2.3 Fettglasur

(Fettglasur ist auf den Seiten 196 – 198 ausführlich beschrieben.)

Rechtliche Vorschrift

Die Verwendung von Fettglasur muss deklariert werden durch den deutlich sichtbaren und lesbaren Hinweis am Erzeugnis: „mit Fettglasur".

Verwendung

Fettglasur lässt sich leichter verarbeiten als Kuvertüre:

- Sie braucht nicht temperiert zu werden,
- Man braucht sie nur zu erwärmen und zum Schmelzen zu bringen,

  Die Pflanzenfette (gehärtete Erdnuss-, Kokosfette u.a.) haben einen nur geringen Schmelzbereich – im Gegensatz zu Kakaobutter.

  Sie erstarren also ganz plötzlich und können sich daher nicht entmischen, sodass der Überzug nicht streifig oder grau werden kann (s. S. 198).

  Der Überzug behält seinen Glanz.

- Sie bleibt nach dem Erstarren schnittfähig; die Oberfläche braucht also nicht – wie bei Kuvertüre – vorher „eingeteilt" zu werden.

2.3 Spritzglasuren

2.3.1 Schokoladenspritzglasur (Spritzschokolade)

Zusammensetzung

- Blockkakao oder Schokolade, Läuterzucker und Glykose (15 bis 20% des Läuterzuckeranteils).
- Oder Kuvertüre, Kondensmilch und Glykose.
  Durch die Glykose wird die Masse bindiger, weil das Auskristallisieren von Zucker unterbunden wird (Glykose = einfacher Zucker).

Bereiten der Glasur

- Die Schokoladenmasse wird erwärmt, der Läuterzucker wird untergerührt; dabei „zieht die Masse an", d.h. sie verhärtet etwas und wird leicht bröcklig.
- Nun weiter kräftig schaumigschlagen, bis die Masse wieder glatt wird; zur unmittelbaren Hilfe dazu dient eventuell ein weiterer Zusatz von Läuterzucker.

Verwendung

- zum Spritzen von Ornamenten, Schriften und Dekors aller Art.

2.3.2 Eiweißspritzglasur

Sie wird etwas fester gehalten als die Eiweißglasur (vgl. S. 336), indem man weniger Eiklar zusetzt.

Verwendung

- zum Spritzen von Schriften, Randgarnierungen, Strichgarnierungen, Dekors u.a.

Aufgabenstellungen

		Seite
1	Nennen Sie die verschiedenen Glasuren und Überzugsmassen.	335
2	Beschreiben Sie die Herstellung und Verwendung von:	
	a) Fondantglasur, Puderzuckerglasur, Eiweißglasur,	335f
	b) Fadenzuckerglasur, Kochschokolade.	336f
3	Wiederholungsfragen zu „Kuvertüre": Seite 199, Fragen 5 und 6	
4	Wiederholungsfragen zu „Fettglasur": Seite 199, Fragen 7 und 8	
5	Beschreiben Sie, weshalb die Verarbeitung von Fettglasur einfacher ist als die von Kuvertüre.	337
6	Beschreiben Sie die Herstellung und Verarbeitung von Spritzschokolade und Eiweißspritzglasur.	338

3 Herstellen der Torten, Schnitten und Desserts

3.1 Wie Torten, Schnitten und Desserts zusammengesetzt sind

Torten, Schnitten und Desserts bestehen aus mehreren Schichten:

- **Gebackenen Teilen**
  Böden oder Kapseln (Biskuit-, Wiener, Dobos-, Mürbeteig-, Blätterteig-, Baiser-, Makronenböden, Böden aus Brandmasse u.a.),

- **Füllungen**
  Schlagsahne, Sahnekrem, Butterkrem, Spezialkrem (z. B. Canache)
  Konfitüre, Gelee, Marmelade
  Nugat, Marzipan, Obstarten u.a.

- **Überzügen**
  Kuvertüre-, Schokolade-, Nugatüberzugsmassen; Fettglasur, Fondant u.a. Glasuren

- **Dekors**
  aufgespritzte Ornamente,
  Belegfrüchte u.a.

3 Herstellen der Torten, Schnitten und Desserts

3.2 Einteilung dieser Erzeugnisse

3.2.1 Torten

❐ Sie sind meist rund.

❐ Sie sind in der Regel zum Anschnitt in 12 bis 18 gleiche Stücke eingeteilt (**Anschnitttorte**).

❐ Sie können aber auch sehr viele andere Formen haben, z.B. Herzform Kleeblattform u.a. (= **Formtorte**).

❐ Sie können kuppelförmig eingestrichen sein (**Kuppeltorte**).

❐ Sie können speziell für bestimmte Anlässe hergestellt und mit einem zum Anlass passenden Dekor ausgestattet sein (**Dekortorte**).

❐ Sie können auch in mehreren Etagen aufgebaut sein (= **Etagentorten**).

Bezeichnungen

Torten wie Schnitten werden in der Regel nach Art der Füllung bzw. der **Geschmacksrichtung** bezeichnet, z. B.:

- Nuss-Sahnetorte,
- Schokoladentorte,
- Ananaskrem-Torte,
- Joghurt-Krem-Schnitten u.a.

Manche Bezeichnungen sind **Standardbegriffe**, bei denen eine gleichbleibende Zusammensetzung üblich ist, ohne dass diese ausdrücklich erwähnt wird, z. B. Sachertorte, Herrentorte u.a.

Abb. 1: Sachertorte

Sacherböden bestehen zu etwa gleichen Teilen aus Mehl, Eiern, Butter, Zucker und Schokolade.

Sie werden mit Gelee (Johannisbeergelee) oder mit Schokoladensahnekrem (= Canachekrem) eingestrichen, in eine Marzipandecke eingeschlagen und mit Kuvertüre überzogen.

| Als Dekor erhält die Torte die Aufschrift „Sacher".

Abb. 2: Herrenorte

| Eine **Herrentorte** besteht aus dünnen Böden (Dobosböden), die mit Weinkrem eingestrichen sind.

Häufig werden auch **Fantasiebezeichnungen** gewählt, diese sagen in der Regel jedoch nichts über die Zusammensetzung aus, z. B. Mozart-Torte u.a.

3.2.2 Schnitten

Schnitten werden aus eingestrichenen Kapseln hergestellt und rechteckig geschnitten.

Abb. 3: Schnitten

Schnitten zählen auch zu den Desserts (s. unten).

3.2.3 Desserts

Unter Desserts versteht der Bäcker meist gefüllte Gebäcke, die kleiner sind als ein Stück Torte und in der Regel auch eine andere Form bzw. Gestalt aufweisen. Zu den Desserts werden allgemein aber auch Süßspeisen gezählt, z. B. Krems, Gelees sowie Speiseeis.

Man unterscheidet Desserts ...

❑ ... nach den verwendeten gebackenen Teilen.
- Wiener Desserts, Kapseldesserts, Waffeldesserts;
- Makronen-, Baiserdesserts;
- Mürbeteig-, Blätterteig-, Brandteigdesserts;

❑ ... nach der Füllung oder dem Belag.
- Obstdesserts;
- Sahne-, Sahnekrem-, Krem-, Butterkremdesserts;
- Nugatdesserts, evtl. auch Eisdesserts u.a.;

3 Herstellen der Torten, Schnitten und Desserts

❐ ... nach der Form/Gestalt.
– Dessertschnitten, -rouladen, -kränze, -törtchen.

Die *Bezeichnung* der Desserts enthält häufig Hinweise auf mehrere der o.a. Merkmale, z. B. Rouladen-Sahne-Desserts, Zitronenrouladen u.a.

Zu den Desserts zählen auch die Petits Fours.

Abb. 1: Ausgestochene Petits fours

Petits Fours ...
❐ ... sind kleine, zusammengesetzte Gebäckstücke mit Füllungen aus hochwertigen Rohstoffen verschiedenartigster Geschmacksrichtungen. Die Oberfläche ist mit Marzipan abgedeckt oder mit Früchten belegt, die Gebäckstücke sind meist mit Fondant überzogen und ausgarniert.

3.2.4 Überblick über die Schichtung von Torten

Geschichtete Torten bestehen aus Böden bzw. Kapseln (= rechteckige Böden), Füllung und Überzug sowie Dekor.

Dabei kann es als typisch angesehen werden, dass für bestimmte Torten ganz bestimmte Böden verwendet werden:

Torten ● Böden ○ Füllung ✿ Überzug ✳

● **Kremtorten**
○ Biskuitböden,
  Wiener Böden,
  dünne Mürbeteigböden
✿ Fettkrem
✳ Fettkrem + Dekorteile

● **Butterkremtorten**
○ Biskuitböden,
  Wiener Böden,
  dünne Mürbeteigböden
✿ Butterkrem
✳ Butterkrem + Dekorteile

● **Sahnetorten**
○ Biskuitböden,
  Wiener Böden,
  Blätterteigböden,
  Brandmasseböden
✿ Schlagsahne
✳ Schlagsahne + Dekor

● **Sahnekremtorten**
○ Biskuitböden,
  Wiener Böden
✿ Sahnekrem,
  Käsesahnekrem,
  Weinkrem u.a.
✳ Sahnekrem + Dekor

● **Makronentorten**
○ Wiener Böden,
  Makronenböden
✿ Konfitüre
✳ Aprikotur + Dekor aus Fondant und Konfitüre

● **Baisertorten**
○ Baiserböden,
  Wiener Böden
✿ Schlagsahne,
  Butterkrem,
  Speiseeis (Halbgefrorenes)
✳ Baiser-Dekorstücke

● **Wiener Torten**
○ Wiener Böden
✿ Konfitüre, Gelee
✳ Marzipandecke,
  Fondantglasur,
  Spritzglasurdekor

3.3 Herstellungsverfahren für Torten

3.3.1 Herrichten der Böden

Biskuitböden und **Wiener Böden**

- Sie müssen vorsichtig aus der Form (Ring) geschnitten werden.
- Sie sollen nach dem Backen einen Tag lang abstehen; sie sind dann leichter zu schneiden.
- Zum Schneiden sollen lange Sägemesser verwendet werden.
- Die obere braune Schicht wird abgetrennt.
- Die Böden müssen waagerecht in gleicher Stärke/Dicke geschnitten werden.

Abb. 1: Wiener Böden

Dünne Böden (Dobosböden)

- können ohne Vorbehandlung verwendet werden, da sich die obere braune Schicht nicht – wie bei dicken Böden – abhebt.

Abb. 2: Dobosböden

Kapseln

- werden mit Hilfe von Schablonen ausgeschnitten oder ausgestochen, und zwar so, dass möglichst wenig Abfall entsteht.
- dienen zur Herstellung von Formtorten sowie von Desserts (Rouladen u.a.).

Zu trockene Böden können mit Läuterzucker getränkt werden; dadurch sind sie saftiger, die Füllung haftet besser an und der Geschmack der Torte wird verbessert.

3.3.2 Herrichten der Füllungen

Krems (Fett-, Butterkrem) …

… müssen glatt, geschmeidig, streichfähig sein.
Das erreicht man durch Rühren, evtl. bei leichter Erwärmung des Krems.

Füllkrems, Weinkrems …

… werden gekocht und unbedingt frisch eingefüllt.
Sie dürfen beim Einfüllen jedoch nicht zu heiß sein.

Marzipanrohmasse …

… soll weich und streichfähig gemacht werden.
Dazu eignet sich mit Likör abgeschmeckter Läuterzucker.

Konfitüre, Gelees …

… müssen glattgearbeitet werden.

Schlagsahne …

… muss gut ausgeschlagen und standfest sein.

Sahnekrem …

… muss von schnittfähiger Konsistenz sein.
Das wird durch höheren Gelatinezusatz erreicht.

Bestimmten Füllungen, insbesondere Krems, Schlagsahne und Sahnekrems, können zur Verbesserung des Eigengeschmacks weitere Geschmacksstoffe zugesetzt werden, z.B. Mandeln, Nüsse, Krokant, Kakaoerzeugnisse, Obsterzeugnisse u.a.

3.3.3 Zusammensetzen der Torten

- Böden und Füllungen können waagerecht angeordnet sei.
- Die Böden werden im Ring mit der Füllung eingestrichen und zusammengesetzt.

Die Anzahl der Böden ist bei den verschiedenen Torten unterschiedlich; sie hängt ab von der Stärke der Böden und der Dicke der Füllung.

Abb. 1: Torte im Anschnitt – waagerechte Anordnung der Böden

- Für bestimmte Torten können aber auch Rouladenkapseln eingestrichen, in Streifen geschnitten und aufgerollt werden; dadurch entstehen Torten mit senkrecht angeordneten Böden.

Abb. 2: Eingestrichene, geschnittene und eingerollte Kapseln

Abb. 3: Torte im Anschnitt – senkrechte Anordnung der Böden

- Zur Herstellung von kuppelförmigen Torten wird der Krem mit einer Palette kuppelförmig auf den Boden hochgestrichen.

Abb. 4: Kuppeltorte

- Kuppeltorten können aber auch in einer Kuppelform von unten nach oben eingesetzt werden. Der Boden wird dann als Unterlage aufgelegt und die Form sodann gestürtzt.

3.3.4 Fertigstellen der Torten

Je nach Art der Torte sind zur Fertigstellung folgende Arbeitsgänge erforderlich:

Einsetzen

- Die vorbereiteten Böden werden mit der jeweiligen Füllung bestrichen und in die Tortenform übereinander eingesetzt.

Abb. 5: Einstreichen der Füllung auf die Böden

Einstreichen

- Die eingesetzten Böden werden aus der Form herausgeholt.
  Dann mit Schlagsahne, Butterkrem u.a. an der Oberfläche und an den Seiten gleichmäßig und sauber eingestrichen.

Einschlagen bzw. Eindecken

❏ Bestimmte Torten, insbesondere solche, die mit Kuvertüre überzogen werden sollen, werden in eine ausgerollte Marzipandecke eingeschlagen.

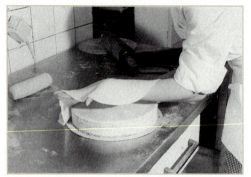

Abb. 1: Einschlagen einer Torte in eine Marzipandecke

❏ Torten, die mit Fondant überzogen werden sollen (Wiener Torte, Wiener Schnitten), werden mit einer Marzipandecke belegt (= eingedeckt).

Jetzt können die Torten überzogen oder glasiert und sodann ausgarniert und mit Dekors versehen werden.

3.3.5 Herstellen von Obsttorten

Gedeckte Obsttorten

Verfahrensweise

➢ Ein Boden aus Mürbe- oder Blätterteig wird angebacken bzw. gebacken.
➢ Um den Boden wird ein Ring gestellt, der mit Teig ausgelegt und abgedichtet wird.
➢ Die Obstfüllung, meist aus Äpfeln, Sauerkirschen, Aprikosen, Stachelbeeren, Johannisbeeren u.a., wird eingefüllt.
➢ Auf die Obstfüllung wird eine dünne Decke aus Blätterteig oder Mürbeteig aufgelegt, sodass die Früchte nicht mehr sichtbar sind.
➢ Die so eingedeckte Obsttorte wird bei etwa 200 °C 15 bis 25 Minuten gebacken.
➢ Gedeckte Obsttorten werden nach dem Backen meist aprikotiert und glasiert.
➢ An Stelle einer Teigdecke können auch Schaummassen (vgl. S. 313f) aufgestrichen oder aufdressiert werden; solche Torten werden nur noch abgeflämmt.

Abb. 2: Gedeckte Obsttorte

Offene Obsttorten

Verfahrensweise

➢ Im Gegensatz zu gedeckten Obsttorten ist der Fruchtbelag hier unter einer Geleedecke klar zu erkennen.
➢ Die Torten werden hergestellt als:
  Einfruchttorten,
  Mehrfruchttorten.
➢ Auf einen ausgebackenen Mürbeteigboden wird ein dünner Wiener Boden aufgelegt,
➢ zwischen oder auf die Böden kann Kuvertüre, Marmelade oder Füllkrem aufgestrichen werden,
➢ die Früchte werden in sorgfältiger Anordnung aufgelegt bzw. aufgetragen,
➢ ein z. B. aus Agar-Agar bereitetes Gelee wird über die Früchte gegossen oder mit dem Pinsel aufgetragen.

Abb. 3: Offene Obsttorte

3 Herstellen der Torten, Schnitten und Desserts

3.4 Herstellen von Desserts

3.4.1 Rouladen, Omeletts

Herstellung

- Rouladenkapseln und Omeletts werden aus Biskuitmasse oder aus Wiener Masse bereitet.
- Die Kapseln müssen dünn und rollfähig sein, damit sie nicht brechen.
- Die Kapseln werden mit Konfitüre, Butter-, Fettkrem, Schlagsahne oder Sahnekrem gefüllt und zu einer Roulade zusammengerollt.
- Falls als Füllkrem Konfitüre verwendet wird, kann man die Kapsel im noch warmen Zustand ausrollen.
- Die Roulade lässt sich am besten, d.h. bruchsicher und gleichmäßig dick ausrollen, wenn man sie in einem Bogen Papier rollt.

Abb. 1: Einrollen einer Sahneroulade

- Die ausgerollte Roulade wird ausgarniert, z.B. zu „Baumstämmen".
- Die fertigen Rouladen werden in Scheiben geschnitten und sind so verkaufsfertig.

Abb. 2: Rouladen

- *Omeletts* werden zur Hälfte mit Krem gefüllt. Die Kapsel wird über den Krem eingeschlagen.

  Der Krem kann mit Früchten u.a. dekoriert werden.

Abb. 3: Aufspritzen von Omeletts

3.4.2 Schnitten

Herstellung

- Kapseln aus Wiener Masse oder aus anderen Eiermassen werden mit Krem, Schlagsahne oder Sahnekrem gefüllt.

  Der Krem- oder Schlagsahnefüllung können Früchte und andere Geschmacksstoffe zugesetzt werden.

- Die gefüllten Kapseln werden in Streifen geschnitten und zusammengesetzt.
- Die gefüllten Streifen können nochmals geschnitten und zusammengesetzt werden.

  So kann eine große Vielfalt an unterschiedlichen Formen **ent**stehen.

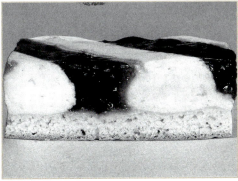

Abb. 4: Dessertschnitte

3.4.3 Wiener Schnitten

Verfahrensweise
➢ Kapseln aus Wiener Masse mit Konfitüre füllen, in mehreren Lagen aufeinandersetzen und zusammenpressen.
➢ Die Oberfläche mit Marzipan abdecken.
➢ Die abgedeckte Kapsel in Scheiben schneiden oder ausstechen.
➢ Die Stücke (Schnitten) werden mit Fondant überzogen und mit Spritzglasur ausgarniert.

3.4.4 Andere Desserts

Mohrenköpfe

Abb. 1: Mohrenköpfe, gefüllt und glasiert

❑ Sie werden aus leichter Biskuitmasse bereitet (vgl. S. 309); je zwei Schalen ergeben einen Mohrenkopf.
❑ Die Schalen sind mit Schlagsahne oder leichter Vanillekrem gefüllt, zusammengesetzt und entweder aprikotiert und mit Schokoladenfondant glasiert oder mit Kochschokolade überzogen.

Eclairs

Abb. 2: Eclairs

❑ Eclairs werden aus Brandmasse bereitet (vgl. S. 292).
Anschließend mit leichter Vanillekrem gefüllt und mit Fondant glasiert.

Windbeutel

Abb. 3: Windbeutel mit Sahnefüllung

❑ Sie werden aus Brandmasse bereitet; aufgeschnitten, mit Schlagsahne gefüllt und mit Puderzucker überstaubt.

Obsttörtchen

❑ Dazu verwendet man Torteletts aus Mürbeteig.
Diese werden wie offene Obsttorten gefüllt und mit gedicktem Obstsaft übergossen (vgl. S. 344).

Abb. 4: Obsttörtchen

Weitere Dessertstücke sind:

◆ **Waffeldesserts,**
z. B. Ananastörtchen u.a.,

◆ **Lucca-Augen aus Brandmasse,**

◆ **Gefüllte Krapfen** u.a.

3 Herstellen der Torten, Schnitten und Desserts

Aufgabenstellungen

	Seite
1 Aus welchen verschiedenen Bestandteilen/Schichtungen werden Torten und Desserts zusammengesetzt?	338
2 Nach welchen Gesichtspunkten kann man Torten unterscheiden?	339
3 Wie können Torten bezeichnet werden?	340
4 Was versteht man unter einer Sachertorte?	340
5 Nennen Sie Arten von Desserts.	340
6 Was versteht man unter Petits Fours?	341
7 Nennen Sie zusammengesetzte Torten und die dazugehörigen Böden, Füllungen und Überzüge.	341
8 Beschreiben Sie, wie Böden zur Herstellung von Torten hergerichtet werden.	342
9 Wie richten Sie die verschiedenen Füllungen zum Einstreichen her?	342
10 Auf welche Weise können Torten zusammengesetzt werden?	342f
11 Beschreiben Sie die Fertigstellung von zusammengesetzten Torten.	343f
12 Beschreiben Sie die Herstellung von:	
a) gedeckten Obsttorten,	344
b) offenen Obsttorten.	344
13 Beschreiben Sie die Herstellung von:	
a) Rouladen und Omeletts,	345
b) Schnitten,	345
c) Wiener Schnitten.	346
14 Nennen Sie weitere Desserts und beschreiben Sie deren Herstellung.	346

Lebensmittelrechtliche Bestimmungen im Zusammenhang mit der Herstellung von Bäckereierzeugnissen

1 Allgemeine Rechtsquellen

Vorschriften, die der Bäcker zu beachten hat, können sein:

1.1 Gesetze und Verordnungen

Gesetze und Verordnungen werden vom Gesetzgeber (Bundestag), Verordnung (= VO) von der Bundesregierung (Fachministerien) erlassen.

Viele Gesetze sind innerhalb der EG (Europäische Wirtschaftsgemeinschaft) „harmonisiert", d.h. für alle Länder vereinheitlicht.

Allgemeine Gesetze (❐) und Verordnungen (○) sind beispielsweise:

- ❐ das Lebensmittel- und Bedarfsgegenständegesetz,
- ❐ das Eichgesetz,
- ❐ das Bundesseuchengesetz.
- ○ Die Zusatzstoffzulassungs-VO,
- ○ die Lebensmittelkennzeichnungs-VO,
- ○ die Fertigpackungs-VO u.a.

Spezielle Gesetze (❐) und Verordnungen (○) über bestimmte Rohstoffe oder Erzeugnisse sind z.B.:

- ❐ Das Getreidegesetz,
- ❐ das Milchgesetz,
- ❐ das Zuckergesetz.
- ○ Die Durchführungs-VO für Mahlerzeugnisse aus Getreide,
- ○ die VO über Milcherzeugnisse,
- ○ die Butter-VO,
- ○ die Zuckerarten-VO,
- ○ die VO über Honig.

1.2 Leitsätze

Sie werden ausgearbeitet von der „Deutschen Lebensmittelbuchkommission", einer Expertengruppe, die mit den Fachministerien eng zusammenarbeitet und Grundsätze für die Qualität bestimmter Erzeugnisse festlegt; vor Gericht gelten diese Qualitätsanforderungen als rechtsverbindlich.

Solche Leitsätze werden im „Deutschen Lebensmittelbuch" veröffentlicht. Den Bäcker betreffen davon folgende:

Leitsätze für Brot und Kleingebäck (1994),
Leitsätze für Feine Backwaren (1997),

Ferner Leitsätze für:
- Ölsamen und daraus hergestellte Massen und Süßwaren,
- für Speisefette und Speiseöle,
- für Margarine und Margarineschmalz,
- für Speiseeis und Speiseeishalberzeugnisse,
- für Obst,
- für Margarine,
- für Puddingpulver,
- für Fruchtsäfte sowie
- für Honig (alle wurden 1997 geändert bzw. neu gefasst).

1.3 Richtlinien

Sie werden vom „Bund für Lebensmittelrecht und Lebensmittelkunde" (BLL) formuliert. Auch hier besteht eine enge Zusammenarbeit und Abstimmung mit den betroffenen Fachministerien, sodass diese Richtlinien ähnliche Rechtsverbindlichkeit besitzen wie die Leitsätze. Solche Richtlinien werden in eigenen Heften des BLL veröffentlicht.

Den Bäcker betreffen davon folgende Richtlinien für:
- Backmittel,
- Backtriebmittel,
- Invertzuckerkrem,

- kalorienverminderte Lebensmittel,
- Vanillezucker, Vanillinzucker,
- Stärke und Stärkeerzeugnisse,
- flüssige Zucker,
- über die Verwendung von geografischen Hinweisen bei Brotbezeichnungen u.a.

1.4 Begriffsbestimmungen, Qualitätsnormen, Prüfungsbestimmungen, Handelsvorschriften

Diese werden von Verbänden, z.B. der Deutschen Landwirtschaftsgesellschaft (DLG) u.a., aufgestellt und veröffentlicht, z.B. in den „Arbeiten der DLG"; sie gelten vor Gericht ebenfalls als rechtsverbindlich.

Zu dieser Gruppe zählen:
- Brot und Feine Backwaren (DLG),
- Qualitätsnormen für verarbeitetes Obst u.a.

1.5 Gerichtsurteile

Ferner gibt es Urteile von Gerichten, die dann erforderlich wurden, wenn die rechtlichen Bestimmungen in besonderen Einzelfällen einer speziellen Auslegung bedurften; sie gelten als rechtsverbindliche Anwendungsmuster in allen vergleichbaren Fällen.

2 Was in diesen Rechtsquellen geregelt wird

In diesen rechtlichen Bestimmungen werden je nachdem Regelungen getroffen über:

❏ Die Bezeichnung und die Zusammensetzung der Erzeugnisse.

Mit der Bezeichnung eines Erzeugnisses verbindet sich oft eine Erwartung über eine entsprechende Zusammensetzung.

Die Rechtsvorschriften regeln die Mindestanteile bzw. die Höchstanteile bestimmter Stoffe, insbesondere auch die an Zusatzstoffen.

❏ Die Hervorhebung einer bestimmten Qualität.

Qualitätsbezeichnungen wie „Buttergebäck", „Mandelstollen" u.a. dürfen nur verwendet werden, wenn die hervorgehobenen Rohstoffe auch in entsprechender Menge enthalten sind.

❏ Die Zulässigkeit der Verwendung bestimmter Stoffe.

Das betrifft insbesondere Zusatzstoffe, z.B. Konservierungsstoffe, die entweder nur in begrenzten Anteilen (= Höchstmengen) oder nur für bestimmte Fälle erlaubt sind, z.B. Ammonium nur für trocken ausbackende Gebäcke.

❏ Die Bekanntgabe des Gehalts an Zusatzstoffen.

*Deklarationspflichtig sind:
Konservierungsstoffe,
Schwefeldioxid,
Antioxidantien,
Farbstoffe,
künstliche Aromastoffe, ferner
Fettglasur (vgl. S. 112f).*

❏ Die Bekanntgabe der Zusammensetzung von Erzeugnissen.

Bei Erzeugnissen, die in Fertigpackungen verkauft werden, müssen alle enthaltenen Zutaten in einer Zutatenliste angegeben werden, und zwar in der Reihenfolge des mengenmäßigen Anteils (vgl. Bd. 1; S. 126).

❏ Gewichtsangabe.

Das Gewicht der Brote muss angegeben werden; das Gewicht kann der Bäcker beliebig wählen. In der Regel werden Brote nach den Vorgaben der „priviligierten Werte" hergestellt (vgl. S. 14, 113).

❏ Preisangabe.

Alle Backwaren und andere Erzeugnisse müssen nach Preisen ausgezeichnet werden. Über die Preisangaben für Brote gibt es besondere Bestimmungen (vgl. S. 14, 114).

❏ Nährwertangaben.

Sie sind für diätetische Lebensmittel vorgeschrieben (vgl. S. 322)

3 Spezielle lebensmittelrechtliche Vorschriften

Zur Herstellung von Torten, Desserts oder anderen Feinen Backwaren werden eine Reihe von Rohstoffen und Zusätzen verwendet, für die es spezielle lebensmittelrechtliche Vorschriften gibt.

Sie wurden bereits im Zusammenhang mit der Darstellung der einzelnen Stoffe behandelt.

Die lebensmittelrechtlichen Bestimmungen zu diesen Stoffen stehen auf folgenden Seiten:		Kakaohaltige Erzeugnisse	
		Kakaopulver	s. S. 195
		Kuvertüre	s. S. 195
Rohmassen		Fettglasur	s. S. 195f
Marzipanrohmassen	s. S. 192	**Quellstoffe**	s. S. 215
Marzipan	s. S. 192		
Persipanrohmasse	s. S. 192	**Farbstoffe**	s. S. 221f
Persipan	s. S. 192		
Nugatrohmasse	s. S. 193	**Konservierende Stoffe**	s. S. 218ff.
Obsterzeugnisse	s. S. 191	**Aromastoffe**	s. S. 208

Umgang mit Speiseeis

1 Die Speiseeis-Sorten

Die Leitsätze für Speiseeis und Speiseeis-Halberzeugnisse" von 1997 unterscheiden folgende Qualitätssorten:

Kremeis (Eierkremeis)
Enthält mindestens 270 g Vollei oder 90 g Eidotter auf 1 Liter Milch.

Fruchteis
Enthält mindestens 20% frisches Obstfruchtfleisch oder Obstmark oder Obstsaft oder eine hinsichtlich des Obstanteils entsprechende Menge an Obstkonfitüre, Marmelade, Obstgelee und Obstsirup. Zitroneneis enthält mindestens 10% Zitronenmark oder Zitronensaft.

Rahmeis (Sahneeis, Fürst-Pückler-Eis)
Enthält mindestens 18% Milchfett aus der verwendeten Sahne.

Milcheis
Enthält mindestens 70% Vollmilch bzw. die entsprechende Menge eingedickte Milch oder Milchpulver unter Zusatz von Trinkwasser.

Eiskrem
Enthält mindestens 10% Milchfett.

Fruchteiskrem
Enthält mindestens 8% Milchfett.

Einfacheiskrem
Enthält weniger Milchfett als Eiskrem, mindestens aber 3%.

Eis mit Pflanzenfett
Enthält mindestens 3% pflanzliches Fett und hat einen deutlich wahrnehmbaren Fruchtgeschmack.

Fruchtsorbet
Enthält mindestens 25% Fruchtanteil, bei Zitronenfrüchten oder anderen sauren Früchten beträgt der Fruchtanteil mindestens 15%.

Die früher unter der Bezeichnung „**Kunstspeiseeis**" übliche Speiseeissorte ist entfallen.

2 Rohstoffe und Zutaten zur Herstellung von Speiseeis

Zur Herstellung von Speiseeis können folgende Lebensmittel (Rohstoffe und Zutaten,) verwendet werden:

- **Rohstoffe**
  Milch, Sahne, Trinkwasser, Pflanzenfette, Eier, Eigelb, Zuckerarten, Honig, Früchte, Fruchtmark, Fruchtsaft.

- **Zutaten**
  Fruchtsäuren, Gewürze, Aromastoffe, Aromaextrakte, Vanillin;
  ferner je nach Speiseeissorte und Geschmack: z. B. Kaffee, Mokka, Schokolade u. a.

- **Halberzeugnisse**
  Anstelle von einzelnen Rohstoffen können auch Halberzeugnisse verwendet werden in Form von zähflüssigen Zubereitungen (Speiseeiskonserven), die durch Erhitzen in luftdicht verschlossenen Behältern haltbar gemacht sind.

- **Speiseeispulver**
  Speiseeispulver enthält neben Zucker auch Geschmacksstoffe und zuweilen Eipulver, vor allem aber Emulgatoren, Stabilisatoren und stark quellende Stoffe (Binde- oder Dickungsmittel), z. B. Traganth, Johannisbrotkernmehl, Guarmehl, Obstpektine, Agar-Agar u. a.;
  ferner können auch Stärke und Gelatine verwendet werden.

3 Zugelassene Zusatzstoffe für Speiseeis

- **Aromen, Essenzen**
  Natürliche Aromen und Aromen mit naturidentischen Aromastoffen dürfen Speiseeis zugesetzt werden, ohne dass dies kenntlich gemacht werden muss.
  Aromen mit künstlichen Aromastoffen (künstliche Aromen) dürfen nur zur Herstellung von solchem Speiseeis verwendet werden, das nicht unter die genannten Speiseeissorten fällt.

- **Farbstoffe**
  Speiseeis dürfen bestimmte zugelassene Lebensmittelfarbstoffe zugesetzt werden. Das muss gekennzeichnet (deklariert) werden durch den Hinweis „mit Farbstoff".

Sofern Speiseeis in tiefgefrorenen Packungen (Fertigpackungen) abgegeben wird, sind alle Zusatzstoffe im Zutatenverzeichnis aufgeführt. Eine zusätzliche Deklaration ist dann nicht erforderlich.

- **Konservierungsstoffe**
  Der Zusatz von Konservierungsstoffen zu Speiseeis ist grundsätzlich verboten.

4 Besondere hygienische Vorschriften

Wegen der großen Gefahr, dass beim Genuss von Speiseeis ansteckende Krankheiten auf den Verbraucher übertragen werden, gelten für die Herstellung und für den Verkauf von Speiseeis besonders strenge hygienische Vorschriften.

Davon betroffen sind:

Die Rohstoffe

Enteneier sind wegen der Gefahr eines Gehalts an Salmonellen für Speiseeis grundsätzlich verboten.

Hühnereier müssen frische Eier sein. Eierzeugnisse (Gefrierei, Eidotter, Eiklar, Trockenei) müssen aus frischen Eiern hergestellt sein.

Milch oder **Sahne** müssen pasteurisiert, sterilisiert oder abgekocht sein.

Die Personen

Wer Speiseeis herstellt oder verkauft, muss sich nach dem Bundesseuchengesetz einer regelmäßigen Vorsorgeuntersuchung unterziehen.

Personen, die an bestimmten ansteckungsfähigen Krankheiten erkrankt sind oder Personen, die Ausscheider solcher Krankheitskeime sind, dürfen nicht mit der Herstellung oder dem Verkauf von Speiseeis beschäftigt werden.

Die Behältnisse und Geräte

Portionierer und **Eislöffel** müssen in Gefäßen mit durchlaufendem Trinkwasser oder in säurefesten Gefäßen in einer 1,5%igen Zitronen- oder Weinsäurelösung, die regelmäßig zu erneuern ist, aufbewahrt werden.

Verkaufsbehälter, Verkaufsgefäße, Vorratsgefäße, Waffeln für Speiseeis in loser Form müssen so aufbewahrt werden, dass eine Berührung durch Verbraucher oder dass sonstige Verunreinigungen ausgeschlossen sind.

Verkaufswagen und Verkaufsstände für loses Speiseeis müssen in unmittelbarer Nähe einer Trinkwasserzapfanlage stehen.

Zumindest aber sollte ein Wasserbehälter nicht unter 10 Liter Fassungsvermögen, ein Spülbecken zum Säubern der Geräte und ein Waschbecken mit Seifenspender und Einmal-Handtuch im Verkaufswagen vorhanden sein.

Temperaturen

Die Lagertemperatur von Speiseeis, das zum alsbaldigen Verzehr bestimmt ist, sollte – 5 °C nicht überschreiten.

Vorräte sollen bei mindestens – 18 °C gelagert werden. Angetautes oder geschmolzenes Speiseeis darf nicht mehr in den Verkauf gebracht werden.

5 Die Betriebskontrolle

Die Lebensmittelpolizei entnimmt **Stichproben** von Speiseeis. Diese werden von den Lebensmitteluntersuchungsämtern auf ihren Gehalt am Keimen untersucht.

In den meisten Bundesländern gilt ein Speiseeis mit einem Gehalt von mehr als 100 000 Keimen und mehr als 10 Kolibakterien je Kubikzentimeter als gesundheitsgefährdend.

Speiseeishersteller, deren Eis beanstandet wird, haben im Regelfalle mit einem Strafverfahren zu rechnen.

6 Bezeichnung von Speiseeis

6.1 Bezeichnung nach der Geschmacksrichtung

Der Verbraucher formuliert seinen Bestellwunsch in der Kegel nach der Geschmacksrichtung.

Diese wird bestimmt durch Rohstoffe und Zutaten als Geschmacksstoffträger, z. B. Erdbeeren, Zitronen, Schokolade, Vanille, Nuss, Mandel, Karamel, Maraschino, Curacao, Mokka, u.v.a.

Namen gebend können auch regionalübliche Geschmacksstoffmischungen sein, z. B.:

„Stracciatella",   „Cappucino",
„Amarena",   „Amaretto" u. a.

6.2 Bezeichnungen nach der Güteklasse

Der Verbraucher muss aus der Art der Bezeichnung auch auf die Güteklasse schließen können.

Für die richtige Bezeichnung gilt hier grundsätzlich Folgendes:

❏ Bei den drei besonderen Qualitätseissorten (Kremeis, Fruchteis, Rahmeis) darf die Bezeichnung lauten z. B. „Walnuss-Kremeis", „Erdbeer-Fruchteis" oder „Vanille-Rahmeis".
Bei diesen Spitzeneissorten kann auf die Angabe der Eissorte aber auch verzichtet werden. Es genügt die Bezeichnung „Walnusseis", Erdbeereis" oder „Vanilleeis".

❏ Bei den geringeren Qualitätsstufen (Milcheis, Eiskrem, Einfacheiskrem u.a.) muss die Qualitätsstufe in die Bezeichnung aufgenommen werden, z. B. „Nuss-Milcheis", „Vanille-Eiskrem" u.a. Die bloße Bezeichnung „Nusseis" ist z. B. für die Qualitätsstufe Milcheis nicht zulässig, es sei denn, dass ein deutlich sichtbares und lesbares Hinweisschild angebracht wurde, auf dem der Verbraucher informiert wird, dass es sich bei dem zum Verkauf angebotenen Speiseeis z. B. um ein „Milcheis" handelt.

❏ Die Kennzeichnung kann auch auf der Preisliste oder auf der Speisekarte erfolgen, z. B. durch die Angabe „Vanille-Milcheis", „Schokoladen-Eiskrem", „Einfacheiskrem mit Mokkageschmack" „Fruchteiskrem" u.a.

❏ Der Name einer Obstart, z. B. Erdbeeren, Ananas u.a., darf nur dann mit dem Begriff „Eis" in unmittelbare Verbindung gebracht werden (z. B. „Erdbeereis"), wenn es sich um ein Fruchteis im Sinne der „Leitsätze für Speiseeis" handelt, d.h. wenn das Eis zu mindestens 20% aus Fruchtfleisch besteht (s. S. 350). Andernfalls muss es z. B. als „Erdbeer-Fruchteis" bezeichnet werden.

❏ Sofern speiseeishaltige Zubereitungen wie Fruchtbecher, Schwarzwaldbecher u.a. angeboten werden, genügt eine solche „Phantasiebezeichnung" dann, wenn es sich bei dem verwendeten Speiseeis entweder um Kremeis, Fruchteis oder Rahmeis handelt.

❏ Bei der Verwendung anderer Speiseeissorten müssen diese angegeben bzw. muss auf diese hingewiesen werden.

6 Bezeichnung von Speiseeis **353**

Aufgabenstellungen

		Seite
1	Nennen Sie die nach den Leitsätzen definierten Speiseeissorten.	350
2	Welche Qualitätsmerkmale werden bei den verschiedenen Speiseeissorten gefordert?	350
3	Welche Rohstoffe und Zutaten werden zur Herstellung von Speiseeis verwendet?	351
4	Nennen Sie die Hauptbestandteile von Speiseeispulver.	351
5	Welche Zusatzstoffe dürfen für Speiseeis verwendet werden?	351
6	Weshalb ist bei der Herstellung und Behandlung von Speiseeis besondere Hygiene erforderlich?	351
7	Weshalb müssen Personen, die Speiseeis herstellen oder verkaufen, regelmäßig gesundheitlich untersucht werden?	351
8	Welche Personen dürfen mit der Herstellung und dem Verkauf von Speiseeis nicht betraut werden?	351
9	Beschreiben Sie, wie der Hersteller bzw. der Verkäufer von Speiseeis auf Hygiene zu achten hat.	351f
10	Worauf ist bei der Aufbewahrung von Speiseeis besonders zu achten?	352
11	Wie und von wem werden die Eishersteller und Verkäufer kontrolliert?	352
12	Nennen Sie Bezeichnungen, die den Geschmack der Speiseeissorten angeben.	352
13	Wie erkennt der Verbraucher aus der Bezeichnung von Speiseeis, um welche Güteklasse es sich handelt?	352

Bildquellen

Für das zur Verfügung gestellte Bildmaterial bedanken wir uns bei den nachfolgend aufgeführten Unternehmen, Organisationen, Verbänden, Verlagen und Privatpersonen.

Firma/Organisation/Verband/Verlag	Ort	Seite/Bild-Nr.
ADH	Bonn	24/2
Auer-Mühle	Köln	28/1
Backmittelinstitut	Bonn	101/4
Bergmann-Verlag	Berlin	24/1
M. Braun (Aromen, Essenzen)	Hannover	313/1
BFA Getreide	Detmold	21/1
CMA	Bonn	5/1, 10/1, 127/1, 147/1–3, 148/1–3
Daub	Hamburg	73/1, 74/1, 75/1, 78/1,2, 106/1,2
Dierks & Söhne	Osnabrück	303/4
GMF	Bonn	1/1, 6/1,2, 8/1, 12/1, 59/1, 61/1, 63/1, 91/2
GMF/Hansapress GmbH	Bonn	129
Habersang	Kierspe	236/1
Dr. Huber, Boehringer	Ingelheim	32/1–3, 33/1
Ireks-Arkady	Kulmbach	26/1, 29/1, 31/1,2
Meistermarken-Backinstitut	Bremen	247/3, 264/1, 266/1,2, 301/1
Meyer, Dr. (Mitarbeiter BFA)	Detmold	85/4,5
Pfeiffer-Langen	Köln	133/1, 134/1,2, 152/2, 183/1–4, 187/1
Rheinische Braunkohlen GmbH	Köln	72/1, 75/2,3, 76/1
Schulz, A. (Mitarbeiter BFA)	Detmold	37/1
Spicher, Dr. (Mitarbeiter BFA)	Detmold	36/1, 37/1, 102/3–8
Stephan, H. (Mitarbeiter BFA)	Detmold	122/1–3
Ulmer Spatz	Ulm	28/2, 30/1, 49/1, 50/1, 53/1, 76/1, 97/1,2, 98/1–4, 99/1–4, 100/1,2, 101/1–3, 102/1, 105/1
M. Wenz	Arnstein	72/3, 73/1–3, 74/2,3, 75/2,3, 78/3, 79/1,2
Werner & Pfleiderer	Stuttgart	64/1,2, 66/1, 67/1, 72/2, 77/1,2, 232/1
Wodschow & Co	Glostrup	303/1,2,3,5

Die meisten **Produktfotos** wurden hergestellt von:

W. August	Köln	Schlagsahne, Eischnee
R. Decker, Konditormeister	Krefeld	Feine Backwaren
Fachbuchverlag Pfanneberg	Gießen	Feine Backwaren
W. & R. Maus, Bäckermeister	Bonn	Schrote, Schrotbrote
R. Schöner, Konditormeister	Bonn	Feine Backwaren

Die meisten **Zeichnungen** wurden hergestellt von:

B. Gehlhaar	Monheim
B. Reber	Witterschlick

Sachwortverzeichnis

A

Abborken 64
Abfallblätterteig 266
Abflämmen 314
Abstehzeit 41
Abstocken 198
Abstreichen 65
Abwiegen der Teiglinge 62
Abwiegen 62
Acesulfam 321
AE 27
Agar-Agar 53, 216
Akrolein 160
Albumine 142, 171
Alginate 216
Alginsäure 53, 216
Alpha-Amylase 29
Altbackenwerden 105
–, Messen des 105
Altbrot 122
Altdeutsche Art 312
Altdeutscher Königskuchen . . 312
Altmärker Brot 9
Aluminium 108
Aminosäuren, essenzielle 21
Ammoniak 210
Ammonium 209
Ammoniumbicarbonat 210
Ammoniumcarbonat 210
Amygdalin 187
Amylogramm 22
Amylogrammeinheiten 27
Amylopektine 29
Amylose 29
Ananas 179
Andere Getreidearten 129
Anfrischsauer 39
Anis 204
Anisplätzchen 309
Anordnung der Herde 81
Anschlagmaschinen 303
Anstellgut 43
Anstellsauer 39, 43
Antioxidantien 112, 220
Apelkraut 191
Äpfel 179, 180
Apfelsäure 179
Apfelsinen 179
Aprikosen 179
Aprikosenkerne 188
Aprikotieren 239
Aprikotur 335
Arbeitsdauer 115
Arbeitssicherheit 304

Arbeitszeit des Bäckers 115
– für Jugendliche 116
–, regelmäßige 115
Aromastoffe, künstliche 207
–, naturidentische 207
–, natürliche 207
Aromen mit künstlichen
  Aromastoffen 112
– mit naturidentischen
  Aromastoffen 112
Aromen 112, 179, 207
–, natürliche 112
Ascorbinsäure 53
Aspartam 321
Ätherische Öle 203
Aufarbeitung roggenhaltiger
  Teige 61
– des Hefeteiges 232
Aufschlagprobe 171
Aufstreubrötchen 13
Auftauen 185
Ausbacken 238
Auskristallisieren von Zucker . . 155
Ausmahlungsgrad 23
Ausschwaden 105
Auswuchs 21, 94
Auswuchsgehalt 22
Auswuchsmehle 28

B

Backdauer 235
Backen im Fettbackgerät 236
– im Ofen 235
– in Fett 88
Bäckereifette 160
Backfähig 20
Backfähigkeit des Roggens ... 21
–, mangelhafte 94
Backhitze 82
Backhonig 200
Backkrems 135, 163, 226
Backmargarine 161
Backmittel 52
Backöfen 69
Backofen, Wartung und Pflege . 80
Backöfen, Bauweise 72
–, direkte beheizte 76
–, Herdanordnungen der 72
–, indirekte beheizte 76
Backofensysteme 71
Backprozess 69, 84
–, Fehler beim 96
Backpulver 211

Backschrote 120
Backsirup 154
Backtechnische Wirkung 54
Backtemperatur 83, 84, 235
Backverfahren für
  Hefekuchenteige 234
–, besondere 87
Backverhalten 25
–, fehlerhaftes 28
Backverlust 86
–, Höhe des 62
Backvorgang 82, 235
Backwaren, lebkuchenartige . . 282
Backwert 25, 26, 27
Backzeit 84
Baisermasse 314
Baisers 313
Ballaststoffbrot 7
Ballaststoffe 25, 178
Bananen 179
Bandrundwirker 64
Basler Leckerli 287
Bayerisches Hausbrot 9
BE 322
Beerenobst 178
Begriffsbestimmungen 349
Beheizung, direkte 70
Benetzen 65
Benzoesäure 218
Berliner 245
Berliner Brot 9
Berliner Kurzsauer 46
Beschränkt zugelassene Stoffe 111
Besondere Brote 127
Besondere Mahlerzeugnisse, Brote
  hergestellt aus – 9
Beta-Amylase 29
Betriebskontrolle 117, 352
Bezeichnungen, form- und
  verfahrensbezogene 13
–, freie 4
–, regional spezifische 13
–, regional übliche 3
–, verbindliche 4
Bienenstich 250
Bienenstichmasse 250
Bimetallspirale 82
Bindemittel 327
Birnen 179, 180
Birnenkraut 191
Biskuitböden 342
Biskuitmassen 308
–, leichte 308, 309
–, schwere 308, 309
Bittermandeln 188

Bixin 161
Blanchieren 182
Blätterteig 259
Blätterteig, deutscher 264
–, französischer 264
–, Herstellung von 262
–, holländischer 265
Blausäure 187
Blechkuchen 248
Blockkakao 338
Blütengewürze 205
Blütenhonig 200
Böden 304, 309, 342
Böhmerwald-Brot 9
Brandig 275
Brandmasse 289
–, Gebäcke aus 291
–, Herstellung 290
Brauner Kandis 153
Bräunungsvermögen 142
Brennstoff 81
Brennwertverminderte Brote . 130
Brioches 246
Brombeeren 179
Brot, Begriffsbestimmung 111
–, brennwertvermindertes 9
–, eiweißarmes 131
–, glutenfrei 131
–, kochsalzarm 131
–, kohlenhydratvermindertes . . . 9
–, natriumarm 131
–, streng natriumarm 131
–, vitaminisiertes 131
Brotanlage 64
Brötchenformungsanlage 67
Brote auf Grund besonderer
    Backverfahren 128
– auf Grund besonderer
    Teigführungen 9, 128
– aus besonderen
    Mahlerzeugnissen 9, 128
– aus Brotgetreide und
    Nicht-Brotgetreide 128
– mit geografischen Hinweisen 128
– mit Namen gebenden
    Nicht-Brotgetreidearten . . . 128
– mit wertbestimmenden
    Zutaten 128
–, diätetische 9, 128
–, im Nährwert verändert 128, 130
–, mit geografischen Hinweisen . 8
Broteinheit (BE) 322
Brotfehler 28, 94
Brotfehlertabelle 96
Brotform, fehlerhafte 96
Brotfrischhaltung durch
    Wärme 107
Brotgeschmack 30, 43
–, Steuerungselemente für den . 41
–, Verbesserung des 31
Brotgewichtskontrolle 14
Brotgrundsorten 5
Brotlagerung 105

Brotprüfung 54
–, Durchführung 92
–, Zweck 91
Brotschimmel 102
–, Bekämpfung des 102
Brotschneidemaschinen 125
Brotsorten 11
–, übrige 7
Brotverpackung 108
Brown-d'Serve-Verfahren 87
Brühstück 122
– für Ganzkörner 122
Buchweizen 130
Buchweizenbrot 7
Butter 144
Butterbrot 7
Butterfett 145
Butterkrem 316, 327, 329
–, deutscher 330
–, französischer 330
–, italienischer 331
Butterkuchen 250
Buttermase 330
Buttermilch 139
Buttermilchbrot 7, 128
Buttermilchbrötchen 13
Butterschmalz 145
Butterspekulatius 279

C

Canachekrem 340
Carotin 161
Carragen 53, 216
Cashewkerne 188
Cholesterin 161
Convenienceprodukte
    . . . . 135, 226, 326, 332
Couleur 154
Cyclamate 321

D

Dampf-Backkammern 80
Dampfbacköfen 77
Dampfkammerverfahren 88
Dänischer Plunder 244
Dauererhitzen 138
Deklaration von Zusatzstoffen 112
Dekor 335
Dekortorte 339
Desserts 323, 338, 340, 345
Dessertstücke 346
Destillieren 207
Detmolder Einstufensauer 47
Deutscher Plunder 244
Dextrose 152
Diabetes 319
Diabetiker 319
– Brot 9, 131
–, Erzeugnisse für 319, 320

Diabetikererzeugnisse,
    Vorschriften für 321
Diabetikergebäcke 131
Diätetische Brote 9
Diätbrote 131
Dichte Porung 100
Dickungsmittel 215
Dinkelbrot 5
Direkte Führung 229
DLG-Prüfschema für Brot 93
Dobosböden 310, 342
Dominosteine 286
Doppelkonuskneter 61
Dotter 165, 166
Dottermembran 166
Dreikornbrot 7
Dreiviertelbutter 145
Dresdener Stollen 251
Dünne Böden 342
Dunstobst 184
Durchlauföfen 75
Durchleuchtungsprobe 170

E

Eclairs 292, 346
Eier 165
Eierkremeis 350
Eiermassen 302, 304
Eifeler Brot 9
Eigelb 165, 166, 173, 306
Eiklar 165, 166, 171, 306
Eikonserven 168
Eindecken 344
Eindicken 138
Einfacheiskrem 350
Einkesselmassen 308
Einschlagen 344
Einsetzen 343
Einstreichen 343
Eiprodukte 168
Eipulver 169
Eis mit Pflanzenfett 350
Eischnee 308
Eiskrem 350
Eiweißangereicherte Brote . . . 130
Eiweißarmes Brot 9, 131
Eiweißglasur 336
Eiweißkrems 327
Eiweißspritzglasur 338
Elektro-Öfen 79
Elektro-Speicheröfen 79
Elektroöfen mit
    Hochfrequenzwärme 79
Elisenlebkuchen 285
Emulgierbarkeit 159
Emulgierfähigkeit 141
Energieverminderte Brote . . . 130
Englischer Kuchen 316
Englischer Teekuchen 312
Enteneier 165

Sachwortverzeichnis

Entquellung 105
Enzymgehalt 21
Enzymtätigkeit 32
Erdbeeren 179
Erdnüsse 188
Erzeugnisse aus Obst 189
–, getrocknete 314
Essigsäure 31
Essigsäurebakterien 36
Etagenbacköfen 72
Etagentorten 339
Extrahieren 207

F

Fadenzieher-Erreger 37
Fadenzuckerglasur 336
Fallzahl 22, 27
Fantasiebezeichnungen 3
Farbstoffe 112, 209
Farinzucker 153
Fehlerhafte Säuerung 95
Feine Backwaren 133, 223
Fenchel 204
Fertigkrem 332
Fertigmehle 135, 226, 230
Fett 307
Fettbackgeräte 236
Fette 156
–, Gewinnung der 157
–, mechanische Eigenschaften 158
–, pflanzliche 157
–, tierische 158
–, Wirkung der 156
Fettfrüchte 157
Fettgebäcke 291
Fettglasur 195, 196, 198, 337
Fettkrem 316, 327, 331
Fettsäuren 159, 160
Fettumwandlung durch Hitze . 160
Feuerungstechnischer
  Wirkungsgrad 81
Flachmüllerei-Verfahren 22
Flomenschmalz 160
Florentiner 300
Flüssigei 168
Flüssigzucker 153
Folien, einfache 109
Fondantglasur 239, 335
Formtorte 339
Formung von Hand 63
Franchipanmasse 294
Frankfurter Kranz 316, 328
Fränkisches Brot 9
Frische 3
Frischeier 168
–, Lagerung 169
Frischhaltemethoden 107
Frischhaltung, Maßnahmen . . 107
Frischkäse 146
Frischmilch 141

Frischteig für Honigkuchen . . . 284
Frischteige 284
Frosten 234, 245
– von Blätterteig 269
Früchte 189
–, eingekochte 184
–, eingelegte 186
–, einheimische 183
–, tiefgefrorene 185
Fruchteis 350
Fruchteiskrem 350
Fruchterzeugnisse 189
Fruchtmark 189
Fruchtpülpe 189
Fruchtsaft 189
Fruchtsäure 155, 336
Fruchtsäuren 179, 208
Fruchtsorbet 350
Fruktose 321
Führung, direkte 59
–, indirekte 59
–, kombinierte 59
Führungsfehler 95
Führung von Hefeteigen 228
Füllkrems 327
Füllungen 323, 342
Fürst-Pückler-Eis 350

G

Gare 84
Gärfehler 95
Gärreife 65
Gärtoleranz 65, 234
Gärung, Bedingungen für die . . 39
Gärunterbrechung 234
Gärverzögerung 234
Gebäckausbeute 86
Gebäckbeurteilung 91
Gebäckbezeichnungen 3
Gebäcke aus besonderen
  Mürbeteigen 277
– aus mittelschwerem Hefeteig 248
– aus schwerem Hefeteig 251
Gefrierei 168
Gekochte Krems 327
Gelatine 216, 324, 325
Gelee, einfach 190
–, extra 190
Geliermittel 215
Gemauerte Öfen 72
Genuss-Säuren 31, 53
–, Salze der 53
Gerbstoffe 203
Gerichtsurteile 349
Gerinnungsfähigkeit 142
Gerste 130
Gerstel-Brenner 80
Gersteln 87
Gerstel-Öfen 80
Gerstenbrot 7

Gerstenvollkornbrot 7
Gersterbrot 8
Gesäuerte Milch 139
Geschmackliche Wirkung 54
Geschmacksempfindung 32
Gesetze 348
Getreidearten, andere 129
Getreideeiweiße 21
Gewicht, von Broten 14
Gewichtsangabe 115, 349
Gewichtsangaben für Brot . . . 113
Gewichtsauszeichnung 14
Gewichtsklassen für Eier 168
Gewichtskontrolle 62
Gewichtsverlust 106
Gewichtsvorschriften für Brote . 62
Gewürzbrot 127
Gewürzbrötchen 13
Gewürze aus Fruchtschalen . . 205
Gewürze 202, 204
Gewürznelken 205
Gewürzspekulatius 279
Gießkannenschimmel 102
Glasieren 238, 239, 335
Globuline 142, 171
Glutenfreies Brot 9, 131
Glycerin 160
Glykose 155
Grahambrot 127
Grapefruit 179
Grundkrem 332
Grundsauer über Nacht . . . 44, 46
Grundsorte 153
Grundteig 262
Guarkernmehl 216
Gummiarabikum 53, 216
Güteklassen für Eier 168

H

HACCP-Konzept 116
Hafer 130
Haferbrot 7
Hafervollkornbrot 7
Hagelschnüre 166
Hagelzucker 153
Halbfettbutter 145
Halbspeicheröfen 79
Hamburger Brot 9
Handelsvorschriften 349
Hartkäse 147
Hartprinten 287
Harze 203
Haselnüsse 188
Haselnusslebkuchen 286
Haselnussmakronen 295
Hebelkneter 61
Hefeansatz 228
Hefebackversuch 27
Hefekleingebäcke 241

Hefeteig, Aufarbeitung 232
–, Führung von 228
–, gekneteter 225
–, gerührter 225, 252
–, geschlagener 225, 245
–, gezogener 225
–, leichter 225, 241, 245
–, mittelschwerer 225, 248
–, schwerer 225, 251
Heidelbeeren 179
Heißluft-Umwälzöfen 77
Heißöl-Umwälzofen 78
Heizgas-Umwälzofen 78
Herrentorte 312, 340
Herrichten der Teiglinge
    zum Backen 65
Hilfsstoffe 209
Himbeeren 179
Hirschhornsalz 209
Hirse 130
Hirsebrot 7
Hitzeerzeugung 70
Hitzemessung 82
Hitzetransport 70
Hitzeübertragung 69
Hitzeverlauf 82
Hocherhitzen 138
Hohlräume 100
Holzöfen 76
Holzofenbrot 8
Homogenisieren 138
Honig 199
– mit Wabenteilen 200
Honigtau-Honig 200
Hühnerei 167
–, Aufbau 166
Humusboden 36
Hunsrücker Brot 9
Hutzucker 153
Hygiene in der Bäckerei 116

I

Immobilisieren des Wassers .. 155
Infrarot-Wärmestrahlung 80
Ingwer 206
Invertase 155
Invertieren 155
Invertzucker 153
Invertzucker-Creme 201

J

Joghurt 139
Joghurtbrot 7
Joghurtbrötchen 13
Johannisbeeren, rote 179
–, schwarze 179
Johannisbrotkernmehl ... 53, 217

K

Kaffeesahne 144
Kahmhefe 38
Kakaobutter 195, 196, 197
Kakaoerzeugnisse 194
Kakaomasse 195
Kakaopulver 195, 196
Kaliumcarbonat 213
Kanalöfen 76
Kandisfarin 153
Kandiszucker 153
Kapseln 304, 310, 342
Kardamom 204
Kartoffelstärke 327
Käse 146
Kaseine 142
Käsekrem, gekochter 146
Käsekuchen 316
Käsesahnekrem 146
Käseschneekrem 146
Käsesorten,
    Zusammensetzung 149
Käsetorte 316
Käsezubereitungen 148
Kefir 140
Kefirbrot 7
Kegelrundwirker 64
Kenntlichmachung von
    Zusatzstoffen 112
Kennzeichnung von
    Fertigpackungen 114
Kernobst 178
Ketone 163
Kilopreis 113
Kirschen 179
Kleiebrot 7
Kleiebrötchen 13
Kleine Bäckerhefe 38
Kleingebäcke mit Schrotanteil 124
–, roggenhaltige 12, 66
Kleinlebewesen im Sauerteig .. 36
–, erwünschte 36
Knäckebrot 7, 128
Knethebel 303
Knetmaschinen 61
Knetprozess 230
Knetsystem 61
Knetung, intensive 230
Knetzeiten 61
Kochkäse 148
Kochsalz 32, 33, 307
Kochschokolade 337
Kohlenhydrate 178
Kohlenhydratverminderte
    Brote 130
Kokosfleisch 188
Kokosmakronen 295, 297
Kolbenschimmel 102
Kollibakterien 37
Kombinierte Teigführung 54
Kondensmilch 139

Konfitüre, einfach 190
–, extra 190
Königskuchen 316
–, rheinischer Art 316
Königswinteröfen 76
Konservierungsstoffe 31, 218
Kopenhagener Plunder 244
Köpfchenschimmel 102
Koriander 204
Korinthen 184
Korinthenbrot 7
Kraut, gemischtes 191
Kreideschimmel 102
Kremeis 350
Kremmargarine 162, 331
Krempulver 327
Krems 327
–, gekochte 327, 328
–, leichte 327, 329
–, schwere 327, 328
Kremtorte 329
Kremtorten 316
Kristallbildungsvermögen 155
Kristallzucker 153
Kritische Phase 29
Krumenfehler 98
Krustenfehler 97
Kugelbakterien 37
Kümmel 204
Kunsthonig 201
Kuppeltorte 339
Kurkumin 161
Kurzerhitzen 138
Kuvertüre 195, 196, 197, 337

L

Labquark 146
Lactose 142
Ladenöffnungszeiten 116
Ladenschluss 116
Lagerraum, Anforderungen an 106
Lagerteige 284
Lagerverlust 106
Landbutter 145
Lebensmittelkontrolle 117
Lebensvorgänge im Sauerteig . 38
Lebkuchen, braune 282, 284
–, weiße 282, 285, 286
Lebkuchenarten 286
Lebkuchengebäck 282
–, besondere Beschaffenheit . 282
Leichter Hefeteig 241
Leichte Massen 305
Leinsamenbrot 7
Leinsamenbrötchen 13
Leitsätze 348
Lezithin 53, 161
Liegnitzer Bomben 288
Linzer Schnitten 278
Linzer Teig 278

Sachwortverzeichnis

Lockerung 238
Lockerungsmittel, chemische . . 209
Löffelbiskuit 309
Loosbrot 9
Lucca-Augen 346
Luftkammer 166

M

Macis 205
Mahlerzeugnisse aus Roggen . . 18
Mais 130
Maisbrot 7
Makronen 295
Makronenmasse 294
-, Erzeugnisse aus 297
Maltosezahl 22, 27
Mandarinen 179
Mandel 187, 188
Mandel-Nuss-Nugat 193
Mandelersatzmasse,
    Erzeugnisse aus 297
Mandelhörnchen 297
Mandelmakronen 295
Mandeln 188
Mandelnugat 193
Mandelspekulatius 279
Mannit 321
Margarine 161
Margarineschmalz 161
Mark 189
Markenbutter 145
Marmelade 190
Maronen 188
Maronenkrem 190
Marzipammakronen 295
Marzipanrohmasse 191, 192
Maschinelle Formung 63
Maschinen 303
Massen 289
-, abgeröstete 289
-, gerührte 305
-, geschlagene 305
-, kalt geschlagene 305
-, leichte 305
-, schwere 305
-, warm geschlagene 305
Massenherstellung 307
Mechanisches Portionieren 63
Mecklenburger Landbrot 9
Mehl, auswuchsgeschädigtes . . 24
-, überlagertes 94
-, zu frisches 94
Mehltypen 23
Mehrkornbrot 7
Mehrkornknäckebrot 7
Mehrkorntoastbrot 7
Mengenkennzeichnung 115
Meringen 313

Milch 136
-, Beurteilung 140
-, entrahmt 137
-, Erzeugnisse aus 144
-, fettarm 137
-, frische 137
-, Handelsarten 137
-, teilentrahmt 137
Milchbestandteile 141
Milchbrot 7
Milchbrötchen 13
Milchdauerwaren 138
Milcheis 350
Milcheiweißbrot 7
Milcheiweiße 142
Milcherzeugnisse 139
Milchfett 141
Milchkonserven 138
Milchkuvertüre 195
Milchpulver 139, 141
Milchsäure 31, 323
Milchsäurebakterien 36
Milchschimmel 102
Milchstreichfett 145
Milchzucker 142
Mildgesäuerte Butter 145
Mindesthaltbarkeitsdatum . . . 115
Mineralstoffe 53, 178
Mischbarkeit 159
Mischfette 161
Mischstreichfette 161
Mohn 204
Mohnbrot 7
Mohnfüllung 241
Mohnkleingebäck 7
Mohrenköpfe 309, 346
Molkebrötchen 13
Molkereibutter 145
Mucine 172
Münsterländer Bauernstuten . . . 9
Mürbeteig 273
-, ausrollbarer 273, 277
-, besonderer 277
-, leichter 273
-, mechanische Beschaffenheit 274
-, schwerer 273
-, spritzbarer 273
Muskatnuss 204
Mutzenmandeln 279

N

Nachgare der Hefe 238
Nachlassen 16
Nachquellen 30
Nachsteifen 16
Nachtarbeit 116
Nachtarbeitszeit 115
Nährwertangaben 349
Napfkuchen 251, 252
Natriumarmes Brot 9

Natriumbicarbonat 210
Natron 210
Nelken 205
Nelkenpfeffer 205
Neohesperidin DC 321
Nichtbrotgetreidearten 111
Nugatkrem 192, 193
Nugatmasse 192
Nugatrohmasse 193
Nussbrot 7
Nussknacker 301
Nusslebkuchen 286
Nussmakronen 295
Nussmark, gesüßtes 193
Nussnugat 193
Nussrohmasse 192

O

Oberländer Brot 9
Oblatenlebkuchen 282, 285
Obst 177
-, frisches 180
-, haltbar gemachtes 182
Obstkonserven 182
Obstkuchen 248
Obstmark 184
Obstpülpe 184
Obsttörtchen 346
Obsttorten, gedeckte 344
-, offene 344
Ofengebäcke 292
Ofenhitze 69
Ofentrieb 69, 84, 85, 238
Omeletts 309, 345
Orangeat 186
Orangen 179
Orangensahnekrem 326
Original Altmärker Brot 9
Original Paderborner Brot 9
Original Rheinisches Schwarzbrot 9

P

Paderborner Brot 9
Pampelmusen 179
Paprika 205
Paranüsse 188
Parfümranzigkeit 163
Pasteurisieren 138
Pektine 53, 217
Pektinsäuren 53
Penetrometer 105
Pentosane 21, 25, 31
Pentosen 25
Persipanmakronen 295
Persipanrohmasse 191, 192
Petits Four 341
Pfeffer 205
Pfeffernüsse 287

Pfirsiche 179
Pfirsichkerne 188
Pflanzenfett, gehärtetes 262
Pflanzliche Quellstoffe 53
Pflaumen 179
Pflaumenmus 191
pH-Wert 31
ph-Werte, normale 92
PHB 218
Phytosterin 161
Pikieren 186
Pilzrasen 163
Piment 205
Pinienkerne 188
Pinselschimmel 102
Pistazien 188
Planeten-System 303
Plundergebäcke 243
Polyäthylen 108
Polypropylen 108
Pottasche 212, 213
Preisangabe 349
Preisangaben für Brot 114
Preisauszeichnung 14
Preiselbeeren 179
Presshonig 200
Printen 287
Priviligierte Größen 114
Priviligierte Werte 14, 62, 113
Pro-Kopf-Verbrauch 2
Propionsäure 218
Prüfmerkmale 92
Prüfungsbestimmungen 349
Puder 307
Puderzucker 153
Puderzuckerglasur 239, 335
Pülpe 189
Pumpernickel 8, 128
Pyrometer 82

Q

Qualitätserhaltung 240
Qualitätsmerkmale 91
Qualitätsnormen 349
Qualitätszahl 92
Qualmpunkt 160
Quark 146
Quarkbrot 7
Quarkbrötchen 13
Quarkkuchen 249
Quellmehle 18, 122, 215
–, gesäuerte 52
Quellmittel 209
Quellstoffe 53, 215
Quellstück 121
Quellstufen 121
Quellungsvorgänge 31, 33
Quitten 179

R

Raffinade 153
Raffination 158
Rahmeis 350
Rauchpunkt 160, 162
Rechtsquellen 348
Reibungsenergie 323
Reife 42
Reinzuchtsauer 43
Reis 130
Reisbrot 7
Restbrot 111, 122
Retrogradation 105
Reversieröfen 75
Rheinische Schwarzbrot 9
Richtlinien 348
Riechprobe 171
Rindengewürze 206
Roggen 19, 130
–, Zusammensetzung von 21
Roggen-/Weizenschrotbrot 5
Roggen-Schrot-Toastbrote ... 119
Roggen-Weizenschrotbrote 5, 120
Roggenbrot 5
Roggenbrötchen 13, 57
Roggeneiweiß 24
Roggenhaltige Gebäcke 57
Roggenkleingebäcke 12, 57
Roggenkorn 20
Roggenmahlerzeugnisse,
  Gewinnung 22
Roggenmehle, enzymarme 29
Roggenmischbrot 5
Roggenmischtoastbrot 7
Roggenschrot 119
Roggenschrotbrot 5, 119
Roggenschrotbrötchen 57
Roggen-Schrot-Toastbrote.... 120
Roggenstärke 24
–, Verkleisterung der 85
Roggenteige 15
Roggenvollkornbrot 5
Roggenvollkornbrötchen 57
Roggen-Weizenschrotbrote... 120
Rohmassen 192, 193
Rohmilch 137
Rohrzucker 151, 153
Rohstoffe, Namen gebende .. 315
–, teigbildende 136
Rosinen 184
Rosinenbrot 7, 128
Rosinenbrötchen 13
Rösten 289, 301
Röstmassen, Erzeugnisse aus.. 300
Röstmasse, Zubereitung 301
Rouladen 309, 345
Rouladenkapseln 345
Rouladenmasse 310
Rübenzucker 151, 153
Rücklauföfen 75
Rührbesen 303
Rührmaschinen 303

S

Saccharin 321
Sacherböden 340
Sachermasse 316
Sachertorte 316, 340
Safran 205
Sahne 144
Sahnebläser 324
Sahneeis 350
Sahnekremroulade 310
Sahnekrems 325
Sahnekremtorten 316
Sahnekuvertüre 195
Sahnestandmittel 324
Sahnetorten 316
Salz-Sauer-Führung 47
Samengewürze 204
Samstagsruhe 116
Sandig 307
Sandkuchen 312
Sandmassen 311, 312
Sauer, zu alter 49
–, zu junger 49
–, zu viel 50
–, zu wenig 50
Sauermilch 139
Sauermilchquark 146
Sauerrahmbutter 145
Sauerteig 18
–, Bereitstellung 60
–, triebkräftiger 54
Sauerteigberechnungen 42
Sauerteigbrot 7
Sauerteigextrakt 52
Sauerteigfehler 48
Sauerteigführung 35
–, dreistufige 43
–, einstufige 46
–, fehlerhafte 48
–, spontane 36
–, vielstufige 48
–, zweistufige 45
Sauerteighefen 37
Sauerteigmenge 40, 42
Sauerteigschädigung 49
Sauerteigstufenführung ... 35, 39
Säuerung von Roggenteigen .. 38
Säuerung 35
Säuerungsfehler 95
Säureanteil 31
Säuregrad 31
Säuregrade, normale 92
Säurekonzentrate 53
Säuren 30
Schalen 304
Schalenfrüchte 187
–, zerkleinerte 188
Schaumbildungsvermögen
  .... 172, 173, 323
Schaummasse 313
–, italienische 314
–, leichte 314

Sachwortverzeichnis

Schaumsauer 48
Scheibenhonig 200
Schichtkäse 147
Schimmelbekämpfung 104
– ohne Konservierungsstoffe .. 104
Schimmelhemmende
  Säuren und Salze 103
Schimmelpilze 103
Schimmelschutz 103
Schimmelschutzmittel 103
Schinkenbrot 8
Schlagbesen 303
Schlagen 324
– von Eischnee 307
Schlagfähigkeit 323
Schlagsahne 144, 323
Schlagsahnezubereitungen ... 325
Schleimstoffgehalt 58
Schlesisches Brot 9
Schleuderhonig 200
Schlüterbrot 9
Schmelzbereich 142, 159
Schmelzbutter 145
Schmelzkäse 148
Schmelzmargarine 161
Schmelzpunkte 159
Schmelzverhalten 197
Schneekrems 329
Schneiden 66, 125
Schnitten 338, 340, 345
Schnittkäse 147
Schnurren 264
Schokoladenglasur 337
Schokoladenspritzglasur 338
Schrot, auswuchshaltiger ... 123
–, scharfer 120
–, weicher 120
Schrotbrot 5, 118, 123
–, Backen von 125
Schrotbrotbereitung 121
Schrotbrötchen 13
Schrote 19
–, Aufbewahrung von 121
–, Gewinnung der 120
Schüttelprobe 170
Schwaden,
  Verweildauer im Herd 83
–, Wirkung 83
Schwadenapparat 83
Schwadenbedarf 83
Schwadenerzeugung 83
Schwadengabe 83, 236
Schwadenmenge 83
Schwarzwälder Brot 9
Schwarzwälder Kirschtorte ... 316
Schwefeldioxid 112, 219
Schweineschmalz 160
Schwere Massen 305
Schwimmprobe 170
Sesambrot 7
Siebanalyse 23
Siedefett 162, 236

Simonsbrot 9, 128
Soda 211
Sojabrötchen 13
Sommerkrem 331
Sonn- und Feiertagsarbeit ... 115
Sonnenblumenkernbrot 7
Sorbinsäure 161, 218
Sorbit 321
Spaltung, hydrolytische 163
–, oxidative 163
Spanischer Pfeffer 205
Speiseeis 350
–, Bezeichnung von 359
–, Herstellung von 351
–, Zusatzstoffe für 351
Speiseeis-Sorten 350
Speiseeispulver 351
Speisehonig 200
Speiseöl 158
Speisequark 146
Spekulatius 278
Spezialbrote 7
Spezialmargarinen 159, 161
Spezialmargarine
  für gerührte Massen 162
Spiralkneter 61
Spitzkuchen 286
Spritzgebäck 278
Spritzglasuren 338
Spritzringe 291, 292
Spritzschokolade 338
Sprühverfahren 139
St. Gallener Biberle 287
Stachelbeeren 179
Stahlbauöfen 72
Stand 84
Stärkebestandteile 29
Stärkekleister 238
Stärkesirup 152, 153
Stärkezucker 152, 153
Stärkezuckerarten 152
Steinmetzbrot 9, 128
Steinobst 178
Steinofenbrot 8
Stempeln 66
Sterilisieren 138
– von Schnittbrot 109
Sterilisierte Milchkonserven .. 141
Sterilisiertes Obst 184
Sternanis 204
Stikkenöfen 73
Stippen 66
Stockflecken 163
Stoffe, färbende 220
–, konservierende 218
Stoffliche Veränderungen
  im Backgut 85
Stollen 251
Streichfette 161
Streng natriumarmes Brot 9
Streuselkuchen 249
Stückgare 64, 233
Stückpreis 113

Stüpfelautomat 66
Südfrüchte 177, 178
–, sonnengetrocknete 183
Sultaninen 184
Sultaninenbrot 7
Süßkraft 154
Süßrahmbutter 145
Süßstoffe 321
Synthetische Vitamine 161

T

Tagesarbeitszeit 115
Teegebäck 277
–, ausgestochenes 277
–, eingelegtes 277
Teigausbeute 58
Teigbereitung 59
–, mangelhafte 95
Teigeinlage 62
Teigfehler 28
Teigfestigkeit 41
Teigformung 63
Teigknetung 61
Teigruhe 61, 231
Teigsäuerung 123
Teigsäuerungsmittel 18
–, Arten 52
–, Zusatz der 54
Teigtemperatur 40, 60
Teigtoleranz 58
Temperaturanzeiger 82
Temperaturbereich, kritischer . 108
Temperieren 197
Thaumatin 321
Thermostat 82
Tiefgefrieren 240
–, Technik des 185
Tiefkühlung,
  Frischhaltung durch 108
Toastbrot 7, 128
Torteletts 310
Torten 323, 338, 339
–, Zusammensetzung ... 341, 342
Torulahefe 38
Tourieren 244, 262
Traganth 53, 217
Traubenzucker, reiner 152
Trennmittel 211
Trennschichtbildner 156
Triebschwach 30
Trockenäpfel 184
Trockenei 169
Trockenflachbrote 76
Trockenmilch 139
Trockenobst 183
Trockenrisse 100
Trockensauer 52
Trocknen 138
Tropfhonig 200
Turbotherm 77
Typenzahlen 19

U

Überzüge 335
Überzugsmassen 335
–, schokoladenhaltige 337
Ultrahocherhitzen 138
Umestern 159
Umwälzöfen 77
Umweltbelastungen 81
Umweltschutzmaßnahmen . . . 81
Unfallschutz 304
Unterbruchbackmethode 87

V

Vanille 205
Vanillekrem 241, 328, 330
Verbrauchererwartung 2, 119
Verbundfolien 109
Vergärbarkeit 142
Verhärtung der Stärke 105
Verkaufszeiten in Bäckereien . . 116
Verkleisterungstemperatur 33
Vermehrung,
  Bedingungen für die 38
Verordnungen 348
Verpacken 240
Verpackungsmaterialien 108
Verquellung 121
Verseifung 164
Vierkornbrot 7
Vitamine 178
Vitaminisiertes Brot 9
Vollei 165, 306
Vollkornbrot 5, 119, 124
Vollkornbrötchen 13
Vollkornerzeugnisse 120
Vollkornmehle 120
Vollkornschrotbrote 120
Vollkornschrote 120
Vollkorntoastbrot 7
Vollmilch 137
Vollsauer über Nacht 44, 46
Vollsauer, Abstehzeit des 44
Vollspeicheröfen 79
Volvotherm 77
Vorbacken 87
Vorschriften,
  lebensmittelrechtliche 349
Vorteigführung 228
Vorzugsmilch 138

W

Wachspapier 108
Waffeldesserts 346
Walnüsse 188
Walnusslebkuchen 286
Walnussmakronen 295
Walzenverfahren 139
Wärmebeweglich 70
Wärmeleiter 156
Wärmeleitung 69, 81
Wärmenutzung der Backöfen . . 80
Wärmestrahlung 69
Wärmeströmung 69
Warmlagerung 107
Wasser-Ausnahmevermögen . . 58
Wasser-Haltevermögen 58
Wasserring 99
Wasserstreifen 99
Wässrige Auszüge 189
Weichbrötchen 13
Weichkäse 147
Weichprinten 287
Weinsäure 179
Weinstein 155
Weintrauben 179
Weiße Lebkuchen 285, 286
Weizen 130
Weizenbrot 5
Weizenkeimbrot 7
Weizenkeimbrötchen 13
Weizenkorn 20
Weizenmischbrot 5
Weizenmischtoastbrot 7
Weizenpuder 307, 327
Weizenschrot 120
Weizenschrotbrot 5, 119
Weizentoastbrot 7
Weizenvollkornbrot 5
Weizenvollkorntoastbrot 7
Wertbestimmende Zutaten,
  Brote mit 7, 128
Wertzahlen 27
Wiener Böden 310, 311, 342
Wiener Massen 310
Wiener Schnitten 346
Windbeutel 292, 346
Windmasse 314
Wirkblasen 232
Wirkfehler 95
Wrienzer Brot 9
Würfelzucker 153
Wurzelgewürze 206

X

Xylit 321

Z

Zellglas 108
–, lackiert 108
Zellstoffpapier 108
Ziehfett 261, 262
Ziehmargarine 161, 261
Zimt 206
Zitronat 186
Zitronen 179
Zitronensäure 179
Zitronenschale 206
Zucker 150, 306
–, Löslichkeit 154
–, technologische Wirkungen . 151
Zuckeraustauschstoffe 321
Zuckerglasuren 335
Zuckerkochen 301
Zuckerkulör 154
Zuckern 239
Zugelassene Stoffe 111
Zugussmenge 42
Zusätze zum Brot 111
– zum Teig 122
Zusatzstoffe 349
–, erlaubte 111
Zutaten 177
–, wertverbessernde 18
Zutatenliste 114
Zutatenverzeichnis 114
Zweikesselmassen 308
Zwetschenmus 191
Zwieback 242
Zwiebelbrot 127
Zwischengare 232
Zyklotherm 78